lonely planet

Bolivie

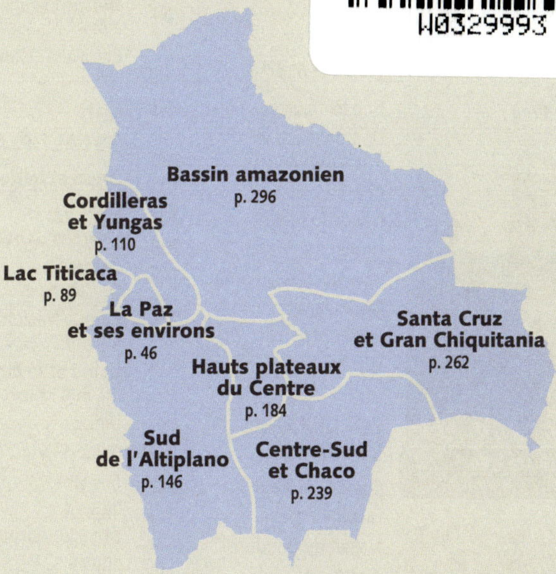

Isabel Albiston, Michael Grosberg, Mark Johanson

PRÉPARER SON VOYAGE

JESS KRAFT/SHUTTERSTOCK ©

LAC TITICACA P. 89

LOVELYPEACE/SHUTTERSTOCK ©

LAGUNA HEDIONDA P. 173

SUR LA ROUTE

Sommaire

AVERTISSEMENT

Au moment où nous terminions l'édition de ce guide, la pandémie de Covid-19 impactait fortement le monde du voyage. Les informations que vous trouverez dans cet ouvrage sont donc susceptibles de changements.

Renseignez-vous bien avant votre départ car la situation aura probablement évolué quand vous préparerez votre voyage.

La Paz (p. 48)

BIENVENUE EN

Bolivie

*Mes premières images de La Paz restent gravées dans ma mémoire : les rues raides et étroites, le ciel bleu vif, les tissus colorés, les vendeurs de popcorn sur les places envahies de pigeons. Ce que j'avais pris pour un défilé (des gens en costumes traditionnels andins avec des tambours) s'avéra être une manifestation politique. J'étais sous le charme ! En Bolivie, la modernité du XXI*e *siècle s'insère dans la vie traditionnelle, comme des photos dans une pile désordonnée. Ce pays offre des aventures authentiques aux voyageurs, pour peu qu'ils se montrent prêts à les vivre. Il me suffit de penser à ses immenses montagnes et à ses forêts pour avoir envie de revenir.*

Par Isabel Albiston, auteure
twitter@IAlbiston
Pour en savoir plus sur nos auteurs, voir p. 400.

Bolivie

74° O
72° O
70° O
68° O
66° O
10° S
12° S
14° S
16° S
18° S
20° S
22° S
BRÉSIL
PÉROU
CHILI
OCÉAN PACIFIQUE
Parque Nacional Madidi
Une biodiversité spectaculaire (p. 311)
La Paz
Une ville haut perchée, captivante et frénétique (p. 46)
Isla del Sol
Ruines et paysages de toute beauté s'y déclinent sous un soleil ardent (p. 102)
Tiwanaku
Les vestiges d'une civilisation perdue (p. 84)
Potosí
La richesse de l'architecture coloniale y côtoie la rude vie des mineurs (p. 225)
Salar d'Uyuni
Une ancienne mer de sel à explorer en jeep (p. 170)
Tupiza
Une excellente base pour partir à la découverte des collines et des canyons environnants (p. 176)
Río Ucayali
Río Urubamba
Río de las Piedras
Río Manú
Río Tambopata
Río Acre
Río Abuná
Río Madre de Dios
Río Beni
Río Tupuani
Río Desaguadero
Rio Branco
COBIJA
PANDO
Riberalta
Chivé
Laguna Huatunas
EL BENI
Ixiamas
Parque Nacional Madidi
Reyes
Santa Rosa
Rurrenabaque
San Borja
San Ignacio de Moxos
Cuzco
Pelechuco
Cordillera Apolobamba
Mapiri
Yucumo
Puerto Acosta
Sorata
Puerto Linares
Lac Titicaca
Ancohuma (6 429 m)
Caranavi
Puno
Isla del Sol
Cordillera Real
Coroico
Copacabana
LA PAZ
Chulumani
Tiwanaku
Nevado Illimani (6 439 m)
Arequipa
LA PAZ
COCHABAMBA
Patacamaya
COCHABAMBA
Charaña
Visviri
Totora
ORURO
Altiplano
Tacna
Volcán Sajama (6 542 m)
Lago Uru Uru
Parque Nacional Torotoro
Tambo Quemado
Arica
ORURO
Lago Poopó
Cha'llapata
Sabaya
Laguna Coipasa
Cordillera de los Frailes
Pisiga
Coipasa
Tarapaya
Salar de Coipasa
Río Mulatos
POTOSÍ
Cordillera Occidental
Salar d'Uyuni
Salar d'Empexa
Iquique
Uyuni
POTOSÍ
Cordillera de Chichas
Ollagüe
Avaroa
San Vicente
San Pablo de Lípez
Tupiza
Laguna Colorada
Cordillera de Lípez
Calama
Volcán Licancabur (5 960 m)
San Pedro de Atacama
Hito Cajón

0
400 km
64° O
62° O
60° O
58° O
56° O
10° S
12° S
14° S
16° S
18° S
20°S
22° S
ALTITUDE
6 000 m
4 000 m
2 000 m
1 000 m
0
Cordillera Real
Randonnée, vélo et rafting au milieu des sommets enneigés (p. 112)
Samaipata
Une ville pittoresque près du site pré-inca d'El Fuerte (p. 279)
Circuit des missions jésuites
Une passionnante plongée dans l'histoire (p. 288)
Sucre
Architecture, culture, histoire et lumière (p. 206)
El Valle de la Concepción
Dégustez les vins les plus élevés du monde (p. 254)
BRÉSIL
PARAGUAY
ARGENTINE
SANTA CRUZ
CHUQUISACA
TARIJA
Abuná
Guajará-Mirim
Guayaramerín
Costa Marques
San Joaquín
Exaltación
Magdalena
Santa Ana del Yacuma
Laguna San Luis
Río Mamoré
Río Itonamas
Río Blanco
Río Guaporé (Iténez)
Piso Firme
Serranía de Huanchaca
Parque Nacional Noel Kempff Mercado
Río Guaporé
TRINIDAD
Puerto Barador
Río Chapare
Río Grande o Guapay
Río Ichilo
Asención de Guarayos
Santa Rosa de la Roca
Llanos de Guarayos
Concepción
San Ignacio de Velasco
San Xavier
San Ramón
Santa Ana de Velasco
San Rafael de Velasco
Cáceres
San Matías
Puerto Villarroel
Puerto Grether
Villa Tunari
Montero
Buena Vista
Río San Pablo
Serranía San Diablo
Laguna Concepción
Quimone
SANTA CRUZ
San José de Chiquitos
Saipina
Samaipata
El Fuerte
Aiquile
Cordillera Oriental
Vallegrande
Roboré
Santiago de Chiquitos
Serranía Sunsas
Serranía de San José
Llanos de Chiquitos
Bañados del Izozog
Gran Chaco
SUCRE
Tarabuco
Quijarro
Corumbá
Río Pilcomayo
Camiri
Boyuibe
Fortín General Eugenio A Garay
Camargo
Villamontes
TARIJA
La Concepción
Villazón
La Quiaca
Yacuiba
Pocitos
Filadelfia
Río Paraguay
Tartagal
Aguas Blancas
Bermejo

Expériences incontournables

1 NATURE ÉPOUSTOUFLANTE

La Bolivie est une destination incomparable pour les amoureux de la nature. Les parcs nationaux et réserves se prêtent à l'observation d'espèces végétales et animales. Des paysages dépouillés de l'Altiplano à l'exubérance de la forêt amazonienne, le pays révèle de multiples facettes.

Ci-dessus : lac Titicaca

Parque Nacional Madidi

Ce parc national recèle une biodiversité d'une richesse exceptionnelle. Ses habitats naturels variés (forêt humide, montagnes andines...) et sa faune bigarrée sont à découvrir dans le cadre de randonnées guidées ou d'excursions en bateau. Peut-être aurez-vous envie de prolonger son exploration lors d'un séjour dans un écolodge géré par une communauté indigène, au cœur d'une nature luxuriante. p. 311

Ci-contre : alligator

Valle de los Condores

Un des plus beaux lieux qui soient pour découvrir et admirer les condors des Andes, planant majestueusement au-dessus des falaises à haute altitude, lors d'un trek de 2 à 4 jours. p. 244

Ci-dessus : condor des Andes

Lac Titicaca

Le lac navigable le plus haut du monde, blotti à plus de 3 800 m d'altitude, offre une expérience quasi mystique. Lac sacré pour les peuples andins, on comprend pourquoi il a inspiré tant de légendes en explorant ses rivages, ses îles, les villages qui le bordent, et les vestiges laissés par les Incas, issus selon la mythologie des eaux du lac. p. 89

Ci-dessus : Isla del Sol, lac Titicaca

2 CIRCUITS THÉMATIQUES

Pour découvrir un aspect particulier de la culture ou de la géographie de la Bolivie, rien de tel qu'un circuit de plusieurs jours qui permet d'approfondir l'expérience. Embarquez à bord d'un canoë ou d'une jeep pour rejoindre des merveilles comme le Salar d'Uyuni ou des vestiges historiques, pas toujours faciles d'accès.

HAICO/STOCK.ADOBE.COM ©

NORADOA/SHUTTERSTOCK.COM ©

SERGIO PESSOLANO/GETTYIMAGES.FR ©

Forêt amazonienne

Quel meilleur cadre que l'Amazonie pour connaître le frisson de l'aventure ? Offrez-vous une immersion dans la nature sauvage avec un circuit associant déplacements en canoë, treks et campements dans la forêt tropicale. p. 319

Ci-dessus, à gauche : bateau sur la pampa, près de Rurrenabaque

Circuit des missions jésuites

Une plongée dans l'histoire et la culture boliviennes, à la découverte des missions fondées par les Jésuites au XVIIe siècle dans la région de Chiquitania, et de leurs églises richement ornées. Une restauration a permis de leur redonner leur splendeur d'antan. p. 288

Ci-dessus, en haut : église jésuite

Circuit en jeep dans le Salar d'Uyuni

Pour une expérience mémorable, découvrez le plus grand désert de sel au monde à bord d'une jeep. Dans cette étendue d'un blanc aveuglant, on est submergé par un sentiment d'irréalité et par l'émotion que procure le paysage. p. 163

Ci-dessus, en bas : Salar d'Uyuni

3 DANS LES PAS DE L'HISTOIRE

Avec ses nombreux sites archéologiques liés aux civilisations précolombiennes, ses villes coloniales préservées et ses missions jésuites, la Bolivie offre une passionnante plongée dans l'histoire du continent sud-américain. Certains des sites les plus intéressants sont nichés dans des coins reculés du pays, mais ils méritent largement le détour.

Musées de Sucre

La ville de Sucre, célèbre pour son architecture et sa vie nocturne, est aussi appréciée pour ses musées, comme la Casa de la Libertad où fut signée l'Indépendance en 1825. p. 206

Ci-dessous : Casa de la Libertad

DANIEL WIEDEMANN/STOCK.ADOBE.COM ©

Isla del Sol

Bien qu'une partie soit interdite, la plus grande île du lac Titicaca mérite le détour. Considérée comme le berceau de la civilisation andine, elle mêle vestiges précolombiens, villages et sentiers incas. p. 102

Ci-dessus : Isla del Sol

Tiwanaku

Les vestiges de cette cité pré-inca représentent l'héritage le plus notable d'une civilisation disparue. De cet ancien grand centre cérémoniel demeurent différentes structures. p. 84

À droite : Tiwanaku

4 SENSATIONS FORTES

Des paysages somptueux à découvrir du ciel, des descentes spectaculaires à VTT, des pics accessibles aux débutants, bien que très élevés, et d'autres comblant les attentes des alpinistes les plus expérimentés… les amateurs d'aventure et d'adrénaline seront comblés ! Des montagnes vertigineuses à la forêt amazonienne, la nature tout en contrastes des terres boliviennes est propice aux expériences extrêmes.

Alpinisme

Les sommets andins offrent l'occasion d'ascensions inoubliables à ceux que la haute altitude n'effraie pas, de la Cordillera Real à la Cordillera Quimsa Cruz. p. 29

Ci-dessus : alpinisme sur le volcan Sajama

Parapente

Quoi de plus fascinant que de découvrir une ville et ses environs depuis les airs, tel un condor des Andes ? Vous en aurez l'opportunité, notamment à La Paz, Cochabamba et Sucre. p. 34

VTT

La Bolivie est un formidable terrain de jeu pour les amateurs de VTT, avec ses sites et descentes spectaculaires. Les plus téméraires pourront se mesurer à la "route la plus dangereuse du monde". p. 28

5 TREKKING

Randonnées au long cours ou marches à la journée sur un chemin pavé inca, au fond de vallées noyées dans la brume ou à travers de vastes étendues sauvages : pour le trek, rien ne vaut la Bolivie. À condition de prendre les précautions d'usage, par exemple en louant les services d'un guide chevronné quand on est peu expérimenté. Et en veillant à être bien acclimaté avant d'affronter les zones d'altitude.

EVGENY SUBBOTSKY/SHUTTERSTOCK.COM ©

SUBBOTSKY/STOCK.ADOBE.COM ©

Cordillera Real

Les massifs de la cordillère se prêtent à des randonnées de plusieurs jours, que ce soit sur le Huayna Potosí, le massif de Condoriri, l'Ancohuma, ou l'Illimani. p. 112

En haut à gauche : Cordillera Real

Trek d'El Choro

Partez sur les pas des Incas lors de cette randonnée qui traverse le Parque Nacional Cotopata. Vous sentirez le climat changer en passant de l'Altiplano à la forêt. p. 124

En bas à gauche : El Choro

Trek de Yunga Cruz

L'itinéraire, pas de tout repos, relie le village de Chuñavi à Chulumani, dans les Yungas. Pour trekkeurs exigeants ; comptez 5-6 jours de marche. p. 128

Ci-dessus : sentier inca dans les Yungas

6 ARTISANAT TRADITIONNEL

Pour garder un souvenir tangible de votre périple, ou pour offrir, repartez avec un morceau de Bolivie : tissus, talismans de sorcière, paniers, lainages précieux, objets en argent, sculptures en bois, céramiques... On trouve sur les marchés et au gré des villages traditionnels de véritables trésors issus de techniques ancestrales.

Marchés de La Paz

Les marchés, quotidiens, sont nombreux et animés à La Paz. On y trouve de tout, et on fait le plein de souvenirs (amulettes, paniers, sculptures sur bois...) tout en profitant de l'atmosphère vibrante et des en-cas. p. 62

En haut : marché des Sorcières

Tissage

La Bolivie est très fière de ses techniques ancestrales. Vous pourrez acheter de superbes tissages artisanaux (tapis, couvertures...), notamment à Candelaria, dans la région de Sucre, ou dans les villages des communautés jalq'a, dans la Cordillera de los Frailes, comme Maragua et Potolo. p. 346

Lainage

On peut trouver de superbes pulls et écharpes en laine précieuse d'alpaga ou de vigogne dans les boutiques de grandes villes comme La Paz ou Potosí, ou sur les marchés locaux. p. 62

En bas : tissus traditionnels

L'essentiel

Pour plus de détails, consultez la section *Bolivie pratique* (p. 355)

Monnaie
Boliviano ($B)

Langues
Espagnol, quechua et aymara

Visa
Pas de visa requis pour les ressortissants français, belges, suisses pour un séjour n'excédant pas 90 jours (30 jours pour les Canadiens).

Argent
Argent liquide privilégié ; dollars préférés aux euros. Cartes bancaires acceptées et DAB présents dans les grandes villes et nombre de petites.

Heure locale
La Bolivie retarde de 4 heures par rapport à l'heure de Greenwich (GMT).

Téléphone portable
Les cartes SIM sont vendues dans les points de vente des opérateurs ainsi que dans les boutiques de téléphonie plus modestes. Assurez-vous que votre portable soit tribande.

Quand partir

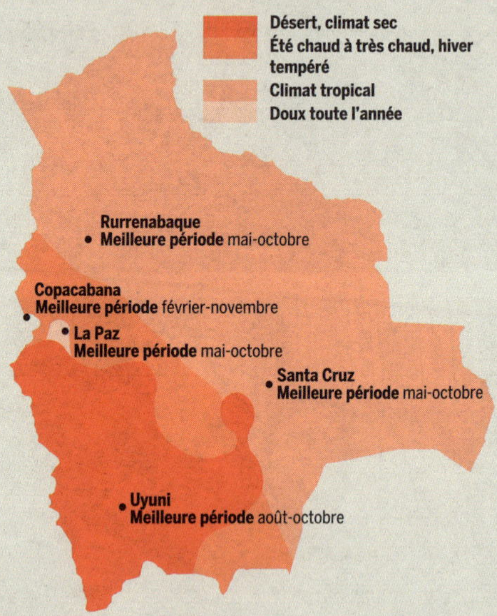

Haute saison (mai-oct)

- Journées généralement ensoleillées dans tout le pays, mais fraîches dans l'Altiplano.
- Temps stable facilitant les déplacements et les activités de plein air.
- Circuits et hébergements plus coûteux.

Saison intermédiaire (oct-nov)

- Les températures commencent à grimper, mais le temps reste, en majorité, sec.
- Période idéale pour visiter le Salar d'Uyuni.
- Les touristes se font plus rares ; la bonne période pour les petits budgets.

Basse saison (nov-avr)

- L'été est la saison des pluies ; conditions mauvaises dans les plaines.
- Rouler commence à être difficile sur les routes non goudronnées.
- Escalade dangereuse, trekking et VTT pénibles.

Sites Web

Bolivie.net (www.bolivie.net). Renseignements pratiques et culturels en français.

Guidebolivia (www.guidebolivia.com). Présentation complète du pays, en français.

Bolivia.com (www.bolivia.com). Actualités et informations culturelles en espagnol.

Bolivia en Tus Manos (www.boliviaentusmanos.com). Actualité, culture et tourisme ; en espagnol.

Lonely Planet (www.lonelyplanet.fr). Présentation du pays, forum des voyageurs et informations pratiques.

Bolivian Express (www.bolivianexpress.org). Magazine en anglais présentant l'offre culturelle.

Bolivia Online (www.bolivia-online.net). Un bon portail en anglais, espagnol et allemand.

Numéros utiles

Indicatif de la Bolivie	☎591
Code d'accès international	☎00
Ambulance	☎118
Pompiers	☎119
Opérateur	☎104

Taux de change

Europe	1 €	7,39 $B
Canada	1 $CA	5,47 $B
États-Unis	1 $	6,88 $B
Suisse	1 CHF	7,17 $B

Pour connaître les derniers taux de change, connectez-vous à www.xe.com/fr.

Budget quotidien

Moins de 200 $B

- Lit en dortoir/ch petit-budget : 40-70 $B
- Petit-déjeuner sommaire, menu midi et produits du marché au dîner : 50 $B
- Musées, quelques excursions guidées : 125 $B
- Voyage en 2e classe : 70-100 $B

200-650 $B

- Hôtel : 160-400 $B
- Petit-déjeuner à l'hôtel, déjeuner et dîner au restaurant : 200 $B
- Excursions guidées, quelques bières : 300 $B
- Voyages en 1re classe : 150-200 $B

Plus de 650 $B

- Hôtel : plus de 400 $B
- Petit-déjeuner buffet, déjeuner et dîner en restaurant haut de gamme : 250 $B
- Excursions guidées de luxe : 300-400 $B
- Voyage en 1re classe et transferts en avion : 300-500 $B

Horaires d'ouverture

Les banques sont ouvertes de 9h à 16h ou 18h du lundi au vendredi et de 10h à 12h ou 17h le samedi.

Les magasins sont ouverts de 10h à 19h (parfois fermeture pour le déjeuner de 12h à 14h) du lundi au vendredi et de 10h à 12h ou 17h le samedi.

Les restaurants pratiquent des horaires variables mais accueillent généralement les clients pour le petit-déjeuner (8h-10h), le déjeuner (12h-15h) et le dîner (18h-22h ou 23h) tous les jours.

Arriver en Bolivie

Aéroport international El Alto, La Paz (p. 364). Taxi pour le centre-ville : 70 $B (10 $US). Minibus : 3,80 $B (0,50 $US) en journée. Aéroport situé en très haute altitude (4 050 m).

Aéroport international Viru-Viru, Santa Cruz (p. 364). Taxi pour le centre-ville : 70 $B (10 $US). Possibilité de prendre le minibus (6 $B ; 1 $US) pour ce même centre-ville.

Aéroport international Jorge Wilstermann, Cochabamba (p. 364). Des navettes Micro B (2 $B) relient l'aéroport et la *plaza* principale. Une course en taxi depuis/vers le centre coûte entre 25 et 30 $B.

Comment circuler

Avion La solution la plus rapide et la plus fiable pour atteindre les lieux difficiles d'accès. Prix abordables.

Bus Le moyen de transport le plus emprunté. Parfois inconfortable et éprouvant pour les nerfs, mais bon marché et à peu près sûr.

Train Tarifs comparables à ceux du bus, mais beaucoup plus lent. L'avantage : le chauffage et la climatisation.

Circuits organisés Le moyen le plus simple de se rendre dans les lieux reculés tels que le Salar d'Uyuni.

Pour plus de détails sur les **transports**, voir p. 364

Pour un premier séjour

Pour plus d'informations, consultez la section *Bolivie pratique* (p. 355)

N'oubliez pas...

- De faire tous les vaccins nécessaires
- De vous assurer que votre passeport est valable au moins 6 mois après votre arrivée
- De vérifier les restrictions des compagnies aériennes en matière de bagages
- De souscrire une assurance de voyage adaptée
- De vérifier que votre carte bancaire fonctionne à l'étranger

À emporter

- Un certificat de vaccin contre la fièvre jaune
- Une copie de votre passeport
- Un adaptateur secteur
- Une paire de jumelles (pour l'observation des animaux)
- Une lampe frontale
- Un sac de couchage pour l'Altiplano
- De la crème solaire et un couvre-chef
- Une trousse de premier secours et du spray anti-moustiques
- Des bouchons d'oreilles
- Un petit cadenas

Nos conseils

- Prenez le temps de vous acclimater à l'altitude. Montez progressivement et sans forcer lorsque vous atteignez un niveau d'altitude supérieur.
- Prenez le temps de réviser votre espagnol ou d'en apprendre les rudiments avant d'arriver en Bolivie.
- Attendez-vous à des expériences de voyage parfois difficiles, mais toujours gratifiantes. Votre voyage sera bien plus agréable si vous faites preuve de patience et de flexibilité.
- Prévoyez des retards. Restez informé et renseignez-vous auprès des habitants à propos d'éventuels *bloqueos* (barrages routiers par des manifestants), qui pourraient avoir un impact sur votre voyage.
- Ne participez pas aux mouvements sociaux, même s'ils piquent votre curiosité. Des violences peuvent se produire à tout moment.
- Ne prenez pas de photo des habitants sans avoir au préalable demandé la permission.

Comment s'habiller

En Bolivie, les conditions météorologiques peuvent osciller de très froides à très chaudes en l'espace de quelques kilomètres ou dans un laps de temps très court. Le mieux est de privilégier le confort et ce qui vous maintiendra au chaud/frais/sec lorsque c'est nécessaire. Quoi qu'il en soit, vos vêtements doivent être résistants et supporter les montées et descentes incessantes de véhicules poussiéreux. Si vous allez sur l'Altiplano, prévoyez des sous-vêtements thermiques et des habits chauds. Vous aurez besoin (toute l'année) d'un vêtement de pluie et de lunettes de soleil. Prenez des chaussures robustes.

Où se loger

Les hébergements boliviens comptent parmi les moins coûteux d'Amérique du Sud, même si les tarifs et la qualité sont loin d'être uniformes sur tout le territoire. Sur l'Altiplano, le chauffage et l'eau chaude font souvent la différence. En plaine, la présence de ventilateurs ou de la climatisation permet de distinguer les hébergements.

Certificat de vaccination contre la fièvre jaune

Il est possible que la douane ne l'exige pas, mais, sur la route pour les basses terres, quelques postes de contrôle vous le demanderont. Certains pays voisins, comme le Brésil, demandent à toute personne en provenance de Bolivie de produire un certificat de vaccination contre la fièvre jaune. Si nécessaire, une piqûre peut être faite à la frontière mais mieux vaut s'en occuper dans son pays.

Marchandage

Le marchandage est admis dans les marchés, et la négociation est courante lorsque vous organisez un service, comme la location des services d'un taxi à la journée. Utilisez votre bon sens et demandez-vous si le prix vous semble juste ; le marchandage agressif peut causer de l'embarras. Gardez à l'esprit que beaucoup de Boliviens ont de faibles revenus, et qu'une dispute pour quelques bolivianos n'en vaut pas la peine.

Pourboire

Restaurants Le service n'est généralement pas inclus dans le prix ; laissez environ 10 ou 15% en plus.

Circuits Les guides apprécieront (10-20% est la norme) ; rappelez-vous que leur salaire est souvient bien plus bas que le prix de la visite.

Taxis Un pourboire n'est pas attendu, bien qu'il soit courant d'arrondir la somme au boliviano supérieur.

Au Mercado Negro (p. 62) de La Paz

Pas d'impairs !

Salutations La poignée de main est la façon la plus courante de se saluer. Quand on se rencontre, on dit généralement *buenos días* (bonjour), *buenas tardes* (bonjour l'après-midi) ou *buenas noches* (bonsoir).

S'adresser à quelqu'un Il est courant d'employer *señor/señora* et *usted* (et la forme conjuguée correspondante), équivalant au vouvoiement, pour s'adresser aux personnes que vous ne connaissez pas bien. Sur l'Altiplano, certains habitants emploient amicalement *amigo/amiga*.

Photos Demandez la permission, en particulier dans les zones rurales.

Politique Exprimer un point de vue fondé est tout à fait permis, et les Boliviens parlent généralement avec plaisir de leurs opinions politiques. Bien sûr, faites preuve de tact et évitez d'être trop critique à l'égard du pays.

Au restaurant Lorsque l'on passe à proximité d'une table de convives, il est courant de souhaiter *buen provecho* (bon appétit).

Gastronomie

Longtemps considérée comme le maillon faible de la gastronomie sud-américaine, la Bolivie est en train de devenir une destination de gourmets, avec toute une série de restaurants qui s'attirent des louanges. Les recettes traditionnelles connaissent une nouvelle jeunesse tandis que l'usage de produits frais et locaux est largement répandu.

Mois par mois

LE TOP 5

Fiesta de la Virgen de la Candelaria, février

Carnaval, février

Pujllay, mars

Festividad de Nuestro Señor Jesús del Gran Poder, mai

Fiesta del Santo Patrono de Moxos, juillet

Janvier

Mois de l'année le plus pluvieux. Les déplacements s'en trouvent compromis, et il est difficile de pratiquer l'alpinisme ou toute autre activité de plein air.

Día de los Reyes Magos

Le jour des Rois (Épiphanie), le 6 janvier, commémore la visite des Rois mages à l'Enfant Jésus. Les festivités les plus importantes ont lieu à Reyes (Beni), à Sucre, à Tarija et dans les villages des départements d'Oruro, de Cochabamba et de Potosí.

Alasitas

Organisée à La Paz et à Copacabana le 24 janvier et durant 2 semaines, cette fête gigantesque célèbre Ekeko, dieu aymara de l'Abondance. À cette occasion, de minuscules copies d'objets convoités (maisons, voitures, billets de banque miniatures, etc.) sont vendues dans la rue (p. 64).

Février

Ce mois chaud et humide est marqué par la fête de la Pachamama (la Terre-Mère), qui donne lieu à d'importantes célébrations, en particulier dans les communautés traditionnelles.

Fiesta de La Virgen de la Candelaria

Cette fête dure toute la première semaine de février à Aiquile (Cochabamba), à Samaipata (Santa Cruz), à Angostura (Tarija) et à Cha'llapampa (Oruro). Elle est particulièrement animée, à partir du 2 février, à Copacabana (p. 95).

Carnaval

Les célébrations ont lieu dans tout le pays durant la semaine précédant le carême. C'est à Oruro qu'est organisé le carnaval le plus pittoresque, suivi de Santa Cruz, de Sucre et de Tarija. Consultez un calendrier pour connaître la date du carnaval, qui varie chaque année en fonction de celle du carême.

Mars

Les pluies commencent à se calmer, ce qui rend un peu plus faciles les déplacements. On peut songer à partir en trek ou en randonnée à VTT. Bonne période pour le rafting.

Semana Santa

Célébrée dans tout le pays, la Semaine sainte atteint son paroxysme le Vendredi saint à Copacabana, avec l'arrivée de centaines de pèlerins à pied (p. 95).

Pujllay

Le troisième dimanche de mars, Tarabuco commémore la victoire des armées locales sur les Espagnols en 1816. Danses, chants, musiques rituelles et *chicha* (boisson à base de maïs fermenté) sont au programme (p. 219).

Mai

L'hiver austral s'installe. Il fait beau dans les plaines, mais les déplacements peuvent se révéler pénibles. Les pluies se font de plus en plus rares, et les activités en plein air commencent.

Fiesta de la Cruz

La fête de la Croix (3 mai) donne lieu à de nombreuses réjouissances à Vallegrande (Santa Cruz), Cochabamba et Copacabana. Des *tinku* (combats rituels) ont lieu dans les communautés rurales autour de Potosí.

Gran Poder

La Festividad de Nuestro Señor Jesús del Gran Poder, fête qui a lieu fin mai-début juin à La Paz, allie processions aux chandelles, costumes élaborés et danses (p. 64).

Juin

Il commence à faire froid dans l'Altiplano, mais il ne pleut presque plus. Dans les plaines, températures en baisse et déplacements plus aisés.

Willkakuti

Le 21 juin, les Aymaras fêtent le solstice d'hiver et le Nouvel An. La principale cérémonie a lieu la nuit à Tiwanaku (p. 87).

San Juan

La Saint-Jean (24 juin) est célébrée dans tout le pays par des feux de joie, des feux d'artifice et des brasiers de bois. Les plus grandes festivités ont lieu autour de Santa Cruz, avec marches sur le feu dans le village de Porongo.

Juillet

Haute saison. Le temps est froid et sec sur l'Altiplano, plus clément et plus sec dans les plaines et agréable dans les zones intermédiaires.

Fiesta del Santo Patrono de Moxos

Déguisements et libations marquent la plus grande fête du Béni, qui se déroule du 22 juillet à la fin du mois (p. 317).

Fiesta del Señor Santiago

Dans le Parque National Torotoro, les villages célèbrent la Fiesta del Señor Santiago avec des sacrifices de moutons, des costumes colorés et beaucoup de *chicha* (p. 204).

Août

L'apogée de la saison touristique. Bonne période pour un périple au Salar d'Uyuni. D'importantes fêtes ont également lieu.

Fête de l'Indépendance

Férié, le jour anniversaire de l'Indépendance (6 août) est prétexte à moult défilés et coups de feu en l'air. Célébré dans tout le pays, il est particulièrement animé à Copacabana (p. 95).

Fiesta de la Virgen de Urkupiña

Des musiciens et danseurs traditionnels venus de tout le pays se retrouvent à Quillacollo, près de Cochabamba, pour se produire, acclamés par une foule ivre (p. 191).

Septembre

Il fait encore frais et sec et on peut bénéficier de conditions avantageuses. Même s'il commence à pleuvoir, la période reste propice aux sports d'aventure.

Fiesta de San Roque

La fête de San Roque, l'une des plus importantes de Tarija, commémore la fin du fléau de la lèpre dans la région. Elle débute le 16 août, mais la plupart des célébrations commencent le premier dimanche de septembre et durent 8 jours (p. 248).

Octobre

À la fin de l'hiver, les pluies s'abattent sur les plaines, mais le temps reste passable sur l'Altiplano. L'andinisme, les treks et toutes les activités de plein air deviennent plus difficiles à pratiquer. La pluie perdure jusqu'en avril.

Feria del Charango

Des milliers joueurs de *charango* convergent vers le bourg d'Aiquile, à quatre heures de Cochabamba, pour faire résonner de concert les 10 cordes de leur instrument.

Décembre

Températures élevées dans les basses terres : jours humides et nuits chaudes. Il pleut sur l'Altiplano et certains circuits ne peuvent avoir lieu.

Nouvel An

La couleur des sous-vêtements portés le 1er janvier est propitiatoire : rouges, ils favoriseraient le bonheur dans la vie amoureuse, tandis que le jaune est associé à l'argent et le rose à la santé. Aux douze coups de minuit, on avale 12 grains de raisin en faisant des vœux et on compte des billets factices pour s'attirer une année faste.

Itinéraires

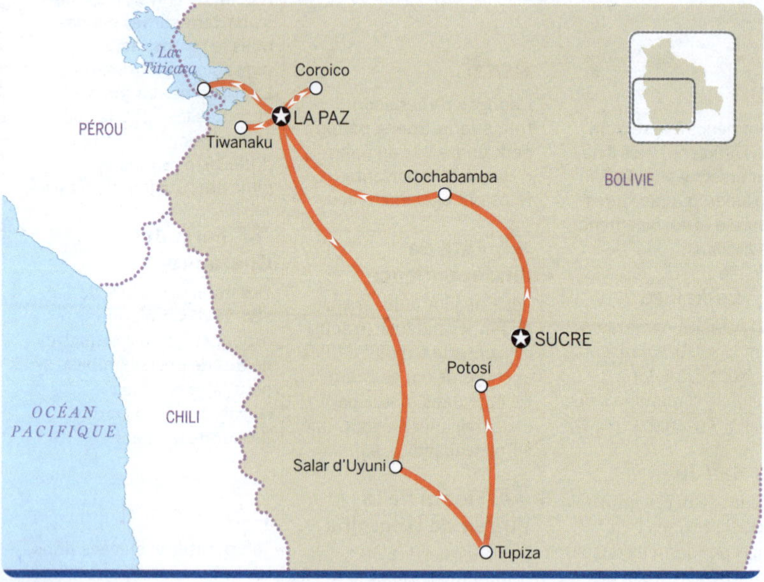

2 SEMAINES Le meilleur de la Bolivie

Des marchés de la capitale aux plaines de sel arides du désert d'Uyuni, en passant par une ville accrochée dans le ciel, cet itinéraire égrène les principaux attraits de la Bolivie.

Commencez par une journée d'acclimatation dans les marchés de **La Paz**. Vous pourrez gagner le site de **Tiwanaku** pour une plongée dans l'histoire précoloniale de la Bolivie. Depuis La Paz, direction le **lac Titicaca**. Accordez-vous jusqu'à trois jours sur place pour profiter de Copacabana et de l'Isla del Sol. Contournez ensuite l'Altiplano vers le sud (via La Paz) pour un circuit de trois jours en jeep dans la fraîcheur du **Salar d'Uyuni**. Rallongez votre trajet jusqu'à **Tupiza** et ses paysages de Far West.

Gagnez ensuite **Potosí**, célèbre cité minière perchée à 4 070 m d'altitude, dont l'importance historique lui vaut d'être inscrite au patrimoine mondial de l'Unesco. Après un ou deux jours consacrés à la visite de ses monuments ou à celle des mines, vous rejoindrez une autre ville coloniale, **Sucre**, dont les vastes places sont animées par sa population étudiante. Retournez à La Paz en passant par **Cochabamba**, sans manquer d'admirer les beaux paysages qui défilent sur la route. Ponctuez votre dernier jour à La Paz de visites de musées, à moins de vous lancer dans la descente à VTT de la “route la plus dangereuse du monde” jusqu'à **Coroico**.

RAFAL CICHAWA/SHUTTERSTOCK ©

En haut : Le Parque Nacional Sajama (p. 159)

En bas : La Fiesta de la Virgen de Guadalupe (p. 212)

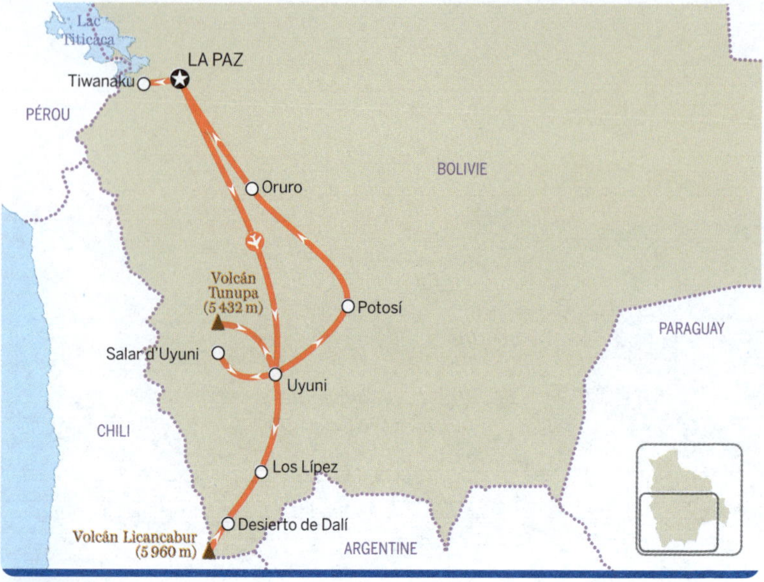

1 SEMAINE

Les trésors de l'Altiplano

En une semaine, cet itinéraire vous donne le temps de goûter à la vie dans une ville des Andes et d'admirer le paysage sidérant du Salar d'Uyuni.

Atterrissez à **La Paz** et, pendant 2 jours, visitez les musées et galeries de la ville tout en vous acclimatant. Imprégnez-vous de l'ambiance des marchés, dînez dans d'excellents restaurants, et profitez des cafés et bars de la ville. Montez en *teleférico* vers le quartier d'El Alto et son étrange architecture, puis visitez une *peña* (salle de musique traditionnelle) dans le Casco Viejo. Si vous avez le temps, envisagez une excursion à la journée sur le site archéologique de **Tiwanaku**. Depuis La Paz, prenez un avion vers **Uyuni**, où vous pourrez prendre part à une excursion de trois jours en jeep jusqu'au salar (désert de sel). Au programme : paysages hypnotiques, couchers de soleil spectaculaires et ciels remplis d'étoiles.

Poursuivez via les lacs colorés de **Los Lípez**, en vous arrêtant pour observer des flamants et des geysers, et vous baigner dans des sources d'eau chaude, avant de faire une boucle à travers le paysage surréaliste du **Desierto de Dalí** jusqu'à Uyuni. Si vous supportez l'altitude, vous pouvez entreprendre l'ascension d'un sommet ; des circuits personnalisés comprennent une randonnée sur le **Volcán Licancabur** (5 960 m) ou le **Volcán Tunupa** (5 432 m). Passez la nuit à Uyuni pour vous reposer avant de prendre un bus jusqu'à **Potosí**. Prenez un jour ou deux pour parcourir les rues et visiter les musées et mines de la ville. Si vous avez le temps, prenez le bus qui rejoint La Paz, en faisant une pause à **Oruro**. Cette ville minière poussiéreuse abrite des musées originaux et permet de faires des excursions à la journée dans les villages environnants. Vous pouvez aussi prendre un avion à Potosí pour La Paz.

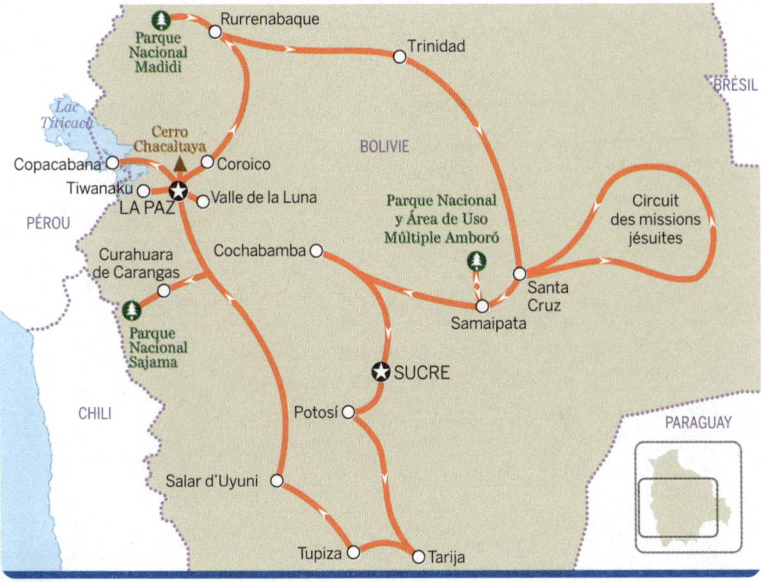

5 SEMAINES Le grand tour

Avec cinq semaines, vous aurez davantage le temps de vous adapter à l'altitude, d'effectuer un trek emblématique, de réaliser l'ascension d'un pic, de faire du VTT ou simplement de vous plonger dans la culture bolivienne.

Depuis **La Paz**, diverses excursions à la journée sont possibles, notamment la visite de **Tiwanaku** ou la randonnée sur le **Chacaltaya** ou dans le **Valle de la Luna**. Les plus intrépides pourront entreprendre les treks de Takesi ou d'El Choro, ou descendre à vélo la "route la plus dangereuse du monde" jusqu'à **Coroico**, dans les Yungas. Rendez-vous ensuite plus au nord, à **Rurrenabaque** et au **Parque Nacional Madidi** – selon le temps et le budget dont vous disposez, vous pourrez vous y rendre en bus, en avion ou en bateau. Prenez le temps d'explorer ce territoire sauvage et peu fréquenté. Depuis "Rurre", prenez un bus pour **Trinidad**, où vous pourrez vous reposer quelques jours, avant de prendre un bus ou un avion pour **Santa Cruz**, point de départ idéal pour faire le **circuit des missions jésuites**, faire escale dans l'agréable village de **Samaipata** ou explorer le **Parque Nacional Amboró**. Faites ensuite vos emplettes au marché de **Cochabamba**, puis gagnez de l'altitude en traversant les villes de **Sucre** et de **Potosí**.

Après avoir découvert des chefs-d'œuvre de l'ère coloniale, direction la campagne vinicole près de **Tarija** pour quelques jours de chaleur, de dégustation et de détente totale. Vous pouvez ensuite rejoindre **Tupiza** pour un ou deux jours de VTT et organiser votre circuit de quatre jours au **Salar d'Uyuni**, à réaliser dans le sens inverse pour éviter la foule. En rentrant à La Paz, les aventuriers s'arrêteront peut-être près de **Curahuara de Carangas**, avant de se rendre dans les superbes hautes plaines du **Parque Nacional Sajama**, qui abrite des sources thermales et des animaux sauvages.

Pour finir, si vous disposez d'assez de temps, poursuivez par La Paz jusqu'à **Copacabana** pour un jour ou deux de divertissement au bord du **lac Titicaca**. En ferry, faites étape un après-midi sur l'Isla de la Luna, avant de gagner l'Isla del Sol. Vous pourrez facilement passer cinq jours sur place, à découvrir les vallées perdues, les ruines et les petits villages traditionnels.

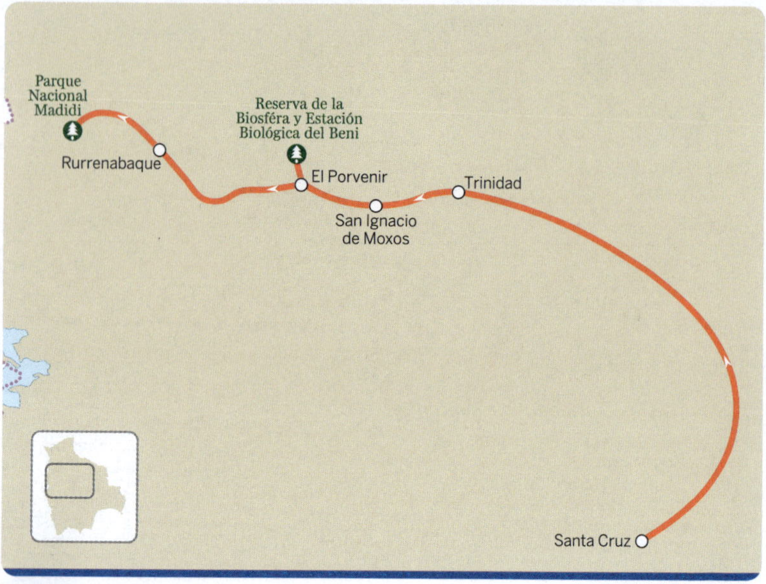

4 SEMAINES Périple amazonien

L'Amazonie couvre plus de la moitié du territoire bolivien, pourtant, elle reste l'une des régions du pays les moins visitées. La saison des pluies y réserve de bonnes aventures, mais, si vous prévoyez des déplacements sur route, privilégiez la saison sèche. Commencez par **Santa Cruz**, une cité cosmopolite raffinée au climat de rêve (parfois humide) et à l'atmosphère tropicale. Immergez-vous dans la culture urbaine et faites la fête avec la jeunesse dorée dans les *discotecas,* ou une excursion à la journée dans les jardins et les cascades des environs. Faites le tour de la ville à moto, prenez un repas de poisson, visitez un ou deux musées et faites une sieste, nécessaire pour supporter la chaleur.

Un trajet de trois heures en bus vous conduira à **San Ignacio de Moxos**, un village de mission jésuite. Faites coïncider votre visite avec l'immanquable fête pittoresque qui s'y tient en juillet. De là, vous pourrez faire le détour par **El Porvenir** et la **Reserva de la Biosféra Estación Biológica del Beni**, pour y observer, avec un œil averti, quelque 500 espèces d'oiseaux, notamment quantité de hérons et d'aigrettes ainsi que des cormorans qui semblent en prière avec leurs ailes déployées. Près d'une centaine d'espèces de mammifères peuplent la réserve où vivent également des membres de l'ethnie amérindienne des Chimanes.

Un long et éprouvant trajet passant par San Borja conduit à **Rurrenabaque**, pays des hamacs, d'où vous pourrez faire un circuit de quelques jours dans la jungle ou les pampas. Vous pourrez séjourner à l'écolodge de San Miguel del Bala, situé dans la jungle, en amont de Rurrenabaque. Quel que soit votre choix, ne manquez pas le **Parque Nacional Madidi**. Sur plus de 1,8 million d'hectares, le parc national le plus célèbre de Bolivie réserve de multiples aventures. La remarquable biodiversité du parc s'apprécie mieux à un rythme paisible. Prévoyez suffisamment de temps pour loger dans le très réputé Chalalán Ecolodge, tenu par des villageois.

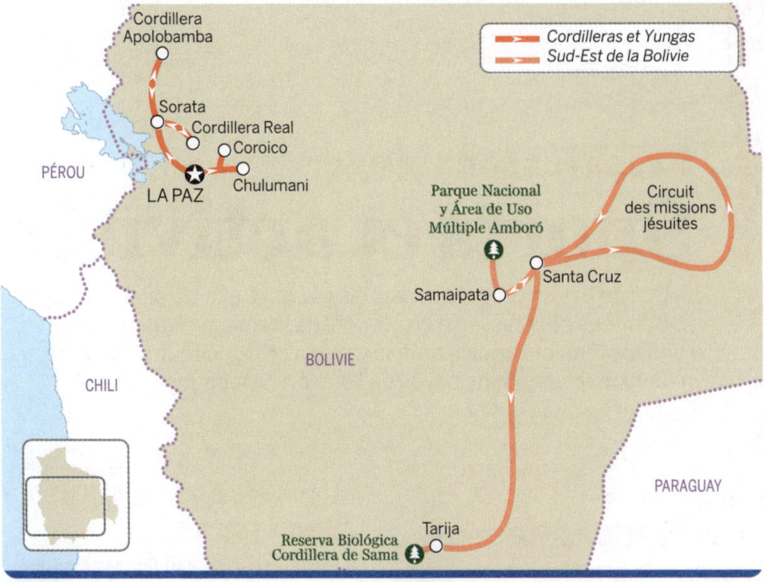

2 SEMAINES Cordilleras et Yungas

Coincée entre les Andes et l'Amazonie, cette région est idéale pour la randonnée, l'alpinisme et le VTT. Se rendre sur place fait déjà partie de l'aventure.

Pour randonner, vous pouvez partir de **La Paz**, en effectuant les treks de Takesi ou d'El Choro jusqu'au cœur des Yungas. Vous pouvez aussi rejoindre les Yungas au cours d'une journée de descente à VTT sur la "route la plus dangereuse du monde". À l'arrivée, assurez-vous de passer quelques jours dans les villages de **Coroico** ou de **Chulumani**. Ils offrent de nombreuses possibilités de randonnées à la journée et de baignade dans une atmosphère détendue. Rejoignez ensuite la capitale pour entreprendre un trek ou une ascension dans la **Cordillera Real**, et faire une étape dans la ville andine de **Sorata**. De là, les esprits aventuriers pourront effectuer plusieurs treks. De belles excursions à VTT sont possibles, ainsi que l'ascension des sommets enneigés de la Cordillera.

Si vous disposez de plus de temps, n'hésitez pas à pousser jusqu'à la lointaine **Cordillera Apolobamba**, aux paysages splendides.

3 SEMAINES Sud-est de la Bolivie

Cet itinéraire vous conduit hors des principaux circuits touristiques et vers le sud du pays. Vous traverserez d'intéressants centres culturels et des villes dynamiques.

Commencez par quelques jours à **Santa Cruz**, la deuxième plus grande ville de Bolivie. Une balade dans ses rues permet de se plonger dans la culture de la *camba* (des plaines). Quittez ensuite la ville pour une aventure d'une semaine sur le **circuit des missions jésuites**, une série de jolis villages de missions où musique baroque et foi se mêlent à la culture des Guaraní. Repassez par Santa Cruz pour rejoindre les ruines pré-incas de **Samaipata** et observer la faune du **Parque Nacional y Área de Uso Múltiple Amboró**. Depuis le parc (en revenant par Samaipata et Santa Cruz), descendez jusqu'à Tarija, dans la campagne vinicole.

Après quelques jours en ville, vous pourrez conclure votre périple par une randonnée sur le sentier inca de la **Reserva Biológica Cordillera de Sama** ou dans tout autre parc national ou réserve de la région du Chaco.

Préparer son voyage

Sports et activités

La Bolivie est un parc d'attractions géant : treks de plusieurs jours, randonnées plus faciles à la journée, descentes vertigineuses à VTT, ascension de pics andins isolés, rafting, circuits cahoteux en 4x4 sur les chemins pavés de l'ancien Empire inca.

Le top des sensations fortes

Le top des treks

El Choro (p. 124). Un trek classique de deux ou trois jours à travers la Cordillera Real.

Takesi (p. 126). Le "chemin de l'Inca" bolivien. Le parcours de deux jours traverse de petits villages.

Yunga Cruz (p. 128). Cinq ou six jours de marche éprouvante dans les Yungas.

Valle de los Condores (p. 244). Des treks de 2 à 4 jours non loin de Tarija.

Le top des dénivelés à vélo

"Route la plus dangereuse du monde" (p. 120). L'aventure emblématique de Bolivie à VTT.

Vallée du Zongo (p. 113). La Mecque des cyclistes de bon niveau de par ses pentes.

Sorata (p. 136). Des circuits moins fréquentés et sur *single tracks* (piste étroite).

La Paz (p. 57). Des montées abruptes près de Chacaltaya et de la Zona Sur.

Le top des ascensions

Huayna Potosí (p. 113). Une ascension qui conviendra si vous débutez, sans être non plus trop simple.

Volcán Sajama (p. 159). Une ascension prisée, mais l'altitude et la glace la compliquent.

Cordillera Apolobamba (p. 139). Une aventure loin de toute civilisation.

Quand partir

La saison sèche s'étend de mai à octobre. Attendez-vous à de la pluie et de la boue le reste de l'année.

Randonnée et trekking

La randonnée est l'activité reine dans les Andes. Vous profiterez pleinement de votre aventure en vous faisant accompagner par un guide expérimenté, un porteur et un lama.

Les itinéraires les plus prisés débutent près de La Paz, traversent la Cordillera Real en longeant les anciens chemins incas et s'achèvent dans les Yungas. On retiendra ceux, très connus et très fréquentés, d'El Choro (p. 124), de Takesi (p. 126) et de Yunga Cruz (p. 128).

Sorata est un véritable paradis du randonneur, avec un choix qui va de la petite balade sur les chemins incas des alentours du massif d'Illampu à la randonnée "avec machette". L'Área Natural de Manejo Integrado Nacional (Anmin) Apolobamba (p. 143), qui inclut le trek de quatre à cinq jours Lagunillas-Agua Blanca (p. 143), est de plus en plus prisée mais se visite mieux avec une personne de la région pour guide.

Non loin de Tarija, des treks de 2 à 4 jours dans la Valle de los Condores (p. 244) permettent des séances d'observation des oiseaux spectaculaires.

Les parcs nationaux sont aussi un régal pour la randonnée, notamment le Parque Nacional Amboró (p. 277) et le Parque Nacional Sajama (p. 159). Quelques randonnées à l'extérieur de Charazani (p. 139) méritent également le détour.

Pour une balade plus rapide, louez les services d'un guide et visitez les sites historiques et culturels, ainsi que les sources chaudes autour de la Cordillera de los Frailes (p. 220), près de Sucre, ou visitez le Refugio los Volcánes (p. 278), dans les environs de Samaipata.

Même s'il est plus sécurisant d'avoir un guide, un randonneur expérimenté pourra s'en passer pour de nombreux treks. Il faut néanmoins savoir utiliser une carte, une boussole, un GPS et allumer un feu même sous la pluie. Avant de partir, veillez à vous tenir informé sur les conditions de sécurité.

Andinisme

Consignes de sûreté

Une équipée dans les montagnes boliviennes comporte un certain nombre de dangers : avalanches, crevasses, ophtalmie des neiges, déshydratation, mal des montagnes et agressions, sans oublier le risque de se perdre. Prenez soin de bien choisir votre guide, souscrivez une assurance alpinisme, buvez beaucoup d'eau, protégez votre peau, habillez-vous de manière adaptée et portez des lunettes de soleil. Ne sous-estimez pas le mal des montagnes : surveillez les signes de fatigue, les vertiges et les nausées. Une acclimatation et une hydratation correctes aideront. En cas de doute, redescendez.

Socorro Andino Bolivia (p. 114) fournit un service de sauvetage en cas d'urgence.

Pour plus de détails sur les différents maux liés à l'alpinisme, reportez-vous au chapitre *Santé*, p. 373.

Choisir votre guide

De nombreuses agences à La Paz et dans les plus grandes villes organisent ascensions et trekkings dans la Cordillera Real et dans d'autres régions. Toutes ne sont pas professionnelles. Certaines personnes faisant office de guides se sont perdues, et d'autres ont eu recours à des pratiques douteuses, comme d'attacher dix alpinistes à une seule cordée. Mieux vaut mener votre enquête et ne partir qu'avec des personnes ayant reçu un agrément, comme celles qui sont inscrites à l'Asociación de Guias de Montaña (www.agmtb.org), une association reconnue de guides de montagne. La dépense est justifiée.

Pour choisir une agence, demandez à voir l'équipement fourni et à rencontrer les guides. Si les harnais sont usés, les chaussures hors d'usage ou les cordes effilochées, demandez qu'ils soient changés. Discutez et assurez-vous d'être à l'aise avec lui ou elle. Une fois en montagne, le guidage consiste aussi à vous enseigner les déplacements en cordée (deux personnes et un guide par corde) et la technique d'arrêt avec piolet.

Les agences peuvent répondre à tous vos besoins – du transport à la prestation complète avec guide, cuisinier, mules, porteurs, etc. –, mais pensez à emporter des vêtements chauds, une lampe frontale et des piles, beaucoup d'eau et de quoi grignoter. Habituellement, les guides prévoient trois repas par jour.

Les guides ayant reçu un agrément facturent généralement de 60 à 80 $US par jour (hors repas).

Cartes

Les cartes d'alpinisme sont de piètre qualité et difficiles à trouver en Bolivie. L'altitude indiquée pour les sommets est peu fiable, avec des variations de l'ordre de 600 m.

Des cartes sont disponibles auprès de Los Amigos del Libro (p. 75), à La Paz et à Santa Cruz, ainsi que dans d'autres librairies. À La Paz, adressez-vous aussi aux agences de trekking et aux boutiques touristiques dans Sagárnaga.

La *Travel Map of Bolivia*, l'une des meilleures cartes de la Bolivie, ainsi que la *New Map of the Cordillera Real*, où figurent montagnes, routes et chemins préhispaniques, sont publiées par O'Brien Cartographics. Elles sont épuisées mais disponibles notamment dans les kiosques à cartes postales situés dans le bureau de poste central de La Paz (p. 78).

L'Instituto Geográfico Militar (IGM), qui compte des bureaux dans la plupart des grandes villes du pays, dont La Paz (p. 76), publie des topoguides au 1/50 000.

En haut : sources chaudes des Termas de Polques (p. 175)

En bas : Salar d'Uyuni (p. 170)

TREKKING RESPONSABLE

Quelques conseils pour contribuer à la préservation de la biodiversité lors de vos treks.

Emportez tous vos détritus. Ne négligez pas certains déchets trop souvent oubliés, tels le papier d'aluminium, les pelures d'orange, mégots et sacs en plastique.

N'enterrez jamais vos détritus. En creusant, vous altérez le sol et la couverture végétale et vous favorisez l'érosion. De plus, des animaux peuvent déterrer ces déchets et risquent alors de se blesser ou de s'intoxiquer. Enfin, la décomposition de vos détritus peut prendre plusieurs années.

Ne souillez pas l'eau. La pollution de l'eau par les excréments humains peut provoquer la transmission de toutes sortes de parasites. Il est impératif d'utiliser les toilettes partout où il y en a. Dans le cas contraire, vous devez enterrer vos excréments : creusez un trou de bonne profondeur à respectable distance de tout cours d'eau. Dans la neige, il faut creuser jusque dans le sol. N'utilisez ni détergents ni dentifrice dans les cours d'eau ni à proximité, même s'ils sont biodégradables.

Ne sortez pas des sentiers établis. Prendre un raccourci participe à l'érosion des sols.

Ne cuisinez pas sur un foyer ouvert. Utilisez plutôt un réchaud léger au kérosène, à l'alcool ou au naphte, et évitez ceux qui sont alimentés par des bonbonnes de butane. La coupe de bois par les communautés locales et les gens qui randonnent peut entraîner la déforestation, et des risques d'incendie.

Ne donnez pas à manger aux animaux. Cela peut les rendre dépendants des humains ou malades, voire perturber l'équilibre des populations.

Pour camper, demandez toujours l'autorisation. À la personne à qui appartient le terrain ou à la population du village.

Walter Guzmán Córdova a édité des cartes topographiques au 1/50 000 en couleurs des itinéraires El Choro-Takesi-Yunga Cruz, Mururata-Illimani, Huayna Potosí-Condoriri et du Sajama, mais elles sont toutes très rares, à l'exception de la première. Le Deutscher Alpenverein (Club alpin allemand) publie des cartes très précises au 1/50 000 : l'*Alpenvereinskarte Cordillera Real Nord (Illampu)*, qui comprend la région de Sorata, et l'*Alpenvereinskarte Cordillera Real Süd (Illimani)*, centrée sur l'Illimani.

Guides d'alpinisme

Le meilleur guide d'alpinisme est *Bolivia: a Climbing Guide*, de Yossi Brain (1967-1999), qui fut guide de haute montagne à La Paz. *Los Andes de Bolivia*, d'Alain Mesili, guide de haute montagne spécialiste de la Bolivie, est également traduit en anglais.

VTT

La Bolivie possède quelques-uns des sites de VTT les plus spectaculaires au monde. Son vaste réseau de sentiers offre un accès relativement facile à des massifs montagneux, à de superbes lacs, à des vestiges et sentiers préhispaniques et à une pléthore de zones écologiques.

Les Andes boliviennes offrent de nombreuses descentes palpitantes. Sur l'une des plus longues pentes du monde, vous pourrez dévaler du Parque Nacional Sajama (p. 159) jusqu'à Arica, sur la côte chilienne. Pendant la saison sèche, vous pourrez parcourir les routes, pour l'essentiel plates, des vastes plaines de l'Amazonie.

Des circuits au départ de La Paz sont accessibles aux cyclistes de tout niveau et suivent des itinéraires variés : sentiers incas, pistes dans la forêt tropicale, routes pour jeeps et éboulis. Le plus connu (mais pas le plus exaltant si vous êtes expérimenté) est la descente, sur 3 600 m, de la “route la plus dangereuse du monde” (p. 120), de La Cumbre à Coroico. Très fréquenté également, le circuit de la vallée du Zongo, qui peut commencer au sommet du Chacaltaya (5 395 m ; p. 85), traverse une végétation luxuriante.

La petite ville de Sorata (p. 133) a assis sa réputation de Mecque bolivienne

AU FIL DE L'EAU

De nombreux tour-opérateurs associent rafting, vélo, marche et 4x4. Ces excursions peuvent être coûteuses, mais il est amusant de mélanger ces activités.

Sorata-Rurrenabaque Une aventure intensive de cinq jours proposée par Gravity Assisted Mountain Biking (p. 58), comprenant 2 jours de VTT, dont une descente de 4 000 m via Consata et Mapiri, et trois jours sur le Río Beni lors d'une expédition en pirogue à moteur. En sus, des randonnées jusqu'à des cascades et jusqu'au Parque Nacional Madidi pour observer la faune.

Coroico Vous pouvez personnaliser vos excursions avec des guides qui vous emmèneront voir des cascades à l'aube, en véhicule tout-terrain le midi et visiter des canyons au crépuscule.

Tupiza (p. 177). Balades à cheval, en quad et à VTT au cours d'innovants triathlons.

Copacabana Traversez la baie sur un bateau en forme de cygne, faites du vélo jusqu'à Yampupata, pagayez jusqu'à l'Isla del Sol, traversez l'île, puis rentrez en bateau. Un trajet jamais réalisé en un jour (d'après la légende).

des cyclistes : ses alentours offrent une myriade de circuits sur *single track* (piste étroite) en descente et de pistes pour jeeps, avec même une excursion en bateau-vélo de Sorata à Rurrenabaque. Chaque année, généralement en octobre, Sorata accueille la plus longue course de VTT en descente sur un parcours mi-naturel, mi-artificiel, la Jach'a Avalancha (Grande Avalanche ; p. 136). D'autres descentes partent de Sorata vers la Cordillera Muñecas, ou, au contraire, rejoignent Sorata au départ de Copacabana et de La Paz.

La découverte du pays à vélo a de plus en plus de succès. Toutefois, si vous venez avec votre propre VTT, vous devrez tenir compte de plusieurs facteurs. Tout d'abord, pendant une partie de la saison des pluies, notamment de décembre à février, certaines routes ne sont plus que de la boue, et la visibilité est réduite, rendant la progression dangereuse. Les pièces de rechange et les personnes expérimentées en mécanique sont choses rares : ne partez pas sans un kit de réparation complet. Enfin, dans le sud de l'Altiplano et la région d'Uyuni, l'eau est une denrée rare : prévoyez au moins deux jours de réserves.

4x4

De plus en plus demandé, le 4x4 est parfois le seul moyen (quoiqu'un peu onéreux) de découvrir une région. Outre le circuit du Sud-Ouest (au départ d'Uyuni, de Tupiza ou de La Paz, p. 168), vous pourrez aller voir les *quebradas* (ravins ou cours d'eau, généralement asséchés) et parcourir les environs de Tupiza, visiter le marché de Tarabuco (depuis Sucre) ou les Incallajta (p. 200) ruines incas près de Cochabamba.

Les circuits en 4x4 sont une excellente façon de pénétrer dans les parcs nationaux. Vous en trouverez autour du Parque Nacional de Torotoro (p. 202 ; depuis Cochabamba) et du Parque Nacional Sajama (p. 159 ; depuis La Paz), ainsi que dans la Cordillera de los Frailes (p. 220 ; depuis Sucre).

Si vous organisez vous-même votre itinéraire, pensez à louer les services d'un chauffeur : en groupe, un moyen pratique et bon marché de visiter certaines régions.

Rafting et kayak

De nombreux cours d'eau dévalent les versants orientaux des Andes, entre la Cordillera Apolobamba et la région du Chapare, promettant des descentes spectaculaires aux amateurs de rafting et de kayak. Hormis certains cours d'eau, tels que le Río Espíritu (p. 301), ces rivières sont cependant difficiles à atteindre.

Dans les Yungas, le Río Coroico (p. 118) est fréquenté par plusieurs tour-opérateurs de La Paz qui organisent des descentes en rafting d'une journée.

Les circuits en canoë en Amazonie sur le Río Beni (p. 305) vous resteront

En haut : à VTT sur la "route la plus dangereuse du monde" (p. 120)

En bas : église à Tomarapi, près du Parque Nacional Sajama (p. 159)

JOSE ARCOS AGUILAR/SHUTTERSTOCK ©

JERRY DODRILL/SHUTTERSTOCK ©

Alpinisme dans les Andes

certainement en mémoire, tout comme les descentes du Río Mamoré (p. 319) depuis Trinidad.

Équitation

L'équitation permet d'explorer certaines zones sauvages peu accessibles en Bolivie. Le plus bel endroit pour monter est Tupiza (p. 176), sur les terres de Butch Cassidy et du Kid, au paysage désertique et multicolore, avec ses *quebradas* et sa campagne parsemée de cactus.

Observation de la nature

La Bolivie est un paradis pour l'observation de la faune et de la flore, que les touristes ont mis du temps à découvrir. Un nombre incroyable d'espèces ont survécu ici, grâce à la diversité de leur habitat resté intact.

Le Parque Nacional Madidi (p. 311) abrite plus de 1 000 espèces d'oiseaux, ainsi qu'une faune endémique de la majeure partie des écosystèmes de Bolivie, de la forêt tropicale à la savane, en passant par la forêt de nuages et la toundra alpine. C'est l'un des endroits sur terre accueillant la plus grande biodiversité. Des agences, souvent gérées par des scientifiques ou des écologistes, proposent des excursions dans la nature au départ de Santa Cruz, de Cochabamba et de Samaipata, mais aussi, dans une moindre mesure, de La Paz.

Les montagnes de La Paz et de Cochabamba, le Parque Nacional Amboró et la Reserva Biosférica del Beni comptent parmi les lieux privilégiés pour observer les oiseaux. Contactez l'Asociación Armonía (www.armonia-bo.org), partenaire bolivien de BirdLife International, pour en savoir plus. Parmi les autres organismes compétents en matière d'observation des oiseaux figurent Bird Bolivia (p. 368), la Fundación Amigos de la Naturaleza (p. 273) et Michael Blendinger Tours (p. 281).

Autres activités

Le parapente est une activité en plein essor, mais renseignez-vous sur l'expérience de votre pilote. On profite d'un superbe panorama au sud de La Paz (p. 46). Sucre est également un endroit prisé (p. 206).

En Bolivie, les *termas* (sources chaudes) sont nombreuses. Pour profiter de leurs bienfaits, inutile de faire des kilomètres : il existe des sources à Tarapaya (p. 233), juste en dehors de Potosí, Talula (p. 224), San Xavier (p. 288) et Sajama (p. 159).

L'Accrobranche démarre dans le pays : on trouve des tyroliennes près de Coroico (p. 117) et un parcours géré par une communauté locale près de Rurrenabaque (p. 304). Vous aurez également la possibilité de pêcher, de faire du canyoning, de conduire un 4x4 (aussi bruyants et polluants soient-ils), et même de descendre en rappel des immeubles de La Paz (p. 57).

Préparer son voyage

La cuisine bolivienne

À l'image de la topographie du pays, la cuisine bolivienne est extraordinairement variée. Dans presque chaque ville, vous découvrirez de savoureuses spécialités traditionnelles.

Expériences culinaires

Saveurs inoubliables

Gustu (p. 71). Étape obligée des gourmets, ce restaurant novateur se trouve au cœur du boom gastronomique de La Paz.

Vignobles de Tarija (p. 245). Découvrez l'industrie du vin émergente de Tarija lors d'un circuit dans les domaines du Valle de la Concepción.

Mercado Central (p. 214). Au marché central de Sucre, une multitude de vendeurs armés de mixeurs concoctent des jus de fruits frais.

Café Munaipata (p. 119). La visite guidée de cette jolie plantation des Yungas couvre toutes les étapes de la production de café, de la cueillette à la dégustation.

Glaciers de Cochabamba (p. 186). Mêlez-vous aux Boliviens gourmands qui se pressent dans les *heladerías* sur plusieurs étages de la ville.

Marché de nuit d'El Puente (p. 250). Un marché de Tarija où goûter un tas de spécialités du cru.

Andean Culture Distillery (p. 72). Découvrez la première distillerie artisanale de Bolivie, qui produit un alcool à base de maïs plus fort que la chicha.

Restaurants au bord de l'eau de Tomatitas (p. 247). Dans ce village proche de Tarija, des restaurants décontractés servent des *cangreitos* (crabes d'eau douce à carapace molle) le long de la rivière.

Calendrier gastronomique

D'une manière générale, les habitudes alimentaires des Boliviens dépendent moins des saisons que de l'altitude, du climat et des traditions culturelles.

Pâques (mars/avril)

La *sopa de te'qo* (soupe de légumes) et les *biscochos de Semana Santa* (biscuits ronds et plats) font partie des spécialités consommées durant la Semaine sainte.

Août

Pendant la première semaine d'août, Villa Tunari, dans la région du Chapare, célèbre les poissons amazoniens à l'occasion de la Feria Regional del Pescado (p. 301).

Décembre

La *Nochebuena* (réveillon de Noël) se fête traditionnellement en famille, autour d'un repas incluant *picana (*ragoût de poulet, bœuf, agneau, légumes et pommes de terre) et *lechón al horno* (cochon de lait au four). Le matin de Noël, le petit-déjeuner typique se compose de *buñuelos con chocolate* (beignets avec du chocolat).

Cuisine internationale à Santa Cruz (p. 264). Des plats asiatiques fusion aux ceviches péruviens en passant par la gastronomie suisse, les grills argentins et les restaurants japonais, Santa Cruz fera voyager vos papilles.

En-cas délicieux

Salteñas Les *empanadas* jaune orangé de La Paz et d'ailleurs colorent les doigts et réjouissent l'estomac.

Tamales au charque Pâte de farine de maïs farcie de viande de lama et enveloppée d'une feuille de maïs ; vous en trouverez au Mercado Gil Duran (p. 180) de Tupiza.

Cuñapés Des petits pains au fromage que l'on peut notamment goûter à Chiquitos, près de la frontière avec le Paraguay, où ils sont appelés *chipá*.

Sonso de yuca Mélange de purée de manioc et de fromage grillé sur une brochette ; goûtez-y au marché de nuit d'El Puente (p. 250), à Tarija.

Api de maíz morado Cette boisson chaude à base de maïs violet, cannelle, sucre et clous de girofle est très populaire dans l'Altiplano. Les marchés de La Paz, Oruro, Potosí et Cochabamba en vendent.

Pan de arroz À Santa Cruz, régalez-vous de ces petits pains de farine de riz, tapioca et fromage, cuits dans une feuille de bananier.

Pour les plus téméraires

Sopa Poderosa La "soupe puissante" de Tarija, à base de légumes, riz... et pénis de taureau.

Anticuchos Les marchés et stands de rue de La Paz, entre autres, vendent ces brochettes de cœur de bœuf.

Chuño Aliment de base de l'Altiplano, ces pommes de terre déshydratées sont produites par une série d'expositions au gel et au soleil, avant d'être foulées pour en extraire l'eau. Le procédé fut inventé par les Incas, il y a plus de 800 ans. En juin, vous verrez peut-être dans les zones rurales de grandes quantités de tubercules étalés sur le sol pour la fabrication du *chuño*, notamment aux environs d'Oruro.

Spécialités régionales

La Bolivie possède des cuisines régionales qui reflètent la diversité de sa population.

Altiplano

Inexistante il y a encore peu de temps, la scène gastronomique de La Paz est aujourd'hui en plein essor. En 2013, le chef danois Claus Meyer (créateur du restaurant Noma de Copenhague, considéré comme l'une des meilleures tables du monde) a ouvert Gustu, dans le quartier de Calacoto. La philosophie

BOISSONS

- Sous le rude climat de l'Altiplano, on apprécie les boissons chaudes comme le *mate de coca*, une infusion de feuilles de coca séchées, le *trimate*, qui marie camomille, coca et anis, et l'*api*, préparé avec du maïs violet.
- Un peu partout, des stands vendent des jus de fruits et des rafraîchissements tels que le *mocochinche*, à base de jus de canne à sucre et de bâtons de cannelle, dans lequel flotte une pêche séchée (un autre exemple de l'art de conserver les aliments dans les Andes), la *tostada*, à base de maïs, l'*horchata*, sirop d'orgeat, et les *licuados*, fruits mixés avec du lait ou de l'eau.

On trouve aussi, bien sûr, des boissons alcoolisées.

- Les *cervezas* (bières) les plus appréciées sont la Paceña, la Huari, la Sureña, la Taquiña, la Potosina et la Tropical Extra.
- Le *vino* (vin) se laisse boire, surtout dans la région de Tarija.
- Le *singani* est une eau-de-vie de raisin qu'on boit généralement sous forme de *chufflay*, mélangé à du soda ou de la limonade.
- Boisson au maïs fermenté, la *chicha* est particulièrement consommée dans les zones rurales.

MARKTUCAN/SHUTTERSTOCK ©

ALEXANDR VOROBEV/SHUTTERSTOCK ©

En haut : Mercado Central (p. 234), Potosí

En bas : *Sopa de maní*

FRUITS BOLIVIENS

La Bolivie cultive nombre des délicieux fruits d'Amérique du Sud, dont la chirimoya (anone ou chérimole), la tuna (figue de Barbarie), la maracuya ou tumbo (fruit de la passion). Dans les plaines, l'éventail des fruits tropicaux défie l'entendement :

- *ambaiba* en forme de main
- petit *guaypurú*, rond, vert et mauve
- *ocoro*, jaune et couvert d'épines
- *guapom*, semblable à un citron
- *cupesi*, qui ressemble à un haricot
- *marayau*, pareil à une grappe de raisin géante
- *nui*, qui évoque une groseille
- *sinini*, à l'allure d'oignons
- *paquio*, en forme d'estomac

de l'établissement consiste à n'utiliser que des produits originaires de Bolivie et à employer des cuisiniers provenant de l'école Melting Pot, que Meyer a fondée pour former des jeunes défavorisés. Les anciens élèves ont maintenant commencé à ouvrir leurs propres restaurants, parmi lesquels Ali Pacha (p. 69).

C'est sur les marchés qu'on trouve les aliments les plus caractéristiques de la cuisine andine, tels que *salteñas* (*empanadas* fourrées de viande hachée ou de poulet) et *api de maíz morado* (boisson chaude à base de maïs violet). Pour combattre les effets de l'altitude, les Boliviens boivent du *mate de coca,* une infusion de feuilles de coca séchées.

À Oruro, la viande grillée est reine. Parmi les spécialités typiques figurent le *charquekan* (viande de lama séchée, œuf, maïs, fromage et sauce piquante), mais de nombreux restaurants servent aussi du bœuf accommodé de diverses façons.

Dans l'Altiplano, les poissons les plus appréciés sont la *trucha* (truite) et le *pejerrey*, espèces originaires du lac Titicaca. Enfin, Potosí se distingue par la curieuse *k'alaphurka,* une bouillonnante soupe de maïs au lard dans laquelle on place une pierre volcanique brûlante.

Les Vallées

Los Valles correspond à la bande de territoire qui s'étend du nord au sud entre l'Altiplano et le bassin amazonien, à environ 2 000 m d'altitude.

Cochabamba offre l'une des meilleures cuisines du pays et abrite pléthore de restaurants, de l'adresse haut de gamme à la gargote de rue. On y déguste des spécialités comme le *silpancho* (tranche de bœuf pané et œuf sur un lit de riz et de pommes de terre), le *lomo borracho* (bœuf et œuf dans un bouillon à la bière) et le *picante de pollo* (poulet sauce piquante). Sans oublier, le *ranga ranga* (tripes aux oignons, tomates et piments jaunes).

Dans les marchés de Tarija, ne manquez pas le *falso conejo* (littéralement "faux lapin" ; bœuf haché en sauce servi avec du riz), le *saice* (dés de bœuf relevés avec des légumes) et le *sonso* (purée de manioc au fromage, grillée en brochettes).

Partout en Bolivie, on aime le *pique a lo macho*, robuste plâtrée de bœuf, saucisse, œufs durs, poivrons, oignons et frites, qui fait merveille pour soigner la gueule de bois.

Les plaines

À l'est vers Santa Cruz, le paysage culinaire se transforme au fur et à mesure que la végétation change. Si les meilleures tables de la ville proposent des plats d'autres pays, en particulier japonais, péruviens et même suisses, ailleurs la cuisine internationale disparaît presque entièrement.

Parmi les plats typiques de la province de Santa Cruz et des Chiquitos, citons le *majadito de charque* (riz à la viande séchée), la *sopa de maní* (soupe aux cacahuètes), le *cuñapé* (petit pain au fromage) et le *pan de arroz* (petit pain de farine de riz, tapioca et fromage cuit dans une feuille de bananier).

Plus au nord, le bassin amazonien regorge de poissons de rivière ainsi que de fruits exotiques, parfaits pour les *licuados* (milk-shakes ou smoothies). Dans la région du Beni, le bœuf se présente sous forme de *pacumutus,* d'énormes grillades accompagnées de manioc, oignons et autres garnitures.

Passer à table

Repas

➡ Le *desayuno* (petit-déjeuner), qui se résume à un café et un petit pain, est souvent suivi d'un en-cas en milieu de matinée tel que *salteña* (chausson à la viande et aux légumes), *tucumana* (chausson de type *empanada*) ou *empanada*. Les hôtels de catégorie supérieure servent un copieux buffet.

➡ L'*almuerzo* (déjeuner) constitue le principal repas de la journée. Dans les restaurants, le mot fait en principe référence à un menu fixe sans prétention (15-40 $B), avec entrée (ou pas), plat et dessert, et parfois une boisson.

➡ Pour la *cena* (dîner), les restaurants proposent essentiellement des plats à la carte. Sur les hauts plateaux, beaucoup d'habitants se contentent d'un *té* (thé) léger le soir.

Où manger

En dehors des grandes villes, le choix se limite aux restaurants de cuisine locale et à quelques pizzerias.

La viande domine la plupart des repas et s'accompagne habituellement de riz, de féculents (en général des pommes de terre) et de salade ou de chou émincé. Dans l'Altiplano, la nourriture se compose surtout de féculents et plus largement de produits riches en glucides. Dans les plaines, le poisson, les fruits et les légumes occupent une place plus importante.

Les options végétariennes gagnent du terrain, mais se limitent souvent aux légumes trop cuits, au riz, aux pommes de terre, aux pâtes et aux pizzas. Reste le quinoa, parfait sur le plan nutritionnel.

Déchiffrer la carte

➡ Un gros bol de *sopa* (soupe) – végétale ou carnée – est le premier plat de tout bon repas bolivien.

ILDI PAPP/SHUTTERSTOCK ©

Salteñas

➡ Le bœuf est généralement *asado* (rôti) ou à la *parrilla* (cuit au barbecue), selon les morceaux : *lomo* (filet), *brazuelo* (jarret) et *churrasco* (bavette).

➡ Le terme *charque* désigne une viande rouge (bœuf, lama...) découpée en lamelles et séchée.

➡ Dans l'Altiplano, le bœuf s'accompagne souvent de *choclo* (maïs en grains), d'un épi de maïs ou de *mote* (maïs déshydraté) ; dans les plaines, on le sert avec du *yuca* (manioc) ou une purée de bananes plantains.

➡ Le *pollo* (poulet) peut être *frito* (frit), *al spiedo* ou *a la broaster* (à la broche), *asado* ou *dorado* (grillé). Il existe partout dans le pays des restaurants de poulet, où une portion avec des pommes de terre revient très peu cher.

➡ Vous êtes allergique aux cacahuètes ? Sachez que le *maní*, à base de cacahuètes, est un ingrédient très utilisé, surtout dans les soupes.

Préparer son voyage

Voyager avec des enfants

Des montagnes peuplées de lamas aux expéditions en bateau dans la jungle, la Bolivie offre aux jeunes voyageurs des aventures palpitantes. À condition d'anticiper certaines difficultés, un voyage dans ce pays andin vous procurera une expérience inoubliable.

Le top des régions pour les enfants

Bassin amazonien

Observation des animaux, sorties en bateau dans le Parque Nacional Madidi, hébergement dans des lodges adaptés aux familles.

Sucre

Une superbe place centrale, un climat tempéré et agréable, des empreintes de dinosaures et des excursions dans la campagne environnante.

Tupiza

Cette ville tranquille offre de nombreuses opportunités d'excursions à la journée, à cheval, à vélo ou en jeep. L'altitude (2 850 m) y est supportable.

Santa Cruz

Nombreuses sorties adaptées aux enfants non loin du centre-ville : jardins botaniques, ferme aux papillons et zoos. Les centres commerciaux permettent de se ravitailler en produits de première nécessité.

Samaipata

Excursions à la journée aux ruines d'El Fuerte, climat plaisant et nombreuses possibilités d'hébergements.

La Paz

Les enfants adoreront le musée des enfants et le téléphérique, mais il faut être bien acclimaté avant. La ville est très haute !

La Bolivie des petits

Les Boliviens adorent les enfants, et les vôtres vous seront d'une grande aide pour passer outre les barrières culturelles. Préparez-vous néanmoins à faire face à certains obstacles, comme l'altitude de l'Altiplano, le climat parfois inhospitalier, une hygiène laissant à désirer et un manque de prévisibilité : inondations, neige et *bloqueos* (barrages routiers dans le cadre de manifestations politiques) vous conduiront peut-être à changer vos plans. Faites preuve de flexibilité.

À ne pas manquer

Plein air

Biocentro Güembé (p. 270). Centre d'activités près de Santa Cruz avec une ferme aux papillons, des expositions d'orchidées et des piscines.

Mi Teleférico (p. 79). Le réseau de téléphérique de La Paz.

Parque Cretacico (p. 209). Ce parc recèle de nombreuses empreintes de dinosaures.

Jardín Botánico (p. 65). On peut admirer ces jardins lors d'une excursion depuis Santa Cruz.

El Fuerte (p. 279). Des ruines pré-incas avec suffisamment d'espace pour jouer.

Vie sauvage

Parque Nacional Madidi (p. 311). Observation des animaux dans le bassin amazonien.

Parque Nacional Sajama (p. 159). Les lamas, alpagas et vigognes (entre autres) peuplent ce parc national. Acclimatation nécessaire.

Senda Verde Wildlife Sanctuary (p. 117). Une réserve amusante ou les humains sont "en cage" et les singes en liberté.

Zoológico Municipal Fauna Sudamericana (p. 265). Le zoo de Santa Cruz, situé non loin du centre-ville.

Zoo El Refugio (p. 281). Un refuge pour animaux à proximité de Samaipata.

Activités des jours pluvieux

Pipiripi (p. 55). Le musée des enfants de La Paz propose des expositions interactives.

Museo Antropológico Eduardo López Rivas (p. 151). Un musée réduit mais instructif à Oruro.

Ventura Mall (p. 272). Centre commercial moderne avec aire de restauration, cinéma et, à l'occasion, des activités pour enfants.

Hôtels adaptés aux familles

El Pueblito (p. 282). Les enfants adoreront ce village miniature avec terrain de jeu à Samaipata.

Hotel Los Tajibos (p. 269). *Resort* luxueux avec piscine pour enfants.

El Jardín (p. 281). Jardins paisibles et terrain pour camper à Samaipata.

Chalalán Ecolodge (p. 311). Une expérience inoubliable dans le Parque Nacional Madidi.

Préparation

Avant d'emmener vos enfants en Bolivie, prévoyez soigneusement ce dont vous pourriez avoir besoin, car vêtements et équipement peuvent être difficiles à trouver en dehors des grandes villes.

Pour des renseignements et des conseils d'ordre général, consultez le guide *Voyager avec ses enfants* de Lonely Planet.

Hébergements

- De nombreux hôtels proposent des chambres familiales, avec trois ou quatre lits.

- Les hôtels les plus adaptés aux familles sont les *resorts*, avec terrains de jeu et piscines.
- Souvenez-vous que les nuits à haute altitude sont très froides et que tous les hôtels ne sont pas chauffés ; n'oubliez pas de vérifier.
- Dans les basses terres, envisagez le camping ; de nombreux hôtels disposent d'un endroit où planter la tente et vous laisseront utiliser leurs installations.
- Berceaux, tables à langer et services de garde d'enfants ne sont disponibles que dans les hôtels de standing des grandes villes.

À prendre avec soi

- Kit de premier secours avec anti-diarrhéiques, solution de réhydratation, écran solaire, spray anti-moustiques, pansements adhésifs, thermomètre et tous les médicaments dont votre enfant pourrait avoir besoin
- Protection solaire avec indice élevé
- Certificats de vaccination, passeports et visas requis
- Vêtements adaptés à tous les temps et couvre-chef pour se protéger du soleil
- Porte-bébé (une poussette serait inutile)
- Lingettes
- Siège auto, si vous prévoyez de conduire un véhicule

Les régions en un clin d'œil

La Paz et ses environs

Gastronomie
Marchés
Vie nocturne

Une gastronomie en plein essor

Avec l'ouverture de toute une série d'établissements de premier ordre, la scène des restaurants de la ville est en plein essor. Si la cuisine gastronomique n'est pas votre tasse de thé, gagnez les étals de rue pour une délicieuse cuisine. La capitale compte un nombre croissant de cafés branchés où prendre une dose de caféine.

Artisanat

Des marchés couverts à celui des Sorcières, vous pourrez dénicher, à travers un dédale d'étals, absolument de tout : artisanat et tissages de toute la Bolivie, potions, sculptures sur bois, etc.

Fêtes

Les fêtes religieuses et profanes sont l'occasion de fastueuses parades. Quand vient le coucher du soleil, l'ambiance gagne les bars et les discothèques de Sopocachi.

p. 46

Lac Titicaca

Histoire
Randonnée
Paysage

Au berceau du Soleil

Pour les Tiwanaku, comme pour les Incas, le Soleil et leur civilisation étaient nés de ce plan d'eau remarquable. Le lac Titicaca est l'endroit idéal pour découvrir l'histoire précolombienne.

Traversée de l'île

Sur l'Isla del Sol, vous découvrirez abondance de ruines antérieures à la conquête espagnole et des villages traditionnels bien vivants. Mais ne manquez pas de vous renseigner sur le développement du dernier conflit insulaire, qui a rendu l'Isla del Sol inaccessible aux voyageurs.

Eau et glace

Pas un angle de vue qui ne soit photogénique sur le lac Titicaca. La traversée d'une île à l'autre, les couchers et les levers du soleil sur le lac, les reflets de la Cordillera Real dans ses eaux miroitantes vous marqueront à jamais.

p. 89

Cordilleras et Yungas

Trekking
Alpinisme
VTT

Chemins incas

D'anciens chemins incas mènent des hauteurs des Andes jusqu'à la lisière de l'Amazonie, en traversant des villages indigènes et divers écosystèmes, au milieu des cris des oiseaux tropicaux. Des sentiers battus aux chemins moins fréquentés, de multiples options s'offrent à vous.

À l'assaut des pics

Chaussez vos crampons et munissez-vous d'un piolet pour gravir les pics des cordillères andines. Certains sommets n'ont été conquis qu'un petit nombre de fois, mais des itinéraires sont accessibles aux grimpeurs novices.

Descente à VTT

Que vous dévaliez la "route la plus dangereuse du monde", que vous passiez des cascades près de Sorata ou empruntiez des pistes guère fréquentées, la Bolivie offre certaines des plus spectaculaires descentes à VTT au monde et des dénivelés de plus de 3 000 m.

p. 110

Sud de l'Altiplano

Faune
Aventure
Paysages

Faune des hautes plaines

Dans ces immenses étendues austères et sauvages prospèrent les vigognes. Si vous avez de la chance, vous apercevrez aussi des nandous et de nombreux camélidés andins.

Salar d'Uyuni

Un circuit en jeep de 3-4 jours dans le Salar d'Uyuni est une aventure en soi. Cet incroyable désert de sel peut aussi se découvrir à VTT, à cheval, où en 4x4 depuis Tupiza. Non loin, on peut gravir d'imposants volcans et descendre dans des mines séculaires.

Paysages extraordinaires

Vous traverserez des paysages sauvages époustouflants : le plus grand lac salé qui soit, des formations rocheuses surréalistes, des vallées constellées de cactus, des pics volcaniques et des lacs colorés sous un ciel infini.

p. 146

Hauts plateaux du Centre

Climat
Histoire
Mines

Vents frais

Les *Cochabambinos* (habitants de Cochabamba) affirment que le climat printanier qui y règne toute l'année fait de Cochabamba une ville idéale. Que vous veniez de la touffeur des basses plaines ou du froid glacial des hauts plateaux, vous ressentirez agréablement votre séjour dans la ville.

Architecture coloniale

Majestueuse, Sucre n'a pas son pareil en Bolivie. Cette ville au charme méconnu, située au pied des Andes, fut le berceau de l'indépendance de la nation. Ses musées, ses églises et ses places en font la cité la plus imprégnée d'Histoire du pays.

Mines d'argent

À la fois ensorcelante et terrifiante, la visite des mines d'argent de Potosí offre une plongée évocatrice dans le passé de la région. Les édifices coloniaux aux façades ouvragées de la ville que la mine a fondée valent également le détour.

p. 184

Centre-Sud et Chaco

Paysages
Vin
Cuisine

Hautes terres

Les collines arides et rocailleuses du Chaco, brûlées par le soleil, cèdent la place à un paysage de hautes terres balayées par le vent et émaillées de lacs constellés de flamants roses. Une douce ambiance baigne le pays du vin autour de Tarija. Entre les deux s'étendent les espaces sauvages de nombreux parcs nationaux et réserves.

Vin

Le vin bolivien est rarement reconnu à sa juste valeur. Il vous suffira de passer quelques jours à faire la tournée des établissements vinicoles d'El Valle de la Concepción, près de Tarija, pour vous y convertir. La gentillesse des habitants vous restera en mémoire.

Spécialités locales

La cuisine *chapaco* (de la région de Tarija) est inventive. Les plats locaux ne se retrouvent nulle part ailleurs dans le pays. Goûtez-les dans le marché nocturne ou dans l'un des restaurants accueillants de la ville.

p. 239

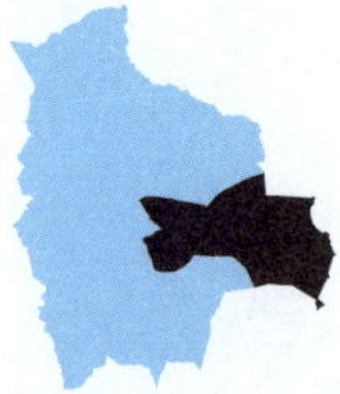

Santa Cruz et Gran Chiquitania

Cuisine
Histoire
Missions

Cuisine internationale

La gastronomie est l'un des points forts de Santa Cruz. Sa tradition culinaire variée saura conquérir les palais les plus délicats. Du ceviche à la péruvienne aux ailes de poulet à l'américaine, vous ne quitterez pas la ville le ventre vide.

Sentier révolutionnaire

Les inconditionnels de Che Guevara fonceront vers La Higuera, où le révolutionnaire fut assassiné en 1967. Plusieurs lieux honorent la mémoire du guérillero ; les guides locaux offrent des visites passionnantes sur le sentier du Che.

Missions jésuites

Surprenant et passionnant, le circuit des missions jésuites vous entraîne à la découverte des églises richement ornées et restaurées dans leur style d'origine, qui se dressent au cœur de bourgades perdues.

p. 262

Bassin amazonien

Aventure
Culture
Faune

Aventure dans la jungle

Amazonie ! Le nom même est synonyme d'aventure. On y progresse lentement et il faut y affronter les insectes : ici, c'est la nature qui impose ses règles. Voguez sur le fleuve, lors d'une expédition dans la jungle que vous n'oublierez jamais ; l'enfant de dix ans qui sommeille en vous vous en remerciera.

Fêtes débridées

Très hautes en couleur, les fêtes de Trinidad et de San Ignacio de Moxos sont réputées dans tout le pays pour leur exubérance. On est là au cœur de l'Amazonie, et ça se sent.

Faune amazonienne

Voir filer un jaguar furtif ou le perroquet le plus rare du monde, se faire réveiller par le tapage assourdissant des singes hurleurs : l'Amazonie, qui présente la plus grande biodiversité de la planète, est une contrée mythique pour l'écotourisme.

p. 296

Sur la route

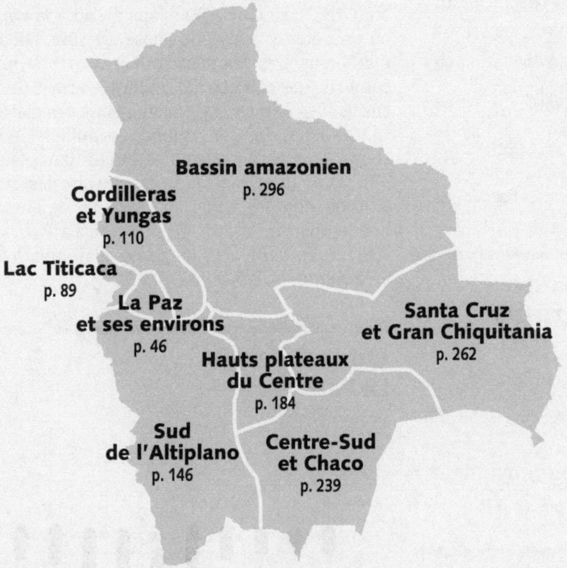
Bassin amazonien
p. 296
Cordilleras
et Yungas
p. 110
Lac Titicaca
p. 89
La Paz
et ses environs
p. 46
Santa Cruz
et Gran Chiquitania
p. 262
Hauts plateaux
du Centre
p. 184
Sud
de l'Altiplano
p. 146
Centre-Sud
et Chaco
p. 239

La Paz et ses environs

Dans ce chapitre ➡

Le top des restaurants

- Gustu (p. 71)
- Ali Pacha (p. 69)
- Popular Cocina Boliviana (p. 69)
- Namas Té (p. 69)
- Los Qñapes (p. 71)

Le top des hébergements

- Atix Hotel (p. 68)
- Hotel Rosario (p. 66)
- Onkel Inn (p. 65)
- Loki Hostel (p. 67)
- Ananay Hostal (p. 67)

Pourquoi y aller

Toute la diversité culturelle de la Bolivie se retrouve concentrée dans, et autour de, la capitale de facto, La Paz, où 800 000 habitants s'agglutinent dans les limites d'une étroite vallée. Une folle bousculade de piétons, de vendeurs ambulants, de minibus et de défilés, le tout dans un tohu-bohu de klaxons : La Paz vous prend à la gorge. On adore ou on déteste, mais une chose est sûre, elle ne laisse pas indifférent. Des hommes d'affaires tirés à quatre épingles côtoient des agents de sécurité armés et des cireurs encagoulés. Des ascensions mènent à des places reposantes.

Plus haut, dans l'Altiplano, un million de Boliviens ont choisi de se rapprocher des étoiles dans la ville satellite d'El Alto, rampe de lancement vers des sites de haute altitude (dont les mystérieuses ruines de Tiwanaku), tandis que le quartier aisé de Zona Sur, à La Paz, voit passer les visiteurs en route pour les gorges majestueuses et les vallées verdoyantes en contrebas.

Quand partir

La Paz

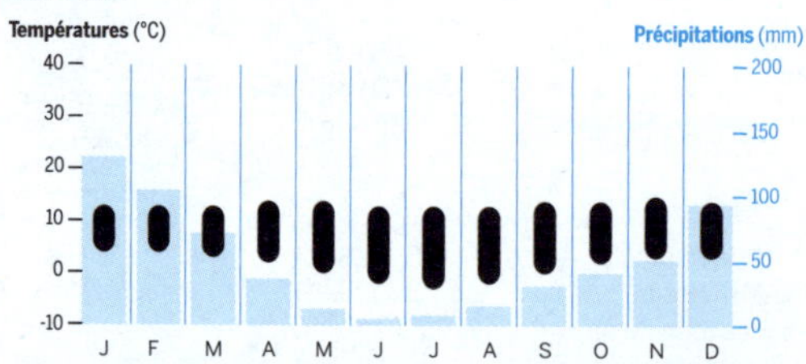

Nov-avr Il pleut presque tous les après-midi et les rues pentues se transforment en torrents.

Mai-oct Hiver frais, mais ensoleillé. C'est la haute saison à La Paz.

Jan-juin La saison des fêtes : foire des Alasitas, Gran Poder, carnaval et Nouvel An aymara.

À ne pas manquer

1 Un survol de La Paz à bord de **Mi Teleférico** (p. 79), le plus long réseau de lignes de téléphérique au monde.

2 Les étals d'aphrodisiaques et les diseuses de bonne aventure du **Mercado de las Brujas** (p. 63).

3 Les **musées de Calle Jaén** (p. 53).

4 Un festin chez **Gustu** (p. 71), le restaurant qui fait souffler un vent nouveau sur la gastronomie de La Paz.

5 Les extravagants *cholets*, ces édifices joyeusement colorés conçus par l'architecte Freddy Mamani, qui ont fleuri ces dernières années dans la banlieue d'**El Alto** (p. 77).

6 Une randonnée dans le **Cañón de Palca** (p. 83).

7 Un dîner au son de la musique traditionnelle à **Jallalla** (p. 105), la plus récente – et la meilleure – *peña* en ville.

8 Une plongée dans l'histoire d'une civilisation disparue aux mystérieuses ruines de **Tiwanaku** (p. 84).

LA PAZ

☎2 / 1,7 MILLION D'HABITANTS / ALTITUDE 3 660 M

Véritable jungle urbaine pleine d'odeurs de gasoil, de poussière et de détritus, La Paz émerveille autant qu'elle consterne quiconque s'y aventure. Si elle renferme de sombre coins dignes d'un roman de Dickens, la ville semble se réinventer à chaque instant – à l'image de cet incroyable téléphérique qui file des hauteurs d'El Alto aux profondeurs de la Zona Sur. Les rénovations d'hôtels se succèdent à un rythme effréné et les établissements de charme surgissent de terre comme des champignons.

Histoire

La Ciudad de Nuestra Señora de La Paz (la Ville de Notre-Dame-de-la-Paix) fut fondée le 20 octobre 1548 par le capitaine espagnol Alonzo de Mendoza, à l'emplacement de l'actuel Laja, sur la route de Tiwanaku. Peu après, La Paz fut transférée sur son site actuel, la vallée du Chuquiago Marka (aujourd'hui appelé Río Choqueyapu), alors occupée par une communauté de mineurs aymaras.

Les Espagnols ne tardèrent pas à s'emparer des mines d'or et le capitaine Mendoza devint le maire de la nouvelle cité. Les unions interraciales donnèrent naissance à une population fortement métissée.

La situation de La Paz au fond d'une gorge accidentée, dictée par la quête de l'or, aurait dû condamner la ville au déclin une fois la ressource épuisée. Toutefois, protégée des rigueurs de l'Altiplano et établie sur la principale route commerciale entre Lima et Potosí – par laquelle transitait la majeure partie de l'argent provenant de cette dernière –, elle parvint à préserver sa prospérité et, lorsque le chemin de fer fut construit, elle s'était suffisamment imposée pour conserver sa prééminence.

Malgré son nom, La Paz a été le théâtre de nombreuses violences. Depuis son indépendance en 1825, la République a changé plus de 190 fois de chef d'État, un poste qui allait jadis de pair avec une espérance de vie réduite. Le palais présidentiel, sur la Plaza Murillo, a été surnommé Palacio Quemado (palais brûlé) en raison des incendies à répétition qui y ont eu lieu. En 1946, le président Gualberto Villarroel fut pendu en public sur cette même place.

La Paz est aujourd'hui la capitale de facto de la Bolivie (Sucre demeure la capitale constitutionnelle).

À voir

La Paz compte quelques intéressants musées et édifices notables, mais la meilleure manière de découvrir la ville est d'errer dans ses marchés grouillant de monde, de s'imprégner de la frénésie de ses rues commerçantes et d'admirer la vue depuis les points de vue perchés sur les collines. La plupart des sites et des musées ferment pendant les vacances de Noël, du 25 décembre au 6 janvier.

LA PAZ EN...

Deux jours

En raison de son altitude et de ses rues escarpées, La Paz se découvre à un rythme nonchalant. Commencez par vous promener dans les anciennes rues pavées autour de l'Iglesia de San Francisco (page ci-contre), puis flânez dans la Calle Jaén, qui abrite de superbes musées (p. 53). Découvrez la culture du tissage au Museo de Textiles Andinos Bolivianos (p. 53), ou flanez dans la ruelle *artesanía* (artisanat) menant au Mercado de las Brujas (p. 63), le "marché des sorcières". Le soir, cap sur le quartier huppé de Zona Sur pour savourer la cuisine bolivienne primée de Gustu (p. 71).

Le deuxième jour, embarquez à bord de Mi Teleférico (p. 79) et envolez-vous vers El Alto pour admirer l'architecture psychédélique "néoandine" de Freddy Mamani. Redescendez ensuite dîner et prendre un verre dans le quartier aisé de Sopocachi (carte p. 54) avant d'aller écouter de la musique traditionnelle dans une *peña* (p. 73).

Quatre jours

Suivez le programme précédent, puis, le troisième jour, visitez les jardins de cactus entourant la ville, dans le Valle de la Luna (p. 81) ou la Muela del Diablo (p. 81). Il est plaisant d'apporter, pour pique-niquer, des produits frais achetés au marché. Le quatrième jour, explorez les ruines de Tiwanaku (p. 84) ou bien faites une randonnée à vélo (p. 57) dans les environs de La Paz.

Ouest du Prado

Les secteurs situés à l'ouest du Prado regroupent les passionnants marchés de Rosario, de Belén et de San Pedro, le cimetière et le quartier chic de Sopocachi, qui comprend quelques-uns des meilleurs lieux nocturnes de La Paz. Vous pourrez observer vos contemporains sur la **Plaza Eduardo Avaroa** avant d'aller admirer la vue splendide offerte depuis le **parc Monticulo**.

Iglesia de San Francisco ÉGLISE

(carte p. 50 ; Plaza San Francisco, Rosario). La basilique en pierre de taille fut fondée en 1548 par Fray Francisco de los Ángeles. Sa construction démarra l'année suivante, mais la première structure s'effondra en 1610 sous le poids de la neige. L'église fut reconstruite entre 1743 et 1772 avec des pierres provenant de la carrière de Viacha. Les sculptures qui ornent la façade représentent notamment des *chirimoyas* (anones), des pommes de pin et des oiseaux tropicaux.

La partie haute de la Plaza San Francisco abrite un ensemble de piliers rocheux et de visages en pierre imposants visant à représenter et à honorer les trois grandes cultures du pays : tiwanaku, inca et aymará.

À côté de la basilique, le **Museo San Francisco** (carte p. 50 ; 231-8472 ; Plaza San Francisco, Rosario ; 20 $B ; 9h-18h lun-sam) présente, à travers ses cloîtres et son jardin, l'histoire et l'art du monument. Le musée contient de superbes peintures religieuses, des objets historiques et une intéressante antichambre. Vue sur La Paz depuis le toit.

La **place** accueille souvent rassemblements et manifestations.

Cimetière de La Paz CIMETIÈRE

(www.lapaz.bo/infoservicio/cementerio ; Av. Baptista, Tacagua ; 8h30-17h). Comme dans de nombreux cimetières d'Amérique latine, les corps sont d'abord enterrés à l'occidentale ou placés dans une crypte ; puis, dans les 10 jours, ils sont exhumés et incinérés. Ensuite, les familles achètent ou louent un casier vitré dans les murs du cimetière pour y déposer les cendres, fixer une plaque commémorative et placer des fleurs derrière la vitre.

Les murs sont percés de centaines de casiers et certains, rehaussés, ressemblent à des barres d'immeubles de trois ou quatre étages. Le va-et-vient permanent des familles fait du cimetière un endroit animé.

Le Día de los Muertos (jour des Morts ; p. 64), le 2 novembre, est probablement le meilleur moment pour visiter le cimetière : la moitié de la ville vient alors rendre hommage à ses ancêtres. N'oubliez pas que les alentours du cimetière ne sont pas très sûrs. Ne venez pas à la nuit tombée.

Salar Galería de Arte GALERIE

(carte p. 54 ; www.salart.org ; Av. Ecuador 2534, Sopocachi ; 10h-19h mar-sam). Cette galerie insolite expose sur trois niveaux les plus grands artistes contemporains de Bolivie.

Museo de la Coca MUSÉE

(carte p. 50 ; 231-1998 ; www.cocamuseum.com ; Linares 906, Rosario ; 15 $B ; 10h-19h lun-sam). Le petit musée de la Coca, un peu fatigué, explore le rôle de cette feuille sacrée dans les sociétés traditionnelles, son utilisation par les industries du soda et de la pharmacie, et l'augmentation de la demande de cocaïne. L'exposition, pédagogique et plutôt objective, invite à la réflexion. Le café sert des cocktails, des douceurs et même des *nachos* à base de coca.

Museo Elsa Paredes de Salazar MUSÉE

(musée de Poupées Elsa Paredes de Salazar ; carte p. 54 ; 7620-1981 ; www.facebook.com/MuseodeMunecasElsaParedes ; Guitiérrez 550, Sopocachi ; 10 $B ; sur rdv mar et jeu 16h-19h). Une étonnante collection de plus de 800 poupées du monde entier. La plupart portent des costumes boliviens traditionnels, mais certaines sont vêtues d'habits d'autres cultures et continents. Ne manquez pas la figurine d'Evo Morales qui dodeline de la tête.

Fundación Solón GALERIE

(Galerie Walter Solón Romero ; carte p. 54 ; 241-7057 ; www.fundacionsolon.org ; Av. Ecuador 2517, Sopocachi ; don suggéré 5 $B ; 10h-19h lun-ven). Walter Solón Romero (1923-1999), l'un des plus grands artistes du pays a vécu ici. Bien connu pour ses fresques et pour sa fascination pour Don Quichotte, Solón a payé un lourd tribut à la dictature avec la mort en prison de son fils dans les années 1970.

Museo Tambo Quirquincho MUSÉE

(carte p. 50 ; 239-0969 ; Plaza Alonso de Mendoza, Rosario ; 8 $B ; 9h-12h30 et 15h-19h mar-ven, 9h-13h sam-dim). Ce musée, un ancien *tambo* (marché et auberge de bord de route), compte dix salles abritant des expositions temporaires dans son patio central

Centre de La Paz

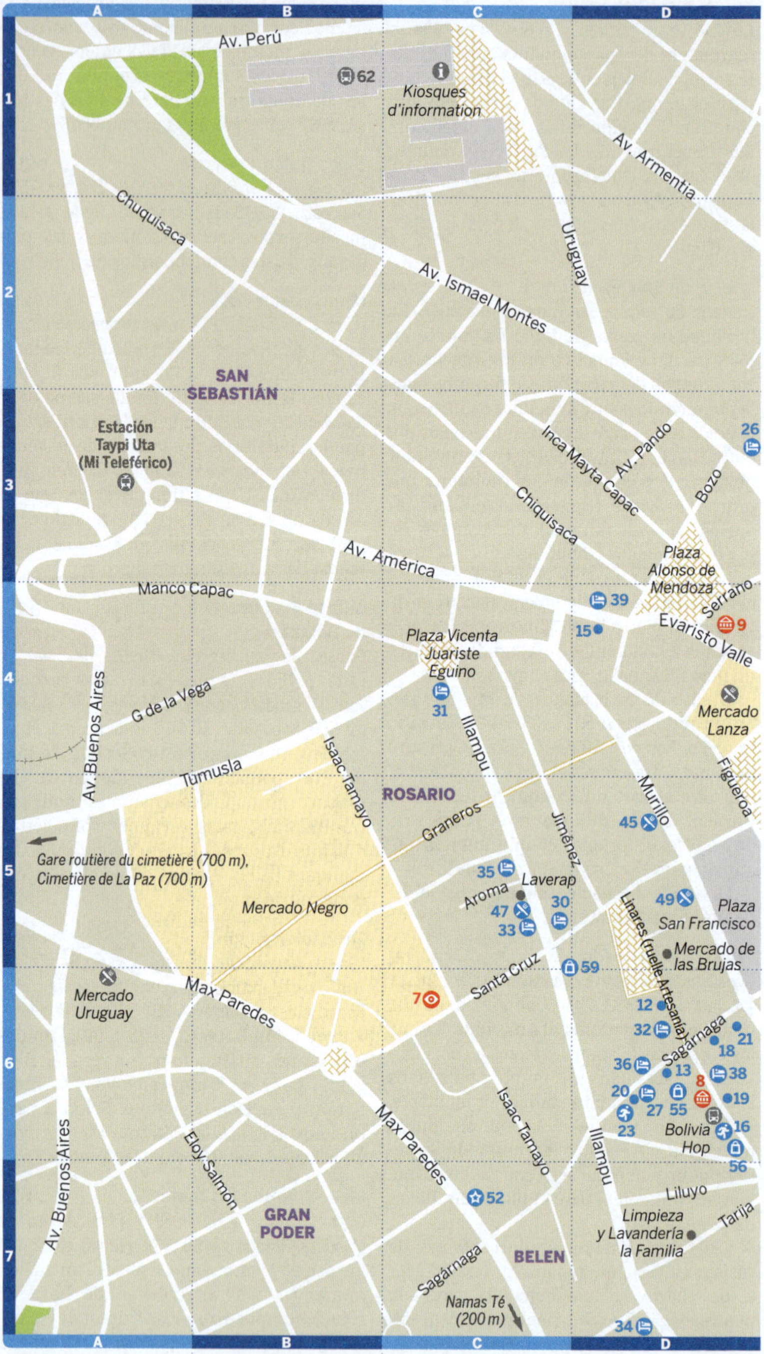

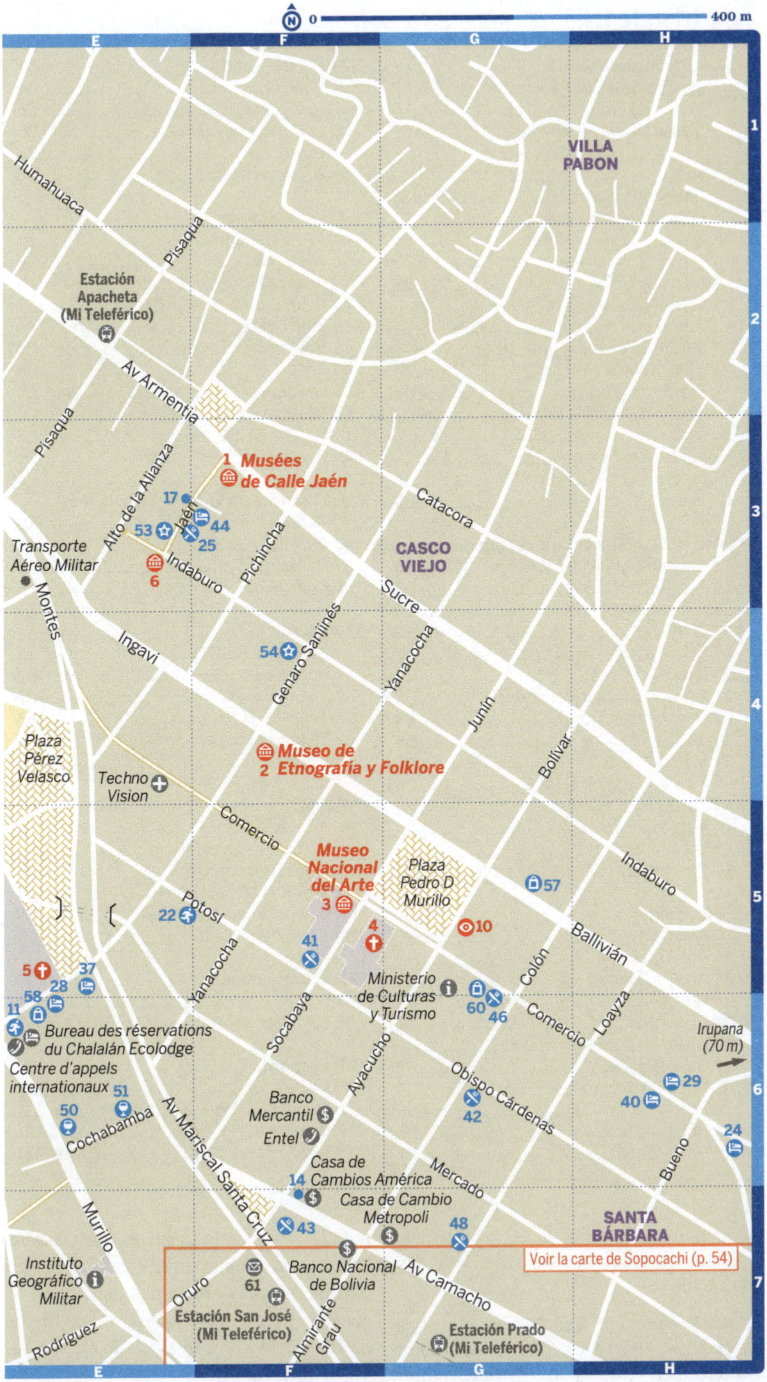

0
400 m
VILLA PABON
Humahuaca
Pisaqua
Estación Apacheta (Mi Teleférico)
Av Armentia
1 Musées de Calle Jaén
Alto de la Alianza
Jaén
Catacora
CASCO VIEJO
Transporte Aéreo Militar
Indaburo
Pichincha
Montes
Sucre
Ingavi
Genaro Sanjinés
Yanacocha
Junín
Bolívar
Plaza Pérez Velasco
Techno Vision
2 Museo de Etnografía y Folklore
Comercio
Museo Nacional del Arte
Plaza Pedro D Murillo
Potosí
Ballivián
Colón
Ministerio de Culturas y Turismo
Loayza
Socabaya
Ayacucho
Bureau des réservations du Chalalán Ecolodge
Centre d'appels internationaux
Irupana (70 m)
Obispo Cárdenas
Cochabamba
Av Mariscal Santa Cruz
Banco Mercantil
Entel
Casa de Cambios América
Casa de Cambio Metropoli
Mercado
Bueno
SANTA BÁRBARA
Murillo
Voir la carte de Sopocachi (p. 54)
Instituto Geográfico Militar
Banco Nacional de Bolivia
Av Camacho
Oruro
Estación San José (Mi Teleférico)
Almirante Grau
Estación Prado (Mi Teleférico)
Rodríguez

Centre de La Paz

Les incontournables
1 Musées de la Calle Jaén F3
2 Museo de Etnografía y Folklore F4
3 Museo Nacional del Arte F5

À voir
Casa de Murillo .... (voir 1)
4 Catedral Metropolitana F5
5 Iglesia de San Francisco E5
6 Fundación Mamani Mamani E3
7 Mercado Negro C6
Museo Costumbrista Juan de Vargas .... (voir 1)
Museo de Instrumentos Musicales .... (voir 54)
8 Museo de la Coca D6
Museo de Metales Preciosos .... (voir 1)
Museo del Litoral .... (voir 1)
Museo San Francisco .... (voir 5)
9 Museo Tambo Quirquincho D4
10 Palais présidentiel G5

Activités, cours et circuits organisés
11 Andean Expeditions Dirninger E6
12 Ayni Spanish Institute D6
13 Bolivian Journeys D6
Climbing South America .... (voir 16)
14 Crillon Tours F7
15 Deep Rainforest D4
16 Gravity Assisted Mountain Biking D6
17 HanaqPacha Travel E3
18 Inca Land Tours D6
19 Madidi Travel D6
20 Pico Verde Languages D6
Turisbus .... (voir 35)
21 Tusoco Travel D6
22 Urban Rush E5
23 Xtreme Downhill D6

Où se loger
24 Altu Qala H6
25 Ananay Hostal F3
26 Arthy's Guesthouse D3
27 Hostal Maya Inn D6
28 Hostal Naira E6
29 Hostal República H6
30 Hotel Berlina C5
31 Hotel Continental C4
32 Hotel Fuentes D6
33 Hotel Las Brisas C5
34 Hotel Milton D7
35 Hotel Rosario C5
36 Hotel Sagárnaga D6
37 La Casona E5
38 La Posada de la Abuela D6
39 Loki Hostel D4
40 Wild Rover H6

Où se restaurer
41 Alexander Coffee F5
42 Ali Pacha G6
Antigua Miami .... (voir 50)
43 Confitería Club de La Paz F7
44 Etno Café Cultural E3
45 Hay Pan D5
46 Km 0 .... G6
La Casona Restaurant .... (voir 37)
47 Martinni Pizza C5
48 Paceña La Salteña G7
49 Popular Cocina Boliviana D5

Où prendre un verre et faire la fête
Andean Culture Distillery .... (voir 50)
50 Café Sol y Luna E6
Hb Bronze Coffeebar .... (voir 24)
51 Open Mind Club E6

Où sortir
Jallalla .... (voir 6)
Peña Huari .... (voir 27)
52 Peña Jamuy C7
53 Teatro del Charango E3
54 Teatro Municipal Alberto Saavedra Pérez F4

Achats
55 Artesanía Sorata D6
56 Comart Tukuypaj D6
57 Los Amigos del Libro G5
58 Mistura Manifestación Creativa E6
59 Sampaya Outdoor Equipment C5
60 The Writer's Coffee G5

Renseignements
61 Poste F7
Lavandería Maya .... (voir 27)

Transports
Diana Tours .... (voir 36)
Flota Trans-Inquisivi .... (voir 63)
62 Gare routière principale B1
Vicuña Travel .... (voir 63)

changeant tous les mois et qui incluent souvent des œuvres d'artistes boliviens émergents.

Iglesia Indígena de San Pedro ÉGLISE
(carte p. 54 ; Plaza San Pedro, San Pedro). Fondée dès 1549 pour évangéliser la population, cette église de facture baroque et néoclassique est la deuxième paroisse la plus anciennes de La Paz. Sa construction s'est terminée à la fin du XVIIIe siècle après le siège de La Paz par Túpac Katari.

Est du Prado

C'est à l'est du Prado que vous trouverez la plupart des musées et le palais présidentiel.

Museo Nacional de Arte MUSÉE

(carte p. 50 ; museonacionaldearte.gob.bo ; angle Comercio et Socabaya, Casco Viejo ; 20 $B ; 8h30-16h30 lun-ven). Construit en 1775, ce palais colonial en granit rose a retrouvé sa grandeur d'antan après avoir été restauré. Son architecture combine les styles baroque andin et *mestizo* (métis). Au centre d'une immense cour entourée de galeries sur trois niveaux se dresse une jolie fontaine en albâtre. Les différents niveaux sont consacrés à diverses époques, avec un accent particulier mis sur les thèmes religieux. Ne manquez pas les œuvres de Marina Núñez del Prado (p. 75). Visites guidées gratuites sur demande (minimum 5 personnes).

Un nouvel espace jouxtant le musée accueille des expositions tournantes d'art contemporain bolivien qui, à la différence du musée, sont gratuites.

Museo de Etnografía y Folklore MUSÉE

(carte p. 50 ; 240-8640 ; www.musef.org.bo ; angle Ingavi et Sanjinés, Casco Viejo ; 20 $B, avec photo 40 $B ; 8h30-16h lun-sam, 8h30-13h30 dim). Ce musée, l'un des meilleurs de la ville, enchantera les passionnés d'anthropologie. L'édifice, véritable trésor architectural construit en 1720, fut la résidence du Marqués de Villaverde. On y découvre entre autres une impressionnante collection de masques rituels et une exposition de superbes tissages des quatre coins du pays. Possibilité de visite guidée sur réservation.

Museo de Textiles Andinos Bolivianos MUSÉE

(MUTAB ; 224-3601 ; www.museodetextiles.org ; Plaza Benito Juárez 488, Miraflores ; 15 $B ; 9h30-12h et 15h-18h30 lun-sam). Si vous aimez le tissage traditionnel bolivien, ne manquez pas la visite de ce petit musée du textile. Les superbes tissages traditionnels du pays (dont des pièces de la Cordillera Apolobamba et des régions de Jalq'a et Candelaria, dans les hauts plateaux du Centre) sont regroupés par régions. Leur fabrication est expliquée de la fibre au produit fini (descriptions en espagnol et en anglais). La boutique propose des originaux de qualité ; le produit de la vente revient à 90% aux artistes. Le musée était en période d'entretien de ses collections lors de nos recherches.

Du Prado, marchez durant 20 minutes en direction du nord-est ou prenez le *micro* 131 ou 135, ou le minibus affichant "Av. Busch".

Le musée du Poncho (p. 94), lui, se trouve à Copacabana.

Musées de la Calle Jaén MUSÉES

(carte p. 50 ; Calle Jaén, Casco Viejo ; 4 musées 20 $B ; 9h-12h30 et 15h-19h mar-ven, 9h-13h sam-dim). Dans la rue coloniale la mieux préservée de La Paz, on peut visiter 4 petits musées regroupés au même endroit. Achetez vos billets au **Museo Costumbrista** (carte p. 50 ; angle Jaén et Sucre) et enchaînez avec le **Museo de Metales Preciosos** (carte p. 50 ; Calle Jaén 777), le **Museo del Litoral** (ou Museo de la Guerra del Pacífico ; carte p. 50 ; Calle Jaén 798) et la **Casa de Murillo** (carte p. 50 ; Calle Jaén 790).

Le Museo Costumbrista Juan de Vargas expose des objets d'art, des photos, ainsi que de superbes dioramas de figurines en céramique illustrant l'ancienne La Paz. L'un d'eux représente l'*akulliko*, le moment où l'on mâche la coca ; un autre dépeint les festivités du Día de San Juan Bautista (la Saint-Jean) ; un troisième décrit la pendaison de Murillo en 1810. On peut également admirer des objets de l'époque coloniale et des poupées vêtues de costumes traditionnels.

Également appelé Museo del Oro (musée de l'Or), le Museo de Metales Preciosos comprend quatre salles qui, de manière impressionnante, présentent des œuvres précolombiennes en argent, or et cuivre, ainsi que des pièces de Tiwanaku.

Le petit Museo del Litoral abrite essentiellement des cartes historiques venant appuyer les revendications de la Bolivie sur Antofagasta et la Segunda Región, au Chili.

Ancienne résidence de Pedro Domingo Murillo – l'un des meneurs de la révolution de La Paz, le 16 juillet 1809 –, la Casa de Murillo contient des œuvres d'art et du mobilier colonial, ainsi que de la verrerie et de l'argenterie ayant appartenu à l'aristocratie bolivienne.

Fundación Mamani Mamani GALERIE

(carte p. 50 ; 290-6294 ; fundacionmamanimamani.com ; Indaburo 710 angle Jaén, Casco Viejo). Une galerie d'art, certes, mais aussi une collection d'objets et d'œuvres à vendre, notamment les cartes et affiches pleines de couleurs de l'artiste bolivien contemporain bien connu Roberto Mamani Mamani (pseudonyme de Roberto Aguilar Quisbert),

Sopocachi

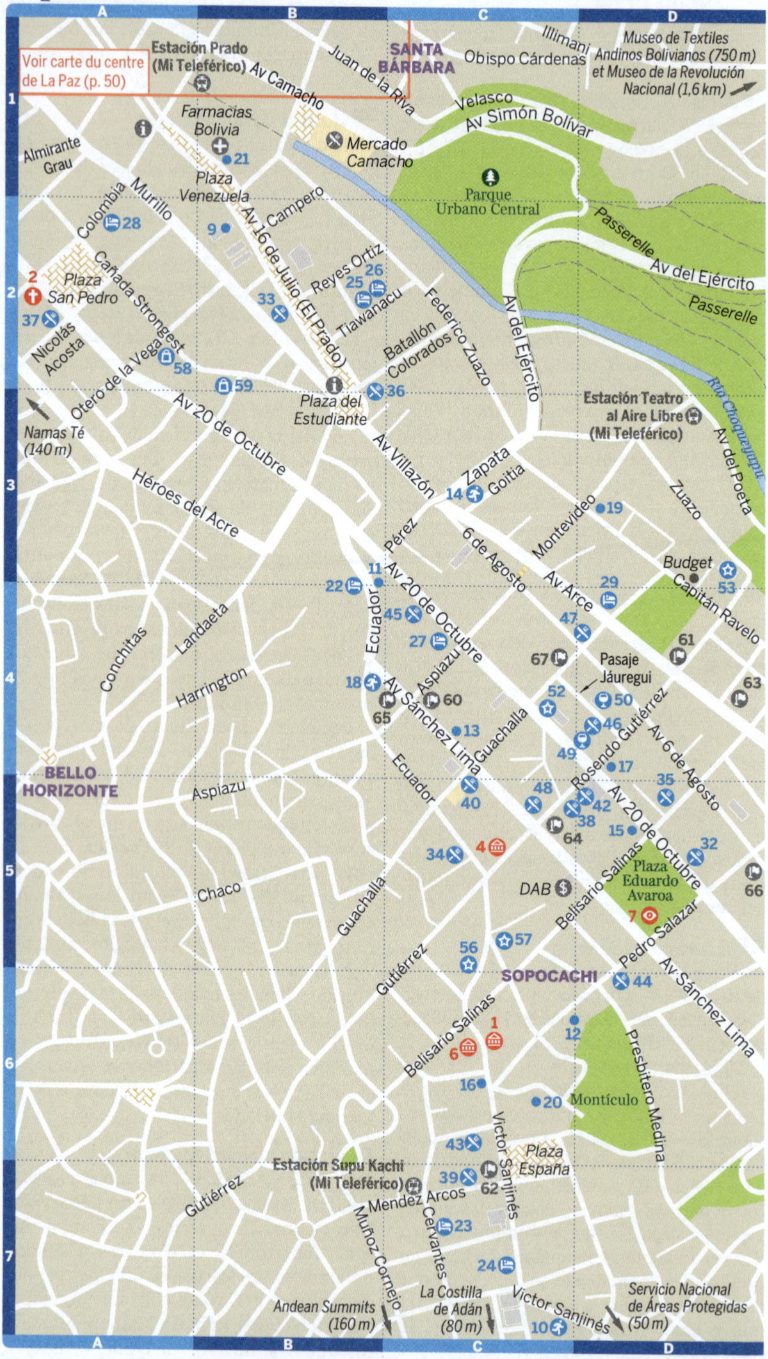

Voir carte du centre de La Paz (p. 50)
Estación Prado (Mi Teleférico)
Av Camacho
Juan de la Riva
SANTA BÁRBARA
Obispo Cárdenas
Illimani
Museo de Textiles Andinos Bolivianos (750 m) et Museo de la Revolución Nacional (1,6 km)
Velasco
Av Simón Bolívar
Farmacias Bolivia
21
Mercado Camacho
Almirante Grau
Plaza Venezuela
Parque Urbano Central
Colombia
Murillo
28
9
Campero
Av 16 de Julio (El Prado)
Passerelle
Av del Ejército
Passerelle
2
Plaza San Pedro
Cañada Strongest
Reyes Ortiz
26
25
33
Tiawanacu
37
Nicolás Acosta
Federico Zuazo
Av del Ejército
Batallón Colorados
58
Otero de la Vega
59
36
Plaza del Estudiante
Estación Teatro al Aire Libre (Mi Teleférico)
Río Choqueyapu
Av 20 de Octubre
Namas Té (140 m)
Av Villazón
Av del Poeta
Héroes del Acre
Zapata
14
Goitia
Zuazo
19
Montevideo
Pérez
6 de Agosto
Budget
53
11
Av Arce
29
22
Av 20 de Octubre
Capitán Ravelo
45
47
Ecuador
27
61
67
Landaeta
Conchitas
Aspiazu
Pasaje Jáuregui
63
18
Harrington
60
52
50
65
Av Sánchez Lima
Rosendo Gutiérrez
46
13
Av 6 de Agosto
Guachalla
49
17
BELLO HORIZONTE
Ecuador
35
Aspiazu
40
48
42
38
Av 20 de Octubre
64
15
4
34
32
Belisario Salinas
Plaza Eduardo Avaroa
66
Chaco
DAB
Guachalla
7
Pedro Salazar
57
56
Gutiérrez
SOPOCACHI
44
Av Sánchez Lima
12
1
Belisario Salinas
6
Presbítero Medina
16
20
Montículo
43
Víctor Sanjinés
Plaza España
Estación Supu Kachi (Mi Teleférico)
39
62
Gutiérrez
Mendez Arcos
Muñoz Cornejo
Cervantes
23
24
La Costilla de Adán (80 m)
Andean Summits (160 m)
Víctor Sanjinés
10
Servicio Nacional de Áreas Protegidas (50 m)

originaire de Cochabamba. Lorsque vous aurez découvert ses saisissantes interprétations du patrimoine aymara, vous aurez sans doute envie d'en rapporter une chez vous ! Le centre culturel propose des cours de danse et de peinture.

Catedral Metropolitana CATHÉDRALE
(carte p. 50 ; Plaza Murillo, Casco Viejo). Relativement récente, la cathédrale, bâtie en 1835, est un édifice imposant qui se dresse à flanc de colline. L'entrée principale se situe à 12 m au-dessus de sa base, dans la Calle Potosí. Les proportions gigantesques, la hauteur de la coupole et des plafonds, la taille des colonnes et l'épaisseur des murs de pierre contrastent avec l'autel, d'une relative simplicité. À l'intérieur, l'attrait principal réside dans la profusion de vitraux ; ceux derrière l'autel représentent une assemblée de politiciens boliviens, bénie par des admirateurs célestes.

À côté de la cathédrale se dresse le **palais présidentiel** (carte p. 50), résidence jaune moutarde du président bolivien. On le surnomme le "palais brûlé" depuis l'incendie qui l'avait sévèrement endommagé lors d'un soulèvement populaire en 1875.

Museo de Instrumentos Musicales MUSÉE
(carte p. 50 ; Jaén 711, Casco Viejo ; 5 $B ; 9h30-13h30 et 14h30-18h30). Un must pour les musiciens. Fondé par Ernesto Cavour Aramayo, un maître du *charango*, ce musée présente toutes les formes possibles de cet instrument bolivien traditionnel rappelant la mandoline. Les cours de *charango* ou d'instrument à vent coûtent environ 50 $B l'heure.

Pipiripi MUSÉE
(carte p. 54 ; Av. del Ejército, Miraflores ; 3,50 $B ; 9h30-12h30 et 15h-18h30 mer-ven, 10h-18h sam et dim ;). Ce musée dédié aux enfants comprend quatre niveaux immenses pleins d'expositions interactives, de petits doigts collants et d'odeurs de chaussette. La vue est superbe et il y a notamment une forêt de mots, un coin tissage, un marché et un Scrabble géant.

Mirador Laikakota POINT DE VUE
(carte p. 54 ; Av. del Ejército, Miraflores ; 3 $B ; 9h30-12h30 lun-jeu, 9h30-14h30 ven ;). Le Mirador Laikakota – qui fait partie du musée des enfants – se trouve dans un parc paisible, idéal pour les bambins.

Sopocachi

À voir

1 Fundación Solón C6
2 Iglesia Indígena de San Pedro A2
3 Mirador Laikakota E2
4 Museo Elsa Paredes de Salazar C5
5 Pipiripi E2
6 Salar Galería de Arte C6
7 Sopocachi D5
8 Templete Semisubterráneo et Museo al Aire Libre E1

Activités, cours et circuits organisés

9 America Tours B2
10 AndesXtremo C7
11 Asociación Hastinapura Bolivia B3
12 Banjo Tours C6
13 Bolivia Millenaria C4
14 Casa del Sol C3
15 Fremen Tours D5
16 Hormigón Armado C6
17 i.e. Language Institute D4
18 La Paz on Foot B4
19 Magri Turismo D3
20 Terra Andina C6
21 Valtours B1

Où se loger

22 3600 Hostel B4
23 Casa Fusión C7
24 Greenhouse C7
25 Hotel El Consulado B2
26 Hotel Europa B2
27 Hotel Madre Tierra C4
28 Onkel Inn A2
29 Real Plaza Hotel D4
30 Rendezvous E6
31 Stannum Boutique Hotel F5

Où se restaurer

32 Alexander Coffee D5
33 Alexander Coffee B2
34 Armonía C5
35 Café Beirut D5
36 Café Ciudad B2
37 Helados Splendid A2
38 Hiper Maxi C5
39 Horno Camba C7
40 Irupana C5
41 Ketal Supermercado E5
42 Kuchen Stube D5
43 La Espinita C6
44 La Huerta D6
45 Mujeres Creando C4
46 Pronto D4
47 Salteñería Mi Favorita D4
48 Toga C5

Où prendre un verre et faire la fête

49 Diesel Nacional D4
50 Reineke Fuchs D4
51 Typica E5

Où sortir

52 Alianza Francesa C4
53 Cinemateca Boliviana D3
54 Estadio Hernando Siles E1
55 Goethe Institute F6
56 Las Flaviadas C5
57 Nueva Acrópolis C5

Achats

58 Cava de Bodegas A2
59 El Ceibo B2

Renseignements

60 Ambassade d'Argentine C4
61 Ambassade du Brésil D4
62 Ambassade du Canada C7
63 Ambassade d'Allemagne D4
64 Ambassade du Japon C5
65 Consulat des Pays-Bas C4
66 Ambassade du Paraguay D5
67 Ambassade du Pérou C4
68 Ambassade d'Espagne F6
69 Ambassade du Royaume-Uni F6
70 Ambassade des États-Unis F6

Museo de la Revolución Nacional MUSÉE

(Plaza Villarroel, Miraflores ; 5 $B ; 9h-12h30 et 15h-19h mar-ven, 9h-13h sam-dim). Si la Bolivie a vécu plus de 100 révolutions, ce musée s'intéresse plus spécifiquement à celle d'avril 1952, une révolte populaire de mineurs armés qui déboucha sur la nationalisation des mines boliviennes. Il présente des photos et des peintures de l'époque.

Templete Semisubterráneo et Museo al Aire Libre MUSÉE

(carte p. 54 ; stade, Miraflores). GRATUIT En face du stade, le musée en plein air présente des répliques de statues trouvées dans le Templete Semisubterráneo de Tiwanaku. À voir uniquement si vous ne pouvez pas visiter le site de Tiwanaku. Si vous en avez le temps, profitez-en pour aller jusqu'au point de vue de **Killi Killi** admirer le superbe panorama.

Zona Sur

L'endroit parfait pour échapper au chaos du reste de La Paz, avec d'innombrables boutiques, restaurants et galeries et à deux pas de belles possibilités de randonnée.

El Alto

La Ceja QUARTIER
Dans le quartier animé de La Ceja (Le Sourcil) – où les prix de l'immobilier sont parmi les plus élevés d'El Alto –, vous trouverez toutes sortes de gadgets électroniques et d'autres marchandises. L'immense Mercado 16 de Julio (p. 63), s'installe sur plusieurs pâtés de maisons le long de l'artère principale et sur la Plaza 16 de Julio. Paradis des chalands, il propose tous les articles imaginables à des prix raisonnables, des produits alimentaires à l'électronique et des véhicules aux animaux. Vous aurez du mal à vous frayer un chemin à travers la foule ; prenez garde à votre portefeuille !

Belvédère Túpac Katari POINT DE VUE
(Pasankeri). Pour une superbe vue sur La Paz, prenez un taxi pour le belvédère Túpac Katari, situé au bord de la crête qui surplombe la vallée. Il se dresse sur un site inca sacré où Túpac Katari aurait été écartelé par les colons espagnols. Ceux-ci enterrèrent une statue du Christ sur le site, ce qui n'empêcha pas la population locale de continuer à accomplir ses rites.

Autour du belvédère (*mirador*) s'étend une longue rangée de petits kiosques bleus identiques. Ils abritent des *curanderos* (guérisseurs) ou des *yatiris*, très respectés par la population locale. Les photos et les attroupements de touristes sont mal vus – soyez respectueux.

Activités

Vous ne manquerez pas d'occasions de vous dépenser, ne serait-ce qu'en arpentant le Prado de haut en bas et de bas en haut. Quant aux activités sportives à proprement parler, nul besoin de s'éloigner beaucoup de la capitale. L'**Asociación de Guías de Montaña** (www.agmtb.org, en espagnol) est chargée de la certification des guides en Bolivie, et permet de se renseigner avant de se lancer dans l'aventure.

♥ AndesXtremo PARAPENTE
(carte p. 54 ; ☎7358-3349 ; www.andesxtremo.com ; Francisco Bedregal 2962, Sopocachi ; ⏲14h30-19h30 lun-ven). Si le *teleférico* (p. 79) ne vous suffit pas, cette agence vous emmènera encore plus haut avec ses sessions de parapente en tandem. Elle propose également escalade, alpinisme, canyoning et spéléologie.

Urban Rush RAPPEL
(carte p. 50 ; ☎231-0218 ; www.urbanrushbolivia.com ; Potosí 920, Casco Viejo ; ⏲13h-18h). Géré par Gravity Assisted Mountain Biking, ce prestataire propose des descentes en rappel de l'Hotel Presidente (l'imposant immeuble bleu en face de l'Iglesia de San Francisco).

Casa del Sol YOGA
(carte p. 54 ; ☎244-0928 ; Goitia 127, Prado ; cours 2h 35 $B ; ⏲9h-16h lun-ven). Casa del Sol propose quatre cours de hatha-yoga par jour. Une fois relaxé, cap sur le café pour un bon petit-déjeuner ou un déjeuner végétarien.

Sabor Clandestino GASTRONOMIE
(☎7054-8279 ; www.facebook.com/Sabor-Clandestino-337274726662632/). Faites un saut de puce hors de La Paz pour un repas gastronomique en plein air conçu par le chef Marco Quelca. L'événement a généralement lieu le samedi ou le dimanche, et le point de rendez-vous est toujours accessible en transports publics. Calendrier disponible sur Facebook.

Deep Rainforest CROISIÈRE
(carte p. 50 ; deep-rainforest.com ; Calle 23 7834, Edificio Astromelia 3e ét., Calacoto ; ⏲9h-14h lun-sam). Spécialiste de la descente en bateau (4 jours et 3 nuits) et en rafting (6 jours et 5 nuits) entre Guanay et Rurrenabaque. Nombreux départs depuis La Paz.

VTT

Les possibilités de pratiquer le VTT sont légion autour de La Paz. Les vététistes de niveau moyen s'offriront le grand frisson en descendant la "route la plus dangereuse du monde" (p. 120), tandis que les plus confirmés préféreront l'itinéraire moins fréquenté allant de Chacaltaya à Zongo (p. 85) ou les parcours près de Sorata (p. 136). Les débutants se contenteront de descendre le Balcón Andino près de la Zona Sur, 2 400 m de montagnes russes sur une route de terre.

♥ **Gravity Assisted Mountain Biking** VTT
(carte p. 50 ; ☎portable 7721-9634 ; www.gravity-bolivia.com ; Linares 940, Rosario ; ⏰10h30-16h lun-ven, 10h-15h sam, 14h-18h dim). Cette agence très professionnelle, qui loue de magnifiques vélos de la marque Kona, jouit d'une excellente réputation auprès des voyageurs. Le parcours de la "route la plus dangereuse du monde" (864 $B/pers) comprend à l'arrivée une douche chaude, un buffet à volonté et une visite optionnelle du refuge animalier de Senda Verde (p. 117).

Xtreme Downhill VTT
(carte p. 50 ; ☎portable 7201-2074 ; www.facebook.com/Xtreme-DownHill-Bolivia-142208529155042 ; Sagárnaga 392, Rosario ; ⏰10h-20h lun-ven, 10h-19h30 sam). Un prestataire réputé pour des descentes à VTT en toute sécurité de la "route de la mort" (400-600 $B selon le vélo).

Alpinisme

C'est à La Paz que se préparent la plupart des expéditions dans les cordillères. Les alpinistes débutants peuvent s'inscrire à des circuits pour le Huayna Potosí (p. 113 ; 2-3 jours, 900-1 200 $B), tandis que les plus expérimentés souhaiteront escalader l'Illimani (p. 116), le Sajama (p. 159), tous deux sur 4-5 jours, et pour environ 485 $US.

Andean Expeditions Dirninger ALPINISME, RANDONNÉE
(carte p. 50 ; ☎290-0739 ; www.andean-expeditions.com ; Sagárnaga 189, Galeria Doryan, 3e ét., Oficina 32, Rosario ; ⏰9h-18h lun-ven). Cette société fondée par des Autrichiens propose des treks en montagne en Bolivie et dans les pays voisins. Elle fait appel à des guides certifiés par l'Union internationale des associations de guides de montagne (UIAGM). Présente depuis plus de 10 ans en Bolivie, elle offre des choses un peu différentes des circuits classiques.

Andean Summits ALPINISME
(☎242-2106 ; www.andeansummits.com ; Muñoz Cornejo 1009, Sopocachi ; ⏰9h-12h et 15h-19h lun-ven, 9h-12h30 sam). Grand choix d'activités de plein air, de l'alpinisme à la randonnée, en passant par les circuits en 4x4 en Bolivie et au-delà. Les propriétaires sont des guides de montagne professionnels formés par l'IFMGA.

Randonnée

Altitude mise à part, La Paz et ses environs sont propices à la randonnée. Beaucoup d'agences de La Paz proposent quotidiennement des "randonnées" au Chacaltaya (p. 84) : 30 km de route caillouteuse en voiture pour accéder à un pic sans réel effort. On peut se rendre par soi-même et à la journée au Valle de la Luna (p. 81), au Valle de las Ánimas (p. 82) ou à la Muela del Diablo (p. 81) depuis La Paz.

♥ **La Paz on Foot** CIRCUITS
(carte p. 54 ; ☎portable 7154-3918 ; www.lapazonfoot.com ; Av. Ecuador 2069, Sopocachi ; ⏰9h-17h lun-ven). Cet organisme propose toute une gamme d'activités, notamment des balades dans – et autour de – La Paz, dans la Cordillera Apolobamba, les Yungas, à Chulumani, dans le Parque Nacional Madidi et au lac Titicaca. Les randonnées urbaines interactives dans La Paz (demi-journée ou journée complète, tarif selon la taille du groupe) s'aventurent des hauteurs d'El Alto aux entrailles du centre historique.

D'autres circuits s'intéressent à l'art et l'architecture, à l'histoire, aux textiles, aux stimulants (coca, cacao et café) ou encore aux activités communautaires. Les guides parlent plusieurs langues.

Cours

Pour des cours de musique (en espagnol) sur les instruments traditionnels andins – comme la *zampoña*, la *quena* et le *charango* –, renseignez-vous au Museo de Instrumentos Musicales (p. 55).

Toute personne proposant des cours de langue n'est pas nécessairement habilitée – ni même capable ; faites-vous recommander un professeur sur place et examinez ses références avant de vous engager. Prévoyez environ 60 à 80 $B de l'heure pour des cours particuliers et de 30 à 50 $B pour des cours collectifs. Beaucoup d'écoles proposent également des séjours chez l'habitant.

Ayni Spanish Institute ESPAGNOL
(carte p. 50 ; ☎portable 7199-3790 ; asi-spanish.com ; Linares 880, Oficina 14, Rosario ; cours 1 h à partir de 50 $B ; ⏰9h30-12h30 et 14h30-18h30 lun-ven). Des linguistes qualifiés enseignent l'espagnol, mettant l'accent sur la communication de tous les jours.

Asociación Hastinapura Bolivia YOGA
(carte p. 54 ; ☎7251-3678 ; www.facebook.com/hastinapuraLaPazBolivia ; Av. Ecuador 1999, Sopocachi ; session 1 heure 30 20 $B). Dans un lieu

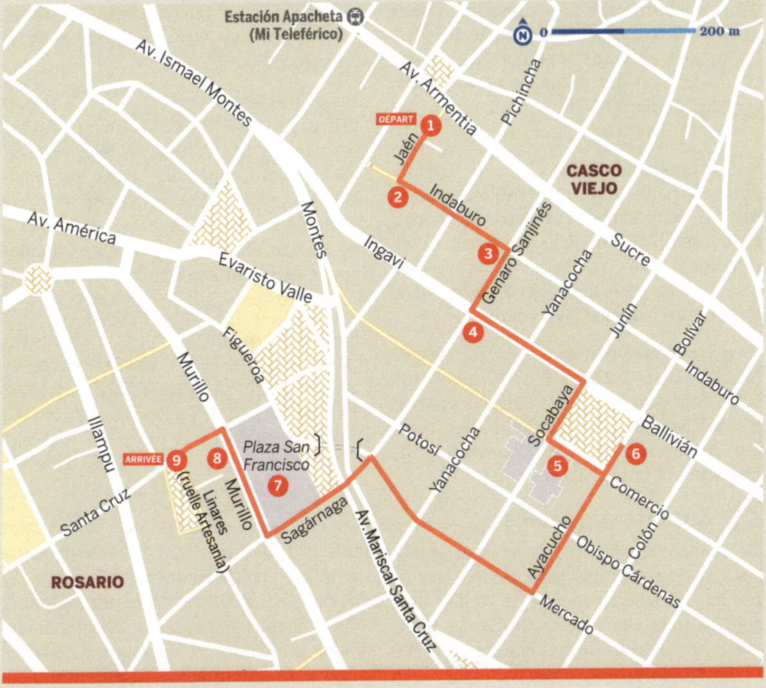

Balade en ville
Centre historique

DÉPART CALLE JAÉN
ARRIVÉE MERCADO DE LAS BRUJAS
DISTANCE ET DURÉE 2 KM ; 4 HEURES

Commencez par arpenter la 1 **Calle Jaén** (p. 53), la rue coloniale la mieux préservée de La Paz, où se trouvent quatre petits musées. Ne manquez pas la 2 **Fundación Mamani Mamani** (p. 53), à l'extrémité sud de la rue, où découvrir l'œuvre colorée de l'un des plus grands artistes contemporains de Bolivie. Descendez sur Indaburo pour jeter un œil au 3 **Teatro Municipal Alberto Saavedra Pérez** (p. 73), puis avancez d'une rue vers le sud jusqu'au 4 **Museo de Etnografía y Folklore** (p. 53), qui ravira les férus d'anthropologie.

De là, suivez Ingavi jusqu'à la Plaza Murillo, envahie de pigeons et flanquée de la 5 **Catedral Metropolitana** (p. 55). À côté de la cathédrale se dresse le 6 **palais présidentiel** (p. 55) chargé d'histoire, avec sur son parvis le buste du président Gualberto Villarroel, qui en 1946 fut jeté hors du palais par des miliciens avant d'être pendu à un lampadaire de la place. Pedro Domingo Murillo, l'un des chefs de la révolution du 16 juillet 1809 à La Paz, qui donna son nom à la place, avait subi le même sort à cet endroit en 1810.

Emboîtez le pas aux hommes d'affaires descendant vers Calle Mercado et rejoignez la Plaza San Francisco. Cette place emblématique grouille d'artistes, d'activistes et de *lustrabotas* (cireurs de chaussures) ; l'endroit idéal pour prendre le pouls de la nation. Les cloîtres et le jardin du 7 **Museo San Francisco** (p. 49) jouxtent la basilique San Francisco, dont la forme actuelle fut construite entre 1743 et 1772.

Remontez le long des boutiques touristiques et des agences d'excursions de la Calle Sagárnaga jusqu'au 8 **Popular Cocina Boliviana** (p. 69) pour reprendre des forces grâce à ses menus dégustation bon marché. Terminez par une balade au 9 **Mercado de las Brujas** (p. 63), le "marché des sorcières", où les *yatiris* (guérisseurs) déambulent entre les étals d'herbes médicinales traditionnelles et de fœtus de lamas. Gare aux sortilèges !

d'une sérénité et d'une convivialité sans égales, des cours de hatha-yoga et de méditation sont proposés ainsi que des ateliers sur la philosophie mystique et l'élévation spirituelle (en espagnol). Calendrier des cours sur Facebook.

i.e. Language Institute ESPAGNOL
(carte p. 54 ; ☎6511-9080 ; www.instituto-exclusivo.com ; Av. Victor Sanjinez, Edif. Madrid 2628, Sopocachi ; cours 124 $B/h ; ⏲8h-21h lun-ven). Cours d'espagnol pour voyageurs et professionnels. Propose aussi des cours d'aymara et de quechua avec des locuteurs natifs.

Pico Verde Languages ESPAGNOL
(carte p. 50 ; ☎231-8328 ; www.pico-verde.com ; Sagárnaga 363, 2e ét., Rosario ; cours en groupe à partir de 35 $B/h). Cours d'espagnol aux horaires flexibles et réservation de chambres chez l'habitant.

Circuits organisés

De nombreux tour-opérateurs sont installés à La Paz. Certains ne possèdent pas de licence officielle ; pensez à le vérifier avec soin si vous choisissez parmi ceux de la rue Sagárnaga) ou se spécialisent dans des régions ou des domaines particuliers. La plupart des agences proposent des excursions d'une journée (70-500 $B/pers) à La Paz et aux alentours, au lac Titicaca, à Tiwanaku, dans la vallée du Zongo, au Chacaltaya, dans le Valle de la Luna, etc.

♥ **HanaqPacha Travel** CIRCUITS
(carte p. 50 ; ☎portable 202-0310 & 620-1005 ; www.hanaqpachatravel.com ; Jaén 765, Casco Viejo ; ⏲9h-18h30). Excellentes excursions à El Alto (140 $B) pour découvrir les *cholets* de l'architecte aymara Freddy Mamani. Il y a aussi des visites "Tastes of Bolivia" (140 $B) pour tout savoir des spécialités culinaires. Des excursions plus longues vous emmènent à Uyuni, Tiwanaku et Rurrenabaque.

♥ **Climbing South America** ALPINISME
(carte p. 50 ; ☎7253-0777 ; www.facebook.com/climbingsouthamerica ; Linares 940, 2e ét., Rosario ; ⏲9h-18h30 lun-ven, 10h-15h sam). Prestataire anglophone réputé pour l'escalade, l'alpinisme et la randonnée ; vend également d'excellentes cartes.

Banjo Tours AVENTURE
(carte p. 54 ; ☎portable 6716-5394 ; www.banjotours.com ; Pedro Salazar 623, Oficina 2, Sopocachi ; ⏲9h-12h et 14h-18h lun-ven). Banjo est une agence réputée pour ses aventures en petits groupes hors des sentiers battus, qui changent des visites habituelles de la concurrence.

Madidi Travel ÉCOTOUR
(carte p. 50 ; ☎7152-4962 ; www.madidi-travel.com ; Linares 947, Rosario ; ⏲9h-19h lun-ven, 9h-17h sam-dim). Spécialisé dans les excursions à Madidi, ce tour-opérateur vous fera découvrir sa réserve privée de 4 000 ha à l'est du parc (Eco Reserve Serere). L'établissement était temporairement fermé lors de nos recherches.

Hormigón Armado CIRCUIT À PIED
(carte p. 54 ; ☎7159-1042 ; hormigon-armado.wix.com/lustrabotas ; Av. Ecuador 2582, Sopocachi). Ces visites à pied de La Paz sont menées par ceux qui connaissent le mieux ses rues : les *lustrabotas* (cireurs de chaussures). Réservez au moins deux jours à l'avance.

Tusoco Viajes CULTURE
(carte p. 50 ; ☎portable 7220-7682 ; www.facebook.com/turismosolidariocomunitario/ ; Sagárnaga 227, Rosario ; ⏲9h-18h30 lun-mar et jeu-ven, 9h-17h mer). Ces circuits fournissent à 22 communautés indigènes du pays une source de revenus durable, et offrent aux voyageurs d'authentiques échanges culturels.

Terra Andina CIRCUITS
(carte p. 54 ; ☎241-9932 ; www.bolivia-travels.com ;Av. Ecuador 2682, Sopocachi ; ⏲9h-18h30 lun-ven). Circuit sur mesure de randonnée, d'alpinisme et d'excursions en 4x4, en anglais, français ou allemand.

Magri Turismo CIRCUITS
(carte p. 54 ; ☎244-2727 ; www.magriturismo.com ; Capitán Ravelo 2101, Sopocachi ; ⏲9h-17h lun-ven, 9h-12h sam). Grande agence établie de longue date proposant des circuits dans toute la Bolivie.

Bolivian Journeys AVENTURE
(carte p. 50 ; www.bolivianjourneys.org ; Sagárnaga 363, Rosario ; ⏲9h-19h lun-ven, 9h-12h sam). Prestataire spécialisé dans les circuits randonnée, escalade et alpinisme à Huayna Potosí. Location de matériel possible. Vente de cartes et de gaz pour réchauds.

Fremen Tours CIRCUITS
(carte p. 54 ; ☎242-1258 ; www.andes-amazonia.com ; Av. 20 de Octubre 2396, Sopocachi ; ⏲9h-12h et 14h30-18h lun-ven). Agence haut de gamme pour des aventures tout confort en Amazonie et au Chapare.

Zona Sur

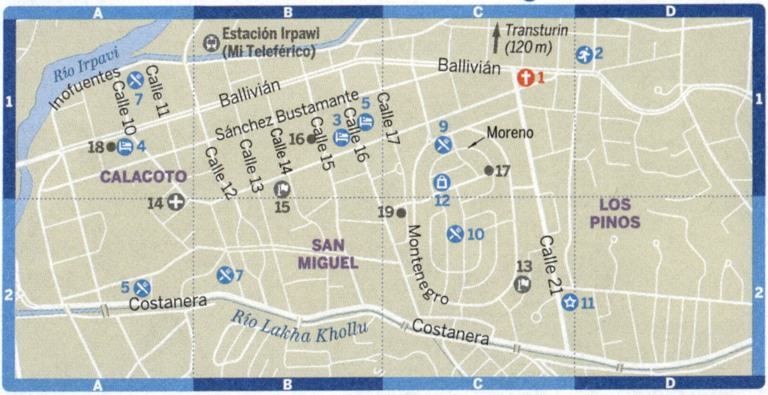

Andesuma

CIRCUITS

(☎242-7146 ; www.andesuma.com). Cette agence gérée par des Allemands propose des circuits personnalisés à travers toute la Bolivie, qui mettent l'accent sur l'aventure, la culture, la randonnée et l'alpinisme. Elle s'est spécialisée dans des destinations hors des sentiers battus comme la Cordillera Apolobamba, la Cordillera Quimsa Cruz ou encore Torotoro.

Bolivia Millenaria

CULTURE

(carte p. 54 ; ☎241-4753 ; www.millenariantours.com ; Av. Sánchez Lima 2193, Sopocachi ; ⌚9h-17h lun-ven). Circuits sur mesure dans toute la Bolivie, centrés sur les parcs reculés et les échanges culturels.

America Tours

CIRCUITS

(carte p. 54 ; ☎237-4204 ; www.america-ecotours.com ; Av. 16 de Julio 1490, Oficina 9, Prado ; ⌚9h-16h lun, mer et ven). Chaudement recommandée, cette agence où l'on parle anglais propose une vaste gamme de projets communautaires d'écotourisme et des circuits sur mesure autour de La Paz et ailleurs en Bolivie.

Inca Land Tours

CULTURE

(carte p. 50 ; ☎231-6760 ; www.incalandtours.com ; Sagárnaga 233, Oficina 3, Rosario ; ⌚8h-20h lun-ven, 8h-17h sam). Prestataire péruvien bien établi spécialisé dans les excursions autour de Rurrenabaque et Coroico pour petits budgets.

Turisbus

CIRCUITS

(carte p. 50 ; ☎279-8786 ; www.turisbus.com ; Hotel Rosario, Illampu 704, Rosario). Vaste gamme de circuits d'un ou plusieurs jours, en groupe ou en solo, à travers le pays.

Zona Sur

À voir

1 Iglesia San Miguel Arcángel C1

Activités

2 Deep Rainforest D1

Où se loger

3 Atix Hotel B1
4 Camino Real A1
5 Casa Grande B1

Où se restaurer

6 El Vagón del Sur A2
7 Furusato A1
8 Gustu B2
9 Los Qñapés C1
10 Propiedad Pública C2

Où sortir

11 Teatro NUNA C2

Achats

12 Walisuma C1

Renseignements

13 Consulat d'Australie C2
14 Dr Fernando Patiño A2
15 Ambassade d'Équateur B1

Transports

16 American Airlines B1
17 Boliviana de Aviación C1
18 EcoJet A1
19 Hertz C2

Fêtes et festivals

La Paz ne manque jamais une occasion de faire la fête. L'office du tourisme (p. 77) vous fournira une liste complète des festivités.

Marchés de La Paz

Les marchés animés de La Paz, où commerce moderne et culture traditionnelle s'entrechoquent en un merveilleux chaos de klaxons, de cris et d'odeurs, sont un moment fort de tout voyage en Bolivie. Des marchés en plein air se tiennent tous les jours en ville, mais le samedi est particulièrement plaisant. Le quartier de Rosario en offre la plus grande concentration.

Les étroites rues pavées de Max Paredes, que les habitants de La Paz nomment **Mercado Negro** (marché noir ; carte p. 50, B5 ; ⏲6h-20h), sont un bon point de départ. Parmi les parties les plus intéressantes : les marchés proches de Graneros (vêtements), de Tumusla et Isaac Tamayo (articles divers), ceux situés entre Santa Cruz et Sagárnaga (outils et matériaux de construction) et le long d'Eloy Salmón (électronique). Le Mercado Negro est notoirement connu pour être fréquenté par des pickpockets. Montrez-vous particulièrement attentif lorsque vous y circulez. Il est conseillé de prendre un taxi le soir.

Au nord de la Plaza San Francisco, sur la Calle Figueroa, le **Mercado Lanza** (Rosario ; carte p. 50, D4 ; en-cas 5-25 $B ; ⏲6h-20h) est l'un des principaux marchés alimentaires de La Paz. Vous pourrez vous y ravitailler en fruits, légumes et autres denrées, mais aussi y savourer un en-cas, tel que la *salteña* (chausson fourré à la viande), ou l'*api con pastel* (boisson à base de maïs servie avec une empanada au fromage) voire un repas complet. Il comprend aussi le magnifique marché aux fleurs.

Proche du Parque Urbano Central, le **Mercado Camacho** (angle Av. Camacho et Bueno, Casco Viejo ; carte p. 54, B1 ; en-cas

HUGH THRELFALL/ALAMY STOCK PHOTO ©

SAIKO3P/SHUTTERSTOCK ©

1. Marché aux fleurs
2. Souvenirs au Mercado de las Brujas
3. *Api con pastel*

TUNDE GASPAR/SHUTTERSTOCK ©

5-25 $B ; ⏲7h-22h), réparti sur 5 étages, est un bon endroit pour s'arrêter à l'heure du déjeuner avec ses stands d'*empanadas*, de sandwichs au chorizo ou de jus de fruits frais. Au **Mercado Uruguay** (près de Max Paredes, Rosario ; carte p. 50, A6 ; en-cas 5-25 $B ; ⏲7h-20h), situé sur le flanc gauche d'El Prado, les palais plus aventureux se verront servir des *ispi* (petits poissons frits type sardines) et des tripes.

En contrebas de la colline, le long des Calles Jiménez et Linares, s'étend le **Mercado de las Brujas** (marché des Sorcières ; La Hechiceria ; carte p. 50, D5) célèbre pour ses remèdes traditionnels, ses fœtus de lamas, ses diseuses de bonne aventure et ses amulettes en tout genre. On peut aussi s'y rendre pour des articles d'artisanat provenant de différentes régions (sculptures en bois, céramiques, tentures murales, articles en argent provenant de Potosí etc.). Cependant, les babioles touristiques kitsch se taillent la part du lion. Cendrier inca, figurines Tiwanaku, bijoux fantaisie : c'est ici que vous trouverez le cadeau à rapporter à votre belle-famille !

Pour arpenter le plus grand marché du pays - certains le désignent comme le plus grand du continent sud-américain -, il faut prendre un taxi en direction d'El Alto. C'est dans cette banlieue de La Paz, haut lieu de la culture aymará, que se tient, le jeudi et le dimanche, le tentaculaire **Mercado 16 de Julio** (⏲9h-18h jeu et dim). Essentiellement dédié aux articles de seconde main, il s'étale sur des dizaines de pâtés de maison. On y trouve absolument de tout, des voitures aux animaux en passant par les produits d'artisanat et de textile.

Alasitas CULTURE

(⏲24 jan). À l'époque inca, la foire des Alasitas ("achète-moi" en aymara, ou *cómprame* en espagnol) coïncidait avec l'équinoxe de printemps (21 septembre) et célébrait l'abondance des cultures. Le petit dieu de l'Abondance, Ekeko ("nain" en aymara), a depuis fait son apparition. L'Alasitas moderne est désormais célébrée en janvier.

Lorsque la date des festivités fut modifiée par les colons espagnols, les *campesinos* (`paysans), non contents de ce changement, finirent par tourner la fête en dérision. La notion d'abondance fut redéfinie pour s'appliquer non seulement aux récoltes, mais aussi aux habitations, aux outils, à l'argent, aux vêtements, aux voitures, aux camions, aux avions et même aux immeubles de 12 étages. Aujourd'hui, acheter pendant la foire une réplique miniature de n'importe quel objet convoité serait l'assurance de l'acquérir grandeur nature dans l'année.

Festividad de Nuestro Señor Jesús del Gran Poder RELIGION

(⏲fin mai/déb juin). El Gran Poder est aujourd'hui une fête incontournable de La Paz, qui permet à la ville d'étaler sa puissance économique : brodeuses et brodeurs préparent de somptueux costumes pour les quelque 25 000 participants qui répètent des semaines avant l'événement. Parmi les danses traditionnelles figurent les *suri sikuri* (avec des danseurs parés de plumes d'autruche), les *kullawada*, *morenadas* et *caporales* endiablées, et les *inkas*, anciennes danses cérémonielles incas.

La fête a vu le jour en 1939 et se résumait alors à une procession aux chandelles derrière une effigie du Christ à travers les quartiers populaires du haut de La Paz. L'année suivante, le syndicat local des brodeuses créa un groupe folklorique pour participer ; d'autres groupes folkloriques l'ont imité et la fête a pris de l'ampleur année après année.

LES EFFLUVES TOXIQUES DU RÍO CHOQUEYAPU

Véritable cloaque, le Río Choqueyapu, qui passe sous La Paz avant de déboucher à l'air libre dans la Zona Sur, est la rivière bolivienne la plus polluée. Elle contient une forte proportion de déchets industriels, d'urine, d'ordures et d'excréments. Au titre des toxines industrielles figurent notamment le cyanure des tanneries et un cocktail de produits chimiques et de teintures provenant des industries textile et papetière ; voilà pourquoi la rivière est orange vif par endroits, quand elle n'est pas rouge et recouverte de mousse blanche. Les mines situées en amont y déverseraient environ une tonne de métaux lourds chaque jour. Malgré le vote récent de lois environnementales, la majorité de la pollution provient de rejets industriels illégaux.

En aval, les *campesinos* (paysans) utilisent son eau pour leur consommation, la lessive et l'agriculture. Ils font souvent chauffer l'eau avant de la boire, mais, même bouillie, elle conserve certains polluants chimiques industriels.

Fiestas Julianas CULTURE

(⏲16 juil). La sainte patronne du département de La Paz, Santa Juliana, a son propre jour férié, célébré avec moult danses et défilés. Le vendredi qui le précède, la foule envahit la Plaza San Francisco (p. 49) pour une gigantesque *verbena* (fête jusqu'à l'aube). Le Teatro Municipal (p. 74) propose également pendant tout le mois de juillet des concerts de musique traditionnelle.

Entrada Folklórica Universitaria FOLKLORE

(⏲dernier sam de juil). Le dernier samedi de juillet, dans une ambiance de carnaval, des étudiants de tout le pays, répartis en centaines de groupes, exécutent des danses traditionnelles dans les rues de La Paz.

Día de los Muertos RELIGION

(⏲1er nov). Pour le jour des Morts, on prépare en famille les plats préférés des chers disparus ainsi que des petits pains sucrés et des moulages en plâtre représentant les morts de la famille. Cap sur le cimetière (p. 49) pour assister aux rituels.

Où se loger

La plupart des routards séjournent dans le centre-ville. Le secteur du Mercado de las Brujas ("marché des Sorcières", entre Illampu, Avenida Mariscal Santa Cruz et Sagárnaga) concentre les voyageurs. Pour vous rapprocher d'une zone riche en restaurants, allez vers Sopocachi. Les hôtels haut de gamme se trouvent dans le bas du Prado et plus au sud dans la Zona Sur.

Ouest du Prado

Onkel Inn AUBERGE DE JEUNESSE $
(carte p. 54 ; ☎249-0456 ; www.onkelinn.com ; Colombia 257, San Pedro ; dort/s/d/tr avec petit-déj 77/139/271/299 $B ; @📶). Cette auberge de jeunesse, affiliée HI, est une adresse pratique entre San Pedro et El Prado. Moins animée que ses homologues proches de la gare routière, elle convient mieux aux amateurs de tranquillité. Avec leurs draps frais, leurs couvre-lits orange et leur décor moderne, les dortoirs sont les meilleurs en ville. Certains lits superposés peuvent donner le vertige ; parties communes agréables, et un sauna !

3600 Hostel AUBERGE DE JEUNESSE $
(carte p. 54 ; ☎212-0478 ; Av. Ecuador 1982, Sopocachi ; dort avec petit-déj 90-105 $B, d avec sdb privée 300 $B, tr avec sdb partagée 280 $B ; 📶). Cette auberge de jeunesse, qui doit son nom à l'altitude à laquelle elle se trouve, est installée dans une maison des années 1840 joliment restaurée, avec cour intérieure en pierre, mobilier original et de superbes fenêtres en vitraux. Les dortoirs sont spacieux et les lits superposés ont des rideaux, mais ceux du haut sont très, très haut. C'est l'une des rares adresses en ville avec un dortoir réservé aux femmes.

Greenhouse AUBERGE DE JEUNESSE $
(carte p. 54 ; ☎portable 7962-7775 ; www.greenhousebolivia.com ; Victor Sanjinés 2866, Sopocachi ; dort/d avec petit-déj $B70/195 ; 📶). Une auberge de jeunesse aménagée dans une maison près de la Plaza España, avec un superbe jardin à l'avant, un beau patio à l'arrière, et une atmosphère décontractée à souhait ; les dortoirs pourraient cependant être un peu plus propres.

Hostal Maya Inn HÔTEL $
(carte p. 50 ; ☎231-1970 ; Sagárnaga 339, Rosario ; s/d/tr avec petit-déj 100/180/240 $B, sdb commune 80/140/180 $B ; @📶). Hôtel accueillant quoique sommaire. Les chambres les plus engageantes ont des fenêtres (certaines n'en ont pas), mais celles donnant sur l'avant peuvent être bruyantes. L'eau chaude est un peu capricieuse dans les douches électriques et l'obscurité des couloirs effraie un peu.

Hotel Continental HÔTEL $
(carte p. 50 ; ☎245-1176 ; Illampu 626, Rosario ; s/d/tr 100/150/200 $B, avec sdb commune 80/120/190 $B ; 📶). Cet hôtel sombre et un peu morne est apprécié des voyageurs au budget serré. L'odeur de détergent peut être forte, mais au moins elle vous informe que le ménage est fait.

> À NE PAS MANQUER
>
> **JARDÍN BOTÁNICO**
>
> Véritable oasis dans la jungle urbaine, le **Jardín Botánico** (angle Lucas Jaimes et Nicaragua ; 3 $B ; ⏲9h-18h) offre l'occasion de s'offrir un moment de calme et de sérénité au cœur du chaos de La Paz. Les palmiers bordant les sentiers ombragés isolent les promeneurs du vacarme de la circulation dans Miraflores. Plus de 1 700 plantes endémiques de Bolivie cohabitent avec des espèces importées de Nouvelle-Zélande et d'ailleurs. À 500 m du stade Hernando Siles (p. 74).

Hotel Sagárnaga HÔTEL $$
(carte p. 50 ; ☎235-0252 ; www.hotelsagarnaga.com ; Sagárnaga 326, Rosario ; s/d avec petit-déj 147/270 $B ; @📶). Un chevalier en armure vous accueille à la réception (pas d'inquiétude, il y a aussi un réceptionniste) de cet hôtel superbement rénové au cœur de Sagárnaga. Les chambres orientées vers l'est sont les meilleures ; toutes sont d'un bon rapport qualité/prix et dotées de coffres, TV et parquet.

Rendezvous PENSION $$
(carte p. 54 ; ☎291-2459 ; Pasaje M Carranza 461, Sopocachi ; ch avec petit-déj à partir de 30 $US ; @). Une adresse de catégorie moyenne idéale pour les couples à la recherche d'un lieu intime et calme. Chacune des 11 chambres a une déco individualisée composée d'œuvres d'artistes locaux et meubles anciens. Les clients ne tarissent pas d'éloges sur le **restaurant**.

Hotel Las Brisas HÔTEL $$
(carte p. 50 ; ☎246-3691 ; www.hotel-las-brisas.com ; Illampu 742, Rosario ; s/d/tr avec petit-déj 188/278/383 $B ; @📶). Hôtel pour voyageurs à petit budget d'inspiration moderne – chambres propres (certaines avec fenêtres donnant sur l'intérieur), fresques originales et draps repassés, quelques meubles délabrés et verrière en façade. Les chambres sur l'avant offrent une belle vue, le personnel est agréable et l'hôtel dispose d'un joli patio et d'un restaurant ensoleillé tout en haut.

EKEKO

Ekeko est le dieu du Foyer, le gardien et le dispensateur des biens matériels. À l'occasion de la foire des Alasitas, ses dévots achètent des miniatures des biens matériels qu'ils voudraient acquérir au cours de l'année à venir et les fixent sur des statuettes en plâtre du dieu. Ekeko se retrouve ainsi surchargé d'ustensiles ménagers, de paniers de coca, de portefeuilles pleins de coupures factices, d'alcool, de chocolat et d'autres produits de luxe. Les plus optimistes accrochent de minuscules *camiones* au moteur gonflé, des billets d'avion pour Miami et des pavillons de banlieue ! Tous ces objets doivent être bénits par un *yatiri* (chamane) certifié.

Cette avidité apparente semble en contradiction avec les valeurs aymaras – la communauté et l'équilibre en toute chose –, mais il faut savoir qu'Ekeko est censé offrir un bien qu'une famille peut partager avec la communauté.

La Posada de la Abuela Obdulia HÔTEL **$$**
(carte p. 50 ; ☎233-2285 ; Linares 947, Rosario ; d/tr avec petit-déj 340/560 $B ; @ 📶). Les voyageurs vantent cette agréable oasis au cœur du quartier artisanal et touristique. Les chambres sont propres et sans fioritures, mais certaines ont des fenêtres qui ne donnent que sur l'intérieur et, si la cour remplie de plantes vertes apporte une touche de couleur, elle est aussi source de bruit.

Hostal Naira HÔTEL **$$**
(carte p. 50 ; ☎235-5645 ; www.hostalnaira.com ; Sagárnaga 161, Rosario ; s/d/tr avec petit-déj 320/465/675 $B ; 📶). On ne peut rêver mieux situé, juste en bas de Sagárnaga, près de la Plaza San Francisco. Les chambres à plafonds voûtés et mobilier ancien sont confortables et d'une propreté irréprochable. Il y a une jolie cour, mais parfois un peu de bruit pendant la nuit.

Hotel Berlina HÔTEL **$$**
(carte p. 50 ; ☎246-1928 ; www.hotel-berlina.com ; Illampu 761, Rosario ; s/d/tr/qua avec petit-déj 250/350/450/550 $B ; P @ 📶). Une adresse qui s'améliore, avec des chambres triples et des appartements immenses, un restaurant sur le toit offrant une vue superbe, et une atmosphère joyeuse. Les chambres des étages orientées à l'est offrent la meilleure vue, celles donnant sur la rue peuvent se révéler bruyantes.

Hotel Milton HÔTEL **$$**
(carte p. 50 ; ☎235-3511 ; Illampu 1126-1130, Rosario ; s/d/tr avec petit-déj 120/230/330 $B ; @ 📶). Cet hôtel des années 1970 est un vrai paradis perdu : murs rouges décorés de vinyles, fresques, papier peint original... Les chambres sur l'arrière, sombres, sont un peu défraîchies, mais celles situées à l'avant et dans les étages sont plus lumineuses et offrent une vue superbe sur La Paz : un atout pour cet hôtel à petits prix.

Hotel Fuentes HÔTEL **$$**
(carte p. 50 ; ☎231-3966 ; Linares 888, Rosario ; s/d/tr avec petit-déj 170/220/290 $B ; 📶). Cet établissement douillet aux prix un peu élevés peut néanmoins se prévaloir d'un service sympathique et de chambres basiques mais correctes, avec parquet, TV câblée et eau chaude. Dans les étages supérieurs, certaines disposent d'une très belle vue. Troc de livres.

Hotel Madre Tierra HÔTEL **$$**
(carte p. 54 ; ☎241-9910 ; Av. 20 de Octubre, Sopocachi ; s/d 350/450 $B ; 📶). Un hôtel moderne mais un peu cher, avec un personnel sympathique et des chambres impeccables. Certaines sont cependant un peu sombres, et celles donnant sur la rue parfois bruyantes. Literie ferme, minibar et TV câblée compensent ces faiblesses.

♥ **Hotel Rosario** BOUTIQUE-HÔTEL **$$$**
(carte p. 50 ; ☎7625-4988 ; hotelrosario.com ; Illampu 704, Rosario ; d/tr/qua avec petit-déj 93/115/148 $B ; @ 📶). Le personnel professionnel et anglophone du meilleur trois-étoiles de La Paz vous offre un traitement cinq étoiles. Les chambres, extrêmement propres et aménagées dans une demeure coloniale bien entretenue, sont toutes équipées d'une douche solaire, de la TV câblée et du chauffage. Accès Internet gratuit et petit-déjeuner sous forme de buffet. Réservez, car les groupes affectionnent cet hôtel. Il y a un établissement frère à Copacabana (p. 97).

La Casona HÔTEL HISTORIQUE **$$$**
(carte p. 50 ; ☎290-0505 ; lacasonahotelboutique.com ; Av. Mariscal Santa Cruz 938, Prado ; s/d/ste avec petit-déj 814/975/1 383 $B ; @ 📶). Bon choix parmi les hôtels de luxe, cet établissement propose 47 chambres dans une belle demeure coloniale restaurée entourant un petit jardin. Les tarifs ont explosé depuis quelques années,

mais les chambres avec hauts plafonds, poutres apparentes et touches de textiles andins demeurent très agréables. La coupole en verre teinté sur le toit est très prisée pour les réceptions de mariage.

Casa Fusión BOUTIQUE-HÔTEL **$$$**
(carte p. 54 ; ☎214-1372 ; www.casafusion.com.bo ; Cervantes 2725, Sopocachi ; s/d/tr avec petit-déj 510/600/685 $B ; @📶). Malgré un léger manque de caractère, cet hôtel affiche des lignes épurées et un mobilier de type scandinave. Couettes épaisses, douches brûlantes et service sympathique. Les chambres du dernier étage jouissent de la meilleure vue. L'hôtel se situe à un demi-pâté de maisons du *teleférico* (p. 79).

Real Plaza Hotel HÔTEL D'AFFAIRES **$$$**
(carte p. 54 ; ☎244-0223 ; real-plaza-convention-center.lapazhotelsweb.com ; Av. Arce 2177, Prado ; s/d avec petit-déj 100/120 $US, ste 150-170 $US ; P❄@📶🏊). L'ancien Radisson offre tout ce qu'on attend d'un hôtel d'affaires haut de gamme, mais son âge commence à se voir. Les chambres, à la déco un peu standard, ont néanmoins des lits gigantesques, une vue superbe (surtout celles orientées au sud) et de nombreuses petites touches de luxe.

Est du Prado

♥ **Loki Hostel** AUBERGE DE JEUNESSE **$**
(carte p. 50 ; ☎245-7300 ; www.lokihostel.com/la-paz ; Av. América 120, Plaza Alonso de Mendoza ; dort 62-72 $B, d 205 $B ; @📶). Une auberge de jeunesse pour fêtards avec un bar doré, plusieurs espaces communs ensoleillés avec jeux et TV, et plus de 180 lits. La terrasse sur le toit est sensationnelle. On trouve d'autres établissements "Loki" au Pérou et en Argentine.

Wild Rover AUBERGE DE JEUNESSE **$**
(carte p. 50 ; ☎9620-6525 ; www.wildroverhostel.com ; Comercio 1476, Casco Viejo ; dort 57-92 $B, ch sdb commune 230 $B ; @📶). Dans cette auberge de jeunesse, idéale pour rencontrer d'autres voyageurs, il règne une ambiance survoltée dont les moins de 30 ans raffoleront et que les plus de 30 ans détesteront. Les chambres ne sont pas les meilleures qu'on puisse trouver dans ce genre d'établissement et l'on est serré dans les dortoirs, mais peu importe, puisqu'on passe le plus clair de son temps au pub irlandais.

Arthy's Guesthouse PENSION **$**
(carte p. 50 ; ☎228-1439 ; arthyshouse@gmail.com ; Ismael Montes 693 ; dort 76 $B, ch avec sdb commune 100 $B/pers ; 📶). Cette adresse propre et confortable, dotée d'une porte orange vif, mérite son qualificatif d'"oasis de tranquillité" malgré sa situation sur l'une des artères les plus animées de La Paz. Les propriétaires, accueillants et anglophones, se mettent en quatre pour vous aider. On peut utiliser la cuisine. Couvre-feu à minuit.

♥ **Hostal Ananay** HÔTEL **$$**
(carte p. 50 ; ☎290-6507 ; hostal.ananay@gmail.com ; Jaén 710, Casco Viejo ; ch avec sdb et petit-déj 145 $B/pers, avec sdb commune 110 $B/pers ; 📶). Au cœur du quartier des musées de Jaén, une adresse bien nommée ("ananay" signifie "comme c'est joli" en quechua). Cette ancienne *peña* s'organise autour d'un patio peint de couleurs vives et offre plusieurs espaces communs confortables, dont un salon TV avec des fauteuils poires. Belle vue depuis le toit-terrasse.

Hotel El Consulado HÔTEL HISTORIQUE **$$**
(carte p. 54 ; ☎211-7706 ; info@hotel-elconsulado.com ; Bravo 299, angle Tiwanacu, Prado ; s/d/qua avec petit-déj 58/68/140 $US ; @📶). Surplombant le café éponyme, cet hôtel occupe une demeure coloniale, qui n'est autre que l'ancien consulat panaméen. Les sept chambres sont spacieuses et aérées. Les sdb individuelles sont équipées pour certaines de baignoires à pattes de lion.

♥ **Hostal República** HÔTEL **$$**
(carte p. 50 ; ☎220-2742 ; Comercio 1455, Casco Viejo ; d/app 280/420 $B, dort/s avec sdb commune 70/147 $B ; 📶). À trois pâtés de maisons du centre historique, cet hôtel occupe un beau bâtiment où vécut l'un des premiers présidents boliviens. Ses deux jardins en font une oasis tranquille. Les chambres sont assez quelconques mais agréables. Il y a aussi deux appartements d'une capacité de cinq personnes chacun.

Altu Qala BOUTIQUE-HÔTEL **$$$**
(carte p. 50 ; www.altuqala.com ; Plaza Tomás Frías 1570, Casco Viejo ; ch à partir de 300 $US ; 📶). Ce superbe boutique-hôtel de 10 chambres ouvert fin 2018 possède un décor mi-néoclassique mi-années 1950, épatant jusque dans les moindres détails (les carreaux du sol forment par exemple une illusion d'optique hypnotisante). Il se trouve dans le même édifice rénové du début des années 1900 que le Hb Bronze Coffeebar (p. 72), et possède

un toit-terrasse avec vue panoramique sur la ville. L'établissement était en plein rénovation lors de nos recherches.

Stannum Boutique Hotel BOUTIQUE-HÔTEL **$$$**
(carte p. 54 ; 214-8393 ; www.stannumhotels.com ; Av. Arce 263, 12e ét., Multicine Mall, Sopocachi ; ch avec petit-déj à partir de 110 $US ; P❄@📶). Cet hôtel au design signé Nora Quintana, a des airs de fumerie d'opium avec ses canapés violets, ses chaises en forme de cœur et la musique d'ambiance du bar de la réception. Les 40 chambres, à la déco individualisée, ont vue sur les montagnes ou sur la ville. Spa, salle de sport et centre d'affaires, et si cela ne vous suffit pas, il y a un cinéma juste en bas.

Hotel Europa HÔTEL D'AFFAIRES **$$$**
(carte p. 54 ; 231-5656 ; hoteleuropabo.wixsite.com/misitio ; Tiawanacu 64, Prado ; s/d/ste 205/225/285 $US ; P@📶≋). L'un des hôtels d'affaires les plus chics de La Paz. Si ses chambres n'égalent pas celles de certains de ses concurrents, beaucoup d'entre elles ont été récemment rénovées, et il y a un spa et une piscine (ouverte au public en journée). Le restaurant sur le toit bénéficie d'une vue à 360 degrés sur La Paz.

Zona Sur

♥ Atix Hotel HÔTEL DESIGN **$$$**
(carte p. 61 ; 896-1200 ; www.atixhotel.com ; Calle 16 n°8052, Calacoto ; ch à partir de 150 $US ; P❄@📶). La Paz possède enfin son hôtel de classe mondiale, installé dans la Zona Sur. Presque tout ce qu'on y voit, des œuvres d'art réalisées sur commande aux têtes de lit en bois, provient d'artisans boliviens. Le restaurant, **Ona**, propose également des spécialités boliviennes, et sur le toit vitré vous attendent une piscine et un bar avec un impressionnant panorama sur les montagnes.

Casa Grande HÔTEL D'AFFAIRES **$$$**
(carte p. 61 ; 277-4000, 6247-8000 ; www.casagrande.com.bo ; Calle 16 n°8009, Calacoto ; hôtel s/d/f avec petit-déj 1 253/1 392/2 088 $B, suites 1 148/1 288/1 566 $B ; P❄@📶≋). Le Casa Grande Suites, dans la Calle 17, a subi un relooking impressionnant, tandis qu'à deux rues de là, l'élégant Casa Grande Hotel, plus récent et joliment meublé, est étonnant : c'est comme si Spielberg avait posé un vaisseau spatial en plein Calacoto. Le hall d'entrée semble de taille à accueillir la moitié de l'Amazonie, l'établissement dispose d'un sauna et d'un hammam, bref… le grand jeu.

Camino Real HÔTEL D'AFFAIRES **$$$**
(carte p. 61 ; 279-2323 ; www.caminoreal.com.bo ; Ballivián 369, angle Calle 10, Calacoto ; s/d avec petit-déj 1 632/1 776 $B ; P❄@📶≋). L'imposant Camino Real possède un impressionnant atrium et des chambres luxueuses avec TV à écran plat, mobilier moderne, espaces de travail et de superbes panoramas sur les falaises alentour. Il pourrait y avoir des espaces communs plus agréables, mais il y a tout de même un restaurant, un sauna et une salle de sport.

Où se restaurer

La Paz est l'endroit rêvé pour se faire plaisir après des expériences culinaires en Bolivie rurale. Dans la capitale, on peut tout aussi bien déguster une cuisine végane inventive que des pâtes maison et des sushis sans oublier des plats traditionnels revisités. Nulle part ailleurs dans le pays vous mangerez mieux qu'ici.

Rosario et Casco Viejo

Les petits cafés et les marchés de rue animés de Rosario sont les options les moins chères pour se restaurer, mais la qualité est variable. On trouve de nombreux restaurants internationaux sur **Sagárnaga**, mais vous trouverez mieux pas très loin sur **Murillo**. Désert gastronomique pendant des décennies, le Casco Viejo a trouvé un nouvel élan grâce à de jeunes chefs inventifs.

Hay Pan CAFÉ, BAR À VINS **$**
(carte p. 50 ; www.facebook.com/haypanlapaz ; Murillo 764, Rosario ; plats 20-30 $B ; 17h-22h mar-ven, 17h-21h sam). Ce petit café douillet, au décor andin chamarré, propose de copieux petits-déjeuners avec café corsé et pain frais. Le soir, l'endroit se mue en bar à vins avec de la musique d'ambiance, une belle carte de crus boliviens et des plateaux de charcuterie à composer soi-même.

Antigua Miami CAFÉ **$**
(carte p. 50 ; www.facebook.com/antiguamiami ; Murillo 826, Rosario ; sandwichs 25-30 $B ; 12h-18h lun-ven, 9h-11h et 12h-18h sam ; 📶). Un café pour hipsters avec un superbe sol carrelé, du café bien corsé et de savoureux paninis.

Etno Café Cultural CAFÉ **$**
(carte p. 50 ; etnocafecultural.blogspot.com ; Jaén 772, Casco Viejo ; plats 20-35 $B ; 11h-2h lun-sam ; 📶). Ce café branché est idéal pour reprendre des forces après la visite des musées de Calle Jaén (p. 53) ou pour boire

un verre le soir. Bon café, salades et des boissons boliviennes comme la bière de quinoa ou la liqueur de coca. Concerts et événements culturels fréquents en soirée.

Martinni Pizza PIZZA $
(carte p. 50 ; Illampu 738, Rosario ; part de pizza 12 $B ; 12h-22h). D'après les clients, c'est la meilleure pizza de La Paz. Et il est vrai qu'elle est particulièrement bonne – pâte croustillante, ingrédients frais, sauce parfumée.

Paceña La Salteña RESTAURATION RAPIDE $
(carte p. 50 ; www.pacenalasaltena.com ; Loayza 233, Casco Viejo ; salteña 5-10 $B ; 8h-14h ;). Impossible de quitter La Paz sans avoir goûté une *salteña* (chausson garni d'une farce à la viande et aux légumes). Les murs de couleur pêche, les rideaux en chintz et les dorures donnent le ton de cette *salteñería*. *Salteñas* végétariennes également.

Popular Cocina Boliviana BOLIVIEN $$
(carte p. 50 ; www.facebook.com/popularlapazbolivia ; Murillo 826, Rosario ; menu déj complet 70 $B ; 12h30-14h30 lun-sam). L'un des rares restaurants de La Paz où il faut faire la queue pour entrer. Les gourmets s'y régalent des menus de 3 plats de saison. Ici, les plats sont préparés avec des produits du marché. Le tout pour une bouchée de pain !

Km 0 SANDWICHS $$
(carte p. 50 ; www.kilometro-0.com ; Comercio 1280, Casco Viejo ; sandwichs 30-50 $B ; 9h-21h lun-sam ;). Mi-espace de coworking mi-café servant des sandwichs inventifs d'inspiration bolivienne, dans un immeuble rénové en 2018 près de la Plaza Murillo. La déco dans les tons terre et le mobilier ancien donnent envie de s'attarder. L'établissement était temporairement fermé lors de nos recherches.

Ali Pacha VÉGÉTARIEN $$$
(carte p. 50 ; 220-2366 ; www.alipacha.com ; Colón 1306, Casco Viejo ; 3/5/7 plats 100/200/300 $B ; 12h-15h lun-ven et 18h-22h mer-sam ;). Une belle réussite que ce restaurant végétarien haut de gamme avec menus dégustation dans le quartier déshérité de Casco Viejo ? Même les plus fervents carnivores seront conquis par la cuisine créative et les cocktails aux herbes, qui permettent de découvrir autrement les saveurs de la Bolivie.

La Casona Restaurant BOLIVIEN $$$
(carte p. 50 ; www.lacasonahotelboutique.com ; Av. Mariscal Santa Cruz 938, Prado ; plats 75-95 $B, almuerzo 30 $B ; 9h-21h lun-ven, 9h-19h sam ;). L'*almuerzo* (menu déjeuner) comprend un buffet de salades, soupes et plats comme du poulet en sauce au vin ou des *milanesas* (escalopes panées). Le tout dans un joli décor (le restaurant occupe une ancienne remise à calèches). L'un des meilleurs endroits en ville pour déjeuner. Menu à la carte le soir.

100% LOCAL

DES CAFÉS OÙ SE RESTAURER

Prisés des habitants de La Paz, ces cafés de chaîne servent des cafés, de bons jus de fruits et de savoureux en-cas. Un peu aseptisés, ils sont néanmoins de bonnes adresses pour les estomacs délicats : **Alexander Coffee**, sur le **Prado** (carte p. 54 ; Av. 16 de Julio 1832 ; plats 16-40 $B ; 8h-20h ;), **Casco Viejo** (carte p. 50 ; Potosí 1091 ; plats 16-40 $B ; 8h-23h ;) ou encore **Sopocachi** (carte p. 54 ; Av. 20 de Octubre 2463 ; plats 16-40 $B ; 7h45-23h ;).

El Prado

Café Ciudad INTERNATIONAL $
(carte p. 54 ; Plaza del Estudiante, Prado ; 27-110 $B ; 8h-20h lun, 8h-22h mar et jeu-sam, 8h-23h mer, 8h-15h dim ;). Cette institution locale au service revêche propose 24h/24 et 7j/7 du café chaud, d'exquises pizzas, des hamburgers et d'autres spécialités internationales, ainsi que le meilleur *pique a lo macho* (plat bolivien en sauce à base de bœuf, de saucisses et de frites) de La Paz.

Confitería Club de La Paz CAFÉ $$
(carte p. 50 ; angle Av. Camacho et Av. Mariscal Santa Cruz, Prado ; plats 20-50 $B ; 9h-12h30 et 14h30-19h lun-ven, 9h-13h sam). Une clientèle élégante et d'âge mûr y vient quotidiennement prendre un café ou un sandwich. L'établissement était autrefois un café littéraire réputé et un rendez-vous d'hommes politiques (et avant cela de criminels de guerre nazis) ; aujourd'hui, il est surtout connu pour son expresso serré et ses pâtisseries.

San Pedro

Namas Té VÉGÉTARIEN $
(www.namastebolivia.com ; Zoilo Flores 1334, San Pedro ; menu déj 25-27 $B ; 8h30-19h lun-ven, 8h30-16h sam ;). Amateurs de thé,

réjouissez-vous : la carte des thés de cet adorable établissement végétarien aux tons citron vert fait quatre pages ! Les plats à base de quinoa ne manquent pas non plus, et le *pad thaï* au tofu fait fureur. Il y a aussi des smoothies, des jus et des sandwichs, et l'addition est raisonnable.

Helados Splendid GLACIER **$**
(carte p. 54 ; angle Nicolás Acosta et Av. 20 de Octubre, San Pedro ; glaces 13-17 $B ; 8h-18h mar-dim). On y sert de délicieuses glaces depuis près de 60 ans.

Sopocachi

Sopocachi compte de nombreux restaurants boliviens et internationaux à des tarifs plus abordables que plus au sud dans Zona Sur. Pour suivre les dernières évolutions de la révolution culinaire de la ville, jetez un œil aux magazines gratuits *La Paz In* et *Azafrán*, disponibles dans les restaurants des alentours de la Plaza Eduardo Avaroa.

La Espinita POISSON ET FRUITS DE MER **$**
(carte p. 54 ; Quintín Barrios 712, Sopocachi ; plats 20-30 $B ; 11h-15h mar-ven, 11h30-16h sam-dim). Une cuisine andine authentique, à l'instar de cet assortiment de quatre poissons préparés dans une pâte à beignet maison, avec assiette d'*ispis* (petits poissons frits de type sardines), pommes de terre et *mote* (maïs) en accompagnement, le tout à savourer avec du jus de fruits frais. Pas étonnant que les habitants se pressent dans la minuscule salle !

Kuchen Stube BOULANGERIE **$**
(carte p. 54 ; www.facebook.com/kuchenstube ; Gutiérrez 461, Sopocachi ; plats 25-30 $B ; 9h30-21h30 lun-ven, 8h-21h sam-dim ; wifi). Apprécié pour ses en-cas sucrés (divines pâtisseries allemandes), son café, ses jus de fruits frais et ses quiches lorraines.

Salteñería Mi Favorita RESTAURATION RAPIDE **$**
(carte p. 54 ; angle 6 de Agosto et Guachalla, Sopocachi ; salteña 5-10 $B ; 8h-18h). Un minuscule tripot à *salteñas*, très apprécié des habitants, avec 5 tables et 5 options au menu.

Mujeres Creando CAFÉ **$**
(Virgen de los Deseos ; carte p. 54 ; 241-3764 ; www.mujerescreando.org ; Av. 20 de Octubre 2060, Sopocachi ; plats 12-45 $B ; 9h-22h lun-ven). Un café ultrasimple derrière une bonne cause : il soutient plusieurs initiatives en faveur des droits des femmes dans le pays et offre un espace d'échange, ainsi qu'une bibliothèque et une petite boutique d'artisanat. Il y a également un modeste *hostal*. Vous repérerez la maison rose et la fresque représentant des lamas qui s'embrassent.

Armonía VÉGÉTARIEN **$**
(carte p. 54 ; 7651-4374 ; Av. Ecuador 2286, Sopocachi ; buffet 34 $B ; 9h30-18h lun-ven ; menu). Restaurant végétarien recommandé servant à volonté, situé au-dessus de Libería Armonía à Sopocachi. Produits bio dans la mesure du possible.

Toga ASIATIQUE **$$**
(carte p. 54 ; portable 7650-4643 ; Av. Sánchez Lima 2235, Sopocachi ; menu 4 plats 35 $B ; 18h-23h30 mar-ven et dim, 11h-16h sam). Ici, pas de carte – à travers quatre plats selon l'inspiration du moment, le chef Rubén Gruñeiro vous emmène dans un voyage culinaire mêlant saveurs asiatiques et produits boliviens. Avec seulement quatre tables et une cuisine ouverte, c'est une expérience incroyablement intime.

La Huerta DIÉTÉTIQUE ET BIEN-ÊTRE **$$**
(carte p. 54 ; www.facebook.com/lahuerta.mercado ; Pedro Salazar 559, Sopocachi ; 8h30-19h30 lun-ven, 9h-15h30 sam ; menu). Le meilleur magasin bio de La Paz : savon, pain frais, en-cas bio et du quinoa sous toutes les formes imaginables (jus, chocolat, barres de céréales). Sur place, un **restaurant végétarien** propose un buffet déjeuner (nombreux plats végans ou sans gluten) où l'on paie au kilo, et fait salon de thé l'après-midi.

Horno Camba SUD-AMÉRICAIN **$$**
(carte p. 54 ; Méndez Arcos 732, Sopocachi ; menu dej 28 $B ; 12h-20h). Envie de retrouver les *sonsos* (crêpes de manioc au fromage fondu) et autres *cuñapés* (petits pains au fromage) que l'on concocte à Santa Cruz ? Voici la bonne adresse, une rue au-dessus de la Plaza España. Bonnes formules déjeuner aussi.

Café Beirut MOYEN-ORIENTAL **$$**
(carte p. 54 ; 2291-1632 ; Belisario Salinas 380, Sopocachi ; 30-60 $B ; 8h-23h ; wifi). Des saveurs du Moyen-Orient en plein cœur des Andes. L'assortiment de houmous, purée d'aubergine et lebné est parfait et bon marché, et l'on peut s'offrir pour finir un narguilé saveur fruitée, ou simplement un baklava croustillant.

Pronto ITALIEN **$$$**
(carte p. 54 ; 244-1369 ; prontodalicatessen.business.site ; Jáuregui 2248, Sopocachi ;

plats 55-85 $B ; ⏲12h-15h lun-sam et 18h-23h mar-sam). Ce restaurant éclairé aux chandelles sert des plats à base de produits frais. L'*antipasta della casa* est un remarquable mélange de tomates confites, de noix et d'autres délices. Réservez le week-end.

Zona Sur

La plupart des restaurants gastronomiques de La Paz se situent dans ce quartier. La Calle Montenegro regroupe des bars, des restaurants et des boutiques tous à une courte distance les uns des autres.

Los Qñapés BOLIVIEN $

(carte p. 61 ; www.facebook.com/losqnapes ; René Moreno 1283, San Miguel ; en-cas 6-15 $B ; ⏲15h30-22h lun-sam). Grignotez des classiques boliviens comme le *cuñapé* (petit pain à base de fromage et de farine de manioc), la *huminta* (tarte au maïs à la vapeur) et le *masaco* (purée de bananes plantains ou de manioc avec de la viande ou du fromage) dans ce café toujours animé. Tout est bio et d'origine bolivienne.

♥ **Gustu** BOLIVIEN $$$

(carte p. 61 ; ☎6983-0327 ; www.gustu.bo ; Calle 10 n°300, Calacoto ; menu 3/8 plats 155/395 $B ; ⏲12h-15h et 18h-23h30 mar-sam ; P). À l'origine de la renaissance culinaire de La Paz, ce restaurant ouvert par le Danois Claus Meyer (créateur du Noma, plusieurs fois couronné meilleur restaurant au monde) s'efforce de mettre à l'honneur des produits boliviens peu utilisés (céréales andines, caïman de l'Amazonie...). Même dans les accords mets-vins, tout vient de Bolivie. L'établissement est installé dans un édifice splendide et richement orné de textiles des Andes.

El Vagón del Sur BOLIVIEN $$$

(carte p. 61 ; ☎297-1944 ; www.facebook.com/elvagondelsur ; Av. Los Sauces 248, Calacoto ; plats 80-130 $B ; ⏲9h-15h30 mar-ven, 9h-16h sam-dim ;). Ce restaurant haut de gamme revisite des classiques boliviens comme le *saice* (bœuf haché épicé et pommes de terre noires des Andes). Les serveurs aux chemises blanches immaculées vous aideront à choisir parmi les vins, bières et alcools boliviens.

Propiedad Pública INTERNATIONAL $$$

(carte p. 61 ; ☎277-6312 ; Enrique Peñaranda L-29, San Miguel ; plats 60-80 $B ; ⏲12h-15h et 17h-22h). Les pâtes maison servies dans ce restaurant branché de San Miguel sont fraîches, et ça se sent ! La carte des vins et cocktails et tout aussi inspirée. Un peu cher, mais la qualité est là.

Furusato JAPONAIS $$$

(carte p. 61 ; ☎279-6499 ; www.facebook.com/Furusatobolivia/ ; Inofuentes 437, Calacoto ; plats 50-150 $B ; ⏲12h-15h et 18h-21h lun et mer-sam, 12h-16h et 18h-20h30 dim). Ce restaurant formel offre une exquise cuisine japonaise et une vue extraordinaire sur la colline voisine, mais le service n'est pas toujours chaleureux.

Faire ses courses

Si le désordre et l'hygiène douteuse ne vous rebutent pas, c'est sur les marchés que vous trouverez les denrées les moins chères et les plus intéressantes. Le *comedor* (cantine) du **Mercado Uruguay** (p. 63) propose des menus (de qualité variable et dans un cadre rudimentaire) comprenant notamment des tripes et des *ispis* (petits poissons frits) pour moins de 10 $B. Parmi les autres secteurs où l'on peut manger pas cher et sur le pouce, le **Mercado Camacho** (p. 62), réputé pour ses stands de jus de fruits, ses pains frais et ses *llauchas* (friands au fromage).

Ketal Supermercado SUPERMARCHÉ $

(carte p. 54 ; angle Av. Arce et Pinilla, Sopocachi ; produits 5-50 $B ; ⏲7h-22h). Tout pour le pique-nique, des olives au fromage, en passant par la bière.

Irupana SUPERMARCHÉ $

(www.irupanabio.com ; Yungas 692, Casco Viejo ; produits 5-50 $B ; ⏲8h30-19h lun-ven, 10h-17h sam). Cette chaîne d'alimentation saine propose des produits bio d'origine locale. Il y a une autre boutique à **Sopocachi** (carte p. 54 ; angle Guachalla et Av. Sánchez Lima, Sopocachi ; produits 5-50 $B ; ⏲9h-19h lun-ven, 9h-17h sam).

Hipermaxi SUPERMARCHÉ $

(carte p. 54 ; Gutiérrez 469, Sopocachi ; produits 5-50 $B ; ⏲8h30-22h30). Dans ce grand supermarché avec un peu de tout.

Où prendre un verre et faire la fête

Si les bouis-bouis et les discothèques clinquantes sont omniprésentes dans le Casco Viejo, La Paz ne manque pas non plus de bars élégants. La jeunesse dorée locale se mêle aux expatriés dans les clubs de l'Avenida 20 de Octubre, en bas de Sopocachi, et dans la Zona Sur, où bars et discothèques ponctuent l'Avenida Ballivián et la Calle 21. À Rosario, Les bars de type pub irlandais ou britannique ne méritent pas le détour.

Hb Bronze Coffeebar CAFÉ
(carte p. 50 ; Plaza Tomás Frías 1570, Casco Viejo ; 8h30-22h lun-mer, 9h-23h30 jeu-sam, 9h-22h dim ;). Belle architecture, élégance et simplicité : ce café est le genre d'endroit qui manquait cruellement à Casco Viejo. Les cafés sont corsés, et le soir l'endroit se mue en bar servant cocktails, bières et vins 100 % boliviens. La cuisine (notamment les copieuses assiettes à partager) est l'autre atout de l'établissement.

La Costilla de Adán COCKTAILS
(portable 7207-4518 ; Armaza 2974, Sopocachi ; 17h-minuit mer-sam). Roberto Cazola a décoré son antre de centaines de poupées effrayantes et de vélos pendus au plafond. Installez-vous près du feu et laissez-vous émerveiller par l'ambiance. Il n'y a aucune enseigne à l'extérieur ; sonnez, attendez qu'on vous ouvre et laissez la magie opérer.

Typica CAFÉ
(carte p. 54 ; www.facebook.com/typica.cafe ; Av. 6 de Agosto 2584, Sopocachi ; 7h30-22h ;). Choisissez parmi quatre cafés boliviens et parmi les différents procédés d'infusion (Chemex, V60, AeroPress ou siphon) dans ce café bohème au mobilier ancien dépareillé. Bonne musique, gâteaux, *empanadas* et sandwichs.

Diesel Nacional BAR
(carte p. 54 ; 242-3477 ; Av. 20 de Octubre 2271, Sopocachi ; 18h-2h lun-sam). Vous aimez le métal ? Plongez dans l'obscurité enfumée de ce bar on ne peut plus industriel, avec pour décor des pièces recyclées de véhicules en tout genre (trains, avions). Ici, les cocktails sont corsés et la musique est autant à la pointe que la clientèle.

Andean Culture Distillery DISTILLERIE
(carte p. 50 ; portable 7655-8691 ; www.facebook.com/andeanculturedistillery ; Murillo 826, Rosario ; visites 16h lun-ven). Vous avez sans doute repéré le nom de cette distillerie sur les menus des restaurants, alors pourquoi ne pas y faire un tour pour en apprendre plus sur son Killa Andean Moonshine ? La visite comprend un shot et un cocktail.

Open Mind Club GAY
(carte p. 50 ; www.facebook.com/omc.openmindclub ; Cochabamba 100, Rosario ; 21h-3h ven-sam). La meilleure boîte gay de La Paz, au décor tout en miroirs et lumières multicolores. N'arrivez pas avant minuit si vous ne voulez pas vous trémousser seul sur du *reggaetón*.

Sol y Luna BAR
(carte p. 50 ; www.facebook.com/solylunalapaz ; angle Murillo et Cochabamba, Rosario ; 12h-1h ;). Tenu par des Hollandais, un bar sans prétention servant des cocktails, du bon café et une cuisine internationale. Aménagé sur 3 niveaux, il propose un système d'échange de livres et comprend une bibliothèque de guides de voyage bien fournie. Également des conférences, des soirées salsa et de la musique live, entre autres activités. Essayez la *chala* (bière blanche bolivienne).

Reineke Fuchs BRASSERIE ALLEMANDE
(carte p. 54 ; www.reinekefuchs.com ; Pasaje Jáuregui 2241, Sopocachi ; 16h30-22h30 lun-sam). À Sopocachi, cette brasserie tout en bois sert des bières allemandes (lager, pilsener et ale produites sur place) et une cuisine roborative à base de saucisses.

☆ Où sortir

Jiwaki, un mensuel gratuit disponible dans les bars et les cafés, dévoile l'agenda culturel de la capitale. Sinon, guettez les panneaux d'affichage des hôtels indiquant les bars et les concerts ou consultez les journaux.

Las Flaviadas MUSIQUE CLASSIQUE
(Fundación Flavio Machicado Viscarra ; carte p. 54 ; 241-1791 ; www.flaviadas.org ; Av. Ecuador 2448 , Sopocachi ; sur don ; 18h30-20h30 sam). Flavio Machicado a ouvert son élégante maison de Sopocachi aux mélomanes en 1922, et c'est son fils Eduardo qui a repris cette tradition. Pour commencer tout en douceur votre samedi, quoi de mieux qu'écouter au coin du feu des airs de Bach et des artistes boliviens tels que Piraí Vaca ?

Peñas

Typiques des Andes, les *peñas* offrent essentiellement des concerts de musique andine, jouée avec des *zampoñas* (flûtes de Pan), des *quenas* (flûtes en roseau) et des *charangos* (instruments de type ukulélé), et accueillent parfois des guitaristes et des chanteurs. La plupart ne proposent des spectacles que le vendredi et le samedi, à 21h ou 22h, et jusqu'au petit jour. L'entrée, de 25 à 100 $B, comprend souvent une boisson ; les repas sont en sus.

Jallalla CONCERTS

(carte p. 50 ; Indaburo 710, angle Jaén, Casco Viejo ; entrée avec cocktail 30-70 $B ; 11h-22h lun-ven, 11h-17h sam-dim). Une *peña* incontournable, installée au-dessus de la Fundacion Mamani Mamani (p. 53), et arborant un plafond aux airs de chapelle Sixtine à la sauce Mamani Mamani. On y écoute une musique de qualité en dégustant des tapas boliviennes et des cocktails inventifs comme le Luka Quivo (Vodka 1825, jus d'orange, gingembre et cactus *airampo*).

Peña Jamuy CONCERTS

(carte p. 50 ; portable 7676-7817 ; www.facebook.com/jamuybolivia ; Max Paredes, près de Sagárnaga, Rosario ; entrée 25-50 $B ; 20h-4h jeu-sam). Les gens du cru laissent la Peña Huari aux touristes et se pressent à la Peña Jamuy, plus grande, plus colorée et beaucoup plus festive. Dans la salle à deux niveaux, au décor andin, on danse toute la nuit au son de la musique traditionnelle, et il va sans dire que l'alcool coule à flots.

Peña Huari MUSIQUE TRADITIONNELLE

(carte p. 50 ; 231-6225 ; Sagárnaga 339, Rosario ; 105 $B ; spectacle 20h). La *peña* la plus connue de la ville vise les touristes et les hommes d'affaires boliviens. Le restaurant attenant est spécialisé dans la cuisine bolivienne, notamment le steak de lama, la truite du lac Titicaca, le *charquekan* (viande séchée) et les salades. L'établissement était temporairement fermé lors de nos recherches.

Théâtre

Teatro Municipal Alberto Saavedra Pérez THÉÂTRE

(carte p. 50 ; angle Sanjinés et Indaburo, Casco Viejo ; 20-50 $B). Le théâtre municipal offre un programme de spectacles folkloriques, de concerts de musique traditionnelle et de pièces de théâtre. Cet ancien édifice superbement restauré possède un auditorium circulaire, des balcons ouvragés et un immense plafond peint.

Teatro NUNA THÉÂTRE

(carte p. 61 ; www.nunaespacioarte.com ; Calle 21 n°8509, Calacoto). Inauguré en 2013, ce petit théâtre de Zona Sur est rapidement devenu l'un des plus dynamiques et des plus acclamés en ville. Il accueille des spectacles lors de nombreux festivals de théâtre, de danse et de musique de La Paz.

LES LUSTRABOTAS

À La Paz comme partout en Bolivie, on voit souvent dans les rues des *lustrabotas* (cireurs de chaussures) de tous les âges. Peu importe que vous portiez des sandales ou des espadrilles, ceux-ci pourchassent quiconque arbore des chaussures. Ils portent souvent, en particulier les plus âgés, un passe-montagne et une casquette noircie enfoncée jusqu'aux yeux pour, dit-on, éviter l'opprobre. Beaucoup travaillent dur pour aider leur famille ou payer leurs études.

Vous pouvez les aider en leur donnant entre 2 et 3 $B ou en achetant le *Hormigón Armado* ("Béton armé", en espagnol ; hormigon-armado.wix.com/lustrabotas), un journal local créé par des entreprises de La Paz qui met en avant les difficultés qu'ils rencontrent au quotidien et permet de financer des programmes d'éducation et de formation professionnelle. *Hormigón Armado* propose également des visites (p. 60) de quartiers populaires permettant de découvrir les marchés, traditions et coutumes de La Paz.

Teatro del Charango MUSIQUE LIVE

(carte p. 50 ; portable 7657-9002 ; Jaén 711, Casco Viejo ; billet 20 $B ; 19h sam). Installée dans le Museo de Instrumentos Musicales (p. 55), cette salle intimiste accueille des concerts de musique traditionnelle.

Centres culturels

Nueva Acrópolis CENTRE CULTUREL

(carte p. 54 ; 291-1172 ; www.acropolis.org.bo ; Ecuador 2405, Sopocachi ; 19h-22h30). Ce centre culturel bolivien propose des cours, des causeries et des conférences, entre autres activités.

Goethe Institut CENTRE CULTUREL

(carte p. 54 ; 243-1916 ; www.goethe.de/lapaz ; Av. Arce 2708, Sopocachi ;). Le centre culturel allemand organise des expositions et une séance de cinéma le vendredi soir à la Cinemateca Boliviana.

Alianza Francesa CENTRE CULTUREL

(carte p. 54 ; 242-5005 ; lapaz.alianzafrancesa.org.bo ; angle Guachalla et Av. 20 de Octubre, Sopocachi ; 8h-12h et 14h-21h30 lun-jeu, 8h30-12h30 ven-sam). Ce centre de l'Alliance française propose des conférences, des cours et des expositions temporaires en français et en espagnol.

Cinéma

Les centres culturels de La Paz projettent souvent des films en langue étrangère. Au cinéma, la plupart des films en langue étrangère sont sous-titrés en espagnol (environ 30 $B). On trouve plusieurs cinémas le long du Prado.

Cinemateca Boliviana CINÉMA
(carte p. 54 ; ☎244-4090 ; www.cinematecaboliviana.net ; Oscar Soria 110 et Gutiérrez, Sopocachi ; 20-30 $B ; 15h-minuit lun-ven, 10h30-minuit sam-dim). Films boliviens et d'art et d'essai.

Sport

♥ **Estadio Hernando Siles** STADE
(Estadio Olímpico La Paz ; carte p. 54 ; Miraflores ; 40-120 $B). Le *fútbol* est tout aussi populaire en Bolivie que dans les autres pays d'Amérique latine. Les matchs se disputent à l'Estadio Hernando Siles le mercredi, le samedi et, pour les plus importants, le dimanche. Billets disponibles sur www.todotix.com (en espagnol).

On imagine aisément l'avantage dont profitent les équipes locales, habituées à l'altitude, par rapport à celles des plaines ; les joueurs venant d'ailleurs (à l'exception de Potosí !) considèrent qu'il est suicidaire de jouer à La Paz ! N'oubliez pas votre chapeau.

Cholitas Wrestling LUTTE
(☎portable 7729-4590 ; www.facebook.com/cholitaswrestling2 ; Calle 4 Villa Dolores s/n, El Alto ; 95 $B ; 16h30 dim). Certains trouvent ces combats opposant des femmes indigènes (péjorativement surnommées *cholitas*) valorisants. D'autres les trouvent dégradants. À vous de juger. Les combats ont lieu à El Alto le jeudi et le dimanche après-midi. On peut y aller directement, mais beaucoup de personnes préfèrent réserver en ligne ou auprès d'une agence de Sagárnaga.

Achats

La Paz est un paradis du shopping : les prix sont raisonnables et la qualité au rendez-vous. La principale zone touristique commerciale s'étend le long de la Calle Sagárnaga, très escarpée, entre l'Av. Mariscal Santa Cruz et Tamayo, et déborde dans les rues adjacentes. Pour d'épatants articles de créateurs, cap sur le **quartier de San Miguel**, dans Zona Sur.

♥ **Walisuma** ARTISANAT
(carte p. 61 ; walisuma.org ; Aliaga 1231, San Miguel ; 10h-20h lun-ven, 10h30-19h sam). Pour dénicher un souvenir unique, allez chez Walisuma, qui travaille avec 59 artisans boliviens. Les produits vedettes sont les textiles ultradoux en alpaga et en vigogne, teints avec des produits naturels. Il y a aussi du savon au quinoa, du sel parfumé d'Uyuni et des pulls de créateurs. Les prix correspondent à la qualité.

The Writer's Coffee LIBRAIRIE
(carte p. 50 ; www.thewriterscoffee.com ; Comercio 1270, Casco Viejo ; 9h-19h30 lun-ven ;). Une superbe librairie à l'ancienne débordant d'excellents ouvrages sur l'art et l'histoire locaux. À l'avant vous attend un **café** douillet où feuilleter vos achats ou vous connecter au Wi-Fi.

Mistura Manifestación Creativa ARTISANAT
(carte p. 50 ; www.misturabolivia.com ; Sagárnaga 163, Rosario ; 9h30-20h lun-sam). Ce joli petit concept store vend des bijoux en argent, des chapeaux melons, des pulls en alpaga ou encore du vin et du gin boliviens.

El Ceibo ALIMENTATION
(carte p. 54 ; www.elceibo.com ; angle Cañada Strongest et Castrillo, San Pedro ; 9h30-13h et 14h30-18h lun-ven, 10h-12h sam). Les amateurs de chocolat feront inévitablement un tour chez ce producteur respectant l'environnement et proposant un chocolat succulent (à base d'ingrédients naturels).

Artesanía Sorata ARTISANAT
(carte p. 50 ; www.artesaniasorata.com ; Sagárnaga 303, Rosario ; 9h-19h). Ce projet communautaire est spécialisé dans les poupées artisanales de qualité, les articles originaux en laine d'alpaga et d'autres beaux objets.

Comart Tukuypaj ARTISANAT
(carte p. 50 ; www.comart-tukuypaj.com ; Linares 862, Rosario ; 10h-19h lun-ven, 10h-17h sam). Cette boutique de commerce équitable vend des articles en lama et en alpaga et de l'artisanat de qualité supérieure provenant de tout le pays.

Cava de Bodegas VIN
(carte p. 54 ; angle Cañada Strongest et Otero de la Vega, San Pedro ; 10h-19h30 lun-ven, 10h-21h30

sam). Ce petit caviste vend des crus d'altitude boliviens primés et des alcools.

Los Amigos del Libro LIBRAIRIE
(carte p. 50 ; Ballivián 1273 ; ⏲10h-13h et 15h-20h lun-sam). Le plus grand choix de romans et magazines en langues étrangères de La Paz.

Équipements pour activités en plein air

Pour acheter de quoi protéger votre sac à dos – sacs en plastique, chaînes, cadenas... –, explorez les stands de rue de la **Calle Isaac Tamayo**. Pour des équipements de randonnée de qualité, cap sur les boutiques d'**Illampu**, une rue plus loin

Sampaya Outdoor Equipment SPORTS ET ACTIVITÉS DE PLEIN AIR
(carte p. 50 ; www.facebook.com/sampayaoutdoor ; Illampu 803, Rosario ; ⏲10h-13h et 15h-20h lun-ven, 10h-14h dim). La meilleure des nombreuses boutiques d'Illampu, avec sacs à dos, tentes, chaussures de randonnée, blousons, pantalons et autres articles pour la randonnée.

Instruments de musique

De nombreux artisans de La Paz sont spécialisés dans les instruments en bois, notamment la *quena* (flûte à deux mains), la *zampoña* (flûte de Pan), la *tarka* (flûte en bois) et le *pinquillo* (flûte à une main). Plusieurs boutiques vendent des instruments dans **Sagárnaga**, **Linares** et **Illampu**. Beaucoup d'entre eux sont de piètre qualité ou simplement décoratifs.

ℹ Orientation

La métropole de La Paz est divisée en trois zones bien distinctes. La commune d'**El Alto** (où atterrissent les avions) se situe au nord du centre-ville. Cette banlieue commerçante et industrielle au développement rapide, centre de la culture aymara, regroupe d'intéressants marchés et quelques attractions touristiques. En bas, dans la vallée, s'étend **La Paz**, où séjournent la plupart des voyageurs. La partie ouest de la vallée comprend les districts commerçants de Rosario, de Belen, de San Pedro et de Sopocachi. La partie est comprend les quartiers animés de Casco Viejo et de Miraflores. Si vous vous perdez à La Paz, prenez le sens de la descente : vous ne tarderez pas à tomber sur El Prado, l'artère principale. Plus bas encore dans la vallée se trouve la **Zona Sur** (zone sud). C'est là que vit la classe aisée et vous y trouverez de nombreux restaurants et hôtels haut de gamme.

ℹ Renseignements

ACCÈS INTERNET

Les cybercafés, nombreux, facturent de 2 à 5 $B l'heure. Les connexions sont généralement plus rapides le matin ou en fin de soirée. La plupart des hôtels et des cafés disposent d'un accès Wi-Fi.

ARGENT

Bureaux de change

Souvent plus rapides et pratiques que les banques, les *casas de cambio* (bureaux de change) du centre-ville ouvrent en principe de 9h à 18h en semaine, ainsi que le samedi matin.

Méfiez-vous des faux billets, surtout avec les *cambistas* (changeurs de rue) qui exercent aux abords des carrefours de Colón, Camacho

MARINA NÚÑEZ DEL PRADO

Considérée comme la plus grande sculptrice de Bolivie, Marina Núñez del Prado naquit le 17 octobre 1910 à La Paz. De 1927 à 1929, elle suivit l'enseignement de l'Escuela Nacional de Bellas Artes (École nationale des beaux-arts). De 1930 à 1938, elle y enseigna la sculpture et l'anatomie artistique.

Les premières œuvres de Núñez del Prado, en cèdre et noyer, représentaient les peuples des Andes : visages, danses et groupes indigènes. De 1943 à 1945, elle vécut à New York. Ses thèmes de prédilection étaient liés à la Bolivie, notamment l'exploitation minière et la pauvreté. Plus tard, elle célébra la maternité à travers des portraits de femmes enceintes et de mères protégeant leurs enfants. D'autres pièces traitaient de thèmes andins, certains sous une ravissante forme abstraite. "J'estime avoir une chance immense d'être née près de ces Andes. Mon art traduit l'esprit de mes montagnes natales et de mon peuple, les Aymaras", écrivit-elle.

Au cours de sa longue carrière, elle accéda à une reconnaissance internationale et reçut de nombreux prix. Son œuvre fit l'objet de près de 160 expositions. Des personnalités comme Pablo Neruda, Gabriela Mistral et Guillermo Niño de Guzmán saluèrent son travail. À la fin de sa vie, l'artiste se retira à Lima, au Pérou, en compagnie de son époux, l'écrivain péruvien Jorge Falcón. Elle y décéda en septembre 1995, à l'âge de 84 ans.

et de l'Av. Mariscal Santa Cruz. Les chèques de voyage sont pratiquement impossibles à changer, sauf dans les bureaux de change et les banques.

Casa de Cambio América (carte p. 50 ; Camacho 1233, Casco Viejo ; ⌚9h-18h lun-ven, 9h30-12h sam).

Casa de Cambio Metropoli (carte p. 50 ; angle Colón 206 et Calle Camacho, Casco Viejo ; ⌚8h45-18h30 lun-ven, 9h-13h sam). Assure également les virements MoneyGram.

Distributeurs automatiques de billets (DAB)

Aux principaux carrefours, de nombreux distributeurs (carte p. 54 ; Av. Sánchez Lima ; ⌚24h/24) permettent de retirer des bolivianos ou des dollars US.

Banco Mercantil (carte p. 50 ; angle Mercado et Ayacucho ; ⌚24h/24)

Banco Nacional de Bolivia (carte p. 50 ; angle Colón et Camacho ; ⌚24h/24)

Transfert d'argent

Pour un transfert monétaire international urgent, adressez-vous à Western Union/DHL, qui possède plusieurs agences en ville.

CARTES ET PLANS

On trouve des plans de la ville gratuits auprès des offices du tourisme, auberges de jeunesse et restaurants touristiques.

La Paz est l'endroit où acheter des cartes pour le reste de votre voyage.

Climbing South America (p. 60). L'une des plus vastes collections de cartes de randonnées en vente en Bolivie, centrée sur les itinéraires dans les Cordilleras et les Yungas.

Instituto Geográfico Militar (IGM ; carte p. 50 ; Av. Diagonal Juan XXIII n°100, Edificio Murillo, San Pedro ; ⌚8h30-12h30 lun-ven). Vend des cartes topographiques originales au 1/50 000 (40 $B), ou des photocopies (35 $B) si la carte est épuisée. L'établissement était temporairement fermé lors de nos recherches.

DÉSAGRÉMENTS ET DANGERS

La Paz est une grande ville, et, quand on est un "gringo", on est vite repéré. Faites preuve de prudence, de sang-froid et de bon sens, en particulier la nuit, et votre séjour à La Paz se passera sans anicroche.

Escroqueries et pickpockets

Les faux policiers et les prétendus responsables du tourisme sont une réalité en Bolivie. Sachez qu'un véritable policier sera toujours en uniforme (ceux en civil ont l'ordre de ne pas importuner les étrangers), n'insistera jamais pour voir votre passeport, vous faire monter avec lui dans un taxi ou vous fouiller en public. Si vous détectez un imposteur, refusez de montrer vos objets de valeur (portefeuille, passeport, argent, etc.) ou insistez pour aller à pied au commissariat le plus proche.

Prenez toujours un radio-taxi. On les reconnaît à l'émetteur radio installé dans le véhicule et au panneau publicitaire fixé sur le toit. En revanche, évitez avec soin les véhicules ne portant qu'un simple autocollant "taxi". Le soir, demandez au restaurant ou à votre hôtel que l'on vous appelle un taxi – tous les renseignements les concernant sont enregistrés dans une base de données centralisée. Ne partagez pas la course avec des inconnus et refusez toute proposition de transport d'un conducteur (en particulier dans les quartiers louches aux alentours des gares routières). Uber est désormais présent à La Paz.

Voleurs à l'arraché et pickpockets sont moins présents à La Paz que dans d'autres villes d'Amérique du Sud, mais il convient tout de même de surveiller vos affaires dans les restaurants, les gares routières, les marchés et les cybercafés. Une escroquerie consiste à ce qu'une personne renverse une substance sur vous ou vous crache dessus "par inadvertance". Pendant que vous vous essuyez ou qu'on vous essuie, un complice dérobe votre portefeuille ou taillade votre sac ; ce peut être une "innocente" grand-mère ou une petite fille ! De même, ne vous baissez surtout pas pour ramasser un objet de valeur "tombé" : vous risquez d'être accusé de vol ou d'être victime d'un pickpocket.

Police

Police touristique (Policía Turística ; carte p. 54 ; ☎222-5016 ; Puerta 22, Plaza del Estadio, Miraflores ; ⌚24h/24). À côté de Disco Love City. Personnel anglophone. Si vous êtes victime de vol, la police ne retrouvera pas vos biens, mais déposer une plainte vous permettra de fournir une *denuncia* à votre assurance. Il y a aussi un kiosque de police en face de la gare routière (p. 79). Insistez bien pour que l'on vous remette les papiers !

Zones à risque

La nuit, tenez-vous à l'écart d'El Alto, de San Pedro, du cimetière et des quartiers sur les hauteurs. Soyez particulièrement vigilant dans les gares routières.

Autres désagréments

La Paz est une ville agréable à découvrir à pied, mais tenez compte du conseil local "*camina lento, toma poco... y duerme solo*" ("marche lentement, bois peu... et dors seul") pour éviter les effets du *soroche* (mal d'altitude qui se traduit par des nausées et des maux de tête). On dit que

À NE PAS MANQUER

EL ALTO ET L'ARCHITECTURE "NÉO-ANDINE"

Un célèbre panneau annonçant "El Alto ne fait pas partie du problème bolivien, mais de la solution" se dressait jadis dans la ville. Si le slogan ne fait pas l'unanimité, une visite d'El Alto n'en vaut pas moins le détour. Autrefois peuplée d'un mélange de *campesinos* (petits paysans) et de Boliviens de tout le pays, la ville compte aujourd'hui 912 900 habitants et la population croît de 5 à 6 % par an. Une ville à part entière, considérée comme la capitale des Aymaras.

Conjointement à l'essor économique récent que connaît la Bolivie, les prix de l'immobilier à El Alto ont flambé jusqu'à souvent dépasser ceux de la ville basse. De nouveaux immeubles ne cessent de sortir de terre. Parmi eux, vous ne pourrez pas manquer les *cholets* psychédéliques de l'architecte aymara Freddy Mamani, qui peuvent valoir jusqu'à 600 000 $US.

Depuis une décennie, Mamani transforme le paysage architectural d'El Alto, comme Antoni Gaudí l'a fait à Barcelone. Les lignes anguleuses et le patchwork de couleurs de ses édifices "néo-andins" scintillant tels des diamants bruts, ont donné une identité qui faisait cruellement défaut à cette ville satellite autrefois tristement monochrome. La plus haute métropole du monde est enfin sortie de l'ombre des Andes, et grâce aux téléphériques (3 $B/trajet), les touristes viennent découvrir son charme exubérant.

Un taxi pour El Alto coûte environ 70 $B depuis le centre de La Paz. Les *micros* (minibus) annonçant "Ceja" ou "El Alto" vous y conduisent pour 3 $B. Pour jeter un œil à l'intérieur d'un *cholet*, réservez une visite auprès de HanaqPacha Travel (p. 60) ou de La Paz on Foot (p. 58).

les comprimés contre le *soroche* sont inefficaces et aggravent même parfois les symptômes. Le paracétamol est efficace et l'absorption d'eau en abondance atténue le mal.

Soyez prudent quand vous traversez la rue et évitez les artères fréquentées aux heures de pointe pour éviter les gaz trop abondants.

Les manifestations ne sont pas rares à La Paz et tournent parfois à la violence. Elles se déroulent dans les secteurs de la Plaza San Francisco et de la Plaza Murillo.

LAVERIES

Les *lavanderías* (blanchisseries) offrent un service bon marché et efficace. Les hôtels les plus haut de gamme appliquent un tarif à la pièce (10 fois plus cher), tandis que les hôtels les moins chers appliquent souvent un tarif au kilo raisonnable.

Des blanchisseries bordent la Calle Illampu, en haut de Sagárnaga. Les adresses suivantes laveront et sécheront votre linge dans la journée pour 10 à 15 $B le kilo.

Lavandería Maya (carte p. 50 ; Sagárnaga 339, Hostal Maya, Rosario ; 10 $B/kilo ; ⌚9h-19h lun-sam).

Laverap (carte p. 50 ; Aroma 730, Rosario ; 10 $B/kilo ; ⌚9h-13h30 et 15h30-19h30 lun-sam).

Limpieza y Lavandería la Familia (carte p. 50 ; ☎290-0557 ; Tarija 352 ; 10 $B/kilo ; ⌚9h-18h30 lun-ven, 9h-14h sam).

MÉDIAS

La Razón (www.la-razon.com), *El Diario* (www.eldiario.net) et *La Prensa* (www.laprensa.com.bo) sont les principaux quotidiens de La Paz.

Les chaînes de télévision nationales **ATB** (www.atb.com.bo) et **Radio Fides** (www.radiofides.com) possèdent les sites d'information les plus à jour (en espagnol uniquement).

OFFICES DU TOURISME

Kiosques d'information (carte p. 50 ; gare routière principale, angle Av. Perú et Av. Uruguay). Les kiosques de la gare routière principale ont des cartes et les prix standard pour les bus. Les employés (lorsqu'ils sont présents) peuvent vous aider à trouver un hôtel.

Ministerio de Culturas y Turismo (carte p. 50 ; ☎220-0910 ; www.minculturas.gob.bo ; Palacio Chico, angle Ayacucho et Potosí, La Paz ; ⌚8h30-18h30 lun-ven). Fournit une liste de tour-opérateurs agréés.

Office du tourisme (carte p. 54 ; angle Av. Mariscal Santa Cruz et Colombia, Prado ; ⌚8h30-19h lun-ven). Cartes et renseignements détaillés. Certains employés parlent anglais.

Office du tourisme (carte p. 54 ; www.facebook.com/Gamlpturismo ; Plaza del Estudiante, Prado ; ⌚8h30-12h et 14h30-19h30 lun-ven). Cartes, brochures et quelques employés anglophones.

Servicio Nacional de Áreas Protegidas (Sernap ; ☎242-6304 ; www.sernap.gob.bo ; Francisco Bedregal 2904, 3e ét, Sopocachi). Fournit quelques renseignements sur les 22 zones protégées de Bolivie. Il y a des bureaux près de tous les grands parcs, mais ils fournissent un service inégal. Ceci étant, le site Internet (en espagnol) offre quantité d'informations.

POSTE

Poste principale (Ecobol ; carte p. 50 ; angle Av. Mariscal Santa Cruz et Oruro, Prado ; ⌚8h-18h lun-ven, 8h-12h sam). Elle conserve 3 mois gratuitement le courrier en *lista de correos* (poste restante) – munissez-vous de votre passeport. Au rez-de-chaussée, un bureau de douane facilite l'envoi de colis à l'étranger. Hors de La Paz, la plupart des bureaux de poste officiels ont fermé ces dernières années, des organisations criminelles locales ayant pris le relais. Si vous souhaitez envoyer quelque chose à l'étranger, faites-le ici.

SERVICES MÉDICAUX

Pour un problème grave, demandez à votre ambassade de vous conseiller un médecin.

Centres médicaux

Clínica Alemana (carte p. 54 ; ☎243-3676 ; www.clinicalemana.com.bo ; Av. 6 de Agosto 2821 ; ⌚24h/24). Clinique allemande efficace.

Clínica Médica Lausanne (☎278-5775 ; assistmedbolivia@hotmail.com ; angle Av. Los Sargentos et Costanera ; ⌚24h/24). En face du Club Hípico. Certains voyageurs se sont plaints d'avoir été surfacturés.

High Altitude Pulmonary & Pathology Institute (carte p. 54 ; ☎224-5394, portable 7325-8026 ; www.altitudeclinic.com ; Av. Copacabana Prolongación 55, Miraflores). Contrôles médicaux et traitement des problèmes liés à l'altitude. Personnel anglophone.

CONSEILS POUR VOYAGER EN SÉCURITÉ

- Voyagez en groupe.
- Après 21h, prenez des taxis pour les longues distances. Vérifiez qu'il s'agit d'un radio-taxi avec une enseigne sur le toit.
- N'emportez que des petites sommes, et laissez bijoux et appareils électroniques chez vous ou dans le coffre de votre hôtel.
- En cas de menace physique, mieux vaut vous délester de votre argent.

Techno Vision (carte p. 50 ; ☎240-9637 ; Comercio 844, Casco Viejo ; ⌚10h30-21h30 lun-ven). Lunettes et soin de la vue.

Médecins

D. Ebert Orellana Jordán (☎242-2342, portable 6516-9407 ; Clínica Médica Lausanne, angle Av. Los Sargentos et Costanera). Médecin anglophone fréquemment recommandé par les ambassades.

D. Fernando Patiño (carte p. 61 ; ☎279-8525, portable 7722-5625 ; curare27@gmail.com ; Los Manzanos 400 angle Calle 10, Calacoto). Médecin anglophone. Appellez le portable en cas d'urgence le week-end.

Pharmacies

Farmacias Bolivia (carte p. 54 ; Av. 16 de Julio 1473 ; ⌚24h/24). Bonne pharmacie sur le Prado.

TÉLÉPHONE

Vous pouvez acheter des cartes sim (*chip*) pour environ 10 $B dans n'importe quelle boutique d'opérateur. Si vous souhaitez explorer des régions reculées, **Entel** (carte p. 50 ; Ayacucho 267, Casco Viejo ; ⌚8h-19h30 lun-ven, 9h-13h sam-dim) est le meilleur choix.

Commodes, des *puntos* (téléphones publics) de divers opérateurs – Entel, Tigo, Viva, etc. – sont également installés dans toute la ville. Désormais, certains opérateurs mobiles ont également des vendeurs ambulants qui vous permettent de passer un appel depuis leur téléphone cellulaire.

Les kiosques, implantés pratiquement à tous les coins de rue, vendent des cartes téléphoniques et permettent de passer de brefs appels locaux pour environ 1 $B la minute. Téléphoner à l'étranger à des tarifs intéressants est possible depuis le **centre d'appels internationaux** (carte p. 50 ; angle Sagárnaga et Murillo ; ⌚8h30-20h lun-sam).

ℹ Depuis/vers La Paz

AVION

L'**aéroport international El Alto** (p. 364), le plus haut aéroport international au monde (4 062 m), s'étend sur l'Altiplano, à 10 km du centre-ville par la route à péage.

On y trouve des bouteilles d'oxygène à l'arrivée des vols internationaux, un kiosque à journaux, des DAB, Internet, des boutiques de souvenirs, un petit hôtel avec lits superposés payables à l'heure, des cafés, de la restauration rapide, un bistrot et un magasin duty free dans le terminal international. Le bureau de change à l'extérieur du terminal des arrivées internationales n'offre pas de bons taux de change pour les chèques de voyage – si possible, attendez d'être en ville.

À NE PAS MANQUER

MI TELEFÉRICO

Objet de l'attention de tous les responsables politiques boliviens au cours des décennies écoulées, le **téléphérique** (www.miteleferico.bo ; billet 3 $B, plus 2 $B par correspondance ; 6h-22h lun-sam, 7h-21h dim) a été conçu par la société autrichienne Doppelmayr. L'opposition au projet s'est diluée sous la présidence Morales et les trois lignes du début – rouge, verte et jaune, les couleurs du drapeau national – ont démarré en mai 2014. Mi-2022, dix lignes étaient en fonctionnement.

Avec 30 km de lignes et des extensions prévues, Mi Teleférico est de très loin le plus vaste réseau de téléphérique au monde. Les usagers peuvent faire des correspondances pour un supplément de 2$B (à régler à l'avance), et ainsi multiplier les itinéraires possibles à travers la ville. Celui menant de Zona Sur à El Alto, via les lignes jaune et verte, est très populaire.

Se déplacer dans les airs au-dessus de la circulation frénétique de La Paz et des profonds canyons garantit en tout cas de belles sensations. On sent les petites secousses de la cabine au franchissement de chaque poteau de béton, et peut-être ne retiendrez-vous pas un petit rire nerveux au moment de monter à bord, aidé par des jeunes gens enthousiastes qui ont pour mission de garantir une répartition du poids dans la cabine. Vous aurez tout le temps de descendre du centre-ville dans la Zona Sur pour déjeuner ou dîner et de remonter. Déconseillé à ceux qui n'ont pas le cœur bien accroché – mais on peut dire ça de toute la Bolivie !

Les heures et dates des vols changent fréquemment. Consultez le site des compagnies aériennes ou appelez.

Compagnies aériennes

Amaszonas (carte p. 54 ; 220-2292 ; www.amaszonas.com ; Loayza 233, Edificio Mariscal De Ayacucho, 13e ét. ; 8h30-19h lun-ven, 9h-17h sam-dim). Vols quotidiens pour Rurrenabaque, Santa Cruz et Uyuni, ainsi que pour Iquique, dans le nord du Chili.

Boliviana de Aviación (BoA ; carte p. 61 ; 901-10-5010 ; www.boa.bo ; René Moreno 1367 ; 8h30-17h lun-ven, 8h30-12h30 sam). Vols pour Cobija, Cochabamba, Potosi, Sucre, Santa Cruz, Trinidad, Tarija et Uyuni.

EcoJet (carte p. 61 ; 215-3700 ; www.ecojet.com.bo ; Av. Héroes del Pacifico 1221, Miraflores ; 9h-12h30 et 14h30-18h30 lun-ven, 9h-12h sam). Compagnie bolivienne proposant des vols directs vers Cobija, Cochabamba, Trinidad et Sucre.

Taxe de départ

La taxe de départ pour les vols intérieurs est de 15 $B, et de 20 $US pour les vols internationaux (à payer en espèces à l'aéroport ; cependant, la plupart des compagnies internationales l'incluent dans le prix du billet).

BUS

La Paz comprend trois gares routières plus ou moins formelles. La plupart des destinations nationales et internationales sont desservies depuis la gare routière principale. Pour rejoindre les Yungas ou le bassin amazonien, il faut se rendre à Villa Fátima. Pour Sorata, le lac Titicaca et Tiwanaku, partez du cimetière. La plupart des destinations intérieures sont desservies toutes les heures depuis les grandes villes, ou tous les jours pour les destinations moins fréquentées.

Les destinations internationales sont desservies plusieurs fois par semaine – les changements sont fréquents, renseignez-vous à l'avance. Toutes les gares sont desservies par les *micros* (minibus), mais les radio-taxis sont plus commodes si vous avez des bagages.

Gare routière principale (Terminal de Buses ; carte p. 50 ; angle Av. Perú et Av. Uruguay, Challapampa). Toutes les destinations intérieures au sud et à l'est de La Paz, ainsi que des destinations internationales. À 15 minutes de marche vers le nord depuis le centre-ville. Les prix des différentes compagnies sont généralement identiques. Cette gare a été conçue par Gustave Eiffel. Elle dispose de douches, consignes, entre autres équipements.

Gare routière de Villa Fátima (Tejada Sorzano). Desserte de Coroico, Chulumani, Guanay et autres destinations dans les Yungas ou le bassin amazonien. Généralement, les *micros* sont plus chers mais plus directs et rapides, tandis que les *flotas* (bus) sont moins chers pour un trajet plus long mais plus confortable. À environ 1 km en montant depuis la Plaza Gualberto Villarroel.

Gare routière du cimetière (Av. Baptista). Bus bon marché pour Copacabana, Tiwanaku, Titicaca et Sorata, dont la plupart partent lorsqu'ils sont pleins. Ce quartier est mal famé la nuit ; surveillez vos bagages pendant l'embarquement.

Circuits organisés

Des lignes touristiques, confortables et présentant moins de risque, desservent notamment Copacabana, Puno, Tiwanaku, Uyuni et le Valle de la Luna au départ de la gare routière principale ou directement depuis les hôtels.

Vicuña Travel (carte p. 50 ; ☎228-0140 ; vicuna-travel.com ; gare routière principale, angle Av. Perú et Av. Uruguay, Challapampa). Circuits en bus quotidiens avec départ depuis votre hôtel à 8h et retour à la gare avant 16h30 (70 $B).

Diana Tours (carte p. 50 ; www.diana-tours.com ; Sagárnaga 326, Rosario ; circuit à partir de 80 $B). Circuits guidés à Tiwanaku ou Chacaltaya, et au Valle de la Luna ; départ à 8h30. Dessert également Copacabana, Uyuni, Puno et (parfois) Rurrenabaque.

Bolivia Hop (carte p. 50 ; www.boliviahop.com ; Linares 940, Rosario ; ⏲bureau 8h30-19h). Bus touristique avec montée et descente libres entre La Paz et Copacabana, avec des arrêts au Pérou, notamment à Puno et Cuzco (ou Arequipa) et des activités facultatives en chemin. L'office était temporairement fermé lors de nos recherches.

Bus au départ de la gare routière principale

DESTINATION	TARIF ($B)	DURÉE (HEURES)
Arequipa (Pérou)	140	14
Arica (Chili)	80-180	10
Buenos Aires (Argentine)	800-1 200	48-50
Camargo	70-100	16
Cochabamba	80-95	8
Copacabana	35	3-4
Cuzco (Pérou)	240-389	13-14
Iquique (Chili)	100-180	13-17
Juliaca (Pérou)	120	7
Lima (Pérou)	650-770	29
Oruro	30-40	3½
Potosí	65-120	9
Puno (Pérou)	138-220	5-8
Santa Cruz	200	17-18
Sucre	150	12
Tarija	220	18
Tupiza	100-175	17-18
Uyuni	80-121	9-12
Villazón	120-200	17

Bus au départ de Villa Fátima

DESTINATION	TARIF ($B)	DURÉE (H)
Caranavi	25-60	5-7
Chulumani	30	4
Coroico	20-35	3
Guanay	100	6
Rurrenabaque	70-190	12-16
Yolosita	20-35	3

Bus au départ du cimetière

DESTINATION	TARIF ($B)	DURÉE (H)
Copacabana	35-40	4
Desaguadero	15	2
Huarina (pour la Cordillera Apolobamba)	15	2
Sorata	20	3½
Tiwanaku	15	1½

TRAIN

Empresa Ferroviaria Andina (FCA ; ☎218-4555 ; www.ferroviaria-andina.com.bo/turismo ; angle Calle 1 et Av. Tomasa Murillo, Juan de Dios Delgado 156 ; billets 40-80 $B) organise des allers-retours en train au départ d'El Alto vers Tiwanaku (1 heure 30 d'arrêt), puis Guaqui, sur le lac Titicaca (2 heures 30 d'arrêt). Le train part d'El Alto le 2e dimanche de chaque mois à 8h. Consultez le site Web ou téléphonez. Les trains à destination de l'Argentine, via Uyuni et/ou Tupiza, partent tous d'Oruro.

ℹ Comment circuler

DEPUIS/VERS L'AÉROPORT

Deux itinéraires mènent à l'aéroport international El Alto (p. 364) : l'*autopista* à péage (3 $B) et la route sinueuse et gratuite qui rejoint la Plaza Ballivián d'El Alto.

Le minibus n°212 fait fréquemment la navette entre la Plaza Isabel la Católica et l'aéroport entre 7h et 20h (3,80 $B). Repérez le panneau "Minibus Cotranstur" à la sortie du hall des arrivées. En sens inverse, il vous déposera n'importe où le long du Prado.

Un radio-taxi (environ 70 $B jusqu'à 4 passagers, 10 $B supp pour une cinquième personne) viendra vous chercher à votre hôtel. Faites-vous confirmer le prix, ou demandez au chauffeur de le vérifier.

TRANSPORTS PUBLICS

Micro et minibus

Peinant et fumant, les *micros* de La Paz facturent environ 2 $B le trajet. Des minibus suivent à peu près les mêmes itinéraires pour un prix légèrement plus élevé. Outre le numéro ou la lettre correspondant à la ligne, les *micros* indiquent leur destination et leur itinéraire sur un panneau placé sur le pare-brise. À bord des minibus, un jeune crieur annonce généralement les arrêts. De la rue, faites signe au chauffeur pour qu'il s'arrête à la *parada* (arrêt officiel signalé par un panneau) ou, si les policiers ne regardent pas, de l'endroit où vous êtes.

Trufi

Les *trufis* sont des taxis collectifs ou des minibus empruntant des itinéraires fixes. Les destinations sont indiquées sur des panneaux placés sur le toit ou le pare-brise. Comptez environ 3 $B en ville et 4 $B pour la Zona Sur.

Taxi

Les radio-taxis, dont le numéro de téléphone figure sur le toit, constituent l'option la plus sûre. Les prix augmentent un peu après 23h. Évitez les taxis standards (qui n'ont qu'un signe "taxi", mais ni numéro de téléphone ni bulle) qui ont servi par le passé (quoique rarement) à des kidnappings.

Demandez à votre hôtel ou à votre restaurant d'appeler un taxi. Autrement, on peut les héler n'importe où, sauf près des carrefours ou dans les secteurs bouclés par la police. Faites-vous confirmer le tarif avant de partir.

On peut maintenant utiliser l'application **Easy Taxi** (www.easytaxi.com/bo, en espagnol), qui permet de trouver un taxi sûr. **Uber** (www.uber.com) est présent à La Paz, et il est possible de consulter la note du chauffeur avant de commander la course.

VOITURE ET MOTO

Conduire dans les rues à sens unique, sinueuses, escarpées et frénétiques de la capitale peut être effrayant. Toutefois, pour des excursions d'une journée dans l'arrière-pays, vous pouvez louer une voiture (50-100 $US/jour) ; louer les services d'un chauffeur s'avère plus facile et coûte autant.

Avis (☎211-1870 ; www.avis.com.bo ; angle Av. Costanera et Calle 5/6, Obrajes ; ⏲9h-12h30 et 14h30-19h lun-ven, 9h-14h sam).

Budget (carte p. 54 ; www.budget.bo ; Capitán Ravelo 2130, Sopocachi ; ⏲8h-19h lun-ven, 8h-15h sam). Comptoirs à l'aéroport et à l'hôtel Camino Real. Méfiez-vous des extras imprévus, comme le lavage du véhicule.

Hertz (carte p. 61 ; ☎portable 7889-7564 ; www.hertz.com.bo ; angle Calle 17 et Aliaga, Calacoto ; ⏲8h30-19h lun-ven, 9h-13h sam)

ENVIRONS DE LA PAZ

Valle de la Luna

À environ 10 km du centre-ville en suivant le canyon du Río Choqueyapu, le Valle de la Luna est un lieu légèrement surfait offrant néanmoins un agréable répit loin de l'urbaine La Paz. Le Valle de la Luna se visite facilement dans la matinée et peut se combiner à une autre excursion, comme la randonnée à la Muela del Diablo (ci-dessous). Contrairement à ce que laisse supposer son nom, il s'agit non pas d'une vallée mais d'un étrange labyrinthe de gorges et de pitons érodés à flanc de colline, appelés "*badlands*" par les géologues. Le développement urbain a malheureusement rattrapé le site. Notez que des lecteurs nous ont signalé des agressions ces dernières années, y compris dans l'enceinte du site.

Diana Tours (p. 80) propose des circuits guidés au Valle de la Luna et de Chacaltaya (130 $B) avec départ de votre hôtel à 8h30. En indépendant, prenez depuis La Paz n'importe quel transport signalé "Mallasa" ou "Zoológico" dans l'Avenida México, parallèle au Prado ; il vous déposera près de l'entrée. En taxi depuis le centre de La Paz, comptez environ 80 $B l'aller-retour jusqu'à 3 passagers, avec éventuellement 1 heure d'attente du taxi sur place.

Non loin, le **Colibri Camping & Eco Lodge** (☎portable 7629-5658 ; www.colibri-camping.com ; Calle 4 s/n, Jupapina ; empl/tipi 50/120 $B/pers, bung 120-250 $B/pers) est un excellent camping haut de gamme avec tipis, écotentes, bungalows et emplacements pour tentes tout équipés. L'endroit idéal si vous souhaitez visiter La Paz tout en profitant du calme de la campagne bolivienne. Renseignez-vous auprès de la famille anglo-bolivienne qui gère l'endroit sur le programme de bénévoles, appelé Up Close Bolivia, qu'ils ont créé.

Muela del Diablo

L'imposant escarpement rocheux appelé la Molaire du Diable (3 825 m) est en fait un volcan éteint qui s'élève entre le Río Choqueyapu et Pedregal et Calacoto, des banlieues de La Paz. Une randonnée jusqu'à sa base constitue une marche agréable d'une demi-journée ; outre qu'elle permet d'apprécier une vue superbe sur la ville et sa vallée, elle peut facilement se combiner avec la visite du Valle de la Luna (p. 81).

Du cimetière de **Pedregal**, le chemin grimpe fortement (et traverse plusieurs fois la nouvelle route desservant le hameau proche de la base de la Muela). Après 1 heure d'efforts, on atteint une dépression herbeuse d'où l'on aperçoit la dent et, plus à l'est, quelques pitons en équilibre instable.

À cet endroit, le sentier rejoint la route et descend jusqu'au **hameau**. Environ 300 m plus loin, une petite route part sur la gauche et grimpe jusqu'au pied de la Muela. Au bout de la route, on peut continuer, en faisant très attention, jusqu'à la crevasse séparant le double sommet, où s'élève une grande **croix**. Sans équipement ni expérience, ne grimpez pas plus haut.

Au retour sur le chemin principal, vous pouvez revenir sur vos pas ou emprunter le raidillon qui contourne la Muela dans le sens inverse des aiguilles d'une montre, puis descend jusqu'au **Río Choqueyapu** avant de monter sur l'autre versant de la vallée jusqu'au zoo de **Mallasa**. Si vous optez pour cette dernière solution, prévoyez la journée entière, car la marche de Pedregal à Mallasa demande environ 6 heures.

Renseignez-vous sur place avant de partir, et déplacez-vous à deux ou en groupe, ou accompagné d'un guide.

De La Paz, le mieux pour rejoindre le départ de la randonnée consiste à prendre le minibus n°288, signalé "Pedregal", en bas du Prado. Le terminus se situe dans le parking à 200 m en contrebas du cimetière de Pedregal. En revenant du Valle de la Luna, vous pouvez emprunter ce minibus sur la Plaza Humboldt dans la Zona Sur, ou suivre le difficile sentier partant près du zoo à Mallasa ; il descend vers le Río Choqueyapu, puis remonte péniblement sur 600 m jusqu'au flanc est de la Muela. Pour revenir à La Paz de Pedregal, prenez un minibus "Prado" sur le parking.

Mecapaca

ALTITUDE 2 900 M

Ce village pittoresque vaut le détour pour son authenticité et ses paysages baignés de soleil. Ici l'atmosphère est bien plus chaleureuse et verdoyante que celle de la jungle urbaine de La Paz, et une **église** magnifiquement restaurée vous attend sur la place (demandez Erol Castillo pour les clés ; si vous achetez quelque chose dans sa boutique et que vous mettez une obole dans le tronc de l'église, il se fera un plaisir de vous la faire visiter). L'église est perchée à flanc de colline et offre un beau panorama sur la vallée fertile en contrebas. La vue est encore plus belle en grimpant le sentier qui serpente depuis la place jusqu'au point de vue couronnant la colline.

Où se loger et se restaurer

Trattoria Restaurant ITALIEN **$$**

(portable 7963-3105 ; Av. Principal s/n ; plats 30-45 $B ; 11h30-18h sam-dim). Installez-vous sur l'herbe à l'ombre d'un parasol et savourez des pizzas au feu de bois et des glaces artisanales tout en contemplant les montagnes dans ce restaurant italien champêtre à souhait. On le trouve en descendant de la place.

Depuis/vers Mecapaca

Mecapaca est à 30 km au sud de La Paz et à 15 km de Mallasa. Prenez le minibus n°253 pour Macapaca/Valencia depuis la Plaza Belzu à San Pedro (5 $B, 1 heure, départ quand le bus est plein) ou depuis Mallasa. Pour revenir à La Paz, empruntez le même minibus à Mecapaca.
Le week-end, *trufis*, minibus et radio-taxis partent très fréquemment de la Plaza Humboldt (Zona Sur) vers des destinations du Sud.

Valle de las Ánimas

La Valle de las Ánimas ("Vallée des Esprits") désigne un ensemble de gorges érodées et d'orgues basaltiques aux formes étranges, qui s'étend au nord et au nord-est des *barrios* (quartiers) de Chasquipampa, d'Ovejuyo et d'Apaña (en voie d'intégration rapide à la Zona Sur). Le paysage ressemble à celui du Valle de la Luna (p. 81), en plus grandiose. Cela vaut vraiment la peine d'y aller, ne serait-ce que pour le trajet.

Deux itinéraires de randonnée d'une difficulté modérée traversent la vallée ; ils nécessitent une bonne journée chacun et une certaine expérience des treks dans l'arrière-pays : l'itinéraire du Río Ovejuyo et celui de la Quebrada Negra. L'**itinéraire du Río Ovejuyo** nécessite de se munir d'une boussole, de la carte topographique *5944-II* au 1/50 000 et, pour un tronçon très court, de la carte topographique *5944-I*. Cette option peut être épuisante en raison de l'altitude. Emportez suffisamment d'eau pour la journée, un chapeau et des en-cas.

L'**itinéraire de la Quebrada Negra** remonte la Quebrada Negra, franchit le Cerro Pararani et descend vers le village d'Uni. Bien que long de seulement 7 km, il représente une journée de marche fatigante de 6 ou 7 heures. Pour cette randonnée, vous aurez besoin d'une boussole et des cartes topographiques *5944-I* et *6044-III* au 1/50 000.

Il part du ravin de la Quebrada Negra, qui coupe la route à l'extrémité supérieure (est) du village d'Ovejuyo. Relativement facile à suivre, le chemin de 4 km qui remonte la Quebrada Negra passe entre les pitons les plus spectaculaires du Valle de las Ánimas. Près de l'entrée du ravin, vous devez vous diriger vers le sud-est et contourner l'épaulement nord du Cerro Pararani pour trouver le chemin qui descend en pente raide vers Uni. Par beau temps, on bénéficie d'une belle vue sur l'Illimani tout au long du parcours. Pour revenir à La Paz, suivez la route qui grimpe au Paso Uni (col d'Uni), à 2 km, et redescend sur 1,5 km jusqu'à Apaña, où vous trouverez des *micros* et des *trufis*.

Pour rejoindre la vallée, prenez un *micro* indiquant "V de las Ánimas". On peut les trouver à La Paz à l'angle de Calle Lara et de Calle Boquerón, à San Pedro (1 heure, 4$B), ou sur la Plaza Humboldt, dans Zona Sur (30 min, 4 $B).

À NE PAS MANQUER

LE TOP DES POINTS DE VUE SUR LA PAZ

- Le mirador Laikakota (p. 55), qui domine le plus grand parc de la ville, est apprécié des jeunes couples comme des vieux rêveurs.
- La baie vitrée du bar au dernier étage de l'Atix Hotel (p. 68), dans la Zona Sur, offre un panorama spectaculaire sur la ville. Si vous logez dans l'hôtel, vous pourrez aussi admirer la vue depuis la piscine du toit.
- Frissons garantis avec les impressionnantes descentes en rappel d'un gratte-ciel du centre-ville organisées par Urban Rush (p. 57).
- Planez en parapente à 4 000 m d'altitude pour admirer la vallée entière depuis les cieux avec AndesXtremo (p. 57).

Cañón de Palca

Le splendide canyon de Palca (indiqué "Quebrada Chua Kheri" sur les cartes topographiques) offre des paysages dignes du Grand Canyon de l'Arizona à l'est de La Paz avec ses pics et ses amphithéâtres modelés par l'érosion. La traversée à pied de cette gorge constitue une belle randonnée d'une journée à partir de La Paz.

Pour entreprendre cette randonnée, vous devez rejoindre Uni, uniquement desservie par des *micros* et des *trufis* à destination de Ventilla et de Palca. Ceux-ci partent au moins une fois par jour à proximité du carrefour de Calle Boquerón et Calle Lara, à deux rues au nord de la Plaza Líbano, dans le quartier San Pedro de La Paz. Sans horaires précis, ils partent généralement le matin. Vous aurez plus de chance le samedi et le dimanche, quand les familles vont se promener à la campagne. À défaut, prenez le *micro* n°42 ou le minibus n°385 "Ovejuyo/Apaña", descendez au terminus et rejoignez à pied le Paso Uni, à 1,5 km.

Uni, le petit village situé au-dessus de l'entrée du Cañón de Palca, comprend un commerce vendant des provisions de base, notamment des bouteilles d'eau et des en-cas. On peut s'y sustenter d'un menu bolivien à midi. Palca est quant à lui un joli village relativement proche de la sortie du canyon. Il compte un *hostal* (auberge de jeunesse) simple apprécié des touristes boliviens le week-end et qui propose des menus. On peut aussi camper près de Palca ou au village de Ventilla, tout proche, mais faites attention aux eaux de surface, très polluées, et demandez l'autorisation avant de planter votre tente dans un champ ou un pâturage.

Il est conseillé de se renseigner sur les conditions de sécurité avant de quitter La Paz. Partez à plusieurs, car des agressions de promeneurs solitaires ont été signalées. Une solution efficace est de partir avec La Paz on Foot (p. 58), qui propose d'excellentes randonnées guidées d'une journée dans la gorge (80 $US/pers, transport et déjeuner inclus). Si vous arrivez à Palca équipé pour une longue randonnée, vous pouvez entreprendre le trek du Takesi à partir de Ventilla (p. 126).

De Palca, des *camiones* (camions à plateaux), *micros* ou minibus font à l'occasion le trajet jusqu'à La Paz, surtout le dimanche après-midi. Sachez toutefois qu'aucun véhicule ne circule après 15h ou 16h.

Environs de La Paz

Cerro Chacaltaya

Haut de 5 395 m, le Cerro Chacaltaya abritait un glacier, qui a fondu au fil des ans pour disparaître entièrement en 2009. Le Chacaltaya reste un lieu d'excursion très prisé. Avant la "grande fonte", c'était aussi le plus haut domaine skiable au monde. Après 1 heure 30 de voiture par une route escarpée depuis le centre de La Paz, une ascension facile de 200 m conduit au sommet. Le Chacaltaya offre aux visiteurs et aux randonneurs des points de vue spectaculaires sur La Paz, l'Illimani, le Mururata et le Huayna Potosí (6 088 m).

On doit grimper sur 100 m, une montée assez facile mais abrupte et en haute altitude, pour rejoindre le sommet du Chacaltaya depuis l'ancien chalet de ski. Emportez des vêtements chauds, de l'eau et faites au moins une halte de 30 secondes tous les 10 pas, même si vous ne ressentez pas la fatigue. Si vous ressentez un vertige, asseyez-vous et reposez-vous jusqu'à ce qu'il passe. S'il persiste, vous souffrez probablement d'un léger mal d'altitude et mieux vaut redescendre.

Du Chacaltaya, on peut rejoindre le **Refugio Huayna Potosí** (p. 113), au pied du Huayna Potosí (p. 113), en une demi-journée de marche. Avant de vous mettre en route, il faut vous procurer instructions et cartes auprès de l'Instituto Geográfico Militar (p. 76).

Vous ferez le plein de sensations fortes et de panoramas superbes en dévalant à **VTT** la soixantaine de kilomètres entre Chacaltaya, le Zongo et au-delà, avec des dénivelés allant jusqu'à 4 100 m (une plongée verticale). Les agences de La Paz spécialisées dans le VTT organisent ces circuits pour 800 à 1 300 $B par personne (selon la taille du groupe).

Aucun transport en commun ne dessert le Chacaltaya. La plupart des agences de La Paz emmènent des groupes au Chacaltaya pour environ 80 $B par personne, des excursions souvent combinées avec une autre activité afin de compléter la journée. Munissez-vous de vêtements chauds, d'un coupe-vent, de lunettes de soleil (à protection UV 100%) et de crème solaire haute protection. Ceux qui arrivent des plaines par avion passeront quelques jours à La Paz pour s'acclimater avant de se rendre à Chacaltaya ou dans tout endroit élevé.

Tiwanaku

ALTITIUDE 3 870 M

La visite des ruines de Tiwanaku (parfois épelé Tiahuanaco ou Tihuanaco) fait une belle excursion à la journée depuis La Paz. Ce n'est ni le Machu Picchu ni Tikal, mais les férus d'histoire apprécieront cette plongée dans les mythes et mystères d'une civilisation disparue.

On sait peu de choses sur le peuple qui édifia ce grand centre cérémoniel sur la rive sud du lac Titicaca, il y a plus de 1 000 ans. On a cependant découvert des traces de son influence dans toute la région qui devint plus tard le vaste Empire inca.

Le village éponyme comprend quelques hôtels et restaurants, une jolie place décorée de sculptures inspirées des styles tiwanaku et une église du XVIe siècle, sans doute construite à l'aide de pierres du site de Tiwanaku.

Histoire

S'il n'est pas certain que Tiwanaku fut la capitale d'une nation, elle fut sans aucun doute un grand centre cérémoniel. À son apogée, la cité comptait 20 000 habitants et s'étendait sur environ 2,6 km².

D'aucuns prétendent que le mot Tiwanaku signifie à peu près la "côte aride" ou la "pierre du centre" et que cette cité à 3 870 m d'altitude qui se trouvait près du lac Titicaca était le centre cérémoniel des régions situées au sud du lac.

Si seuls 30% du site ont été fouillés – et les vestiges sont maigres –, la culture tiwanaku témoigne d'un grand avancement architectural, mathématique et astronomique bien avant la domination inca.

Les chercheurs distinguent cinq périodes dans l'histoire de cette civilisation, numérotées Tiwanaku I à V, chacune identifiable par de superbes éléments.

Tiwanaku I s'étend de l'avènement de cette civilisation jusqu'au milieu du Ve siècle av. J.-C. Cette période a produit des poteries multicolores et des statuettes d'argile peintes d'humains ou d'animaux. Tiwanaku II, qui se termine vers le début de notre ère, se distingue par une vaisselle en céramique à poignées horizontales. Tiwanaku III s'épanouit durant les trois siècles suivants et se caractérise par une poterie tricolore aux lignes géométriques, souvent ornée d'animaux stylisés.

Tiwanaku IV, dite également période classique, s'est développée entre 300 et 700. Les imposantes structures en pierre qui dominent aujourd'hui le site datent de cette époque. L'usage du bronze et de l'or tend à prouver des contacts avec des groupes installés plus à l'est dans la vallée de Cochabamba et plus à l'ouest sur la côte péruvienne. La poterie de cette période est essentiellement anthropomorphe : on a découvert notamment des pièces en forme de tête et de visages humains aux joues gonflées, signe que la feuille de coca était déjà mâchée à cette époque.

Tiwanaku V, aussi appelée période expansive, est marquée par le déclin qui conduisit à la disparition de cette culture vers 1200. Succomba-t-elle à la guerre, à la famine, à un changement climatique ? On l'ignore, mais cette dernière hypothèse serait, selon la plupart des archéologues, l'explication la plus plausible du rapide déclin de cette culture. Au cours de cette période, les poteries devinrent moins élaborées, les nouvelles constructions se firent plus rares puis s'arrêtèrent, et peu de grands édifices furent construits après le début de cette période.

À la demande de l'Unesco, les fouilles du site (qui compte quelque 130 000 visiteurs chaque année) ont cessé en 2010, et les efforts se concentrent désormais sur la préservation des trouvailles déjà exhumées.

À voir

Réglez l'entrée sur le site à la **billetterie** (Av. Puma Punku s/n ; 100 $B ; billetterie 9h-16h, site 9h-17h) située en face des musées. Si vous visitez l'endroit par vous-même, commencez par les musées afin d'avoir un aperçu historique global avant d'aller voir les ruines.

Des monticules de dalles de basalte et de grès, chacune pesant quelque 25 tonnes, parsèment le site. Étonnamment, les carrières les plus proches d'où proviendraient les mégalithes de basalte se situent sur la péninsule de Copacabana, à 40 km du lac. Quant aux blocs de grès, ils furent sans doute transportés sur plus de 5 km. Lorsque les Espagnols demandèrent aux Aymaras comment ces édifices avaient été construits, ceux-ci mentionnèrent l'aide du souverain-dieu Viracocha

Museo Lítico Monumental MUSÉE

La vedette du Museo Lítico Monumental est sans conteste l'énorme **Monolito Bennett Pachamama** de près de 8 m, retiré en 2002 du Templete Semisubterráneo de La Paz (p. 87) où il était exposé en plein air, et où la pollution le menaçait. Vous verrez également une petite collection d'autres monolithes et artéfacts mis au jour sur le site. Les explications sont en espagnol.

Une grande partie des collections est actuellement au placard, car le toit du musée, pourtant relativement récent, menace de s'effondrer.

Mégaphones RUINES

À l'entrée du site de Tiwanaku, deux blocs de pierre peuvent être utilisés comme mégaphones - une technologie précolombienne d'avant-garde.

Pyramide d'Akapana RUINES

Grimpez sur la colline à la découverte de l'édifice le plus remarquable du site, la pyramide d'Akapana partiellement exhumée, construite sur une formation géologique. À sa base, la colline haute de 16 m de haut, presque carrée, couvre une surface d'environ 200 m². Au centre du sommet plat, une excavation ovale serait due, selon certains, à d'anciennes fouilles effectuées par les Espagnols. La présence d'un canal empierré conduit toutefois des archéologues à penser qu'il s'agissait d'un réservoir d'eau.

Des crânes humains ont récemment été découverts - sans doute des trophées de guerre –, ce qui amène certains archéologues à penser que la pyramide a peut-être été un temple cérémoniel. D'autres experts pensent que le site était dédié à l'astronomie.

Kalasasaya RUINES

Au nord de la pyramide d'Akapana (p. 86), Kalasasaya est une plate-forme rituelle partiellement reconstruite, de 130 m sur 120 m, dont les murs sont faits d'énormes blocs de grès rouge et d'andésite, parfaitement ajustés pour former un socle de 3 m de haut. Des montants monolithiques flanquent le monumental escalier d'entrée qui conduit au portique restauré de l'enceinte. Derrière, on découvre une cour intérieure et les ruines des quartiers des prêtres. Remarquez la taille de la dernière marche, constituée d'un énorme bloc. Le **Monolito Ponce**, monolithe doté d'un turban, d'un masque, d'un vase cérémoniel et d'une canne, occupe le centre de la première plate-forme. La canne et le vase symboliseraient le dualisme de la culture andine (nature contre culture).

D'autres escaliers mènent à des plates-formes secondaires, ornées d'autres monolithes dont le célèbre **El Fraile** (le Prêtre).

Puerta del Sol RUINES

(porte du Soleil). À l'angle nord-ouest de Kalasasaya s'élève la structure la plus connue de Tiwanaku, la Puerta del Sol. Ce portail, taillé dans un seul bloc d'andésite, était vraisemblablement associé à la divinité solaire. Des bas-reliefs ornent un côté de cette pierre volcanique au grain fin et quatre niches profondes sont creusées de l'autre côté. À l'origine, cette porte occupait probablement le centre de la plate-forme de Kalasasaya et servait de calendrier, les rayons du soleil venant toucher des signes particuliers lors des solstices et des équinoxes. Son poids est estimé à 10 tonnes au moins.

Près de l'extrémité ouest du site, un portail similaire et plus petit, appelé **Puerta de la Luna** (porte de la Lune), est agrémenté de sculptures zoomorphes.

Templete Semisubterráneo RUINES

À l'est de l'entrée principale de Kalasasaya, un escalier descend dans le Templete Semisubterráneo, une fosse acoustique en grès rouge de 26 m sur 28 m, avec une cour rectangulaire et des murs ornés de 175 visages sculptés dans la pierre. Dans les années 1960, des archéologues ont tenté de les restaurer en coulant du ciment entre les pierres.

Putuni RUINES

(Palacio de los Sarcófagos, palais des Sarcophages). À l'ouest de Kalasasaya se trouve une zone rectangulaire de 55 m sur 60 m nommée Putuni. Une double rangée de murs l'entoure et on peut voir les fondations de plusieurs tombes. Environ 90% des objets recueillis dans ces tombes, ou chambres funéraires, au début du XXᵉ siècle, par l'archéologue Fritz Buck, sont exposés dans le Museo de Metales Preciosos (p. 53) de La Paz.

Kantatayita RUINES

Kantatayita, un monticule de dalles soigneusement sculptées, se situe à l'extrémité est du site. Les archéologues tentent encore de deviner le plan originel de la structure ; un linteau savamment décoré et quelques gros blocs de pierre couverts de dessins géométriques constituent les seuls indices.

Puma Punku RUINES

(porte du Puma). De l'autre côté de la voie ferrée, au sud-ouest des ruines, s'étend le site de Puma Punku. Aux alentours de ce temple, on a découvert des mégalithes de plus de 130 tonnes. À l'instar de Kalasasaya et d'Akapana (ci-contre), Puma Punku a été commencée avec un matériau et achevée avec un autre ; aux énormes blocs de grès du début de la construction sont venus s'ajouter des blocs de basalte, assemblés par joints et entailles.

Remarquez au loin, au nord du site, le *sukakollo,* un système sophistiqué d'irrigation en terrasses.

Museo Cerámico MUSÉE
Ce musée expose une petite collection de céramiques découvertes sur le site, ainsi qu'un crâne cérémoniel déformé et des objets des cultures chiripa et wankarani.

Circuits organisés

(☎7724-9572 ; walipini.tiwanacu@gmail.com ; Av. Ferrocarril s/n ; visites jusqu'à 6 pers en espagnol/anglais/français 150/180/180 $B). Les **visites guidées**, en anglais, français ou espagnol, sont vivement recommandées.

Des guides locaux proposent également de poursuivre à pied, en bateau ou en bus jusqu'au lac Titicaca (à seulement 12 km), avec hébergement en camping ou chez l'habitant.

Fêtes et festivals

Nouvel An Aymara NOUVEL AN
(Willkakuti, Machaq Mara ; 21 mars, 21 juin, 21 sept). À l'occasion des équinoxes d'automne et de printemps, lorsque les rayons du soleil levant pénètrent dans le temple par l'entrée est du Kalayasa, les habitants revêtent des costumes cérémoniaux et les visiteurs sont invités à participer à la fête, c'est-à-dire à boire du *singani* (alcool de raisin), à mâcher de la coca et à danser jusqu'à l'aube. La célébration la plus importante est le Nouvel An aymara, le 21 juin, qui attire chaque année près de 5 000 visiteurs, dont des adeptes du New Age venus du monde entier.

Des artisans profitent des festivités pour organiser des foires. Des bus spéciaux partent de La Paz vers 4h pour arriver au lever du soleil. Habillez-vous chaudement, car il fait un froid glacial au petit matin.

Où se loger et se restaurer

Hotel Tiahuanacu HÔTEL $$
(☎289-8548 ; Bolívar 903 ; s/d avec petit-déj 100/200 $B). À trois pâtés de maisons à l'est de la grand-place, c'est le meilleur hébergement de la ville. Chambres propres, aérées et confortables. Restaurant ouvert tous les jours. Dommage qu'on ne voie pas mieux les ruines.

Hotel Akapana HÔTEL $$
(☎289-5104 ; www.hotelakapana.com ; Av. Manco Kapac s/n ; s/d avec petit-déj 190/330 $B). À seulement 100 m à l'ouest du site, cet hôtel comprend trois niveaux, des chambres simples avec vue, de l'eau chaude 24h/24 et un *mirador* au dernier étage offrant une vue superbe sur le site archéologique.

Restaurante Cabaña del Puma BOLIVIEN $
(Av. Puma Punku s/n ; déjeuner 25 $B ; 9h-18h). À côté de l'entrée des ruines, ce restaurant offre une cuisine rurale (truite, poulet) et un menu végétarien composé de légumes, de pommes de terre et de fromage. La chef Gloria Aliaga propose également sur demande des plats traditionnels de la région.

Inti Wara BOLIVIEN $$
(☎289-8543 ; Av. Bolívar s/n ; plats 35 $B ; 10h-18h). Le seul restaurant côté nord-est des ruines sert des spécialités locales, dont de la truite et de la soupe au quinoa.

Depuis/vers Tiwanaku

De nombreuses agences de La Paz proposent des circuits à Tiwanaku d'une demi-journée ou d'une journée pour 80 à 150 $B par personne, transport et guide bilingue (anglais et espagnol) compris. La plupart des visiteurs choisissent cette formule pratique.

Diana Tours (p. 80) et Vicuña Travel (p. 80) proposent des circuits guidés à Tiwanaku depuis La Paz ; départ quotidien à 8h30, retour vers 16h.

Pour découvrir le site en indépendant, des minibus partent lorsqu'ils sont pleins du cimetière de La Paz ; comptez 15 $B et 1 heure 30 de trajet. Ces minibus, souvent bondés, passent près du musée proche

TRÉSORS DISPARUS

Les trésors de Tiwanaku ont été dispersés aux quatre coins du globe. L'or fut pillé par les Espagnols, des pierres et des poteries furent brisées par des fanatiques religieux, tandis que certaines œuvres prirent le chemin des musées européens. Une partie du trésor a heureusement été sauvegardée et certains éléments sont restés en Bolivie. Quelques-unes des grandes statues de pierre anthropomorphes sont demeurées sur le site et les musées regroupent une collection de céramiques et autres objets.

de l'entrée du site. Pour revenir à La Paz, des minibus sont généralement postés au même endroit. Si vous n'en voyez pas, cap sur la place principale du village. Vérifiez qu'il indique bien "Cementerio" si vous ne voulez pas atterrir à La Ceja dans la cité d'El Alto.

Vous pouvez également faire signe aux *micros* (minibus) pour Guaqui et la frontière péruvienne sur la route principale située à 2 km – attendez-vous à les trouver bondés également.

À La Paz, les taxis demandent de 210 à 280 $B pour l'aller-retour à Tiwanaku.

Empresa Ferroviaria Andina (p. 80) opère des circuits occasionnels de trains touristiques vers Tiwanaku (1 heure 30) depuis El Alto, à La Paz, poursuivant jusqu'à Guaqui au bord du lac Titicaca (2 heures 30). Départ d'El Alto le deuxième dimanche de chaque mois à 8h. Consultez le site Internet ou appelez au préalable.

Lac Titicaca

Dans ce chapitre ➜

Le top des restaurants

- La Cúpula Restaurant (p. 98)
- La Orilla (p. 98)
- Las Velas (p. 106)
- Isla Peñon (p. 101)

Le top des hébergements

- Las Olas (p. 96)
- Hotel Rosario del Lago (p. 97)
- La Estancia Ecolodge (p. 105)
- Palla Khasa (p. 106)

Pourquoi y aller

Depuis les villages aymaras jusqu'aux pics couronnés de glaciers de la Cordillera Real, tout l'environnement du lac semble le céder à ce chatoyant joyau couleur d'opale serti dans l'Altiplano. On comprend sans peine pourquoi des légendes y situent la naissance du peuple inca.

Lové entre le Pérou et la Bolivie à 3 808 m d'altitude, ce lac de 8 400 km² (peu ou prou la superficie de l'Alsace) recèle suffisamment d'activités pour vous retenir au moins une semaine, qu'il s'agisse d'excursions dans les îles, nombreuses, qui bordent son rivage, de randonnées jusqu'à des grottes ou des îles flottantes, d'une échappée dans la très touristique Copacabana, ou de la découverte, parmi la population, de la culture et des traditions de cette région emblématique.

Quand partir

Copacabana

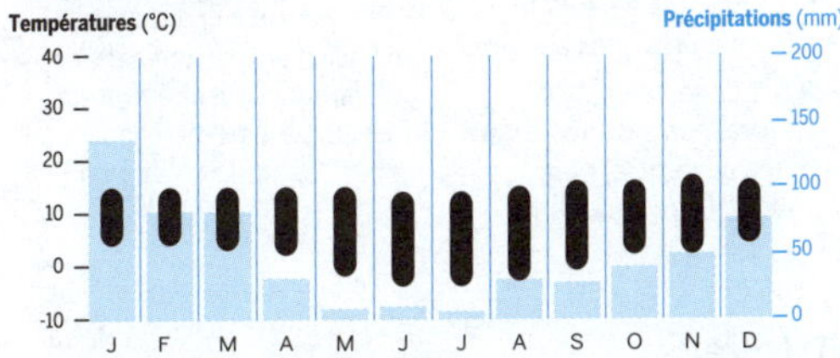

Fév-nov Journées ensoleillées mais nuits glaciales. Nombreuses fêtes, notamment la Semana Santa.

Mai La Fiesta de la Cruz (fête de la Croix) rassemble les foules autour du lac.

Août Véhicules et autres biens sont bénis durant la Fiesta de la Virgen de Copacabana.

À ne pas manquer

1. Une randonnée du rivage jusqu'au sommet de l'**Isla del Sol** (p. 102), pour une vue splendide sur les montagnes au loin.
2. Les vestiges de la culture inca à **Copacabana** (page ci- contre) et le spectacle du couchant depuis le sommet du Cerro Calvario.
3. L'exploration des **villages du bord du lac** (p. 100) entre Copacabana et Yampupata, une excursion sur un bateau en roseau et un festin de truite grillé.
4. Une escale sur l'**Isla Pariti** (p. 109), dont le musée présente de beaux objets de la civilisation Tiwanaku.
5. Les ruines incas et les paysages de l'**Isla de la Luna** (p. 107).

Histoire

Le mysticisme associé au lac par les peuples pré-incas prend tout son sens aux yeux de qui contemple, pour la première fois, les eaux cristallines du Titicaca, niché au pied de la Cordillera Real, dans la lumière éclatante de l'Altiplano. Les premiers habitants de la région pensaient en effet que le Soleil et le dieu-créateur Viracocha étaient sortis de ses profondeurs. Les Incas, à leur tour, le tinrent pour le berceau de leur civilisation.

Des découvertes archéologiques indiquent que les alentours du lac sont habités depuis environ 1 500 ans av. J.-C. par des sociétés organisées à l'exemple des Tiwanaku, des Aymaras et des Incas. La découverte d'un temple et d'un mur antique immergés a conduit des scientifiques à penser que le lac aurait été habité dès 6 000 av. J.-C. Si les ruines de Tiwanaku, non loin, sont les plus vastes de la région, de nombreux sites précolombiens parsèment les abords du lac.

Depuis l'ère précolombienne jusqu'à nos jours, le peuple Uros vit sur des îles artificielles en roseau ; celles situées du côté péruvien sont toujours habitées, tandis que, du côté bolivien, elles n'ont rang que de curiosités touristiques.

Les variations du niveau du lac ne sont pas rares, le bilan hydrique résultant des quantités d'eau entrées (apports des affluents, précipitations...) et sorties (évaporation, débit de l'émissaire – le Río Desaguadero) ; dans les années 1980, une grande inondation a provoqué le déplacement de 200 000 personnes et il a fallu plusieurs années au Río Desaguadero, la seule évacuation possible du lac, pour écouler ce surplus. Aujourd'hui, en raison de pluies erratiques et de la disparition de nombreux glaciers, la baisse du niveau du lac atteint une amplitude jamais observée.

Des fouilles archéologiques se poursuivent autour, et dans le lac. À l'Isla Koa, au nord de l'Isla del Sol, 22 énormes coffres en pierre contenant des objets divers – lama en argent, figurines en coquillage et différents types de brûle-encens – ont ainsi été exhumés. En 2004, le minuscule îlot de Pariti (p. 109) a par ailleurs fait la une des journaux du monde entier quand une équipe finno-bolivienne d'archéologues y a découvert de délicates poteries.

Depuis/vers le lac Titicaca

Mieux vaut voyager de jour afin de profiter de la route spectaculaire entre La Paz et Copacabana. Pour rejoindre Copacabana en bus, il faut traverser l'Estrecho de Tiquina (détroit de Tiquina) en ferry. On rejoint l'Isla de la Luna et l'Isla del Sol en bateau depuis Copacabana ou Yampupata.

Copacabana

2 / 15 000 HABITANTS / ALTITUDE 3 808 M

Nichée entre deux collines et surplombant la rive sud du lac Titicaca, Copacabana est une petite ville animée pleine de charme. Haut lieu de pèlerinage depuis des siècles, elle attire encore aujourd'hui des fidèles de tout le pays, qui affluent en masse pour ses grandes fêtes annuelles. Les promenades sur les rives et le sentier qui serpente jusqu'au sommet du Cerro Calvario conduisent toutefois loin de la cohue. Copa, en plus d'être le point d'accès de l'Isla del Sol et de l'Isla de la Luna, se révèle une étape agréable entre La Paz et Puno ou La Paz et Cuzco.

Histoire

Après la chute et la disparition de la culture de Tiwanaku, les Kolla (ou Aymaras) prirent le pouvoir dans la région. Parmi leurs principales divinités figuraient le Soleil et la Lune (considérés comme mari et femme), la Pachamama, ainsi que les esprits des montagnes appelés *achachilas* et *apus*. Les habitants érigèrent des idoles sur les berges de la péninsule Manco Capac, dont Kota Kahuaña (ou Copacahuana, qui signifie "vue sur le lac" en aymara).

Lorsque les Aymaras furent intégrés à l'Empire inca, l'empereur Túpac Yupanquí fonda la colonie de Copacabana pour en faire une halte sur le chemin des pèlerins se rendant à la *huaca* (sanctuaire). Ce site dédié aux sacrifices humains se trouvait sur le rocher Titi Khar'ka (rocher du Puma), à l'extrémité nord de l'Isla del Sol.

Avant l'arrivée des prêtres espagnols au milieu du XVIe siècle, les Incas avaient divisé la population locale en deux groupes : les Haransayas, occupant de hautes fonctions en remerciement de leur allégeance, et les Hurinsayas, relégués aux tâches manuelles pour avoir résisté à l'Empire. Cette mesure allait totalement à l'encontre de la culture communautaire des Aymaras ; les inondations et les mauvaises récoltes qui sévirent dans les années 1570 furent attribuées à cette aberrante partition sociale.

Le ressentiment à l'égard des Incas provoqua le rejet de leur religion et l'adoption partielle du christianisme. Se développa alors un syncrétisme mêlant coutumes traditionnelles et rituels chrétiens au sein du Santuario de Copacabana. La communauté choisit la Santísima Virgen de la Candelaria comme sainte patronne et fonda une congrégation en son honneur. Pour combler l'absence de statue sur l'autel, Francisco Tito Yupanquí, petit-fils de l'Inca Túpac Yupanquí, façonna une figurine d'argile ; en dépit de ces efforts, cette effigie, jugée insuffisante pour représenter la sainte patronne du village, fut retirée de l'église.

Le sculpteur cependant ne s'avoua pas vaincu et se rendit à Potosí pour étudier les arts. En 1582, il entreprit la réalisation

Copacabana

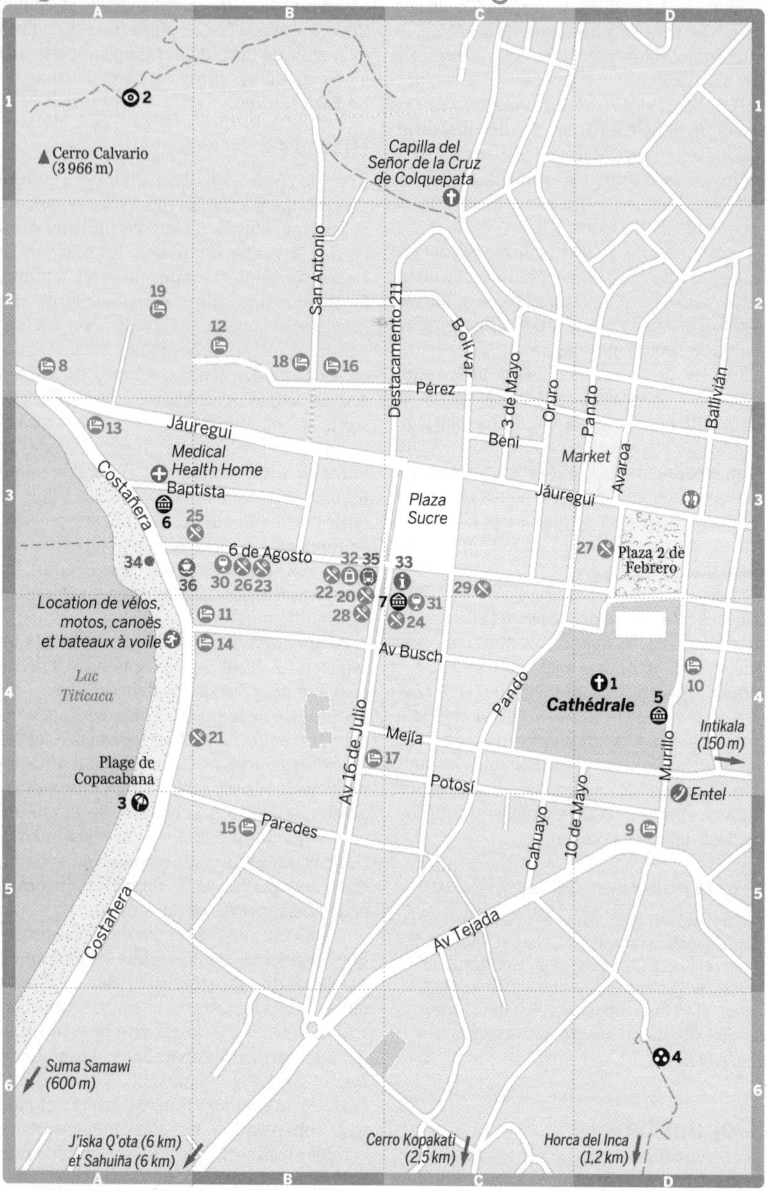

d'une statue de bois, qu'il acheva au bout de huit mois. En 1583, une sculpture de la Vierge trônait sur l'autel en adobe de Copacabana. Peu après, des miracles, notamment des guérisons, se produisirent, et Copacabana devint un haut lieu de pèlerinage.

En 1605, la congrégation des augustiniens conseilla à la communauté locale d'édifier une cathédrale à la hauteur des pouvoirs de la statue. L'autel fut achevé en 1614, mais les travaux s'étalèrent encore sur deux siècles. La cathédrale

Copacabana

Les incontournables
1 Cathédrale D4

À voir
2 Cerro Calvario A1
3 Plage de Copacabana A5
4 Horca del Inca D6
5 Museo de la Catedral D4
6 Museo del Poncho A3
7 Museo Pacha Uta C4

Activités
Turisbus .... (voir 15)

Où se loger
8 Hostal Flores del Lago A2
9 Hostal Sonia D5
10 Hostal Sucre D4
11 Hostel Leyenda B4
12 Hotel La Cúpula B2
13 Hotel Lago Azul A3
14 Hotel Mirador B4
15 Hotel Rosario del Lago B5
16 Hotel Utama B2
17 Hotel Wendy Mar B4
18 La Aldea Del Inca B2
19 Las Olas A2

Où se restaurer
20 Baguette About It B3
21 Beachfront Stalls B4
22 Gourmet Ali B3
23 Huanchaco B3
24 La Choza C4
La Cúpula Restaurant .... (voir 12)
25 La Orilla B3
26 La Posta B3
27 Pan America D3
28 Pit Stop B4
29 Restaurant Aransaya C3
Tambo Colonial Restaurante .... (voir 15)

Où prendre un verre et faire la fête
30 KM/0 .... B3
31 Waykys Disco Bar C4

Achats
32 Spitting Llama Bookstore & Outfitter B3

Renseignements
33 Centro de Información Turística C3

Transports
34 Asociación Unión Marines A3
35 Titicaca Tourist Transportation B3
36 Titicaca Tours A3

mudéjare (art chrétien aux influences mauresques) fut consacrée en 1805, mais la construction ne se termina qu'en 1820. En 1925, la vierge de Yupanqui fut distinguée par un couronnement canonique, décidé par le Vatican.

À voir

Il faut une bonne journée, à un rythme détendu, pour visiter les principaux sites touristiques de Copacabana. Mais de magnifiques circuits plus distants sont également envisageables. L'animation de Copa est principalement concentrée autour de la Plaza 2 de Febrero et de l'Av. 6 de Agosto, sa principale artère commerçante, qui la traverse d'est en ouest. À l'extrémité ouest de la ville s'étend le lac, ainsi qu'une promenade (Costañera) longeant la berge. Les transports convergent vers la Plaza Sucre.

Cathédrale ÉGLISE

(Plaza 2 de Febrero). GRATUIT Cette cathédrale mauresque d'un blanc éclatant domine la ville de ses dômes mudéjars et ses azulejos bigarrés (carreaux de céramique bleus de style andalou). Pour les horaires des messes, consultez le panneau d'affichage à l'entrée.

La statue, aux traits indigènes, de la **Camarín de la Virgen de la Candelaria** sculptée par Francisco Yupanquí est enchâssée dans une niche (*camarín*) située au-dessus des escaliers de l'autel. La statue, sainte patronne de Bolivie, est vénérée par les communautés indigènes boliviennes et péruviennes, qui lui vouent un véritable culte atteignant son paroxysme lors de la Fiesta de la Virgen de la Candelaria. La statue ne sort jamais de la cathédrale, car, selon la superstition, tout déplacement entraînerait un débordement dévastateur du lac Titicaca. Attention, les horaires d'ouverture sont variables.

Les fidèles viennent faire baptiser leurs véhicules, décorés pour l'occasion, par un prêtre, leur assurant ainsi la protection de la Vierge. La cérémonie a lieu deux fois par jour.

Le **Museo de la Catedral** (Murillo s/n ; 10 $B /pers, minimum 8 pers) contient quelques pièces d'art religieux intéressantes.

Horca del Inca RUINES

(Inti Watana ; 10 $B). Cette porte à flanc de colline est un étonnant observatoire astronomique pré-inca. La structure est entourée de roches percées qui laissent filtrer les rayons du soleil jusqu'au linteau lors du solstice du 21 juin, qui marque le Nouvel An aymara. L'événement sert à prédire quantité de choses, de l'abondance des précipitations à la qualité des récoltes. Ce jour-là, ils arrivent au sommet avant le lever du soleil pour le célébrer. Près de l'extrémité de la Calle Murillo, un chemin signalé par un panneau grimpe jusqu'au site.

Cerro Kopakati RUINES

Situé sur la route à environ 4 km de Horca del Inca en direction de Kasani, le Cerro Kopakati abrite des vestiges pré-incas et l'on peut y voir des pétroglyphes. Le plus connu, bien que difficile à distinguer, est l'**Escudo de la Cultura Chiripa**, une représentation exceptionnelle attribuée à la civilisation pré-inca chiripa.

Museo del Poncho MUSÉE

(www.museodelponcho.org ; Baptista, près de Costañera ; 15 $B ; 10h-17h mer-dim). La visite du musée du Poncho vous aidera à démêler les mystères du textile régional. Les collections, présentées sur deux niveaux, permettent de comprendre les origines et les significations du poncho – qui porte quoi, et pourquoi. Les cartouches sont en anglais et en espagnol. Horaires d'ouverture irréguliers. Pas de photos.

Plage de Copacabana PLAGE

Certes, cette plage ne soutient pas la comparaison avec son homologue plus célèbre de Rio de Janeiro, mais il s'en dégage le week-end une ambiance festive qui attire de nombreuses familles. Le long du rivage, vous pourrez jouer au baby-foot avec les champions locaux et louer toutes sortes d'embarcations allant des pédalos en forme de cygne aux canoës, en passant par de petits voiliers. D'ici, on peut aussi faire des balades à cheval, louer des vélos et des motos.

Cerro Calvario POINT DE VUE

Une marche d'une demi-heure vous mènera au sommet ; les efforts sont amplement récompensés, notamment pour la vue sur le lac au soleil couchant. Le chemin, qui débute près de l'église à l'extrémité de 3 de Mayo, passe devant les 14 stations du Chemin de croix. On peut également emprunter, avec des chaussures de randonnée, un long chemin sinueux en terre qui démarre à l'angle des Calles Jáuregui et Costañera.

Museo Pacha Uta MUSÉE

(Av. 16 de Julio s/n ; 8h-12h et 14h-18h). GRATUIT Un petit musée consacré à l'histoire naturelle et humaine du lac, près du centre d'information touristique. Le musée était temporairement fermé lors de nos recherches.

Intikala RUINES

(Tribunal del Inca ; angle Mejia et Jose Mejia). Au nord du cimetière, à la périphérie sud-est de la ville, s'étend un champ de rochers sculptés à l'abandon, le Tribunal del Inca, dont la fonction originelle reste inexpliquée. Il renferme des pierres gravées avec *asientos* (sièges), bassins et *hornecinos* (niches) qui ont peut-être jadis contenu des idoles.

Museo de Kusijata MUSÉE

(carte p. 101 ; portable 7128-0464 ; Kusijata ; 10 $B ; 8h-12h et 13h-17h). Une promenade de 3 km au nord-est en bordure du lac, depuis l'extrémité de la Calle Junín ou de la Calle Hugo Ballivián, débouche sur une hacienda coloniale, Kusijata, renfermant une modeste collection archéologique. Le corps momifié, assis en position fœtale tel qu'il fut enterré dans une *chullpa* (tour funéraire), retient particulièrement l'attention. Si personne n'est à l'entrée, demandez qu'on vous ouvre, ou passez un coup de fil.

Circuits organisés

Stroll On Walking Tours CIRCUITS PÉDESTRES

(mobile 7302-9991 ; www.strollonwalkingtours.com). Visites à pied et randonnées en anglais autour de Copacabana, ainsi qu'à l'Isla del Sol et l'Isla de la Luna.

Turisbus CIRCUITS

(279-8786 ; turisbus.com ; Hotel Rosario del Lago, Paredes, près de Costañera ; 8h-12h et 14h-18h). Réservez votre circuit auprès de cette agence bien gérée à l'Hotel Rosario de Copacabana (p. 96) ou de La Paz.

Transturin CIRCUITS

(242-2222 ; www.transturin.com ; Achumani Calle 6 No 100, La Paz ; 9h-19h lun-ven, 9h-12 sam). Croisières d'un ou deux jours à l'Isla del Sol, en catamaran ou à bord de bateaux en roseau.

Fêtes et festivals

Copacabana accueille plusieurs grandes fêtes annuelles. La ville célèbre également l'**anniversaire du département de**

VAUT LE DÉTOUR

DES MERVEILLES HORS DE LA VILLE

Les environs de Copacabana se prêtent au tourisme d'aventure. Si le voyage jusqu'à Yampupata, à pied, à vélo, en minibus ou en taxi, est une excursion en soi, d'autres activités permettent aussi de sortir des sentiers battus.

Las Islas Flotantes. S'il n'existe plus de véritables îles flottantes autour de Copacabana (vous devrez pour cela vous rendre à Huatajata), on trouve en revanche quelques reconstitutions touristiques où les Boliviens viennent se régaler de truite fraîchement pêchée. De la ville, on peut rejoindre à pied l'Isla Flotante Kalakota (p. 101), près de Kusijata. Plus pittoresque, l'Isla Peñon (p. 101) proche de Chañi est accessible en taxi ou dans le cadre d'une randonnée.

Ruines isolées Demandez au **Centro de Información Turística** (portable 7880-4452 ; angle Av. 16 de Julio et Av. 6 de Agosto ; 9h-17h lun-ven) la liste des ruines incas et partez à l'aventure. Tous les sites incas n'ont pu être cités dans ce guide, et nombre d'entre eux sont abandonnés ou rarement visités.

Randonnée au sud de Copacabana De la péninsule qui s'étire au sud de la ville, on découvre un point de vue différent sur le lac. À 6 km de Copacabana se tient le village de J'iska Q'ota. Prenez un minibus indiquant "Kasani" (4 $B), et vous arriverez après 10 minutes de route environ. Suivez ensuite la route vers le lac, en direction du nord-est – puis du nord –, pour faire le tour de la péninsule avant de revenir sur Copacabana.

Excursion à vélo Louez un vélo à la plage de Copacabana (p. 94) et partez dans les montagnes en direction de Yampupata – une excursion certes vallonnée, mais très belle.

La Paz le 16 juillet. Jeudi et dimanche sont des **jours de marché**. Surveillez vos effets personnels ; dans l'ambiance festive et avec l'affluence de personnes venues de l'extérieur, des larcins sont à déplorer.

Fiesta de las Alasitas RELIGION

(24 jan). La bénédiction d'objets miniatures – représentant par exemple voitures et maisons – est une tradition locale perpétuée lors de la fête des Alasitas, donnée en l'honneur d'Ekeko, dieu aymara de l'Abondance, dans l'espoir d'obtenir, l'année suivante, ces mêmes objets grandeur nature.

Fiesta de la Virgen de la Candelaria RELIGION

(2-5 fév). La fête rend hommage à la Virgen de la Candelaria (ou Nuestra Señora de Copacabana), Vierge noire sainte patronne de la ville, mais aussi du pays. Bien que célébrée partout, la fête connaît son point d'orgue à Copacabana, où l'on afflue des quatre coins de la Bolivie pour danser ou faire un pèlerinage. De nombreuses danses traditionnelles aymaras sont exécutées au milieu de la musique et des réjouissances bien arrosées. Les festivités connaissent leur apogée lors du rassemblement de 100 taureaux dans une arène de pierre sur la route de Yampupata.

Semana Santa RELIGION

(mars ou avr). Dans le cadre de la Semaine sainte, la ville accueille, le Vendredi saint, une foule de pèlerins, dont certaines ont parcouru à pied les 158 km qui séparent La Paz de Copacabana pour faire pénitence sur le Chemin de croix du Cerro Calvario. Partant de la cathédrale au crépuscule, ils forment une procession et suivent, à la lumière des bougies, une réplique de la Vierge de la Candelaria et un cercueil en verre renfermant une statue du Christ.

Au sommet du calvaire, vous pouvez, comme les habitants, faire brûler de l'encens et acheter des miniatures de biens matériels dans l'espoir que la Vierge vous accordera l'objet réel dans l'année.

Fiesta de la Cruz RELIGION

(début mai). Célébrée le premier week-end de mai, la fête de la Croix a lieu tout autour du lac, mais les principales festivités se déroulent à Copacabana. Au programme : costumes élaborés et danses traditionnelles.

Fête de l'Indépendance de la Bolivie FÊTE

(août). Durant la première semaine d'août, le plus grand événement de l'année est marqué par de nombreux pèlerinages, concerts, parades, fanfares et feux d'artifice.

La fête coïncide avec l'arrivée de milliers de Péruviens, qui viennent effectuer leur pèlerinage annuel en hommage à la Vierge.

Où se loger

Les hôtels pour voyageurs à petit budget abondent, en particulier dans Jáuregui. Leur tarif est d'environ 30 à 40 $B par personne. Sinon, plusieurs options de catégorie moyenne justifient la dépense supplémentaire. Pendant les festivités, les hébergements sont pris d'assaut et les prix peuvent parfois tripler.

Hostal Sonia HÔTEL **$**

(862-2019, portable 7196-8441 ; hostalsonia-copacabana@gmail.com ; Murillo 256 ; ch avec/sans sdb 50/40 $B ; @). Les chambres sont lumineuses, celles de l'étage ont une belle vue, tout comme la terrasse tout en haut. La meilleure adresse pour petits budgets. Pour qui souhaite monter en gamme, les propriétaires du Sonia ont ouvert l'Hotel Lago Azul (page ci-contre), plus chic.

Suma Samawi CAMPING-AUBERGE DE JEUNESSE **$**

(portable 7120-6374 ; Costañera s/n ; empl tente 20 $B, bungalows 30-40 $B/pers). Depuis le centre, suivez la plage et vous arriverez à ce camping-auberge de jeunesse, fréquenté par une clientèle jeune, qui apprécie la cuisine commune et le grand espace barbecue. Les propriétaires contribuent beaucoup à l'ambiance décontractée du lieu, où l'on se sent à des kilomètres du brouhaha du centre de Copa.

Hotel Mirador HÔTEL **$**

(angle Av. Busch et Costañera ; ch avec petit-déj 50 $B/pers ;). Des tarifs très avantageux pour des chambres en longueur, fortes d'une vue spectaculaire sur le lac. Le côté motel californien a son charme même si les espaces communs datent un peu.

Hostal Sucre AUBERGE DE JEUNESSE **$**

(862-2080 ; Murillo 228 ; ch avec petit-déj 50 $B/pers, f 200 $B). Bien qu'un peu fatigué, cet établissement reste tout à fait correct. Les chambres sont garnies de moquette, l'eau chaude fonctionne et il y a un restaurant. Certaines chambres sont exiguës, mais toutes ont une fenêtre.

Las Olas BOUTIQUE-HÔTEL **$$**

(portable 7250-8668 ; www.hostallasolas.com ; Pérez 1-3 ; s/d/tr/qua 41/52/68/79 $US ; @). Pour ne pas gâcher la surprise, voici juste quelques indices : original, créatif, élégant, écologique, et vue exceptionnelle. Il y a aussi des cuisines, des terrasses privées avec hamacs et un Jacuzzi solaire. Bref, l'expérience mérite la dépense. Réservez une ou deux semaines à l'avance.

Hotel La Cúpula HÔTEL **$$**

(portable 6708-8464 ; www.hotelcupula.com ; Pérez 1-3 ; s/d/tr à partir de 17/29/54 $US, s/d/tr ste à partir de 32/48/60 $US ;). Les voyageurs ne tarissent pas d'éloges sur cette oasis, signalée par deux coupoles sur les flancs du Cerro Calvario et riche d'une vue extraordinaire. Les chambres sont simples mais élégantes et décorées d'œuvres d'art en vente. Un jardin, des hamacs, une cuisine commune et une atmosphère accueillante ajoutent à l'attrait du lieu. Le personnel, serviable, parle plusieurs langues.

BENEDICIÓN DE MOVILIDADES

Le terme de *cha'lla* désigne toute bénédiction rituelle, célébration et offrande en l'honneur des divinités incas, aymaras ou chrétiennes. Presque tous les jours, pendant la saison des fêtes (de juillet à août), à partir de 10h environ (et jusque tard les samedis et dimanches), voitures, camions et autobus, décorés d'une myriade de guirlandes de fleurs (artificielles ou non), de rubans colorés et de drapeaux se rassemblent devant la cathédrale de Copacabana. La plupart viennent du Pérou et sont là pour une *cha'lla* appelée Benedición de Movilidades (bénédiction des véhicules). Un prêtre baptise un à un les véhicules d'un coup d'eau bénite sur l'habitacle, à l'intérieur, sur les pneus et le moteur.

C'est l'occasion d'implorer la protection de la Vierge et de verser en offrande de l'alcool sur les véhicules – et parfois dans le gosier du chauffeur – afin de les bénir. Ce type de *cha'lla* est une pratique courante chez les pèlerins et les compagnies de bus longue distance, qui viennent faire bénir leur nouvelle flotte le Vendredi saint et le dimanche de Pâques. Les conducteurs versent des dons au prêtre en échange de la bénédiction.

Ecolodge Copacabana LODGE $$
(☎6700-6699 ; www.facebook.com/ecolodge-copacabana10 ; Av. Costañera s/n ; ch avec petit-déj 180 $B/pers ; 📶). Situé à 20 minutes de marche par la Costañera, cet établissement écologique au bord du lac offre beaucoup de calme. Les chambres et appartements (deux ont une cuisine) sont chauffés grâce aux briques de terre avec lesquels ils sont construits ; ils sont alimentés en eau chaude solaire. Le jardin, planté de *kantutas* (une espèce d'arbuste à fleurs) et de rosiers, donne sur lac.

Hostal Flores del Lago HÔTEL $$
(☎7252-8685 ; Jáuregui s/n ; s/d/tr/qua 100/140/210/300 $B ; 📶). Cet hôtel rouge de quatre niveaux, du côté nord du port, se classe en haut de la catégorie petit budget. Les chambres sont propres, quoiqu'un peu humides, et la vue est mémorable. Les deux chambres familiales peuvent accueillir au moins quatre personnes.

Hostel Leyenda HÔTEL $$
(☎portable 6707-9158 ; hostel.leyenda@gmail.com ; angle Av. Busch et Constañera ; s/d avec petit-déj 100/200 $B, ste 250 $B ; 📶). Un bon choix pour les voyageurs à petit budget, avec vue sur le lac, jardin verdoyant et chambres à la décoration bolivienne. Celles situées dans l'angle affichent plus d'espace pour le même prix ; la suite du dernier étage, un peu plus chère, est aussi plus agréable – il y a une terrasse et on y trouve une embarcation en jonc !

La Aldea Del Inca PENSION $$
(☎portable 7226-0334 ; aldeadelinca.com ; San Antonio 2 ; s/d/tr/qua avec petit-déj 170/280/420/525 $B ; 📶). Une bonne adresse de catégorie moyenne dont l'architecture s'inspire des ruines incas voisines. Les chambres spacieuses avec vue, rehaussées de tableaux illustrant la culture andine, ont toutes le chauffage, la TV et un accès au jardin tendu de hamacs.

Hotel Wendy Mar HÔTEL $$
(☎862-2124, portable 7882-4240 ; Av. 16 de Julio et Potosi ; s/d/tr avec petit-déj 120/230/320 $B ; 📶). Des draps-housses au sol, tout est net et ordonné dans cet hôtel pour petits budgets. Demandez la chambre avec vue sur le lac.

Hotel Utama HÔTEL $$
(☎862-2013 ; www.utamahotel.com ; angle Pérez et San Antonio ; s/d avec petit-déj 140/250 $B ; 📶). Près de la colline qui domine la ville, cet hôtel propre et fiable possède des matelas fermes, des douches électriques et une terrasse centrale. Essayez d'obtenir une chambre avec vue. Également consigne gratuite, agréable jardin et système d'échange de livres.

Hotel Lago Azul HÔTEL $$
(☎862-2581 ; angle Costañera 13 et Jáuregui ; s/d 130/260 $B ; @📶). Donnant directement sur le lac, cet hôtel loue des chambres joliment peintes, avec chauffage, petit balcon, TV à écran plat et matelas récents. Un peu austère, mais difficile de trouver meilleur emplacement.

♥ **Hotel Rosario del Lago** HÔTEL $$$
(☎La Paz 245-1658, 7625-4988 ; hotelrosario.com/es/lago-titicaca ; Rigoberto Paredes, près de la Costañera ; s/d avec petit-déj 89/99 $US ; @📶). Cet hôtel de style hacienda est le petit frère de l'Hotel Rosario de La Paz, et l'une des adresses les plus chics de la ville. Séduisantes chambres modernes avec eau chaude solaire, double vitrage et vue sur le lac. Le personnel est très professionnel, et l'on apprécie la terrasse baignée de la lumière de l'Altiplano.

Où se restaurer

Les **stands sur la promenade au bord de l'eau** (Costanera ; truite à partir de 25 $B ; ⌚8h-21h) servent des poissons du lac, mais l'hygiène laisse quelque peu à désirer. Le *comedor* (cantine) du marché est une bonne adresse : on y déguste un généreux plat de *trucha*, un petit-déjeuner d'*api morado* (boisson chaude à base de maïs ; 4 $B) et des *buñuelos* (beignets ; 3 $B) fondants.

Pan America BOULANGERIE $
(☎mobile 7372-8586 ; Plaza 2 de Febrero ; plats 20-40 $B ; ⌚8h30-21h lun-ven, 8h-22h sam, 8h-21h30 dim). 🍃 Les bénéfices de cette boulangerie tenue par des Américains, à côté de la cathédrale (p. 93), servent à financer des projets de développement dans des communautés rurales des environs. Venez le matin pour prendre un café accompagné de viennoiseries, l'après-midi pour un verre de vin et une pizza.

Pit Stop BOULANGERIE $
(☎mobile 6323-5727 ; Av. 16 de Julio s/n ; en-cas 7-15 $B ; ⌚8h30-14h et 16h30-19h). On peut compter sur les Argentins de ce mouchoir de poche près de l'arrêt de bus pour confectionner des expressos serrés et des gâteaux dignes de ce nom. Quant aux

empanadas et pizzas de Luciano et Maria Jose, elles surpassent de loin celles de la concurrence.

Baguette About It SANDWICHS $
(Av. 16 de Julio s/n ; sandwichs 18-25 $B ; ⏲10h-20h). Les patrons du Pit Stop ont ouvert à côté ce minuscule café spécialisé dans les sandwichs à composer soi-même et les bières artisanales. Pratique pour acheter à emporter avant de prendre le bus.

La Choza CAFÉ $
(Av. 16 de Julio, entre Busch et Av. 6 de Agosto ; en-cas et sandwichs 10-40 $B ; ⏲8h-22h). Ce café sympathique est très agréable pour prendre un sandwich en attendant le bus tout en contemplant des affiches de la sainte trinité Jimi Hendrix-Bob Marley-Marilyn Monroe.

Restaurant Aransaya BOLIVIEN $
(Av. 6 de Agosto 121 ; almuerzo 15 $B, plats 30 $B ; ⏲8h-20h30 tlj sauf mar). Restaurant très accueillant servant des truites en garniture et de la bière fraîche. Net, propre, traditionnel à souhait et prisé des habitants.

♥ **La Cúpula Restaurant** INTERNATIONAL $$
(www.hotelcupula.com ; Pérez 1-3 ; plats 24-59 $B ; ⏲7h30-10h et 18h-22h ; 🖉). Des ingrédients locaux cèuisinés avec imagination composent la vaste carte faite de plats internationaux et boliviens ; certains sont végétariens, et beaucoup sont carnés. La fondue de fromage est sublime, et que dire de la fondue de fruits au chocolat bolivien…

♥ **La Orilla** INTERNATIONAL $$
(☎862-2267 ; Av. 6 de Agosto s/n ; plats 36-60 $B ; ⏲9h30-14h et 17h-21h30 ; 🖉). On a entendu dire de ce restaurant douillet sur le thème marin qu'il est le meilleur de la ville, et ce n'est peut-être pas faux. On y déguste des légumes ultrafrais et croquants, et de la truite aux épinards et au bacon. Et même les falafels de haute altitude se révèlent plutôt bons.

Gourmet Ali INTERNATIONAL $$
(☎7326-3887 ; Av. 6 de Agosto s/n ; plats 40-60 $B ; ⏲7h-14h30 et 16h-22h ; 📶). Un restaurant sans prétention, brillamment éclairé, où se régaler de plats de truite, de pizzas, de pâtes et de filets de lama.

Tambo Colonial Restaurante INTERNATIONAL $$
(☎862-2141 ; Hotel Rosario del Lago, Paredes, près de Costañera ; plats 30-60 $B). Ce restaurant d'hôtel tire avantage d'une belle vue sur le lac, d'un service de qualité et de plats internationaux bien préparés. S'il figure parmi les plus chers de la ville, la cuisine est à la mesure du prix. Soupe des Andes, lama grillé, vins boliviens, tiramisu, mousse au chocolat et autres desserts garantissent un repas de qualité.

> 100% LOCAL
>
> **SPÉCIALITÉ LOCALE**
>
> La spécialité locale est la *trucha criolla* (truite arc-en-ciel) et le *pejerrey* ("poisson roi") du lac Titicaca. La truite y a été introduite en 1939 afin d'augmenter l'apport en protéines dans l'alimentation locale. La pêche du jour est servie partout avec plus ou moins de bonheur : certains poissons sont carbonisés, d'autres dignes de restaurants gastronomiques.

Huanchaco PÉRUVIEN $$
(Restaurant Peruana ; 6 de Agosto s/n ; plats 40-110 $B ; ⏲11h-23h). Pour changer des pizzas pléthoriques de Copacabana, rabattez-vous sur les *papas a la huancaína* (pommes de terre nappées d'une sauce jaune épicée) ou le *chupe de camarones*, de ce restaurant pittoresque. Et le *suspiro a la limeña*, mélange bien tassé de lait condensé, œufs et pisco, est renversant.

La Posta PIZZA $$
(☎7252-1244 ; Av. 6 de Agosto s/n ; plats 20-40 $B ; ⏲9h-22h). Des pizzas savoureuses dans un cadre cosy sur le thème du tango.

Où prendre un verre et faire la fête

Ici, les établissements nocturnes vont et viennent. Pour savoir ce qui se passe en ville, demandez aux rabatteurs qui opèrent dans l'Avenida 6 de Agosto.

KM/0 BAR
(KM Zero ; ☎portable 7259-0797 ; Av. 6 de Agosto s/n ; ⏲10h-23h). Cette vieille institution a un peu perdu de son attrait au fil des ans, mais elle affiche toujours des formules *happy hour* et des concerts à 20h. Le service, très sympathique, fait encore toute la différence. À 50 m de la grande ancre par la route qui monte.

Waykys Disco Bar BAR
(www.facebook.com/waykysdiscoteca ; angle Av. 16 de Julio et Av. 6 de Agosto ; ⌚19h-tard). Voici un genre d'antre sombre avec de la musique à plein volume, des toilettes peu reluisantes et des murs couverts de graffitis. Le fulgurant cocktail Evo, à base de *singani* (eau-de-vie de raisin), jus de citron, feuilles et liqueur de coca, vous mettra la tête à l'envers.

Achats

Parmi les spécialités locales figurent des miniatures artisanales de bateaux en *totora* (jonc), des variétés peu courantes de pommes de terre des Andes et la *pasankalla*, une version sud-américaine du pop-corn. Vous trouverez également pléthore de boutiques de pulls en laine de lama et en alpaga.

Les stands dressés devant la cathédrale vendent des décorations pour véhicules, utilisées lors de la Bendición de Movilidades (bénédiction des véhicules), et des objets religieux.

Spitting Llama Bookstore & Outfitter LIVRES
(www.spllama.com ; Av. 6 de Agosto ; ⌚10h-12h et 13h-19h30). Livres d'occasion en français, cartes de trekking et équipements de camping.

Renseignements

ARGENT

Vous trouverez des DAB sur la Plaza Sucre. Les commerces de l'Avenida 6 de Agosto changent les devises étrangères (de préférence des dollars sous forme de coupures propres et sans déchirures). On peut se procurer des *soles* péruviens dans la plupart des boutiques d'artisanat.

DÉSAGRÉMENTS ET DANGERS

UV La raréfaction de l'air et le rayonnement intense du soleil laissent passer des niveaux dangereux d'ultraviolets. Portez un chapeau et mettez de la crème solaire dans cette région. Buvez également beaucoup d'eau pour vous protéger de toute déshydratation.

Grands rassemblements Méfiez-vous des pickpockets, notamment lors des fêtes. Tenez-vous à l'écart lors des feux d'artifice : lorsque la fête bat son plein, la sécurité publique n'est plus une priorité.

SERVICES MÉDICAUX

La **Medical Health Home** (☎+51(84) 27 2893 ; www.medicalhome.com.pe ; angle Baptista et Costañera) a l'habitude des touristes et vous y recevrez sans doute les meilleurs soins. En cas de problèmes sérieux, mieux vaut toutefois se rendre à La Paz.

TÉLÉPHONE

Des *puntos* (centres téléphoniques privés) Entel (Murillo s/n ; ⌚8h-12h et 14h30-18h30 mar-ven, 9h-15h sam-dim), Tigo et Viva se trouvent sur l'Avenida 6 de Agosto et ailleurs en ville. Beaucoup proposent des appels internationaux relativement bon marché.

Depuis/vers Copacabana

AVION

Un nouvel aéroport a ouvert en 2018. Encore inachevé lors de nos recherches, il devait accueillir à terme des vols intérieurs vers La Paz, Rurrenabaque, Trinidad et Uyuni.

BATEAU

Achetez les tickets d'excursion en bateau à l'Isla de la Luna et à l'Isla del Sol dans les agences de l'Av. 6 de Agosto ou dans les kiosques en bord de plage. Si vous êtes nombreux, vous pourrez louer un bateau (600-900 $B/jour). Pour le retour, il est possible d'acheter un aller simple sur les deux îles.

BUS

La plupart des bus partent près de la Plaza 2 de Febrero et de la Plaza Sucre. Les bus touristiques plus confortables – dont ceux de **Titicaca Tourist Transportation** (☎862-2160 ; titicacaexperience.com ; angle Av. 6 de Agosto et Av. 16 de Julio) – qui effectuent le trajet direct La Paz-Copacabana pour environ 30 $B valent le coup. Départ de La Paz vers 8h15 et 14h, de Copacabana vers 11h30 et 18h (trajet de 4 heures). Il faut descendre du bus à l'Estrecho de Tiquina (détroit de Tiquina) pour prendre le **ferry** (2 $B/pers, 15 min) entre San Pedro de Tiquina et San Pablo de Tiquina.

Les bus pour le Pérou partent et arrivent sur l'Avenida 16 de Agosto . On peut aussi rejoindre Puno en prenant le minibus public sur la Plaza Sucre jusqu'à Kasani (4 $B, 15 min). De l'autre côté de la frontière, il y a souvent des bus (bondés) pour Yunguyo (5 min) et Puno (2 heures 30).

Nouvelle venue parmi les compagnies de bus, l'irlandaise **Bolivia Hop** (p. 80) assure des liaisons entre Lima, Arequipa, Copa et La Paz ; s'occupe des formalités de douane et des réservations d'auberge de jeunesse.

DESTINATION	TARIF ($B)	DURÉE (HEURES)
Arequipa (Pérou)	80	10-11
Cuzco (Pérou)	30	11-12
La Paz	49	4
Puno (Pérou)	30	3-4

DEPUIS/VERS LE PÉROU

La plupart des voyageurs qui entrent/sortent du Pérou passent par Copacabana et traversent le détroit de Tiquina ou passent par la ville délabrée de Desaguadero (évitant ainsi Copacabana). Sachez que l'heure péruvienne retarde d'une heure par rapport à celle de Bolivie. Gardez toujours votre sac à dos avec vous quand vous passez la frontière.

Par Copacabana

Des *micros* à destination de la frontière Kasani-Yunguyo partent régulièrement de la Plaza Sucre à Copacabana, généralement lorsqu'ils sont pleins (4 $B, 15 min). À Kasani, une fois obtenu votre tampon de sortie au point de contrôle des passeports, vous pourrez traverser la frontière à pied. Du côté péruvien, des taxis et des motos-taxis pourront vous conduire à Yunguyo (environ 3 *soles*), d'où des bus desservent Puno.

Une autre solution intéressante consiste à prendre un bus touristique depuis/vers La Paz jusqu'à Puno via Copacabana (à partir de 60 $B) et vice versa ; cela vous permettra même quelquefois de passer quelques jours à Copacabana. Remarque : même si vous avez acheté un ticket pour Cuzco ou une autre destination au Pérou, vous devrez prendre une correspondance à Puno. Les bus pour Cuzco au départ de Puno partent de la gare routière internationale, située à trois rues environ de la gare routière locale.

Par Desaguadero

Une solution plus rapide, mais moins intéressante, consiste à passer par Desaguadero, du côté sud du lac. Plusieurs compagnies de bus assurent la liaison avec cette ville depuis/vers la frontière péruvienne. La traversée de la frontière ne devrait pas poser de problème : vous obtenez votre tampon de sortie au **point de contrôle des passeports bolivien** (Desaguadero ; 9h-21h), vous traversez un pont à pied et vous obtenez votre tampon d'entrée auprès des services de la *migración* péruvienne. Des bus desservent Puno toutes les heures (environ 3 heures 30 de trajet).

De Copacabana à Yampupata

Se rendre à pied, à vélo ou en bus de Copacabana à Yampupata, petit hameau à 17 km au nord de la ville, est une sortie plaisante et plus originale que les excursions aux îles. Le long du chemin, des chiens vous poursuivront, vous verrez des ruines, ferez halte sur des (fausses) îles flottantes et traverserez des villages traditionnels.

À voir

Sampaya VILLAGE

Les maisons de ce village magnifiquement préservé sont construites en pierres plates et mortier de terre. Une église trône sur les hauteurs, dominant le Titicaca et l'Isla de la Luna au loin. Une balade dans les ruelles et les collines en terrasses de Sampaya constituele temps fort d'une excursion au nord de Copacabana.

Titicachi VILLAGE

Cette pittoresque localité se niche dans une baie retirée en forme de croissant entre des collines verdoyantes. Une petite *tienda* (boutique) vend des boissons fraîches, mais n'est pas toujours ouverte.

Sicuani VILLAGE

Demandez Hilario Paye Quispe, qui propose des excursions dans la baie à bord d'un bateau en *totora* (sorte de jonc) ou jusqu'à la péninsule située en face, au moyen d'une embarcation à moteur (tarifs négociables). Possibilité de camper.

Gruta de Lourdes GROTTE

(Gruta de Fátima ; Hinchaca). La population associe cette grotte à ses homonymes française et portugaise. Le site attire même des fidèles du Pérou voisin, surtout en août.

Yampupata VILLAGE

Un regroupement de maisons en pisé au bord de l'eau, où vous trouverez des chambres à louer en vous renseignant (30 $B environ). L'**Asociación Transport Yampu Tour Lacustre** (p. 107) emmène des passagers de l'autre côté du lac jusqu'à la partie sud (130 $B, aller simple) de l'Isla del Sol. On peut également se rendre à l'Isla de la Luna (250 $B aller-retour). Les prix s'entendent par bateau.

Nord de Copacabana

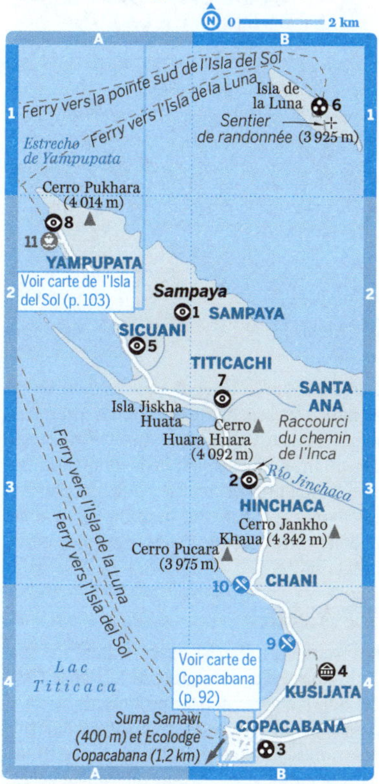

Nord de Copacabana

Les incontournables

1 Sampaya A2

À voir

2 Gruta de Lourdes B3
3 Intikala B4
4 Museo de Kusijata B4
5 Sicuani A2
6 Templo de las Vírgenes B1
7 Titicachi B3
8 Yampupata A2

Activités

Bolivia Amphibian Initiative .... (voir 6)
Mirador Trail .... (voir 6)

Où se restaurer

9 Isla Flotante Kalakota B4
10 Isla Peñon B3

Transports

11 Asociación Transport Yampu Tour Lacustre A2

Activités

Randonnée

L'itinéraire principal, qui suit la route, est assez pénible, d'autant qu'il fait chaud – prévoyez 7 heures aller en faisant des pauses sur le chemin. À vélo, l'aller-retour peut se faire dans la journée, tandis qu'en taxi ou en minibus, il vous faudra moins d'une heure pour rejoindre le hameau. Emportez votre casse-croûte, car il n'y a quasi aucun lieu de restauration en chemin. De Copacabana, prenez en direction du nord-est la route qui longe le rivage et dépassez la bifurcation pour le Museo de Kusijata (p. 94). Au bout de 7 km environ, vous parviendrez à la **Gruta de Lourdes** (p. 101). Pour gagner une heure, vous pourrez prendre un minibus (5 $B) ou un taxi (aller/aller-retour 50/80 $B) de Copa jusqu'ici, où commence la partie la plus jolie du chemin. À la fourche située juste sous la crête, prenez à gauche et descendez jusqu'à la berge et au village de **Titicachi** (p. 100). Vous traverserez ensuite **Sicuani** (p. 100) et parviendrez à **Yampupata** (p. 100), 17 km après avoir quitté Copa.

Une autre solution, en particulier si vous souhaitez randonner sans vous rendre sur l'Isla del Sol, consiste à parcourir en taxi (aller 80 $B) la route principale depuis Copacabana avec des haltes dans les villages en chemin.

Nous vous conseillons vivement de faire un crochet par Sampaya (p. 100), un village préservé à 5 km de Yampupata, qui dispose d'hébergements basiques. Vous pourrez ensuite rentrer à pied, en vélo ou taxi à Copacabana par l'itinéraire oriental, plus élevé, qui traverse des paysages magnifiques.

Où se restaurer

Isla Peñon POISSON $

(Islas Flotantes de Chañi; portable 7309-3322 ; Chañi ; plats 30 $B ; 8h-19h). Faites comme les Boliviens qui viennent en excursion le week-end sur cette fausse île flottante, rattachée à un promontoire rocheux offrant une ample vue. Les truites au menu sont pêchées juste sous vos pieds.

Isla Flotante Kalakota POISSON $$

(7623-2516 ; Kusijata ; plats 30-35 $B ; 10h30-18h). Située juste après la bifurcation de Kusijata, l'île flottante de Kalakota est parfaite à l'heure du déjeuner pour une truite fraîchement pêchée.

Depuis/vers Yampupata

Un taxi entre Copacabana et Yampupata (p. 101) coûte 80 $B aller simple, ou 200 $B aller-retour avec des arrêts. Alternative à la marche et au taxi, des minibus (10 $B, 40 min). partent de Pérez, en face du Comedor Central ; bien que plus fréquents le matin, ils assurent habituellement la liaison jusqu'à 17h.

L'Asociación Transport Yampu Tour Lacustre (p. 107) organise des excursions de Yampupata à l'Isla de la Luna (250 $B aller-retour) ainsi qu'à Pilko Kaina ou Yumani sur l'Isla del Sol (130 $B aller simple). Les prix s'entendent par bateau.

Isla del Sol

☎2 / 3 000 HABITANTS / ALTITUDE 3 808 M

Moment fort de toute excursion au lac Titicaca, l'Isla del Sol est une grande île regroupant plusieurs communautés, de bonnes infrastructures touristiques (hôtels et restaurants) et quelques ruines précolombiennes intéressantes ; en sus, des vues magnifiques, des randonnées au flanc de collines en terrasses et beaucoup de soleil.

La plus grande île du lac Titicaca (environ 10 km de long par 5 km de large) mérite qu'on y dorme une nuit ou deux. En une journée, vous aurez déjà un bon aperçu de l'île et de ses principaux sites. Si vous avez un peu plus de temps, vous pourrez explorer les ruines aux pointes nord et sud de l'île, arpenter les flancs arides tapissés de broussailles exhalant une odeur de *koa* (encens), et les *pampas* (terrasses) encore cultivées.

La population de l'île est répartie entre les villages principaux : **Cha'llapampa**, près de l'extrémité nord de l'île, **Cha'lla**, le long d'une jolie plage sablonneuse au milieu de la côte est, et **Yumani**, le village le plus grand, à cheval sur une crête au-dessus de l'Escalera del Inca, au sud. Malheureusement, en raison d'un conflit entre les communautés insulaires, seul Yumani se visite.

Le réseau de sentiers très développé facilite l'exploration, mais l'altitude se fait sentir. Prévoyez d'emporter vivres et provisions d'eau en quantité. N'oubliez pas que le soleil est implacable.

Histoire

Les premiers habitants connaissaient l'Isla del Sol (île du Soleil) sous le nom de Titi Khar'ka (rocher du Puma), d'où dérive le nom "Titicaca". L'île constitue le berceau de plusieurs êtres vénérés, tels que le Soleil. C'est là, selon la légende, que le dieu blanc et barbu Viracocha, ainsi que les premiers Incas (Manco Capac et Mama Ocllo) apparurent mystérieusement à la demande du Soleil. Aujourd'hui encore, pour la plupart des Aymaras et des Quechuas du Pérou et de Bolivie, cette légende relate l'histoire de la Création.

> **VISITE DE L'ISLA DEL SOL ET DE L'ISLA DE LA LUNA**
>
> Pour visiter l'Isla del Sol et l'Isla de la Luna, on peut soit prendre le ferry, soit s'offrir le luxe d'une visite guidée organisée par une agence basée à La Paz (avec une nuit ou deux dans les hôtels de l'agence sur l'Isla del Sol). Quelques tour-opérateurs recommandés :
>
> - Crillon Tours (p. 108)
> - Transturin (p. 94)
> - Magri Turismo (p. 60)

À voir

Les circuits touristiques éclairs d'une demi-journée ne rendent pas justice à l'Isla del Sol, laquelle mérite résolument qu'on y passe une ou deux nuits. Ceci dit, la majorité des ruines et sites associés se concentrent dans la moitié nord de l'île, interdite d'accès. Si la petite zone visitable englobe quelques vestiges mineurs, des points de vue et des sentiers pédestres, la plupart des gens profitent juste de la détente et du paysage.

Yumani VILLAGE

Yumani est le principal village de l'extrémité sud de l'île. La plupart des bateaux déposent les voyageurs à son embarcadère situé en bas de l'Escalera del Inca, soit à 200 m environ du village lui-même. La petite église de Yumani, l'**Iglesia de San Antonio**, accueille la population du sud de l'île. À proximité, vous trouverez un chapelet de pensions, dont le nombre s'accroît sans cesse, offrant une vue magnifique sur le lac, jusqu'à l'Isla de la Luna. Grimpez au sommet de la crête pour découvrir les eaux bleu saphir de la **Bahía Kona** sur la berge occidentale (30 min de marche environ sur un chemin en piteux état). Depuis la crête, divers sentiers descendent la colline jusqu'au joli village de **Japapi**.

Isla del Sol

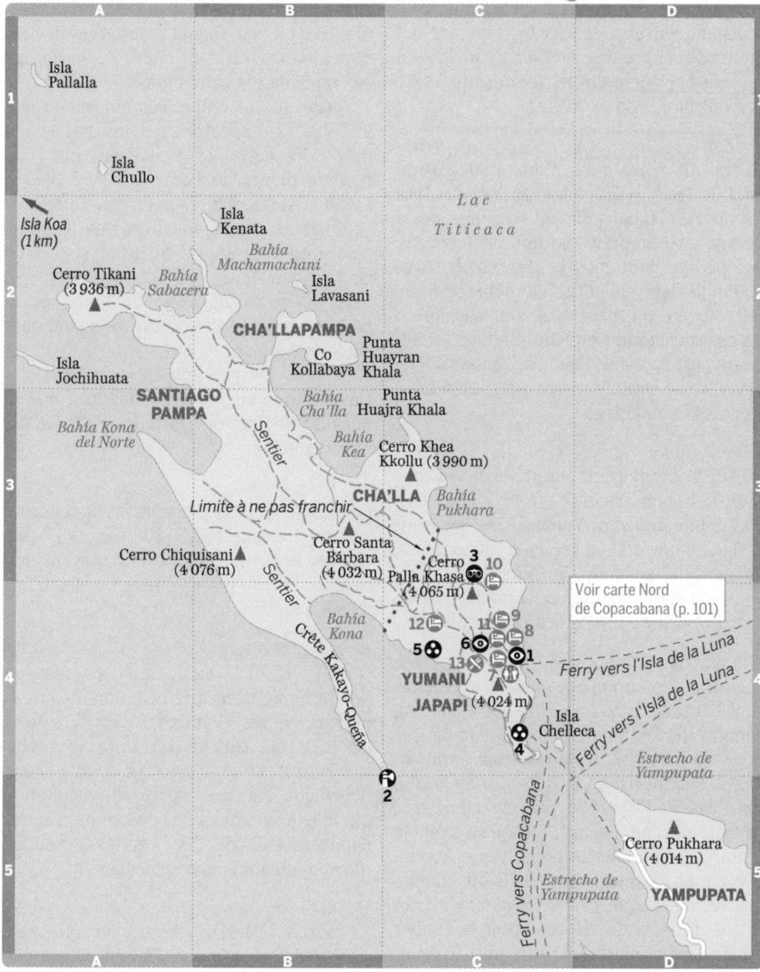

Isla del Sol

À voir

1 Escalera del Inca C4
Fuente del Inca .... (voir 1)
2 Phare C5
3 Mirador Palla Khasa C3
4 Pilko Kaina C4
5 Ruines C4
6 Yumani C4

Où se loger

7 Hostal Inti Wayra C4
Hostal Jallalla .... (voir 6)
8 Hostal Las Cabañas C4
Hostal Puerta del Sol .... (voir 6)
Hostal Tawri .... (voir 7)
Hostal Templo del Sol .... (voir 6)
Hotel Imperio del Sol .... (voir 6)
Inka Pacha .... (voir 6)
Inti Kala Hostal .... (voir 6)
9 Inti Wasi Lodge C4
10 La Estancia Ecolodge C3
11 La Posada del Inca C4
12 Palla Khasa C4
Utasawa Lodge .... (voir 6)

Se restaurer

13 Las Velas C4
Restaurant Pachamama .... (voir 6)

Mirador Palla Khasa POINT DE VUE
Pour une vue panoramique sur le lac au soleil couchant, suivez le sentier bien indiqué qui monte de la ligne de crête de Yumani jusqu'à ce petit belvédère en pierre au sommet du Cerro Palla Khasa (4 065 m).

Escalera del Inca JARDINS
(Yumani ; 10 $B). Sur la colline au-dessus du quai du ferry à Yumani, l'Escalera del Inca (escalier de l'Inca), joliment restaurée, passe devant de nombreux jardins en terrasses, des petites boutiques et des hôtels. Avec 200 m de dénivelé positif en moins de 1 km, cette ascension n'est pas une sinécure ; prenez votre temps ou louez un âne (30 $B) pour porter votre sac. À l'embarcadère, payez votre droit d'entrée pour accéder à l'escalier et au village.

Pilko Kaina RUINES
(10 $B). Cet important ensemble de vestiges, près de la pointe sud – à 2 km au sud et à 30 minutes à pied de Yumani –, se cache sur le flanc d'une colline escarpée en terrasses. Le site le plus connu, le **Palacio del Inca**, construit sur deux niveaux, serait l'œuvre de l'empereur inca Túpac Inca Yupanqui.

Fuente del Inca SOURCE
(Yumani). Les premiers colons espagnols considéraient cette source, située à Yumani, comme une fontaine de jouvence, tandis que pour les Incas ces trois ruisseaux symbolisaient leur devise : *Ama sua, ama llulla, ama khella* ("Ne vole pas, ne mens pas, ne sois pas paresseux"). Jusqu'en 2015 la fontaine constituait un point d'approvisionnement en eau essentiel pour la population, qui venait chaque jour y chercher de l'eau à dos d'âne avant de remonter le sentier escarpé. La plupart des habitants disposent désormais de l'eau courante potable.

Phare MONUMENT
Le phare à la pointe de la Kakayo-Queña Ridge se tient théoriquement dans la zone ouverte aux touristes, mais l'accès par voie terrestre a été bloqué par la population.

Ruines ARCHÉOLOGIE
Les quelque 80 ruines incas de l'île datent pour la plupart du XVe siècle. Il faudrait bien une semaine pour les voir toutes.

Où se loger

En l'absence de voitures et de routes et parmi tous ces sentiers, il est parfois difficile de repérer l'hôtel recherché. Pour ne rien arranger, de nombreux établissements ferment pendant des semaines sans prévenir. Avec un peu d'adaptabilité, vous devriez toutefois trouver un endroit où dormir correspondant à votre budget.

Juché sur la crête, Yumani est le site le plus spectaculaire pour passer la nuit – les pensions y poussent plus vite que les plants de coca. Réserver bien à l'avance, si possible, vous évitera d'effectuer l'éprouvante ascension avec vos bagages, beaucoup d'adresses incluant un service de porteur dans leur tarif.

En haute saison (de juin à août et en période de festivités), les prix indiqués peuvent doubler.

Si vous campez, mieux vaut demander l'autorisation aux autorités locales (moyennant 20 $B) et vous installer à l'écart des terres cultivées.

Inti Kala Hostal HÔTEL $
(☎ mobile 7151-6293 ; hotelintikala@gmail.com ; Yumani ; ch avec petit-déj 20 $US/pers ; Wi-Fi). Vaste terrasse et chambres rénovées avec douches solaires, couvre-lits moelleux et déco d'inspiration andine.

Hostal Inti Wayra HÔTEL $
(Yumani ; ch 70 $B/pers). Cet hôtel vaste et sympathique offre une belle vue depuis la plupart de ses chambres, très différentes les unes des autres (certaines sont plus spacieuses). Le 2e niveau est occupé essentiellement par un espace de méditation paisible, avec tapis au sol. Comme d'autres établissements de l'île, cet hôtel familial n'est pas ouvert en permanence.

Hostal Templo del Sol HÔTEL $
(☎ portable 7351-8970 ; Yumani ; ch avec/sans sdb 60/40 $B par pers ; Wi-Fi). Perché au sommet de la colline, cet *hostal* rénové offre des douches à chauffe-eau électrique, une vue fabuleuse et une connexion Wi-Fi qui fonctionne. Vous aurez la compagnie de cochons dans la cour. Petit-déjeuner en supplément.

Hotel Imperio del Sol HÔTEL $
(☎ 7359-1952, portable 7373-4303 ; Yumani ; ch avec/sans sdb 100/50 $B par pers). Cet hôtel sympathique et central, situé à flanc de colline, se révèle une bonne adresse, avec des chambres propres et un service fiable.

Inti Wasi Lodge BUNGALOWS $
(☎ portable 7196-0223 ; Yumani ; dort 45 $B/pers, bungalow avec petit-déj 80 $B/pers). Bungalows simples mais confortables, avec vue

formidable et pizzeria sur place. Pour trouver cette auberge de jeunesse, tournez à droite juste avant l'Hostal Illampu en grimpant la colline.

Inka Pacha AUBERGE DE JEUNESSE **$**
(portable 7197-5569 ; www.inkapachaecolodge.com ; Yumani ; ch 50 $B/pers, avec petit-déj et sdb 100 $B). Cette auberge de jeunesse affiliée Hostelling International (HI) compense son absence de luxe par une ambiance sympathique. Les espaces communs se prêtent aux rencontres avec d'autres voyageurs.

Utasawa Lodge MAISONNETTES **$$**
(portable 7402-4787 ; s/d 50/70 $US ;). Plus confortables que la moyenne locale, ces quatre *casitas* à flanc de colline face au lac comportent de grandes salles de bains équipées de douches solaires.

Hostal Jallalla HÔTEL **$$**
(portable 6816-5404 ; Yumani ch avec petit-déj 300 $B ;). Cet établissement propre, réputé pour son Wi-Fi puissant, tire avantage d'un emplacement pratique près des deux restaurants de Yumani et de l'embranchement qui mène au Mirador Palla Khasa. Vous le reconnaîtrez facilement à sa couleur jaune.

Hostal Puerta del Sol HÔTEL **$$**
(portable 7354-2479 ; Yumani ; s avec/sans sdb 150/40 $B, bungalow 150 $B/pers, d 250 $B). Sur le promontoire qui coiffe la colline, cette adresse accueillante propose une belle vue depuis la plupart des chambres (la n°14 est superbe), des draps propres et une belle terrasse. Les chambres avec sdb sont bien meilleures et les textiles andins ajoutent une touche plaisante. La chaleur solaire stockée en journée garde l'intérieur chaud pendant la nuit.

Hostal Las Cabañas BUNGALOWS **$$**
(portable 7353-1339 ; Yumani ; s/d avec petit-déj 80/160 $B ;). Juchés sur la colline qui relie l'embarcadère au village, ces bungalows simples en pisé ont l'attrait d'une vue superbe et de l'eau chaude 24h/24. Les chambres manquent toutefois d'entretien et ont des matelas un peu affaissés.

♥ **La Estancia Ecolodge** LODGE **$$$**
(2-244-0989 ; www.ecolodge-laketiticaca.com ; La Estancia ; s/d avec petit-déj et dîner 120/154 $US ;). Ces charmantes maisonnettes en pisé surplombent des terrasses face au sommet enneigé de l'Illampu, à 15 minutes de marche de Yumani (p. 102). Écologiques, elles sont équipées de douches et de chauffages solaires, ainsi que de toits en chaume aymaras. Randonnées, excursions en bateau et cérémonies rituelles.

UN NUAGE NOIR SUR L'ÎLE DU SOLEIL

Randonner sur l'Isla del Sol du nord au sud faisait partie des moments forts d'un séjour sur le lac Titicaca, mais cela n'est hélas plus permis. Les touristes se voient en effet interdire l'accès au nord au-delà de Yumani (et du village satellite de La Estancia) en raison d'un conflit opposant les villages de Cha'lla, au centre, et Cha'llapampa, au nord.

Ce conflit a débuté en mars 2017, lorsque les habitants de Cha'lla ont construit un hôtel près des ruines de Cha'llapampa pour tenter de profiter de la manne touristique qui leur échappait jusque-là. Furieux, ceux de Cha'llapampa ont dynamité le bâtiment. Les gens installé à Cha'llapampa venant à l'origine de Cha'lla, la querelle a vite dégénéré en vendetta familiale.

En représailles, la population de Cha'lla a instauré un blocus, empêchant les visiteurs de gagner le nord par voie terrestre ou maritime. Curieusement (compte tenu des motivations économiques initiales), les touristes ne peuvent même plus se rendre à Cha'lla. Il reste en revanche possible de faire le tour du Cerro Palla Khasa.

Dans les faits, il n'y a pas toujours un poste de garde pour arrêter les curieux qui s'aventurent trop loin de Yumani. Quoi qu'il en soit, ne tentez pas le diable. Début 2018, une Coréenne a été poignardée et étranglée dans des circonstances troubles après une échauffourée entre les deux communautés.

Cet épisode malheureux ne doit pas vous dissuader de découvrir l'Isla del Sol. En restant à Yumani ou La Estancia, vous ne courrez aucun danger et ne réaliserez peut-être même pas ce qui se passe plus haut. Renseignez-vous toutefois sur la situation du moment auprès des hôtels et tour-opérateurs de Copacabana avant d'envisager une excursion.

Palla Khasa BUNGALOWS $$$

(portable 7321-1585 ; www.pallakhasalodgeandtours.com ; Yumani ; bungalows avec petit-déj 570-750 $B). Une dresse de premier ordre sur un joli terrain paysager, à 300 m au nord de Yumani. Les 14 bungalows ronds en pierre, pourvus de salles de bains carrelées avec douches chaudes au gaz, profitent d'une vue superbe. Le restaurant est vivement recommandé pour sa cuisine régionale cuite dans un four en terre. Possibilité de camper non loin à condition de manger sur place.

La Posada del Inca HÔTEL HISTORIQUE $$$

(La Paz 2-233-7533 ; crillontours.travel ; ch à partir de 700 $B). Cette hacienda du XVIIIe siècle au jardin coloré renferme des chambres garnies de meubles en bois sculpté et de lits moelleux. Réservable uniquement dans le cadre d'une excursion dans l'île organisée par Crillon Tours (p. 108).

Où se restaurer

Il y a plus de pizzerias à Yumani que de *truchas* dans le lac Titicaca. Beaucoup d'hôtels de catégorie moyenne ou supérieure possèdent de bons restaurants. La plupart de ceux-ci jouissent d'une belle vue et ceux qui sont situés sur la crête sont tout indiqués au coucher du soleil. Presque toutes les cartes se ressemblent ; les *almuerzos* (déjeuner) et les menus du soir coûtent entre 25 et 30 $B.

Restaurant Pachamama CAFÉ $

(portable 7123-9679 ; plats 30 $B ; 9h-21h ;). L'un des rares endroits de Yumani ouvert au petit-déjeuner. Calez-vous dans un rocking-chair et contemplez le paysage en grignotant une pizza, un sandwich ou une *tortilla de quinoa*. Connexion Wi-Fi payante.

Las Velas INTERNATIONAL $$

(portable 7123-5616 ; Yumani ; plats 50-70 $B ; 9h-22h30 ;). Envie de dîner aux chandelles d'une pizza végétarienne bio à 4 000 m d'altitude ? Direction ce restaurant sur les hauteurs, fort d'une vue splendide en direction de l'ouest. On peut aussi y commander des pâtes et des plats boliviens tels que truite et *pejerrey*, voire se contenter d'une bière ou d'un verre de vin. Les clients ont à disposition des jeux de plateau, des cartes et des instruments de musique.

UNE ATLANTIDE BOLIVIENNE ?

Lorsque le niveau de l'eau baisse au nord de l'Isla del Sol (donc dans une zone hors d'accès des touristes), une colonne rocheuse d'aspect insignifiant affleure à la surface du lac. La population locale considère qu'il s'agit là d'une colonne naturelle comparable aux nombreuses autres qui bordent la berge. Pourtant, en 1992, des coffres en pierre contenant des objets (dont plusieurs en or massif) ont été découverts sur le site sous-marin de **Marka Pampa** (appelé aussi la Ciudad Submergida). En 2000 et 2004, des fouilles complémentaires menées à proximité ont permis de mettre au jour un imposant temple en pierre, un réseau de sentiers, ainsi qu'un mur d'enceinte, le tout immergé à environ 8 m de profondeur. Si l'origine de ces constructions n'est pas établie avec précision, il se pourrait toutefois qu'elles remontent à 6 000 ans. D'aucuns prétendent même qu'il s'agit de l'Atlantide perdue. Les recherches – et les controverses – suivent leur cours.

Suivez le chemin qui monte à Yumani et tournez à gauche dans la forêt au panneau indiquant Las Velas (apportez une lampe torche).

Camping gratuit à proximité sous réserve de consommer nourriture et boissons au restaurant.

Depuis/vers l'Isla del Sol

On peut rejoindre l'Isla del Sol en ferry depuis Copacabana et Yampupata, ou dans le cadre d'un circuit organisé.

Les billets s'achètent dans les guichets de l'**Asociación Unión Marines** (Costañera, Copacabana ; aller/aller-retour 20/30 $B ; départs de Copacabana 8h30 et 13h30) situés sur la plage à Copacabana ou auprès des agences en ville. Les bateaux accostent à Pilko Kaina ou à Escalera del Inca (Yumani). Au retour, ils quittent Yumani à 10h30 et entre 15h et 16h (aller simple 25 $B).

Titicaca Tours (Costañera, Copacabana ; aller-retour 30 $B ; départ de Copacabana 8h30) propose des excursions d'une demi-journée incluant 2 heures de halte à l'Isla del Sol et 1 heure à l'Isla de la Luna. Nous vous conseillons toutefois de passer au moins une nuit sur l'une des deux îles.

L'Asociación Transport Yampu Tour Lacustre assure des traversées entre Yampupata et l'Isla del Sol (130 $B par bateau).

Comment circuler

Aucun véhicule ne circulant sur l'île, les déplacements s'effectuent à pied ou en bateau.

Isla de la Luna

120 HABITANTS / ALTITUDE 3 808 M

Selon la légende, c'est sur cette île que Viracocha ordonna à la Lune de s'élever dans le ciel. L'importance spirituelle du lieu n'a pas empêché l'État bolivien de l'utiliser comme prison politique pendant une grande partie du XXe siècle.

L'île est beaucoup plus petite, plus sèche et moins encombrée de touristes que sa consœur. Si vous ne disposez que d'une journée, visitez plutôt l'Isla del Sol, quoique l'Isla de la Luna offre un peu plus d'aventure et qu'il soit facile de la visiter en une demi-journée lors d'un circuit sur la première île.

La plupart des bateaux arrivent du côté est de l'île, où sont installés un centre d'accueil des visiteurs, une auberge de jeunesse, un restaurant et des échoppes d'artisans.

À voir

Templo de las Vírgenes RUINES

(carte p. 101 ; 10 $B). Les ruines d'un couvent inca et d'un temple dédié aux Vierges du Soleil occupent une vallée en forme d'amphithéâtre sur la rive nord-est, où la plupart des ferries déposent les voyageurs. En pierre de taille et mortier d'adobe, l'ensemble fut probablement construit à l'origine par les Tiwanaku.

Activités

Bolivia Amphibian Initiative SNORKELING

(portable 7594-506176 ; www.bolivianamphibian.org ; sortie de snorkeling 300 $B, avec transport depuis Copacabana 450 $B). Réservez bien à l'avance par e-mail pour une sortie de snorkeling à la recherche de la grenouille géante du lac Titicaca.

Mirador Trail RANDONNÉE

Grimpez jusqu'au bosquet d'eucalyptus, au sommet, où paissent des troupeaux ; en récompense, vous aurez une vue spectaculaire sur le lac, le Cerro Illampu et la Cordillera Real enneigée dans son intégralité.

Depuis/vers l'Isla de la Luna

L'**Asociación Transport Yampu Tour Lacustre** (portable 7525-4675 ; Yampupata ; 8h-18h) organise des excursions depuis Yampupata (250 $B par bateau).

L'**Asociación Unión Marines** (Costañera, Copacabana ; aller simple/aller-retour à l'Isla del Sol 20/40 $B, aller-retour à l'Isla de la Luna 40 $B ; départs de Copacabana à 8h30 et 13h30) assure la traversée aller-retour entre Copacabana (départ à 8h30) et l'Isla de la Luna (départ à 15h, 40 $B).

DE L'ART DE CONSTRUIRE UN BATEAU EN TOTORA

La construction d'un bateau en *totora* est tout un art. Les joncs verts sont cueillis dans les hauts fonds du lac et mis à sécher au soleil. Une fois bien secs, ils sont assemblés en fagots épais noués à l'aide d'une herbe solide. Jadis, on ajoutait à l'ensemble une voile en roseau. Mais ces petits canoës trapus ont une durée de vie réduite : au bout de quelques mois, ils sont imbibés d'eau et commencent à pourrir, avant de couler. Auparavant, pour les rendre plus durables, on les rangeait à l'écart de l'eau. De nos jours, il sont fabriqué (rarement 100% en roseau) et utilisés surtout pour les touristes.

Au début des années 1970, l'explorateur et ethnographe norvégien Thor Heyerdahl (connu pour son expédition l'ayant mené, en 1947, du Pérou jusqu'en Polynésie sur le radeau de balsa *Kon-Tiki*, en 101 jours et près de 6 437 km) sollicita l'aide des frères Limachi et Paulino Esteban, artisans navals reconnus de l'Isla Suriqui, sur le lac Titicaca, pour concevoir et construire son bateau de papyrus, le *Ra II*, en vue d'une expédition du Maroc à la Barbade. Heyerdahl souhaitait vérifier sa théorie, selon laquelle des migrations et des contacts auraient eu lieu entre les anciennes populations d'Afrique du Nord et d'Amérique. Son objectif : démontrer que l'on pouvait parcourir de longues distances sur les bateaux tels qu'ils étaient conçus à l'époque. À l'Eco Village de l'Inca Utama Hotel & Spa (p. 108), Fermin, le fils d'Esteban, présente les techniques de construction et raconte les expéditions que lui et son père effectuèrent avec Heyerdahl et d'autres.

Huatajata

☎2 / 3 180 HABITANTS / ALTITUDE 3 808 M

Ce petit *pueblo* au bord du lac, sur la route reliant La Paz à Copacabana, constitue un bon point de départ pour visiter les îles Kalahuta, Suriqui et Pariti, mais aussi en apprendre davantage sur la construction des barques en roseau traditionnelles.

L'hébergement le moins cher du village est l'**Hostal Inti Karka** (☎portable 7320-0870 ; Ruta Nacional 2, Km 87 ; ch 80 $B). Maximo, le propriétaire, peut vous emmener sur les îles voisines. Géré par Crillon Tours, l'**Inca Utama Hotel & Spa** (p. 108) propose des chambres de catégorie supérieure, des excursions guidées sur le reste du lac, et comprend quatre musées.

Circuits organisés

Crillon Tours EXCURSION EN BATEAU
(carte p. 50 ; ☎233-7533 ; crillontours.travel ; Av Camacho 1223, La Paz ; 9h-12h et 14h30-19h lun-ven, 9h-12h sam). Agence haut de gamme proposant des forfaits d'un ou de plusieurs jours à bord d'un hydroptère sur le lac depuis le village de Huatajata (ou depuis La Paz). Renseignez-vous à l'Inca Utama Hotel & Spa, au village.

Valtours EXCURSION EN BATEAU
(carte p. 54 ; ☎portable 7016-6012 ; www.valtours.com ; Av. 16 de Julio 1416, Edificio San Pablo, bureau 607, La Paz ; 9h-12h30 et 14h30-19h lun-ven, 10h-12h30 sam). L'ex-Balsa Tours organise des excursions en bateau à moteur de son *resort* de Puerto Pérez aux îles Pariti, Kalahuta et Suriqui.

Où se loger

Inca Utama Hotel & Spa HÔTEL **$$**
(☎La Paz 2-233-7533 ; crillontours.travel ; Ruta Nacional 2, Km 86 ; s/d/ste avec petit-déj 340/425/690 $B ; wifi). Cet établissement propret justifie de débourser davantage car il abrite des musées consacrés aux bateau en roseau, aux guérisseurs kallawaya et à la culture de l'Altiplano. Il possède également un observatoire pour scruter les étoiles et un Eco Pueblo où travaillent des tisserands. Réservez de préférence une chambre dans l'aile plus récente.

VAUT LE DÉTOUR

SANTIAGO DE OKOLA

Pour une expérience authentique, venez passer deux jours à **Santiago de Okola** (☎portable 7157-6821 ; www.facebook.com/SantiagoDeOkola ; formule de 3 jours au départ de La Paz à partir de 130 $US), village situé sur la route d'Apolobamba. Grâce au soutien d'organismes de financement, Okola a créé une société d'agrotourisme afin de protéger son patrimoine agricole et de générer des revenus pour ses membres. Les touristes séjournent chez l'habitant et participent aux tâches quotidiennes. L'endroit abrite de superbes plages et des chemins de randonnée, dont une courte ascension jusqu'à la crête d'un bel affleurement rocheux baptisé le "Dragon endormi". Parmi les autres activités proposées, citons des cours de tissage, la découverte des plantes médicinales et des cours de cuisine andine.

Depuis/vers Huatajata

Le plus simple consiste à emprunter la ligne de bus La Paz- Copacabana. À La Paz, les véhicules partent du quartier du cimetière dès qu'ils sont pleins (20 $B, 2 heures). En montant à bord, pensez à demander au chauffeur de vous déposer à Huatajata. Pour continuer ensuite jusqu'à Copacabana ou regagner La Paz depuis Huatajata, vous n'aurez qu'à héler un bus de passage.

Islas de Wiñaymarka

Une demi-journée suffit pour découvrir Kalahuta, Suriqui et Pariti, les îles les plus visitées du Lago de Wiñaymarka, qui fournissent un aperçu plus authentique de la région que les îles proches de Copacabana. Le tourisme y est devenu essentiel à l'économie, s'ajoutant à la pêche, ce qui n'a pas que des conséquences positives pour la population de Kalahuta. Demandez l'autorisation de prendre des photos et refusez toute demande d'argent ou de cadeaux.

Circuits organisés

Les circuits de Crillon Tours (ci-contre) incluent aussi une île flottante naturelle où les membres de la communauté Uru expliquent pourquoi et comment ils en vinrent à vivre sur le lac : leurs ancêtres préférèrent quitter leurs terres plutôt que de se soumettre aux Incas et aux Tiwnaku.

Maximo Catari GUIDE
(☎portable 7197-8959 ; Hostal Inti Karka, Huatajata). Basé à Huatajata, Maximo Catari propose des visites (en espagnol) d'une journée comprenant l'Isla Suriqui et l'Isla Pariti, avec escale dans une île flottante (400 $B).

Depuis/vers les Islas de Wiñaymarka

Il n'existe pas de transports publics réguliers à destination des îles, mais on peut facilement arranger une traversée en bateau depuis Huatajata. Sinon, de nombreux tour-opérateurs de La Paz, dont Valtours et Crillon Tours (page ci-contre), proposent des circuits.

Isla Kalahuta

Lorsque le niveau est bas, Kalahuta ("maisons de pierre" en aymara) se transforme en péninsule. Ses rives peu profondes sont bordées de *totora* (une sorte de roseau), un matériau de construction polyvalent qui fait la renommée du lac Titicaca. Dans la journée, les pêcheurs parcourent l'anse principale à bord de leurs barques en bois (les embarcations en *totora* ne sont plus utilisées).

À l'époque inca, l'île faisait office de cimetière. Des *chullpas* (tours funéraires en pierre) et des habitations de pierre abandonnées subsistent dans sa partie ouest. En raison de nombreuses légendes promettant un sort funeste à quiconque oserait profaner la nécropole, la population locale refuse depuis longtemps de s'installer au-delà de **Queguaya**, l'unique village.

Isla Pariti

L'archéologue américain Wendell Bennet fut le premier à mener de fouilles, en 1934, sur cette petite île aux pourtours marécageux tapissés de *totora*. Pariti n'a toutefois fait parler d'elle qu'en 2004, lorsqu'une équipe boliviano-finlandaise a mis au jour dans une fosse circulaire des céramiques de Tiwanku, volontairement brisées, qui servaient sans doute d'offrandes rituelles. Aujourd'hui, nombre de ces poteries et *ch'alladores* (vases) sont exposés au **Museo de Pariti** (☎7774-6441 ; Isla Pariti ; 15 $B). L'ensemble témoigne des prouesses des potiers de Tiwanaku. La visite est incontournable, ne serait-ce que pour admirer le *Señor de los patos* (littéralement, l'"homme aux canards").

Isla Suriqui

Les constructeurs de bateaux en *totora* les plus renommés de Bolivie vivaient jadis sur cette île, dont la notoriété dépassait alors celle de l'Isla del Sol. Beaucoup d'embarcations employées pour mener des expéditions en haute mer furent fabriquées par des hommes formés ici. À présent, Suriqui s'illustre surtout dans le tissage.

Cordilleras et Yungas

Dans ce chapitre ➡

Le top des restaurants

- Toto (p. 123)
- Helados El Oso Goloso (p. 137)
- Carla's Garden Pub (p. 123)
- Villa Bonita (p. 122)

Le top des hébergements

- Hostal Sol y Luna (p. 123)
- Altai Oasis (p. 137)
- Country House (p. 129)
- El Encanto Sorata (p. 137)

Pourquoi y aller

Enserrée entre les Andes et l'Amazonie, cette région accidentée offre un condensé d'aventures.

Les amateurs d'altitude profiteront de pics de 6 000 m couronnés de glaciers et de descentes à VTT chargées d'adrénaline. Les amoureux de la nature chercheront les forêts de nuages et les villes à flanc de montagne des Yungas semi-tropicales, Chulumani, Coroico et Sorata, d'où l'on peut randonner jusqu'à des cascades voisines, partir en excursion sur l'eau vers l'Amazonie, faire du VTT ou simplement profiter de la brise dans un refuge de montagne.

Loin des sentiers touristiques, les secteurs de la Quimsa Cruz et de la Cordillera Apolobamba combinent de vastes étendues sauvages, quelques ruines et d'excellentes possibilités d'expéditions. Et partout, vous profiterez d'opportunités de treks sur des sentiers incas préservés, d'une faune abondante, d'un temps chaud parfois rafraîchi par un vent frais et d'une sensation omniprésente de tranquillité bien méritée.

Quand partir

Coroico

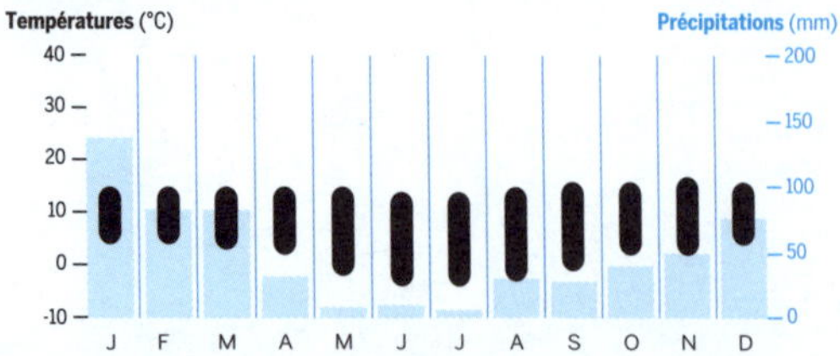

Mai-sept Saison de l'alpinisme : temps sec et bonne visibilité.

Oct-déc De fortes pluies rendent les routes difficiles, parfois impraticables.

Jan-mai Moins cher, moins de monde et rivières plus hautes ; endroits reculés difficiles d'accès.

À ne pas manquer

1 Une descente de près de 3 600 m dans la poussière pour les trompe-la-mort à VTT sur la **route la plus dangereuse du monde** (p. 120).

2 La détente dans un hamac au bord d'une piscine de **Coroico** (p. 117).

3 La réponse à votre désir d'aventure dans les montagnes aux environs de **Sorata** (p. 133), propices à l'alpinisme, à la randonnée et au VTT.

4 Le voyage en bateau (ou en radeau) depuis **Guanay** (p. 131) jusqu'à Rurrenabaque par voie fluviale, via une succession de canyons envahis par la végétation.

5 Une randonnée sur les traces des guérisseurs kallawaya dans la **Cordillera Apolobamba** (p. 139).

6 Une aventure exaltante de plusieurs jours sur le trek d'**El Choro** (p. 124), sur les traces des Incas.

7 L'ascension du **Huayna Potosí** (p. 113), qui dépasse les 6 000 m, avec crampons et piolet.

8 L'exploration à la Indiana Jones du site d'**Iskanwaya** (p. 138), avec ses ruines oubliées d'une culture méconnue.

Histoire

Avec ses montagnes abruptes, ses vallées plongeantes et son terrain accidenté, la région de la Cordillera et des Yungas a connu un développement économique lent. Désert politique jusqu'à la fin des années 2000, elle s'est retrouvée depuis au cœur du débat national du fait de l'intérêt nouveau porté à la production de coca.

Les premiers colons à s'installer dans les Yungas furent des groupes indigènes de l'Altiplano, motivés par les opportunités économiques que la région offrait. Sous l'Empire inca, on découvrit de l'or dans les vallées des Ríos Tipuani et Mapiri. Les Espagnols, à leur arrivée, ne tardèrent pas à prospecter. Pour accroître le trésor royal, ils soumirent la population locale à des travaux forcés. La région devint alors l'une des plus prolifiques sources d'or du continent. Les vallées fertiles alimentèrent plus tard en grain les ouvriers des opérations minières de l'Altiplano. Aujourd'hui, les rivières des basses Yungas sont ravagées par des orpailleurs indépendants et par de grandes compagnies minières.

Coca et cocaïne ont également joué un rôle central dans le développement de l'économie locale. La coca des Yungas est cultivée depuis l'époque précolombienne, et la majeure partie de la récolte légale du pays est aujourd'hui réalisée ici. L'accession au pouvoir d'Evo Morales, ancien producteur de coca, a montré la puissance politique des cultivateurs de la région. Cependant, ils ne sont pas parvenus à parler d'une seule voix, et deux factions principales se sont formées : les Proteccionistas, regroupant les cultivateurs des hauts plateaux, les mieux établis, qui souhaitent défendre l'économie locale, et les Nacionalistas, plus nombreux, composés des cultivateurs récemment installés des régions de moins haute altitude, qui cherchent à étendre l'économie de la coca. Les Proteccionistas soutiennent que la coca est la seule culture viable à de telles altitudes et que la politique du président Morales – qui encourage les utilisations alternatives légales de la coca dans les médicaments, la nourriture et les boissons – menace leur unique source de revenus en autorisant sa culture aux agriculteurs d'autres régions.

En octobre 2003, pendant les derniers jours du gouvernement de Sánchez de Lozada, les Yungas furent le théâtre de barrages routiers et de violents affrontements entre la police, l'armée et les *campesinos* (agriculteurs vivriers) protestant contre la vente des ressources naturelles du pays (notamment le gaz) et les mauvais traitements infligés aux populations indigènes. Plus d'une centaine de touristes se retrouvèrent bloqués dans la ville de Sorata durant les manifestations, qui durèrent plus d'une semaine. Une offensive militaire fut lancée pour les "secourir", ce qui provoqua de violents combats, faisant six morts. Les retombées de ces affrontements et la mauvaise gestion de la situation poussèrent Sánchez de Lozada à démissionner et menèrent à l'élection de Morales.

Comment s'y rendre et circuler

L'accès se fait uniquement par voie terrestre, et pendant la saison des pluies les routes de terre se transforment parfois en bourbier. Peu de transports publics réguliers desservent les départs des treks et les camps de base des alpinistes ; mieux vaut louer un transport privé à partir de La Paz.

Les routes sont étroites et les à-pics, vertigineux ; certains des trajets, comme ceux qui mènent à Chulumani ou à Aucapata, sont particulièrement angoissants. Si vous avez le vertige, demandez un siège côté couloir.

Se déplacer d'une ville à l'autre implique souvent de retourner à La Paz, ou de faire un coûteux trajet en taxi à travers la vallée.

CORDILLERA REAL

La Cordillera Real compte plus de 600 sommets dépassant 5 000 m, pour la plupart relativement accessibles – et dont certains ne sont qu'à quelques heures de route de la capitale. À la différence de leurs homologues himalayens, entreprendre leur ascension n'exige pas de fastidieuses formalités. Quant aux grimpeurs expérimentés, ils auront l'embarras du choix entre les parcours renommés et les ascensions moins connues – en tout cas se frotter aux Andes boliviennes représente toujours une sacrée aventure. La zone permet aussi de faire des treks, des parcours à VTT et des randonnées, qui divertiront les non-alpinistes.

La meilleure saison pour l'alpinisme dans la Cordillera Real s'étend de mai à septembre. Sachez que la plupart des ascensions, techniques, requièrent de l'expérience, les services d'un guide qualifié et un équipement adéquat. Avant de vous lancer, vous devrez être pleinement acclimaté à l'altitude.

Guides et équipements

Une ascension guidée est le meilleur moyen de découvrir ces montagnes. Plusieurs agences de La Paz (p. 58) proposent des forfaits qui incluent le transport, l'hébergement en *refugio*, la location du matériel et un guide. Certaines louent des équipements aux grimpeurs indépendants, mais cette possibilité ne doit être envisagée que par les voyageurs ayant assez d'expérience de l'alpinisme à des altitudes similaires. Les prix commencent à 900-1 400 $B pour l'ascension du Huayna Potosí et sont plus élevés pour des parcours plus techniques – à partir d'environ 3 500 $B pour l'Illimani. Plusieurs agences locales ainsi que des prestataires étrangers spécialisés dans l'alpinisme (p. 367) proposent des forfaits combinant l'ascension de plusieurs sommets de la Cordillera Real. Les possibilités sont multiples et ne dépendent que de vos capacités respiratoires et… financières. Choisissez bien votre agence ; les moins chères sont rarement les meilleures.

Vous pouvez aussi louer vous-même les services de guides de montagne certifiés via l'**Asociación de Guías de Montaña** (www.agmtb.org). Si vous êtes en groupe, mieux vaut partir avec deux guides ; ainsi, l'ascension ne sera pas compromise si l'un des participants souffre du mal des montagnes.

Huayna Potosí

C'est le plus couru des hauts sommets boliviens. Sa majesté, sa facilité d'accès et son altitude, supérieure de 88 m à la barre symbolique des 6 000 m, expliquent sa popularité. Si la plupart des visiteurs se rendent sur le Huayna Potosí pour une ascension, vous pourrez aussi séjourner dans un lodge et faire d'agréables randonnées à pied ou à VTT.

Même si certains essaient de grimper le Huayna Potosí en une journée, ce n'est pas recommandé. Mieux vaut prévoir 2 ou 3 jours (les novices préféreront 3 jours pour s'acclimater correctement et s'adapter aux cordes avant de se lancer sur des sections plus hautes). Les ascensions guidées coûtent entre 900 et 1 400 $B.

Activités

Les agences de La Paz spécialisées dans le VTT (p. 57) emmènent les cyclistes aventureux à Huayna Potosí pour descendre depuis la base de cette majestueuse montagne. L'itinéraire passe par le barrage de Zongo, puis suit un dénivelé de 3 600 m sur 40 km dans les Yungas. Il s'agit d'un cul-de-sac, sans destination sublime à l'arrivée, mais la circulation automobile y est limitée.

Où se loger

Refugio Huayna Potosí REFUGE **$**
(☎7252-8937 ; www.huayna-potosi.com ; Paso Zongo Km 42 ; dort avec petit-déj 210 $B, dîner 50 $B). Refuge confortable et chauffé géré par une agence de La Paz. C'est un lieu accueillant entouré de beaux endroits où marcher, et où l'on peut glaner quantité de conseils : parfait pour l'acclimatation. Réservation indispensable.

Refugio Casa Blanca REFUGE **$**
(Paso Zongo Km 41 ; dort 50 $B, avec dîner/pension complète 80/120 $B). Simple et chaleureux, ce refuge se trouve au bord de la route La Paz-Zongo (des bus vous y déposeront) ; on peut également y camper.

Randonnée de plusieurs jours sur le Huayna Potosí

Un 4x4 de La Paz au Paso Zongo revient à 500 $B environ l'aller simple, jusqu'à 5 passagers. Un taxi coûtera un peu moins cher après négociation – comptez quelque 250 $B l'aller et assurez-vous que le chauffeur connaît le chemin. Des minibus Trans Zongo partent aussi tous les jours de la Plaza Ballivián à El Alto dès qu'ils sont pleins, à partir de 6h (13 $B, 1 heure).

Étant donné la popularité du Huayna Potosí, de nombreux grimpeurs empruntent cette route en saison. Si vous souhaitez simplement faire le trajet, contactez les tour-opérateurs spécialisés ; vous trouverez sans doute un transport en 4x4 le jour qui vous convient et pourrez l'emprunter en participant aux frais.

Itinéraire

Départ Paso Zongo

Arrivée Paso Zongo

Durée 2 à 3 jours

Distance 11 km (jusqu'au sommet)

Difficulté Moyenne

Plusieurs itinéraires mènent au sommet du Huayna Potosí ; nous décrivons celui du pic nord, le plus populaire auprès des visiteurs et des agences. À condition d'être en bonne forme physique, les débutants pourront entreprendre cette ascension avec un guide qualifié et l'équipement adéquat. Sachez

QUELQUES OUTILS POUR LA MONTAGNE

Si vous êtes en difficulté, appelez l'équipe de secours **Socorro Andino Bolivia** (☎7206-1471, 7354-2550 ; www.socorroandinoboliviano.org). Elle assure des secours techniques en montagne et coûte de 100 à 200 $US par jour et par personne en fonction du lieu.

Cordillère royale ; treks et alpinisme en Bolivie (Anne Bialek et Patrick Espel). Guide avec itinéraires pour tous les niveaux, assorti de photos, conseils et récits d'aventure.

Les Andes : guide d'alpinisme (John Biggar, Nevicata, 2007). Descriptions basiques et cartes de la région.

Bolivia. Guía de trekking y ascensiones (David Taurà, 2012). Guide en espagnol des randonnées et escalades en Bolivie.

Andes Handbook (www.andeshandbook.org). Bon site en espagnol et en anglais. À consulter pour avoir des informations sur les itinéraires de plusieurs pics de la Cordillera Real.

Bolivia. A Climbing Guide (Yossi Brain, 1999). Ce guide en anglais fournit une abondance de renseignements sur les ascensions dans la Cordillera Real.

The Andes of Bolivia (Alain Mesili, 2004). Un ouvrage complet sur les sommets boliviens par un guide de haute montagne français. En anglais ou en espagnol.

néanmoins que c'est une rude montée, particulièrement escarpée près du sommet.

Du Refugio Huayana Potosí, traversez le barrage et longez l'aqueduc jusqu'au troisième sentier partant sur la gauche, indiqué par le panneau "Glacier Huayna Potosí". Suivez-le jusqu'à un ruisseau, puis continuez à travers les rochers jusqu'à la crête d'une moraine. Près du bout de la moraine – où vous paierez 20 $B à une petite hutte en roche pour pouvoir grimper –, descendez légèrement sur la droite, puis grimpez les ravines escarpées d'éboulis. Au sommet, tournez vers la gauche et suivez les cairns jusqu'au **glacier Campo Rocas** (5 200 m). Vous y trouverez des refuges (autour de 60 $B/pers) et des emplacements secs où camper. La plupart des ascensions organisées font halte à cet endroit avant de partir à l'assaut du sommet vers 2h du matin.

Le glacier est crevassé, surtout après juillet, aussi faut-il s'encorder pour le traverser. Escaladez les premiers contreforts, puis suivez une longue traverse qui monte progressivement sur la droite, avant de virer à gauche pour grimper jusqu'à un replat entre 5 500 m et 5 700 m, le **Campo Argentino** (autre endroit pour dormir, rarement utilisé). Comptez environ 2 à 3 heures pour parvenir à cet endroit. Campez à droite du sentier mais sachez que plus loin, du même côté, la zone est fortement crevassée, surtout en fin de saison.

Le lendemain matin, levez le camp entre 4h et 6h. Suivez le sentier/tranchée qui part du Campo Argentino et grimpez sur la droite jusqu'à une crête. Tournez à gauche et traversez un terrain plat pour atteindre la **crête du Polonais** (en souvenir du grimpeur polonais qui périt à cet endroit en 1994, dans le cadre d'une ascension en solo), raide et à découvert. Vous traversez ensuite une série de collines glaciaires et de crevasses pour arriver en dessous du sommet. Vous pouvez alors grimper directement la paroi ou contourner la base et rejoindre la crête qui monte par la gauche. Cette dernière offre une vue époustouflante sur la face ouest, un à-pic de 1 000 m. L'un ou l'autre itinéraire mène au sommet en 4 à 6 heures depuis le Campo Argentino.

La descente jusqu'au Campo Argentino se fait en 2 ou 3 heures, puis il faut compter 1 ou 2 heures de plus pour retourner aux *refugios* du Paso Zongo.

Massif de Condoriri

Ce massif regroupe 13 sommets de 5 100 à 5 648 m. Le plus haut, la **Cabeza del Cóndor** ("tête du Condor"), possède des crêtes jumelles, Las Alas ("les Ailes"), de part et d'autre du sommet, et le pic ressemble à un condor déployant ses ailes.

Sa difficile ascension emprunte une crête exposée et ne doit être entreprise que par des grimpeurs expérimentés. Plusieurs autres pics du massif de Condoriri, dont le superbe **Pequeño Alpamayo** (5 370 m), sont accessibles aux débutants accompagnés d'un guide compétent. Pour qui ne grimpe pas jusqu'au sommet, la randonnée jusqu'au glacier se révèle agréable.

Selon la légende locale, le massif serait le dernier refuge du condor le plus grand et le plus féroce des Andes, qui enlève des enfants pour en faire des "hommes-condors" et les renvoyer ensuite semer la terreur et la mort parmi les hommes.

Randonnée de plusieurs jours sur le massif de Condoriri

De La Paz, aucun transport public ne dessert Condoriri. Le trajet en 4x4 jusqu'au point de départ de l'ascension, au barrage de la Laguna Tuni (ou alternativement à Riconda, pour un trajet raccourci d'une heure), revient à environ 550 $B. À défaut, vous pouvez marcher de Milluni au barrage de la Laguna Yuni, soit 24 km sur la route du Paso Zongo. Emportez tout ce dont vous aurez besoin, car vous ne pourrez nulle part acheter des provisions une fois la randonnée commencée.

Après le barrage, une grille ferme la route à la circulation. Certains chauffeurs savent comment la contourner. Si vous souhaitez louer des animaux de bât, vous devrez le faire avant d'atteindre le barrage ; comptez 80 à 100 $B par jour pour une mule, un peu moins pour un lama (qui porte moins). Vous devrez peut-être vous enregistrer dans le Parque Nacional Condoriri.

Itinéraire

Départ Laguna Tuni

Arrivée Laguna Tuni

Durée 2 à 3 jours

Distance 14 km (jusqu'au sommet)

Difficulté Grande

L'ascension commence au niveau de la **Laguna Tuni**. De là, suivez la piste qui contourne le lac par le sud et longez une canalisation qui monte vers le nord. Une fois dans la vallée, vous apercevrez la Cabeza del Cóndor et Las Alas.

Au bout de la route, suivez les sentiers qui grimpent le versant droit de la vallée jusqu'à un grand lac, **Chiar Khota**. Marchez le long de la rive droite du lac jusqu'au **camp de base**, à 3 heures (faciles) de la Laguna Tuni. Il y a des toilettes, et vous pourrez passer la nuit sur place moyennant 20 $B, plus une taxe d'entrée de 30 $B. On y trouve aussi cinq refuges rudimentaires (environ 30 $B/pers).

Quittez le camp vers 3h et suivez le chemin qui monte vers le versant est de la vallée, à travers des rochers, longeant des lacs sur votre gauche. Poursuivez sur le sentier principal, du côté droit de la vallée, jusqu'au **glacier**. Comptez 1 heure 30 de marche depuis le camp de base.

À partir de là, il faut s'encorder et mettre des crampons. Traversez le glacier sur la gauche avant de grimper jusqu'au col (le point le plus bas de la crête), en prenant soin d'éviter les crevasses. Escaladez sur la droite le sommet rocheux du **Tarija** (5 240 m) – qui offre une vue impressionnante sur le Pequeño Alpamayo – avant de descendre 100 m de pente d'éboulis et de rochers pour atteindre un glacier de l'autre côté. De là, suivez l'arête principale, exposée en certains endroits, jusqu'au sommet.

Ancohuma

À la lisière nord de la Cordillera Real, l'Ancohuma, escaladé pour la première fois en 1919, est le point culminant du massif de Sorata. Son ascension reste difficile et doit être entreprise avec un guide, à moins d'être un alpiniste expérimenté.

Randonnée de plusieurs jours sur l'Ancohuma

On accède au sommet par Sorata, où l'on peut prendre un taxi jusqu'à La Mina. D'ici, 1 heure de marche seulement vous sépare du départ du sentier à la Laguna Chillata (4 200 m). Si vous êtes très chargé, vous pouvez louer des mules (120 $B) ou des porteurs (150 $B) pour transporter votre équipement.

Itinéraire

Départ Laguna Chillata

Arrivée Laguna Chillata

Durée 5 jours

Distance 15 km (jusqu'au sommet)

Difficulté Très grande

L'Ancohuma est le plus souvent gravi par l'itinéraire ouest, plus facile d'accès, en utilisant la Laguna Glacial comme camp de base. Marchez de la Laguna Chillata (p. 135) au camp de base de la **Laguna Glacial**. De là, le chemin escalade une moraine, puis gravit le glacier, au-dessus de périlleux champs de crevasses. La plupart des grimpeurs font une halte à 5 400 ou à 5 800 m. Le chemin grimpe ensuite vers la rimaye et franchit un plateau de glace assez plat jusqu'à la pyramide du sommet. Son ascension est plus facile par l'arête nord ; la première partie est assez abrupte et gelée, puis la grimpée devient plus aisée à l'approche du sommet.

L'ascension de l'Ancohuma compte parmi les plus difficiles de Bolivie. Il est important de se renseigner à Sorata (p. 133) et de louer les services d'un guide.

Illimani

Surplombant La Paz, ce géant de 6 438 m a été vaincu pour la première fois à la fin du XIXe siècle par une expédition conduite par le britannique W. M. Conway (1856-1937). Si l'ascension ne pose pas de véritable difficulté technique, l'altitude et la glace sont à prendre sérieusement en considération. Un équipement adapté est indispensable au-dessus de la limite des neiges éternelles ; soyez plus particulièrement prudent sur le tronçon exposé juste au-dessus du Nido de Cóndores, où plusieurs alpinistes ont perdu la vie.

Randonnée de plusieurs jours sur l'Illimani

Pour accéder au premier camp, Puente Roto, le mieux consiste à passer par Pinaya, un trajet de 3 heures en 4x4 de La Paz (environ 850 $B). Sinon, un bus (10 $B) part tous les jours à 5h des alentours du Mercado Rodríguez, à La Paz, pour le village de Quilihuaya, d'où vous devrez monter 3 heures (400 m de dénivelé) pour rejoindre Pinaya. Des bus retournent de Quilihuaya à La Paz plusieurs fois par semaine vers 8h30, mais mieux vaut prévoir des rations supplémentaires en cas de retard ou d'autres imprévus.

On peut également accéder au camp de base via Cohoni. Des bus et des *camiones* (camions à plateau) partent du coin de Calles et de la Calle Boquerón, à La Paz, pour Cohoni (30 $B, 5 heures) en début d'après-midi, du lundi au samedi. En sens inverse, ils quittent Cohoni vers 8h30, et le trajet peut durer entre 5 heures et la journée entière selon l'itinéraire.

Itinéraire

Départ Pinaya

Arrivée Pinaya

Durée 4 jours

Distance 10 km (jusqu'au sommet)

Difficulté Grande

La voie habituelle jusqu'au **Pico Sur**, le plus haut des cinq sommets de l'Illimani, est directe mais très crevassée. Si vous n'avez pas l'expérience technique des glaciers, louez les services d'un guide professionnel.

À Pinaya, il est conseillé de louer les services de porteurs (environ 150 $B) et des mules (environ 120 $B) qui transporteront votre équipement jusqu'à Puente Roto ou au camp d'altitude du Nido de Cóndores. De **Pinaya**, comptez 2 ou 3 heures de marche pour atteindre le premier camp, à **Puente Roto**. On peut aussi passer par **Cohoni** pour rejoindre le camp de base.

La montée jusqu'au **Nido de Cóndores** (5 400 m), une plate-forme rocheuse à côté du glacier, représente une grimpée fatigante de 4 à 6 heures le long d'une crête rocheuse. Il n'y a pas d'eau au Nido de Cóndores, et vous devrez faire fondre de la neige ; prévoyez suffisamment de combustible.

Il faut partir du Nido de Cóndores vers 2h. Suivez le chemin qui grimpe dans la neige, se rétrécit et devient plus escarpé, puis s'aplanit avant de redevenir très raide. Il franchit ensuite une série de crevasses, puis s'élève sur la droite pour déboucher sur un replat. De là, visez la grande brèche sur la ligne d'horizon à gauche du sommet, en faisant attention à éviter les deux grandes crevasses, et traversez une section abrupte, glacée à partir de juillet. Après avoir franchi la brèche, tournez à droite et continuez à monter la crête qui mène au sommet. Les trois derniers mètres de dénivelé obligent à longer cette arête sur 400 m, à plus de 6 400 m d'altitude.

Prévoyez de 6 à 10 heures du Nido de Cóndores au sommet et 3 ou 4 heures pour redescendre au camp.

Si possible, continuez jusqu'à Puente Roto le même jour. Si cette descente de 1 000 m peut sembler épuisante à la fin d'une longue journée, vous vous sentirez mieux le lendemain et récupérerez plus vite à une altitude moindre. Cela vous évitera également de faire fondre de la neige la seconde nuit.

Le quatrième jour, la marche de Puente Roto à Pinaya se fait en environ 2 heures.

Chachacomani

Cette montagne culminant à 6 074 m porte le nom d'une herbe médicinale andine. Son ascension s'effectue généralement en 4 jours. Le premier jour, on rejoint Alto Cruz Pampa en voiture (3 heures) depuis La Paz, puis le camp de base à 4 600 m (3-4 heures de marche). Il est recommandé de louer des chevaux ou des ânes pour le transport du matériel.

Le deuxième jour, on marche (3-4 heures) jusqu'au camp d'altitude situé à côté du **glacier Chachacomani**, à 5 200 m. Sur ce tronçon, les porteurs demandent environ 120 $B par jour pour une charge de 20 kg.

Le troisième jour représente une longue marche de 6 heures jusqu'au sommet qui nécessite cordes et crampons, sans être techniquement difficile. De là-haut, on découvre une vue superbe sur le lac Titicaca et toute la cordillère. Retour de nuit au camp de base. Le quatrième jour, on redescend jusqu'aux véhicules pour regagner La Paz.

YUNGAS

Zone de transition entre les hauts plateaux arides et les plaines tropicales humides, les Yungas se situent à la limite des Andes et du bassin amazonien. Au-dessus des profondeurs étouffantes, couvertes de forêts, se dressent les versants de la Cordillera Real et de la Cordillera Quimsa Cruz, qui font obstacle aux nuages et provoquent des précipitations. La végétation est luxuriante, et les fruits tropicaux, le café, la coca, le cacao et le tabac poussent à foison. Les Yungas comprennent deux provinces du département de La Paz, les Nor et les Sud Yungas (paradoxalement, la majeure partie des Sud Yungas se trouve au nord des Nor Yungas !), ainsi que des parties d'autres provinces. Coroico et Chulumani sont les principales agglomérations. Ici, la plupart des habitants se disent d'ascendance aymara, mais on rencontre aussi une importante population afro-bolivienne. Les visiteurs ont coutume de trouver les habitants d'ici plus chaleureux que dans l'Altiplano.

Coroico et Yolosa

☎2 / 19 330 HABITANTS / ALTITUDE 1 750 M

Avec un temps chaud, un panorama spectaculaire, de bons complexes hôteliers pour tous les budgets et une atmosphère détendue, Coroico est la ville touristique la plus visitée des Yungas. Perchée tel un nid d'aigle sur un épaulement du Cerro Uchumachi, elle offre une vue dégagée sur des gorges tapissées de forêts, des sommets enveloppés de nuages, une mosaïque de parcelles agricoles, des plantations d'agrumes et de café et plusieurs dizaines de villages.

Coroico doit son nom au terme quechua *kori wayku,* qui signifie "colline dorée". Le rythme paisible de la bourgade incite à prendre le temps de paresser dans un hamac, de se baigner ou de lézarder au soleil.

Le village de Yolosa est situé à environ 7 km de Coroico, sur la "route la plus dangereuse du monde". On y trouve quelques établissements sympathiques, un refuge animalier et un afflux constant de cyclistes couverts de poussière qui terminent généralement ici leur périple sur ladite route.

À voir

Senda Verde Wildlife Sanctuary REFUGE ANIMALIER
(www.sendaverde.org ; Yolosa ; 120 $B, visite des ours 20 $B supplémentaires ; 10h-16h). Le refuge animalier de 12 ha de Senda Verde propose un nouveau concept : les êtres humains sont "en cage" tandis que plus de 200 singes circulent en liberté. La mesure est destinée à protéger hommes et animaux (les singes adultes se montrent parfois agressifs, et les humains peuvent transmettre des maladies à leurs lointains cousins). La réserve abrite aussi des toucans, des caïmans, des ours à lunettes, des ocelots et margays, entre autres espèces sauvages. Un agréable restaurant de style buffet se trouve sur place.

Le refuge accueille les animaux sauvés des mains des trafiquants. Sur réservation. Vous pouvez y passer la nuit (p. 122), ou faire une simple visite de 1 heure. On peut effectuer une mission volontaire ici (deux semaines au minimum, 1 575 $B/sem en pension complète). À 500 m au nord de Yolosa (70 $B en taxi ou 15 $B en minibus depuis Coroico).

Activités

El Encuentro BAIGNADE
Réservez une excursion auprès d'une agence de Coroico pour une baignade l'après-midi dans cet endroit "secret", une succession de bassins émeraude au confluent du Río Santa Bárbara et du Rio San Cristobal.

Zzip the Flying Fox AVENTURE
(☎2231-3849 ; www.facebook.com/ziplinebolivia ; Yolosa ; tour 220 $B ; 9h-17h). Trois tyroliennes vous font traverser la canopée près de Yolosa à des vitesses atteignant les 85 km/h. Celle de 1 500 m peut être combinée avec des excursions sur la "route la plus dangereuse du monde". Réservez auprès des agences de La Paz ou de Coroico.

Coroico

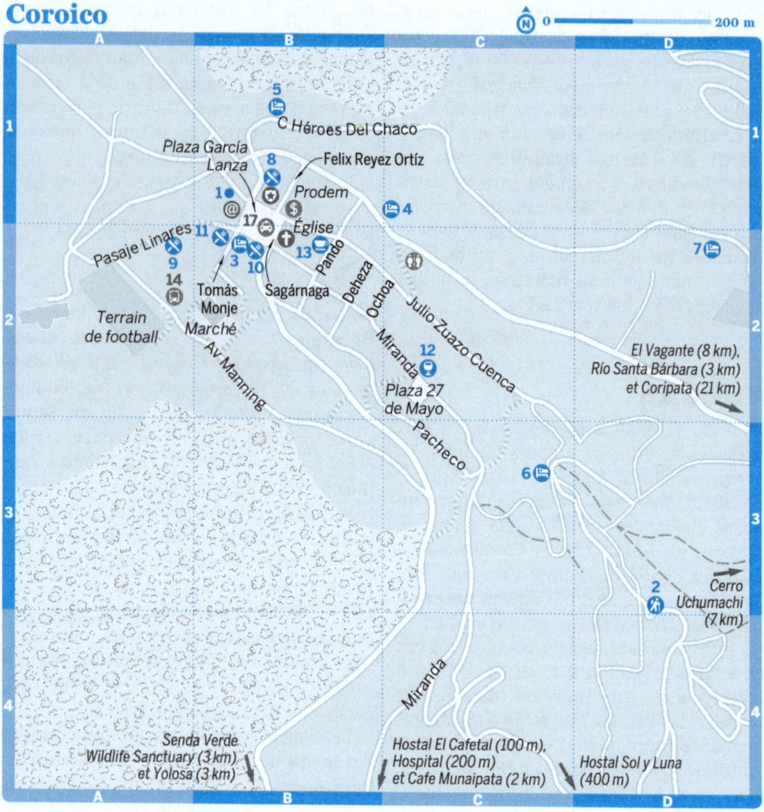

Coroico

Activités et circuits organisés

1 Coroico Travel........................ B1
2 El Calvario........................ D3
Tour del Cafe........................ (voir 14)

Où se loger

3 Hostal Kory........................ B2
4 Hostal Tunqui Eye........................ C1
5 Hotel Bella Vista........................ B1
6 Hotel Esmeralda........................ C3
7 Villa Bonita........................ D2

Où se restaurer

8 Cafe Almendra........................ B1
9 Carla's Garden Pub........................ B1
10 Coroico Star........................ B2
11 Toto........................ B2
Villa Bonita........................ (voir 7)

Où prendre un verre et faire la fête

12 Discoteca Búfalo........................ C2
13 M&M Coffee........................ B2

Transports

14 Terminal des bus........................ A2
15 Turbus Totaí........................ B2

Rafting

Le **Río Coroico**, traverse les Nor Yungas, à 3 heures au nord de Coroico. Rivière la plus appréciée des tour-opérateurs de rafting et la plus facilement accessible de La Paz, elle compte plus de 30 rapides, des bassins écumants, de spectaculaires dénivelés et des passages très techniques (que l'on peut souvent reconnaître de la berge ou de plusieurs ponts). Le parcours fait alterner plans d'eau calmes et rapides de 50 à 900 m, avec des courbes serrées, des remous, des trous profonds, des courants et des rochers.

Les rapides, de classe II à IV, peuvent atteindre la classe V en période de crue (la rivière est alors trop dangereuse pour le rafting). Il existe peu d'endroits pour s'arrêter et se reposer pendant la descente.

On accède à la rivière par la nationale entre Yolosa et Caranavi. Les meilleurs points de départ se situent à 20 minutes en voiture au nord de Yolosa et près de la confluence avec le Río Santa Bárbara, à 50 minutes de route au nord de Yolosa. Repérez les pistes qui descendent de la route vers la rivière et choisissez celle qui offre un accès pratique. Le parcours dure en moyenne de 3 à 5 heures. Pour débarquer, cherchez sur la rive droite un pont en acier délabré (détruit par une inondation en 1998), qui enjambe un ruisseau habituellement tout petit. Ne le manquez pas, car, après le pont, grimper à travers la jungle escarpée jusqu'à la route est pratiquement impossible, et la sortie suivante se trouve très, très loin.

Le **Río Huarinilla** coule du Huayna Potosí et du Tiquimani jusqu'aux Yungas, où il rejoint le Río Coroico près de Yolosa. Chairo, à l'arrivée du trek d'El Choro, offre le meilleur accès. Normalement de classes II et III, les rapides peuvent atteindre les classes IV et V durant la période de crue. La descente d'une journée convient mieux aux kayaks et aux rafts étroits. La nouvelle route des Yungas passe à côté du point de débarquement, au confluent des Ríos Huarinilla et Coroico.

La haute saison touristique coïncide malheureusement avec la saison sèche. Plusieurs agences à La Paz et autour de la place principale de Coroico proposent des sorties de rafting d'une journée pour 250 à 350 $B par personne.

Randonnée

Ici, la marche dans les montagnes relève plus de la promenade que du trek. Les ornithologues amateurs apercevront peut-être le coq de roche péruvien, oiseau emblématique de la région.

Il peut faire extrêmement chaud pendant la marche, aussi emportez beaucoup d'eau. Mieux vaut également prévoir un spray répulsif, porter des manches longues et un pantalon, et se munir d'une lampe frontale. Il est conseillé aux voyageurs seuls – en particulier aux femmes – de se renseigner auprès de leur hôtel sur les conditions de sécurité avant de sortir.

El Calvario — MARCHE

Pour une jolie vue, vous pouvez vous rendre à El Calvario, au terme d'une marche facile de 20 minutes depuis la ville. Les stations d'un **Chemin de croix** mènent à un tertre herbeux et à une chapelle. Possibilité de continuer jusqu'au **Cerro Uchumachi** (aller-retour 5 heures), qui offre une vue époustouflante sur la vallée.

El Vagante — MARCHE, BAIGNADE

Prévoyez la journée pour la randonnée de 7 km jusqu'à El Vagante, un ensemble de bassins de pierre naturels dans le **Río Santa Bárbara**.

Suivez la route de Coroico à Arapata pendant environ 2 heures. Tournez à gauche à la bifurcation et descendez le chemin pentu qui passe par la Comunidad Miraflores. À la fourche suivante, prenez à droite (l'embranchement de gauche mène à Santa Ana). Après 2 heures de marche sur ce chemin, en partie bordé de terrasses précolombiennes, vous arrivez à un pont de béton. Tournez à droite avant le pont et suivez la rivière en aval pendant 20 minutes jusqu'à la série de cascades et de piscines naturelles. Emportez de l'eau en bouteille ou des pastilles pour purifier celle de la rivière (non potable). N'oubliez pas qu'au retour le chemin monte tout du long !

Cerro Uchumachi — RANDONNÉE

Pour une jolie marche, montez en direction de l'Hotel Esmeralda (p. 122), puis El Calvario (20 min). Au calvaire, les stations d'un **chemin de croix** mènent à un tertre herbeux et à une chapelle. Le sentier continue ensuite jusqu'au Cerro Uchumachi qui s'élève au-dessus de la ville et offre une vue époustouflante sur la vallée.

Bien qu'aucun problème n'ait été signalé sur le sentier ces derniers temps, mieux vaut venir avec un guide ou bien en groupe.

VTT

Les agences de La Paz emmènent leurs clients sur la "route la plus dangereuse du monde" (p. 120) jusqu'à Yolosa. A Coroico, Coroico Star (p. 123) loue des vélos pour rejoindre les sites à proximité.

☞ Circuits organisés

Cafe Munaipata — EXCURSION

(☎7627-2664 ; www.facebook.com/cafemunaipata ; Rincon Munaipata ; visites 120-350 $B). Cette plantation de caféiers impeccablement entretenue à 4 km de la plaza de Coroico

À NE PAS MANQUER

À VTT SUR LA ROUTE LA PLUS DANGEREUSE DU MONDE

Jusqu'à l'ouverture d'une route de remplacement en mars 2007, l'ancienne route entre La Paz et Coroico avait été classée comme "route la plus dangereuse du monde" par un rapport de la Banque interaméricaine de développement. Ce titre sinistre n'était pas usurpé : chaque année, 26 véhicules en moyenne plongeaient dans le vide.

Longue de 64 km (avec une descente à pic de 3 600 m), la route gravillonnée est étroite (à peine plus de 3,20 m de large), frôle des à-pics vertigineux et n'est équipée que de quelques barrières de sécurité. Témoins de la fréquence des accidents du passé, des croix jalonnent le parcours.

Ce parcours est aujourd'hui emprunté presque exclusivement par les cyclistes, les véhicules qui les accompagnent et quelques bus touristiques. De nombreuses agences qui organisent la descente à VTT de La Cumbre à Coroico offrent à leurs clients un tee-shirt proclamant qu'ils ont survécu à cette périlleuse aventure.

Paradoxalement, cette route désormais sans circulation automobile ou presque se révèle encore plus dangereuse pour les cyclistes que pour les véhicules motorisés. Certains kamikazes la dévalent en roue libre et d'autres, trop confiants, négligent de compter avec d'autres véhicules. D'autres accidents sont dus au manque d'information et de préparation, ainsi qu'au mauvais état des VTT. Méfiez-vous des faux vélos de marque et des vieilles plaquettes de frein recyclées à l'infini.

Malheureusement, les agences ne sont pas soumises à des règles de sécurité minimales pour cette excursion, et beaucoup d'entre elles laissent vraiment à désirer. À vous de vous montrer vigilant, voire un peu paranoïaque. Ne cherchez pas ici à faire des économies à tout prix. Les guides expérimentés et bien formés, les vélos de qualité, les dispositifs de sécurité et le matériel de secours approprié ont un coût. Réduire les coûts ici peut impliquer des plaquettes de frein défectueuses, des pièces de mauvaise qualité, des guides inexpérimentés et sans formation, un matériel de secours ou de premiers soins inexistant ou insuffisant... La route n'est alors plus seulement dangereuse, elle devient mortelle.

Côté pratique

L'excursion commence vers 7h à La Paz. Votre agence vous récupère à votre hébergement. Vous gagnerez la *cumbre* (sommet) en bus, en environ 45 minutes. Une excursion coûte entre 325 et 850 $B. La plupart des agences proposent un buffet pour le déjeuner à Yolosa, et certaines ont même un arrangement avec des hôtels pour vous donner accès à des douches et une piscine. Pour utiliser l'ancienne route, comptez un supplément de 50 $B. Amenez de la crème solaire, un maillot de bain et une serviette (s'ils n'en fournissent pas), et renseignez-vous sur l'approvisionnement en eau. Le bus vous récupère en début de soirée ; comptez sur un retour à La Paz autour de 21h.

propose des visites qui donnent à voir tout le processus de production du café : cueillette, torréfaction et dégustation. Elle propose également un hébergement sur place (200 $B/pers) et dispose d'un petit café (ne manquez pas le filet de lama et sa sauce au café). Réservez au moins un jour à l'avance.

Pour s'y rendre depuis la ville, il vous en coûtera 20 $B en taxi, ou 5 $B si vous parvenez à arrêter un *micro*.

Tour del Cafe VISITE

(☎6930-3315 ; www.facebook.com/tourdelcafe.coroico ; Pando s/n, M&M Coffee ; visites de 4 heures 165 $B). Mauro, expert local en café, propriétaire de M&M Coffee (p. 123), conduit des visites en espagnol d'une plantation de caféiers au cours desquelles vous découvrirez les différentes variétés, cueillerez des "cerises" et torréfierez votre propre café, que vous pourrez emporter chez vous.

Coroico Travel RANDONNÉE

(☎7190-9831 ; www.facebook.com/CoroicoAdmin ; Guachalla s/n ; ⏲8h30-19h). Agence spécialisée dans les randonnées à la journée au départ de Coroico : plantations de coca, de caféiers, cascades et communautés afro-boliviennes, comme Tocaña. Vend aussi des billets de bus pour Rurrenabaque.

El Vagante Canyoning ACTIVITÉS

(☎7325-7647 ; www.facebook.com/elvagante.99 ; Santa Rosa de Vagante ; circuits de 6 heures 420 $B).

Organise des excursions de canyoning au départ de Coroico à Santa Rosa de Vagante, d'où vous descendrez le Río Vagante. Piquenique inclus. Débutants acceptés.

Où se loger

Coroico dispose des meilleures options d'hébergement des Yungas. De juin à août, les hôtels affichent souvent complet le week-end, et tous les établissements ne tiennent pas forcément compte des réservations. Les week-ends de fête, les prix peuvent doubler.

Dans les alentours du petit village de Yolosa (à environ 7 km de Coroico), plusieurs écolodges méritent le détour.

Hostal Tunqui Eye HÔTEL $
(7520-2028 ; www.facebook.com/tunquieye1 ; Iturralde 4043, Coroico ; ch avec/sans sdb 80/40 $B/pers ;). Une valeur sûre dans la catégorie tout petit budget. La terrasse et certaines chambres au bout des couloirs offrent une belle vue. On apprécie de pouvoir se préparer un repas dans la cuisine extérieure.

Hostal El Cafetal HÔTEL $
(7193-3979 ; Miranda s/n, Coroico ; ch avec/sans sdb 90/55 $B/pers ;). Situé en dehors de la ville, près de l'hôpital, cet hôtel tenu par des Français a beaucoup de potentiel – vue sublime, jolie piscine et vaste jardin. Les chambres avec sdb privative valent bien leur prix, celles qui en sont privées ont des lits mous et ne sont pas parfaitement tenues.

Hostal Sol y Luna RESORT $$
(7156-1626 ; www.solylunabolivia.com ; Apanto Alto, Coroico ; empl tente 50 $B, s 220-275 $B, d 380-440 $B, s/d sans sdb 100/160 $B ;). Aménagé sur une hauteur tapissée de jungle, ce formidable établissement propose un séduisant hébergement rustique en *cabaña* (bungalow), chambre toute simple ou camping (à la saison sèche). La propriété court sur plus de 5 ha et compte deux piscines, ainsi qu'un petit Jacuzzi. S'y ajoutent un centre de yoga (avec cours), des bungalows isolés et des forêts enchanteresses. Accessible à pied du centre (20 minutes de montée) ou

LA CONTROVERSE SUR LA COCA

En Bolivie, la coca est largement réservée à des usages traditionnels comme la mastication des feuilles, la consommation sous forme d'infusion comme un *mate*, et l'emploi lors de cérémonies religieuses. Pour les travailleurs agricoles et les mineurs des hauts plateaux, les alcaloïdes contenus dans les feuilles de coca fourniraient une protection essentielle contre le mal d'altitude et la fatigue. Cependant, elle est aussi utilisée pour produire de la cocaïne.

Après l'expulsion de l'ambassadeur américain à La Paz en septembre 2008, les États-Unis ont inscrit la Bolivie sur leur "liste noire" des pays de la drogue pour le manque de coopération du pays dans la lutte contre le trafic de drogue. En réaction, Evo Morales a suspendu les activités de l'agence antidrogue américaine en Bolivie. Dans la nouvelle Constitution de 2009, il a déclaré que la coca était partie intégrante du patrimoine bolivien et de la culture andine. Et lors d'une réunion des Nations unies en mars 2009, il a annoncé que la Bolivie allait entamer une procédure visant à retirer la feuille de coca de la liste des substances prohibées. En 2013, l'ONU a accepté que soit dépénalisée la mastication de la feuille de coca.

Le président bolivien s'emploie à mettre en place une nouvelle industrie de produits légaux à base de coca, comme des infusions, des médicaments et des cosmétiques, dans l'espoir de faire croître ce marché et d'augmenter les revenus des producteurs de coca. Certains considèrent que c'est un pas en arrière dans la lutte contre la drogue. Mais, avec son credo "la coca oui, la cocaïne non", Morales affirme combattre les drogues illégales. En avril 2009, une nouvelle unité anticorruption a été créée en Bolivie, principalement dans le but de lutter contre le trafic de drogue et les crimes liés.

Dans les premiers temps de la présidence de Morales, la production nationale de coca est passée de 24 500 ha en 2006 à environ 31 000 ha en 2010. En 2017, quand Morales a augmenté le niveau de production légal de 12 000 à 22 000 ha, l'Office des Nations unies contre la drogue et le crime a établi que le niveau total de production de la coca dans le pays avait en fait atteint 23 100 ha. Cependant, on estime à 14 700 ha la superficie suffisante pour répondre à la demande locale pour la mastication et l'infusion. En utilisant de nouveaux processus de raffinement, la Bolivie a pu augmenter sa production de cocaïne, et la richesse générée par le trafic de drogue est visible dans tout le pays.

en taxi (20 $B), l'endroit est parfait pour qui cherche le calme.

De nombreux bungalows disposent d'une cuisine, et un restaurant de premier ordre (page ci-contre) se trouve sur place. Séjour de 2 nuits au minimum si vous réservez par e-mail.

Villa Bonita CABAÑAS **$$**
(7191-8298 ; Héroes del Chaco s/n, Coroico ; cabanes 90 $B). Les trois jolies *cabañas* colorées de Villa Bonita sont situées derrière un café très apprécié du même nom. Les propriétaires proposent également des cours de yoga à prix libre dans un petit espace (mercredi à 9h30 et sur demande) ainsi que des massages (100 $B, 1 heure).

La Senda Verde Resort CABAÑAS **$$**
(www.sendaverde.org ; Yolosa ; ch avec petit-déj 200-260 $B/pers). Un endroit charmant à 500 m au sud de Yolosa, accessible par la route Yolosa-La Paz. Le cadre verdoyant sur les rives de deux rivières est idéal pour se relaxer. Les *cabañas* en duplex et la cabane dans les arbres sont excellentes. Notez qu'il s'agit d'un refuge animalier où les animaux vivent en liberté (p. 117). Visite comprise dans le prix. Les cabanes étaient fermées temporairement lors de nos recherches.

Hotel Esmeralda HÔTEL **$$**
(213-6017 ; Julio Suazo s/n, Coroico ; s/d 360/440 $B, dort/s/d sans sdb 90/160/280 $B ;). Excellent choix pour les fêtards que cet ensemble hôtelier. À flanc de montagne, il offre une vue époustouflante, des jardins superbes et une piscine. Il y a des chambres pour tous les goûts, du dortoir bon marché aux grandes chambres avec balcon et sdb privative. Les chambres avec sdb commune peuvent être un peu sombres. Échange de livres et restaurant sur place.

Hotel Bella Vista HÔTEL **$$**
(213-6059 ; Héroes del Chaco 7, Coroico ; s/d avec sdb 90/180 $B/pers, avec petit-déj 170-250 $B ;). La vue est splendide ; d'abord sur un jardin tropical peuplé d'oiseaux exotiques, et plus loin sur des plantations de caféiers et des orangeraies. Si les propriétaires sont parfois un peu maladroits, on apprécie en revanche les couleurs vives, la fermeté des matelas (chose rare à Coroico), le mobilier en fonte et ... ah oui, la vue !

Hostal Kory HÔTEL **$$**
(7772-1986 ; P. Adalid Linares 3501 ; ch 120-150 $B/pers, sans sdb 80 $B ;). En plein centre-ville, voici l'une des meilleures options bon marché. La grande piscine et les chambres du vaste ensemble de 6 étages offrent une vue magnifique sur la vallée et les sommets de la Cordillera. Les draps ne sont pas neufs, mais ils sont propres. Piscine accessible aux non-résidents pour 25 $B.

El Jiri Ecolodge LODGE **$$$**
(7155-8215 ou 7067-7115 ; www.jiribolivia.com ; Charobamba ; forfait 2 jours et 1 nuit 443 $B/pers ;). Agréable lodge situé près de Charobamba, de l'autre côté de la vallée en venant de Coroico, avec ponts suspendus, piscine et toit de chaume sous lequel sont servis les repas. Outre les promenades dans le Parque Nacional Cotopata, de nombreuses activités sont proposées. Demandez à visiter les ruines d'un ancien village qui abritait une communauté de juifs allemands et autrichiens. Réservez bien à l'avance.

Río Selva Resort RESORT **$$$**
(6700-2501 ; www.rioselva.com.bo ; Pacallo ; forfait 3 jours tout compris pour 2 personnes 335 US$;). À 5 km de l'arrivée du trek d'El Choro à Pacallo, ce havre en bord de rivière accueille les familles et les groupes. L'établissement a vu des jours meilleurs, mais propose des courts de racquetball, un sauna et une piscine, ainsi qu'un choix d'hébergements allant des doubles aux bungalows pouvant accueillir jusqu'à 6 personnes.

Où se restaurer

La place principale de Coroico est bordée de cafés et de pizzerias bon marché ; tous proposent une carte standard, une cuisine correcte et une décontraction typiquement tropicale. Les établissements plus raffinés se trouvent plus loin. Les jours de marché sont le samedi et le dimanche. Le lundi, la plupart des magasins et des restaurants ferment.

Villa Bonita INTERNATIONAL **$**
(7059-2799 ; Road to Hotel Molino Viejo ; plats 12-35 $B ; 8h30-17h30 mer-dim ;). Les propriétaires de ce café à ciel ouvert, situé à 600 m de la ville, servent de délicieuses glaces maison riches en fruits frais, de savoureuses coupes glacées arrosées de liqueurs du coin originales (essayez la *yungueña,* à base d'orange, de fruit de la passion et de citron) et un éventail de plats végétariens.

Cafe Almendra VÉGÉTARIEN **$**
(Guachalla s/n ; plats 10-45 $B ; 10h15-17h15 ven-mar ;). Établissement gentiment hippie à une rue au-dessus de l'Hotel Bella

Vista. Un charmant couple prépare une cuisine et des en-cas sains, notamment de savoureux *sonsos* (galettes de manioc au fromage fondu) et de bons *patacones* (sandwichs où le pain est remplacé par des bananes plantains aplaties et frites). Sont également proposés quelques livres et des confitures à base de fruits de la région.

Coroico Star AMÉRIQUE DU SUD $
(www.facebook.com/coroicostar ; Tomás Monje s/n ; plats 25-30 $B ; 11h-22h ;). À quelques pas de la place principale, ce lieu de rendez-vous des voyageurs vous servira le meilleur *pique a lo macho* (saucisses et frites en sauce) de votre voyage. Les propriétaires organisent également un tour à vélo très apprécié sur le Camino del Muerte. Un bel endroit pour se reposer sur les marches en compagnie d'autres *mochileros* (voyageurs à sac à dos).

Toto ITALIEN $$
(7151-2707 ; Noel Lucero Inda ; plats 40-60 $B ; 18h-23h lun-sam, 12h-16h dim). Les tagliatelles, gnocchis et raviolis maison, sans parler de l'excellente pizza, font le succès de cet établissement. Éclairage tamisé, service chaleureux et musique agréable.

El Cafetal INTERNATIONAL $$
(7193-3979 ; Miranda s/n ; plats 30-60 $B ; 8h30-20h lun et mer-dim). Cet hôtel-restaurant isolé jouit d'une vue inoubliable, à contempler installé sur un siège en rotin devant une table en ardoise en savourant des plats concoctés avec une petite touche française. Crêpes sucrées et salées, soufflés, curries, lasagnes végétariennes et plats du jour comme le goulasch de lama figurent à la carte. Gère aussi le Bon Apetit Cafe dans le centre-ville.

La Senda Verde Restaurant CAFÉ $$
(Yolosa ; buffet du déjeuner 70 $B, sandwichs 25 $B ; 13h30-16h). Le restaurant du refuge animalier (p. 117) propose des sandwichs corrects et de très bons en-cas, comme les *alfajores* (biscuits) infusés à la coca et le café de la maison, produit dans une plantation de caféiers voisine. L'atout, cependant, est son buffet de pâtes à volonté du déjeuner.

Carla's Garden Pub ALLEMAND $$
(Back-Stübe Konditorei ; 7207-5620 ; Pasaje Linares ; plats 20-60 $B ; 13h-22h mer-ven, 12h-22h sam-dim ;). La Néerlandaise Carla a réuni son pub et un restaurant allemand existant pour créer un établissement au pied des escaliers de la place (cherchez le panneau "Open"). On y trouve de savoureux petits-déjeuners, d'appétissants gâteaux et pâtisseries, des pâtes et un *sauerbraten* (bœuf mariné) accompagné de *spätzle* (pâtes allemandes).

Luna Llena INTERNATIONAL $$
(Apanto Alto, Hostal Sol y Luna ; plats 20-40 $B ; 8h-21h ;). Le petit restaurant en plein air de l'Hostal Sol y Luna (p. 121) sert de savoureux plats boliviens et européens, dont certains végétariens, à prix raisonnables. Un peu loin de la ville à pied, l'établissement mérite une excursion d'un après-midi.

Où prendre un verre et faire la fête

M&M Coffee CAFÉ
(www.facebook.com/cielo.recien.tostado.coroico.bolivia ; Pando s/n ; 9h-12h et 14h30-22h lun, 9h-12h et 16h-22h mer-jeu, 8h-13h30 et 15h-22h ven-sam, 8h-16h30 dim). Réchauffez-vous à l'aide d'un mug de café local de qualité (et peu coûteux) dans ce petit établissement situé au deuxième étage, à un pâté de maisons à l'est de la place. On y propose des visites de la plantation de caféiers voisine.

Discoteca Búfalo CLUB
(www.facebook.com/lrfrocc ; Plaza 27 de Mayo ; 20h-3h jeu-sam, 20h-minuit dim). La discothèque la plus en vue de la ville lors de notre passage : lumières stroboscopiques, musique forte, et une clientèle composée autant d'habitants que de voyageurs.

Renseignements

ARGENT

Il y a trois DAB sur la place principale. **Prodem** (Plaza García Lanza ; 12h30-16h mar, 8h30-16h mer-ven, 8h-15h sam) change les dollars à un taux correct et effectue des avances sur les cartes bancaires moyennant 5% de commission.

INTERNET

Únete (Plaza García Lanza ; 3 $B/h ; 9h-13h et 15h-20h lun-ven, 9h-13h sam) offre la connexion Internet la plus fiable de la ville.

LAVERIE

Les hôtels proposent un service de blanchisserie. Le prix est généralement de 20 $B le kilo, bien plus élevé qu'à La Paz.

POLICE

Le **poste de police** (Plaza García Lanza) se situe dans le centre.

SANTÉ

Un **hôpital régional** (☎ 213-6002 ; Miranda s/n ; ⌚ 24h/24) rudimentaire se trouve près de l'Hostal El Cafetal ; mais, pour un problème sérieux, mieux vaut se rendre à La Paz.

ℹ Depuis/vers Coroico

La route La Paz-Coroico remplace la "route la plus dangereuse du monde" pour rejoindre la ville. Cette voie est goudronnée sur toute sa longueur, mais les éboulements ne sont pas rares.

BUS

Les bus et les *micros* en provenance de La Paz arrivent à **la gare routière** (Av. Manning ; pendant les heures de pointe) ou à la Plaza García Lanza. La montée qui rejoint la gare depuis la place est abrupte, mais vous pourrez prendre un taxi (5 $B).

Du quartier de Villa Fátima (p. 80), à La Paz, des bus et des *micros* partent pour Coroico (25 $B, 3 heures 30) au moins toutes les heures, de 7h30 à 20h30, plus souvent le week-end et les jours fériés. Sur le trajet, ils s'arrêtent à Yolosita, un carrefour poussiéreux où l'on peut prendre un bus pour Rurrenabaque (100 $B, 12-13 heures) au nord, et vers l'Amazonie bolivienne.

Pour Chulumani, l'option la plus rapide consiste à rebrousser chemin jusqu'à La Paz. Bien que la bifurcation vers Chulumani se situe à Unduavi, les *micros* arrivent généralement bondés à cet endroit.

Depuis Coroico, des bus vous conduisent à Caranavi (et poursuivent vers d'autres destinations amazoniennes) pour 37 $B, avec des départs toutes les deux heures.

TAXI

Turbus Totaí (☎ 289-5573 ; Plaza García Lanza) propose des taxis confortables jusqu'à La Paz, qui partent lorsqu'ils sont pleins (25 $B, 2 heures).

Trek d'El Choro

Traversant la Cordillera Real et le Parque Nacional Cotapata, le trek d'El Choro est l'un des plus empruntés de Bolivie. Il démarre à La Cumbre (4 725 m), le point culminant de la route La Paz-Coroico, grimpe jusqu'à 4 859 m, puis redescend à 3 250 m dans l'humidité des Yungas et le village de Chairo (d'où beaucoup prennent un taxi pour rallier Coroico).

Durant cet itinéraire de 57 km (à parcourir de préférence pendant la saison sèche, d'avril à septembre), vous remarquerez le changement rapide de climat, de végétation et de faune en quittant l'Altiplano pour plonger dans la forêt. Les bons marcheurs peuvent effectuer le trek en 2 jours de marche exigeante, mais 3 jours autorisent une allure plus paisible.

Soyez prêt à affronter des climats changeants. Il peut faire froid, voire neiger, le premier jour, puis le temps devient rapidement plus clément. En basse altitude, prévoyez un pantalon en coton léger pour vous protéger de la végétation et des insectes. Le pavage inca pouvant se révéler glissant, assurez-vous d'avoir des chaussures à semelle antidérapante et utilisez des bâtons de marche. Partez le plus tôt possible pour profiter de la vue, avant que la brume ne monte des Yungas.

Trek d'El Choro

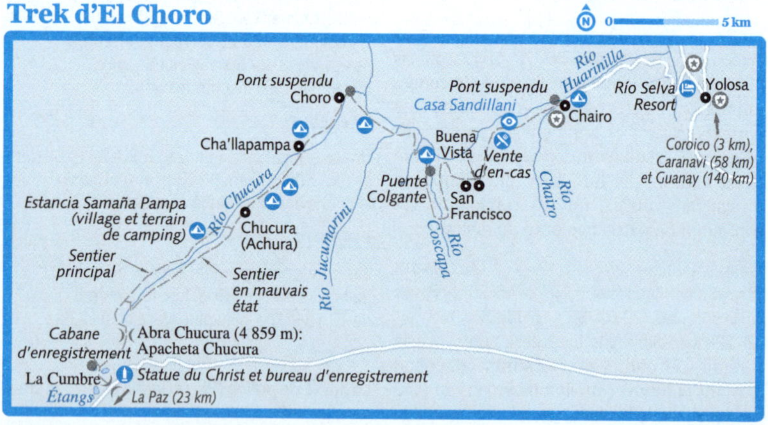

Randonnée sur plusieurs jours

Une fois parvenu au point de départ, le chemin est facile à suivre. De Villa Fátima (p. 80), à La Paz, prenez n'importe quel transport à destination des Yungas et demandez à descendre à **La Cumbre**, signalée par une **statue du Christ**, point de départ du trek.

Après Villa Fátima, la route grimpe fortement vers La Cumbre, et, en moins de 1 heure, on atteint la crête (4 725 m).

Vous pouvez aussi emprunter un taxi qui, en 30 minutes, vous déposera directement au col d'**Abra Chucura** depuis La Cumbre, vous évitant ainsi la première ascension et d'éventuels problèmes dus à l'altitude.

Itinéraire

Départ La Cumbre

Arrivée Chairo

Durée 3 jours

Distance 57 km

Difficulté Moyenne

L'itinéraire démarre à la **statue du Christ**, près du bureau du parc (il faut s'enregistrer). Selon la tradition, c'est aussi l'endroit où l'on célèbre la *cha'lla*, afin de demander la bénédiction des dieux pour le trajet. Autrefois, un sanctuaire aymara se dressait à cet endroit, mais il a été remplacé par cette statue durant l'ère coloniale. En août, des *yatiris* (chamanes aymaras) installent des tentes ici pour offrir la protection des *achachillas* (esprits de la montagne) aux visiteurs de La Paz. Depuis la statue, suivez le chemin bien tracé sur votre gauche pendant 1 km. Bifurquez ensuite sur le petit sentier qui tourne à droite et passe entre deux **plans d'eau** (dont l'un souvent asséché). Grimpez-le jusqu'à ce qu'il tourne à gauche et commence à descendre.

À cet endroit, empruntez la piste qui monte la pente caillouteuse sur votre droite et se dirige vers une entaille dans la colline aride devant vous : il s'agit de l'**Abra Chucura** (4 859 m), d'où le sentier descend tout du long jusqu'à Chairo. En haut de la pente se dresse un empilement de pierres appelé **Apacheta Chucura**. Depuis des siècles, les voyageurs ont marqué leur passage en y ajoutant une pierre (provenant de préférence d'une altitude inférieure) en guise d'offrande aux *apus* (esprits) de la montagne. À 1 heure en contrebas de l'Abra Chucura apparaissent les vestiges d'un **tambo** (auberge) de l'époque inca.

Ensuite, 1 heure de marche mène au hameau d'**Estancia Samaña Pampa**, où l'on trouve une boutique qui vend de l'eau, un terrain de camping herbeux, un refuge et une autre cabane d'enregistrement.

Un peu plus loin, on peut se ravitailler au village de **Chucura** (Achura, 3 600 m), où l'on paie un droit de 10 $B pour l'entretien du sentier. La différence est flagrante. De charmants emplacements de **camping** (10 $B/pers) longent la rivière, à 1 heure de marche du village, mais vous préférerez peut-être continuer sur le beau chemin inca pavé jusqu'à **Cha'llapampa** (2 825 m), un joli village à environ 7 heures de marche du point de départ, avec un terrain de camping couvert, des refuges sommaires et des toilettes. Vous pourrez vous approvisionner en eau dans le ruisseau qui passe sous un pont près du village.

Après deux heures de marche sur de superbes et glissants pavés précolombiens, un **pont suspendu** enjambe le Río Chucura à **Choro** (2 200 m). Le sentier continue à descendre le long de la rive gauche (ouest) du Río Chucura, où l'on trouve quelques petits emplacements de **camping** (10 $B/pers) et une échoppe de boissons et d'en-cas.

De la crête qui surplombe Choro, le chemin plonge et grimpe des versants ensoleillés vers des vallées luxuriantes en traversant ruisseaux et cascades. Il faut passer à gué le **Río Jucumarini**, assez impressionnant durant la saison des pluies. Plus loin, on franchit la gorge du **Río Coscapa** par un *puente colgante* (pont suspendu) relativement robuste (notez que celui-ci et celui du Río Chucura ont été endommagés par les inondations de 2018, mais devraient avoir été remis en état au moment où vous lirez ceci).

Le chemin passe ensuite par de petits hameaux, dont **San Francisco** et **Buena Vista**, séparés par la montée et la descente escarpées de la **Subida del Diablo**. À 5 ou 6 heures de Choro, vous pouvez camper près de l'étonnante **Casa Sandillani** (2 050 m), une maison entourée de superbes jardins japonais où camper.

De la Casa Sandillani, une descente facile de 2 heures 30 conduit à **Chairo**, où l'on peut camper dans un petit pré sans infrastructure, près du pont au-dessus du village.

Ensuite, on peut parcourir à pied 12 km relativement plats en passant par le Río Selva Resort (p. 122) ou prendre un transport de Chairo à **Yolosa** (16 km), puis une correspondance pour **Coroico**, à 7 km. Quelques véhicules privés desservent Yolosa et Coroico presque tous les jours, mais certains pratiquent des tarifs scandaleux : ne payez pas plus de 170 $B – pour une somme inférieure, un taxi viendra vous chercher de Coroico ! Des minibus peu fréquents effectuent aussi le trajet. Vous pouvez également organiser votre transport auprès d'une agence de La Paz avant votre départ.

À La Paz, un nombre croissant d'agences (voir p. 60) proposent le trek d'El Choro. La plupart prévoient les repas, le guide et le matériel de camping ; certaines incluent les porteurs.

Trek de Takesi

Également appelé "chemin de l'Inca", le trek de Takesi est l'un des itinéraires les plus empruntés et les plus impressionnants des Andes. Utilisé autrefois par les premiers Aymaras, les Incas et les Espagnols, il demeure une importante voie d'accès aux Yungas et passe par un col relativement bas dans la Cordillera Real.

Le chemin de 45 km, qui conserve un pavage pré-inca, ressemble plus à une route qu'à un sentier de randonnée. Certains pensent que ce tronçon pavé faisait partie d'une longue route qui reliait la région de La Paz à celle de l'Alto Beni. La marche elle-même est éprouvante et dure 2 jours, mais mieux vaut prévoir plus de temps à cause des transports peu fiables. Il est préférable de vous acclimater quelques jours à La Paz avant votre départ, car le trek commence par une ascension jusqu'à 4 650 m. Près de

Trek de Takesi

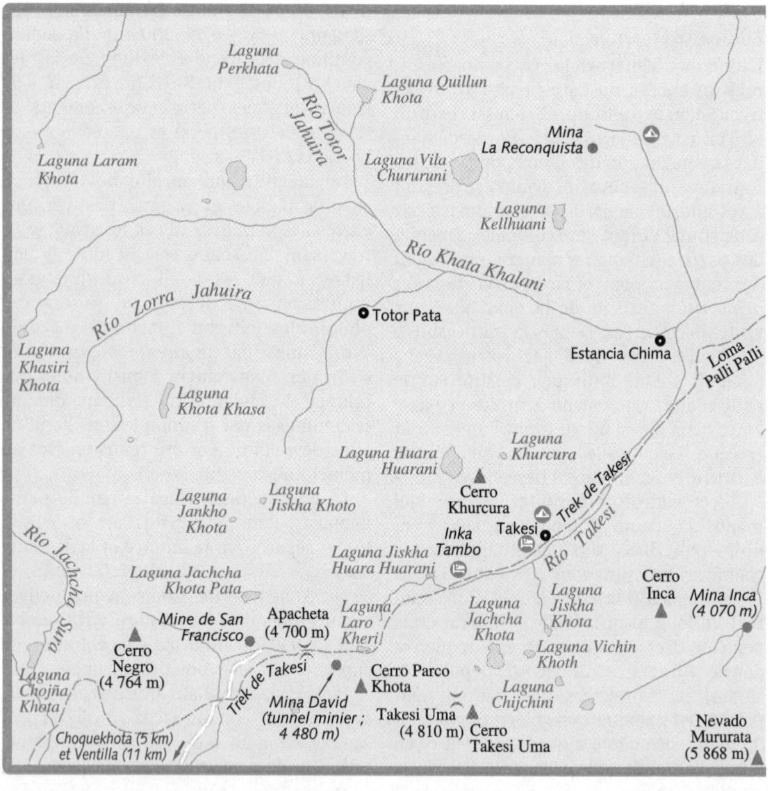

5 000 randonneurs le parcourent chaque année (dont plus de la moitié sont boliviens).

La saison sèche, de mai à octobre, est la meilleure période pour entreprendre ce trek. Durant la saison des pluies, le froid, l'humidité et la boue rendent l'expédition déplaisante. Dans les Yungas, attendez-vous à de la pluie, quelle que soit l'époque. L'intégralité du parcours figure sur la carte topographique au 1/50 000 de l'IGM, *Chojlla 6044-IV*.

Grâce un lodge équipé installé aux deux tiers de l'itinéraire, on peut entreprendre la randonnée avec un sac léger. Si vous le souhaitez, des agences pourront vous procurer guides et mules.

Randonnée sur plusieurs jours

En transport, vous devrez d'abord aller à Ventilla. Les *micros*, dès qu'ils sont pleins, partent de La Paz (12 $B, 3 heures), plus précisément du quartier du marché au-dessus de la Calle Sagárnaga, au coin des Calles

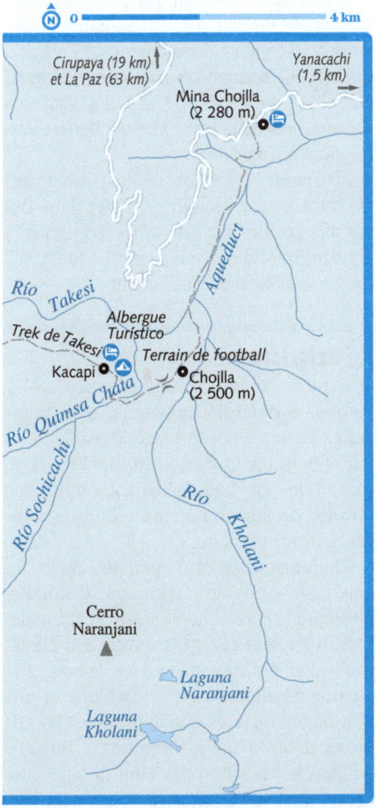

Rodríguez et Luis Lara. Les groupes peuvent aussi louer un taxi (environ 350 $B jusqu'à 4 passagers) pour rejoindre le début du sentier à Choquekhota. Adressez-vous à l'une des agences de voyages de La Paz ou à la **Fundación Pueblo** (☎212-4413 ; www.fundacionpueblo.org ; Plaza Libertad, Yanacachi) pour des conseils.

Peu de transports circulent entre Ventilla et la mine de San Francisco, point de départ du sentier. Il vous faudra probablement prendre un taxi, ou grimper à pied durant 2 ou 3 heures.

Itinéraire

Départ Ventilla

Arrivée Mina Chojlla

Durée 2 jours

Distance 45 km

Difficulté Moyenne

À 150 m après Ventilla, tournez à gauche et suivez la route qui grimpe le long du Río Palca. Après 1 heure à 1 heure 30 de marche, vous arrivez au village de **Choquekhota**. Après 1 ou 2 heures supplémentaires d'ascension, vous arriverez à la route d'accès à la **Mina de San Francisco** ; après la traversée d'un cours d'eau, vous verrez un panneau indiquant le début du sentier. À cet endroit, la route de la mine tourne à gauche, tandis que les randonneurs doivent emprunter le chemin balisé.

Après 1 heure de montée commence l'ascension finale en lacets (30 min) jusqu'au col d'**Apacheta** (Abra Takesi ; 4 700 m), qui suit en partie une magnifique section pavée précolombienne. Au col, vous découvrirez l'*apacheta* (monticule de pierres) et jouirez d'une vue spectaculaire sur le Nevado Mururata (5 868 m) à droite et les vallées encaissées des Yungas dans le lointain. Juste après le col s'ouvre la **galerie de la Mina David**, mine abandonnée dans laquelle mieux vaut ne pas s'aventurer ; le tungstène et l'étain sont exploités dans le secteur.

À partir du col, le chemin commence à descendre abruptement dans la vallée et passe par plusieurs campements miniers désertés et de hauts lacs glaciaires. S'il fait encore jour, faites un détour par la **Laguna Jiskha Huara Huarani**, un autre lac à gauche du sentier, à mi-chemin du col et de Takesi. Ce tronçon comprend de superbes pavages incas. Un peu plus loin, le sentier s'élargit de 6 à 8 m avant d'atteindre l'**Inka Tambo**, doté de 5 chambres. C'est une bonne option pour passer la nuit. Si vous préférez poursuivre, vous arriverez ensuite à **Takesi**, un vieux village de chaume, où vous trouverez un refuge et un emplacement de camping, ainsi que des repas simples à base de pommes de terre et de truite. À partir de là, la végétation des Yungas fait son apparition.

Après Takesi, le chemin (de plus en plus boueux) descend en serpentant jusqu'à un pont sur le **Río Takesi**, longe la rivière tourbillonnante, puis grimpe et s'en éloigne pour la longue traversée de la **Loma Palli Palli**, où un mur précolombien protège des à-pics vertigineux. Peu après un impressionnant *mirador* (belvédère) on arrive au village de **Kacapi**, le centre de l'ancienne *estancia* coloniale qui contrôlait autrefois toute la vallée de Takesi. La plupart des habitations ont été envahies par la végétation, mais on voit encore les ruines d'une chapelle, la **Capilla de las Nieves**. À Kacapi, l'**Albergue Turístico** (dort 25 $B), de 10 lits, et le terrain de camping sont équipés de douches à l'énergie solaire et servent parfois des repas. L'*albergue* peut néanmoins fermer sans prévenir.

Après Kacapi, le sentier plonge vers un pont sur le **Río Quimsa Chata** (régulièrement endommagé à la saison des pluies), puis monte en longeant un terrain de football sur la gauche jusqu'à un col, au hameau de **Chojlla**. De là, il descend pour franchir une dernière fois le Río Takesi sur un pont en béton, qui marque la fin de la voie précolombienne. Ensuite, une marche éprouvante de 1 heure 30 le long d'un **aqueduc** mène au village minier délabré de **Mina Chojlla** (2 280 m), qui compte un hébergement bon marché et des échoppes alimentaires.

De Mina Chojlla, des bus bondés partent tous les jours pour Yanacachi (3 $B, 30 min) et La Paz (12 $B, 3 heures) vers 5h30 et 13h ; achetez le billet dès votre arrivée. Pour éviter de passer la nuit à Mina Chojlla, descendez la route qui passe devant les bureaux de la centrale hydroélectrique jusqu'au village plus plaisant de **Yanacachi** (comptez 1 heure).

Trek de Yunga Cruz

Cet itinéraire peu fréquenté relie le village de Chuñavi à Chulumani, le chef-lieu des Sud Yungas. Classé "monument national" en 1992, il protège des tronçons de sentiers précolombiens et des vestiges archéologiques datant des époques tiwanaku et inca. En ouvrant l'œil, vous aurez l'occasion d'apercevoir des renards des Andes, des condors, et nombre d'oiseaux et de papillons.

Il existe des variantes au trek standard, dont un col sur le versant nord de l'**Illimani** et un itinéraire bien plus spectaculaire par le **Cerro Khala Ciudad**, qui commence après **Lambate**. Certains guides proposent de faire le trek en sens inverse, en partant de **Chulumani**, mais c'est beaucoup plus fatigant. Traversant plusieurs cols à plus de 5 000 m, ce trek est le plus difficile des chemins incas et demande 3 ou 4 jours de marche.

Il n'existe pas de campings le long du trajet, mais on trouve des endroits où s'installer aisément. Pour entreprendre cette marche, vous aurez besoin des cartes topographiques au 1/50 000 *Palca – 6044-I*, *Lambate – 6044-II* et *Chulumani – 6044-III* ou, mieux, des services d'un guide. De nombreuses agences de La Paz organisent ce trek avec guides, cuisinier et animaux de bât. À noter qu'il n'y a pas d'eau disponible le dernier jour, aussi convient-il d'en faire provision préalable.

Mieux vaut louer un 4x4 pour rejoindre le départ du sentier à Lambate. Sinon, vous pouvez aller directement de La Paz à Chuñavi (4 heures) ou Lambate (5 heures) en *micro*, au départ de la Calle Venancio Burgoa, près de la Plaza Líbano. Départ tous les jours à partir de 5h.

Le retour à La Paz depuis Chulumani et Irupana est simple : prenez l'un des nombreux bus ou *camiones* (camions à plateau) quotidiens qui passent à la *tranca* (poste de police) de Chulumani.

Chulumani

☎2 / 2 000 HABITANTS / ALTITUDE 1 700 M

Perchée à flanc de montagne, cette bourgade est dotée d'une place agréable, d'un marché animé et d'une atmosphère tropicale. Elle est bien plus tranquille que Coroico du fait du nombre réduit de voyageurs internationaux.

Chulumani est un paradis pour les amateurs d'oiseaux, dont on dénombre plusieurs espèces endémiques, et de papillons qui volent par nuées. Avec son climat tropical et des vues splendides, la bourgade est une excellente base de trekking et une destination de week-end appréciée. Elle sort de sa douce léthargie durant la semaine qui suit le 24 août, pour fêter la tapageuse **Fiesta de San Bartolomé**.

Histoire

Fondée pour tirer profit des propriétés curatives supposées de plusieurs cours d'eau chargés en minéraux, Chulumani est rapidement devenue un centre de négoce important pour les communautés agricoles des environs (300 d'entre elles y convergent au marché du week-end) grâce aux sols fertiles qui favorisent la culture de la coca, des agrumes, de la banane, du café et du cacao.

Quelques fantômes hantent les lieux : le criminel de guerre nazi Klaus Barbie a vécu après la Seconde Guerre mondiale dans la scierie au-dessus de la ville. José Luis Tejada Sorzano, président de la Bolivie pendant la guerre du Chaco, mort en exil, est un enfant du pays. On dit que son fantôme ainsi que celui de sa maîtresse hantent le Castillo del Loro, un château édifié par des prisonniers de guerre paraguayens.

Où se loger

Hostal Dion HÔTEL **$**
(☎7154-8471 ; Bolívar s/n ; ch avec/sans sdb et avec petit-déj 80/60 $B/pers). À une rue au sud de la Plaza Libertad, cet hébergement central, au cadre accueillant, propose des chambres impeccables, avec TV par câble, douches électriques et carrelage étincelant. Cour arborée en son centre – couvre-feu le soir.

♥ **Country House** HÔTEL **$$**
(☎7528-2212 ; www.facebook.com/Country-House-Chulumani-188288228267979 ; Tolopata 13 ; ch avec petit-déj 150 $B/pers ;). À 10 minutes à pied à l'ouest de la *plaza*, près du terrain de basket, cet accueillant établissement est sans doute la meilleure option de la ville. Les chambres joliment décorées disposent d'une douche avec eau chaude et de cours garnies de plantes. Les petits-déjeuners sont fameux, les oiseaux, présents en abondance et les dîners maison, fabuleux. Javier, l'accueillant propriétaire, peut organiser des excursions dans les environs.

Tarapari Guesthouse & Biodiversity Garden PENSION **$$**
(☎7154-3918 ; www.lapazonfoot.com ; Camino al Cementerio ; ch sans sdb 18 $US/pers). Cette pension en adobe respectueuse de l'environnement, tenue par l'équipe de La Paz on Foot (p. 58), peut accueillir jusqu'à 6 personnes et propose des salles de bains partagées. Tous les bénéfices vont aux initiatives locales en matière d'éducation à l'environnement et à la protection de la biodiversité de Tarapari. Vous trouverez sur place un jardin de papillons, une plantation de caféiers et une petite ferme. Sur le chemin du cimetière.

Où se restaurer

Country House Restaurant INTERNATIONAL **$$**
(☎7528-2212 ; Tolopata 13 ; plats 50 $B ; ⏱9h-22h). La carte, écrite à la main, propose de bons petits plats comme le *fish and chips*, les pizzas et les pâtes, ainsi que des spécialités locales comme la tarte au quinoa. Les tables à l'étage offrent une magnifique vue sur la vallée. Si vous ne logez pas à l'hôtel de l'établissement, n'oubliez pas de réserver.

Renseignements

ARGENT

Chulumani ne compte aucun DAB. Prodem (deux rues à l'ouest de la grand-place, dans Pando) change les dollars US et délivre aussi des avances sur les cartes bancaires (5% de commission).

INTERNET

Le bureau Entel, sur la Plaza Libertad, est l'un des nombreux centres téléphoniques du centre-ville. Les connexions Internet sont aléatoires mais essayez **Rayito Internet** (Sucre s/n ; ⏱11h-21h30).

OFFICE DU TOURISME

L'office du tourisme de Chulumani, installé dans un kiosque sur la place principale, est rarement ouvert. Si vous envisagez d'explorer la région, mieux vaut vous adresser à des propriétaires d'hôtel, comme Javier Sarabia (anglophone), au Country House (ci- contre).

Depuis/vers Chulumani

Depuis la fermeture de l'ancienne route La Paz-Coroico, celle qui relie La Paz à Chulumani et continue jusqu'à Irupana mérite de récupérer le titre de "route la plus dangereuse du monde" (p. 120). Lorsqu'on tient bon nerveusement, elle se révèle superbe, mais on ne l'apprécie pas toujours pleinement quand le bus fait marche arrière dans un virage aveugle et boueux à la recherche d'un coin suffisamment large pour laisser passer les véhicules allant en sens inverse.

La ville est également facilement accessible de Yanacachi, terme du trek de Takesi (p. 126). À Yanacachi, descendez jusqu'à la grand-route et attendez un transport dans le sens de la descente (1 heure 30 jusqu'à Chulumani).

De Villa Fátima (p. 80), à La Paz, plusieurs compagnies desservent Chulumani (30 $B, 4 heures) de 8h à 16h ; les bus partent quand ils sont pleins. À Chulumani, les bus à destination de La Paz stationnent près de la *tranca* (poste de police). En principe, plusieurs bus partent avant 10h et après 16h.

Depuis Coroico, il faut descendre à Unduavi et prendre une correspondance. Attendez-vous à voyager debout ; pour avoir une place assise, vous devrez retourner à La Paz.

On peut également rejoindre Coroico via Coripata : prenez un bus en direction de La Paz et descendez au carrefour situé juste après Puente Villa, au km 93. À cet endroit, attendez un bus ou un *camión* pour Coripata, puis changez pour Coroico. Très long et poussiéreux, ce trajet ne manque pas d'intérêt. Plus pratique, un taxi jusqu'à Coroico vous reviendra à 400 $B (jusqu'à 4 passagers).

Environs de Chulumani

Chulumani se trouve au cœur d'une région de toute beauté, ponctuée de forêts de nuages et de nombreuses exploitations agricoles de coca, de café, de bananes et d'agrumes. Traverser les petites villes de l'époque coloniale à pied, à vélo ou en bus est une expérience mémorable.

Depuis/vers les environs de Chulumani

Des *micros* réguliers relient Chulumani et Irupana (31 km, 15 $B, 1 heure). Depuis La Paz, quelques liaisons directes desservent Irupana. Des *micros* rallient les petits villages depuis Chulumani et Irupana. Les horaires de ces derniers sont cependant aléatoires, et beaucoup d'entre eux n'opèrent que le week-end.

Sauf pendant la saison des pluies (de décembre à février), l'un des moyens les plus confortables de visiter les alentours est de louer un taxi à Chulumani. Comptez de 200 à 300 $B pour un circuit d'une journée, et privilégiez un chauffeur qui connaît bien la région. Javier Sarabia, à la Country House de Chulumani (p. 129), peut vous recommander quelqu'un.

Randonnée sur plusieurs jours d'Irupana à Ocabaya

Un bel itinéraire permet de relier en 4 heures Chulumani et Chirca, où se tient une église dédiée à une Vierge locale très vénérée (guide possible). Pour une marche plus exigeante, essayez, au retour, la randonnée qui part d'Irupana.

Itinéraire

Départ Irupana

Arrivée Ocabaya

Durée 6 heures

Distance 21 km

Difficulté Modérée

Cette randonnée modérément difficile s'enfonce dans deux vallées verdoyantes, offrant des panoramas typiques des Yungas. En chemin, vous explorerez un territoire rural et aurez un aperçu de certaines communautés afro-boliviennes isolées.

Pour commencer, prenez un *micro* à Chulumani pour **Irupana** (15 $B, 1 heure), une jolie ville coloniale paisible fondée au XVIIIe siècle sur l'un des rares terrains plats de la zone. Irupana, lieu de naissance du célèbre astronome et poète Agustín Aspiazu (1826-1897), abrite de nombreux magasins où l'on peut se réapprovisionner et prendre un petit-déjeuner copieux.

Prenez la piste rarement utilisée qui descend jusqu'à la principale localité afro-bolivienne, la poussiéreuse **Chicaloma**, connue pour sa fête annuelle le 27 mai, qu'accompagnent des concerts de *saya* traditionnelle (mélange des styles africain, aymara et espagnol). Au bout d'environ 4 km, vous traversez le **Río Puri**, et 4 autres kilomètres de montée vous séparent alors de Chicaloma.

Commence ensuite une longue marche de 7 km sous le soleil jusqu'au **Río Solacama**, aux rives peuplées d'innombrables papillons : l'endroit est parfait pour une baignade par temps chaud.

Traversez le pont, car la dernière partie (6 km) se trouve sur l'autre rive. En montant, observez la récolte et le séchage des feuilles de coca (sans perdre de vue que, même si une grande partie de la production dans la région est légale, les agriculteurs peuvent se trouver incommodés par les photos ou les questions).

Ocabaya, un ravissant petit village de carte postale, est perché sur la montagne. Il abrite l'une des plus anciennes églises du pays. Devant elle se dressent une cloche et un mémorial à deux martyrs locaux de la lutte pour les droits des *campesinos*. D'ici, il reste 10 km pour regagner Chulumani ; la plupart des randonneurs prennent l'un des nombreux *micros* (5 $B, 20 min).

Notez que l'itinéraire compte beaucoup de dénivelé et de longues portions sans ombre, il est donc nécessaire d'être en bonne condition physique et de disposer d'une quantité suffisante d'eau et de crème solaire. Vous aurez peut-être la chance de trouver des en-cas à Chicaloma, mais ne comptez pas dessus.

Si vous faites la randonnée dans l'autre sens, Irupana est un endroit agréable pour y passer la nuit avant de rentrer à Chulumani, où vous trouverez de nombreux hôtels et des restaurants basiques.

Guanay

2 / 11 530 HABITANTS / ALTITUDE 670 M

Localité isolée, évoquant le Grand Ouest américain en version tropicale, Guanay vaut surtout pour la possibilité d'embarquer sur un bateau pour une traversée panoramique jusqu'à Rurrenabaque. Vous aurez l'occasion de bavarder avec des mineurs et des *barranquilleros* (orpailleurs) ou de participer à un karaoké avec eux.

Où se loger

Hotel Balneario Oasis Guanay HÔTEL $

(ch 140 $B ;). Cet hôtel de 5 chambres, que tout le monde appellait *"la piscina"*, est le seul endroit en ville à disposer d'une piscine. Il est situé à l'ouest du terrain de *fútbol*.

Depuis/vers Guanay

BATEAU

Des bateaux de location emmènent les voyageurs à Rurrenabaque, mais organiser le trajet soi-même coûte cher (4 000 $B pour un bateau de 10 personnes, 12 heures). Plusieurs agences de La Paz proposent un circuit sur plusieurs jours avec camping et excursions dans la jungle à partir d'environ 1 990 $B par personne. Parmi celles-ci : Deep Rainforest (p. 57), Gravity (p. 371) et Banjo Tours (p. 60).

BUS

Les bureaux des compagnies de bus sont installés autour de la place, mais les bus partent d'une rue plus loin, en direction de la rivière. Quatre compagnies proposent des départs quotidiens depuis/vers La Paz via Caranavi et Yolosa (45 $B, 10 heures). Les départs à La Paz se font de l'Av. Las Américas tous les jours à 13h ou 13h30 (10h30 le dimanche). Pour Coroico, descendez à Yolosa et finissez en stop.

Trek d'El Camino del Oro

Pendant près d'un millénaire, cette route inca fut utilisée comme voie marchande entre l'Altiplano et les terrains aurifères de la plaine. Jadis, les vallées de Tipuani et de Mapiri fournissaient la majeure partie de l'or qui ornait Cuzco, la capitale inca. Si la partie supérieure de l'itinéraire a conservé sa beauté, les gisements sont aujourd'hui principalement exploités par des coopératives minières et leurs bulldozers.

Randonnée sur plusieurs jours

Il est possible de commencer la randonnée à Sorata même, mais nombreux sont ceux qui gagnent du temps en se rendant directement à Ancoma. Il vous faudra négocier le prix d'un 4x4 pour rallier Ancoma depuis Sorata, soit au moins 400 $B. Il est probablement tout aussi rentable de louer les services d'un guide à Sorata pour s'occuper des démarches.

Itinéraire

Départ Sorata

Arrivée Llipi

Durée 6 à 7 jours

Distance 100 km

Difficulté Grande

Presque tous les randonneurs suivent le Camino del Oro à partir de Sorata et descendent la vallée jusqu'à Tipuani et Guanay, pour la simple et bonne raison qu'il est majoritairement en pente. Si les montées ne vous effraient pas, faire le trajet en sens inverse permet de garder le meilleur pour la fin. Dans l'un et l'autre cas, mieux vaut prendre un guide.

Trois options s'offrent entre Sorata et Ancoma. Tout d'abord, vous pouvez louer un 4x4 à Sorata et raccourcir le trek de 2 jours. Une deuxième solution, plus éprouvante consiste à emprunter le chemin escarpé qui commence près du cimetière de Sorata, longe le **Río Challasuyo**, traverse le village de **Chillkani** et serpente au pied de l'**Abra Chuchu** (4 658 m). Le troisième itinéraire, plus court et plus pittoresque, suit le chemin qui passe par le village de **Lakathiya** et franchit l'**Abra de Illampu** (4 741 m), puis rejoint la route à 1 heure 30 au-dessus d'**Ancoma**. Les étrangers paient 10 $B par personne pour camper aux alentours d'Ancoma. Vous pouvez aussi demander à être hébergé dans la salle de l'école. Il faut également payer 3 $B pour traverser le pont. Sinon, continuez sur quelques kilomètres jusqu'à **Tushuaia**, où vous trouverez un terrain plat qui se prête très bien au camping et que nous recommandons.

Une fois à **Ancoma**, l'itinéraire est assez direct. Quittez la piste de 4x4 et longez la rive sud du **Río Quillapituni** (qui devient plus loin le **Río Tipuani**). À hauteur

LA COMMUNAUTÉ AFRO-BOLIVIENNE

Les villages des collines de la région de Chulumani abritent une importante population afro-bolivienne. Selon une estimation, quelque 35 000 Boliviens descendraient des esclaves africains amenés par les colonisateurs espagnols pour travailler dans les mines d'argent de Potosí. Un pourcentage effarant succomba à une vie souterraine continue sur des périodes allant jusqu'à quatre mois. Le nombre élevé de décès rendait ces esclaves trois fois plus chers que la main-d'œuvre locale, et les Espagnols les affectèrent par conséquent à des travaux domestiques et agricoles.

La première Constitution bolivienne de Simón Bolívar mit théoriquement fin à l'esclavage, mais les esclaves étaient toujours redevables envers leurs maîtres, et ce ne fut qu'en 1851 qu'on mit réellement un terme à l'esclavage. Après l'abolition de l'esclavage, de nombreux Afro-Boliviens furent installés de force dans la région des Yungas, où ils se retrouvèrent dans un état de quasi-asservissement, en vertu d'un système proche du métayage qui perdura une centaine d'années. Si les Afro-Boliviens ne se sont jamais totalement assimilés à la culture locale – et restent aujourd'hui l'une des communautés les plus marginalisées de Bolivie –, ils ont adopté la langue aymara (et les femmes ont adopté l'habit traditionnel aymara). Les Afro-Boliviens sont reconnus par la nouvelle Constitution bolivienne, mais sont toujours peu représentés au niveau national.

La musique *saya* (où se mêlent les styles africain, aymara et espagnol) et les rites funéraires afro-boliviens rappellent distinctement l'Afrique. Sur le site www.solidarityinsaya.com, découvrez comment les Afro-Boliviens font de leur musique une forme de protestation sociale.

Une danse traditionnelle bolivienne, la *morenada*, s'inspire de l'arrivée d'un train d'esclaves africains dans les mines.

Vous trouverez plus de renseignements sur l'histoire et la culture des Afro-Boliviens sur le site de la **Fundación Activos Culturales Afro** (www.programaacua.org).

d'une vaste clairière appelée **Llallajta**, à 4 heures 30 d'Ancoma, le chemin franchit un pont et suit brièvement la rive nord avant de traverser à nouveau la rivière en direction de Sumata. Un passage inca vers la rive nord a été détruit quand le pont a été emporté par les crues, nécessitant un bref détour au-dessus de la berge sud.

Juste après, on arrive à **Sumata**. On rejoint bientôt **Ocara**, et le chemin grimpe la pente (ne suivez pas la rivière). Après 1 heure 30 de marche, on arrive à **Lambromani**, où les étrangers doivent parfois payer 3 $B par personne pour passer. Vous pouvez camper dans la cour de l'école.

À 1 heure de Lambromani, on parvient à **Wainapata**, où la végétation devient plus luxuriante. À cet endroit, le chemin bifurque (les deux branches se rejoignent à Pampa Quillapituni). Prenez la branche inférieure, celle du haut étant très raide et dangereuse. Non loin, le sentier inférieur traverse un tunnel creusé dans la roche. Une légende populaire l'attribue à la période inca. En réalité, il a été percé à la dynamite au début du XXe siècle – probablement par la compagnie minière Aramayo – pour faciliter l'accès aux gisements aurifères de Tipuani. À **Pampa Quillapituni**, à 30 minutes, vous trouverez un bon site de camping.

Environ 4 heures après le passage du pont tournant du **Río Coocó**, vous atteindrez le village de **Mina Yuna**, où vous pourrez acheter des produits de base et camper sur le terrain de football.

À 1 heure en contrebas, **Chusi** se situe à 4 heures de la route. Vous ne pourrez pas camper, mais il est possible de loger à l'école. **Puente Nairapi**, sur le Río Grande de Yavia, est un endroit propice à la baignade.

Lorsque l'on atteint la route, le cadre devient de plus en plus déprimant, en raison de l'activité minière. Pour avoir un dernier aperçu d'une nature relativement préservée, suivez le raccourci qui commence par un **escalier inca** escarpé et serpente vers **Baja Llipi** et le **Puente de Tora**, un pont à péage (2 $B) sur le **Río Santa Ana**.

Après avoir franchi le pont, grimpez la colline et attendez une *camioneta* (camion à plateau) ou un 4x4 pour **Tipuani** ou **Guanay**. Le trajet en *camioneta* entre le pont du Río Santa Ana et **Unutuluni** revient à 5 $B par personne, et il faut 15 $B de plus pour continuer jusqu'à Tipuani ou à Guanay.

Vous pourrez acheter des produits de base à Ancoma, Wainapata, Mina Yuna, Chusi et Llipi, ainsi que dans les villages situés plus bas le long de la route. Des hébergements spartiates existent à Unutuluni, à Chima (rudimentaire et déconseillé), à Tipuani et à Guanay, tous en bord de route.

Sorata

2 / 23 020 HABITANTS / ALTITUDE 2 670 M

Délaissée au début des années 2000 en raison de l'agitation sociale qui y régnait, Sorata a quelque chose d'un joyau caché des Yungas. Certes dépourvue de tous les atours de sa rivale de toujours, Coroico, cette ville semi-tropicale posée au-dessus d'une vallée agricole verdoyante jouit cependant d'un temps clément et permet d'accéder à quelques-uns des meilleurs treks de Bolivie et à des itinéraires à VTT. Il y règne une ambiance décontractée assez envoûtante.

À l'époque coloniale, Sorata (de l'aymara *shuru-ata*, "pic brillant") donnait accès aux mines d'or et aux plantations d'hévéas de l'Alto Beni, ainsi qu'au bassin amazonien. Aujourd'hui, les mines sont la principale source d'emploi dans la région. Mais cela vaut vraiment la peine de louer les services d'un guide à La Paz – ou, mieux encore, à Sorata même (p. 133) – pour découvrir ce trésor sous-estimé de la montagne.

Histoire

En 1791, Sorata fut assiégée par le dirigeant indigène Andrés Túpac Amaru et ses 16 000 soldats ; ils construisirent des digues au-dessus de la cité et, lorsque les bassins de retenue furent remplis par les eaux de ruissellement de l'Illampu, ils ouvrirent les vannes, et la ville fut balayée.

LE LENT VOYAGE EN BATEAU POUR RURRENABAQUE

Le transport fluvial était autrefois le seul lien entre les communautés amazoniennes reculées et le reste du pays. Cependant, avec l'avènement d'un nouveau réseau routier au cours de la dernière décennie, le transport fluvial a été abandonné ou laissé aux compagnies minières. L'itinéraire reliant Guanay à Rurrenabaque fait cependant exception.

Cette voie fluviale est fréquentée par plusieurs tour-opérateurs basés à La Paz. Ils la présentent comme une alternative bien plus pittoresque au trajet en bus de 15 heures ou à celui en avion (45 minutes) pour Rurrenabaque.

La plupart des agences proposent des voyages de 2 à 5 jours, au départ de Guanay le long du Río Kaka jusqu'au **Paso Retamas** et ses bassins naturels. À **Mayaya**, la dernière ville avant la longue et pénible traversée en direction de Rurrenabaque, vous vous arrêtez pour un ravitaillement avant de prendre au nord en dépassant une succession de mines d'or jusqu'à la jonction avec le Río Alto Beni. Les deux fleuves se rejoignent pour former le Río Beni, juste avant le magnifique **Cañón del Beu**.

Là, vous accéderez aux étendues sauvages du **Parque Nacional Madidi** à votre gauche et à **La Reserva de Biósfera Pilón Lajas** à votre droite. Après les immenses falaises du **Cañón del Chepete**, le fleuve s'élargit et le paysage perd de son relief. L'endroit est particulièrement adapté à l'observation des oiseaux et aux marches dans la jungle. Ensuite, en aval, le cours d'eau, dont les rives sont peuplées par les communautés indigènes, s'anime, et vous commencerez à apercevoir des petits bateaux de pêche et des enfants s'éclaboussant sur les berges sablonneuses.

Peu après l'embranchement pour le Río Tuichi, qui abrite la plupart des projets touristiques de la communauté de Madidi, le Río Beni s'insère dans l'étroit **Cañón del Bala**. Le bateau dépose ensuite les voyageurs au village touristique de Rurrenabaque.

La plupart des circuits comprennent du camping sur une plage du fleuve, des séances de pêche et des treks dans le Parque Nacional Madidi. Mieux vaut ne pas ête trop regardant sur le confort : vous ne verrez ni toilettes, ni douche ou réseau téléphonique pendant tout le voyage. Ce que vous verrez en revanche, par nuées, ce sont des moustiques affamés. Munissez-vous de crème solaire, d'antimoustique et d'une lampe de poche. N'oubliez pas de consulter les dernières informations avant d'embarquer. Le gouvernement bolivien a en projet la construction d'un barrage géant sur le Río Beni (au niveau du Cañón del Chepete et du Cañón del Bala) qui pourrait rendre cette voie impraticable dans les années à venir.

Sorata

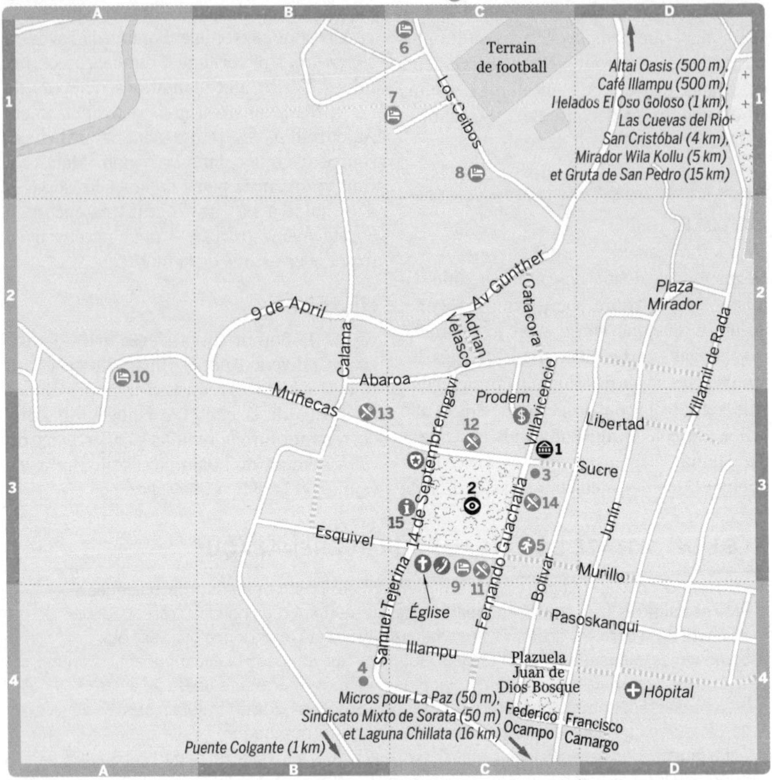

À voir

Sorata compte peu de bâtiments remarquables. Elle tire son charme de son ambiance coloniale et d'un dédale d'escaliers escarpés et de ruelles pavées. Autour de la ville, cependant, les opportunités d'aventures sont infinies.

Gruta de San Pedro GROTTE
(10 $B ; 9h-17h). La grotte de San Pedro, appelée Chussek Uta ("la maison des chouettes") en aymara, fait 500 m de profondeur environ et renferme un petit lac que l'on peut traverser à pédalo (5 $B/pers). C'est une excursion prisée. Des guides, équipés des lampes nécessaires, vous aideront à trouver votre chemin. Le PCMB, programme bolivien de conservation des chauves-souris, a recensé dans ces lieux obscurs trois espèces de chauves-souris qui se nourrissent de nectar et d'insectes.

Une belle randonnée de 15 km le long d'une piste mène à la grotte (2 heures dans chaque sens). Les taxis effectuent l'aller-retour pour environ 30 $B, attente comprise. La communauté locale a également construit deux *albergues* simples pour passer la nuit sur place. Il y a en tout 4 chambres, avec un lit simple dans chacune (30 $B/pers).

Mirador Wila Kollu POINT DE VUE
(Camino a Laripata). Ce vertigineux poste d'observation à 3 035 m au-dessus de Sorata est, quasi littéralement, à couper le souffle. Pour l'atteindre, montez la route de Laripata à pied (ou en taxi, 80 $B). Juste avant cette localité, vous verrez sur la gauche un petit sentier qui mène à une plate-forme sécurisée.

Las Cuevas del Rio San Cristobal GROTTE
Une rapide boucle de 3 km sur la route après Altai Oasis vous fera découvrir ces petites grottes en bord de rivière où les fermiers avaient l'habitude de dormir avant de se rendre au marché de Sorata. Elles ne sont pas si impressionnantes en soi, mais 100 m plus loin, vous atteindrez un point de vue

Sorata

À voir

1 Casa Günther C3
2 Plaza General Enrique Peñaranda C3

Activités, cours et circuits organisés

3 Asociación de Guías y Porteadores de Sorata C3
4 Sorata Travel B4
5 Sorata Xtreme Bike C3

Où se loger

6 El Encanto Sorata C1
7 Hostal Las Piedras C1
8 Hostal Santa Lucia C1
9 Hotel Panchita C3
10 Reggae House A2
Residencial Sorata .... (voir 1)

Où se restaurer

11 La Casa del Turista C3
12 La Casona C3
13 Mercado B3
14 Restaurant Jalisco C3

Renseignements

15 Office du tourisme C3

qui donne sur un magnifique canyon. Si vous venez le matin, vous apercevrez les perroquets qui survolent la vallée en criant.

Le balisage du chemin laisse à désirer, mais si vous restez sur la gauche pour suivre la rivière, vous devriez pouvoir trouver votre chemin.

Puente Colgante PONT

(Camino del Río). Une belle marche en contrebas de la ville sur le Camino del Río mène à un pont suspendu sur le Río San Cristobal, offrant une magnifique vue sur la vallée.

Plaza General Enrique Peñaranda PLACE

La grand-place de Sorata est la vitrine de la ville. Agrémentée de hauts dattiers et de jardins soignés, elle jouit d'une vue splendide sur les *nevados* (pics enneigés).

Casa Günther BÂTIMENT HISTORIQUE

(Plaza). Cette demeure ancienne pleine de coins et de recoins, qui abrite aujourd'hui le Residencial Sorata, vaut le coup d'œil. Construite en 1895 au nord-est de la place par la famille Richter, des marchands de quinine, elle fut rachetée par la suite par les Günther, exploitants de caoutchouc jusqu'en 1955. Peaux de python aux murs et impacts de balles dans les portes !

Activités

Randonnée et trekking

Sorata constitue une base pratique pour les randonneurs et les alpinistes qui viennent découvrir les superbes paysages de montagne alentour. La haute saison de randonnée s'étend de mai à septembre.

Les plus sportifs entreprendront le trek d'El Camino del Oro (p. 131), une ancienne voie commerciale entre l'Altiplano et les gisements aurifères du Río Tipuani, qui se parcourt en 7 jours. On peut aussi opter pour l'exigeant **circuit de Illampu**, même si, ces dernières années, de nombreux vols y ont été signalés. Il est conseillé de partir avec un guide capable de négocier, au moyen de dons en espèces, un voyage en sécurité.

Les marcheurs de l'extrême choisiront le **trek de la Trans Cordillera** de 20 jours : 8 jours de Sorata au Lago Sistaña, avec des prolongations possibles de 4 jours jusqu'au Huayna Potosí et de 8 jours jusqu'à l'Illimani.

Les randonneurs emporteront la carte au 1/50 000 *Alpenvereinskarte Cordillera Real Nord* (Illampu), disponible en ligne.

S'il est possible d'effectuer une randonnée en indépendant, mieux vaut engager un guide (p. 113) pour connaître les passages praticables et les éventuelles tensions locales. La solution la moins coûteuse consiste à louer les services d'un guide indépendant, parlant espagnol, auprès de l'Asociación de Guías de Sorata (p. 136).

Laguna Chillata RANDONNÉE

La randonnée menant à la Laguna Chillata, au départ de Sorata, est très appréciée. C'est un bel endroit avec des vues splendides sur la sierra environnante et le lac Titicaca. L'ancien sentier est maintenant principalement une route, vous pouvez donc prendre un taxi jusqu'à La Mina et monter à pied (1 heure de marche) jusqu'au lagon. À droite de celui-ci se trouvent les ruines d'un petit village inca en pierres. Mieux vaut partir avec un guide, car on se perd facilement.

Une montée raide le jour suivant amène jusqu'à la **Laguna Glaciar**, un site magnifique à 5 100 m où l'on voit des pans de glacier s'effondrer dans l'eau. Prenez votre temps, car l'altitude peut rendre la grimpée éprouvante.

Vous pouvez passer la nuit sur place, et laisser votre matériel et votre tente à la Laguna Chillata. Si vous avez un guide, il demandera à quelqu'un de les surveiller ; sinon, ne comptez pas les retrouver.

VTT

Avec ses descentes vertigineuses et ses paysages spectaculaires, la région de Sorata est une destination idéale pour les cyclistes. La **course à VTT Jach'a Avalancha** (Grande Avalanche) a lieu tous les ans à Sorata, généralement en octobre. C'est la plus grande course de descente d'Amérique du Sud, inspirée de la Mégavalanche. Les participants, venus du monde entier, partent en ligne pour dévaler un dénivelé de 2 000 m.

La descente jusqu'en ville depuis les montagnes au-dessus du lac Titicaca est l'un des meilleurs trajets à réaliser à VTT. Depuis La Paz, prenez un bus à destination de Sorata, jusqu'au col situé au nord d'Achacachi, puis choisissez entre la route principale ou tout autre itinéraire descendant par des routes de terre. La plupart des chemins finissent par arriver à Sorata – ou à proximité (mais mieux vaut emporter une carte). Pendant toute la descente, vous profiterez d'une superbe vue sur les sommets enneigés, les vallées plongeantes et les petits villages ruraux. Les agences Gravity, basée à La Paz (p. 57) et Sorata Xtreme, locale, proposent des sorties avec guide.

Sorata Xtreme Bike VTT

(☎7151-7682 ; infosorata@gmail.com ; Plaza ; ⏲9h-12h et 14h-18h). Organise des excursions à VTT, à la journée, à la Gruta de San Pedro, et de l'Altiplano à Sorata sur la piste de Loma-Loma. Propose aussi des voyages à pied et à vélo jusqu'à Iskanwaya. Passez au bureau pour de très bonnes cartes de la zone.

Circuits organisés

Sorata Travel EXCURSIONS

(☎7195-8809 ; angle Calle 14 de Septiembre et Calle Samuel Tejerina ; ⏲14h-19h30). Une nouvelle agence offrant des excursions à la journée et à la demi-journée à la Laguna Chillata, au Mirador Wila Kollu, à la Gruta de San Pedro et à d'autres sites des environs. Elle offre aussi des voyages sur plusieurs jours jusqu'à Aucapata et les ruines d'Iskanwaya, ainsi que des randonnées sur le Camino del Oro.

Gravity Assisted Mountain Biking VTT

(☎7721-9634 ; www.gravitybolivia.com ; Linares 940, La Paz ; ⏲10h30-16h lun-ven, 10h-15h sam, 14h-18h dim). Ce prestataire implanté à La Paz est idéal pour des sorties sur des *single tracks* dans les environs de Sorata. L'excellent circuit de 6 jours entre La Paz et Rurrenabaque comprend une nuit à Sorata.

Asociación de Guías y Porteadores de Sorata CIRCUITS

(Association des guides et porteurs de Sorata ; ☎213-6698 ; guiasorata.com ; Plaza). Propose les services de guides, loue du matériel (qualité variable) et organise toute une gamme de treks. La batterie de cuisine est comprise dans le prix, mais la nourriture est en supplément. Vous devrez également prendre en charge les repas de votre guide. Les bénéfices de l'association sont versés aux employés et dans des projets locaux. Malheureusement, les horaires sont extrêmement variables et le bureau ouvre quand quelqu'un veut bien se donner la peine de le tenir. Envoyez un e-mail au préalable.

Où se loger

Hostal Las Piedras HÔTEL $

(☎7191-6341 ; soratalaspiedras@yahoo.com ; Villa Elisa Calle 2 s/n ; s/d/tr 120/160/195 $B, s/d avec/sans sdb 70/110 $B). Établissement avec draps propres, cuisine commune, agréable espace commun et magnifique vue depuis la plupart des chambres. Petit-déjeuner en option (30-46 $B).

Residencial Sorata HÔTEL $

(Casa Günther ; ☎213-6672 ; Plaza ; ch avec/sans sdb 60/35 $B/pers). Cette demeure de caractère au style colonial est un endroit romantique. Les chambres à l'ancienne sont un régal pour les yeux, mais votre dos appréciera davantage les nouvelles (avec sdb). Vous trouverez sur place un service de blanchisserie, un jardin sauvage et un accueil chaleureux. C'est le bon endroit pour se renseigner sur les randonnées de la région.

Hostal Santa Lucia HÔTEL $

(☎7151-3812 ; Los Ceibos s/n ; ch avec/sans sdb 65/55 $B/pers). Situé près du terrain de football, c'est l'un des hôtels pour petit budget les plus propres de la ville. L'établissement jaune vif est fort de bons matelas (pour Sorata), de draps frais et d'équipements communs ordonnés. Le vénérable propriétaire, Seracín, se montre chaleureux.

Hotel Panchita HÔTEL $

(☎7192-0879 ; Plaza ; ch avec/sans sdb 80/35 $B/pers). Aménagé autour d'un patio clair et ensoleillé du côté sud de la place, cet hôtel propose des chambres exiguës (et parfois

RANDONNER EN SÉCURITÉ PRÈS DE SORATA

Il est encore parfois un peu risqué de s'aventurer seul dans la région.

- Dans cette région et dans la Cordillera Apolobamba, il est recommandé de se déplacer en groupe accompagné d'un guide.
- Renseignez-vous au préalable sur les conditions de sécurité.
- Pour soutenir les habitants et échanger avec eux, faites appel à un guide appartenant à l'association locale des guides et porteurs (Asociación de Guías y Porteadores de Sorata ; p. 136).

assez sombres). Les gérants sont sympathiques, l'eau chaude fonctionne, il y a de bons matelas, et on est directement sur la place (pas besoin de grimper !). Au-dessus de La Casa del Turista.

Casa Reggae HÔTEL $
(☎7323-8327 ; Muñecas s/n ; ch 25-30 $B/pers). Lieu informel, la Casa Reggae porte bien son nom. Les rastas adoreront la superbe terrasse pour les bœufs de guitare et les cercles de percussion, mais les petites chambres moisies avec lits simples aux murs couverts de graffitis laissent à désirer. L'endroit est globalement assez sale.

El Encanto Sorata HÔTEL $$
(☎7709-2511 ; Villa Elisa Calle 2 s/n ; ch 112 $B/pers). Ce bâtiment en brique après le terrain de football propose les chambres les plus propres, élégantes et lumineuses de la ville, et toutes disposent de salles de bains privées et d'une vue sur la vallée. Le jardin fleuri en contrebas en fait une paisible oasis.

Altai Oasis LODGE $$
(☎7151-9856 ; www.altaioasis.com ; Camino a la Gruta, Zona Quincirka ; empl tente 30 $B, bungalow 750-900 $B, s/d 300/500 $B, dort/s/d sans sdb 100/125/290 $B ;). Avec son jardin luxuriant, ses hamacs et son joli café en surplomb, l'endroit ressemble de fait à une oasis. Situé en bordure de rivière, il propose des emplacements de camping herbeux, des chambres confortables et des *cabañas* rustiques très romantiques, joliment peintes. Le propriétaire, anglophone, vous offrira de très bons tuyaux sur la région.

Pour vous rendre sur place, suivez le chemin qui passe devant le terrain de foot jusqu'à la rivière, remontez jusqu'à la route et tournez à gauche avant le Cafe Illampu.

Où se restaurer

Helados El Oso Goloso GLACIER $
(☎7371-5626 ; Camino a la Gruta ; 1 boule 5 $B ; 9h-19h). Régalez-vous des délicieuses glaces artisanales de cette *heladería* (glacier) excentrique en plein air, sur la route de la Gruta de San Pedro (p. 134). Goûtez les arômes locaux comme *chirimoya* (chérimole, un fruit local), *chilto* (fruit du tamarillo) ou *karicari* (baies sauvages). Sont également servis des plats traditionnels boliviens et des jus de fruits frais.

Cafe Illampu CAFÉ $
(Camino a la Gruta, Zona Quincirka ; sandwichs 28 $B ; 9h-18h ven-dim, fermé jan et fév). Ce petit café en plein air avec son incroyable tour branlante sert des sandwichs (pain maison), des gâteaux et des expressos. Il dispose d'une grande bibliothèque de livres et de jeux de société, et d'un terrain herbeux pour camper (18 $B par personne).

La Casona BOLIVIEN $
(Plaza ; almuerzo 10-15 $B ; 8h-21h30 lun-ven, 7h15-22h sam-dim). Pour une formule déjeuner à très bon prix et un excellent service, faites comme les habitants et rendez-vous sur la *plaza*, dans ce restaurant à l'ancienne.

Mercado MARCHÉ $
(Muñecas s/n ; plats 5-20 $B ; 6h-20h). Rendez-vous au marché pour acheter de quoi faire un pique-nique. On y trouve aussi des stands de nourriture à emporter (du poulet frit principalement).

Restaurant Jalisco MEXICAIN $
(Plaza; plats 30-50 $B ; 8h-22h ;). Du côté est de la place, Jalisco propose une belle carte de pizzas, de pâtes, de plats boliviens, et s'essaie honorablement aux spécialités mexicaines (tacos et *burritos*). Également quelques options végétariennes.

La Casa del Turista INTERNATIONAL $$
(Plaza ; plats 25-35 $B ; 8h-22h). Cet accueillant restaurant, parmi les plus propres de la ville, sert la meilleure pizza de la place, des pâtes et des tacos, ainsi que quelques spécialités boliviennes comme le *pique macho*

(amoncellement de riz, bœuf, saucisse, frites, œufs durs, tomates et oignons !).

Altai Oasis INTERNATIONAL $$$
(www.altaioasis.com ; Camino a la Gruta, Zona Quincirka ; plats 50-150 $B ; 8h-19h30 mar-sam, 8h-14h dim ;). Le paisible restaurant en terrasse de ce charmant hôtel, à 20 minutes à pied de la ville, sert du café, des boissons et un choix de plats végétariens. Il propose des T-bone steaks et des spécialités d'Europe de l'Est, comme le bortsch et un savoureux goulasch. L'endroit est idéal pour prendre un verre, en profitant de la vallée et du tintement des carillons.

Renseignements

ARGENT

Prodem (Villaricencio s/n ; 12h30-16h lun, 8h30-16h mar-ven, 8h-15h sam) change les dollars US, délivre des avances sur les cartes bancaires (5 % de commission) et offre un service Western Union. Pas de DAB. Assurez-vous d'amener tout l'argent dont vous pourriez avoir besoin en espèces.

POLICE

Le poste de police se situe sur la place centrale.

SANTÉ

Sorata a un **hôpital** (7153-7544 ; Villamil de Rada s/n ; 24hr/24) pour les soins de base.

OFFICE DU TOURISME

Il y a un petit **office du tourisme** (7910-0320 ; Plaza ; 8h-12h et 14h-18h mar-ven, 8h-12h sam) sur la place.

TÉLÉPHONE

Rechargez votre téléphone à **Entel** (Plaza).

Depuis/vers Sorata

Très éloignée des autres villes des Yungas, Sorata n'est pas reliée par une route directe à Coroico, ce qui oblige à passer par La Paz via une route goudronnée.

Des bus partent à intervalles réguliers depuis les environs du cimetière de La Paz, entre 4h et 17h30 (20 $B, 4 heures). De Sorata, les *micros* à destination de La Paz partent quand ils sont pleins, et les *flotas* (bus longue distance) partent à l'heure pile entre 4h et 17h. Le **Sindicato Mixto de Sorata** (7321-9976 ; Samuel Tejerina s/n) propose une ligne pour Copacabana (45 $B) et Coroico (50 $B) quand il y a de la demande. Trajets réguliers pour Achacachi (15 $B) et Haurina (20 $B).

Pour Copacabana, vous pouvez également descendre dans la ville-carrefour de Huarina et attendre une correspondance. De même, pour rejoindre Charazani, mieux vaut changer à Achacachi, mais il faut alors partir très tôt de Sorata.

Le Sindicato Mixto de Sorata dessert aussi les villes situées sur la piste de 4x4 cahoteuse conduisant au village minier de Mapiri, comme Quiabaya (20 $B), Tacacoma (40 $B) et Constata (40 $B), sans poursuivre jusqu'à Mapiri. Le départ est généralement à 11h. La boue, les travaux et des traversées de rivière uniquement possibles en 4x4 rendent cet itinéraire éprouvant.

Des vagonetas (véhicules 4x4) quittent Sorata de façon irrégulière pour le parcours éprouvant jusqu'à Consata (5 heures), la mine de Sorata Limitada (7 heures) et Mapiri (8 heures). Renseignez-vous en ville pour les tarifs et les horaires.

Aucapata et Iskanwaya

2 / 200 HABITANTS / ALTITUDE 2 640 M

On ne peut, en Bolivie, être plus hors des sentiers battus que dans le charmant petit village isolé d'Aucapata, avec ses maisons en pierre et sa paisible *plaza*. Juché sur le flanc rocheux d'un pic spectaculaire, c'est l'endroit parfait pour se terrer quelques jours pour lire, randonner et se reposer.

Les rares visiteurs viennent pour explorer Iskanwaya – abusivement surnommé le "Machu Picchu de Bolivie" –, mais ils risquent de changer d'avis en découvrant le dénivelé de 1 500 m jusqu'aux ruines. Si vous n'avez pas le courage d'affronter cette épreuve, contentez-vous du petit musée d'Iskanwaya. Ce serait tout de même dommage. Le cadre spectaculaire, à peine gâché par une nouvelle mine d'or, vaut à lui seul une expédition, et l'opportunité de découvrir cette vue dans une telle solitude est un rare privilège.

À voir

Iskanwaya RUINES
Les ruines d'Iskanwaya, sur les versants ouest de la Cordillera Real, se nichent dans une gorge remplie de cactus à 250 m au-dessus du Río Llica. Attribué à la culture mollo, le site daterait de 1145 à 1425. Cette citadelle fut érigée sur deux plates-formes bordées de cultures en terrasses et d'un réseau de canaux d'irrigation. Elle contient plus de 70 bâtiments, de frêles murailles, des rues étroites, des petites places, des entrepôts, des sites et des niches funéraires.

Ce site de 13 ha est en apparence plus imposant que Tiwanaku, près de La Paz. Le gouvernement a alloué des fonds pour des travaux de restauration en 2018 ; cependant, les discussions pour savoir qui en aurait la charge étaient toujours en cours au moment de nos recherches.

Malheureusement, nombre des guides passionnés qui, autrefois, emmenaient les touristes visiter les ruines travaillent désormais dans les mines ou ont passé la main, mais vous pouvez tenter votre chance auprès de **Manuel Huaqui** (☎7191-8141), pour des visites en espagnol. *Iskanwaya: la ciudadela que sólo vivía de noche*, de Hugo Boero Rojo (1992), rassemble des photos, des cartes et des schémas du site, ainsi que des renseignements sur les villages voisins.

Pukara RUINES

Un ensemble de ruines mollo si peu exploré que les habitants disent que l'on peut encore y trouver des objets et des céramiques. Il s'étend comme une forteresse sur le sommet surplombant Aucapata et peut être atteint au cours d'une randonnée de 1 heure 30 depuis la place d'Aucapata (vous verrez les ruines juste au-dessus de la croix). Quand les nuages quittent les vallées, ce site offre une vue de choix sur la région tout entière.

Musée ARCÉHOLOGIE

(Plaza). GRATUIT Ce petit musée mal entretenu contient des objets provenant du site d'Iskanwaya, comme des céramiques, des ustensiles en cuivre et des flûtes en os. L'entrée est gratuite mais vous devrez demander les clés à l'hôtel Residencial Iskanwaya.

Où se loger

Residencial Iskanwaya HÔTEL $

(☎6316-9913 ; ch 35 $B/pers). L'élégant (bien que basique) hôtel d'Aucapata propose des chambres propres, des douches chaudes et une jolie cour intérieure.

Depuis/vers Aucapata et Iskanwaya

Aucapata se trouve à 145 km au nord-ouest de Sorata ; on le rejoint toutefois plus facilement de La Paz. Un bus **Transporte Provincias del Norte** part à 3h de Reyes Cardona, dans le quartier du cimetière de La Paz, tous les mardis et vendredis (40 $B, 9-10 heures). Vous trouverez peut-être plus facilement un bus à destination de Charazani au *cruce* (carrefour) pour Aucapata, mais ne comptez pas trop sur cette solution. Les bus partent pour La Paz à 2h le mercredi et le dimanche.

L'accès depuis Sorata est difficile et implique une randonnée de 4 jours via Payayunga. Il est possible de louer les services d'un guide à Sorata. Attention : il n'existe pas de carte précise de la région et, à la saison des pluies, la randonnée est déconseillée car dangereuse sur les chemins exposés. Sinon, Sorata Xtreme (p. 136) et Sorata Travel (p. 136) proposent régulièrement des circuits, si vous êtes prêt à endurer l'épuisant trajet de 8 heures, qui suit en grande partie la route de Mapiri.

Pour éviter l'aller-retour de 14 km d'Aucapata à Iskanwaya, vous pouvez louer les services d'un taxi. Il vous y descendra, vous attendra et vous remontera pour 160 $B.

CORDILLERA APOLOBAMBA

Le long de la frontière péruvienne, au nord du lac Titicaca, la lointaine Cordillera Apolobamba attire de plus en plus de randonneurs et d'alpinistes. Les grimpeurs découvriront des sommets séduisants, dont certains non conquis, et de nouvelles voies à découvrir. Le trek de Lagunillas à Agua Blanca, à travers de sublimes paysages andins, est l'un des plus beaux du pays.

Si l'accès s'améliore, la région reste des plus isolées et pauvre en infrastructures touristiques. Les services sont rares, les transports, irréguliers, et la population conserve un mode de vie traditionnel. Seuls quelques habitants, surtout des hommes, possèdent des rudiments d'espagnol. Le respect des coutumes locales aidera à préserver l'authenticité de ces communautés quechua et aymara.

Charazani

☎2 / 13 020 HABITANTS / ALTITUDE 3 250 M

Centre administratif et commercial et carrefour des transports de la province de Bautista Saavedra, Charazani est de loin la plus grande ville de la région. Depuis celle-ci, on peut parcourir à pied les collines recouvertes de mousse pour rejoindre le départ du trek qui relie Lagunillas à Agua Blanca.

Les services en ville se sont sensiblement multipliés ces dernières années, mais les ONG qui étaient autrefois impliquées dans la promotion du tourisme responsable semblent avoir mis la clé sous la porte. Ceci étant dit, les randonneurs fourbus apprécieront certainement les sources thermales.

Cordillera Apolobamba

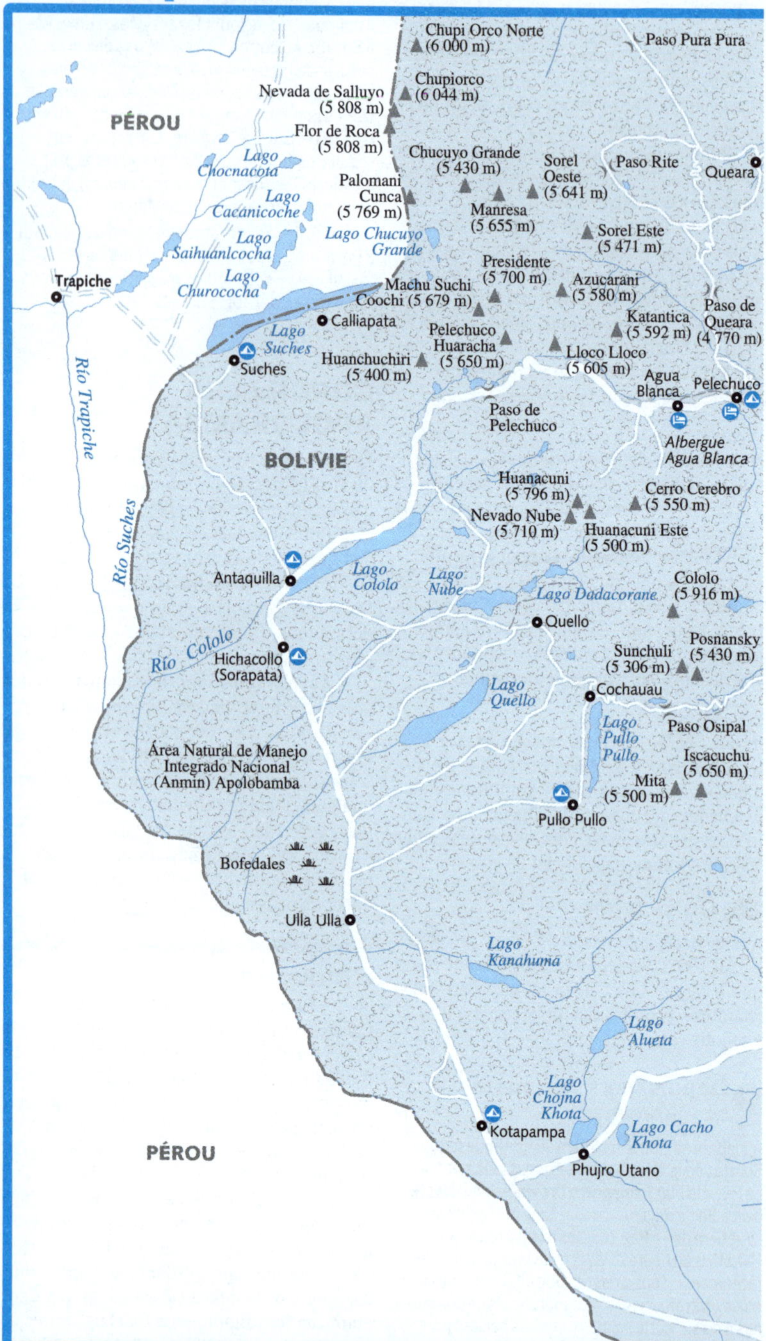

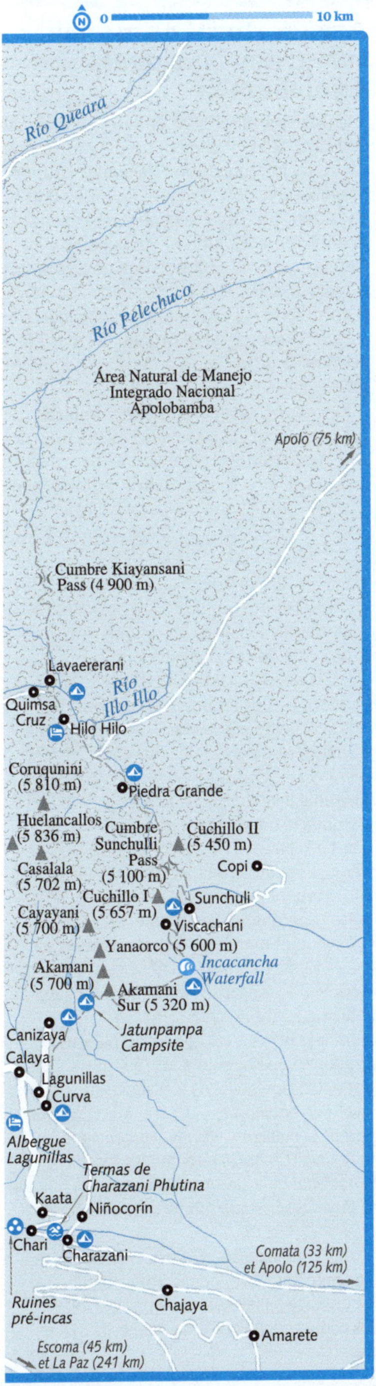

La ville organise deux *fiestas*, la plus importante autour du 16 juillet et l'autre autour du 6 août. Un **festival de danse d'enfants** se déroule vers le 16 novembre en l'honneur de la Virgen del Carmen, placée sous le patronage de la Vierge Marie. Un marché se tient le dimanche.

À voir

Chari VILLAGE

Village kallawaya traditionnel à 6 km et 1 heure 30 de marche de Charazani, Chari est un bel ensemble de terrasses, de fleurs et de jardins potagers. Le village abrite un musée de la Culture kallawaya, un bâtiment en pierre et chaume qui présente des expositions sur les plantes médicinales et l'artisanat du textile.

Ruines pré-incas RUINES

(Chari). À environ 1 heure de marche de Chari, quelques ruines pré-incas méritent le coup d'œil. Traversez la localité et tournez à gauche à l'énorme rocher qui forme une petite grotte. Suivez ce chemin jusqu'au cimetière, continuez sur la gauche jusqu'à la crête, puis montez 200 m jusqu'aux ruines. Pour éviter tout malentendu, prévenez au village avant de partir.

Activités

Termas de Charazani Phutina SOURCES CHAUDES

(5 $B ; 7h-21h). En longeant la rivière en amont, à 10 minutes de marche de la ville, on arrive à cet ensemble thermal où l'on peut se baigner et profiter d'une douche chaude. D'autres thermes naturels, avec une chute d'eau chaude, se situent sur la route d'Apolo, le long du Río Kamata, à 2 heures de marche en descendant la vallée depuis Charazani.

Où se loger et se restaurer

Tous les hébergements sont sommaires. Ne comptez pas sur l'eau chaude et utilisez les sources thermales si vous voulez une douche chaude.

Renseignements

Il existe un kiosque de renseignements touristiques sur la *plaza* mais il est rarement ouvert. La **bibliothèque Nawiriywasi**, aux heures d'ouverture fantaisistes, renferme des ouvrages sur la culture kallawaya et les plantes médicinales, ainsi que des cartes et des informations sur les randonnées, les treks et les ascensions.

Il n'y a pas de DAB, munissez-vous d'espèces.

Depuis/vers Charazani

De La Paz, les bus **Trans Altiplano** (☎7320-7113) partent tous les jours à 6h de la Calle Reyes Cardona, dans le quartier du cimetière (30 $B, 6-7 heures), et reviennent de Charazani tous les jours à 20h. Réservez votre billet, car les horaires du retour changent souvent. Un bus pour Lagunillas coûte 6 $B et part habituellement entre 12h et 13h.

Une piste de 4x4 descend de Charazani jusqu'au village d'Apolo dans les Yungas, au bord du bassin amazonien, où vous pourrez passer la nuit dans un hôtel sans prétention. Les bus tentent souvent leur chance sur cet itinéraire pendant la saison sèche, mais les gros ruisseaux qui la traversent et les risques de glissement de terrain causent souvent sa fermeture pendant la saison des pluies (de novembre à avril).

Área Natural de Manejo Integrado Nacional Apolobamba

À la fin des années 1990, la Reserva Nacional de Fauna Ulla Ulla, rebaptisée Área Natural de Manejo Integrado Nacional (Anmin) Apolobamba, est passée de 300 000 à 484 000 ha. Elle englobe désormais la totalité de la Cordillera Apolobamba et la majeure partie du célèbre trek de Lagunillas à Agua Blanca, le long des versants est de la cordillère. À l'extrême nord, elle jouxte le Parque Nacional Madidi pour former l'une des plus grandes zones protégées de l'hémisphère Ouest.

Le parc abrite plusieurs milliers de vigognes et d'alpagas, ainsi que l'une des plus importantes populations de condors du pays. Outre les itinéraires de randonnée

LES KALLAWAYA

Provenant de dix villages autour de Charazani dans la région d'Apolobamba, les Kallawaya sont des guérisseurs qui se transmettent leurs traditions de génération en génération, habituellement de père en fils. Toutefois, des maîtres renommés forment parfois des aspirants guérisseurs. Près du quart de ces villageois pratiquent la médecine traditionnelle. Dans les Andes, un nombre bien plus important d'usurpateurs tentent de se faire passer pour d'authentiques Kallawaya. Les femmes ne sont pas guérisseuses, mais jouent un rôle important dans la collecte des herbes. Les Kallawaya se reconnaissent à l'*alforja* (sac à plantes médicinales) que portent les hommes.

Les origines et l'ancienneté de la tradition kallawaya restent inconnues ; certains Kallawaya prétendent descendre du peuple de Tiwanaku, aujourd'hui disparu. Cependant, le dialecte kallawaya, ou *machaj juyai*, utilisé uniquement dans la pratique des soins, dérive du quechua, la langue des Incas. Le kallawaya ne comptant plus que 100 à 200 locuteurs dans le monde, cette langue risque de disparaître – du reste, la moitié environ des 7 000 langues parlées dans le monde peut disparaître dans les cent prochaines années. Consultez le site www.livingtongues.org pour écouter des enregistrements de kallawaya et en savoir plus sur les initiatives de préservation des langues.

Les premiers Kallawaya étaient renommés pour leurs pérégrinations et parcouraient le continent entier à la recherche de plantes médicinales. De nos jours, le plus compétent des praticiens connaît les propriétés et les vertus de 600 à 1 000 plantes. Ils recourent également à la magie et aux incantations. Les Kallawaya attribuent les maladies au déplacement ou au déséquilibre de l'*ajallu* (force vitale). Les incantations et les amulettes doivent inciter celui-ci à retrouver son équilibre.

Plusieurs anthropologues et médecins ont étudié la culture kallawaya et consigné par écrit leurs recherches, dont l'Allemande Ina Rösing (*La Cordillère des Andes, demeure des dieux. Rituels et prières des Indiens kallawaya*, Jérôme Do Bentzinger Éditeur, 2010) et le Français Louis Girault (*Kallawaya. Guérisseurs itinérants des Andes*, Éditions de l'Orstom, 1984).

Une petite exposition sur le peuple kallawaya est organisée au **Museo Interpretativo** de Lagunillas, et une autre, plus importante, à l'Inca Utama Hotel (p. 108), à Hautajata. Pour une excursion guidée en terre kallawaya, vous pouvez faire appel à **Pacha Trek** (☎6317-7688 ; www.facebook.com/pachatrek.bolivia ; circuits de 3 jours pour 2/4/8 personnes 1950/1176/793 $B).

les plus courus, vous pourrez effectuer des treks plus sauvages autour des Lagos Cololo, Nube, Quello, Kanahuma et Pullopullo, tous entourés de sommets enneigés et peuplés de nombreux oiseaux aquatiques, dont des flamants roses et diverses espèces d'ouettes des Andes.

Où se loger

Il y a des postes de rangers à Antaquilla, Charazani, Lagunillas, Kotapampa, Pelechuco, Pullo Pullo, Suches et Hichacollo. Conçus par un architecte de La Paz, les trois derniers associent à une construction en adobe des toits de chaume et des panneaux solaires. Les randonneurs peuvent camper dans chacun de ces sites, voire à l'intérieur des postes s'il y a de la place et si leurs rudiments d'espagnol le leur permettent.

Si vous n'êtes pas adepte du camping, vous pouvez peut-être trouver à loger chez l'habitant pour 20 $B par personne.

Renseignements

Une équipe de gardes sillonne le parc entre plusieurs Casas de Guardaparques, éloignées et reliées entre elles par téléphone, mais rarement habitées dans la journée. Pour tout renseignement préalable, contactez le Sernap (Servicio Nacional de Áreas Protegidas ; p. 78), à La Paz.

Depuis/vers l'Área Natural de Manejo Integrado Nacional Apolobamba

Trans Altiplano (La Paz 2-238-3010 ; angle Reyes Cardona et Av. Kollasuyo, La Paz) affrète des bus vers Lagunillas depuis La Paz (30 $B, tlj à 6h, 6-7 heures). Ils partent de Reyes Cardona, dans le quartier du cimetière.
Transporte Provincias del Norte (La Paz 2-6807-4905 ; Terminal Interprovincial El Alto, La Paz) assure un service vers Agua Blanca et Pelechuco depuis le Terminal Interprovincial à El Alto (45 $B, tlj à 7h, 12 heures). Vérifiez les horaires et réservez la veille.

Plus coûteuse, mais beaucoup plus pratique et confortable, la location d'un 4x4 avec chauffeur permet en outre de voyager de jour et d'apprécier le paysage exceptionnel. Comptez 2 100 $B de La Paz à Lagunillas (6 heures) ou 2 500 $B jusqu'à Agua Blanca (10 heures). Pour le prix, vous pouvez aussi choisir de passer par une agence, qui s'occupera de toute la logistique.

Trek de Lagunillas à Agua Blanca

Ce trek fabuleux de 5 jours (93 km) traverse des paysages splendides et quasi inhabités. Les services sont extrêmement rares sur l'itinéraire, donc à moins d'être un randonneur expérimenté habitué des zones sauvages, il est conseillé de louer les services d'un guide.

Itinéraire

Départ Lagunillas

Arrivée Agua Blanca

Durée 5 jours

Distance 93 km

Difficulté Grande

Le sens le plus couramment emprunté est celui du sud au nord, de Lagunillas (ou Tilinhuaya) à Agua Blanca.

De l'*albergue* à Lagunillas, une courte marche mène au village de **Curva**, centre de la communauté kallawaya. De Curva, dirigez-vous vers la **croix** qui domine le village au nord et contournez le versant droit de la colline. À 1 heure de Curva, vous traverserez un ruisseau. Continuez à monter le long de sa rive droite. Au niveau d'un lopin de terre cultivé, à environ 200 m avant la vallée qui prolonge le flanc droit du sommet enneigé, franchissez le ruisseau pour rejoindre un chemin bien tracé sur la gauche. En le continuant, vous arriverez à un excellent site de camping plat au bord d'un cours d'eau. Vous pouvez aussi poursuivre sur ce chemin pendant 1 heure 30 jusqu'à l'excellent terrain de camping de **Jatunpampa** (4 200 m).

De Jatunpampa, remontez la vallée et traversez une petite plaine jusqu'à un col signalé par un cairn, que vous atteindrez en 2 heures. Surnommé **Cumbre Tambillo**, ce col à 4 700 m offre de superbes vues sur l'Akamani et le nord-ouest. Après 1 ou 2 heures de marche, vous déboucherez sur une aire de camping (4 100 m), près de la **cascade d'Incacancha** (appelée aussi Incachani).

La grimpée en zigzags de la **colline sacrée d'Akamani** au matin suivant est moins intimidante qu'il n'y paraît. Franchissez le pont sous la cascade d'Incacancha et montez les lacets dans le ravin d'éboulis. En chemin, admirez au loin l'Ancohuma et l'Illampu. Après 2 heures d'effort, vous atteindrez un col à 4 800 m, **Mil Curvas**.

Du col, montez doucement vers la gauche jusqu'à la corniche, qui offre une vue magnifique sur la Cordillera Real au sud et le Cuchillo II au nord. À cet endroit, le sentier descend et passe par un petit lac avant d'arriver à un **lac** plus grand avec une belle vue sur l'Akamani.

Grimpez jusqu'à la prochaine crête, puis descendez en 1 heure jusqu'au petit village minier de **Viscachani**, où vous croiserez la piste de 4x4 qui mène à Hilo Hilo (ou Illo Illo). Il faut 1 heure de montée sur cette piste pour atteindre le col de **Cumbre Viscachani** (4 900 m), avec des vues splendides sur la Cordillera Real au sud et la vallée de Sunchulli au nord et à l'ouest.

Au col, la route plonge dans la vallée. Lorsqu'elle tourne à droite, repérez le sentier qui part sur la gauche. Il passe au-dessus de la **mine d'or de Sunchulli**. De Sunchulli, suivez la courbe qui passe au-dessus de l'aqueduc pendant 1 heure environ, jusqu'à ce que vous aperceviez un **site de camping** idyllique (4 600 m) sous le Cuchillo I.

Le quatrième jour est certainement le plus passionnant, car on passe par des chemins utilisés depuis des siècles par des mineurs et des *campesinos* (paysans). Du camping, le chemin grimpe en lacets pendant 2 heures jusqu'au col de **Cumbre Sunchulli** (5 100 m). Poussez jusqu'à un cairn au-dessus de la piste pour une vue magnifique sur le **Cololo** (5 916 m), le point culminant du sud de la Cordillera Apolobamba.

Descendez la piste pendant quelques minutes, puis prenez à droite un sentier abrupt et bien tracé qui franchit un ruisseau en face du **lac glaciaire**, en contrebas du Cuchillo II, puis descend au fond de la vallée. Si vous suivez la vallée, vous rejoindrez la route, à quelques minutes de **Piedra Grande**, un pittoresque village aux maisons de pierre et de chaume, à 3 heures du col. On peut y camper.

Restez sur cette route pendant 1 heure environ, puis longez le chemin précolombien qui descend sur votre droite. Après un pont, empruntez le chemin bien visible sur la droite qui grimpe jusqu'au village de **Hilo Hilo** en 1 heure. Des échoppes vendent des provisions de base, et vous pourrez peut-être même louer une chambre pour la nuit.

En quittant Hilo Hilo, ne vous engagez pas sur le sentier de gauche qui part vers Ulla Ulla, à l'ouest (même si c'est aussi un trek envisageable). Sortez du village vers la droite, au-dessus de l'école, entre les toilettes publiques et le cimetière. De là, traversez les pâturages à lamas jusqu'à ce que vous retrouviez le chemin. Après la traversée d'un pont, à 1 heure du village, vous commencerez à monter la **vallée de Palca**, dominée par un pic rocheux acéré. Si le rocher n'est pas visible en raison de la météo, repérez le groupe de petites maisons sur la gauche et bifurquez à cet endroit. Vous arriverez alors dans un endroit idéal pour bivouaquer, à un tournant de la vallée, parmi de gros éboulis rocheux.

Du bivouac, remontez la vallée pendant 1 heure 30 jusqu'à un pont sur le cours d'eau. À cet endroit, le chemin grimpe vers le col de **Cumbre Kiayansani** (4 900 m), que vous devriez atteindre en 1 heure 30. Après le col, il redescend jusqu'à un **lac**, traverse des pâturages où broutent des lamas et suit quelques tronçons précolombiens pavés, ainsi que des marches creusées dans le roc datant de la même période. En moins de 2 heures, vous arriverez à **Pelechuco**, un charmant village colonial fondé par des jésuites en 1560. Il compte quelques *alojamientos* (hébergements sommaires) sans prétention, mais, en continuant à marcher pendant 30 minutes, vous arriverez, après deux sites précolombiens, au village minier d'**Agua Blanca** et à son *albergue* (p. 143), où vous pourrez profiter d'un repos bien mérité.

Cordillera Quimsa Cruz

Bien que proche de La Paz, la Cordillera Quimsa Cruz reste une chaîne sauvage, largement méconnue, de pics de plus de 5 000 m, dont certains n'ont été conquis que récemment. Le magazine d'escalade basque *Pyrenaica* l'a même surnommée le "Karakoram d'Amérique du Sud". En 1999, près du sommet du Santa Veracruz, l'Espagnol Javier Sánchez a découvert les vestiges d'un site funéraire vieux de 800 ans contenant divers objets et tissages.

La chaîne de Quimsa Cruz est séparée de la Cordillera Real par le Río La Paz. Elle constitue sur le plan géologique le prolongement méridional de cette dernière, laquelle n'est pas très étendue – 50 km d'un bout à l'autre – et ses sommets sont moins élevés que ceux des autres cordillères boliviennes. Le plus haut, le **Jacha Cuno Collo**, culmine à 5 800 m, et les autres pics glaciaires s'échelonnent de 4 500 à 5 300 m. Cimes de granit, glaciers et campings en bord de lac font de la Quimsa Cruz une expérience andine inoubliable, loin des sentiers battus.

Activités

Alpinisme

La cordillère de Quimsa Cruz se trouve à la lisière nord de la ceinture d'étain, où les gisements sont exploités depuis la fin du XIXe siècle. Pour les grimpeurs, ceci signifie que les routes d'exploitation minière de chaque vallée permettent l'accès aux pics glacés. La Quimsa Cruz offre certaines ascensions exaltantes et bien que tous les *nevados* de la Quimsa Cruz aient été escaladés, de nombreuses voies restent à découvrir. Les alpinistes croiseront rarement d'autres expéditions. Si vous n'avez aucune expérience de l'alpinisme, louez les services d'un guide connaissant vraiment la région auprès d'une agence de La Paz (p. 60).

Randonnée

La cordillère (voir les cartes IGM de la région, comme la *Mina Caracoles 6143* par exemple) se prête au trekking. Le principal itinéraire est le trek de Mina Viloco à Mina Caracoles, qui traverse le massif d'ouest en est en 2 ou 3 jours. Le long de ce trek, on peut voir le site d'un crash aérien survenu en 1971 ; à l'arrivée des secours, 2 jours plus tard, les mineurs avaient déjà récupéré toutes les pièces ! Mina Viloco, à 70 km au sud-est de La Paz, se situe près d'une importante mine d'étain. À 13 km au nord-ouest de Quime, Mina Caracoles est exploitée par des coopératives.

Depuis/vers la Cordillera Quimsa Cruz

L'accès routier est relativement facile à cause des nombreuses mines de la région, et on peut se rendre en voiture jusqu'à 30 minutes de marche de certains glaciers. D'autres se situent à 4 heures de marche de la route la plus proche.

Des bus **Trans Inquisivi** (carte p. 50 ; ☎228-4050 ; gare routière principale, La Paz) partent tous les jours tôt le matin de La Paz pour le versant est de la cordillère (vers Quime, Inquisivi, Cajuata, Circuato, Suri, Mina Caracoles et, moins souvent, Yacopampa et Frutillani).

Les bus **Trans Araca** (☎6123-4632 ; angle Av. Francisco Carvajal et Calle 8, Barrio Villa Dolores, El Alto) desservent les villages et les mines du côté ouest de la chaîne depuis l'agence d'El Alto. Un bus pour Mina Viloco, Araca ou Cairoma part quotidiennement à 7h (7-10 heures).

Si votre budget le permet, louez un 4x4 avec chauffeur pour ce trajet de 5 à 7 heures depuis La Paz (comptez au moins 2 000 $B). Toutes les agences de trekking et d'alpinisme peuvent organiser ce circuit.

Sud de l'Altiplano

Dans ce chapitre ➡

Le top des restaurants

- ➡ Las Delicias (p. 154)
- ➡ Tika (p. 166)
- ➡ Minuteman Revolutionary Pizza (p. 167)
- ➡ Milan Center (p. 179)

Le top des hébergements

- ➡ La Petite Porte (p. 165)
- ➡ Albergue Ecoturístico Tomarapi (p. 160)
- ➡ Luna Salada Hotel (p. 172)
- ➡ Hotel Mitru (p. 178)
- ➡ Piedra Blanca Hostel (p. 163)

Pourquoi y aller

À la fois primitive et austère, la géographie du sud de l'Altiplano séduira quiconque aime les splendeurs solitaires et désolées. S'étendant au sud de La Paz, cette région de hautes plaines sauvages est entourée de majestueux pics volcaniques, d'étendues à la végétation rase et des étranges *salares* (déserts de sel) d'une blancheur immaculée, presque dépourvus de vie. La nuit, le ciel étoilé est spectaculaire et les températures, extrêmement basses.

Le Parque Nacional Sajama et les alentours ont le double attrait de paysages grandioses et de sommets à vaincre. Les amateurs de fêtes traditionnelles apprécieront quant à eux les réjouissances du carnaval d'Oruro, cité minière sans fard. Plus au sud, le Salar d'Uyuni est la curiosité principale de la région, et le circuit de trois jours en jeep est un itinéraire apprécié de la plupart des voyageurs. De là, vous pourrez rejoindre les vallées plus chaudes et ponctuées de cactus des alentours de Tupiza, terrains propices à l'équitation et au VTT.

Quand partir

Uyuni

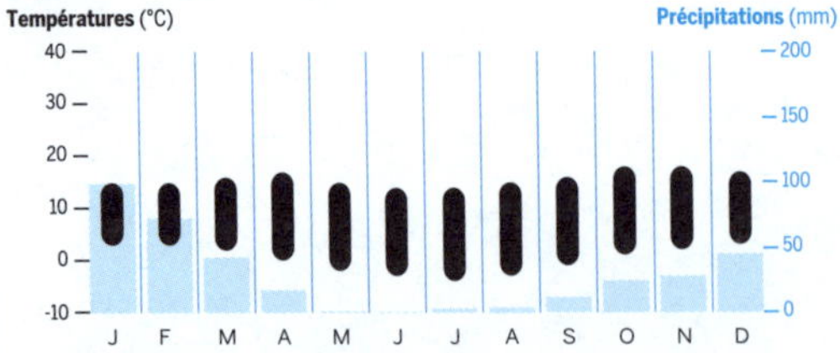

Mai-sept La meilleure période pour les excursions dans la nature et les déserts de sel.

Oct-nov Tarifs intéressants pour les circuits dans les *salares* – et l'occasion de les voir couverts d'eau.

Jan-mars Costumes de carnaval bigarré, troupes de danse et grande bataille d'eau.

Histoire

Pendant la préhistoire, les lacs Minchín et Tauca recouvraient la majeure partie de ce haut plateau ; ils se sont évaporés voici environ 10 000 ans, cédant la place à un paysage désolé de mares saumâtres et de déserts de sel. Les hommes ont laissé peu de traces dans la région. Au cours du XVe siècle, l'empereur inca Pachacutec envoya son fils Túpac Yupanqui conquérir des territoires au sud. Túpac Yupanqui et son armée marchèrent à travers les déserts jusqu'à la rive nord du Río Maule, au Chili, où la résistance farouche des Araucans stoppa leur avancée et les contraignit à retourner à Cuzco.

Aujourd'hui, en dehors des principales villes, la population se regroupe autour des campements miniers. À la fin des années 1980, une crise a ravagé cette industrie, et les mineurs sont partis s'installer à des altitudes moins élevées. La hausse du prix des matières premières et le début de l'exploitation de la plus importante réserve de lithium du monde ont depuis relancé l'activité minière – et la polémique. En effet, une grande partie du conflit social bolivien porte désormais sur la pollution que produisent les mines, ainsi que sur la nationalisation et la gestion du secteur.

Le changement climatique et la désertification affectent considérablement la région, en favorisant la culture lucrative des graines de quinoa à des altitudes plus élevées et en faisant décupler le prix des terres.

Parcs nationaux

Le Parque Nacional Sajama (p. 159) préserve des pics majestueux, des plaines et les habitats d'une faune diversifiée. Le Sajama abrite la plus haute forêt du monde et plusieurs sources thermales. Même si vous n'êtes pas un passionné de montagne, une trempette dans une source au pied du volcan Sajama (p. 159) en compagnie de quelques camélidés justifie le trek.

La Reserva Nacional de Fauna Andina Eduardo Avaroa (p. 173) constitue un point fort du circuit du Sud-Ouest ; c'est l'entrée au Chili pour qui fait route vers San Pedro de Atacama.

Depuis/vers le sud de l'Altiplano

Depuis La Paz, on accède aisément au sud de l'Altiplano en bus, d'autant plus que les nombreuses routes régionales qui n'étaient pas encore asphaltées le sont désormais presque toutes. Les villes de Potosí et Sucre, dans les hauts plateaux du Centre, sont désormais reliées à Tupiza (p. 176), Oruro et Uyuni (p. 162) par de bons tronçons goudronnés. Depuis Arica au Chili, une bonne route traversant un beau paysage de montagne permet de rallier la Bolivie. Villazón se prête à passer aisément la frontière avec l'Argentine.

ORURO ET LE NORD

Oruro

2 / 265 000 HABITANTS / ALTITUDE 3 706 M

Le carnaval d'Oruro (p. 155) est célèbre dans toute l'Amérique du Sud pour ses festivités trépidantes, ses costumes et ses parades. En dehors de cette période, la ville doit son attrait à plusieurs musées et aux nombreux sites qui émaillent ses environs.

Poussiéreuse et écrasée de soleil, cette vaste agglomération aux tons brun et ocre rouge n'a, à première vue, rien pour plaire. Sa rude identité minière la rend toutefois attachante. À bien des égards, Oruro (littéralement "où le soleil est né") est en effet un centre urbain authentique, dont les neuf dixièmes des habitants sont d'origine indienne. Les Orureños se surnomment *quirquinchos* (tatous), du nom de la carapace utilisée pour fabriquer leurs *charangos* (sortes de ukulélés boliviens). Un séjour ici tient d'une plongée dans la culture indigène, que d'aucuns trouveront captivante.

À voir

Monumento Escultórico Virgen del Socavón MONUMENT

(Cerro Santa Bárbara ; 10 $B ; 9h-17h). De la Plaza del Folklore, un **téléphérique** (aller simple/aller-retour 10/15 $B, durant le carnaval 20/30 $B ; 11h-18h mer, sam et dim) conduit en 3 minutes jusqu'à la statue de la Virgen del Socavón (45,4 m), la plus haute du genre en Amérique du Sud, au sommet du Cerro Santa Bárbara (3 883 m). La vue, impressionnante, embrasse la ville et ses alentours. Des escaliers à l'intérieur du monument desservent des plates-formes d'observation ainsi qu'une petite exposition d'affiches et de photos du carnaval.

À ne pas manquer

1 L'immense étendue de sel du **Salar d'Uyuni** (p. 170), à découvrir avec de bonnes lunettes de soleil.

2 À l'extrême sud-ouest du pays, la région de **Los Lípez** (p. 173), avec ses paysages d'un autre monde et ses lacs constellés de flamants roses.

3 Une randonnée à cheval dans les étroits canyons et les paysages de western des alentours de **Tupiza** (p. 176).

4 Le **Parque Nacional Sajama** (p. 159), entre geysers, sources chaudes et ascension du volcan Sajama, point culminant du pays, coiffé de neige.

5 Les fabuleux costumes et l'ambiance trépidante du **carnaval d'Oruro** (p. 155).

6 Les fresques de la belle église en adobe du village reculé de **Curahuara de Carangas** (p. 157).

7 Les musées d'**Oruro** (p. 147) et la montée en téléphérique jusqu'à la Virgen del Socavón.

Oruro

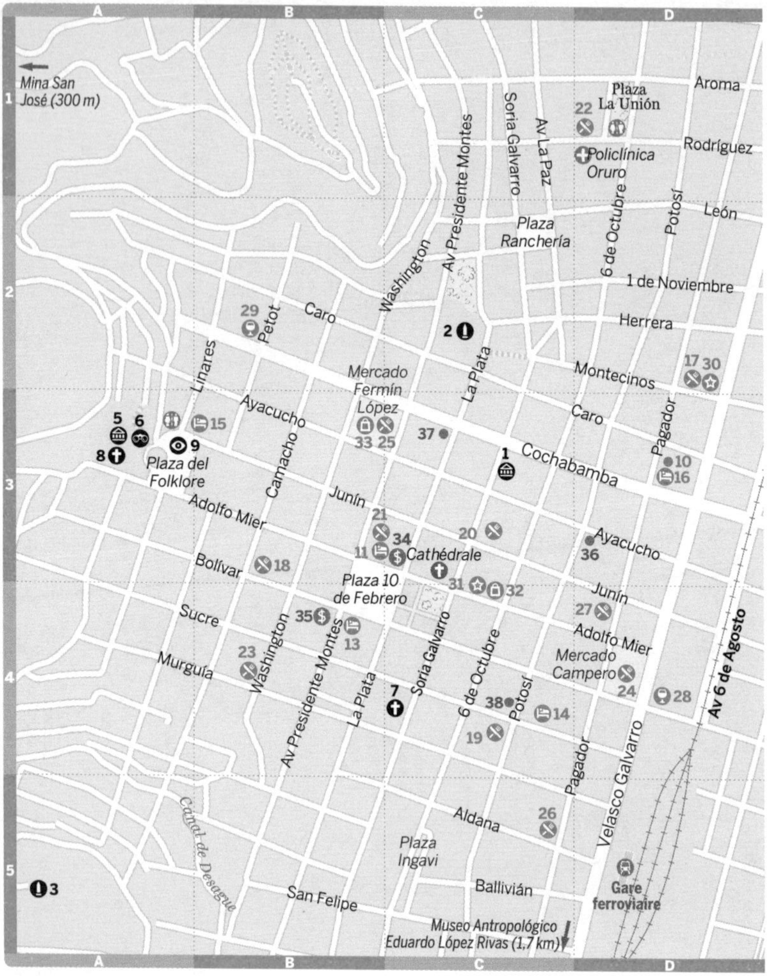

Santuario de la Virgen del Socavón ÉGLISE

(Plaza del Folklore ; 7h30-19h). GRATUIT Dédiée à la Virgen de la Candelaria (patronne des mineurs d'Oruro), cette petite église colorée a été reconstruite au XIXe siècle sur le modèle du sanctuaire d'origine édifié en 1771. Elle tient un rôle important dans les festivités du carnaval (p. 155).

Le plafond arbore un ciel étoilé portant des représentations des quatre animaux – serpent, lézard, grenouille géante et fourmis – qui auraient été envoyés par Huari, l'esprit du ciel, pour détruire le peuple Uru.

Museo Sacro, Folklórico, Arqueológico y Minero MUSÉE

(Plaza del Folklore ; 10 $B ; 8h-18h mar-dim). Cet excellent musée est attenant au Santuario de la Virgen del Socavón. Accès sur visite guidée uniquement, au départ de l'église, en descendant dans une galerie où sont présentés des outils et des représentations d'El Tío, l'esprit du monde souterrain. En haut, le musée renferme des pièces archéologiques et objets folkloriques – têtes de lamas en pierre de la période Wankarani, costumes de carnaval, etc.

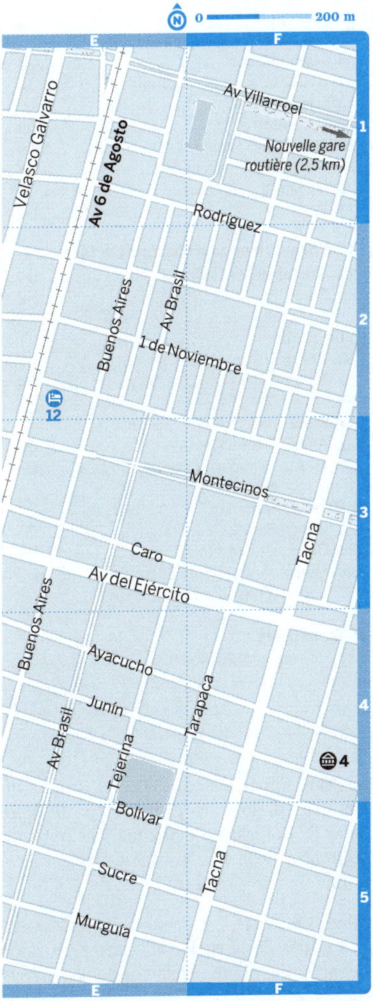

Les visites débutent toutes les 45 minutes. Les guides sont des mineurs qui parlent volontiers de leur activité. Certaines expositions sont légendées en espagnol et en anglais.

Casa de la Cultura Simón Patiño — MUSÉE

(Soria Galvarro 5755 ; 10 $B ; 8h-18h mar-dim). L'ancienne résidence du baron Simón Patiño, magnat de l'étain, renferme son mobilier, ses objets personnels, des instruments de musique et de jolis jouets. Visite guidée obligatoire.

L'accès au musée se fait par un escalier de style Art nouveau. Le rez-de-chaussée accueille des expositions d'art (entrée libre).

Museo Casa Arte Taller Cardozo Velásquez — MUSÉE

(527-5245 ; Junín 738 ; 8 $B ; horaires variables ; téléphonez avant). Une famille de 7 artistes – Gonzalo (sculpture), son épouse María (poterie) et leurs 5 filles – ouvre son adorable petite maison et son atelier aux visiteurs. Explorez les coins et recoins de ce dernier, rempli d'un bric-à-brac créatif, et jetez un œil à la collection d'art bolivien. Un patio renferme les sculptures de Gonzalo – celle du centre est dédiée à la Pachamama, la Terre-Mère.

Le premier vendredi du mois, les Cardozo Velásquez procèdent à une *k'oa*, cérémonie rituelle andine destinée à honorer Pachamama. Vous pourrez y participer si vous prévenez à l'avance.

Museo Nacional Antropológico Eduardo López Rivas — MUSÉE

(España, à l'angle d'Urquidi ; 5 $B ; 10h-18h). Au sud du centre-ville, ce musée anthropologique et archéologique mérite le détour. Comme souvent, les collections sont hétéroclites, des mastodontes aux costumes de carnaval. Il possède plusieurs têtes de lamas taillées dans la pierre ; parmi les objets mis au jour figurent des momies provenant des *chullpas* (tours funéraires) qui émaillent la région, ainsi que des crânes témoignant des effarantes déformations jadis infligées aux enfants.

Prenez n'importe quel *micro* (minibus) portant le panneau "Sud" à l'angle nord-ouest de la Plaza 10 de Febrero ou en face de la gare ferroviaire (p. 156).

Faro de Conchupata — MONUMENT

(Montecinos s/n). GRATUIT Le drapeau bolivien – rouge pour le courage de l'armée bolivienne, or pour les richesses minières et vert pour les ressources agricoles – fut levé pour la première fois le 17 novembre 1851 au Faro de Conchupata, qui domine la ville. À cet endroit se dressent aujourd'hui une plate-forme et une colonne surmontée d'un globe de verre. Il est éclairé la nuit.

Escalier de la Plaza del Folklore — POINT DE VUE

(Plaza del Folklore). GRATUIT Du côté ouest de la Plaza del Folklore, un escalier ardu à gravir mène à plusieurs intéressantes peintures

Oruro

À voir
1 Casa de la Cultura Simón Patiño C3
2 Faro de Conchupata C2
3 Monumento Escultórico Virgen del Socavón A5
4 Museo Casa Arte Taller Cardozo Velásquez F4
5 Museo Sacro, Folklórico, Arqueológico y Minero A3
6 Escalier de la Plaza del Folklore A3
7 Portada del Beaterio C4
8 Santuario de la Virgen del Socavón A3
9 Téléphérique touristique A3

Activités
10 Centro de Aprendizaje de Lenguas Modernas D3

Où se loger
11 Flores Plaza Hotel B3
12 Hostal Graciela E2
13 Hotel Edén B4
14 Hotel Repostero C4
15 Hotel Virgen del Socavón B3
16 Residencial Gran Boston D3

Où se restaurer
17 Bravo's Grill D2
18 Bravo's Pizza B3
19 Govinda C4
20 Irupana C3
21 La Casona B3
22 Las Delicias D1
23 Las Retamas B4
24 Mercado Campero D4
25 Mercado Fermín López C3
26 Nayjama C5
27 Pagador D4

Où prendre un verre et faire la fête
28 Stands de jus de fruits D4
29 Sounder B2

Où sortir
30 Bravo Bravo D2
31 Cine Gran Rex C4

Achats
32 ARAO Artesanías Oruro C4
33 Mercado Fermín López B3

Renseignements
34 Banco Bisa C3
35 Banco de Crédito B4
36 Limpieza Virgen del Socavón D3
37 Migracíones C3

Transports
38 Boliviana de Aviación C4

murales illustrant le carnaval ainsi que des thèmes religieux.

Portada del Beaterio ÉGLISE
(Soria Galvarro 1764). Cette façade d'église conventuelle, ornée de motifs végétaux et aviaires, mérite le détour. Elle se trouve à quelques rues au sud-est de la Plaza 10 de Febrero.

Cours

Centro de Aprendizaje de Lenguas Modernas LANGUES
(528-7676 ; cealm.edu.bo ; Pagador 5635 ; 8h-12h30 et 14h30-21h). Cours de quechua et d'espagnol. Nombre d'heures hebdomadaires au choix ; comptez 1 664 $B pour 20 heures.

Circuits organisés

Charlie Tours CIRCUITS
(7110-5287 ; charlietours@yahoo.com). Tenue par le fin connaisseur Juan Carlos Vargas, cette agence propose des visites de la ville, des mines et des excursions vers des sites tels que Cala Cala (p. 157), les Termas de Obrajes (p. 157), le Chipaya (p. 166), le Salar de Coipasa et le Sajama. Les bureaux étant hors de la ville, contactez-les par téléphone ou par e-mail.

Mina San José VISITES DE LA MINE
Les mines de la région d'Oruro sont pour beaucoup exploitées par des *cooperativas* (petits groupes de mineurs qui achètent des droits temporaires). L'une des plus importantes, la Mina San José, fonctionne depuis plus de 450 ans. Charlie Tours et l'Hostal Graciela proposent des excursions guidées d'une demi-journée dans cette dernière, située à 2 km à l'ouest du centre-ville.

Où se loger

Oruro compte des options de catégorie moyenne correctes, du type hôtel d'affaires. Les adresses pour petits budgets peuvent se révéler glaciales la nuit venue.

Les hébergements affichent souvent complet pendant le carnaval (p. 155), et un séjour minimum de trois nuitées est alors imposé. Mieux vaut réserver bien à l'avance ou se renseigner à l'office du tourisme (p. 156) sur les chambres chez l'habitant. Préparez-vous à payer jusqu'à cinq ou six fois le prix habituel pour une chambre.

Hostal Graciela AUBERGE DE JEUNESSE $
(7202-2095 ; www.facebook.com/OruroHostal Graciela ; Herrera 47 ; dort/s/d/tr avec petit-déj 56/85/140/180 $B ;). Les peintures murales multicolores et l'aimable personnel anglophone participent d'un bon accueil, mais la température chute la nuit venue (pas de chauffage). Préférez les chambres individuelles côté rue, plus lumineuses, aux petits dortoirs, froids et humides. L'espace commun à l'étage supérieur, doté d'une cuisine/bar, se prête à rencontrer d'autres voyageurs.

Visite gratuite de la ville tous les jours à 10h et nombreux circuits à pied ou à vélo dans les environs.

Residencial Gran Boston HÔTEL $
(527-4708 ; Pagador 1159 ; s/d 100/150 $B, avec sdb commune 50/100 $B ;). Un cran au-dessus de la plupart des autres *residenciales* (hébergements sommaires) d'Oruro, le Gran Boston se distingue par un grand patio jaune qui fait joliment ressortir le soleil. À vous de voir si cela compense les chambres aveugles et l'absence de chauffage.

Flores Plaza Hotel HÔTEL $$
(525-2561 ; www.floresplazahotel.com ; Adolfo Mier 735 ; s/d/tr avec petit-déj 300/450/550 $B ; P@). Donnant sur la place principale, cet excellent trois-étoiles de huit étages loue des chambres joliment rénovées avec une belle vue, en particulier celles du haut. Direction sympathique et copieux buffet au petit-déjeuner.

Hotel Virgen del Socavón HÔTEL $$
(528-2184 ; Junín 1179 ; s/d/ste avec petit-déj 300/400/480 $B ; P). Les chambres donnant sur la Plaza del Folklore font de cet établissement moderne le plus prisé pendant le carnaval (p. 155), lorsque les tarifs s'envolent. Avec son décor moderne, ses balcons surplombant l'animation de la place et ses couvre-lits frais, il reste un choix valable à tout moment de l'année.

Hotel Repostero HÔTEL $$
(525-8002 ; hzavaleta1947@yahoo.com ; Sucre 370 ; s/d/tr avec petit-déj 180/250/300 $B ; P). Vous aimerez l'enseigne d'autrefois sur la façade de ce vieil hôtel charmant, un brin fatigué, où l'on a le sentiment d'être un voyageur d'une autre époque. Différents types de chambres, toutes avec TV câblée et douche chaude, réparties dans deux ailes.

Hotel Edén HÔTEL D'AFFAIRES $$$
(521-0671 ; www.hoteledenbolivia.com ; Bolívar 777 ; s/d/ste avec petit-déj 623/1106/1 386 $B ; P@). Si vous cherchez un hôtel d'affaires confortable et bien équipé, l'Eden comporte, outre d'immenses chambres pourvues de grands lits et de TV à écran plat, une salle de sport et une piscine intérieure. Un ascenseur vitré donne sur la place. Les prix sont souvent plus avantageux pour qui réserve en ligne.

Où se restaurer

Parmi les spécialités d'Oruro figurent le *thimpu de cordero* (mouton et légumes cuits à l'étouffé avec de la *llajua*, une sauce tomate épicée) et le *charquekan* (viande de lama séchée avec du maïs, des pommes de terre ou des haricots, des œufs et du fromage).

Govinda VÉGÉTARIEN $
(Angle Potosi et Murguía ; plats 6-19 $B ; 12h-21h lun-sam ;). On y déguste, dans un cadre agréable, des plats végétariens fraîchement préparés, bon marché et créatifs. Bon jus et milk-shakes également, certains, bien évidemment, à base de lait de soja.

Mercado Campero MARCHÉ $
(Adolfo Mier, entre Pagador et Soria Galvarro ; plats 5-15 $B ; 8h-21h). Des rangées d'échoppes servent à déjeuner, et des stands proposent *mate* (infusion de coca, camomille ou autre), *api* (boisson locale à base de maïs) et café. Installez-vous à l'une des longues tables carrelées devant une soupe nourrissante ou quelque autre plat typique.

Mercado Fermín López MARCHÉ $
(Cochabamba, entre l'Av. Presidente Montes et Washington ; plats 12-25 $B ; 8h-19h30 lun-mar et jeu-ven, 8h-20h mer et sam, 9h-17h dim). Dans ce marché animé, on trouve des jus de fruits frais et des *licuados* (smoothies) ainsi que des spécialités du cru comme le *picante de pollo* (poulet à la sauce tomate pimentée).

Irupana SUPERMARCHÉ $
(Soria Galvarro 5891 ; 9h-21h lun-sam). Cette chaîne de magasins diététiques propose un bon choix d'en-cas nourrissants.

La Casona ITALIEN **$$**
(Av. Presidente Montes 5969 ; plats 21-40 $B ; ⌚9h-20h45). Petit restaurant animé proposant des *salteñas* (chaussons fourrés de viande et de légumes) tout juste sorties du four le midi, les meilleures pizzas d'Oruro et des pâtes le soir, lorsque l'ambiance et la température grimpent de plusieurs crans.

Pagador BOLIVIEN **$$**
(Pagador 1440 ; almuerzo 22 $B, plats 45-75 $B ; ⌚12h-21h lun-sam, 11h-19h dim). Restaurant sans prétention, apprécié à juste titre par les habitants. *Almuerzo* (menu déjeuner) particulièrement bon, à savourer dans le patio couvert à l'extérieur. Payez au comptoir et prenez un jeton avant de vous installer.

Bravo's Pizza PIZZERIA **$$**
(☎525-5551 ; angle Camacho et Bolívar ; plats 28-45 $B ; ⌚8h-23h). Une adresse bien connue à Oruro, qui propose 20 sortes de pizzas, dont une épicée à la viande de lama séché, ainsi que des pâtes, des sandwichs, des *burritos* et des petits-déjeuners (32-34 $B). S'il fait trop froid pour sortir, commandez par téléphone et faites-vous livrer à l'hôtel !

♥ **Las Delicias** BARBECUE **$$$**
(☎527-7256 ; Rodríguez, entre Calle 6 de Octubre et Av. La Paz ; almuerzo 20 $B, plats 45-90 $B ; ⌚12h-22h30). Cette *churrasquería* (restaurant de viande grillée), sans doute la meilleure de la ville, propose des *parrilladas* (assortiment de viandes grillées), de fameux *almuerzos* et du bœuf argentin de haute qualité.

Nayjama BOLIVIEN **$$$**
(☎527-7699 ; angle Aldana et Pagador ; plats 55-150 $B ; ⌚11h-18h lun-sam, 11h-15h dim ; 📶). Cette table sert une cuisine traditionnelle *orureña* de grande qualité avec une touche d'innovation, dans une salle à manger chauffée par un feu ouvert. Les portions étant énormes, préférez la demi-portion. L'agneau, spécialité de la maison, est servi avec de la salade et des pommes de terre déshydratées.

Bravo's Grill BOLIVIEN **$$$**
(☎528-0980 ; Montecinos, entre Pagador et Velasco Galvarro ; almuerzo 22 $B, plats 45-86 $B ; ⌚12h-15h dim-mar, 12h-15h et 16h30-23h mer-sam). Un grill haut de gamme (à l'aune d'Oruro) où déguster viande et poisson. Si vous n'arrivez pas à vous décider, commandez la spécialité maison, le Triple Delicia Combo (poulet, porc et crevettes à la sauce barbecue) à 80 $B.

Las Retamas INTERNATIONAL **$$$**
(☎7155-1804 ; Murguía 930 ; almuerzo 30 $B, plats 58-90 $B ; ⌚12h-15h et 19h-23h lun-sam). Ce restaurant de style rustique occupe une série de salles douillettes avec vue sur des plantes. Sa carte internationale audacieuse comprend notamment des plats de bœuf, de truite et de poulet. Mention spéciale pour les gâteaux.

Où prendre un verre et faire la fête

Carrefour urbain où la jeunesse vient étudier et travailler, Oruro compte quelques bars, cafés et stands de jus de fruits plutôt sympathiques, ainsi qu'une boîte de nuit.

Sounder CLUB
(www.facebook.com/complejosounder ; Petot 1140 ; ⌚mar-sam). Pop, électro, musique traditionnelle bolivienne : trois discothèques en une.

Stands de jus de fruits BAR À JUS
(angle Velasco Galvarro et Bolívar ; ⌚8h-minuit). Lorsqu'il fait beau, les habitants affluent vers cette rangée de stands où sont préparés d'excellents jus de fruits, à proximité du Mercado Campero (p. 153).

Où sortir

Cine Gran Rex CINÉMA
(☎525-8720 ; www.facebook.com/CinemaGranRex ; Adolfo Mier 551 ; ⌚15h-21h lun-mar, 10h30-13h et 15h-21h30 mer, jeu, sam et dim, 15h-21h30 ven). Programmation quotidienne de films internationaux. À un pâté de maisons de la Plaza 10 de Febrero.

Bravo Bravo KARAOKÉ
(Montecinos, entre Pagador et Velasco Galvarro ; ⌚20h-3h mer-dim). Les meilleures soirées karaoké ont lieu au Bravo's Grill, où l'on peut boire et danser.

Achats

Les masques et costumes artistiques de la *diablada* (danse du démon) sont autant de spécialités d'Oruro. L'Avenida La Paz, entre León et Villarroel, est bordée de petits ateliers qui vendent des masques, des coiffures, des costumes de démon et d'autres objets inspirés de ce thème. Vous trouverez des herbes médicinales et des articles de sorcellerie dans les boutiques sur Junín, entre Galvarro et l'Avenida 6 de Agosto.

À NE PAS MANQUER

UNE FÊTE DE TOUS LES DIABLES

Le **carnaval d'Oruro** (⏲ fév ou mars) est la fête la plus renommée de Bolivie. Cette grande célébration présente deux aspects. La part angélique de chacun se réjouit des processions, des danses et des spectacles religieux, tandis que son pendant moins sage trouve son compte dans les libations, l'ambiance débridée et des batailles d'eau.

Les *Orureños* (habitants d'Oruro) affirment que leur fête commémore un événement survenu peu après la fondation de leur ville. Selon la légende, un voleur appelé Chiru-Chiru fut une nuit blessé par un voyageur qu'il tentait de détrousser. Prise de pitié pour le malfaiteur, la Vierge de Candelaria l'aida à regagner sa maison, près de la mine située au pied du Cerro Pié de Gallo, et resta avec lui jusqu'à sa mort. Lorsque les mineurs le trouvèrent, une effigie de la Vierge était suspendue au-dessus de sa tête. Aujourd'hui, la mine porte le nom de **Socavón de la Virgen** (grotte de la Vierge), et une église, le **Santuario de la Virgen del Socavón** (p. 150) a été érigée pour abriter la Vierge, patronne de la ville.

Cette légende fusionne avec le mythe de Huari, l'esprit des montagnes, qui aurait envoyé quatre fléaux – un lézard, une grenouille géante, un serpent et une nuée de fourmis – pour détruire les Uru (une princesse sauva ces derniers en transformant les animaux en sable ou en pierre) et l'épisode biblique de l'archange saint Michel (San Miguel).

Des processions et des groupes de danseurs commencent à animer les rues de la ville plusieurs semaines avant l'événement. Le matin du samedi qui précède le carnaval (10 jours avant le mercredi des Cendres, en février ou mars), des milliers de musiciens de fanfare se rassemblent sur la Plaza del Folklore à l'occasion du **Festival de Bandas**. Le lendemain, les troupes de danse se retrouvent pour une répétition finale sur le trajet du défilé du carnaval, long de 3,5 km. Le jeudi, les habitants des villages alentour arrivent à Oruro pour exécuter leurs danses traditionnelles lors du défilé de l'**Anata Andina**. Le jour suivant, les mineurs participent à des *cha'lla* (voir p. 231) pour obtenir leur bénédiction.

Les principales festivités débutent le samedi précédant le mercredi des Cendres par une spectaculaire *entrada* (procession d'ouverture). Pendant 24 heures, une cinquantaine de troupes de carnaval procèdent jusqu'au Santuario de la Virgen, dans lequel les participants entrent à genoux pour recevoir une bénédiction. À l'aube du dimanche, une messe est dite en l'honneur de la Vierge.

Le dimanche se déroule une seconde *entrada*, moins spectaculaire, à laquelle tout le monde peut participer. D'autres danses se déroulent le lundi, dont une série mettant en scène le combat de saint Michel contre les démons. Mardi gras est marqué par des réunions familiales, et le lendemain, on se rend dans la campagne alentour pour pratiquer la *cha'lla* en offrande à la Pachamama sur quatre formations rocheuses – le Crapaud, la Vipère, le Condor et le Lézard.

Les billets des places dans l'Avenida 6 de Agosto coûtent généralement de 250 à 350 $B. Pour un siège sur la place principale, comptez de 800 à 1 200 $B.

Le mercredi et le samedi, un **marché de rue** appelé **Super Feria** s'installe autour du Mercado Fermín López. Près de la gare ferroviaire, des marchands ambulants vendent des instruments de musique traditionnels tels que des *zampoñas* (flûtes de Pan en roseau) et des *charangos* (instruments ressemblant à des ukulélés) à petits prix.

Mercado Fermín López MARCHÉ

(Cochabamba, entre Washington et Av. Presidente Montes ; ⏲ 8h-19h30 lun-mar et jeu-ven, 8h-20h mer et sam, 9h-17h dim). Aux étals de l'étonnant Mercado Tradicional, dans la rangée centrale du Mercado Fermín López, on trouve des fœtus de lama séchés et d'autres amulettes. Les vendeurs se feront un plaisir de vous en expliquer l'usage, mais demandez l'autorisation pour faire une photo.

ARAO Artesanías Oruro ARTISANAT

(Adolfo Mier, entre Soria Galvarro et Calle 6 de Octubre ; ⏲ 10h-13h et 15h-20h lun-ven, 10h-21h sam). Petit choix d'objets artisanaux de qualité, fabriqués par des coopératives des quatre communautés d'Oruro.

Renseignements

ACCÈS INTERNET

Oruro ne manque pas de lieux où se connecter (2 $B environ l'heure), en particulier autour de la Calle 6 de Octubre, entre Mier et Ayacucho. Maints cybercafés proposent aussi des appels internationaux bon marché.

ARGENT

Il y a plusieurs banques avec DAB en ville, notamment aux alentours de la Plaza 10 de Febrero.

Banco Bisa (Plaza 10 de Febrero)

Banco de Crédito (Plaza 10 de Febrero)

DÉSAGRÉMENTS ET DANGERS

Les déchets miniers amassés sur les flancs des collines en dehors de la ville contaminent l'eau, l'air et l'environnement dans son ensemble. Les conflits opposant les intérêts miniers et agricoles se multiplient. Ne buvez que de l'eau en bouteille et renseignez-vous auprès de votre hôtel ou de l'office du tourisme sur d'éventuelles manifestations ou barrages routiers.

IMMIGRATION

Migraciónes (☎527-0239 ; www.migracion.gob.bo ; angle Cochabamba et La Plata ; ⏲8h30-12h30 et 14h30-18h30 lun-ven)

LAVERIE

Limpieza Virgen del Socavón (Ayacucho 5801 ; 16 $B/kg ; ⏲8h-17h). Service de blanchisserie assuré le jour même.

SERVICES MÉDICAUX

Policlínica Oruro (☎527-5082 ; Rodríguez 579)

Depuis/vers Oruro

AVION

L'**Aeropuerto Juan Mendoza** (☎527-8333), 5 km à l'est du centre-ville, accueille des liaisons intérieures. **Boliviana de Aviación** (BoA ; ☎511-2473 ; www.boa.bo ; Potosí, entre Sucre et Bolívar ; ⏲9h-17h lun-ven, 8h30-12h30 sam) assure au moins un vol quotidien pour Cochabamba (30 min, à partir de 296 $B), lequel poursuit jusqu'à Santa Cruz (2 heures 30, à partir de 458 $B). Un trajet en taxi de l'aéroport à Oruro coûte 30 $B.

BUS

Les bus longue distance utilisent la **gare routière** (Gregorio Reynolds), à 5 km à l'est du centre-ville. Pour la rejoindre, prenez n'importe quel minibus marqué "nueva terminal" circulant sur l'Avenida 6 de Agosto en direction du nord. La gare dispose d'une consigne (5 $B) au rez-de-chaussée.

Des bus pour La Paz démarrent toutes les demi-heures, et plusieurs bus se rendent chaque jour à Cochabamba, Potosí, Sucre et Uyuni. Trans Copacabana et Chino Bus proposent des liaisons pour Santa Cruz via Cochabamba, en fin d'après-midi (100 $B). Les villes chiliennes d'Arica, Calama et Iquique sont desservies quotidiennement (départ dans la soirée).

DESTINATION	TARIF ($B)	DURÉE
Arica (Chili)	265	10h
Calama (Chili)	240	16h
Cochabamba	90-150	4h
Iquique (Chili)	170	8h
La Paz	125	5h
Potosí	40	5½ h
Sucre	50-80	8h
Tarija	130-230	11h
Tupiza	220	11h
Uyuni	180	5½ h
Villazón	125-250	13h

TRAIN

Des trains circulent vers le sud, d'Oruro à Villazón, à la frontière argentine, en passant par Uyuni, Atocha et Tupiza. Au moment de notre enquête, un train par semaine roulait vers Villazón, le lundi matin.

Légèrement plus luxueux et chauffé, l'*Expreso del Sur* part d'Oruro à 14h30 les mardis et vendredis. Moins cher, le *Wara Wara* quitte Oruro à 19h les mercredis et dimanches. Au retour, le premier arrive à 7h10 les jeudis et dimanches, le second à Wara Wara à 9h10 les mardis et vendredis.

Achetez vos billets, au plus tard la veille, à la **gare ferroviaire** (☎527-4605 ; Velasco Galvarro ; ⏲billetterie 8h-12h et 14h30-18h30 lun-ven). Apportez votre passeport. Les jours où les trains circulent, un kiosque de consigne à bagages est ouvert.

Expreso del Sur

TRAJET	TARIF ($B, 2e/1re CLASSE)	ARRIVÉE
Oruro-Uyuni	60/120	21h20
Oruro-Tupiza	107/239	3h
Oruro-Villazón	126/279	6h05

Wara Wara

TRAJET	TARIF ($B, NORMAL/ 2e/1re CLASSE)	ARRIVÉE
Oruro-Uyuni	32/47/102	2h20
Oruro-Tupiza	56/80/181	8h35
Oruro-Villazón	67/100/220	12h05

Comment circuler

Les *micros* (1,50-2,50 $B) et les minibus (1 $B) relient le centre et les quartiers périphériques. Leur itinéraire est indiqué par une lettre, une couleur et un panneau (et un numéro pour les minibus). Le système est assez complexe ; vérifiez auprès du chauffeur avant de monter. Avec des bagages, évitez d'emprunter les *micros* et les minibus, petits et bondés.

Une course en taxi dans le centre coûte 5 $B, et un peu plus si vous vous éloignez. Un **Radio taxi** (☎527-7775) revient à environ 10 $B.

Environs d'Oruro

Aux alentours d'Oruro, de nombreux sites méritent la visite, notamment le long de la route d'Uyuni, au sud, où d'anciennes mines et les vestiges d'antiques cultures lacustres émaillent un paysage d'une austère grandeur.

À voir et à faire

Cala Cala SITE HISTORIQUE

(20 $B ; 9h-17h lun-ven). Belle excursion à partir d'Oruro, ce site se compose d'un ensemble de peintures rupestres du premier millénaire av. J.-C. représentant des lamas et des hommes dans des tons rouge et orangé. Elles sont tracées sous un surplomb rocheux 3,5 km après Cala Cala, un village situé à 26 km à l'est d'Oruro.

Vous devrez d'abord vous arrêter dans la localité pour chercher le gardien de la clé ; cela peut se révéler compliqué, car les habitants occupent la fonction à tour de rôle. Essayez de vous renseigner dans la petite boutique à gauche en arrivant.

Le site se trouve à 30 minutes de marche après le village, près de l'ancienne brasserie. Il s'agissait autrefois d'une halte pour les caravanes de lamas faisant route vers les vallées de Potosí et de Cochabamba. Les marchands Wankarani s'abritaient dans les grottes, tandis que leurs animaux broutaient. Quand bien même vous ne dénicheriez pas la clé, il reste possible d'apercevoir les peintures les plus nettes derrière le portail fermé. Une vue spectaculaire embrasse la vallée qui alimente partiellement en eau la ville d'Oruro.

Aucun transport public ne dessert l'endroit. Une course en taxi revient à 100 $B au moins. Sinon, Charlie Tours (p. 152) propose un circuit d'une demi-journée (300 $B).

Termas de Obrajes SOURCES CHAUDES

(15 $B ; 7h-16h). Situé à 25 km de la ville, ce complexe attire du monde le week-end. Bien tenu, il comprend une piscine et des salles privées que l'on réserve à la demi-heure et qui comportent un bassin se remplissant peu à peu d'une eau riche en magnésium.

N'oubliez pas votre maillot de bain si vous souhaitez accéder au bassin public.

À Oruro, les *micros* (10 $B, 45 min) pour Obrajes partent de l'angle de Caro et de l'Avenida 6 de Agosto ; ils sont plus fréquents le week-end, quand les bassins attirent beaucoup de monde. Dernier départ à destination Oruro vers 15h.

Curahuara de Carangas

☎2 / 4 200 HABITANTS / ALTITUDE 3 898 M

À mi-chemin d'Oruro et de Sajama, ce pittoresque village recèle une charmante église surnommée la chapelle Sixtine de l'Altiplano. Il n'est pas très facile de s'y rendre, mais les peintures de l'édifice justifient le détour. Un hôtel simple se prête à loger sur place et l'on peut randonner alentour.

À voir et à faire

Une importante base militaire est installée à Curahuara de Carangas. Des prisonniers politiques y ont été envoyés jadis, et

LA DISPARITION DU LAC POOPÓ

Jadis deuxième lac de Bolivie, le Lago Poopo a rétréci de façon alarmante ces dernières années. Sa taille a toujours fluctué entre la saison sèche et la saison humide. Cependant, il a connu pour la première fois en 2015 un assèchement presque total qui a obligé les communautés de pêcheurs à partir chercher du travail ailleurs. Si le gouvernement bolivien rend le changement climatique responsable du phénomène, les spécialistes de l'environnement pointent du doigt le détournement du Río Desaguadero, qui relie le lac Titicaca au lac Poopo, dans le cadre de projets miniers. Aujourd'hui, seule une petite étendue d'eau peu profonde subsiste au sud d'Oruro.

LA CHULLPA

Une *chullpa* est une tour funéraire que construisaient les aymaras pour abriter les restes momifiés de certains membres de leur société, sans doute des notables. Oruro est particulièrement riche en *chullpas*, notamment le long des rives du Lago Poopó et dans la région du Sajama. La plus importante concentration de *chullpas* se trouve sur la route reliant Patacamaya à Tembo Quemada, à la frontière chilienne.

Construite en pierre ou en adobe, une *chullpa* se caractérise par son ouverture en forme de ruche presque toujours orientée vers l'est, en direction du soleil levant. Le défunt était placé en position fœtale, accompagné de ses divers biens. Certaines communautés ouvraient les *chullpas* les jours de fête pour faire des offrandes aux ancêtres momifiés. Les Chipayas pratiquent toujours ce rite. Toutefois, la plupart des tombes ont été pillées et les momies sont aujourd'hui dans des musées, tel le Museo National Antropológico à Oruro (p. 151).

torturés ou soumis à des travaux forcés dans les champs gelés.

Capilla Sixtina del Altiplano ÉGLISE
(chapelle Sixtine de l'Altiplano ; Plaza Principal ; 50 $B ; horaires variables). Cette église en adobe au toit de chaume est couverte de fresques naïves du XVIIe siècle représentant des thèmes *mestizos* et des scènes bibliques, comme la visite des Rois mages à l'Enfant Jésus à dos de lama. Une petite salle derrière l'autel abrite des objets intéressants.

Si vous trouvez porte close, une note sur le garage à gauche indique le numéro de téléphone du gardien de la clé.

Museo Militar MUSÉE
(Plaza Principal ; 5 $B ; 8h30-18h lun-ven). Une visite qui fait froid dans le dos. Consacré aux traitements atroces réservés aux prisonniers politiques, ce musée renferme des mannequins au corps déformé qui illustrent les sévices subis par ceux qui refusèrent de suivre la ligne officielle pendant la dictature militaire. Adressez-vous à la base militaire pour voir la personne responsable du musée.

Pukara de Monterani SITE ARCHÉOLOGIQUE
Renseignez-vous au village sur le chemin à suivre pour rejoindre cette forteresse perchée à proximité, qui comprend des murs de pierre, des *chullpas* (tours funéraires) et des terrasses agricoles. Entourée de légende, la montagne au sommet plat est révérée depuis des siècles par les communautés indigènes. Des rituels ancestraux s'y déroulent le 1er janvier de chaque année.

Palestra de Qala Chua ESCALADE
À seulement 2 km de la ville, ce spot d'escalade aux intéressantes formations naturelles constitue une bonne excursion d'un après-midi. Les rochers ressemblent à une rangée de dominos en équilibre précaire.

Où se loger et se restaurer

L'Hostal Kory Wara peut préparer des repas à qui prévient à l'avance. Deux ou trois petits magasins et cafés locaux donnent aux abords de la place principale.

Hostal Kory Wara HÔTEL $
(7383-2306 ; hkorywara@hotmail.com ; Av. Principal ; ch avec petit-déj 50 $B/pers). Cet *hostal* tout simple à l'entrée du village loue des petites chambres décorées de textiles andins. Elles sont chauffées, mais mieux vaut tout de même apporter un sac de couchage. La famille qui tient l'établissement fournit une abondance d'informations sur les excursions dans la campagne alentour.

Depuis/vers Curahuara de Carangas

Trans Sajama assure une liaison entre Patacamaya et Curahuara de Carangas (10 $B, 2 heures 30) toutes les heures du lundi au samedi, toutes les 30 minutes le dimanche. En sens inverse, le dernier bus pour Patacamaya part à 16h et continue jusqu'à Oruro.

De La Paz, vous pourrez prendre un bus à destination d'Arica et demander qu'on vous dépose à l'embranchement du village, d'où vous devrez parcourir à pied ou en taxi (25 $B) les 5 km restants. Le long de la nationale, il est possible d'attraper un bus allant vers l'ouest en direction du Parque Nacional Sajama et de la frontière à Tambo Quemado.

Parque Nacional Sajama

Premier parc national de Bolivie, le **Parque Nacional Sajama** (100 $B) fut créé le 5 novembre 1945 dans l'optique de protéger ces 100 000 ha de paysages exceptionnels situés dans le prolongement septentrional du désert de l'Atacama, où vivent des espèces animales rares. Grâce à une meilleure protection, les populations de vigognes se renforcent et vous pourrez aussi observer des flamants, des nandous et des foulques géantes. Paysages infinis de hautes plaines, champs de geysers, sources chaudes, ascension de sommets et randonnées comptent parmi les intérêts du parc.

Selon la légende, Mururata fut décapité par son frère Illimani, qu'il avait importuné. La tête ensanglantée roula et rebondit, formant la Sierra Nevada, puis finit par s'immobiliser près de la frontière chilienne : c'est le Sajama, majestueux volcan de ce beau parc national. Avec ses 6 542 m, il s'agit du plus haut sommet du pays.

À voir et à faire

La plupart des grimpeurs viennent dans le parc pour s'attaquer au sommet du **Volcán Sajama** (6 542 m ; 3 jours d'ascension). Une autre option consiste à gravir l'**Acotango** (6 052 m ; montée en voiture possible jusqu'à 5 500 m, suivie de 3 heures de marche) et **Parinacota** (6 348 m). Les hébergements aident à organiser les expéditions en montagne avec l'équipement nécessaire.

Volcán Sajama ALPINISME

(Nevado Sajama). Vedette du parc éponyme, ce volcan éteint est une destination très prisée, mais l'altitude et la glace rendent l'ascension plus ardue qu'il n'y paraît. Si plusieurs agences de La Paz organisent des expéditions, vous pouvez aussi trouver un guide à Sajama – comptez environ 3 500 $B pour trois jours, équipement compris.

L'Hostal Sajama (p. 160) organise des circuits guidés et loue du matériel. Seuls les alpinistes aguerris à la haute altitude peuvent envisager de l'effectuer sans guide, mais ils doivent se préparer à des conditions climatiques extrêmes (froid, glace) et emporter beaucoup d'eau dans un sac en laine (pour lui éviter de geler). Ne vous lancez pas dans l'ascension entre novembre et février, période où les précipitations et les orages rendent les conditions dangereuses.

Sources thermales SOURCES CHAUDES

(30 $B ; ⏲7h-18h). À 8 km au nord-ouest du village de Sajama et facilement accessibles à pied en une heure (cherchez la maison orange vif à gauche de la route), quatre sources thermales à 35°C invitent à la baignade. Renseignez-vous auprès de votre hôtel sur d'autres sources non exploitées de la région – elles sont nombreuses.

Champ de geysers GEYSERS

À environ 7 km (1 heure 30 à pied) à l'ouest de Sajama, ce site étonnant peut faire l'objet d'une belle randonnée. Prenez la route qui descend de la place et continuez tout droit ; des panneaux indiquent la direction à suivre. Les geysers fument et crachent de l'eau tout au long de la journée.

Lagunas de Altura RANDONNÉE

Des agences organisent des treks de un/deux jours (160/500 $B/pers) au départ de Sajama, avec un trajet en véhicule jusqu'aux geysers suivi d'une marche sur la frontière chilienne via différents lacs de haute altitude, dont le Khasiri (4 820 m), le Sorapata (4 900 m) et le Chiar Kota (4 960 m).

Laguna Huañakota LAC

Des flamants roses hantent souvent la Laguna Huañakota, à une dizaine de kilomètres au nord du village de Sajama. La randonnée qui longe la route est agréable, mais il arrive que le lac soit asséché ou bien gelé en hiver.

Queñua Forest FORÊT

Les contreforts du Volcán Sajama sont tapissés de la plus haute forêt du monde, composée de *queñuas* nains, une espèce ancienne endémique de l'Altiplano – une "forêt", certes, mais dont les "arbres" ressemblent plutôt à des buissons.

Où se loger et se restaurer

La plupart des visiteurs séjournent dans le village de Sajama (4 250 m). Dans cette région peu peuplée, on peut camper presque partout : apportez un sac de couchage très chaud.

Tous les hébergements servent des repas. Quelques échoppes vendent des produits de base et des en-cas.

Parque Nacional Sajama

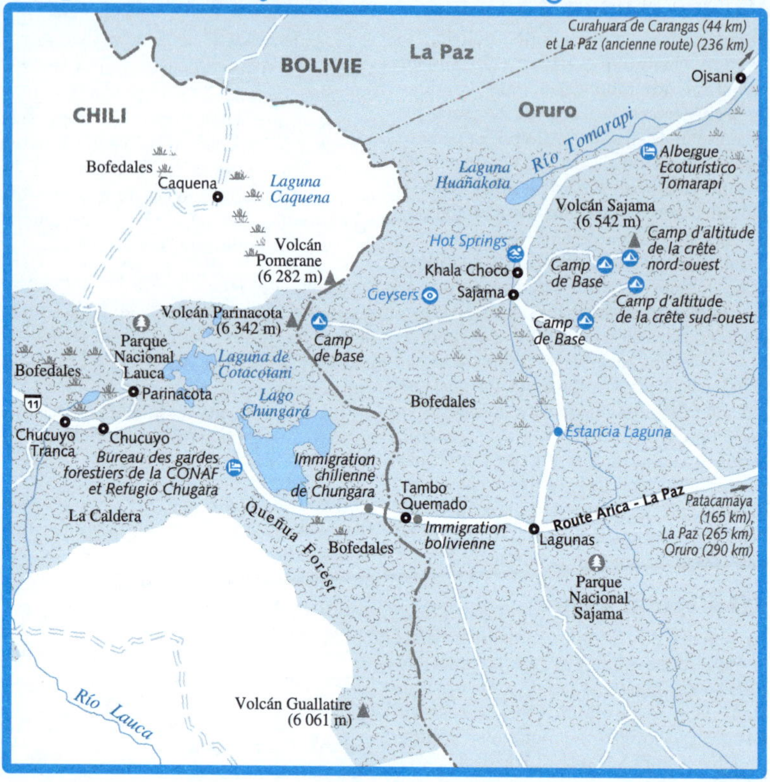

Hostal Oasis
HÔTEL $

(☎6725-7842 ; hostaloasissajama@gmail.com ; ch 60-100 $B/pers ; P @). Cet établissement bien tenu, à l'entrée de Sajama, assure le vivre et le couvert ainsi que des transports jusqu'aux sites du parc et des guides de randonnée. Préférez les chambres à l'étage, dotées de fenêtres, d'une salle de bains et de gros meubles en bois, à celles du rez-de-chaussée, plus petites et plus sombres. L'espace salon propice à la détente invite à échanger avec les autres voyageurs.

Hostal Sajama
HÔTEL $$

(☎7150-9185 ; ch 70-100 $B/pers ; P). À l'extrémité sud de Sajama, cette adresse de caractère se compose de *lakauta*, (maisonnettes en pisé coiffées de chaume) équipées de lits fermes, de draps propres et d'un chauffage électrique. Les plafonds voûtés donnent un air de grandeur aux chambres, et les textiles andins participent au charme de l'ensemble. Connexion Wi-Fi dans le restaurant et location de vélo (35 $B/jour).

Eliseo, le propriétaire, est un alpiniste chevronné qui fournit des guides et loue l'équipement pour l'ascension des volcans Sajama (p. 159), Parinacota et Acotango.

♥ Albergue Ecoturístico Tomarapi
LODGE $$$

(☎7247-2785 ; www.facebook.com/tomarapi.lodge ; s/d/tr avec repas 400/550/650 $B). À la lisière nord du parc et à 12 km de Sajama, l'écolodge de 35 lits du hameau de Tomarapi constitue l'hébergement le plus confortable du secteur. Occupant un joli bâtiment au toit de chaume s'inspirant de l'architecture traditionnelle, il propose des chambres simples avec chauffage, salle de bains et eau chaude, une cheminée et d'excellents repas riches en viande de lama. Vingt-cinq familles du village de Caripe y travaillent à tour de rôle. Transport envisageable depuis Tambo Quemado (250 $B) sur arrangement préalable.

CAMÉLIDÉS ANDINS

Les camélidés des Andes sont les espèces emblématiques du continent. Peu de ruminants ont subsisté après le pléistocène dans le Nouveau Monde, lorsque les mammouths, les chevaux et les autres grands herbivores disparurent des Amériques. Durant des millénaires, les peuples andins ont utilisé les camélidés – le guanaco et la vigogne, deux espèces sauvages, ainsi que le lama et l'alpaga qu'ils ont domestiqués – pour se nourrir, se vêtir et avoir de la compagnie. Les deux espèces domestiquées sont des animaux peu pollueurs et affectueux. En traversant l'Altiplano, vous verrez probablement des cercles parfaits d'excréments de lamas. En effet, les lamas et les alpagas font tous leurs besoins au même endroit, empêchant ainsi la transformation des délicats hauts plateaux andins en véritable désert. Leurs gaz sont également moins nocifs que ceux d'autres animaux de ferme – un détail qui a son importance, puisque, d'après la Food and Agricultural Organization, 18% des émissions mondiales de CO_2 proviennent du bétail, et que la majeure partie est produite par le milliard et demi de vaches présentes sur notre planète.

Outre qu'ils ne polluent guère, les lamas ont également une viande peu grasse, pauvre en cholestérol, et délicieuse – entre le bœuf et l'agneau –, qu'elle soit préparée en ragoût, en steak ou séchée.

Jusque vers 2008, de nombreux bergers boliviens possédaient d'importants troupeaux de lamas qu'ils considéraient surtout comme des animaux de compagnie et de bât, ne les sacrifiant qu'à l'occasion de grandes fêtes. Ce riche capital générant peu de liquidités – un lama vaut environ 100 $US et la plupart des éleveurs de l'Altiplano possèdent environ 80 têtes –, le gouvernement bolivien a décidé de miser massivement sur les camélidés à travers des projets comme Pro-Camélidos, un programme sur cinq ans qui vise à protéger l'environnement, réduire la désertification et trouver de nouveaux débouchés commerciaux. L'accroissement actuel de la demande de viande de lama et de laine d'alpaga et de vigogne sur le marché international pousse de nombreux éleveurs à revenir également à leurs racines incas et à remplacer leurs moutons et bovins par ces espèces.

Les espèces

Alpaga (*Vicugna pacos*). Ces animaux domestiques sont recherchés pour leur précieuse laine, utilisée dans la confection de châles, de pulls et d'écharpes. Plus petits et délicats que les lamas, ils ont besoin de prairies bien arrosées et sont plus communs à basse altitude.

Guanaco (*Lama guanicoe*). On voit rarement ces animaux rusés au pelage brun en Bolivie, bien qu'ils occupent de plus vastes espaces que leurs cousines sauvages les vigognes : ils vivent du niveau de la mer jusqu'à 4 000 m d'altitude. Ils sont parfois visibles dans les hautes plaines de la Reserva Nacional de Fauna Andina Eduardo Avaroa (p. 173).

Lama (*Lama glama*). Plus grand, plus élancé et plus robuste, le lama possède une laine assez grossière, utilisée pour confectionner des couvertures, des cordes et autres articles ménagers. Il sert aussi de bête de bât, mais les *camiones* tendent à le remplacer. Le lama peut survivre sur des pâturages maigres et arides, il est donc idéal pour l'Altiplano hostile.

Vigogne (*Vicugna vicugna*). Chassées presque jusqu'à l'extinction pour leur laine précieuse – autrefois réservée exclusivement aux empereurs incas –, les délicates vigognes couleur fauve vivent dans les Andes. Des programmes innovants de tonte et le renforcement des patrouilles ont permis de limiter le braconnage, et l'on compte aujourd'hui autour de 350 000 vigognes à travers l'Argentine, la Bolivie, le Chili, l'Équateur et le Pérou. La Bolivie en abrite 60 000, et leur nombre augmente. Vous pourrez en apercevoir au Parque Nacional Sajama (p. 159), à la Reserva Nacional de Fauna Andina Eduardo Avaroa, à l'Área Natural de Manejo Integrado Nacional Apolobamba et à des altitudes supérieures à 4 000 m. D'autres menaces pèsent toujours sur l'espèce, notamment le manque de zones protégées ininterrompues, la dégradation des terres et le braconnage (le sang de vigogne a des vertus curatives, et sa laine se vend 400 $US la livre sur les marchés locaux et jusqu'à 2 000 $US sur les marchés internationaux).

Renseignements

Le billet (100 $B, petit plan fourni en prime) s'achète au bureau du Servicio Nacional de Areas Protegidas (SERNAP), à l'entrée du parc, juste après l'embranchement de la nationale et à 12 km au sud du village de Sajama. Ce droit d'accès s'applique à tous les étrangers, quand bien même ils se contentent de visiter le village.

Depuis/vers le Parque Nacional Sajama

Un bus Trans Sajama relie quotidiennement la ville de Patacamaya au village de Sajama (25 $B, 12h, 3 heures). Il stationne devant le restaurant Capitol, sur l'Avenida Principal, et part une fois plein, habituellement entre 12h et 13h. Le bus du retour quitte Sajama à 5h30 tous les jours.

On peut facilement se rendre à Patacamaya par la plupart des bus allant de La Paz à Cochabamba, Oruro et Arica. En sens inverse, de nombreux bus relient Patacamaya à La Paz (40 $B, 1 heure 30) et Oruro (40 $B, 2 heures).

Des minibus empruntent la route asphaltée entre Oruro et Tambo Quemado, à la frontière avec le Chili (30 $B, 3 heures). Ils quittent Tambo Quemado toutes les heures entre 6h30 et 18h. À Oruro, le service débute vers 6h et les minibus attendent d'être pleins pour démarrer du rond-point à l'extrémité sud de l'Avenida Dehene, au nord de l'université, à 4 km au sud-est du centre-ville. Si on les prévient à l'avance, les *hostales* de Sajama et de Tomarapi viennent chercher leurs hôtes à Tambo Quemado (100/250 $B jusqu'à Sajama/Tomarapi).

Les bus La Paz-Arica passent devant l'entrée du Parque Nacional Sajama (p. 159 ; à 12 km du village de Sajama). L'embranchement pour Tomarapi se trouve à 24 km à l'est de l'entrée principale du parc à Cruce Tomarapi (indiqué) ; de là, il faut encore parcourir 15 km jusqu'au village.

La frontière (⌚ 9h-18h) entre Tambo Quemado (Bolivie) et Chungará (Chili), à 12 km, se franchit sans difficulté.

UYUNI ET LE CIRCUIT DU SUD-OUEST

La pointe sud-ouest de la Bolivie tient d'un ensemble exceptionnel de paysages âpres et divers, allant des étendues salines d'une blancheur aveuglante du Salar d'Uyuni (visitable uniquement dans le cadre d'un circuit guidé au départ d'Uyuni, Tupiza ou San Pedro de Atacama au Chili) au foyer géothermique de Los Lípez (p. 173), l'une des régions sauvages les plus rudes de la planète et un refuge pour de nombreuses espèces andines. Ici, le sol déborde littéralement de minéraux avec, à la clef, une extraordinaire palette de couleurs. Un circuit à partir d'Uyuni fait traverser des paysages inoubliables et constitue le point fort d'un voyage en Bolivie.

Malgré l'afflux de visiteurs, le Sud-Ouest demeure isolé, avec des pistes cahoteuses, des villages miniers éparpillés, des champs de quinoa et peu de transports publics. La principale ville, Uyuni, est un avant-poste militaire à l'ambiance de bout du monde. C'est le point de départ des expéditions dans la région, des étendues désolées des *salares* aux collines escarpées de Los Lípez, qui se dressent parmi les hauts sommets andins le long de la frontière chilienne.

Uyuni

☎2 / 10 300 HABITANTS / ALTITUDE 3 669 M

Tel un défi face au paysage désertique environnant, Uyuni se dresse, solitaire, dans un coin désolé du sud-ouest de la Bolivie. Mentionnez son nom devant un Bolivien et il vous dira immédiatement *harto frío* (froid extrême). Cependant, malgré son climat glacial, la ville bénéficie d'une animation joyeuse grâce aux centaines de voyageurs qui la traversent chaque semaine pour démarrer leur circuit du Salar d'Uyuni ou du Sud-Ouest.

Fondée en 1889 par le président Aniceto Arce Ruíz, Uyuni reste une importante base militaire. Le tourisme et l'industrie minière constituent ses deux autres principales sources d'emploi. Le plus grand gisement de lithium (composant essentiel des batteries) au monde – environ 100 millions de tonnes, soit 40% des réserves mondiales – se trouve sous le lac salé voisin. La construction de complexes d'extraction et de traitement prend du temps, mais l'activité minière devrait s'intensifier près d'Uyuni dans les années à venir.

À voir

Cementerio de Trenes SITE HISTORIQUE
(cimetière de trains). GRATUIT Le cimetière de trains est l'unique curiosité touristique d'Uyuni. L'importante collection de locomotives à vapeur et de wagons date du XXe siècle, époque où la ville abritait une usine de wagons. Aujourd'hui, ces trains rouillent dans un champ, à 3 km au sud-ouest de la gare, le long de l'Avenida Ferroviaria. Il est amusant d'y grimper

et la balade depuis la ville permet de se réchauffer. Pour de nombreux circuits, ce cimetière constitue la première ou la dernière étape de l'expédition de trois jours au *salar* (désert de sel).

Museo Ferrocarril MUSÉE
(Musée ferroviaire ; Tomás Frias ; 20 $B ; 8h30-12h30 et 14h30-18h30 lun-ven). Les mordus de trains pourront jeter un œil dans ce hangar renfermant des locomotives et wagons incrustés de sel. On ne peut cependant pas monter à bord et il n'y a guère de panneaux explicatifs, d'où l'intérêt limité du musée. Le musée était temporairement fermé lors de nos recherches.

Circuits organisés

Salty Desert Aventours CIRCUITS
(7237-0444 ; www.saltydesert-uyuni.com ; Av. Ferroviaria, entre Av. Arce et Bolívar ; 7h-20h). Un tour-opérateur bien coté. Possibilité de circuits avec guide anglophone, moyennant un surcoût.

Quechua Connection CIRCUITS
(693-3923 ; www.quechuaconnection4wd.com ; angle Bolívar et Cabrera ; 9h-17h). Cette compagnie organise des circuits guidés en anglais dans le désert de sel, dont les plus populaires incluent 3 km à vélo.

Hidalgo Tours CIRCUITS
(622-9512 ; hidalgotours.com ; Av. Potosí 113, Hotel Jardines de Uyuni ; 8h30-12h30 et 15h-19h30). Une agence haut de gamme proposant des circuits individuels avec hébergement dans de luxueux hôtels de sel.

Red Planet CIRCUITS
(7240-3896 ; www.facebook.com/Red-Planet-Expedition-1449754851988099 ; Av. Ferroviaria, entre Sucre et Camacho). Un prestataire un peu plus cher que les autres mais qui offre des guides anglophones ainsi que des circuits de un à trois jours. Il accepte les règlements par carte bancaire moyennant un surcoût de 7%.

Cordillera Tours CIRCUITS
(693-3304 ; www.cordilleratraveller.com ; Av. Ferroviaria 314 ; 7h15-19h30). Circuits classiques dans le *salar* et transferts vers le Chili (à partir de 970 $B/pers).

Andes Salt Expeditions CIRCUITS
(693-2116 ; www.andes-salt-uyuni.com.bo ; Av. Ferroviaria 56). Gamme de circuits pour divers budgets. Le fondateur de l'agence, l'ancien mineur Raul Braulio Mamani, a été guide pour le tournage de *The Devil's Miner* (2005), un documentaire sur deux frères travaillant dans des mines proches de Potosí.

Fêtes et festivals

Fête annuelle FÊTE
(juil). Le 11 juillet, Uyuni célèbre l'anniversaire de la fondation de la ville avec défilés aux flambeaux, discours, danses, musique et moult libations.

Où se loger

Il vaut mieux réserver en haute saison, surtout si vous arrivez en pleine nuit. Seuls les meilleurs hôtels sont chauffés – apportez votre sac de couchage si vous en avez un. Pendant la saison des pluies, les tarifs sont un peu moins élevés et les nuits moins froides. Notez qu'Uyuni est rationnée en eau toute l'année. Ne dormez pas dans une chambre avec un chauffage au propane.

Hotel Avenida HÔTEL $
(693-2078 ; Av. Ferroviaria 11 ; 70 $B/pers, avec sdb commune 50 $B/pers ; @). Une adresse près de la gare ferroviaire, appréciée pour ses chambres nettes, son personnel avenant et ses éviers à lessive. Bon rapport qualité/prix mais pas de chauffage. Les chambres récentes, dans la partie couverte, sont les plus agréables et les plus chaudes.

Hostal El Cactu Urkupiña HÔTEL $
(693-2032 ; Av. Arce 46 ; s/d avec petit-déj 75/150 $B, avec sdb commune 60/120 $B). Cet hôtel central à petits prix loue des chambres propres incluant un petit-déjeuner sous forme de buffet. Si les matelas sont un peu bosselés, les propriétaires projettent en revanche d'installer des radiateurs.

Piedra Blanca Hostel AUBERGE DE JEUNESSE $$
(7222-3274 ; angle Loa et Tomás Frías ; d avec/sans sdb 290/220 $B/pers). Cet établissement engageant, dans un bâtiment moderne en bois et béton, comprend une lumineuse cour centrale et des espaces communs. Les chambres simples et confortables, de même que les dortoirs aux lits superposés en pin garnis de matelas douillets et d'épais édredons, ont le chauffage. Bar, cuisine bien équipée et petit-déjeuner compris. Vous pourrez vous y arrêter pour une douche chaude (20 $B) avant de prendre le train.

Uyuni

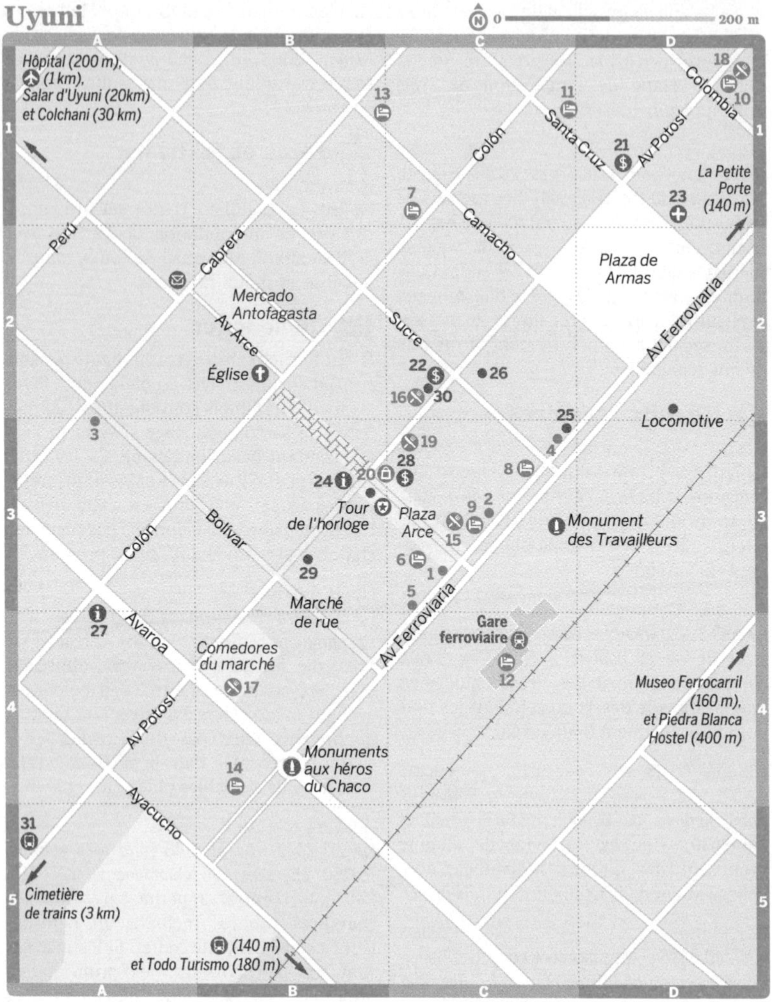

Toñito Hotel HÔTEL $$

(☎693-3186 ; www.tonitouyuni.com ; Av. Ferroviaria 60 ; s/d avec petit-déj 400-500 $B ; P📶). Établissement attrayant construit autour d'une cour centrale couverte qui se réchauffe agréablement pendant la journée, le Toñito compte une série de chambres charmantes avec lits spacieux et douches solaires. Il a la faveur des groupes en circuit organisé, aussi faut-il réserver.

Onkel Inn Wagon Sleepbox HÔTEL $$

(☎7722-4522 ; www.onkelinn.com/wagon-sleepbox ; Av. Ferroviaria s/n, gare ferroviaire, 1er ét ; s/lits jum avec sdb commune 111/208 $B, d/wagon avec sdb individuelle 452/515 $B ; 📶). Au 1er étage du bâtiment billetterie de la gare, cet hôtel amusant décline le thème ferroviaire. Les chambres lambrissées, chaudes et douillettes, imitent les compartiments couchettes et disposent pour la plupart d'une salle de bains. Devant la gare, trônent trois wagons de chemin de fer convertis en chambres doubles avec chauffage et salle de bains. Petit-déjeuner inclus.

Tambo Aymará HÔTEL $$

(☎693-2227 ; Camacho, près de Cabrera ; s/d avec petit-déj 390/500 $B ; 📶). Cette adresse accueillante affiche de belles parties communes

Uyuni

Activités

1 Andes Salt Expeditions C3
2 Cordillera Tours C3
Hidalgo Tours .... (voir 11)
3 Quechua Connection A3
4 Red Planet C3
5 Salty Desert Aventours C3

Où se loger

6 El Cactu Urkupiña Hostal C3
7 Hostal La Magia de Uyuni C1
8 Hotel Avenida C3
9 Hotel Julia C3
10 Jardines de Uyuni D1
11 Los Girasoles Hotel C1
12 Onkel Inn Wagon Sleepbox C4
13 Tambo Aymará B1
14 Toñito Hotel B4

Où se restaurer

15 Arco Iris C3
16 Lithium Club C2
17 Mercado Campesino B4
Minuteman Revolutionary Pizza .... (voir 15)
18 Tika D1
19 Wiphala Pub C3

Achats

20 Marché B3

Renseignements

21 Banco Mercantil Santa Cruz D1
22 Banco Nacional de Bolivia C2
Banco Unión .... (voir 25)
23 Clínica las Carmelitas D1
24 Infotur B3
25 Lavarap C3
26 Bureau de l'immigration C2
27 Bureau de la Reserva Nacional de Fauna Andina Eduardo Avaroa A4
28 Prodem C3

Transports

29 Amaszonas B3
30 Boliviana de Aviación C2
31 Bus pour San Cristóbal A5

et des chambres, dont certaines un peu sombres, avec grands lits, mobilier en bois artisanal et textiles boliviens. Les draps en flanelle et les radiateurs électriques vous empêcheront d'avoir froid. Eau chaude garantie et service aimable. Sonnez pour entrer.

Los Girasoles Hotel HÔTEL $$

(☎693-3323 ; www.girasoleshotel.hostel.com ; Santa Cruz 155 ; s/d/tr avec petit-déj 330/520/680 $B ; 📶). Ce bel hôtel, spacieux, dispose de jolies chambres équipées de grands lits confortables, d'une TV et de panneaux en bois de cactus. Elles donnent sur une cour intérieure (l'absence de fenêtres côté façade contribue à empêcher le froid d'entrer) mais n'en sont pas moins lumineuses.

Hostal La Magia de Uyuni HÔTEL $$

(☎693-2541 ; www.hostalmagiauyuni.com ; Colón 432 ; s/d ancienne aile 210/350 $B, s/d nouvelle aile 280/490 $B ; @📶). Cet hôtel semblable à une hacienda, l'un des pionniers du tourisme d'Uyuni, est un bon établissement de catégorie moyenne. Les chambres de l'aile ancienne sont plus petites, plus sombres et moins bien équipées que les autres. Celles de l'aile récente arborent de beaux meubles anciens en bois, des lits neufs, des édredons épais et un chauffage. Petit-déjeuner inclus.

Hotel Julia HÔTEL $$

(☎693-2134 ; www.juliaplazahotel.com ; angle Av. Ferroviaria et Av. Arce ; s/d/tr 220/330/450 $B, s/d avec sdb commune 120/220 $B ; @📶). Hébergement impeccable en plein centre proposant chambres chauffées et douches chaudes. Les chambres avec salle de bains, plus chères, sont plus lumineuses. Petit-déjeuner compris.

♥ **La Petite Porte** BOUTIQUE-HÔTEL $$$

(☎7388-5960 ; www.hotel-lapetiteporte-uyuni.com ; Av. Ferroviaria 742 ; s/d 620/725 $B ; @📶). Ce superbe hôtel de charme respire la classe sans ostentation. Les chambres sont équipées d'un système de chauffage original, par le plafond, qui assure une agréable chaleur même par grand froid. Avec les petits plus (thé et café à volonté par exemple), on s'y sent comme chez soi.

Jardines de Uyuni HÔTEL $$$

(☎693-2989 ; jardinesdeuyuni.com ; Av. Potosí 113 ; s/d/tr avec petit-déj 610/800/1 068 $B ; @📶🏊). Construit autour d'une cour dans un charmant style rustique, cet hôtel en adobe affiche les meilleurs espaces communs et la meilleure ambiance de la ville. Les chambres, petites mais bien équipées, sont décorées avec goût et disposent de lits confortables. L'établissement est prisé par les groupes des circuits haut de gamme et il faut donc réserver.

HORS DES SENTIERS BATTUS

À LA RENCONTRE DES CHIPAYAS

Les Chipayas vivent sur le delta du Río Sabaya, au nord du Salar de Coipasa. Certains chercheurs pensent qu'ils furent les premiers habitants de l'Altiplano et qu'ils descendraient de la civilisation disparue de Tiwanaku. Cette hypothèse repose sur le fait que leur langue, sans doute une survivance de l'uru, diffère du quechua et de l'aymara. Les Chipayas occupent deux villages du désert, Santa Ana de Chipaya et Ayparavi.

Les Chipayas se reconnaissent à leurs vêtements couleur terre et à la coiffure typique des femmes, qui tressent leurs cheveux en 60 petites tresses rassemblées en deux grandes nattes ornées d'une *laurake* (barrette) au niveau de chaque tempe. Ils vivaient dans des huttes de terre circulaires (*huayllichas*) ou coniques (*putucus*), dont la porte, en bois de cactus, faisait face à l'est. Beaucoup de ces maisons ont aujourd'hui disparu. Le Museo Antropológico Eduardo López Rivas (p. 151) à Oruro donne à voir une réplique d'habitation chipaya et des photographies de Chipayas.

Fondée sur le culte de la nature, la religion Chipaya divinisait les pierres, les rivières, les montagnes, les carcasses d'animaux et les ancêtres. Selon la croyance, les démons habitaient dans les cônes de terre chaulés présents dans un rayon de 15 km autour des villages, où on les apaisait par des libations, des sacrifices et des rituels afin que leur présence maléfique ne se manifeste pas au sein de la communauté.

La célébration des défunts culminait le 2 novembre lors du **Día de los Muertos** (jour des Morts), au cours duquel leurs corps étaient exhumés des *chullpas* (tours funéraires). Le rituel s'accompagnait d'un festin. On informait les morts des événements récents dans le village, et des besoins des vivants. Les anciens chefs, guérisseurs et autres notables étaient portés jusqu'à l'église, où l'on sacrifiait des animaux en leur honneur.

Ces pratiques se sont éteintes après l'évangélisation. De nos jours, cependant, on rend toujours hommage aux ancêtres décédés dans l'année écoulée, le 2 novembre.

Cela fait plusieurs années que le Río Lauca, dont les Chipayas tirent leur subsistance depuis des milliers d'années, s'assèche en hiver. De nombreux Chipayas s'installent donc au Chili pendant cette période et reviennent planter leur quinoa au retour de la pluie. Le mode de vie traditionnel du peuple le plus ancien de la région a aujourd'hui quasi disparu.

Dans le passé, les touristes n'étaient pas vraiment les bienvenus, mais il existe maintenant un **albergue** (☎6829-5299 ; turismo.chipaya.org ; d avec petit-déj 120 $B, dîner 60 $B) géré par la communauté à Santa Ana de Chipaya. Les hôtes logent dans des huttes rondes en adobe avec sol carrelé, eau chaude et électricité. Demandez la permission pour prendre des photos des habitants et attendez-vous à devoir payer.

À 30 km de là, Ayparavi conserve des maisons coniques et les femmes du village portent encore les nattes traditionnelles. Pour y aller, demandez un guide à Santa Ana de Chipaya et négociez le prix. Le secteur est parfois inaccessible par temps de pluie.

Aucune route asphaltée ne relie Oruro à Santa Ana de Chipaya. Quand la demande est suffisante, des minivans partent du Mercado Avaróa dans Velasco Galvarro, à 1,5 km au sud de la gare ferroviaire (40 $B, 4 heures 30). Davantage de gens effectuent le trajet les mercredis et samedis après-midi, après le marché.

Sinon, quelques tour-opérateurs organisent des visites de Santa Ana ; renseignez-vous auprès de Charlie Tours (p. 152) à Oruro.

Où se restaurer

L'isolement et la fréquentation touristique d'Uyuni poussent les tarifs vers le haut, mais l'on y mange correctement. On y trouve des établissements servant des pizzas et des pâtes, ainsi que quelques restaurants haut de gamme où déguster des plats plus élaborés.

Mercado Campesino MARCHÉ $

(Avaroa, angle Av. Potosí ; repas 5-10 $B ; 6h-12h). Pour manger sur le pouce à bas prix, direction les *comedores* (comptoirs de restauration) du marché et les stands de cuisine de rue voisins.

♥ **Tika** BOLIVIEN $$

(☎693-2989 ; tika.com.bo ; Av. Potosí 113 ; plats 40-92 $B ; 16h-22h ;). La salle chic et moderne du Tika compose un cadre attrayant pour goûter des spécialités boliviennes mises au goût du jour, comme le *charque lipeño* (viande de lama séchée, pommes de terre, fromage et maïs) ou la *k'alaphurka*, une soupe de maïs bouillonnante dans laquelle on a jeté une pierre volcanique brûlante. Bar bien fourni et longue carte des vins.

Minuteman Revolutionary Pizza PIZZERIA **$$**

(☎7309-3024 ; Av. Ferroviaria 60 ; plats 55-120 $B ; 8h-10h et 17h-21h). Tenu par Chris, originaire de Boston, et Sussy, sa femme bolivienne, ce lieu convivial situé dans le Toñito Hotel (p. 164) est plébiscité par les voyageurs pour ses excellentes pizzas et ses salades gourmandes. C'est un établissement agréable pour boire une bière, un verre de vin de la région de Tarija, ou pour prendre un copieux petit-déjeuner (20-50 $B).

Wiphala Pub PUB **$$**

(☎693-3545 ; Av. Potosí 325 ; plats 35-50 $B ; 9h-20h). Ce pub accueillant, avec tables en bois, ambiance décontractée et jeux de société, tire son nom du drapeau indigène multicolore. Il sert des pizzas et de savoureux plats boliviens mettant à l'honneur la viande de lama et le quinoa, ainsi que de la bière de quinoa (35 $B). Service parfois lent.

Arco Iris PIZZA **$$**

(Av. Arce 27 ; plats 35-50 $B ; 11h-22h). Une institution d'Uyuni, sympathique et fréquentée, avec des chaises en bois et un décor bolivien. Carte de pizzas, pâtes, soupes et boissons.

Lithium Club BOLIVIEN **$$$**

(☎7305-3366 ; Av. Potosí 26 ; plats 70-120 $B ; 10h30-22h lun-sam, 16h-22h dim). Ce restaurant haut de gamme revisite des spécialités boliviennes telles que le *charque de llama* (viande séchée de lama) ou la *pailita de llama* (ragoût de lama), pour un résultat teinté d'influences européennes.

Où prendre un verre et faire la fête

Il existe en ville quelques endroits où boire un verre avant ou après un circuit dans le *salar*. La plupart des restaurants font également bar et possèdent un bon choix de bières, vins et cocktails.

Achats

Marché MARCHÉ

(Av. Potosí ; dim et jeu). Le grand marché d'Uyuni se tient le jeudi. L'Avenida Potosí est alors envahie par des stands vendant toutes sortes d'articles, des objets artisanaux aux postes de télévision. Le marché du dimanche est moins important.

Renseignements

ACCÈS INTERNET

Plusieurs cybercafés sont installés en ville, notamment autour de la Plaza Arce. Comptez de 4 à 5 $B l'heure. Presque tous les hébergements, de même que beaucoup de restaurants et la plupart des tour-opérateurs, offrent un accès Wi-Fi.

ARGENT

Il y a plusieurs distributeurs en ville. En divers endroits dans l'Avenida Potosí, entre Arce et Bolívar, il est possible d'échanger ses pesos chiliens et argentins contre des bolivianos.

Banco Mercantil Santa Cruz (angle Av. Potosí et Santa Cruz)

Banco Union Nacional de Bolivia (angle Av. Potosí et Sucre)

Banco Unión (angle Av. Avaroa et Av. Potosí)

Prodem (Plaza Arce ; 8h30-16h lun-ven, 9h-12h sam)

DÉSAGRÉMENTS ET DANGERS

Surveillez votre portefeuille, surtout dans les gares. Des touristes se sont déjà fait dérober leurs affaires par des jeunes hommes prétendant les aider à acheter des billets de bus ou à transporter leurs bagages. En cas de vol, vous pourrez déposer plainte auprès de la **police touristique** (angle Av. Potosí et Av. Arce), dans la tour de l'horloge.

IMMIGRATION

Migración (☎7307-9328 ; www.migracion.gob.bo ; Av Potosi, près Sucre ; 8h30-12h30 et 14h30-18h30 lun-ven, 8h30-12h30 sam). Uniquement pour les prorogations de visa. Procurez-vous les visas à la frontière et faites tamponner votre passeport à l'entrée et à la sortie.

LAVERIE

Les hôtels proposent généralement un service de nettoyage, mais cela peut revenir cher.

Lavarap (Av. Ferroviaria, entre Sucre et Camacho ; 20 $B/kg ; 8h-20h). Commode et efficace.

OFFICE DU TOURISME

Infotur (☎693-3666 ; angle Av. Potosí et Av. Arce ; 8h-12h et 14h30-18h30 lun-ven). Beaucoup de brochures sur Uyuni et le reste

SALAR D'UYUNI ET CIRCUIT DU SUD-OUEST

S'il est en principe possible de visiter en indépendant le Salar d'Uyuni (p. 170) et les sites du circuit du Sud-Ouest, le manque de fiabilité des transports et l'isolement de la région contribuent à rendre le voyage extrêmement difficile. L'immense majorité des voyageurs choisissent un circuit organisé à partir d'Uyuni ou de Tupiza – ce qui revient d'ailleurs moins cher que de le faire seul. De fin décembre à fin mars, le *salar* est recouvert d'eau, et de nombreuses agences sont fermées. À cette époque, on ne peut se rendre que sur le pourtour de l'étendue de sel.

Tarifs

Un circuit de trois jours coûte de 800 à 1 200 $B avec une agence classique, entre 1 200 et 1 500 $B avec un prestataire haut de gamme. Les formules les plus économiques n'incluent pas de guide anglophone. Cela revient moins cher de faire affaire directement à Uyuni. Le tarif comprend un chauffeur (qui fait fonction de guide, mécanicien et cuisinier), deux nuits d'hébergement (la qualité dépend de l'agence), trois repas par jour et le transport. L'entrée (30 $B) à l'**Isla Incahuasi** (p. 171) et celle (150 $B) à la **Reserva Nacional de Fauna Andina Eduardo Avaroa** (p. 173) sont en sus. Les voyageurs faisant le trajet jusqu'au Chili doivent prévoir 20 à 30 $B (21 $B en général) en plus pour le passage de la frontière. La plupart des agences n'acceptent pas les cartes bancaires.

À emporter

Eau (plusieurs litres), en-cas, lampe frontale, crème solaire, lunettes de soleil, chapeau, vêtements chauds, appareil photo et chargeur, dinosaure en plastique (pour les photos de rigueur) ! Prévoyez également des espèces pour l'entrée des parcs nationaux et les toilettes payantes (généralement 5 $B). Un sac de couchage est aussi vivement recommandé, mais certaines agences en fournissent sans supplément (vérifiez lors de la réservation).

Choisir une agence

En règle générale, et à l'exception des prestataires haut de gamme, peu importe l'agence dans laquelle vous souscrivez car la plupart suivent les mêmes itinéraires, ont les mêmes chauffeurs et forment des groupes de cinq ou six personnes (n'acceptez pas davantage !). Cela signifie que si vous prenez une excursion dans l'agence A, vous pouvez très bien vous retrouver dans un groupe géré par l'agence Z.

Parlez avec des voyageurs qui rentrent d'excursion, avec plusieurs agences et fiez-vous à votre jugement pour choisir un bon prestataire. Si vous créez votre itinéraire, faites-le écrire par l'agence. Si vous pouvez former votre groupe (essayez au pub), c'est encore mieux. Les agences haut de gamme ont de meilleurs hôtels, des voitures plus fiables et peuvent personnaliser les circuits.

Si les conditions de visite s'améliorent, sachez que des touristes ont perdu la vie, lors d'accidents de voiture dus à l'alcool. Demandez à voir le véhicule et à rencontrer le chauffeur. Si l'agence tente de changer le chauffeur ou le véhicule, faites-le remarquer. En chemin, assurez-vous que votre chauffeur ne boive pas d'alcool (et demandez à changer de voiture s'il boit).

Excursions à la journée

Vous pourrez également ne réserver qu'une excursion d'une journée à l'Isla Incahuasi pour 200 $B, mais, compte tenu du trajet, autant se fendre d'un grand tour.

du pays. Lors de notre passage, le bureau se trouvait dans la gare routière, celui de l'Avenida Arce étant en rénovation.

Bureau de la **Reserva Nacional de Fauna Andina Eduardo Avaroa** (REA ; ✆693-2225 ; angle Colón et Avaroa ; ⏲9h-18h lun-ven). Bureau administratif du parc à Uyuni. Vous pourrez y acheter votre billet d'entrée (150 $B) si vous allez au parc en indépendant.

POSTE

Bureau de poste (✆693-2405 ; angle Av. Arce et Cabrera)

SERVICES MÉDICAUX

Hospital Obrero (Caja Nacional de Salud ; ✆693-2025 ; Av. Arce, entre Fernando Alonzo et Calvimontes)

Clínica las Carmelitas (✆693-3539 ; Santa Cruz, entre Av. Potosí et Av. Ferroviaria)

Les circuits à la journée démarrent généralement vers 10h à la saison haute. On s'arrête d'abord au Cementerio de Trenes (p. 162) et dans les zones d'extraction de Colchani (p. 172), où l'on peut acheter des souvenirs. On gagne ensuite l'Hotel de Sal Playa Blanca (p. 172) et l'Isla Incahuasi (p. 171).

Les excursionnistes à la journée prennent ensuite le chemin du retour tandis que les voyageurs au long cours contemplent le spectaculaire arc-en-ciel au moment du coucher du soleil, puis gagnent leur hôtel.

Circuits standards

Le circuit de 3 jours comprenant le **Salar d'Uyuni** (p. 170), la **Laguna Colorada** (p. 174), le **Sol de Mañana** (p. 174) et la **Laguna Verde** (p. 175), entre autres étapes, est le plus prisé.

La qualité de la nourriture varie – encore que de nombreuses agences font appel aux mêmes prestataires. Les végétariens doivent s'arranger à l'avance avec le prestataire (et apporter de quoi manger, au cas où). Les agences haut de gamme proposent de meilleurs hôtels – avec chauffage et couettes – et une meilleure cuisine.

Dans de nombreux circuits, la première journée est consacrée à l'**Isla Incahuasi** (p. 171), suivie d'une nuit dans l'un ou l'autre des hôtels de sel situés aux alentours du village de **Chuvica**, sur la bordure est du *salar*.

Le deuxième jour se passe généralement dans la splendide région isolée de **Los Lípez** (p. 173), avec nuit (la plus froide du circuit !) dans l'hébergement en dortoir de la Laguna Colorada, ou, un peu plus loin, dans le village de **Huayajara**. On se réveille à l'aube pour se rendre au vaste champ de geysers appelé **Sol de Mañana** (p. 174).

Ceux qui ne poursuivent pas vers le Chili reviendront dans l'après-midi à Uyuni, avec éventuellement des haltes intéressantes dans les **valles de Rocas** (p. 175) et de **San Cristóbal** (p. 176).

Circuits personnalisés

Demandez à l'agence s'il est possible de réaliser le circuit standard en sens inverse. Ainsi, vous arrivez au *salar* tôt le matin du troisième jour, au moment où la luminosité est la meilleure.

Si vous disposez du temps et du budget nécessaires, vous pourrez personnaliser votre circuit et prévoir l'ascension d'un volcan, la visite d'un village local avant d'être déposé à Tupiza. Ces circuits sur mesure sont en principe plus onéreux mais ils vous permettront de découvrir d'autres aspects de la région – coulées de lave, volcans en activité, villages abandonnés, ravines, déserts de sel, cimetières troglodytiques pré-incas, champs de quinoa, lagunes multicolores et lacs d'eau soufrée.

Vous pourrez explorer **Coquesa** (p. 173) ainsi que des sites moins fréquentés tels que l'**Isla Cáscara de Huevo**, **Aquaquiza**, le **Salar de Coipasa** et les **lacs du Sud-Lípez** (p. 176). Dans ces endroits, vous ne serez pas cerné par des hordes de touristes et de jeeps. Le sentiment de bout du monde demeure intact.

Ceux qui poursuivent vers le Chili peuvent prévoir de se faire déposer à la frontière après la Laguna Verde le matin du troisième jour, à temps pour prendre une correspondance pour rejoindre la jolie localité de San Pedro de Atacama. Lors de la réservation, vérifiez que le prix du transfert jusqu'à San Pedro est inclus.

ℹ Depuis/vers Uyuni

AVION

Le moyen le plus rapide pour gagner Uyuni consiste à prendre l'avion de La Paz jusqu'à l'aéroport Joya Andina, à 1 km au nord de la ville.

Amaszonas (☎693-3333 ; www.amaszonas.com ; Av. Potosí s/n ; ⏲8h30-19h lun-ven) et **Boliviana de Aviación** (BoA ; ☎693-3674; www.boa.bo ; Av. Potosí, près de Sucre ; ⏲8h30-12h30 et 14h30-18h30 lun-ven, 8h30-12h30 sam) assurent chacune deux liaisons quotidiennes avec La Paz (à partir de 700 $B, 1 heure).

BUS

Les bus longue distance partent de la **gare routière** située sur l'Av. Arce. Plusieurs compagnies couvrent les destinations, renseignez-vous pour obtenir le meilleur tarif, horaire et service.

Il y a un bus toutes les heures pour Potosí. Pour Sucre, mieux vaut passer par Potosí et prendre une correspondance.

AVERTISSEMENT SUR LES CIRCUITS DU SALAR

Les tour-opérateurs sont légion à Uyuni : actuellement plus de 100 agences proposent des excursions au *salar*. Si la concurrence élargit l'éventail du choix, gardez à l'esprit que faire baisser les coûts équivaut souvent pour les prestataires à rogner sur la sécurité et le respect de la nature.

Ces pratiques sont à l'origine d'accidents de jeep mortels. Au moins 26 personnes ont ainsi perdu la vie depuis mai 2008. Des témoignages alarmants font état de véhicules sans ceinture, de prestataires pressés, d'un manque de matériel d'urgence, de pannes, de chauffeurs ivres et d'une absence de respect pour l'environnement.

La route entre Uyuni et Oruro est maintenant entièrement asphaltée, ce qui rend les trajets plus rapides et plus confortables. La fréquence des bus à destination d'Oruro et de La Paz, plus au nord, a par ailleurs augmenté.

Les bus les plus sûrs et les plus confortables pour La Paz appartiennent à la compagnie **Todo Turismo** (☎2-228-7038 ; todoturismosrl.com ; Av Cabrera ; 250 $B l'aller). Chauffés, ils partent tous les jours à 21h.

Des bus pour ces villes quittent Uyuni tous les jours à 7h30 et 20h.

Cruz del Norte assure un départ à 5h30 (170 $B, 9 heures 30) pour Calama (Chili).

DESTINATION	TARIF ($B)	DURÉE (HEURES)
Cochabamba	120	11
La Paz	95-165	10
Oruro	150	4
Potosí	60	4
Sucre	90	8
Tupiza	80	4
Villazón	60	7

TRAIN

Uyuni possède une **gare ferroviaire** (☎693-2153 ; Av. Ferroviaria s/n) moderne et bien organisée. Les trains conduisent au nord à Oruro et au sud à Villazón. Ils sont souvent complets, aussi faut-il acheter ses billets plusieurs jours à l'avance ou s'adresser à une agence. On nous rapporte souvent des problèmes de lenteur, d'annulation et de longues attentes – mais cela fait partie de l'aventure !

Selon la taille de votre bagage, vous devrez peut-être l'enregistrer dans le compartiment à bagages. Attention aux voleurs à l'arraché au départ des trains.

Expreso del Sur

Train un peu plus haut de gamme, l'*Expreso del Sur* relie Uyuni et Oruro les jeudis et dimanches (départ à 0h05) ; en direction du sud, départ pour Atocha, Tupiza et Villazón les mardis et vendredis à 21h40.

TRAJET	TARIF ($B, ALLER SIMPLE, 2E /1RE CLASSE)	ARRIVÉE
Uyuni-Oruro	60/120	7h10
Uyuni-Tupiza	47/120	3h
Uyuni-Villazón	72/180	6h05

Wara Wara

Le train *Wara Wara* assure des liaisons meilleur marché pour Oruro (mardi et vendredi à 1h45), d'une part, et Atocha, Tupiza et Villazón (jeudi et lundi à 2h50), d'autre part.

TRAJET	TARIF ($B, ALLER SIMPLE, 2E /1RE CLASSE/ EJECUTIVO)	ARRIVÉE
Uyuni-Oruro	32/47/102	9h10
Uyuni-Tupiza	25/38/76	8h35
Uyuni-Villazón	38/56/118	12h05

Salar d'Uyuni

La plus vaste réserve de sel au monde, le Salar d'Uyuni, s'étend sur 12 106 km² à 3 653 m d'altitude. Quand il est asséché, le *salar*, d'un blanc aveuglant, est une étendue désolée d'une incomparable beauté – juste le ciel bleu, le sol blanc et vous. Dès qu'il retient un peu d'eau, la surface reflète à la perfection les nuages et le ciel bleu de l'Altiplano, au point de masquer l'horizon. Circuler alors sur le *salar* donne l'impression de voler parmi les nuages.

Le Salar d'Uyuni est actuellement un centre d'extraction et de traitement du sel, notamment autour du village de Colchani. La production annuelle est estimée dans ce lieu à près de 20 000 tonnes, dont 18 000 tonnes destinées à la consommation humaine et le reste au bétail. Sous la surface, d'importants gisements de lithium (composant essentiel des batteries, en utilisation croissante avec l'usage généralisé des Smartphones, tablettes, etc.) – 40% des ressources mondiales – devraient alimenter l'économie bolivienne pour les cent prochaines années.

Formation

Il y a 40 000 à 25 000 ans, le Lago Minchín, dont le niveau le plus haut atteignit 3 760 m, recouvrait la majeure partie du sud-ouest de la Bolivie. Lorsqu'il s'évapora, l'endroit resta sec pendant 14 000 ans avant l'apparition du Lago Tauca, qui ne subsista que 1 000 ans et dont le niveau grimpa à 3 720 m. Il laissa deux grands plans d'eau, les Lagos Poopó et Uru Uru, et deux vastes concentrations de sel, les *salares* d'Uyuni et de Coipasa.

Cette partie de l'Altiplano est endoréique (ses cours d'eau n'atteignent pas la mer et se perdent dans les terres) ; les dépôts de sel proviennent des minéraux lessivés des montagnes et accumulés au point le plus bas.

À voir

Isla Incahuasi ÎLE

(30 $B). La spectaculaire Isla Incahuasi, ou Inkawasi, constitue l'un des temps forts d'une excursion dans le Salar d'Uyuni. Elle se situe au cœur du désert salé, à 80 km à l'ouest de Colchani. Cet avant-poste vallonné et couvert de cactus *Trichocereus* est entouré d'une mer blanche et plane de plaques de sel de forme hexagonale.

Jadis totalement isolée, elle reçoit désormais un flot de groupes qui se bousculent pour prendre la photo parfaite, mais cela n'enlève rien à son aspect surnaturel.

Vous devrez vous acquitter d'un droit d'entrée pour gravir la colline (30 $B) ; comptez 15 minutes de marche jusqu'au sommet par un sentier en boucle. À la saison humide, le *salar* est recouvert d'eau et l'île inaccessible.

ASCENSION DE VOLCANS

Les circuits standards n'incluent pas l'ascension d'un volcan, mais il est tout à fait possible de louer les services d'un chauffeur et de trouver un guide, soit directement dans les villages de la région, soit auprès d'une agence à Uyuni. L'altitude, plutôt que la difficulté technique, constitue le principal défi.

Le **volcan Licancabur** (5 960 m) est le plus escaladé. Il faut environ 8 heures pour atteindre le sommet, et 2 heures pour redescendre. Plusieurs agences d'Uyuni et de Tupiza peuvent inclure l'ascension guidée du volcan dans leur itinéraire du circuit du Sud-Ouest en ajoutant une journée d'excursion. On trouve en principe des guides aux alentours du camping de la Laguna Blanca – ils facturent environ 500 $B pour l'ascension de la montagne dotée d'un superbe lac au sommet, et qui s'effectue sans problème en une journée (à condition de supporter l'altitude). Le volcan étant sacré pour les habitants, les guides procèdent à une petite cérémonie dédiée à la Pachamama, pour lui demander la permission de faire l'ascension.

L'ascension du **Nevado Candelaria** (5 995 m), au sud-ouest du Salar de Coipasa, est tout aussi exaltante. Grimper au sommet du **volcan Ollagüe** (5 865 m), un volcan en activité sur la frontière chilienne, au sud-ouest de San Pedro de Quemez, offre une vue spectaculaire.

À la diagonale de Colchani et surmontant un promontoire arrondi, le **volcan Tunupa** (5 400 m) semble jaillir du Salar d'Uyuni. On peut le gravir depuis le village de Coquesa (10 heures aller-retour, avec la visite des grottes où reposent des momies pré-incas). Les guides locaux demandent autour de 500 $B. Malgré l'altitude, l'ascension de cette montagne est assez facile. Une légende qui la lie aux origines du désert de sel raconte que l'empereur inca du XVIe siècle Atahualpa lacéra la poitrine d'une femme appelée Tunupa sur les pentes de la montagne, et que le lait qui en coula forma le *salar.* Selon une autre légende, en ces temps anciens, les montagnes étaient des hommes et des femmes. Juste après avoir donné naissance à leur enfant, Tunupa aurait appris que son compagnon vivait avec une autre femme. Anéantie, elle pleura longuement, versant ses larmes salées sur son lait, créant ainsi cette étendue triste et belle qu'est le *salar.*

Il est également possible de gravir l'**Uturuncu** (6 020 m), un volcan en activité ; au besoin, des jeeps vous conduiront jusqu'à 4 800 m, d'où vous terminerez à pied – un bon moyen de se rendre facilement au sommet d'un volcan, à 6 000 m d'altitude !

VAUT LE DÉTOUR

PULACAYO

Dans le village presque fantôme de **Pulacayo** (droit d'entrée de 10 $B), des rochers bigarrés s'élèvent près de la route et un cours d'eau riche en minéraux révèle des stries bleues, jaunes, rouges et vertes. Les mines d'argent au nord ont fermé en 1959 et la localité ne compte plus aujourd'hui que quelques centaines d'âmes courageuses. Prenez n'importe quel bus à destination de Potosí et demandez qu'on vous dépose à Pulacayo (5 $B, 30 min) ou optez pour un circuit organisé.

La demeure d'Aniceto Arce Ruíz, 22e président de Bolivie, mérite le coup d'œil. À proximité se tient une collection de locomotives à vapeur, importées pour le transport du minerai, dont *El Chiripa*, la première du genre dans le pays. On peut également voir le train attaqué par les bandits Butch Cassidy et Sundance Kid, dont un wagon en bois porte des impacts de balles.

Hotel de Sal Playa Blanca ÉDIFICE REMARQUABLE

On n'y passe plus la nuit, mais on peut toujours aller voir les statues de sel à l'intérieur ainsi que le **monument Dakar Bolivia** (commémorant la célèbre course) et le **monument des drapeaux**, non loin de là (ajoutez votre drapeau si vous en avez un !). Dénichez un coin à l'écart et profitez du moment – c'est ici que les photographes amateurs sortent un petit dinosaure en plastique de leur poche et jouent avec la curieuse perspective créée par l'immense étendue plane sous un ciel uniformément bleu. Les groupes en excursion s'arrêtent souvent pour le déjeuner.

Colchani VILLAGE

À 22 km au nord d'Uyuni, juste à la lisière du *salar*, Colchani est le lieu le plus pratique pour accéder à ce dernier ou en avoir un aperçu. La plupart des circuits font halte au village, qui abrite des stands de souvenirs et le petit **Museo de Sal** (entrée libre), construit en sel et contenant des sculptures dans cette matière. Les bus Uyuni-Oruro passent par là (5 $B, 40 min).

Réunis en coopérative, les habitants vivent de l'extraction du sel, dont des monticules sèchent près de la localité.

Où se loger

Dans le *salar*, quoi de mieux que de passer la nuit dans un hôtel à l'architecture et au mobilier de sel ? Simples et presque identiques, ceux de Coquesa, Chuvica et San Juan comportent des salles à manger où dîner (en frissonnant). Ils ne sont pas chauffés, mais l'on peut prendre une douche chaude (10 $B). Des établissements de ce type plus haut de gamme existent également.

Luna Salada Hotel BOUTIQUE-HÔTEL $$$

(☎7121-2007 ; www.lunasaladahotel.com.bo ; ch avec petit-déj à partir de 1250 $B ; P wifi). À 7 km de Colchani, ce luxueux hôtel de sel en bordure du salar renferme de confortables chambres, un restaurant panoramique et un spa avec bain de vapeur. Possibilité de louer des vélos.

Hotel Palacio de Sal BOUTIQUE-HOTEL $$$

(☎6842-2088 ; www.palaciodesal.com.bo ; ch avec petit-déj à partir de 1 050 $B ; wifi). En bordure de *salar*, près de Colchani, ce complexe hôtelier en sel de grand standing fut le premier du genre à ouvrir dans la région. Il possède une salle de jeu avec billard et vue magnifique sur l'étendue de sel, ainsi qu'un bon restaurant. Réservez via Hidalgo Tours (p. 163) ; opter pour une formule ou un circuit revient moins cher.

Hotel Tayka de Piedra HÔTEL $$$

(☎693-2987 ; www.taykahoteles.com ; San Pedro de Quemes ; s/d/tr 560/665/810 $B). L'Hotel Takya de Piedra se trouve à la pointe sud-ouest du *salar*, hors des sentiers battus. Fait de grosses pierres locales, il donne près du village de San Pedro de Quemes, à proximité des ruines incendiées d'un village précolombien.

Coquesa

☎2 / 60 HABITANTS / ALTITUDE 3 689 M

Vous pourrez vous arrêter au village de Coquesa, à la lisière nord du *salar*, en prenant le temps de découvrir les **ruines d'anciens villages** et les **cimetières** voisins. Des céramiques, des objets en or et en cuivre, et des vêtements ont été découverts sur certains des sites, confirmant la présence d'une culture développée mais peu connue. Malheureusement, l'isolement a favorisé le pillage des trésors archéologiques. Coquesa est également le point de départ pour l'ascension du **Volcán Tunupa** ; des guides locaux vous conduiront au sommet moyennant 500 $B .

DEPUIS/VERS LE CHILI

Dans le cadre des circuits au nord-ouest de la Bolivie, la plupart des agences proposent désormais des liaisons transfrontalières jusqu'à **San Pedro de Atacama** en collaboration avec des prestataires chiliens. La liaison se fait vers 9h, peu après la visite de la Laguna Verde (p. 175), ce qui laisse peu de temps pour profiter des sources chaudes. Parlez-en au préalable avec votre prestataire. Au poste-frontière de Hito Cajón, il faut s'acquitter d'une taxe de sortie d'un montant allant de 15 à 30 $B (21 $B en général).

Certains tour-opérateurs, dont Cordillera Tours (p. 163), proposent le transport direct en jeep jusqu'à San Pedro pour 350 $B par personne, via le poste-frontière de Hito Cajón. Les jeeps partent généralement à 16h, avec un arrêt pour la nuit à Mallcu Villamar, et arrivent à San Pedro à 13h le lendemain.

En hiver, il arrive que des chutes de neige rendent la route du Hito Cajón impraticable. Dans ce cas, il peut être possible de franchir la frontière à Ollagüe ; Cordillera Tours facture 500 $B par personne pour le transfert, avec une nuit à Villa Alota ou Culpina.

Où se loger

Hotel Tayka de Sal HÔTEL $$$
(☎ 7202-0069 ; www.taykahoteles.com ; Tahua ; s/d avec petit-déj 560/830 $B). Cet hôtel du village de Tahua, juste à l'ouest de Coquesa, est construit entièrement avec du sel extrait localement, à l'exception du toit en chaume et des sdb en pierre noire. C'est une adresse de luxe, avec chauffage. Il faut réserver.

Depuis/vers Coquesa

La plupart des touristes visitent Coquesa dans le cadre d'un circuit organisé au départ d'Uyuni (p. 163). Le village est également accessible par la route en venant du nord, mais aucun transport public ne le dessert.

Los Lípez

Région sauvage à l'aspect surnaturel, Los Lípez est le genre d'endroit où l'on peut avoir la sensation d'être seul au monde. Certes, les groupes partent d'Uyuni en convois. Mais, passé le poste de contrôle militaire de Colcha K, tous se dispersent dans cette vaste région. On jouit alors pleinement de l'environnement, et l'on s'adonne à des réflexions existentielles sur sa propre insignifiance.

À voir

Si **Colcha K** abrite une jolie **église en adobe** ainsi que plusieurs établissements assez sommaires équipés de dortoirs, l'intérêt majeur du lieu réside avant tout dans la beauté indescriptible de ses paysages, dont les incroyables formations rocheuses se déclinent dans une large palette de couleurs.

Une quinzaine de kilomètres plus loin, le village de **San Juan** (3 660 m), où l'on cultive le quinoa, compte une charmante **église en adobe**, plusieurs **tombes en pierre volcanique** et des **chullpas** (tours funéraires) aux alentours. Vous y trouverez également une petite boutique.

À partir de là, la majorité des circuits tournent vers l'ouest et entament la traversée du **Salar de Chiguana**, une zone d'exploitation de borax, où le paysage s'ouvre en dévoilant au loin l'**Ollagüe** (5 865 m), un volcan actif coiffé de neige, à cheval sur la frontière chilienne.

L'itinéraire se dirige ensuite vers le sud et grimpe vers des hautes terres toujours plus sauvages passant par des lacs riches en minéraux et peuplés de flamants comme ceux de **Cañapa**, **Hedionda** et **Honda**.

Toujours en direction du sud, la route franchit le **Desierto de Siloli** via l'**Árbol de Piedra**, d'où il reste 18 km à parcourir pour atteindre la Laguna Colorada, à l'entrée de la Reserva Nacional de Fauna Andina Eduardo Avaroa.

♥ **Reserva Nacional de Fauna Andina Eduardo Avaroa** PARC NATIONAL
(REA ; 150 $B). Isolée à l'extrémité sud-ouest de la région de Los Lípez, près de la frontière chilienne, la **Reserva Nacional de Fauna Andina Eduardo Avaroa** est accessible par une route difficile et cahoteuse, mais on ne regrette aucune secousse lorsque l'on découvre les paysages fantasmagoriques au fil du chemin.

Face au lac, le bureau du parc, où l'on paye le droit d'entrée, dispose de brochures d'information et de panneaux sur la flore et la faune locales.

Salars d'Uyuni et de Coipasa

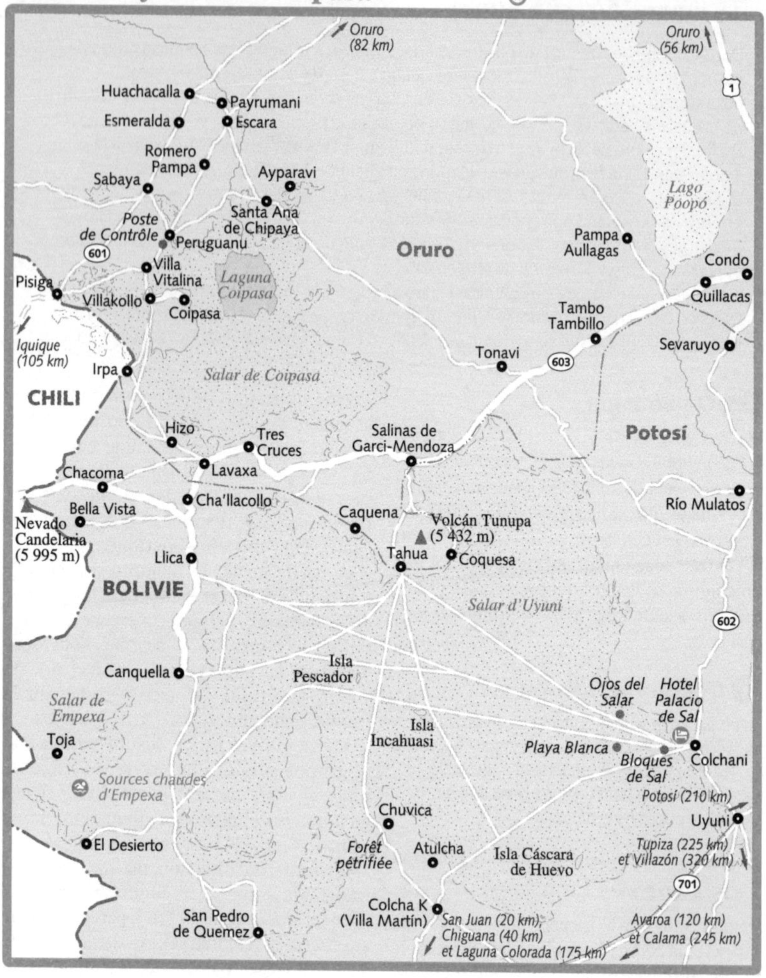

La réserve a été créée en 1973, et couvre une surface de 715 000 ha. Elle reçoit plus de 50 000 visiteurs annuels. Son rôle principal tient à la protection des vigognes, du flamant de James et de la *yareta* (une plante), trois espèces menacées.

Laguna Colorada — LAC

Le lac couleur rouille de la Laguna Colorada (4 278 m), couvre approximativement 6 000 ha et sa profondeur ne dépasse pas 80 cm. Sa coloration provient des algues et du plancton qui prospèrent dans l'eau riche en minéraux. Des dépôts blancs de sodium, de magnésium, de borax et de gypse ourlent la rive. Plus visibles, les trois espèces de flamants d'Amérique du Sud nichent ici.

Les sédiments du lac abondent en diatomées, des microfossiles utilisés dans la fabrication d'engrais, de peinture, de dentifrice et de plastique, et qui servent également d'agent filtrant pour l'huile, les produits pharmaceutiques, le kérosène, la bière et le vin. L'air est pur, le froid vif et, en hiver, les températures nocturnes peuvent descendre sous les -20°C.

Sol de Mañana — GEYSERS

La plupart des groupes se lèvent à l'aube pour visiter le vaste champ de geysers, appelé Sol de Mañana. Situé à 4 850 m d'altitude, il est constitué de mares de boue bouillonnante, de fumerolles et de vapeurs sulfureuses dégageant une odeur nauséabonde. Avancez avec précaution : toute parcelle de terre humide ou craquelée peut être dangereuse et des effondrements peuvent se solder par de graves brûlures.

Termas de Polques SOURCES CHAUDES

(6 $B). Au pied du Cerro Polques, les Termas de Polques, un petit bassin où l'eau jaillit à 30°C, sont un véritable paradis après les nuits glaciales du *salar*. On peut se baigner dans cette eau riche en minéraux, réputée soulager les rhumatismes et l'arthrite. Sur place, vous trouverez un restaurant, des cabines de bain et des toilettes.

Laguna Verde LAC

La magnifique Laguna Verde (4 400 m) se niche à la pointe sud-ouest de la Bolivie, à 52 km au sud de Sol de Mañana (p. 174). La couleur bleu-vert de ses eaux est due à son importante concentration en plomb, soufre, arsenic et carbonates de calcium. Les circuits passent généralement ici le matin, mais les lieux sont plus spectaculaires encore dans l'après-midi, lorsque les vents glacials ont déposé sur la surface de l'eau une pellicule brillante d'écume verte et blanche.

L'agitation de la surface, alliée à la forte concentration en minéraux de l'eau, l'empêche de geler à des températures très basses (jusqu'à -21°C).

Derrière le lac se dresse le cône du **volcan Licancabur** (5 960 m), dont le sommet aurait abrité une ancienne crypte inca.

Desierto de Dalí FORMATION GÉOMORPHOLOGIQUE

À une vingtaine de kilomètres au sud de Sol de Mañana, la route bifurque. L'embranchement de gauche, plus pittoresque, franchit un col à 5 000 m, puis grimpe un versant désolé où d'énormes rochers semblent avoir été soigneusement placés là par le maître surréaliste Salvador Dalí.

ℹ Depuis/vers Los Lípez

La meilleure façon d'explorer la zone est d'effectuer un circuit organisé depuis Uyuni ou Tupiza. En hiver (juin-août), la neige rend les routes impraticables, et la Reserva Nacional de Fauna Andina Eduardo Avaroa (p. 173) peut être fermée, tout comme le poste-frontière à Hito Cajón.

Valles de Rocas

Au cœur de hautes terres isolées s'étendent plusieurs vallées constituées d'insolites formations rocheuses, appelées **Valles de Rocas**. Une promenade dans ces ravines aux formes étranges vous donnera l'occasion de prendre de superbes photos. Depuis le village voisin d'**Alota**, comptez 6 heures de trajet pénible et cahoteux jusqu'à Uyuni. En chemin, vous traverserez des villages "authentiques", dont le plus pittoresque est **Culpina K**, qui comporte des petites maisons aux couleurs vives et un café.

San Cristóbal

☎2 / 750 HABITANTS / ALTITUDE 3 800 M

Le village minier de San Cristóbal mérite une halte pour sa charmante **église jésuite** (Sucre s/n ; 15 $B ; ⌚10h-17h) édifiée il y a 350 ans. En 1999, le village, y compris l'église et le cimetière, a été déplacé de 20 km depuis son site d'origine, à côté de la mine, par la société d'exploitation minière américano-japonaise qui s'est installée dans la région pour extraire du plomb, du zinc et de l'argent.

Si vous ne venez pas dans le cadre d'un circuit, prenez un **bus pour San Cristóbal**. Ils partent à côté de la base militaire (angle Potosí et Ayacucho) d'Uyuni à 8h, 14h et 18h30. Dans le sens du retour, départ de San Cristóbal à 8h, 16h30 et 18h (15 $B, 2 heures).

Lacs du Sud Lípez et environs

La **Laguna Celeste**, qui tire son nom de ses eaux bleues, reste une destination marginale pour la plupart des agences d'Uyuni. Il n'en demeure pas moins que le lac séduit un nombre croissant de voyageurs, prêts à un détour d'une journée. Une légende locale évoque l'existence d'une ruine, peut-être une *chullpa*, immergée dans le lac. Derrière le lac, une route serpente sur les flancs du **volcan Uturuncu** (6 020 m) jusqu'à la **mine de soufre d'Uturuncu**, perchée sur un col à 5 900 m, entre les deux cônes du volcan. Plus haute de 200 m que la route qui passe par le Khardung La au Ladakh (Inde), c'est sans doute la voie carrossable la plus haute au monde.

Les vastes étendues des confins orientaux du Sud Lípez comptent bien d'autres lacs superbes, riches en minéraux et nommés d'après leur couleur. Ainsi, divers

LE NOUVEL ELDORADO DU LITHIUM

La Bolivie pourrait bien jouer un rôle clé dans le développement des transports durables. En effet, entre 63 et 70% des gisements de lithium de la planète, un minerai indispensable pour la fabrication des véhicules hybrides et électriques, se trouveraient dans le "triangle du lithium", que forment la Bolivie, le Chili et l'Argentine.

Plusieurs acteurs majeurs de l'industrie automobile mondiale lorgnent sur cette ressource, mais les choses progressent lentement, notamment parce qu'Evo Morales était récalcitrant à attirer les investissements étrangers. La société minière d'État Comibol avait cependant été chargée de construire une usine pilote dans le Salar d'Uyuni. Après de nombreux contretemps dus au manque d'expertise, celle-ci a finalement expédié une première livraison de 10 tonnes à la Chine en 2016.

Motivé par la montée en flèche du prix du lithium (de plus de 400% en 2020), l'actuel président bolivien Luis Arce avait assuré au moment de sa campagne électorale que son exploitation pourrait rapporter 4,5 milliards de dollars par an. Mais en juin 2022, lors de la rédaction de ce guide, six entreprises étrangères se disputaient encore l'exploitation de la précieuse ressource dans le Salar d'Uyuni, retardant son industrialisation à grande échelle.

En attendant, l'essor de la voiture électrique entraîne une augmentation croissante de la demande en lithium, et on s'attend à ce que d'ici à 2030, elle représente 52% des nouvelles ventes de voitures.

lacs aux eaux laiteuses portent le nom de **Laguna Blanca** (lac Blanc) ; d'autres, colorés par le soufre sont appelés **Laguna Amarilla** (lac Jaune), et ceux de couleur bordeaux, **Laguna Guinda** (lac Cerise). Ils figurent plutôt au programme des excursions au départ de Tupiza (et non d'Uyuni).

À quelque 120 km au nord-est de la Laguna Verde et à 30 km au sud-ouest de la Laguna Celeste, le petit village minier de **Quetena Chico** compte quelques services et échoppes, un poste militaire et deux modestes *albergues*. Il abrite le **Centro de Ecología Ch'aska** qui présente une exposition sur la géologie et la biologie de la région de Los Lípez et la vie des éleveurs de lamas.

À 6 km au sud-est, le village abandonné de **Barrancas** se blottit contre une falaise.

TUPIZA ET SES ENVIRONS

Tupiza

2 / 22 233 HABITANTS / ALTITUDE 2 950 M

Son rythme de vie paisible fait de Tupiza un lieu idéal pour se reposer quelques jours, se lancer dans une aventure de cow-boy comme le firent Butch Cassidy et le Kid il y a plus d'un siècle, ou partir sur la route du Salar d'Uyuni.

La capitale de la province du Sud Chichas s'inscrit dans le paysage de Far West de la vallée du Río Tupiza, un monde de roche polychrome, de cactus et de *quebradas* (ravines le plus souvent asséchées).

Le climat est doux toute l'année, avec des précipitations maximales entre novembre et mars. De juin à août, les journées sont chaudes, sèches et claires et, la nuit, le thermomètre peut descendre en deçà de 0°C.

Histoire

Le premier peuple qui habita la région s'appelait lui-même Chichas. Malgré les vestiges archéologiques attestant son existence, on sait peu de chose sur sa culture et sa langue. On suppose qu'il était ethniquement distinct des groupes des régions voisines du sud de la Bolivie et du nord de l'Argentine.

Officiellement, Tupiza fut fondée le 4 juin 1574 par le capitaine Luis de Fuentes (qui établit également Tarija). De la fondation de Tupiza à la guerre d'Indépendance, la population espagnole, séduite par le climat et les terres fertiles, augmenta régulièrement. Plus tard, la découverte de minéraux attira d'autres colons. Plus récemment, des *campesinos* ont migré des campagnes et sont venus s'ajouter aux mineurs sans emploi.

À voir

Cerro de la Cruz POINT DE VUE

Un abrupt sentier rocheux monte au sommet du Cerro de la Cruz, d'où la vue à couper le souffle embrasse Tupiza et la cordillère des Chichas. Comptez environ 2 heures de marche et apportez des provisions d'eau.

La montagne se dresse à 2 km au nord de la gare ferroviaire, de l'autre côté de la rivière. Le chemin débute derrière une petite église blanche, mais il est difficile à repérer ; mieux vaut s'y rendre en moto-taxi (4 $B).

Cerro Corazón de Jesús MONUMENT

La courte ascension du Cerro Corazón de Jesús mène à une statue du Christ, flanquée d'un chemin de croix. C'est une plaisante promenade le matin ou en fin d'après-midi, quand la lumière rasante fait ressortir les couleurs flamboyantes des alentours.

Musée municipal MUSÉE

(Sucre ; 8h30-16h30 lun-ven). GRATUIT Les deux salles de ce musée renferment une collection d'objets divers – carriole, photos d'époque, pièces archéologiques, ustensiles domestiques et outils agricoles – illustrant l'histoire et la culture locales.

Circuits organisés

Toutes les agences proposent des **sorties équestres** (3/5/7 heures 210/350/480 $B). Elles ont également mis en place un **triathlon** (avec déj 300-380 $B/pers, sur une base de 4 participants), lequel tient en une journée complète de visite des environs en jeep, à cheval et à VTT. Vous pouvez aussi organiser un **circuit en jeep** (480-600 $B/jour) ou une **randonnée guidée** (170-275 $B/demi-journée).

Tupiza Tours CIRCUITS

(7052-4104 ; www.tupizatours.com ; Av. Chichas 187, Hotel Mitru ; 8h-19h lun-sam, 8h-18h dim). Cette agence est à l'origine de la création de nombre d'itinéraires de la région de Tupiza. Outre des circuits à Uyuni via le *salar*, elle assure des trajets en bus quotidiens à destination de sites voisins, dont La Poronga, Puerta del Diablo, El Cañón del Duende (p. 183) et El Sillar (p. 182).

La Torre Tours CIRCUITS

(694-2633 ; www.latorretours-tupiza.com ; Av. Chichas 220, Hotel La Torre ; 7h-20h). Cette agence propose des circuits plus personnalisés dans les environs de Tupiza et le *salar*. Elle loue des vélos à 116 $B les trois heures.

Alexandro Adventure Travel CIRCUITS

(6791-8495 ; aleadventure4x4@hotmail.com ; angle Av. Pedro Arraya et Chuquisaca ; 8h30-21h). Cette agence sympathique et expérimentée offre des guides anglophones ayant à cœur d'emmener les voyageurs hors des sentiers battus. Elle organise des excursions au *salar*, ainsi que des activités à Tupiza et ses environs.

Valle Hermoso Tours CIRCUITS

(694-2592 ; Av Pedro Arraya 478, Hostal Valle Hermoso ; 7h-minuit). Basé à l'Hostal Valle Hermoso, ce prestataire propose des excursions au *salar* et d'autres dans le secteur de Tupiza, notamment des circuits Butch Cassidy à San Vicente (1 300 $B jusqu'à 4 pers).

Où se loger

À défaut d'adresses au cadre tendance, Tupiza compte quelques hébergements confortables et accueillants dans les catégories économique et moyenne. Choisissez de préférence une chambre avec chauffage en hiver, car les nuits peuvent être froides.

Hostal Butch Cassidy HÔTEL $

(7944-8880, 7183-3271 ; hostalbutch@hotmail.com ; Av. Jose Luis San Juan Garcia s/n ; s/d/tr avec petit-déj 120/160/240 $B ;). De l'autre côté de la rivière et à 10 minutes de marche de la gare routière (p. 181), cet *hostal* voisin d'une supérette possède 13 chambres spacieuses au carrelage étincelant, des espaces communs douillets, et une cuisine bien équipée. Logez à l'arrière pour avoir vue sur la montagne. Franklin, le patron, organise des circuits dans les environs et à Uyuni via le *salar*.

Hotel La Torre HÔTEL $

(7675-1355 ; www.latorretours-tupiza.com ; Av. Chichas 220 ; ch avec sdb commune 60 $B/pers, s/d avec petit-déj 80/150 $B). Tenu par une infirmière et un médecin à la retraite, l'établissement loue des chambres propres, dotées d'une bonne literie. Celles situées à l'avant de la vaste demeure coloniale sont plus lumineuses en journée mais plus froides. À disposition : une cuisine, une terrasse sur le toit et une salle TV, propice aux rencontres avec d'autres voyageurs.

Hostal Valle Hermoso AUBERGE DE JEUNESSE $

(7144-7981 ; hostal-valle-hermoso-terrautentica.negocio.site ; Av. Pedro Arraya 478 ; dort 55 $B, s/d avec sdb 100/150 $B, ch avec sdb

Tupiza

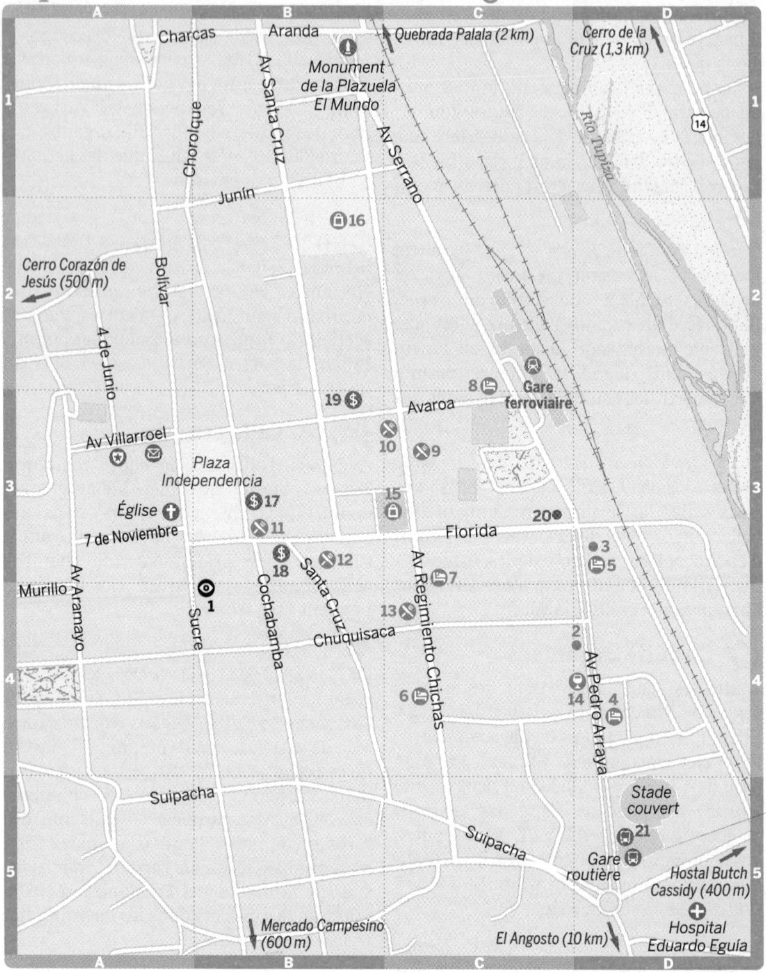

commune 125 $B/pers ; wi-fi). Cette auberge de jeunesse à l'ancienne, propose un service d'échange de livres et dispose d'une terrasse sur le toit, d'une cuisine et de nombreux espaces communs. Établissement affilié HI (10% de réduction pour les membres). Petit-déjeuner inclus.

Anexo Valle Hermoso AUBERGE DE JEUNESSE $
(☎694-3441 ; www.vallehermosotours.com ; Av. Pedro Arraya 505 ; dort 60 $B, s/d 80/140 $B, d avec sdb commune 120 $B ; wi-fi). Chambres correctes avec TV par câble et petit-déjeuner inclus, près de la gare routière.

♥ **Hotel Mitru** HÔTEL $$
(☎694-3001 ; www.hotelmitru.com ; Av. Chichas 187 ; s 280-380 $B, d 380-480 $B, s/d avec sdb commune 90/160 $B ; @ wi-fi piscine). Cet hôtel, le plus fiable de la ville, est tenu par la même famille depuis des générations. L'endroit est construit autour d'une piscine, fort appréciable après une journée d'équitation. Les diverses chambres sont réparties dans deux sections : la "jardin", ancienne, et la "cactus", récente. Petit-déjeuner inclus.

Les suites avec réfrigérateur et minibar sont particulièrement agréables, et les

Tupiza

chambres avec salle de bains commune se révèlent d'un excellent rapport qualité/prix.

Hotel Mitru Anexo HÔTEL $$

(☎694-3002 ; www.hotelmitru.com ; angle Av. Avaroa et Av. Serrano ; s/d avec petit-déj 150/250 $B, avec sdb commune 80/130 $B ; wifi). L'annexe de l'Hotel Mitru affiche la même atmosphère, mais pas de piscine ; bien que celle-ci leur soit accessible. Dans les chambres : TV câblée, téléphone et eau chaude. Bon rapport qualité/prix.

Où se restaurer

Si pâtes et pizzas dominent l'offre culinaire, des restaurants servent aussi du bœuf de qualité (tantôt importé d'Argentine), de savoureux plats locaux et des glaces honnêtes. Au petit-déjeuner, direction le Mercado Gil Duran (p. 180) après 9h pour un festin de *tamales* au *charque* (pâte à la farine de maïs en papillote, farcie de viande de lama séchée ; 3 $B).

Cremalin GLACES $

(Plaza Independencia ; cornets 2,50-9 $B, sundaes 10-22 $B ; 9h-12h et 15h-19h lun-sam). Les gourmands auront le choix entre 14 parfums maison, dont *chirimoya* (anone), une spécialité du cru. Il y a aussi de nombreuses coupes glacées comme la *selva negra* (glace chocolat, biscuits Oreo, gâteau au chocolat, cacahuètes, crème et cerises).

♥ **Milan Center** PIZZERIA $$

(angle Av. Chichas et Chuquisaca ; plats 25-55 $B, pizza 33-35 $B ; 9h-22h ; wifi). Le Milan Center sert la meilleure pizza de la ville. Le patio couvert, sur l'arrière, offre un répit bienvenu à l'écart des rues de la ville ; on peut se contenter d'y prendre un café.

Alamo MEXICAIN $$

(angle Av. Chichas et Avaroa ; en-cas 12-30 $B, plats 17-40 $B ; 18h-22h). Une adresse sur deux étages où habitants et touristes se mêlent dans un décor tex-mex encombré d'objets et de références hollywoodiennes. Le menu comporte surtout des plats de viande, copieux et savoureux, à l'exemple du *pique a lo macho* (morceaux de bœuf et saucisses sur frites, avec laitue, tomates, oignons et piments *locote*).

Churrasqueria Moises BARBECUE $$

(angle Av. Chichas et Avaroa ; almuerzo 20 $B, churrasco 60 $B ; 10h-22h30). Une assez bonne adresse où déguster des morceaux de *churrasco* accompagnés de riz, salade et patate douce. Les habitants viennent en nombre, plutôt vers 20h : arrivez tôt pour être sûr d'obtenir une table.

Italiana INTERNATIONAL $$

(Florida, près de Santa Cruz ; plats 30-48 $B ; 8h-23h). Choix correct de pizzas, pâtes, burgers, sandwiches, soupes et salades, ainsi que licuados aux fruits frais, cocktails et vin local. Vous trouverez dans le même pâté de maisons plusieurs restaurants similaires, : ils sont tenus par des membres de la famille !

LE CIRCUIT DU SUD-OUEST À PARTIR DE TUPIZA

Un nombre croissant d'agences de Tupiza proposent le circuit du Sud-Ouest (p. 162). Partir de Tupiza présente l'avantage d'explorer les régions sauvages du **Sud Lípez** (p. 176) et de visiter les sites du circuit classique en dehors des horaires des convois de 4x4 qui arrivent d'Uyuni. Beaucoup de circuits démarrent par **El Sillar** (p. 182) ou la **Quebrada de Palala** (p. 182) et se poursuivent avec les lacs du Sud Lípez. On découvre le *salar* lui-même le troisième jour – avec la possibilité de voir le lever du soleil sur Uyuni.

Par contre, vous devrez peut-être attendre qu'un groupe se forme (les grandes agences ont néanmoins des départs presque tous les jours). Si le circuit standard depuis Uyuni prend trois jours, celui qui part de Tupiza dure un jour supplémentaire et coûte un peu plus cher. Tablez sur 1 200 à 1 600 $B par personne pour le circuit standard de 4 jours (à 4 personnes dans une jeep en haute saison). Ce tarif comprend généralement tous les repas, le transport et un hébergement sommaire, mais il exclut les 150 $B d'entrée à la **Reserva Nacional de Fauna Andina Eduardo Avaroa** (p. 173), les en-cas, la location du sac de couchage et les bouteilles d'eau. Les circuits personnalisés, dont beaucoup incluent une ascension, coûtent un peu plus cher, mais la dépense est amplement justifiée.

Si la plupart des tour-opérateurs affichent des commentaires enthousiastes de clients satisfaits, les prestations varient grandement. Évitez si possible de réserver *via* votre hôtel : cela vaut la peine de se renseigner auprès de plusieurs prestataires et de comparer. Professionnalisme, honnêteté et flexibilité sont les critères à retenir plutôt qu'un rabais facilement consenti. Les mêmes mesures de précaution s'imposent avec les tour-opérateurs d'Uyuni (p. 170).

Où prendre un verre et faire la fête

La plupart des restaurants de Tupiza font également bar et servent café, thé, jus de fruits frais, smoothies, bières et vins locaux.

Vinoteca El Origen BAR À VIN
(7252-6746 ; Av. Pedro Arraya 80 ; 15h30-23h30 lun-sam). Une dizaine de vins provenant de petits domaines du pays, essentiellement bio, peuvent être commandés au verre dans ce repaire d'artistes décoré de télévisions, de valises et de radiateurs recyclés. La carte comprend aussi de la bière artisanale et du café des Yungas. Officiant derrière le comptoir, Goyo passe de la musique bolivienne et programme des concerts réguliers.

Achats

Il y a des marchés tous les jours à Tupiza : vous ne manquerez pas d'occasions de dénicher de bonnes affaires !

Mercado Gil Duran MARCHÉ
(Florida, entre Av. Chichas et Av. Santa Cruz ; 7h-19h). Central, le Mercado de Ferias compte de nombreux étals et des *comedores* (réfectoires) à l'étage.

Mercado Negro MARCHÉ
(Junín, entre Santa Cruz et Chichas ; 6h30-20h30 lun-sam, 6h30-18h dim). Le "marché noir" occupe un pâté de maisons entre les avenues Santa Cruz et Chicas et l'on y vend tous les produits de consommation courante.

Renseignements

ACCÈS INTERNET

Vous trouverez des cybercafés dans Calle Florida (3 $B/heure) ; on peut généralement y passer aussi des appels téléphoniques.

LAVERIE

Super Clean Laundry (Florída, angle Av. Serrano ; 8h-20h). Lavage le jour même moyennant 10 $B/kg.

ARGENT

Banco Unión (angle Florída et Santa Cruz)

Banco Fie (Plaza Independencia)

Latin America Cambio (Avaroa 160 ; 8h-21h lun-sam). Change de nombreuses devises (taux pas toujours intéressant).

OFFICE DU TOURISME

En l'absence d'office du tourisme officiel, les hôtels et les agences de voyages constituent les principales sources d'information. Encore faut-il savoir distinguer les conseils utiles des argumentaires de vente.

Depuis/vers Tupiza

BUS

De la **gare routière** (Av. Pedro Arraya), des bus desservent les principales villes et localités de la région. Les bus partent toute la journée, mais la plupart le soir.

Pour rejoindre Villazón et passer en Argentine, prenez un *rapidito* (20 $B, 1 heure) à la **station** (Av. Pedro Arraya) près de la gare routière. Ces minibus (ou fourgonnettes) attendent d'être pleins pour partir.

Potosí (80 $B, 3 heures 30) et Uyuni (80 $B, 3 heures) sont elles aussi desservies en *rapidito*, une option bien plus rapide que le bus.

DESTINATION	TARIF ($B)	DURÉE (HEURES)
Cochabamba	80	15
La Paz	95	10 ½
Oruro	150	11
Potosí	40	6
Tarija	70	5
Uyuni	70	4
Villazón	70	1 ½

TRAIN

La billetterie de la **gare ferroviaire** (☎ 694-2529 ; Av. Serrano) n'ouvre que de manière irrégulière les jours où passe un train ; mieux vaut donc s'adresser à une agence de voyages et payer un léger supplément.

L'*Expreso del Sur* offre la liaison la plus confortable. En direction de Villazón (sud), départ les mercredis et samedis à 3h10. En direction d'Uyuni et Oruro (nord), départ les mêmes jours à 18h25. Moins cher, le *Wara Wara* circule les lundis et jeudis. Départ vers Villazón à 9h05, vers Uyuni et Oruro à 19h05.

Expreso del Sur

TRAJET	TARIF ($B, ALLER SIMPLE 2e/1re CLASSE)	ARRIVÉE
Tupiza-Villazón	25/60	6h15
Tupiza-Uyuni	47/120	23h50
Tupiza-Oruro	107/239	7h10

Wara Wara

TRAJET	TARIF ($B, ALLER SIMPLE 2e/1re CLASSE)	ARRIVÉE
Tupiza-Villazón	14/20/45	12h05
Tupiza-Uyuni	25/38/76	1h15
Tupiza-Oruro	56/80/181	10h05

Environs de Tupiza

L'attrait de Tupiza réside dans la beauté du paysage qui l'environne, un stupéfiant univers de *quebradas* (ravines), de rivières asséchées et de cactus, qui évoque les westerns. La région se prête idéalement à la randonnée à pied, à cheval ou à la découverte en 4x4. La plupart des tour-opérateurs de Tupiza offrent ce genre d'excursions.

HORS DES SENTIERS BATTUS

SUR LES TRACES DE BUTCH CASSIDY ET DU SUNDANCE KID

San Vicente resterait méconnu s'il n'avait été associé au destin de Butch Cassidy et Sundance Kid, célèbres gangsters incarnés sur un grand écran par Paul Newman et Robert Redford dans un classique hollywoodien, dont l'épopée s'est achevée sur l'Altiplano en 1908. Ce village minier, perdu à 100 km à l'ouest de Tupiza, est accessible par de mauvaises routes à travers des reliefs arides. Poussiéreux et pauvre en infrastructures touristiques, l'endroit déçoit même les fans des hors-la-loi. Il conserve néanmoins des maisons en adobe semblables à celle où se cachèrent et moururent les bandits, ainsi que le cimetière où ils reposent.

Un petit **musée** (10 $B ; ⌚8h-12h et 14h-18h) présente des photos des deux hommes, le détail de leur vie et une collection d'objets hétéroclites. Demandez à la femme qui travaille dans la petite boutique voisine de vous ouvrir la porte.

Le seul moyen de transport public entre San Vicente et Tupiza est conçu pour les habitants du village et guère adapté aux touristes qui circulent en sens inverse ; San Vicente ne compte aucun lieu d'hébergement. Le plus simple consiste à passer par une agence de Tupiza comme Valle Hermoso Tours (p. 177). L'excursion d'une journée s'avère longue et onéreuse (1 200 $B par véhicule), mais permet de voir des paysages de montagne escarpés et quantité de lamas.

Vous pouvez partir en randonnée sans guide, mais mieux vaut emporter une carte que vous trouverez auprès de divers tour-opérateurs. Dans ce climat désertique, prévoyez au moins 3 litres d'eau par jour. Portez de bonnes chaussures de marche et prenez une boussole ou un GPS si vous comptez sortir des sentiers tracés. Les crues soudaines constituent un danger, essentiellement en été. Évitez de camper dans les *quebradas*, ou d'entrer dans les canyons, surtout s'il risque de pleuvoir.

À voir et à faire

El Sillar

POINT DE VUE

El Sillar (la Selle), à 17 km au nord-ouest de Tupiza, désigne l'endroit où la route franchit une crête entre deux pics et deux vallées. Dans cette région, des cirques ont été taillés à flanc de montagne et érodés en aiguilles qui ressemblent à une forêt de pierre. Le bus Tupiza Tours (p. 177) de 15h30 (70 $B) constitue le moyen le plus pratique pour s'y rendre ; il est possible de louer un vélo (80 $B) pour rentrer ensuite à Tupiza.

La route continue jusqu'à San Vicente (voir l'encadré p. 182). Cet itinéraire fait partie d'une route marchande. De mai à début juillet, des caravanes de lamas, d'alpagas et d'ânes (et plus souvent des *camiones*), chargés de blocs de sel extraits du Salar d'Uyuni, l'empruntent jusqu'à Tarija, à 300 km.

Quebrada Palala

SITE NATUREL

À environ 3 km au nord-ouest de Tupiza, la Quebrada de Palala est une large *quebrada* (ravine) flanquée d'impressionnantes

DEPUIS/VERS L'ARGENTINE

Côté bolivien, le principal poste-frontière avec l'Argentine est celui de **Villazón**, une vaste agglomération poussiéreuse et chaotique. Le poste-frontière et la gare routière sont toujours en pleine effervescence, car nombre de Boliviens vont travailler en Argentine. Méfiez-vous des petits escrocs qui rôdent aux frontières : les faux billets et les larcins sont monnaie courante.

Le **consulat argentin** (☎597-2011 ; villazon.consulado.gob.ar ; angle Tarija et Calle 20 de Mayo, Villazón ; ⏲8h-13h lun-ven) est sur la place principale. De nombreuses *casas de cambio* près du pont, dans l'Avenida República Argentina, pratiquent des taux de change raisonnables pour les dollars américains et les pesos argentins, moins pour les bolivianos. Il y a un DAB sur la place.

Tous les bus à destination du nord partent de la **gare routière de Villazón** (Av. Tumusla), à 3 km au nord de la frontière. À l'exception de ceux desservant Tarija, tous passent par Tupiza (75-140 $B, 1 heure 30). Les *rapiditos* (minibus ou camionnette) sont plus rapides et ne coûtent pas plus cher. Essayez d'effectuer ce beau trajet de jour et côté fenêtre. Des services réguliers desservent Potosí (30 $B, 7 heures), La Paz (120-200 $B, 17 heures), Uyuni (60 $B, 6 heures 30) et Oruro (90 $B, 13 heures). Des bus quotidiens vespéraux empruntent le difficile mais superbe itinéraire menant à Tarija (40 $B, 6 heures).

Les compagnies de bus argentines ont des billetteries à la gare routière de Villazón, mais tous les bus argentins partent de la gare routière de **La Quiaca**, de l'autre côté de la frontière. Malgré le harcèlement des rabatteurs, ne vous précipitez pas pour acheter votre billet ; prenez le temps de vérifier s'il n'y a pas un départ plus tôt. Le seul bus pour Salta, au sud, part de La Quiaca à 14h heures argentine/bolivienne.

La **gare ferroviaire de Villazón** (☎597-2565 ; Calle 20 de Mayo) est à 1,5 km au nord de la frontière (5 $B en taxi). Les trains en direction du nord – Tupiza (14-60 $B, 3 heures), Uyuni (38-180 $B, 8 à 9 heures) et Oruro (67-279 $B, 16 à 18 heures) – partent à 15h30 les lundis, mercredis, jeudis et samedis. L'*Expreso del Sur* est plus confortable que le *Wara Wara*.

Du côté nord du pont international, l'**Immigration** et la **douane bolivienne** (Av. JM Deheza, entre Junín et Tupiza ; ⏲6h-23h) délivrent les tampons d'entrée (séjour habituellement limité à 30 jours) et de sortie. Il n'y a pas de taxe officielle, mais des "frais de service" sont parfois appliqués.

L'Immigration et la douane argentine ouvrent de 7h à 18h. Les formalités sont réduites, mais l'attente et la fouille des bagages peuvent s'éterniser. En outre, plus au sud, plusieurs postes de contrôle peuvent effectuer des fouilles minutieuses.

roches rouges, appelées ailerons. Durant la saison des pluies, un affluent du Río Tupiza coule dans cette gorge. Au-delà des roches rouges, le ravin monte doucement dans des collines aux reflets bleu canard et violet, provoqués par le plomb et d'autres minerais.

De Tupiza, suivez vers le nord l'Avenida La Paz depuis la **Plazuela El Mundo**. Après 2 km, le long de la voie ferrée, vous verrez l'entrée de la *quebrada*. Sinon, prenez le minibus n°2 du centre de Tupiza au village de Palala (10 min, 1,50 $B), qui vous déposera au début du site. Au bout de 5 km, la route longe des formations rocheuses en ailerons et continue à grimper dans la *quebrada* au paysage de plus en plus désolé de cactus et de broussailles.

Quebrada Palmira — SITE NATUREL

Le Cañon del Inca, à 8 km à l'ouest de Tupiza, peut faire l'objet d'une belle randonnée d'une demi-journée via la Quebrada Palmira, une vallée asséchée entre de hauts ailerons déchiquetés. L'itinéraire passe par la **Puerta del Diablo**, une formation rocheuse à 5 km de Tupiza. La fourche droite porte le nom de **Valle de los Machos** (vallée des Mâles), en raison de ses pitons de forme phallique.

Il est également possible de rejoindre le canyon à cheval ; comptez 3 heures aller-retour.

Cañón del Duende — CANYON

Une superbe randonnée d'une demi-journée permet de rejoindre ce canyon, à 9 km de Tupiza, en traversant la Quebrada de Santa Elena et ses formations de roche rouge. Demandez une carte et l'itinéraire à suivre dans n'importe quelle agence de Tupiza.

El Angosto — TUNNEL

(Entre Ríos). À 10 km au sud de Tupiza, le tunnel El Angosto ("l'étroit") creusé dans la montagne fut, jusqu'en 2011, l'unique voie de communication avec Villazón, à la frontière argentine. Il se tient au confluent des rivières Tupiza et San Juan, émaillé d'étonnantes formations rocheuses comme La Torre ("la tour"). Le site fait une destination de randonnée plaisante.

Hauts plateaux du Centre

Dans ce chapitre ➡

Le top des restaurants

- El Huerto (p. 215)
- Casa de Campo (p. 193)
- Clementina (p. 193)

Le top des hébergements

- Casa Verde (p. 213)
- Samary Boutique Hotel (p. 214)
- Hacienda Cayara (p. 236)
- Samary Wasi (p. 225)

Pourquoi y aller

Cœur géographique et symbolique de la Bolivie, les hauts plateaux du Centre présentent un mélange hétéroclite de villes animées, de vastes pâturages et de régions montagneuses ponctuées de villages isolés. La superbe ville de Sucre, où fut déclarée l'indépendance en 1825, est le point de départ des randonnées dans la Cordillera de los Frailes. Potosí, construite grâce aux mines d'argent du Cerro Rico voisin, est le symbole des richesses naturelles du pays. Cochabamba, établie à une altitude bien moins élevée, et réputée pour la douceur de son climat, apparaît comme l'une des villes les plus agréables de Bolivie.

La région ne se résume cependant pas à ces grands centres. Les charmants villages coloniaux qui jalonnent les hauts plateaux méritent le détour. Si les ruines incas de la vallée de Cochabamba évoquent un passé lointain, le Parque Nacional Torotoro conserve des empreintes de dinosaures et des fossiles, dont certains sont vieux de 300 millions d'années.

Quand partir

Potosi

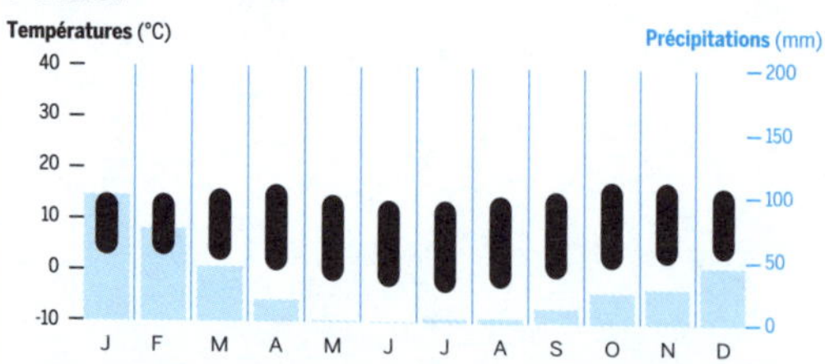

Mars Les festivités traditionnelles du Pujllay démarrent le 3e dimanche de mars.

Août Réjouissances en perspective pour la Fiesta de la Virgen de Urkupiña !

Oct-mars Pour éviter les grands froids, visitez Potosí en été.

À ne pas manquer

1. La vue sur les maisons coloniales chaulées à toits rouges de **Sucre** (p. 206), depuis les hauteurs de La Recoleta.
2. La découverte du **Parque Nacional Torotoro** (p. 202), autrefois peuplé de dinosaures.
3. Une randonnée dans les montagnes de la **Cordillera de los Frailes** (p. 220), ponctuée de haltes dans les villages jalq'a.
4. La **Casa Nacional de la Moneda** (p. 228), le plus fascinant musée de Bolivie, situé à Potosí.
5. Les festins et les fêtes débridées de **Cochabamba** (p. 186), où gastronomie et vie nocturne sont à l'honneur.
6. L'ascension du **Cerro Tunari** (p. 199), haut sommet survolé de condors offrant un panorama époustouflant.
7. Les ruines mystiques d'**Incallajta** (p. 200), équivalent bolivien du Machu Picchu.

Histoire

Avant la domination espagnole, la ville de Charcas, le site de l'actuelle Sucre, était la capitale indigène de la vallée de Choque-Chaca. Elle servit de résidence à des chefs religieux, militaires et politiques, et sa juridiction englobait plusieurs milliers d'habitants. À l'arrivée des Espagnols, toute la région qui s'étend du sud du Pérou au Río de La Plata (aujourd'hui en Argentine) fut appelée Charcas.

Au début des années 1530, Francisco Pizarro, le conquistador qui s'empara de l'Empire inca, envoya son frère Gonzalo dans la région du Charcas afin de superviser les exploitations minières susceptibles d'enrichir la Couronne espagnole. Gonzalo dédaigna l'Altiplano et concentra son attention sur les hauts plateaux situés à l'est des Andes. Pour cette raison, une nouvelle capitale espagnole du Charcas fut fondée en 1538, dans la vallée fertile de Choque-Chaca. La ville prit alors le nom de La Plata, lequel veut dire argent, reflétant ainsi l'importance de ce métal à cette époque.

Alors que tous les territoires de la région étaient jusque-là gouvernés par Lima, le roi Philippe II créa en 1559 l'Audiencia de Charcas – qui siégeait dans la nouvelle capitale – pour administrer les territoires de l'Est. Les circonscriptions du département furent placées sous la juridiction d'agents royaux appelés *corregidores*.

En 1776, une nouvelle vice-royauté fut établie dans l'actuelle Buenos Aires et contrôla le Charcas. Devant la multiplication de villes appelées La Plata, la capitale changea de nom pour Chuquisaca (une déformation espagnole de Choque-Chaca).

Siège de l'archevêché depuis 1609, lui donnant son autonomie épiscopale, la cité vit la création de l'université de San Xavier en 1622 et l'ouverture de l'Academia Carolina (une école de droit) en 1681, des institutions qui favorisèrent le développement d'idées progressistes et révolutionnaires. Le 25 mai 1809, Chuquisaca devint le théâtre des premières revendications pour l'indépendance des Amériques. Cette minirévolution mit le feu aux poudres dans toute l'Amérique hispanique et, l'une après l'autre, les républiques du nord-ouest de l'Amérique du Sud furent libérées par les armées du héros militaire Simón Bolívar.

Après les batailles de Junín et d'Ayacucho (le 6 août et le 9 décembre 1824) qui libérèrent définitivement le Pérou, l'Alto Perú, historiquement lié au gouvernement de Lima, se trouva débarrassé du joug espagnol. En pratique, il restait toutefois gouverné par Buenos Aires, et des conflits surgirent au sujet de l'avenir du territoire.

Le 9 février 1825, le maréchal Antonio José de Sucre, commandant en second de Bolívar, fit une déclaration rejetant l'autorité de Buenos Aires et proposant que l'avenir politique de la région soit décidé par les provinces elles-mêmes.

Bolívar, mécontent de cet acte de souveraineté non autorisé, refusa l'idée, mais Sucre resta sur ses positions, persuadé du soutien de l'Alto Perú, largement séparatiste. Comme il l'escomptait, les habitants refusèrent d'attendre la décision du nouveau congrès qui devait être nommé à Lima l'année suivante et n'acceptèrent pas la férule du gouvernement de Buenos Aires.

Le 6 août, premier anniversaire de la bataille de Junín, l'indépendance fut proclamée dans la Casa de la Libertad à Chuquisaca et la nouvelle République fut appelée "Bolivia", du nom de son libérateur. Le 11 août, la ville prit le nom de Sucre, en l'honneur du maréchal qui encouragea le mouvement indépendantiste.

Parcs nationaux

Parmi les zones protégées de la région figurent le Parque Nacional Torotoro (p. 202), éloigné et parsemé de milliers d'empreintes de dinosaures, et le Parque Nacional Tunari (p. 198), facilement accessible depuis Cochabamba.

Depuis/vers les hauts plateaux du Centre

Les principales localités des plateaux sont bien desservies en bus. Aller d'une ville à l'autre depuis l'intérieur même de la région est un peu plus difficile – ou, tout du moins, lent et parfois inconfortable – si l'on s'écarte de la nationale goudronnée Potosí-Sucre ; le trajet entre Cochabamba et Sucre est particulièrement long. Depuis La Paz, la majorité des voyageurs rejoignent Potosí et Sucre par le sud, via Oruro.

Les liaisons aériennes vers Cochabamba et Sucre depuis La Paz et Santa Cruz sont fréquentes, rapides et bon marché. Cochabamba, qui possède l'un des principaux aéroports boliviens, est reliée à diverses régions. Il n'y a pas d'aéroport à Potosí.

COCHABAMBA

4 / 1 240 000 HABITANTS / ALTITUDE 2 553 M

Bruyante et animée, Cochabamba est une cité en plein développement. Son agréable climat explique peut-être son dynamisme particulier, presque méditerranéen. Si la majeure partie de la population vit dans la pauvreté, certains quartiers témoignent d'une prospérité évidente. Le long des larges avenues d'une ville nouvelle qui ne cesse de s'étendre, de nombreux restaurants attirent les gourmets locaux, et les bars animés drainent la jeunesse estudiantine ou salariée. Cochabamba est également le point de départ d'aventures en plein air dans la région, notamment dans le Parque Torotoro.

Le nom de la ville vient des termes quechua *khocha pampa*, qui signifient "plaine marécageuse". Cochabamba s'étend dans une cuvette fertile et verdoyante, longue de 25 km et large de 10 km, entourée de champs et de basses collines. Au nord-ouest se dresse le Cerro Tunari (5 050 m), le plus haut sommet du centre du pays.

Histoire

Fondée en janvier 1574 par Sebastián Barba de Padilla sous le nom de Cochabamba, la ville fut d'abord appelée Villa de Oropeza lors de sa première fondation en 1571, en l'honneur du comte et de la comtesse d'Oropeza, parents du vice-roi Francisco de Toledo, qui en ordonna la colonisation.

À l'apogée du boom de l'argent à Potosí, une ville qui ne possédait pratiquement aucune ressource agricole, la vallée de Cochabamba devint la principale source de nourriture pour les mineurs, ainsi que le grenier à blé et à maïs du pays. Le déclin de Potosí au début du XVIIIe siècle entraîna celui de Cochabamba et la production céréalière de la région de Chuquisaca (Sucre), bien plus proche de Potosí, suffit alors à la demande.

Vers le milieu du XIXe siècle, la ville retrouva son statut de grenier national et les grands propriétaires terriens de la vallée investirent dans les mines des hauts plateaux. Peu après, les mines de l'Altiplano attirèrent des capitaux internationaux et le centre minier se déplaça de Potosí vers le sud-ouest du pays. Cochabamba se développa et se bâtit une réputation de prospérité.

En 2000, les habitants de Cochabamba, dressèrent des barricades pour protester contre l'augmentation du prix de l'eau. En échange du financement d'un tunnel amenant l'eau de l'autre côté des montagnes, la Banque mondiale avait contraint le gouvernement bolivien à vendre sa société des eaux au géant américain Bechtel. En réponse à la hausse des tarifs qui en résulta, des centaines de milliers de citoyens descendirent dans les rues et organisèrent des manifestations ailleurs dans le pays ; ils parvinrent finalement à forcer Bechtel à se retirer. Ce mouvement, appelé la "guerre de l'eau", contribua à porter au pouvoir Evo Morales et son parti, le MAS (Movimiento al Socialismo). Cependant, une grande partie des habitants de Cochabamba n'avaient toujours pas l'eau courante en 2017, en particulier dans les nouveaux quartiers de cette ville à la croissance fulgurante.

Sur le plan politique, Cochabamba oscille entre les pro-Morales de l'Altiplano et les autonomistes des basses terres.

À voir

Cochabamba est le centre commerçant le plus étendu de Bolivie. Ses marchés et ses restaurants drainent toute la population de la région. La ville possède aussi deux intéressants musées et quelques jolies églises, généralement ouvertes uniquement durant les offices.

Palacio Portales PALAIS

(centropatino.fundacionpatino.org/areas/palacio-portales ; Potosí 1450 ; visite guidée 20 $B ; jardins 15h-18h30 mar-ven, 10h-12h sam-dim, visites guidées du palais en anglais 16h, 17h et 18h30 mar-ven, 10h30 et 11h30 sam-dim). Ce palais à l'européenne du baron de l'étain Simón Patiño témoigne mieux que tout autre de l'âge d'or de l'exploitation minière en Bolivie. Achevée en 1927, l'opulente demeure, qui ne fut en réalité jamais habitée par Patiño, fut décorée avec les matériaux les plus raffinés qu'il était possible d'importer à l'époque – marbre de Carrare, boiseries françaises, tapisseries italiennes, soies délicates… Les jardins et l'extérieur sont inspirés du château de Versailles, la salle de jeu évoque l'Alhambra de Grenade et la grande salle le Vatican.

Le palais accueille un centre artistique et culturel et un centre pédagogique ; les jardins, charmants, invitent à patienter avec un livre en attendant le départ de la visite guidée. Cette propriété est située dans le quartier chic de Queru Queru ; prenez le *micro* E vers le nord depuis l'est de l'Avenida San Martín.

Cristo de la Concordia REPÈRE

(Innominada, Zona la Chimba ; 7h-19h30). Cette immense statue du Christ qui se dresse sur le Cerro de San Pedro (2 800 m), derrière Cochabamba, est la plus haute du monde. Elle dépasse de 44 cm le célèbre Cristo Redentor de Rio de Janeiro (haut de 33 m pour symboliser l'âge du Christ). Les Cochabambinos se justifient en affirmant que le Christ a vécu "*33 años y un poquito*" (33 ans et quelques…). La fabuleuse vue à 360° sur la ville et la vallée mérite le détour.

Cochabamba

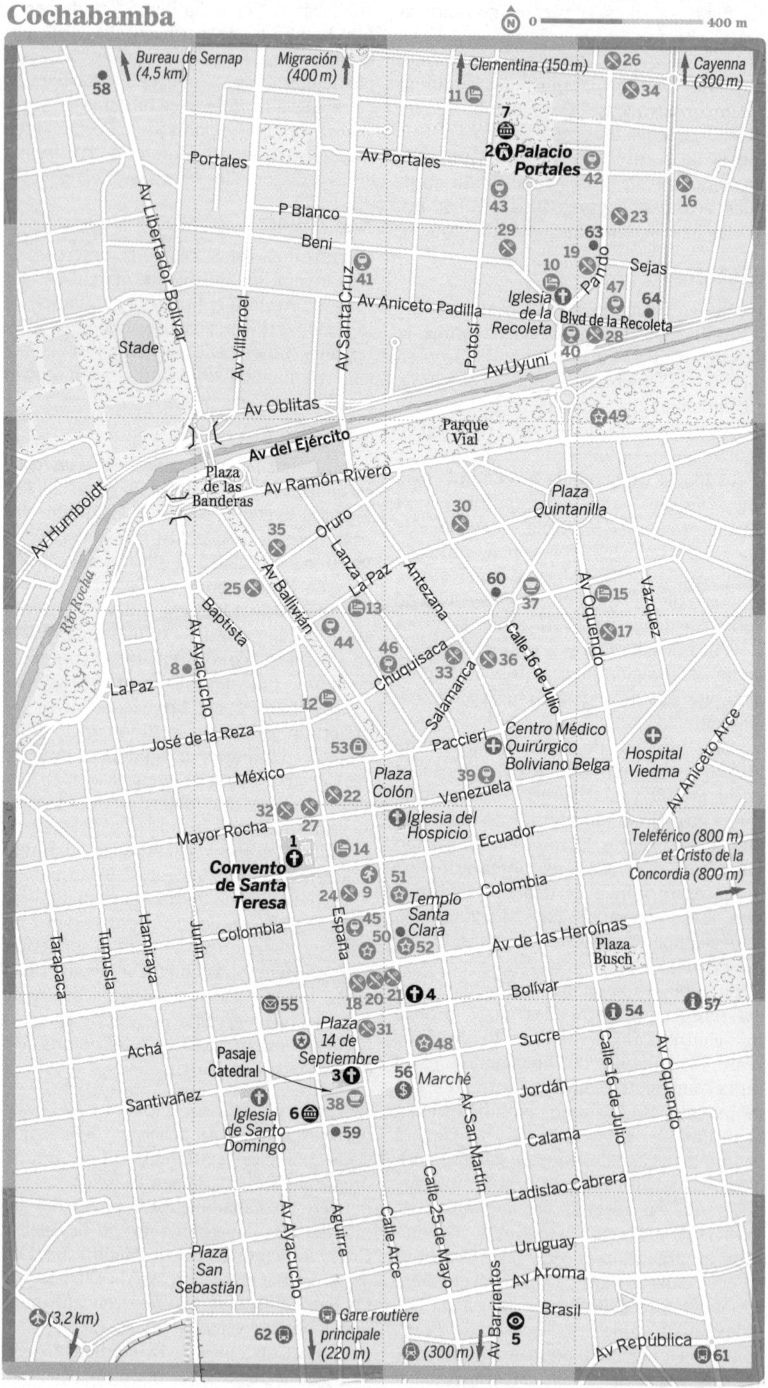
0
400 m
Bureau de Sernap (4,5 km)
Migración (400 m)
Clementina (150 m)
Cayenna (300 m)
Portales
Av Portales
Palacio Portales
P Blanco
Beni
Sejas
Pando
Av Libertador Bolívar
Av Villarroel
Av Santa Cruz
Av Aniceto Padilla
Potosí
Iglesia de la Recoleta
Blvd de la Recoleta
Av Uyuni
Stade
Av Oblitas
Parque Vial
Av del Ejército
Plaza de las Banderas
Av Ramón Rivero
Av Humboldt
Río Rocha
Plaza Quintanilla
Oruro
Lanza
La Paz
Antezana
Av Ballivián
Baptista
Av Ayacucho
Calle 16 de Julio
Av Oquendo
Vázquez
Chuquisaca
Salamanca
La Paz
José de la Reza
Paccieri
Centro Médico Quirúrgico Boliviano Belga
Hospital Viedma
Av Aniceto Arce
México
Plaza Colón
Venezuela
Iglesia del Hospicio
Mayor Rocha
Ecuador
Teleférico (800 m) et Cristo de la Concordia (800 m)
Convento de Santa Teresa
Templo Santa Clara
Colombia
España
Colombia
Av de las Heroínas
Plaza Busch
Tarapaca
Tumusla
Hamiraya
Junín
Bolívar
Achá
Plaza 14 de Septiembre
Sucre
Pasaje Catedral
Marché
Santivañez
Iglesia de Santo Domingo
Jordán
Calle 16 de Julio
Av Oquendo
Av San Martín
Calama
Ladislao Cabrera
Av Ayacucho
Aguirre
Calle Arce
Calle 25 de Mayo
Uruguay
Plaza San Sebastián
Av Aroma
Av Barrientos
Brasil
(3,2 km)
Gare routière principale (220 m)
(300 m)
Av República
1
2
3
4
5
6
7
8
9
10
11
12
13
14
15
16
17
18
19
20
21
22
23
24
25
26
27
28
29
30
31
32
33
34
35
36
37
38
39
40
41
42
43
44
45
46
47
48
49
50
51
52
53
54
55
56
57
58
59
60
61
62
63
64

Cochabamba

Les incontournables
1 Convento de Santa Teresa ... B5
2 Palacio Portales ... C1

À voir
3 Catedral Metropolitana ... B6
4 Iglesia y Convento de San Francisco ... C5
5 La Cancha ... C7
6 Museo Arqueológico de la UMSS ... B6
7 Museo de Historia Natural Alcide d'Orbigny ... C1

Activités
8 Andes Xtremo ... A4
9 Volunteer Bolivia ... B5

Où se loger
10 Gran Hotel Cochabamba ... C2
11 Hotel Aranjuez ... C1
12 Hotel Diplomat ... B4
13 Hotel Luxor ... B3
14 Monserrat Hotel ... B5
15 Toloma Gran Hotel ... D3

Où se restaurer
16 Beef & Buns ... D1
17 Bufalo's Rodizio ... D4
Casa de Campo ... (voir 32)
18 Cristal ... B5
19 De K'ffe ... D2
20 Donal ... B5
21 Dumbo ... C5
22 Empanadas Otah ... B4
23 Globo's ... D1
24 Gopal ... B5
25 Hipermaxi ... B3
26 IC Norte ... D1
27 La Cantonata ... B5
28 La Estancia ... D2
29 María Bonita ... C2
30 Menta ... B5
31 Mikuy Cafe Cultural ... B6
32 Palacio Silpancho ... B5
33 Páprika ... C4
34 Sole Mio ... D1
35 Suiza ... B3
36 Vainilla ... C4

Où prendre un verre et faire la fête
37 Capresso Cafe ... C3
38 Espresso Café Bar ... B6
39 La Tirana y Olé ... C4
40 Levoa ... C2
41 Lujo's Discoteca y Karaoke ... B2
42 Mandarina Lounge ... D1
43 Muela del Diablo ... C1
44 Novecento ... C4
45 Simón Boliche ... B5
46 Suassuna por Cafe Fragmentos ... C4
Tambo Cafe ... (voir 18)
47 Vinoppolis ... D2

Où sortir
48 Cine Astor ... C6
49 Cine Center ... D2
50 Cine Heroínas ... B5
51 Cine Teatro Capital ... C5
52 Teatro Adela Zumudio ... C5

Achats
53 Asarti ... B4

Renseignements
54 Instituto Geográfico Militar ... D6
55 Poste et Entel ... B6
56 Changeurs de rue ... C6
57 Office du tourisme ... B6

Transports
58 Amaszonas ... A1
59 BoA ... B6
60 Ecojet ... C3
61 Micros et bus pour Chapare ... D7
62 Micros pour Quillacollo, Pahirumani et Sipe Sipe ... B7
63 Sudamericana Rent-a-Car ... D2
64 TAM ... D2

Un sentier (1 250 marches) part du pied de la montagne, près de l'extrémité est de l'Avenida de las Heroínas ; toutefois, des visiteurs y ont été victimes de vols et des panneaux incitent à prendre le **téléphérique** (*teleférico* ; aller-retour 13 $B ; fermé lun). Notez en outre que l'escalier est *très* pentu et réservé à ceux qui sont en quête d'une bonne dose d'exercice physique ! Le dimanche, on peut monter au sommet de la statue (2 $B) pour profiter de la vue sur la ville. En transport public, l'option la plus rapide consiste à prendre le *micro* E depuis l'angle de San Martín et Sucre. L'aller-retour en taxi revient à 40 $B, avec une demi-heure d'attente sur place.

Convento de Santa Teresa COUVENT
(452-5765 ; angle Baptista et Ecuador ; visite guidée 25 $B ; visite guidée 9h, 10h, 11h, 14h30, et 16h30 lun-sam). Ce noble couvent décrépit semble tout droit sorti d'un roman de Gabriel García Márquez. Les visites guidées (1 heure 15 environ) permettent de découvrir le paisible cloître, des retables et des sculptures de belle facture (des

écoles espagnole et de Potosí) et l'église du couvent. Toutefois, l'endroit ne vaut pas tant pour la qualité de son architecture et de ses œuvres d'art que pour la possibilité qu'il offre d'imaginer la vie des nonnes (p. 192) qui y étaient cloîtrées.

L'édifice d'origine, qui datait de 1760, fut détruit par un tremblement de terre ; bâtie en 1790, la nouvelle église, démesurée, était trop grande pour pouvoir être couverte d'un dôme. Des travaux de restauration ont commencé en 2014, et plusieurs coursives et pupitres inconnus jusque-là ont été découverts. Le couvent appartient toujours à une communauté de carmélites, mais les 12 religieuses logent dans un bâtiment voisin, plus moderne et plus confortable.

La Cancha MARCHÉ

(Av. Aroma ; 9h-20h). Vaste et chaotique, le marché principal de Cochabamba, dont la traversée peut relever du défi pour les agoraphobes, est un lieu pittoresque – à défaut d'être particulièrement charmant. La section la plus vaste et la plus accessible, le **Mercado Cancha Calatayud**, s'étend le long de l'Avenida Aroma et au sud, vers l'ancienne gare ferroviaire. Vous verrez sans doute des passants en costume local, très différent de celui de l'Altiplano.

Le **Mercado de Ferias** s'articule autour de l'ancienne gare ferroviaire. Des échoppes d'artisanat local sont rassemblées près du carrefour de Tarata et d'Arce, vers l'extrémité sud du quartier du marché. En raison de l'affluence, le marché de fruits et légumes a été transféré sur la rive de la Laguna Alalay, dans le sud-est de la ville.

Catedral Metropolitana ÉGLISE

(Plaza 14 de Septiembre ; 8h-20h lun et mer-sam, 8h-13h30 mar et dim). Sur la Plaza 14 de Septiembre flanquée d'arcades, la cathédrale de Cochabamba est le plus vieil édifice religieux de la vallée, la construction du petit édifice d'origine, en pierre et en adobe, ayant débuté en 1542. Les ajouts et les rénovations ultérieurs ont quelque peu altéré son caractère, mais elle conserve un beau portail oriental. L'intérieur, vaste et lumineux, comprend diverses peintures médiocres au plafond, des statues de plusieurs saints, un retable doré, et l'*Inmaculada* (l'Immaculée Conception) y est toujours vénérée.

Museo Arqueológico de la UMSS MUSÉE

(425-0010 ; www.museo.umss.edu.bo ; Angle Jordán E-199 et Aguirre ; 25 $B ; 8h-16h lun-ven). Le Museo Arqueológico offre un excellent aperçu des diverses cultures indigènes dc Bolivie. La collection est répartie en trois sections : les salles archéologiques, ethnographiques et paléontologiques. Des informations utiles sont présentées en espagnol et un guide anglophone est présent pour des visites à 13h30 et 16h du lundi au vendredi.

Museo de Historia Natural Alcide d'Orbigny MUSÉE

(448-6969 ; museodorbigny.org ; Potosí 1458 ; 5 $B ; 9h-12h et 15h-18h lun-ven). GRATUIT Musée d'histoire naturelle vieillot, poussiéreux et mal entretenu, dressé à côté du Palacio Portales (p. 187). Si vous avez une demi-heure à tuer avant le début de votre visite du palais, arpentez ses parquets grinçants et jetez un œil aux oiseaux et mammifères naturalisés, ainsi qu'à la petite collection géologique.

Iglesia y Convento de San Francisco ÉGLISE

(Angle Calle 25 de Mayo et Bolívar). Construite en 1581, l'Iglesia y Convento de San Francisco fait partie des plus anciennes églises de Cochabamba. Amplement restaurée et rénovée en 1782 et 1925, elle conserve peu d'éléments de sa structure d'origine. Le couvent et le cloître mitoyens datent du XVIIe siècle. Le cloître est en bois, une exception à cette époque où l'on utilisait plutôt la pierre. La chaire est ornée de beaux exemples de motifs *mestizos* (métis) et l'église possède un superbe retable en or.

La Angostura LAC

Ce lac artificiel de la périphérie sud en pleine expansion de Cochabamba est un lieu apprécié des *Cochabambinos*. En dehors de la vue sur la montagne, il ne s'agit pas d'un site particulièrement remarquable, et il n'y a pas grand-chose à faire hormis engloutir d'énormes portions de *trucha* (truite) ou de *pejerrey* (athérine) avec du riz, de la salade et des pommes de terre, dans les restaurants au bord de l'eau du village du même nom.

Le week-end, on peut également louer des pédalos, des barques et des kayaks. Comptez 40 $B environ (aller) pour venir en taxi de Cochabamba ; sinon, depuis l'angle de Barrientos et de Manuripi, prenez

LA VILLA DE PATIÑO À PAIRUMANI

Si vous n'avez pas visité les demeures de Simón Patiño à Oruro et à Cochabamba, vous pourrez explorer la **Villa Albina** (☎6941-6488 ; Pairumani ; 10 $B ; ⏲9h-14h mar-ven, 9h-12h sam-dim), où vécut le magnat de l'étain, dans le village de Pairumani. Cette énorme demeure blanche, à laquelle on accède par une allée bordée de palmiers, doit son nom à l'épouse de Simón Patiño, Albina, qui portait probablement autant d'attention que lui aux belles choses ; l'élégant décor à la française de la maison principale est tout simplement royal.

La villa comprend également un jardin à la française avec des arbres soigneusement taillés et le mausolée familial en marbre de Carrare, dans lequel reposent les époux.

La villa n'est qu'à 18 km de Cochabamba, mais la circulation est souvent très dense. Le mieux est de prendre un taxi et d'éviter les heures de pointe. Sinon, de Quillacollo, prenez un *trufi* pour Pairumani sur la Plaza Bolívar jusqu'à la Villa Albina.

n'importe quel *micro* à destination de Tarata ou de Cliza et descendez au pont d'Angostura ; si vous voyez le barrage sur la droite, c'est que vous êtes allé un peu trop loin.

Cours

Juntacha LANGUE

(☎768-5180 ; juntucha.org ; angle Junquillos et Flor de Lino). Cours quotidiens d'espagnol (130-330 $B) le matin, l'après-midi et le soir. L'école est éloignée du centre-ville.

Circuits organisés

Cochabamba n'est pas une destination de tourisme de masse et il n'est pas simple pour les voyageurs en solo de réserver des excusions vers des destinations éloignées ; à moins de faire partie d'un groupe, les tarifs sont prohibitifs. Mieux vaut essayer de s'organiser au préalable, pour éviter de devoir attendre plusieurs jours avant le départ. De nombreuses agences (y compris parmi celles que nous recommandons) n'emploient que des guides hispanophones.

El Mundo Verde Travel ACTIVITÉS DE PLEIN AIR

(☎534-4272 ; www.elmundoverdetravel.com). Un couple boliviano-néerlandais passionné dirige cette agence aux multiples services qui gère des activités dans tout le pays. Le siège est à Cochabamba, et l'agence est spécialisée dans l'ascension du Cerro Tunari, les excursions de 2 ou 3 jours à Torotoro et la visite d'Incallajta (p. 200) ainsi que d'autres ruines et petits villages de la région. Propose aussi des treks jusqu'à Huayna Potosí et Illimani, et des excursions sur mesure vers Uyuni.

Andes Xtremo AVENTURE

(☎452-3392 ; www.andesxtremo.com ; La Paz 138). Excursions à la journée au Cerro Tunari, treks de plusieurs jours, sorties parapente et escalade. Spécialisé dans les activités de plein air dans la région.

Fêtes et festivals

Santa Veracruz Tatala RELIGION

(⏲2 mai). Lors de la fête de Santa Veracruz Tatala, les fermiers se rassemblent dans une chapelle à 7 km sur la route de Sucre et prient pour la fertilité des sols durant la saison suivante ; musique et danses folkloriques, ainsi que réjouissances accompagnent leurs prières.

Heroínas de la Coronilla CULTURE

(⏲27 mai). Cette grande manifestation annuelle commémore les femmes et les enfants qui défendirent la ville pendant la bataille de 1812.

Fiesta de la Virgen de Urkupiña RELIGION

(⏲mi-août). À Quillacollo, à 13 km à l'est de Cochabamba, la *chicha* coule à flots pendant quatre jours environ, ainsi que la *garapiña*, un cocktail corsé à base de *chicha*, de cannelle, de noix de coco et d'*ayrampo* (un ingrédient extrait d'un cactus, qui donne sa couleur rouge au breuvage). Des musiciens et des danseurs traditionnels venus de tout le pays se produisent au milieu d'une foule enthousiaste – et souvent enivrée.

Où se loger

Les hôtels ne manquent pas, mais ils n'ont souvent pas le charme de ceux que l'on trouve dans d'autres villes touristiques de la région. Ne vous laissez pas tenter par les prix dérisoires affichés autour des marchés et de la gare routière : ce sont des quartiers dangereux après la tombée du jour

Vous pouvez aussi envisager de loger à Quillacollo ou à Tiquipaya.

Las Lilas Hostel AUBERGE DE JEUNESSE $
(☎7740-1222 ; Zona Linde, Tiquipaya ; dort à partir de 57 $B, ch sans/avec sdb 70/85 $B ; 📶🅿). Relativement facile d'accès depuis Cochabamba (selon la circulation), dans un joli coin de campagne, le Las Lilas occupe une imposante maison en adobe, avec un joli patio à l'arrière. Il compte plusieurs dortoirs (différentes configurations), ainsi que des chambres privatives. Hamacs et fauteuils dans le grand jardin ; prêt de vélos pour les résidents ; excursions à Tunari et Torotoro.

Le bus J, qui descend l'Avenida Ayacucho à Cochabamba, s'arrête à deux pâtés de maisons de l'auberge.

Monserrat Hotel HÔTEL $$
(☎452-1011 ; www.hotelmonserrat.com ; España N-342 ; s/d avec petit-déj 230/350 $B ; @📶). Installé dans un bâtiment historique rénové au cœur du quartier des restaurants et des cafés, le Monserrat propose des chambres élégantes et confortables quoique anciennes et un peu sombres. Petit-déjeuner supérieur à la moyenne. Belle vue sur le *Cristo* (p. 187) depuis l'étage.

Hotel Luxor HÔTEL $$
(☎452-4048 ; luxoraparthotel@hotmail.es ; La Paz 439 ; s/d avec petit-déj 270/380 $B ; ❄📶). Dans une rue résidentielle et arborée à un pâté de maisons de l'Avenida Ballivián,

LES NONNES DE SANTA TERESA

Le **couvent de Santa Teresa** (p. 192) est habité depuis le XVIIIe siècle par une communauté de soeurs carmélites. Fondé à la fin du XIIe siècle sur le mont Carmel, cet ordre est dédié à la prière contemplative et à la dévotion à la Vierge.

Les familles *cochabambinas* encourageaient jadis leurs filles aînées à entrer au couvent, convaincues de s'assurer ainsi une place au paradis. Les candidatures étaient si nombreuses que les aspirantes nonnes étaient parfois inscrites sur une liste d'attente. Une place ne se libérait qu'à la mort d'une pensionnaire.

La vie au couvent était régie par un système de classes rigide. Celles qui versaient une dot substantielle recevaient un *velo negro* (voile noir) et siégeaient au conseil sous le contrôle de la mère supérieure. Le conseil prenait toutes les décisions concernant le couvent. Membres de l'élite de l'ordre, les *velo negro* bénéficiaient d'une cellule privée en pierre dotée d'une unique fenêtre, où elles passaient la majeure partie de leur journée en prières, à l'étude et à d'autres activités, comme la confection de tapisseries.

Chaque *velo negro* était servie par des *velo blanco* (voile blanc), religieuses de niveau inférieur dont les familles acquittaient une dot d'un montant inférieur. Les *velos blancos* consacraient une partie de leur journée en prières, et le reste au service personnel des *velos negros*. Les filles des familles trop pauvres pour payer la dot devenaient des *sin velo* (sans voile). Chargées des tâches les plus pénibles du couvent, elles cuisinaient, assuraient le ménage et servaient les *velos blancos*. Elles dormaient dans des salles communes.

Les règles en vigueur dans l'enceinte du couvent étaient strictes. Les effets personnels étaient bannis, et toute communication avec d'autres nonnes limitée à une heure par jour ; le reste de la journée se déroulait dans un silence complet. Les repas étaient pris en silence, et tout contact avec le monde extérieur était quasi interdit. Une fois par mois, les pensionnaires étaient autorisées à recevoir brièvement leurs familles derrière des barreaux, et elles étaient séparées de leurs proches par un rideau noir. La vente de bougies et d'aliments constituait leur seul contact avec la ville. La transaction se faisait par un tourniquet séparant le vendeur du client. En dehors de cette source de revenu, les religieuses vivaient en autarcie.

Dans les années 1960, le Vatican offrit à toutes les nonnes recluses la possibilité de sortir de leur isolement. Ayant passé la majeure partie de leur vie entre ces murs et ignorant tout du monde extérieur, nombre de recluses de Santa Teresa refusèrent. Aujourd'hui, les quelques nonnes qui y vivent encore sont très âgées et, si les règles se sont assouplies, les pratiques ont peu changé. À une époque où elles sont libres de choisir, rares sont aujourd'hui les jeunes filles que cette vie de recluse séduit.

cette tour renferme sur plusieurs niveaux des chambres impeccables, sans chichis et bien éclairées, avec du faux parquet et de vieilles TV.

Hotel Aranjuez HÔTEL $$$
(☎428-0076 ; www.aranjuezhotel.com ; Av. Buenos Aires E-563 ; ch à partir de 630 $B ;). À arpenter les beaux salons de cet élégant hôtel d'une rue paisible du quartier chic de La Recoleta, on se croirait dans un palais du baron de l'étain Simon Patiño – de fait, le Palacio Portales (p. 187) est à proximité ! L'Aranjuez privilégie un luxe à l'ancienne ; à éviter si vous aimez ce qui est contemporain.

Gran Hotel Cochabamba HÔTEL $$$
(☎448-9520 ; www.granhotelcochabamba.com.bo ; Plazuela Ubaldo Anze E-415 ; s/d à partir de 570/650 $B ;). Ce superbe cinq-étoiles est rattaché à l'Iglesia de La Recoleta et occupe le bâtiment historique du premier hôtel de la ville. Très élégant, il offre un service chaleureux dont manquent la plupart des hôtels de sa catégorie. Superbe patio.

El Poncho Eco Center BUNGALOWS $$$
(☎439-2283 ; www.facebook.com/HotelElPoncho ; Calle Innominada, Zona Marquina, Quillacollo ; s/d avec petit-déj 330/520 $B ;). On se croirait sur le tournage du *Seigneur des anneaux* dans cet établissement psychédélique dont les montagnes en arrière-plan valent bien tous les paysages en 3D des productions hollywoodiennes. Les bungalows, tous différents, sont éparpillés à travers des jardins bien entretenus. Nombreux services et activités : massages, tai-chi, sauna...

Hotel Diplomat HÔTEL $$$
(☎425-0687 ; www.hdiplomat.com ; Av. Ballivián 611 ; s/d 550/690 $B ;). Dans cet hôtel d'affaires haut de gamme au service d'une efficacité absolue, certaines des chambres, par ailleurs toutes bien équipées, jouissent d'une belle vue. Emplacement central, dans l'Avenida Ballivián ("El Prado"), haut lieu du shopping et des bars. Transfert gratuit depuis/vers l'aéroport.

Toloma Gran Hotel HÔTEL D'AFFAIRES $$$
(☎466-4627 ; www.tolomahotel.com ; Av. Oquendo 690 ; s/d 480/550 $B ;). Un hôtel imposant bien situé, à proximité de nombreux restaurants (Recoleta est à distance de marche). L'immense hall d'entrée en fait presque un peu trop avec ses multiples drapeaux soulignant les ambitions internationales de l'établissement. Employés sympathiques ; certains parlent anglais.

Où se restaurer

Les *Cochabambinos* se targuent d'être de fins gastronomes, et il faut dire que la réputation de capitale culinaire de leur ville est méritée. C'est à Recoleta, quartier aisé au nord du centre, que les restaurants sont les plus nombreux ; on y trouve notamment sur une place piétonne plusieurs *churrasquerías* à l'argentine, très appréciées.

Vainilla INTERNATIONAL $
(angle Salamanca et Antezana ; plats 25-36 $B ; 8h30-22h30 ;). On se croirait en Californie du Sud dans ce restaurant clair et aéré, tant au niveau du cadre que de l'ambiance et de ses plats sains. Le patio, protégé par une voile d'ombrage, est idéal pour petit-déjeuner – avec œufs, smoothie aux fruits et cappuccino.

Mikuy Cafe Cultural CAFÉ $
(angle Bolivar et España ; plats 17-45 $B ; 8h-18h ;). L'atrium baigné de lumière au sol imitant la pierre de cet édifice colonial restauré est idéal pour faire une halte lors d'une balade dans le centre. Au menu, rien de compliqué : sandwichs, crêpes et pâtes. On peut aussi se contenter d'un cappuccino avec une viennoiserie.

Palacio Silpancho BOLIVIEN $
(angle Baptista et Mayor Rocha ; plats 18 $B ; 10h-22h). Ce restaurant sans chichis ne sert que des variations d'une spécialité de la ville, le *silpancho* (viande panée surmontée d'un œuf au plat avec riz et pommes de terre bouillies).

Clementina INTERNATIONAL $$
(☎7794-3354 ; www.facebook.com/ClementinaRestaurant ; plats 38-48 $B ; 18h-22h30 mar-sam, 12h-15h ven-sam, 12h-15h30 dim). Derrière une façade en tôle ondulée se cache un décor intimiste et sophistiqué, où l'on savoure des salades inventives (quinoa et poulet tandoori, par exemple), des burgers et une douzaine de plats de pâtes (sans gluten sur demande). Ampoules suspendues dans des bocaux, patio à l'éclairage tamisé : c'est romantique à souhait.

Casa de Campo LATINO-AMÉRICAIN $$
(Pasaje del Blvd 618 ; plats 43-70 $B ; 12h-23h30 lun-sam, 11h30-17h30 dim ;). Ce restaurant bruyant et chaleureux, en

partie en terrasse, est un lieu traditionnel où se retrouver, déjeuner ou dîner et jouer au *cacho* (jeu de dés). Si la carte offre un grand choix de plats boliviens et de grillades copieux, l'ambiance animée et détendue reste son principal attrait.

Menta VÉGÉTARIEN **$$**
(16 de Julio 814 ; plats 23-40 $B ; 12h-15h et 18h30-22h lun-sam). Décor minimaliste en briques, longues tables style aire de pique-nique et au menu des plats végétariens d'inspiration bolivienne et de bons jus de fruits.

Cayenna INTERNATIONAL **$$**
(www.cayenna.com.bo ; Alvestegui ; plats 26-98 $B ; 9h-minuit ;). Installé au rez-de-chaussée d'un immeuble résidentiel haut de gamme bordant un parc de banlieue, ce restaurant propose un menu long et varié – *pita silpancho* (tranches de bœuf, pommes de terre, oignons, tomates et œuf au plat), pizzas végétariennes, steak sauce *chimichurri* ou encore truite à la vinaigrette. Les photos aident à choisir. Belle carte des vins.

Beef & Bunz BURGERS **$$**
(angle Av. Melchor Urquidi et Zenon Salinal ; burgers 32 $B ; 12h-15h et 18h30-22h). Déco à l'américaine et burgers avec 200 g de bœuf ; bons sandwichs au poulet également. Situé dans la discothèque Awra.

De K'ffe INTERNATIONAL **$$**
(Pando 1143 ; plats 30-150 $B ; 8h-minuit ;). Cet endroit douillet et un peu désuet (au moins au niveau du cadre), mais convivial, attire depuis des années une clientèle fidèle. La carte, qui lorgne du côté des États-Unis, est vaste ! On peut donc venir aussi bien pour petit-déjeuner tôt le matin que pour prendre un verre tard le soir.

Gopal VÉGÉTARIEN **$$**
(España 250 ; buffet 18 $B, plats 20-40 $B ; 11h-14h30 lun-ven ;). Cette chaîne de restaurants établie de longue date, avec plusieurs adresses en ville, propose des buffets déjeuner de plats végétariens à peu près corrects, dont des ersatz de spécialités boliviennes à base de soja et quelques curries. Au fond de la cour de l'auberge de jeunesse Ñaupa House.

La Estancia ARGENTIN **$$$**
(Av. Uyuni 0786 ; plats 50-95 $B ; 12h-15h et 18h30-minuit). Installé de l'autre côté du fleuve, parmi un groupe de restaurants spacieux, ce grill de style argentin est une bonne adresse. Les steaks épais et tendres (préférez la viande d'Argentine), les travers de porc et les rognons, le poisson et le poulet sont tous préparés sur le gril, au milieu de la salle. Un bon buffet de salades et un excellent service ajoutent à l'attrait du lieu.

Sole Mio PIZZA **$$$**
(428-3379 ; Av. América E-826 ; pizzas 55-80 $B ; 12h-15h et 17h30-minuit mar-dim). Les meilleures pizzas de Cochabamba. Pas étonnant, les propriétaires sont napolitains et importent tous les ingrédients de leurs pizzas à pâte fine et à la sauce légère, cuites dans un massif four en brique. Opéra en fond sonore, bons vins italiens, service impeccable : autant de raisons de s'attarder un peu. Viandes et pâtes également au menu.

Páprika INTERNATIONAL **$$$**
(www.paprika.com.bo ; Chuquisaca ; plats 30-110 $B ; 11h30-minuit ;). Ce restaurant apprécié, chic et tendance, offre une carte éclectique, alliant cuisine internationale et cuisine bolivienne : notamment de savoureuses fondues accompagnées de pommes de terre au four ou des plats plus inédits tels que de l'autruche ou du lama. Le soir, il fait partie des lieux à la mode où aller boire un verre. Un bon endroit pour rencontrer de jeunes Boliviens.

Bufalo's Rodizio BRÉSILIEN **$$$**
(425-1597 ; Av. Oquendo N-654, Torres Sofer, 1er ét. ; buffet 91 $B ; 12h-15h et 19h-22h lun-sam, 12h-15h dim). Dans ce grill de style brésilien, les serveurs ne cessent d'apporter à votre table d'énormes morceaux de viande savoureuse et ce jusqu'à satiété. Malgré le grand buffet de salades, il s'adresse essentiellement aux carnivores.

Suiza INTERNATIONAL **$$$**
(Av. Ballivián ; plats 35-150 $B ; 11h30-22h30 mar-sam et 11h30-15h lun et dim). Ne vous laissez pas rebuter par les serveurs tirés à quatre épingles et l'atmosphère guindée. L'*almuerzo ejecutivo* (menu déjeuner) à 50 $B est une affaire, et les pâtes sont au-dessus de la moyenne. L'endroit est spécialisé dans le poisson préparé de plusieurs manières – la meilleure, selon nous, est en ragoût (*sudado*).

La Cantonata ITALIEN **$$$**
(425-9222 ; angle España et Mayor Rocha ; plats 50-110 $B ; 12h-14h30 et 18h-22h lun-jeu,

100% LOCAL

SPÉCIALITÉS DE COCHABAMBA

Une immense variété de spécialités locales vous attendent, dont le *pico a lo mancho* (une montagne de viande et de saucisses avec oignons, piments et tomates, le tout posé sur de grosses frites), le *silpancho* (viande panée avec œuf, riz et pommes de terre), le *lomo borracho* (bœuf et œuf dans une soupe à la bière) et le *picante de pollo* (poulet en sauce épicée).

Sur le pouce

De délicieux en-cas sont en vente dans toute la ville, comme les *papas rellenas* (pommes de terre fourrées de viande ou de fromage), particulièrement bonnes à l'angle d'Achá et de Villazón, les *salteñas* (chaussons fourrés de viande et de légumes) et les *empanadas*. Les habitants ne jurent que par les *anticuchos* (brochettes de cœur de bœuf).

Délices sucrés

À l'angle de l'Avenida de las Heroínas et d'España, dans une profusion de lumières fluorescentes, d'enseignes lumineuses, de mascottes pour enfants et de stands de glaces colorés, les immenses **Dumbo** (Av. de las Heroínas E-345 ; plats 10-79 $B ; 7h30-23h30 ;), **Cristal** (Av. de las Heroínas E-352 ; plats 18-47 $B ; 8h-23h) et **Donal** (Av. de las Heroínas ; plats 20-55 $B ; 7h30-23h ;) servent toute la journée des en-cas comme des crêpes ou des hamburgers (fades, mais corrects) ; toutefois, ils sont surtout fréquentés le soir, quand on se presse pour commander des *helados* (glaces), des milk-shakes et de grosses parts de gâteau. Globo's, qui possède 4 enseignes en ville, sert également des glaces et des desserts typiquement boliviens ; l'établissement sur plusieurs niveaux de l'**Avenida Pando** (n°1236 ; plats 36-120 $B ; 8h-minuit), dans La Recoleta, a de quoi séduire les enfants, tout en ayant une ambiance de club sophistiqué pour adultes.

12h-14h30 et 18h-23h ven-sam, 12h-15h dim ;). Avec sa carte gigantesque et son service formel (employés en veston), ce restaurant italien ouvert de longue date dégage une certaine lourdeur. Mais La Cantonata n'en est pas moins l'une des tables les plus réputées de cette partie de la ville. Choisissez dans la longue liste de pizzas, de pâtes et de plats de viande ; le rapport qualité/prix est meilleur au déjeuner.

Faire ses courses

IC Norte SUPERMARCHÉ $
(angle Av. América et Av. Pando ; 7h-22h30 lun-sam, 8h-22h dim). Supermarché à l'américaine bien approvisionné. Produits importés ou nationaux de qualité.

Hipermaxi SUPERMARCHÉ $
(Ballivián 1185 ; 7h-22h lun-jeu, 7h-21h ven-dim). Grand supermarché du centre. Le week-end, un gril est installé devant l'entrée, servant burgers et *silpancho* (viande panée surmontée d'un œuf au plat avec riz et pommes de terre). Vous trouverez en face 5 banques avec DAB.

Où prendre un verre et faire la fête

Les bars bohèmes qui fleurissent dans la Calle España, entre Mayor Rocha et Colombia, sont fréquentés en majorité par des étudiants. À La Recoleta, une clientèle légèrement plus âgée préfère les établissements du Paseo del Blvd. El Pasaje Portales compte plusieurs discothèques passant de la musique latino et électronique. Une soirée typique à El Prado (Av. Ballivián) consiste à aller prendre un verre dans un restaurant avec terrasse.

♥ **Muela del Diablo** BAR
(Potosí 1392 ; 16h30-minuit lun-sam ;). Le patio central de cette adresse au charme fou est délicieusement éclairé le soir par des bougies et des lampes chauffantes. On se croirait ici dans quelque villa abandonnée d'un autre âge. À l'intérieur, le bar est plus tendance – concerts certains soirs le week-end.

La carte est également intéressante, avec des pizzas artisanales cuites au feu de bois (43-60 $B).

Suassuna por Cafe Fragmentos BEER GARDEN
(Chuquisaca, entre Lanza et Valdiviezo ; 18h-2h lun-sam). Les tables éparpillées dans le jardin, éclairées de bougies, s'animent le week-end, lorsque jeunes couples et petits groupes d'amis s'y retrouvent autour de verres bon marché (20 $B pour deux Cuba Libre) et d'en-cas.

Tambo Cafe BAR
(España 449 ; 8h30-21h). La cour pavée verdoyante de l'ex-Running Chaski Hostal est un endroit des plus agréables pour prendre un verre ou dîner. Concerts de jazz certains vendredis soir.

Capresso Cafe CAFÉ
(Salamanca 860 ; 7h-22h45 ;). Ce café contemporain avec une agréable terrasse est idéal pour s'attarder le dimanche après-midi, lorsque nombre de concurrents sont fermés. Il y a une salle invitant à la détente à l'étage, appréciée des clients pianotant sur leurs ordinateurs portables, locaux et étrangers confondus.

Mandarina Lounge BAR LOUNGE
(www.facebook.com/MandarinaLOUNGE ; Pasaje Portales ; 21h30-tard ven-sam). Un lieu ultra-contemporain et tendance, avec hip-hop, pop latino et house en guise de fond sonore. Oubliez baskets et tee-shirts : il s'agit ici d'impressionner !

Vinoppolis BAR À VINS
(www.facebook.com/vinoppolis.cbba ; Paseo del Blvd (Blvd de la Recoleta) ; 10h-22h lun-mer, 10h-23h30 jeu-sam, 10h-15h dim). Élégant bar à vins avec tapas.

Novecento BAR
(La Paz, entre Valdiviezo et Balliván 327 ; 12h-tard lun-ven, 18h-tard sam, 12h-17h dim ;). Le Novecento est tout à la fois une salle de spectacle, un centre culturel, un bar et un restaurant. Comme son nom l'indique, il fait la part belle au cinéma, avec une projection dans une petite salle presque tous les soirs à 20h30. Mais des concerts de jazz sont aussi organisés le mercredi à 21h, et c'est un lieu plaisant à toute heure.

Carte longue et éclectique, des tacos au bœuf stroganoff et aux pizzas, en passant par le risotto (plats 35-65 $B).

La Tirana y Olé BAR À VINS
(Venezuela 635 ; 19h-minuit mer, 18h30-tard ven-sam). Tout est espagnol dans ce labyrinthe sur plusieurs niveaux : le chef, mais aussi la carte (tapas), les boissons (sangria à 100 $B/1,5 l), les briques apparentes au rez-de-chaussée qui évoquent une bodega andalouse... Concerts à l'étage, à partir de 23h le week-end.

Simón Boliche BAR
(España E-250 ; 18h30-1h lun-sam ;). En fond sonore : un concert de reggae. Pour le décor : des peintures d'Evo Morales façon Warhol. Et, dans la clientèle : des filles qui lisent Pablo Neruda en sirotant une bière artisanale, tandis que de jeunes garçons préparent des grillades sur un barbecue placé devant l'entrée. Voici qui devrait vous donner une idée de l'ambiance dans ce lieu branché et détendu, situé au-dessus de l'entrée du Ñaupa House Hostel. L'établissement était temporairement fermé lors de nos recherches.

Espresso Café Bar CAFÉ
(Arce 340 ; 8h-22h lun-sam ;). Juste derrière la cathédrale, ce café traditionnel est fréquenté par des habitués (des hommes, en majorité), qui viennent discuter ou feuilleter le journal en buvant de grands expressos. Bons jus et pâtisseries, servis par un personnel professionnel et aimable.

Lujo's Discoteca y Karaoke CLUB
(Beni E-330 ; 20h30-tard mer-dim). On se presse pour danser chez Lujo's, qui, quand les clients ne s'occupe pas de la bande-son lors des karaokés, propose de la salsa et de la pop.

Levoa CLUB
(Paseo del Blvd (Blvd de la Recoleta). ; 21h-tard ven-sam). Discothèque bruyante et branchée, bondée le week-end.

☆ Où sortir

Le centre commercial Hupermall de La Recoleta abrite un cinéma ; le multiplexe **Cine Center** (www.cinecenter.com.bo ; Ramón Rivero 789 ; billets 45 $B) passe les derniers films hollywoodiens (il compte aussi une aire de restauration et des DAB). Le **Cine Heroínas** (Av. de las Heroínas s/n ; billets 25-35 $B), le **Cine Teatro Capital** (Angle Calle 25 de Mayo et Colombia ; billets 30 $B) et le **Cine Astor** (angle Sucre et Calle 25 de Mayo ; billets 25-35 $B), plus petit, ont plus de charme. Pour des informations sur les distractions, consultez les rubriques spécialisées des journaux.

Teatro Adela Zamudio THÉÂTRE
(angle Av. de las Heroínas et Calle 25 de Mayo). Construite dans les années 1940 et rénovée il y a quelques années, cette salle accueille aussi bien des concerts que des spectacles de danses traditionnelles.

Achats

Asarti VÊTEMENTS
(www.asarti.com ; angle Calle México et Av. Ballivián, edificio Colon ; ⏲10h-13h et 15h-20h lun-ven, 10h-16h sam). Installé au rez-de-chaussée d'un immeuble de bureaux, Asarti vend des vêtements en alpaga chers, mais de qualité.

Renseignements

ACCÈS INTERNET

Il y a du Wi-Fi dans de nombreux cafés et restaurants, et même dans certains parcs publics (où l'on ne capte pas toujours très bien). Les cybercafés pullulent autour de l'université ; la plupart facturent 4 $B/heure.

ARGENT

Des changeurs se regroupent dans l'Avenida de las Heroínas et près du marché à la hauteur de la rue 25 de Mayo ; certains n'acceptent que les dollars US. Il y a des DAB partout, notamment sur Avenida Ballivián, dont 5 sont regroupés devant le supermarché Hipermaxi (p. 195), à l'angle de l'Avenidas Heroínas et de l'Avenida Ayacucho.

DÉSAGRÉMENTS ET DANGERS

À en croire les habitants, mieux vaut éviter les rues au sud de l'Avenida Aroma, dangereuses la nuit. La gare routière est proche – ne soyez pas surpris, en arrivant au petit matin, si on vous encourage à ne pas quitter le bus avant le lever du soleil. Les pickpockets ne sont pas rares dans les marchés. Les parcs de la Colina de San Sebastián comme de la colline de la Coronilla près de la gare routière sont dangereux à toute heure – évitez-les ! Comme dans toutes les grandes villes, mieux vaut se déplacer en groupe la nuit et faire preuve de bon sens.

LAVERIE

La plupart des hôtels ont des services de blanchissage, mais ils sont généralement chers et facturés à la pièce. Les auberges de jeunesse ont des laveries plus abordables qui facturent au kilo.

OFFICES DU TOURISME

L'**office du tourisme** (☎425-8030 ; www.facebook.com/cochaciudad ; Plaza Sucre 329 ; ⏲8h-12h et 14h30-18h30 lun-ven) possède une bonne documentation sur la ville. Plusieurs kiosques d'information, également ouverts le samedi matin, notamment à la gare routière et à l'aéroport.

Cochabamba propose un excellent site Web pour les visiteurs (www.brujulaturistica.com/cochabamba), avec des renseignements détaillés sur les sites d'intérêt, des liens pour réserver des billets d'avion, des listings d'hôtels, des photos et les événements en ville.

Des cartes topographiques (utiles pour la randonnée) du département de Cochabamba sont disponibles à l'**Instituto Geográfico Militar** (IGM ; ☎425-5563 ; Calle 16 de Julio S-237 ; ⏲8h-12h et 14h-18h lun-ven). **Le bureau du Sernap** (Servicio Nacional de Areas Protegidas ; www.sernap.gob.bo) offre des renseignements succincts sur les parcs nationaux. Les agences privées sont généralement plus à même de vous répondre.

Rendez-vous au bureau de la **Migración** (☎450-7080 ; Av. Rodríguez Morales, entre Santa Cruz et Potosí ; ⏲7h30-15h30 lun-ven) pour prolonger votre visa ou votre titre de séjour.

POLICE

Police touristique (☎450-3880, urgences 120 ; Plaza 14 de Septiembre ; ⏲24h/24)

POSTE

Le **bureau de poste principal** et celui d'**Entel** (angle Av. Ayacucho et Av. de las Heroínas ; ⏲principal 8h-16h lun-ven, 9h-12h sam, Entel 8h-20h lun-ven, 8h30-13h30 sam) sont regroupés dans un grand complexe. Au sous-sol du hall central se trouve un bureau de poste express.

SERVICES MÉDICAUX

Centro Médico Quirúrgico Boliviano Belga (☎423-1403 ; Antezana N-455 ; ⏲24h/24). Clinique privée.

Hospital Viedma (☎422-0228 ; Venezuela ; ⏲24/24). Hôpital public assurant tous les services.

Depuis/vers Cochabamba

AVION

Les vols entre La Paz et Cochabamba sont directs et s'arrêtent à l'**aéroport international Jorge Wilstermann** (p. 364) – à 4 km au sud-ouest du centre de Cochabamba. La ville est également reliée par avion à Sucre. Le vol La Paz-Cochabamba survole des paysages fabuleux : asseyez-vous sur la gauche en venant de La Paz, sur la droite en venant de Cochabamba pour admirer la spectaculaire Cordillera Quimsa Cruz et voir l'avion quasi frôler le sommet de l'Illimani.

Les compagnies **BoA** (☎417-7961 ; www.boa.bo ; angle Jordán et Aguirre ; ⏲8h30-17h lun-ven), **Ecojet** (www.ecojet.com.bo ; Plazuela Constitución 0879, angle 16 de Julio ; ⌚8h30-16h30 lun-ven), **Amaszonas** (☎479-4200 ; www.amaszonas.com ; Plazuela Constitución 0879 entre 16 de Julio et Chuquisaca ; ⌚8h30-12h30 et 14h30-18h30 lun-ven, 8h30-12h30 sam) et **TAM** (☎466-5055 ; tamep.bo ; Av. Aniceto Padilla 755 ; ⌚8h-18h lun-ven, 8h-12h sam) assurent chaque jour différents vols pour Cochabamba depuis La Paz, ainsi que 2 vols à destination de Sucre. Il existe aussi des vols quotidiens pour Oruro, Trinidad et Tarija (ceux pour Tarija poursuivent jusqu'à Yacuiba 2 jours/semaine – les horaires varient). Il y a généralement une correspondance à La Paz pour se rendre à Uyuni.

Le *micro* B (2 $B) fait la navette entre l'aéroport et la place principale. En taxi, comptez 25 à 30 $B depuis/vers le centre-ville. Pour Quillacollo ou Tiquipaya, comptez 50 $B.

BUS

La **gare routière principale** (☎422-0550 ; Ayacucho ; taxe 4 $B), juste au sud du centre, abrite un kiosque d'information, une antenne de la police touristique, des DAB, une consigne à bagages et un bureau de change. La circulation est chaotique autour de la gare ; de jour, si vous n'êtes pas trop chargé, mieux vaut vous éloigner de quelques rues avant de héler un taxi.

Les *trufis* (taxis collectifs) et les *micros* à destination des villages de l'est de la vallée de Cochabamba partent de plusieurs endroits au sud du centre, le long de l'Avenida República aux intersections avec Barrientos, Avenida 6 de Agosto et Mairana.

Des *micros* pour Torotoro (35 $B) du **Sindicato de Transporte Mixto Toro Toro Turistico** (☎7144-2073 ; Mairana, près d'Av. República) partent tous les jours dès qu'ils sont plein de 7h environ jusqu'en fin d'après-midi ; l'attente atteint souvent 1 heure 30. Arrivez vers 7h ou venez en groupe pour partir plus vite. Les services pour la partie ouest de la vallée partent à l'angle d'Ayacucho et d'Aroma. Pour rejoindre Villa Tunari, les *micros* à destination de la région du **Chapare** (Av. Oquendo, près d'Av. República) partent de l'angle entre l'Avenida República et l'Avenida Oquendo.

Expreso Campero (p. 201) propose des minibus pour Aquile et Peña Colorada, qui partent de Cochabamba à 12h, 16h et 18h.

Il y a de nombreux départs pour La Paz et Santa Cruz toute la journée. Les trajets vers Oruro et Potosí se font le plus souvent de nuit.

Bolívar et Trans Copacabana ont les chauffeurs les plus professionnels et sont donc les compagnies les plus recommandées.

Il est conseillé d'acheter vos billets le matin du départ. Des voyageurs tentant d'acheter un billet le soir, peu avant le départ, ont signalé des escroqueries.

DESTINATION	TARIF ($B)	DURÉE (HEURES)
Buenos Aires	720	68
La Paz	95	8
Oruro	60	4
Potosí	120	10
Santa Cruz	115	10
Sucre	60-120	8-9
Villa Tunari	bus 15, *trufi* 35	bus 4, *trufi* 3

ℹ Comment circuler

BUS

Les *micros* et les *trufis* indiquent leurs destinations et rallient tous les quartiers de la ville (2 $B). Les *micros* pour **Quillacollo, Pahirumani et Sipe Sipe** partent de l'intersection des Avenidas Ayacucho et Aroma, près de la gare routière.

TAXI

Une course dans le centre-ville revient à 6 $B par personne. Comptez un boliviano supplémentaire si vous traversez la rivière ou si vous allez loin au sud. De nuit, un taxi pour La Recoleta revient à 10 $B environ. Pour rejoindre les divers arrêts de *micros* au sud de l'Avenida 6 de Agosto, comptez 15 $B, et pour les hébergements des environs de Quillacollo, 35 à 40 $B. Pour un radio-taxi, appelez **Radio Taxi SJ** (☎428-0002).

VOITURE ET MOTO

Europcar (☎459-0491 ; cochabamba@europcar.com.bo ; aéroport international orge Wilstermann ; ⌚7h-12h30 et 13h30-20h lun-ven, 9h-13h et 14h-18h dim) et **Sudamericana Rent-a-Car** (☎428-3132 ; www.sudamericanarentacar.com.bo ; Pando 1187) louent des voitures, mais vous n'en aurez pas besoin pour explorer la ville et ses environs. Pour vous aventurer au-delà, il vous faudra un 4x4. La circulation dans le centre est extrêmement dense, surtout aux heures de pointe.

ENVIRONS DE COCHABAMBA

Parque Nacional Tunari

Facilement accessible, ce parc de 309 000 ha a été créé en 1962 pour protéger les versants boisés qui surplombent Cochabamba et la cime sauvage du Cerro Tunari. Le parc comprend une grande diversité d'habitats, des vallées interandines au climat sec aux forêts de *queñuas*, moins arides et gravement menacées, dans la Cordillera Tunari. Le chipiu de Cochabamba, une espèce d'oiseau endémique, est menacé par la destruction de son habitat.

Région de Cochabamba

Une bonne piste serpente à flanc de montagne depuis l'entrée du parc (ouvert jusqu'à 16h). À environ 3 km de l'entrée, on atteint une **aire de pique-nique** dotée de barbecues et d'une aire de jeux pour enfants. Commence ensuite un *sendero ecológico* (sentier nature). S'il n'apporte pas grand-chose en matière d'écologie, il est bien tracé et grimpe rapidement dans une épaisse forêt. Il offre une vue superbe sur Cochabamba, en contrebas, et sur le Cerro Tunari et la Cordillera, dans la direction opposée. En partant tôt avec suffisamment d'eau, vous pourrez atteindre quelques-uns des pics les plus proches en une longue journée de marche.

Le bureau du Sernap (p. 197) à Cochabamba, peu fourni, dispose néanmoins parfois de cartes de randonnées dans le parc. Depuis Cochabamba, prenez un *trufi* n°109 (2 $B) sur l'Avenida Ayacucho et descendez au dernier arrêt, situé à 3 minutes de marche de l'entrée du parc (signalée par une grande arche en bois avec un indicateur de risque d'incendie). Vous devrez sans doute présenter votre passeport et vous enregistrer pour pénétrer dans le parc. Prenez à droite après l'entrée, puis à gauche 100 m plus loin ; la route remonte le long de l'aire de jeu vers des lacs de montagne.

Région du Cerro Tunari

Saupoudré de neige, le Cerro Tunari (5 050 m) est le point culminant du centre du pays – c'est le second à partir de la gauche sur l'étiquette de la bière Taquiña ! Ses versants se dressent à 25 km au nord-ouest de Cochabamba, le long de la route menant à Morochata et Independencia. Cette région spectaculaire offre d'excellentes possibilités de randonnée et de camping, ainsi qu'une chance d'apercevoir des condors, mais elle est loin d'être évidente d'accès en indépendant. Pour l'escalade, munissez-vous de la carte *Cordillera de Tunari* (feuillet 6342-III) au 1/50 000 de l'Instituto Geográfico Militar (p. 197).

L'ascension du Tunari depuis les forêts du Parque Pairumani, près de Quillacollo (face sud) prend 4 à 5 heures et s'avère assez ardue, certains passages exigeant du matériel d'alpinisme. Les grimpeurs expérimentés parviendront à effectuer l'aller-retour en une longue journée. Toutefois, compte tenu de l'altitude, mieux vaut s'accorder 2 jours et camper en chemin. Vous aurez besoin d'un guide.

Une ascension plus facile le long de la face nord part d'Estancia Chaqueri ou de Tawa Cruz, 12 km après Cruce Liriuni, à 4 200 m. À Quillacollo, à 3 pâtés de maisons de la grand-place, des *micros* et des *camiones* partent pour Morochata les lundis, jeudis et samedis à 7h et retournent à Cochabamba les mardis, vendredis et dimanches dans l'après-midi. Relativement facile, le sentier qui monte par la face nord se parcourt en 5 heures environ.

Il est bien sûr plus facile, et recommandé, de passer par une agence de Cochabamba. Les tarifs pour des excursions de 2 ou 3 jours avec Andes Xtremo (p. 191) ou le très réputé El Mundo Verde Travel (p. 191) dépendent de la taille des groupes. Les départs se font très tôt le matin, et des vêtements chauds sont indispensables.

Où se loger

Berghotel Carolina LODGE $$$
(☎7220-0454 ; www.berghotelcarolina.com ; Combuyo, Vinto ; s/d/tr/qua avec petit-déj 558/732/976/1 150 $B). Le Berghotel Carolina, au pied du Cerro Tunari, au nord-ouest de Quillacollo, s'enorgueillit d'un panorama époustouflant. Avec des suites simples et spacieuses, un sauna et une terrasse, ce refuge tenu par des Allemands affiche un luxe rustique. Le personnel peut organiser toutes sortes de randonnées dans le parc.

Depuis/vers la région du Cerro Tunari

Depuis Cochabamba, prenez un *trufi* n°109 (2 $B) sur l'Avenida Ayacucho et descendez au dernier arrêt, à distance de marche de l'entrée du parc. Vous devrez sans doute présenter votre passeport et vous enregistrer pour pénétrer dans le parc.

EST DE LA VALLÉE DE COCHABAMBA

Tarata et Huayculli

4 / 3 500 HABITANTS

À 35 km au sud-est de Cochabamba, Tarata mérite la visite pour ses édifices majestueux à la beauté fanée, ses rues pavées et sa place superbe, plantée de palmiers et de jacarandas. La ville doit son nom à ses nombreux *taras*, des arbres dont les fruits servent à tanner le cuir. Elle a vu naître Mariano Melgarejo, un général qui présida le pays de 1864 à 1871, dont la dépouille repose dans l'église de la ville. René Barrientos Ortuño, qui dirigea la Bolivie entre 1964 et 1969, est également né ici.

Huayculli, à 7 km de Tarata, est un village de potiers et de vitriers. L'eucalyptus brûlé dans des fours à céramique cylindriques emplit l'air d'un parfum entêtant. Le style et la technique, propres au village, se transmettent de génération en génération.

À voir

L'immense **Iglesia de San Pedro**, de style néoclassique, fut construite en 1788 et restaurée entre 1983 et 1985 ; à l'intérieur, plusieurs panneaux en cèdre comprennent des motifs de style *mestizo*. Le **couvent franciscain San José**, fondé en 1772 pour former des missionnaires, renferme un beau mobilier colonial et une bibliothèque de 8 000 volumes. Il abrite également un musée et les cendres de San Severino, le saint patron de Tarata, fêté le dernier dimanche de novembre.

Le village compte plusieurs autres édifices historiques : le Palacio Consistorial (palais gouvernemental) et les résidences du président Melgarejo, du général Don Esteban Arce et du général René Barrientos Ortuño.

Depuis/vers Tarata et Huayculli

Depuis Cochabamba, des taxis (7 $B, 30 min) partent pour Tarata lorsqu'ils sont pleins, et des *micros* (5 $B, 45 min) partent toutes les 15 minutes de 5h à 20h de l'intersection entre l'Avenida Barrientos et Magdalena – l'arrêt est signalé par un panneau. Aucun *micro* ne dessert Huayculli, mais les minibus reliant Tarata et Anzaldo peuvent vous y déposer.

Incallajta

Isolé et peu visité, le site d'Incallajta ("ville de l'Inca") est ce qui, en Bolivie, rappelle le plus Machu Picchu. À 132 km à l'est de Cochabamba, il surplombe le Río Machajmarka du haut d'un éperon montagneux. Avant-poste oriental de l'Empire inca, Incallajta est, après Tiwanaku, le site archéologique le plus important de Bolivie. L'immense fortification de pierre qui traverse les terrasses au-dessus du fleuve constitue son élément principal et une cinquantaine d'autres structures s'éparpillent sur le site, qui s'étend sur plus de 30 ha.

Incallajta fut probablement fondé par l'empereur inca Túpac Yupanqui, qui avait auparavant envahi l'actuel Chili pour étendre son empire vers le sud. Sa construction remonterait aux années 1460 et aurait visé à protéger le territoire des attaques des Chiriguanos, au sud-est. En 1525, dernière année du règne de l'empereur Huayna Capac, cet avant-poste fut abandonné – peut-être en raison d'une attaque chiriguano, mais plus vraisemblablement à cause des pressions espagnoles sur l'empire en déclin qui devait s'effondrer sept ans plus tard.

Le site est monumental. Des chercheurs pensent que, outre sa fonction défensive, il fut conçu comme une réplique cérémonielle de Cuzco, la capitale inca. L'édifice le plus important, le *kallanka*, mesure 78 m sur 26 m. D'énormes colonnes soutenaient le toit. À l'extérieur, un grand rocher servait sans doute de plate-forme aux orateurs. À l'extrémité ouest du site, une curieuse tour hexagonale servait peut-être d'observatoire astronomique. Au sommet de la montagne, l'immense mur de défense en zigzags comporte une porte défensive.

Les ruines furent découvertes en 1913 par Erland Nordenskiöld, zoologiste et ethnologue suédois, qui passa une semaine sur place à les mesurer et à les cartographier. Pourtant, le site demeura largement ignoré – sauf des pillards – durant les 50 années qui suivirent, jusqu'à ce que l'université San Simón de Cochabamba entreprenne des fouilles.

À Pocona, à 17 km des ruines, se tiennent un centre d'information et une petite exposition d'objets exhumés lors des fouilles.

Sans moyen de transport individuel, et en dehors d'une visite guidée, il est difficile de visiter Incallajta. Si vous ne trouvez rien chez l'habitant ou si vous aimez la vie au grand air, vous pouvez camper sur un site jouxtant les ruines, à condition de prendre assez d'eau et de nourriture, des vêtements chauds et les équipements nécessaires.

Des agences de Cochabamba proposent des excursions d'une journée à Incallajta ; la plus recommandée est El Mundo Verde Travel (p. 191), qui propose en bonus la visite du village colonial de **Chimboata** et peut organiser des excursions pour 1 ou 2 personnes, et, bien sûr des groupes plus nombreux. Méfiez-vous des formules étonnamment bon marché ou incluant une "randonnée", qui signifient généralement qu'un taxi vous déposera loin du site et qu'il faudra terminer à pied.

Totora

☎4 / 2 000 HABITANTS / ALTITUDE 2 300 M

Totora, à 142 km à l'est de Cochabamba, se niche dans une vallée au pied du Cerro Sutuchira, sur la grand-route Cochabamba-Sucre. La plupart des bus le traversent de nuit. Aussi, peu de voyageurs découvrent ce charmant village, organisé autour d'une jolie place bordée par des édifices colorés et des arcades. Fortement endommagé par un séisme de 6,7 sur l'échelle de Richter en mai 1998, Totora a depuis été restauré.

Fêtes et festivals

La **fête du village**, qui donne notamment lieu à des corridas, a lieu le 2 février. Un **festival de piano** a lieu fin septembre, mais la fête la plus connue et la plus plaisante est celle de **San Andrés** : le 2 novembre, d'immenses balançoires sont installées dans les rues et, durant le mois, les jeunes filles qui espèrent se marier s'y balancent vigoureusement. Ces jeunes filles sur les balançoires aideraient également les âmes errantes, descendues sur Terre pour la Toussaint, à retourner au paradis.

Où se loger

Villa Eva Casa de Huespedes B&B $
(☎7647-6291 ; villaevatotora@gmail.com ; Rodolfo Soriano ; ch 170 $B). Plusieurs chambres accueillantes dans une impressionnante maison coloniale au toit en tuiles espagnoles.

Depuis/vers Totora

Les *micros* d'**Expreso Campero** (☎à Aiquile 695-1569, à Cochabamba 453-7046 ; Mairana) à destination d'Aiquile partent tous les jours vers Totora (35 $B, 2 heures 30) lorsqu'ils sont pleins depuis Cochabamba, angle Calle Mairana et Avenida República.

> VAUT LE DÉTOUR
>
> **LA CHICHA DE PUNATA**
>
> Cette petite ville-marché, à 50 km à l'est de Cochabamba, est réputée produire la meilleure *chicha* (boisson à base de maïs fermenté) du pays. Le **marché** se tient le mardi. L'exubérante **fête de la ville** a lieu le 18 mai. De Cochabamba, des *micros* (8 $B, 1 heure) et des taxis (10 $B) partent de la Plaza Villa Bella, à l'angle del'Avenida República et de l'Avenida 6 de Agosto entre 5h et 20h.

Mizque

☎4 / 27 000 HABITANTS / ALTITUDE 2 000 M

Cette jolie petite ville coloniale bénéficie d'un beau cadre champêtre au bord du Río Mizque. Fondé en 1549 sous le nom de Villa de Salinas del Río Pisuerga, elle fut rapidement surnommée la Ciudad de los 500 Quitasoles (ville des 500 ombrelles), en raison des ombrelles utilisées par les habitants. Mizque offre un répit bienvenu après les villes et les sites plus touristiques. Les rares visiteurs qui s'y arrêtent entre Sucre et Cochabamba sont séduits par la beauté des vallées de Mizque et de Tucuna, où l'on peut voir des volées d'aras rouges tôt le matin. La ville abrite un petit **musée** archéologique et historique et l'**Iglesia Matríz**. Joliment restaurée après le séisme de 1998, cette église fut le siège de l'évêché de Santa Cruz, jusqu'à son transfert à Arani, en 1767.

Des Rankay Pampa, un peuple indigène, peuplent les collines alentour ; le lundi, nombre d'entre eux viennent se ravitailler au village.

Circuits organisés

Mizque Tours y Aventuras AVENTURE
(☎758-9773). Cette agence a l'habitude de faire découvrir aux étrangers les aventures en plein air aux portes de la ville, et propose d'excellentes excursions vers des cascades (140 $B/jour), des journées VTT (320 $B/pers) et des sessions de rappel sur le pont du Río Kuri (220 $B/pers) ou dans une gorge voisine (80 $B/pers). Peut organiser le transfert depuis Cochabamba.

Fêtes et festivals

Renommée pour son fromage et son miel, Mizque est également connue pour sa **Feria de la Fruta** (19 avril), qui coïncide avec la récolte des *chirimoyas* (anones), et pour sa **Semana Santa**. Du 8 au 14 septembre, la **Fiesta del Señor de Burgos** s'accompagne de nombreuses festivités, de corridas et de combats de coqs. Le **marché** a lieu le lundi.

Où se loger

Residencial Hotel Mizque PENSION $
(☎434-2039 ; Morales ; 45 $B/pers). Entourée de jardins, cette pension bien propre est la plus facile à trouver si vous arrivez la nuit.

Hostal Graciela PENSION $
(☎7149-9958 ; Bolivar 968 ; ch 55 $B/pers). Cette bonne adresse, dotée de chambres avec terrasse, est associée au Restaurant Plaza, également recommandé.

Depuis/vers Mizque

Chaque jour, 3 *micros* d'Expreso Campero (p. 201) à destination d'Aiquile relient Cochabamba à Mizque (20 $B, 4 heures) depuis l'angle de Mairana et República (départs à 12h, 16h et 18h) ; les départs de Mizque pour Cochabamba se font à 8h, 10h et 12h côté est de la Plaza Héroes de la Independencia. Des *micros* circulent parfois sur les 31 km de route cahoteuse entre Mizque et Totora.

Parque Nacional Torotoro

Autour du paisible et isolé village colonial de Torotoro s'étend l'un des plus beaux parcs nationaux de Bolivie. Sa topographie offre un cours de géologie à grande échelle. Les couches sédimentaires d'argilite, de grès et de calcaire, parsemées de fossiles marins et d'empreintes de dinosaures, se sont soulevées et tordues pour former le paysage montagneux, escarpé et inhospitalier de la Serranía de Huayllas et de la Serranía de Cóndor Khaka. Par endroits, les différentes couches laissent apparaître des fossiles enfouis sous une centaine de mètres ou plus de strates sédimentaires, donnant une idée de l'immensité du temps géologique.

VAUT LE DÉTOUR

TIQUIPAYA

Le village de Tiquipaya ("endroit fleuri"), à 11 km au nord-ouest de Cochabamba, est renommée pour son **marché dominical** et ses fêtes insolites. Fin avril ou début mai se tient la **fête de la Chicha**, en juillet la **fête de la Pomme de terre**, puis la **fête de la Truite** la deuxième semaine de septembre et la **fête des Fleurs** vers le 24 septembre. La première semaine de novembre, la **fête de la Wallunk'a** attire des femmes de tout le département de Cochabamba, revêtues de costumes traditionnels colorés.

Des *micros* partent toutes les demi-heures de l'angle des avenues Ladislao Cabrera et Oquendo à Cochabamba. Un taxi coûte environ 50 $B.

À voir

Empreintes de dinosaures PALÉONTOLOGIE
Vous l'aurez deviné en passant devant la statue de dinosaure sur la place du village ou la tête de dinosaure dépassant de l'hôtel de ville, Torotoro vit au rythme de la paléontologie. Le village, niché dans une vallée de 20 km de long à 2 600 m d'altitude, est flanqué d'énormes formations pentues d'argilite qui portent des empreintes de dinosaures bipèdes et quadrupèdes du crétacé (de 145 à 65 millions d'années).

De nombreuses empreintes parsèment les alentours et beaucoup n'ont pas encore été étudiées. Elles correspondent à diverses espèces de dinosaures, herbivores et carnivores.

Les plus proches se situent au **Cerro Huayllas**, à l'entrée du village, de l'autre côté de la rivière. Elles sont protégées par une barrière fermée que seul un guide officiel peut ouvrir (la plupart des voyageurs les visitent lors d'une randonnée guidée au Cañon de Torotoro et El Vergel ; page ci-contre). Entre l'eau et la route, on peut voir les plus grandes, laissées par un énorme dinosaure quadrupède (du genre diplodocus) : elles mesurent 35 cm de large, 50 cm de long et 20 cm de profondeur. Non loin, juste au-dessus de la route, un rocher plat en angle porte une multitude de traces différentes, dont une longue série d'un gros dinosaure quadrupède, un *ankylosaure* (semblable au tatou) selon certains scientifiques.

Sur le chemin de la grotte d'Umajalanta (ci-dessous), la plaine dénommée Carreras Pampa comporte plusieurs séries d'empreintes très nettes des deux côtés du sentier. Elles sont dues à des dinosaures bipèdes à trois doigts, herbivores (doigts arrondis) et carnivores (doigts pointus, avec parfois la trace des griffes).

Toutes les empreintes aux alentours de Torotoro se sont inscrites dans un sol meuble, plus tard solidifié en argilite. Elles ont ensuite été soulevées et inclinées par des poussées tectoniques et beaucoup semblent, pour cette raison, se diriger vers le haut. La plupart des guides locaux pensent à tort qu'elles se sont imprimées dans la lave alors que les dinosaures fuyaient une éruption volcanique.

Caverna de Umajalanta GROTTE

(guide 150 $B, transport 150 $B, location équipement 12 $B). Le Río Umajalanta, qui disparaît sous une couche de calcaire d'environ 22 m d'épaisseur, a creusé cette grotte impressionnante, dont 4,5 km de galeries ont été explorés. À l'intérieur, vous découvrirez de spectaculaires stalagmites et stalactites et des cascades, ainsi qu'une colonie de chauves-souris vampires ; un épais tapis de guano s'est accumulé au fil des ans. La grotte ne peut se visiter qu'avec un guide car il est facile de s'y perdre ; des casques avec lampes frontales sont fournis.

La descente est impressionnante, assez physique et salissante (un pantalon est préférable pour les passages où il faut glisser sur les fesses) ; plusieurs passages exigent de ramper dans des boyaux et il y a deux passages où il faut s'encorder. Prévoyez de bonnes chaussures antidérapantes. Ensuite, vous descendrez jusqu'à un petit lac et à une rivière souterrains, peuplés de petits poissons-chats blancs et aveugles. La remontée, assez facile, suit un chemin plus direct.

Il existe une multitude d'autres grottes dans la région, pour la plupart inexplorées.

Gravir à pied les 8 km séparant le village de l'entrée de la grotte n'est pas une mince affaire. La plupart des visiteurs arrivent accompagnés d'un guide qui se charge du transport depuis Torotoro.

Ciudad de Itas SITE NATUREL

(guide 150 $B, transport 300 $B, entrée 5 $B). Cette série de grottes aux formes étranges où se réfugiaient jadis des communautés isolées, est certes saisissante, mais ce n'est pas la raison principale pour parcourir les 21 km d'une route par endroits terrifiante depuis Torotoro. On y vient surtout pour l'extraordinaire panorama à 3 770 m d'altitude, offrant une vaste perspective sur la géologie unique de la région. Les couches de roche successives sont visibles sur les flancs des montagnes, qui ressemblent à des vaisseaux spatiaux abandonnés depuis des millénaires.

Certains passages sont difficiles, notamment l'ascension d'un rocher sur une échelle presque verticale.

Cañon de Torotoro et El Vergel CANYON

(guide 180 $B, transport en option 70 $B). À 3 km de Torotoro, le sol plonge pour former un **canyon** spectaculaire de plus de 250 m de profondeur. Le *mirador*, au sommet, offre un superbe point de vue sur la gorge et les vautours qui y tournoient. De là, en suivant le canyon sur la gauche, on arrive à un escalier de 800 marches qui descend jusqu'à **El Vergel** (ou Huacasenq'a – "narines de vache" en quechua), jamais asséché et rempli de mousse, de lianes et d'autres plantes tropicales.

Outre le *mirador*, il y a un point de vue semi-circulaire perché au bord et au-dessus de la gorge. Des *parabas de frente roja* (aras de Lafresnaye) nichent dans la falaise et vous aurez de bonnes chances d'apercevoir ces oiseaux menacés. Au fond, une rivière cristalline coule en cascades, formant d'idylliques piscines naturelles. Demandez à votre guide de revenir par le sentier alternatif, plus long mais qui évite de remonter les 800 marches jusqu'au sommet.

À pied et sans aller jusqu'aux cascades, un guide ne vous coûtera que 100 $B environ.

Fossiles marins SITE ARCHÉOLOGIQUE

À 1 heure de marche au sud-ouest de Torotoro, sur le **Cerro de las Siete Vueltas** (mont aux Sept Tournants – qui doit son nom aux sept virages du sentier qui mène au sommet), une ravine latérale contient un grand nombre de fossiles marins. Au fond, on aperçoit des dents de requin pétrifiées ; plus haut, les couches de calcaire et de sédiment renferment des fossiles de trilobites, d'échinodermes, de gastropodes, d'arthropodes, de céphalopodes et de

VAUT LE DÉTOUR

AIQUILE

Aiquile est la capitale bolivienne du *charango* (instrument traditionnel ressemblant au ukulélé). On y en produit plus de 400 par an, dont beaucoup sont exportés en Équateur et au Pérou (prix variant entre 500 et 7 000 $B). Le petit **Museo del Charango** (Campero, Aiquile ; 10 $B ; 9h-17h) renferme une collection de ces instruments, dont ceux qui sont primés lors de la Feria del Charango, fin novembre, et quelques objets archéologiques.

La ville se situe sur la grand-route reliant Cochabamba à Sucre et la plupart des bus la traversent à l'aube. Des bus de différentes compagnies pour Aiquile (30 $B, 3 heures 30) partent tous les jours de Cochabamba à 3h, 13h et 17h30 de l'angle entre la Calle Mairana et l'Avenida República. Comptez environ 2 heures entre Aiquile et Mizque, d'où partent quelques *micros* par jour.

brachiopodes. Le site daterait de quelque 350 millions d'années.

Llamachaki RUINES

(guide 250 $B, transport 350 $B). Une difficile randonnée de 19 km autour du Cerro Huayllas Orkho, ou une balade en 4x4 depuis Torotoro, vous amèneront aux ruines surnommées le Llamachaki ("pied de lama"). Cet ensemble architectural à plusieurs niveaux, qui date de l'époque inca, s'étend sur des terrasses distinctes et comprend un labyrinthe de murs rectangulaires et semi-circulaires, ainsi qu'une tour de guet assez bien préservée. Compte tenu de son emplacement stratégique, il devait s'agir d'un fortin militaire, peut-être relié à Incallajta (p. 200), plus au nord.

Peintures rupestres de Batea Q'ocha SITE ARCHÉOLOGIQUE

Au-dessus du troisième méandre du Río Torotoro, à 1,5 km en aval du village, plusieurs parois de peintures rupestres sont collectivement appelées Batea Q'ocha, en référence aux bassins en contrebas ressemblant à des lavoirs. Ces peintures, réalisées avec des pigments rouges, représentent des humains, des motifs géométriques et divers animaux, dont des serpents et des tortues.

Pachamama Wasi MUSÉE

(Guadalupe ; 10 $B ; 8h30-21h). Cette fantastique maison-musée est la résidence excentrique d'un géologue amateur qui a passé des années à explorer les *cerros* (montagnes). Sa maison ressemble à un jardin... de pierres : fossiles, bizarreries géologiques et rochers aux formes inhabituelles composent un ensemble exceptionnel et paisible. L'endroit n'est ouvert que lorsque le propriétaire ou sa famille sont présents ; les horaires ci-dessus ne sont signalés qu'à titre indicatif.

Fêtes et festivals

Fiesta del Señor Santiago RELIGION

(juil). Du 24 au 27 juillet, la Fiesta del Señor Santiago, où les participants portent des costumes colorés, s'accompagne de sacrifices de moutons, de pétards, de *chicha* à foison et de quelques *tinku* (combats traditionnels). Les transports publics sont alors plus nombreux et c'est une bonne époque pour visiter le village, mais les sites naturels sont bondés.

Où se loger et se restaurer

Palacio Asteria HÔTEL $

(7301-3321 ; angle Olvido et Guadalupe ; ch 140 $B). Cet imposant bâtiment aux allures de palais renferme des chambres simples et spacieuses (même si les matelas pourraient être renouvelés) et une cour intérieure pour la détente. Les douches manquent parfois de pression et le petit-déjeuner n'est pas toujours terrible, mais la propriétaire est sympathique et très disponible.

Villa Etelvina HÔTEL $$

(6537-3894 ; Sucre s/n ; camping 50 $B/pers, s/d 180/240 $B, bungalow 5 pers 780 $B ;). Une oasis accueillante avec des chambres simples et confortables, de belles salles de bains avec eau chaude et de délicieux repas faits maison (repas végétariens sur demande). Et pour passer le temps, il y a des livres, des jeux de société et des DVD. Les propriétaires assurent un transfert depuis Cochabamba et s'avèrent très professionnels dans l'organisation d'excursions dans la région. L'hôtel este à 5 minutes de marche au sud de la place.

PARQUE NACIONAL TOROTORO : INSCRIPTIONS ET GUIDES

Afin de protéger les merveilles géologiques du parc, toute excursion en dehors du village doit obligatoirement se faire avec un guide. Les billets (100 $B pour 4 jours) s'achètent au **bureau du parc** (6822-6391 ; Olvido ; 7h-16h30) jouxtant le bureau des **guides** (7435-9152 ; Olvido ; 7h30-16h30). Conservez précieusement votre billet, qui peut être demandé à tout moment par les gardes forestiers du parc. Les guides parlent rarement une autre langue que l'espagnol, mais ils enrichissent beaucoup la visite par leur connaissance de l'environnement et de la communauté locale.

Pour un guide, comptez entre 80 et 100 $B par personne pour une journée complète d'excursion en groupe de 6 personnes maximum (une journée complète pour un groupe de 5 comprenant la Ciudad de Itas et la Caverna Umajallta coûte par exemple 106 $B par personne). La plupart des voyageurs visitent la Caverna de Umajalanta (p. 203), la Ciudad de Itas (p. 203) et le Cañon de Torotoro et El Vergel (p. 203), combinant la Ciudad de Itas avec l'un des deux autres sites en une journée et visitant le site restant l'après-midi de leur arrivée ou le matin de leur départ.

En solo, la visite la plus accessible et la moins onéreuse est celle du Cañon de Torotoro et d'El Vergel.

Arrivez au bureau des guides vers 7h30 pour réserver une matinée ou une journée complète de visites ; pour rejoindre un groupe l'après-midi, arrivez vers 13h30.

Le Wi-Fi est très lent ; oubliez les téléchargements. Réservation conseillée pour la haute saison.

Hotel El Molino B&B $$
(7647-5999 ; s/d/tr 100/180/250 $B). Meilleure adresse en ville, cette maison rurale rénovée abrite des chambres spacieuses et de belles parties communes, et possède un agréable espace extérieur où se délasser après une journée de randonnée. La famille qui gère les lieux est sympathique et serviable, et peut organiser le transport depuis Cochabamba. Seul hic : c'est à presque 2 km au sud de la place. Circuits de 2 jours à 600 $B par personne (départ tous les samedis).

Cabañas Umajalanta BUNGALOWS $$
(7274-6253 ; s/d/tr 130/240/330 $B). Si le village de Torotoro est trop peuplé pour vous, optez pour ces jolis bungalows en pierre à toits en tuiles rouges, perchés à flanc de montagne à 8 km du bourg, après la Caverna de Umajalanta (p. 203). Les lits sont confortables et la vue incroyable, mais l'on peut s'y sentir seul tant l'endroit est isolé. Déjeuner 25 $B (ouvert à tous) ; le menu change tous les jours. Le transfert depuis le village coûte 55 $B.

El Dinosaurio INTERNATIONAL $$
(Saenz ; plats 25-55 $B ; 8h30-12h30 et 15h-21h30 lun-sam). L'une des adresses les plus fiables du village (notamment pour les horaires et la disponibilité des plats de la carte). L'endroit idéal pour partager vos récits d'aventures avec les autres clients autour de copieuses assiettes de spaghettis et de pizzas correctes. Il y a aussi des expressos et un *happy hour* avec deux consommations pour le prix d'une dans le restaurant ou au bar adjacent, dont le décor évoque la Caverna de Umajalanta (p. 203).

Renseignements

ACCÈS INTERNET

Il n'y a du Wi-Fi que dans la Villa Etelvina (page ci-contre), et la connexion est très moyenne.

ARGENT

Apportez l'argent dont vous aurez besoin. Il n'y a ni DAB ni changeurs, mais en dernier recours vous arriverez peut-être à changer dollars ou euros dans un restaurant ou un hôtel. On peut payer par carte bancaire à la Villa Etelvina (page ci-contre) et à l'Hotel El Molino (p. 205).

DOUCHES

Il y a des douches publiques (5 $B) près du poste de police, juste derrière le petit marché central.

Depuis/vers le Parque Nacional Torotoro

Le Parque Nacional Torotoro se trouve à 139 km au sud-est de Cochabamba dans le département de Potosí. La route, en cours de goudronnage, était quasiment terminée lors de nos recherches. Lorsqu'elle sera entièrement asphaltée, le trajet devrait prendre environ 3 heure 30.

BUS ET MINIBUS

Il est désormais assez facile de rejoindre Torotoro en transports publics. Des minibus de Trans Mixto, **Sindicato Mixto Torotoro** (☎7147-7601) et Trans del Norte (35 $B, 4-6 heures à la saison sèche, de mai à septembre) partent de Cochabamba toute la journée lorsqu'ils sont remplis, depuis l'intersection de l'Avenida República et l'Avenida Mairana. Ils peuvent généralement embarquer 11 passagers, et si vous êtes en groupe vous pouvez les louer pour environ 400 $B. Le siège avant est le plus confortable et le meilleur pour admirer le paysage. L'attente peut être longue à certaines heures de la journée et certains mois de l'année (pour être sûr de partir rapidement, arrivez au bureau de Cochabamba vers 7h). Les trajets peuvent être considérablement plus longs (voire impossibles) pendant la saison des pluies.

À Torotoro, les minibus repartent pour Cochabamba près de la place. Le mieux est de venir en groupe pour accélérer le départ.

Le bus reliant Cochabamba à Torotoro (25 $B), bien plus lent, n'est pas recommandé. Il y a un départ quotidien et les horaires varient selon le jour de la semaine.

VOITURE ET MOTO

Le moyen le plus confortable (et le plus cher) de rejoindre Torotoro par voie terrestre est de prendre un 4x4 des agences de Cochabamba El Mundo Verde Travel (p. 191) ou Andes Xtremo (p. 191). La Villa Etelvina (p. 204) et l'Hotel El Molino (p. 205), à Torotoro, proposent aussi le transfert pour leurs clients.

Vous pouvez aussi louer un 4x4 à Cochabamba, mais gardez en tête que vous ne trouverez pas de carburant à Torotoro. De plus, il est facile de se perdre ; prévoyez un GPS ou une application efficace (nous recommandons www.maps.me), ainsi qu'une bonne carte routière. Pensez aussi à consulter les prévisions météo et à vous renseigner sur l'état de la route.

Le seul moyen d'atteindre Sucre sans escale est le nouveau service de 4x4 privé proposé par la Oficina de Guiaventura, pour un maximum de 6 personnes (1 450 $B). Réservation obligatoire.

SUCRE

☎4 / 278 000 HABITANTS / ALTITUDE 2 750 M

Fière et distinguée, Sucre est la plus belle ville de Bolivie et le cœur symbolique de la nation. C'est ici que fut déclarée l'indépendance et, si La Paz est le siège du gouvernement et des finances, Sucre demeure la capitale constitutionnelle du pays. Niché dans une vallée entourée de montagnes, ce splendide ensemble d'édifices chaulés abritant de jolis patios est un lieu pimpant, où subsiste une riche architecture coloniale. Les nouvelles constructions sont strictement réglementées, et la ville a été classée au patrimoine mondial de l'Unesco en 1991. Sucre et son université sont réputées pour leurs idées progressistes.

Avec son excellent choix d'hébergements, un climat doux et agréable, ses multiples églises et musées, de nombreux sites et activités aux alentours, Sucre retient facilement les visiteurs plus longtemps qu'ils ne l'avaient prévu.

À voir

Sucre abrite d'imposants musées et une architecture remarquable. Pour avoir une belle vue sur la ville, demandez à monter à la coupole au bureau de la police nationale situé dans la **Prefectura de Chuquisaca** (préfecture ; angle Estudiantes et Arce), proche de la cathédrale. En montant, remarquez les peintures murales qui décrivent la lutte pour l'indépendance.

♥ Museo de Arte Indígena MUSÉE

(☎645-6651 ; Pasaje Iturricha 314 ; 22 $B ; ⏲9h-12h30 et 14h30-18h lun-jeu, 9h-12h et 14h30-18h sam). Le superbe musée des arts "indigènes" passionnera ceux qui s'intéressent aux peuples indigènes de la région de Sucre. Il est consacré principalement aux textiles tissés des cultures jalq'a et candelaria (Tarabuco). Cette intéressante exposition a eu une conséquence heureuse : la redécouverte de techniques de tissage ancestrales a aidé les communautés à retrouver leur dynamisme. On peut y observer le travail minutieux des tisserands.

♥ Casa de la Libertad MUSÉE

(www.casadelalibertad.org.bo ; Plaza 25 de Mayo 11 ; entrée avec visite guidée en option 15 $B ; ⏲8h-16h lun-ven, 8h-12h dim). Pour se plonger dans l'histoire bolivienne, ce musée où fut signée la déclaration d'indépendance le 6 août 1825 reste inégalé. Devenue monument historique, cette maison est considérée comme le berceau de la nation. Les guides sont excellents.

Le premier Congrès bolivien se tint dans le Salón de la Independencia, une ancienne chapelle jésuite où les candidats au doctorat venaient soutenir leur thèse. Derrière la chaire, on reconnaît les portraits de Simón Bolívar, Hugo Ballivián et Antonio José de Sucre. Bolívar affirmait que son portrait, réalisé par l'artiste péruvien José Gil de Castro, était le plus ressemblant jamais réalisé. La déclaration d'indépendance, posée sur un socle de granit, occupe la place d'honneur. Un beau plafond *artesonado* (en bois marqueté) et les stalles travaillées méritent également le coup d'œil.

Des visites guidées en français sont possibles pour les groupes constitués de trois ou quatre personnes minimum.

♥ Museo Nacional de Etnografía y Folklore MUSÉE

(www.musef.org.bo ; España ; 8h15-16h lun-ven, 9h-13h dim). GRATUIT Connu localement sous le nom de MUSEF et occupant l'édifice de l'ancienne Banco Nacional, ce musée réunit de belles expositions temporaires illustrant la diversité des cultures en Bolivie. Par le passé, on a pu y admirer des masques, costumes et accessoires de fête, des reconstitutions de villages uru-chipaya, une exposition sur l'iconographie catholique ou encore des *topos* (accessoire ornemental qui servait à attacher les vêtements de femmes, également utilisé comme arme et dans des rituels).

Museo del Tesoro MUSÉE

(Plaza 25 de Mayo ; 25 $B ; 9h-12h30 et 15h-18h30). Vous vous demandez pourquoi des millions d'ouvriers se sont échinés pendant des siècles (et continuent) dans des conditions épouvantables, notamment dans les mines voisines de Potosí ? Venez donc admirer la collection de pierres et métaux précieux exposée dans l'un des musées les plus récents de la ville (2015) mais qui occupe l'un de ses plus anciens édifices (vers 1560). Des guides, dont certains parlent anglais, expliquent avec talent le contexte historique.

Cathédrale ART RELIGIEUX

(Plaza 25 de Mayo ; messe 9h jeu et dim). La cathédrale date du milieu du XVIe siècle et allie harmonieusement une architecture Renaissance et des ajouts baroques tardifs. À l'intérieur, l'unique nef blanche contient des tableaux représentant les apôtres, une chaire et un retable ouvragés. À moins d'assister à la messe, vous pourrez visiter la cathédrale en même temps que le Museo Eclesiástico de Sucre voisin.

Museo Eclesiástico de Sucre MUSÉE

(Ortiz 61 ; 30 $B ; 9h-12h et 14h30-18h lun, 9h-12h et 15h-18h, 15h-18h sam). À côté de la cathédrale, ce musée possède l'une des plus belles collections de reliques du pays. Il est divisé en quatre sections, que les guides ouvrent à mesure que la visite avance.

La première salle renferme une série de belles peintures religieuses de l'époque coloniale. À côté, une chapelle présente des reliques de saints et de beaux calices en or et en argent. Le point d'orgue de la visite est la **Capilla de la Virgen de Guadalupe**, chapelle achevée en 1625. Enchâssée dans l'autel, une peinture représente la Vierge, patronne de la ville. Peinte à l'origine par le frère Diego de Ocaña en 1601, l'œuvre a été ensuite couverte d'or et d'argent et ornée de robes incrustées de diamants, d'améthystes, de perles, d'émeraudes et de rubis offerts par de riches paroissiens.

Convento de San Felipe Neri POINT DE VUE

(Ortíz 165, entrée par l'école ; 15 $B ; 15h-18h lun-ven, 9h-18h sam). La vue depuis le clocher et le toit de tuiles du couvent de San Felipe Neri explique mieux qu'un discours le surnom de "Ville blanche des Amériques" donné à Sucre. Lorsque l'édifice servait de monastère (c'est maintenant une école paroissiale), l'ascétisme n'interdisait pas aux moines de profiter de la vue, comme en témoignent les bancs en pierre sur les toits-terrasses.

Museo de la Recoleta MUSÉE

(Plaza Anzures ; 15 $B ; 9h-11h30 et 14h30-16h30 lun-ven, 15h-17h sam). Construite par l'ordre des Franciscains en 1601, la Recoleta domine la ville en haut de la Calle Polanco. Couvent et musée, elle a également fait office de caserne et de prison. Ne manquez pas le chœur de l'église et les somptueuses sculptures en bois des années 1870, chacune unique et ouvragée, représentant les martyrs crucifiés à Nagasaki en 1597.

Le musée mérite la visite pour ses sculptures et ses peintures anonymes allant du XVIe au XXe siècle, dont de nombreuses représentations de saint François d'Assise.

À l'extérieur, dans le jardin verdoyant et fleuri, le célèbre *Cedro Milenario* (cèdre millénaire) est l'un des rares survivants de cette essence autrefois abondante autour de Sucre.

Sucre

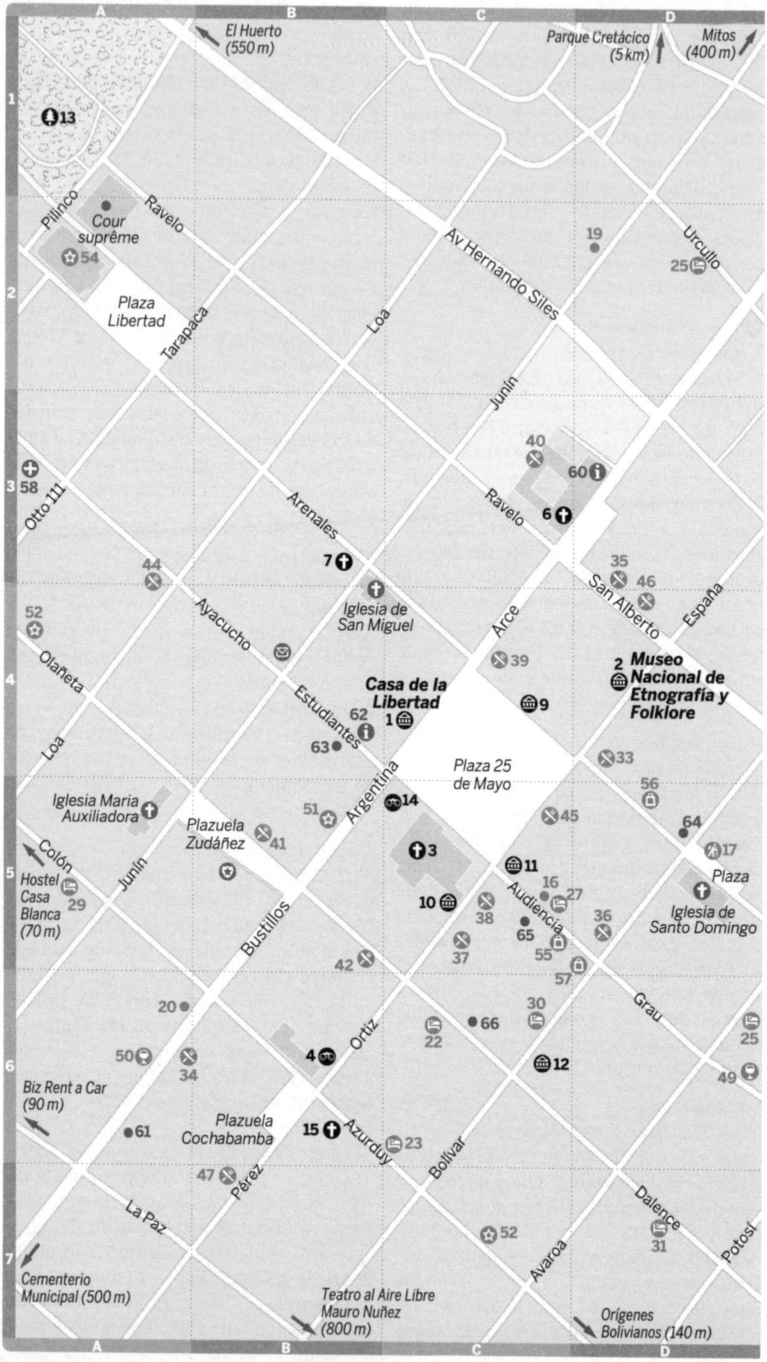
El Huerto (550 m)
Parque Cretácico (5 km)
Mitos (400 m)
13
Cour suprême
Pilinco
Ravelo
54
Plaza Libertad
Tarapaca
Loa
Av Hernando Siles
19
Urcullo
25
Junín
40
60
58
Otto 111
Arenales
Ravelo
6
7
44
35
46
Iglesia de San Miguel
San Alberto
España
52
Ayacucho
Arce
Olañeta
39
Casa de la Libertad
1
2 Museo Nacional de Etnografía y Folklore
9
62
Estudiantes
63
Loa
33
Plaza 25 de Mayo
Argentina
56
Iglesia Maria Auxiliadora
14
51
Plazuela Zudáñez
41
45
64
Colón
3
17
Plaza
11
Hostel Casa Blanca (70 m)
29
Junín
16
27
Iglesia de Santo Domingo
10
38
Audiencia
36
65
Bustillos
55
37
42
57
20
30
Grau
22
66
25
50
34
4
Ortiz
12
49
Biz Rent a Car (90 m)
61
Plazuela Cochabamba
15
Azurduy
23
47
Pérez
Bolívar
Dalence
La Paz
52
31
Potosí
Avaroa
Cementerio Municipal (500 m)
Teatro al Aire Libre Mauro Nuñez (800 m)
Orígenes Bolivianos (140 m)

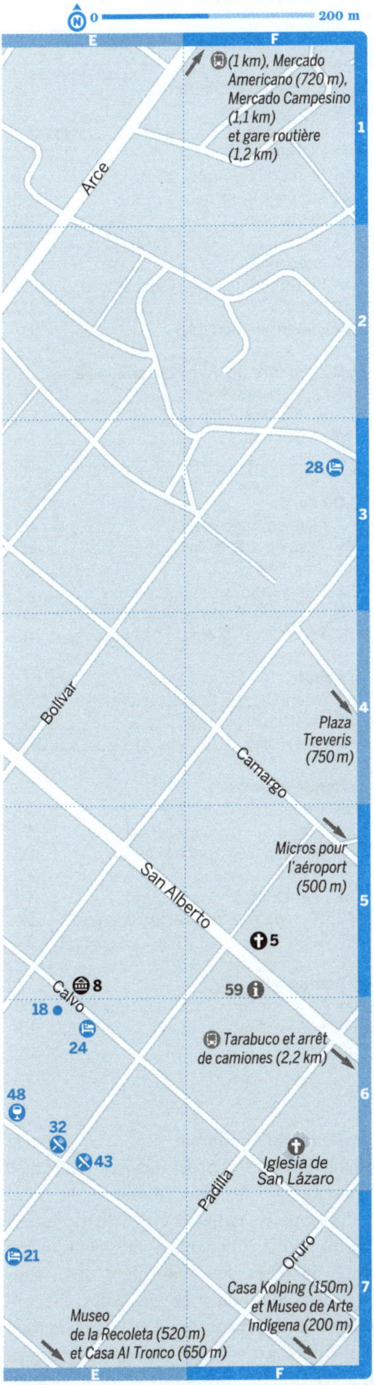

Parque Cretácico (Cal Orck'o) SITE PALÉONTOLOGIQUE

(parc du Crétacé ; www.parquecretacicosucre.com ; 30 $B ; 9h-17h mar-dim ;). Il y a 65 millions d'années, le site de l'usine de ciment Fancesa (Fabrica Nacional de Cementos SA), à 5 km au nord du centre-ville, semble avoir été fréquenté par de gros animaux écailleux. Lorsqu'ils dégagèrent le terrain en 1994, les employés de l'usine découvrirent une paroi argileuse portant environ 5 000 empreintes d'au moins 8 espèces de dinosaures – la plus importante collection d'**empreintes de dinosaures** au monde.

Bien que certaines empreintes soient visibles de l'extérieur, le parc du Crétacé en donne un meilleur aperçu ; pour les photos, la meilleure lumière est celle de l'après-midi. De la terrasse, on peut contempler à l'aide de jumelles les empreintes sur la paroi rocheuse en face, bien que leur état se dégrade à mesure que les hivers passent. Le site renferme plusieurs reproductions grandeur nature de dinosaures, appréciées des enfants, une modeste exposition de fossiles, ainsi qu'un restaurant. Une visite guidée, qui permet d'approcher les empreintes de plus près, est aussi proposée.

Le *micro* 4 (1,50 $B), qui part du centre, passe devant le site ; dites au chauffeur où vous voulez qu'il vous dépose. En taxi, comptez 30 $B l'aller ; le parc gère un bus à impériale (10 $B l'aller) qui part de la cathédrale, sur la Plaza 25 de Mayo – de l'étage, on profite d'une bonne vue sur la ville et la campagne environnante.

Templo Nuestra Señora de la Merced ÉGLISE

(Pérez 1 ; 10 $B ; 10h-12h et 15h-16h). En restauration depuis des années (dont la date de fin n'était pas connue lors de nos recherches), l'intérieur de cette église demeure quasiment vide, mais la vue depuis le clocher est splendide. L'ordre de La Merced quitta Sucre pour Cuzco en 1826 en emportant ses archives ; la date de la fondation du *templo* demeure incertaine, mais on pense qu'elle se situerait aux alentours des années 1540.

Museo Universitario MUSÉE

(645-3285 ; www.usfx.bo/museos-universitarios ; Bolívar 698 ; 20 $B ; 9h-12h30 et 14h30-18h30 lun-ven, 9h-12h45 sam). Dans un édifice du XVIIe siècle pourvu d'une admirable cour de style colonial, le Museo Universitario se compose de 3 grandes salles consacrées

Sucre

Les incontournables

1 Casa de la Libertad ... C4
2 Museo Nacional de Etnografía y Folklore ... D4

À voir

3 Catedral ... C5
4 Convento de San Felipe Neri ... B6
5 Convento de Santa Teresa ... F5
6 Iglesia de San Francisco ... C3
7 Iglesia de Santa Mónica ... B3
8 Museo de Santa Clara ... E5
9 Museo del Tesoro ... C4
10 Museo Eclesiàstico de Sucre ... C5
11 Museo Gutiérrez Valenzuela ... C5
12 Museos Universitario Charcas ... C6
13 Parque Bolívar ... A1
14 Prefectura de Chuquisaca ... C5
15 Templo Nuestra Señora de la Merced ... B6

Activités

16 Bolivia Specialist ... C5
17 Condor Trekkers ... D5
18 Instituto Cultural Boliviano Alemán ... E6
19 Me Gusta Spanish ... D2
Off Road Bolivia ... (voir 16)
20 South American Spanish School ... A6

Où se loger

21 Casa Verde ... E7
22 Colors House Hostel ... C6
23 Hostal de Su Merced ... C6
24 Hotel Villa Antigua ... E6
25 Kultur Berlin ... D6
26 La Dolce Vita ... D2
27 La Posada ... C5
28 La Selenita ... F3
29 Papa Imilla Hostel ... A5
30 Parador Santa María la Real ... C6
31 Samary Boutique Hotel ... D7

Où se restaurer

32 Bienmesabe ... E6
33 Café Metro ... D4
34 El Paso de los Abuelos ... A6
35 El Patio ... D3
36 Florín ... D5
37 Imaynalla Restaurant ... C5
38 Joy Ride Café ... C5
La Posada ... (voir 28)
39 La Taverne ... C4
40 Mercado Central ... C3
41 Monky's Churros ... B5
42 Negro Café ... B5
43 Om ... E6
44 Papavero ... A3
45 Pizzeria Napolitana Restaurante ... C5
46 Prem ... D4
47 Supermercado SAS ... B7

Où prendre un verre et faire la fête

48 Goblin Brew Pub ... E6
Kulturcafé Berlin ... (voir 26)
49 La Quimba ... D6
50 Salfari ... A6

Où sortir

Alliance française ... (voir 41)
51 Casa de la Cultura ... B5
Cine SAS ... (voir 49)
52 El Mercado ... A4
53 La Guarida Espacio Cultural ... C7
54 Teatro Gran Mariscal de Ayacucho ... A2

Achats

55 Arte y Cultura Sucre ... C5
56 Awaj Warmi ... D5
57 Inca Pallay ... D5

Renseignements

58 Hospital Santa Bárbara ... A3
59 Infotur ... F5
60 Instituto Geográfico Militar ... D3
Laverap ... (voir 49)
61 Migración ... A6
62 Oficina Universitaria de Turismo ... B4
63 Superlimp ... B4

Transports

64 Amaszonas ... D5
65 BoA ... C5
66 Ecojet ... C6

respectivement à l'époque coloniale, à l'anthropologie et à l'art moderne. Ne manquez pas les poupées avec leurs vêtements de fête boliviens et la collection de crânes et de restes embaumés. L'exposition de peintures permanente privilégie les sombres portraits de généraux et de politiciens ; les œuvres contemporaines sont de qualité variable. Notices en anglais et en espagnol.

Cementerio Municipal CIMETIÈRE

(entrée Calle José Manuel Linares ; 8h-15h30 lun-sam, 8h-16h30 dim). Remarquablement entretenu, le cimetière de Sucre est la preuve que les inégalités s'étendent jusque après la mort. Les mausolées des riches familles coloniales et de leurs descendants, bardés d'arches en bois de peuplier, sont plus grands et bien plus élaborés que la plupart des maisons des vivants.

Le week-end, le cimetière est envahi par les familles. De la place, parcourez à pied huit pâtés de maisons en direction du sud le long de Junín, ou prenez un taxi ou le *micro* A.

Museo Alfredo Gutiérrez Valenzuela MUSÉE
(Plaza 25 de Mayo ; 30 $B ; ⌚9h-12h30 et 14h30-18h30 lun-ven, 9h30-12h sam). Ce musée rattaché à l'université occupe une ancienne demeure aristocratique au décor du XIXe siècle - miroirs dorés, fauteuils de velours rouge, bougeoirs en marbre, assiettes décorées de scènes pastorales... Faites appel aux excellents guides (uniquement hispanophones).

Parque Bolívar PARC
À quelques pas au nord de la Plaza Libertad, le parc Bolívar se présente comme une étendue tout en longueur flanquée de deux avenues bordées d'arbres et dominées par l'édifice de la cour suprême de justice. Promenez-vous dans le parc, où l'influence française est soulignée par une réplique en miniature de la tour Eiffel (réalisée par l'ingénieur français en 1906). Les enfants apprécieront la vaste aire de jeux, et il y a un club de tennis et une petite aire de restauration en plein air.

Museo de Santa Clara MUSÉE
(Calvo 212 ; 20 $B ; ⌚14h-18h lun-ven, 14h-17h30 sam). Installé dans le couvent de Santa Clara, ce musée d'art sacré, fondé en 1639, contient plusieurs œuvres du maître bolivien Melchor Pérez de Holguín et de son professeur italien Bernardo Bitti. Lors d'un cambriolage en 1985, plusieurs tableaux et ornements en or ont disparu. Une toile, apparemment trop grande pour être emportée, a été découpée en son centre.

Convento de Santa Teresa ÉGLISE
(San Alberto ; ⌚15h-18h mar-sam). Le lumineux couvent de Santa Teresa appartient à un ordre de nonnes recluses, qui confectionnent et vendent des oranges, pommes, figues et citrons verts confits.

Iglesia de Santa Mónica ÉGLISE
(angle Junín et Arenales). L'église de Santa Mónica, de style *mestizo*, fut fondée en 1574 pour servir de monastère aux Ermitañas de San Agustín. Toutefois, les difficultés financières que connut l'ordre au début des années 1590 conduisirent à sa transformation en école jésuite. L'intérieur est orné de sculptures de style *mestizo* et la cour est l'une des plus belles de la ville. Faisant aujourd'hui office d'auditorium municipal, l'église n'ouvre qu'à l'occasion d'événements particuliers.

Iglesia de San Francisco ÉGLISE
(Arce 106 ; 15 $B ; ⌚8h-18h lun-sam). L'église de San Francisco fut créée en 1538, peu après la fondation de la ville, mais devint propriété de l'armée en 1809. Mal entretenu par les soldats, l'édifice se détériora jusqu'à sa reconversion en 1925. Ses éléments les plus intéressants sont le plafond mudéjar et la **Campana de la Libertad** (cloche de la liberté), qui appela les patriotes à la révolution en 1825.

Cours

Sucre est aussi un endroit très prisé pour apprendre l'espagnol avec un bon choix de programmes individuels ou en groupe de tous niveaux.

Me Gusta Spanish LANGUE
(☎342-5725 ; www.megustaspanish.com ; Junín 333, 1er ét.). Les cours de langue sont élaborés autour de différents thèmes : sport, cuisine, visites de la ville à pied... Peut aussi vous trouver un hébergement chez l'habitant.

South American Spanish School LANGUE
(☎7033-5141 ; www.sas-school.com ; Plazuela San Francisco 107). Cours d'espagnol en groupe ou en individuel. Également : cours de salsa, de danse traditionnelle ou de cuisine. Peut organiser des hébergements chez l'habitant et des missions de bénévolat.

Circuits organisés

Si les visiteurs viennent principalement à Sucre pour son architecture coloniale et ses nombreux musées, la région compte bien d'autres attraits, notamment les randonnées dans la Cordillera de los Frailes. La plupart des tour-opérateurs proposent des excursions, certains, comme Condor Trekkers, étant plus réputés que d'autres. D'autres prestataires visent aujourd'hui les amateurs de sensations fortes, auxquels ils proposent des activités comme le VTT, la moto, le quad, le parapente ou l'escalade.

En ville, une multitude d'agences organisent des excursions à Tarabuco (40 $B/pers) pour le marché du dimanche - de nombreux hôtels et *hostales* peuvent aussi

HORS DES SENTIERS BATTUS

CANDELARIA ET ICLA

Pour découvrir la culture des hauts plateaux du Centre dans un environnement épargné par le tourisme, rejoignez Candelaria ou Icla, deux villages hors des sentiers battus, au sud de Tarabuco.

Candelaria, à 88 km au sud-est de Sucre, produit des tissages artisanaux – couvertures, tapis, ponchos, sacs – de très grande qualité. Le village a fondé une association de tisserands, qui possède un musée et une boutique. La signification des motifs élaborés est expliquée dans le musée ; la boutique propose un grand choix de très beaux tissages, à des prix bien plus bas qu'à Sucre ; les bénéfices reviennent en totalité à l'association.

Certains tour-opérateurs de Sucre offrent des excursions sur 2 jours : départ le samedi pour Candelaria, où l'on passe la nuit, puis visite du marché de Tarabuco le dimanche matin. L'association de tisserands propose également des chambres chez l'habitant ; toutefois, mieux vaut vous organiser à l'avance, par l'intermédiaire d'une agence de Sucre. En tout cas, n'arrivez pas à Candelaria sans avoir prévu votre hébergement, car il n'y a pas d'hôtel à proprement parler.

À 13 km au sud, Icla s'inscrit au cœur d'un canyon grandiose, émaillé de grottes et de cascades, qui compte d'intéressantes formations géologiques et peintures rupestres. On trouve de nombreuses empreintes de dinosaures dans la région. Les autorités locales cherchent à y promouvoir le trekking. Il est possible de loger chez l'habitant ; demandez *doña* Nora ou *doña* Rosa.

La compagnie de bus 12 de Marzo assure une liaison quotidienne entre Sucre et Candelaria (15 $B) et Icla (20 $B, 4 heures) ; le bus part à 16h de Bustillos, près de la gare routière. Le bus pour Sucre par d'Icla vers 13h.

s'en charger. Un conseil : comparez les prix avant de faire votre choix.

Condor Trekkers RANDONNÉE
(☎7289-1740 ; www.condortrekkers.org ; angle Calvo et Bolívar ; ⏲9h-19h). Réputée et très appréciée, cette agence installée dans le café éponyme propose plusieurs randonnées de plusieurs jours dans la région. Vous pourrez noter votre nom sur un tableau blanc, afin de trouver des compagnons de voyage pour partager les coûts. Guides extrêmement compétents et excursions sur mesure possibles. Une partie des bénéfices est redistribuée à des actions sociales.

Off Road Bolivia AVENTURE EN PLEIN AIR
(☎6760-6546 ; La Laguna 62). Les excursions à quad, moto et VTT les plus sûres de Sucre. Il y a même des cours de motocross pour les débutants.

Bolivia Specialist CIRCUITS
(☎7032-7232 ; www.boliviaspecialist.com ; Camargo 373 ; ⏲8h30-12h et 14h30-19h lun-ven, 8h30-12h30 sam). Agence multiservice proposant réservations de vols, de billets de bus et de circuits organisés à travers tout le pays, notamment dans la région de Sucre, dont des randonnées dans la Cordillera de los Frailes.

Climbing Sucre ESCALADE
(☎7713-0781 ; www.climbingsucre.com). Sorties d'une demi-journée ou d'une journée (tous niveaux), conduites par des gens du cru expérimentés.

Fêtes et festivals

Sucre célèbre à grand renfort de fanfares son anniversaire du 24 au 25 mai. Le président fait généralement une visite.

Fiesta de la Virgen de Guadalupe RELIGION
(⏲sept). Le week-end le plus proche du 8 septembre, des visiteurs affluent de tout le pays pour se joindre aux *campesinos* (paysans) à l'occasion de la Fiesta de la Virgen de Guadalupe. Chansons, danses traditionnelles et poésie sont au programme. Le lendemain, vêtus de costumes colorés, ils défilent autour de la Plaza 25 de Mayo en portant des statues religieuses et des arches en argent.

Todos Santos RELIGION
(⏲nov). Le 1er novembre, la Toussaint est fêtée avec ferveur.

Où se loger

En règle générale, les hébergements de Sucre sont d'un bon rapport qualité/prix, et les auberges de jeunesse ne manquent pas ; la plupart des adresses sont concentrées dans de jolis édifices coloniaux chaulés abritant d'agréables cours intérieures. Il y a aussi quelques adresses tout confort de catégories moyenne et supérieure dans des édifices historiques. Pour une expérience typiquement bolivienne, essayez de trouver une chambre chez l'habitant via une école de langue ou une agence de voyages.

Les établissements les moins chers se regroupent près du Mercado Central (p. 214) ainsi que le long de Ravelo et de San Alberto.

Kultur Berlin AUBERGE DE JEUNESSE $

(7031-2079 ; www.kulturberlin.com ; Avaroa 326 ; dort 4/8 lits 75/55 $B, s/d avec petit-déj 85/200 $B ; @ wi-fi). Cette vaste auberge est l'adresse idéale pour rencontrer d'autres voyageurs ! Elle occupe un grand bâtiment colonial et convient aussi aux couples et à ceux qui recherchent le calme – demandez une chambre à l'étage supérieur, dans le bâtiment à l'arrière.

Colors House Hostel AUBERGE DE JEUNESSE $

(6865-1558 ; www.facebook.com/colorshouse-sucre ; Dalence 109 ; dort 48 $B, d 145-180 $; @ wi-fi). Des dortoirs basiques dans un édifice colonial aux couleurs vives avec une jolie cour intérieure. Les chambres privées ont des formes irrégulières et du mobilier ancien. L'auberge propose des cours de salsa, de cuisine et d'espagnol.

La Dolce Vita PENSION $

(691-2014 ; www.dolcevitasucre.com ; Urcullo 342 ; s/d/tr 90/140/195 $B ; s/d sans sdb 55/100 $B ; @ wi-fi). Cette pension nichée dans une rue tranquille propose un choix de confortables chambres à tous les prix. Les hôtes peuvent utiliser la cuisine (un peu sommaire) et prendre le soleil sur les terrasses. Réductions pour les longs séjours.

Papa Imilla Hostel AUBERGE DE JEUNESSE $

(646-4754 ; papaimillahostel@gmail.com ; Colón 220 ; s/d 70/100 $B ; wi-fi). Une adresse de routards, dans une maison coloniale à la façade jaune et au toit en tuiles espagnoles, dotée d'un joli patio arboré. Certaines chambres se distinguent par leur décoration. Cuisine à la disposition des hôtes.

Casa Verde B&B $$

(645-8291 ; www.casaverdesucre.com ; Potosí 374 ; s/d/ste 145/260/340 $B ; @ wi-fi piscine).. Cette maison immaculée donne le sentiment d'être chez soi. Son propriétaire belge, René, se met en quatre pour ses hôtes et pratique des tarifs très attractifs, compte tenu de la qualité du service. Les chambres, qui entourent une petite cour avec piscine, portent les noms des enfants et petits-enfants de René. En hiver, vous apprécierez les épais duvets.

Casa Al Tronco PENSION $$

(642-3195 ; Topater 57 ; s/d sans sdb 180/360 $B, d 440 $B ; wi-fi). Cette pension douillette du quartier de Recoleta ne compte que 3 chambres – réservez. Les deux terrasses offrant une vue magnifique sur la ville et l'accès à la cuisine vous convaincront peut-être de retarder votre départ. Réduction pour tout séjour de plus de 5 jours.

Casa Kolping HÔTEL $$

(642-3812 ; Pasaje Iturricha 265 ; s/d 300/360 $B ; @ wi-fi). Perché sur une colline près de la Plaza Pedro Anzures, cet excellent hôtel, qui accueille principalement des conférences, n'en demeure pas moins plaisant pour un séjour. Outre un service efficace et un bon restaurant, il offre des chambres un peu petites mais très confortables, propres et bien équipées. Les appartements familiaux, l'espace et la table de ping-pong plairont aux enfants.

La Selenita B&B $$

(645-6594, portable 7285-9993 ; www.sucre-life.com/places/la-selenita-bb ; Mostajo 145 ; s/d 200/330 $B ; wi-fi). Des Français sont aux manettes de ce B&B, où plusieurs petites maisons indépendantes meublées avec simplicité sont réparties dans un beau jardin. Cuisine à disposition, salle commune lumineuse et jardin invitant à lézarder en contemplant la ville. Appelez avant d'arriver pour être sûr qu'il y ait quelqu'un sur place pour vous accueillir.

Samary Hotel Boutique BOUTIQUE-HÔTEL $$$

(7611-1190 ; www.samaryhotel.com ; Dalence 349 ; s/d à partir de 380/500 $B ; clim @ wi-fi piscine). Selon un concept ambitieux mais bien mis en œuvre, le Samary restitue l'ambiance d'un village traditionnel chuquisaca avec sa place, sa chapelle et même sa *chichería* qui vend de la liqueur maison. Les chambres, de très haut standing, sont ornées de textiles yamparas et de reproductions de sculptures rupestres.

L'attention aux détails est extrême. Même le pain est cuit tous les matins dans un four traditionnel sur la terrasse du petit-déjeuner.

♥ **La Posada** BOUTIQUE-HÔTEL $$$
(☎646-0101 ; www.hotellaposada.com.bo ; Audiencia 92 ; s/d 345/552 $B ; @📶). Élégante et cosy, cette propriété renferme des chambres agréables, confortables et dotées d'un charme colonial avec des touches de bois. Vues sur la ville, atmosphère chic et intimiste, et une belle suite familiale. Le restaurant dans la cour est réputé et prépare d'excellents petits-déjeuners. Service impeccable.

Hotel de Su Merced BOUTIQUE-HÔTEL $$$
(☎7711-1424 ; www.facebook.com/hoteldesumerced ; Azurduy 16 ; s/d/tr 370/550/660 $B ; 📶). Installé dans un édifice restauré du XVIIIe siècle abritant une cour intérieure carrelée, cet adorable hôtel typique de Sucre est décoré d'œuvres d'art et de mobilier ancien. La chambre n°7 est particulièrement attrayante, et la vue depuis le toit-terrasse est superbe. Le personnel, serviable, parle anglais. Restaurant sur place.

Parador Santa María la Real HÔTEL HISTORIQUE $$$
(☎643-9592 ; www.parador.com.bo ; Bolívar 625 ; ch à partir de 836 $B, ste 1 300 $B ; @📶). Élégant et raffiné, cet hôtel 5 étoiles vous fera remonter le temps jusqu'au XVIIIe siècle. Superbe avec sa cour entourée d'arcades, son mobilier ancien et son Jacuzzi avec vue, il compte une partie souterraine chargée d'histoire où se trouve un restaurant plein de charme.

Hotel Villa Antigua BOUTIQUE-HÔTEL $$$
(☎664-3437 ; www.villaantiguahotel.com ; Calvo 237 ; s/d 365/587 $B ; 📶). Pas un clou ne dépasse des parquets polis et couloirs à colonnades de ce bel édifice colonial restauré. Les chambres, spacieuses dans l'ensemble mais plutôt basiques, ont moins de charme.

Où se restaurer

Sucre possède des restaurants de qualité et une foule de cafés où il fait bon s'attarder. On y trouve de bonnes *salteñas* (chaussons à la viande et aux légumes) et la spécialité locale, le *mondongo chuquisaqueño* (ragoût de porc épicé sur lit de maïs). La ville est également la capitale bolivienne du chocolat, ce qui ravira les gourmands.

Mercado Central MARCHÉ
(angle Ravelo et Junín ; ⏲8h-20h). Ne manquez pas les jus de fruits frais (7 $B) concoctés par des vendeurs armés de mixeurs – essayez notamment les *jugos de tumbo* (jus de fruit de la passion vert), entre autres délices. À l'étage, au-dessus des étals de vêtements, des repas bon marché sont servis du matin au soir. Si vous avez l'estomac sensible, mieux vaut vous abstenir…

Bienmesabe VÉNÉZUÉLIEN $
(Grau 289 ; plats 28 $B ; ⏲11h-21h lun-sam). Les propriétaires boliviano-vénézuéliens de ce restaurant sans prétention proposent une variété d'*arepas* (galettes de maïs) et de *cachapas* (galettes à base de maïs, de bouillie de maïs et de sucre). Tout est sans gluten et préparé à la commande, ce qui peut prendre jusqu'à 15 minutes. L'*arepa de chocolate*, avec des fruits, du caramel, du sirop de chocolat et des copeaux de noix de coco, est excellent.

Prem VÉGÉTALIEN $
(San Alberto 54 ; menu fixe 25 $B ; ⏲8h-19h lun-ven et 9h-16h sam ; ✎). Ce minuscule restaurant est souvent plein d'habitants venus savourer un menu végan accompagné de jus de fruits, de smoothies et de pâtisseries.

Monky's Churros DESSERTS $
(Las Americas 111 ; churros 5 $B ; ⏲15h-21h). Cet établissement de poche vend des churros et rien d'autre, au *dulce de leche* (sorte de caramel) ou au chocolat.

El Patio RESTAURATION RAPIDE $
(San Alberto 18 ; salteñas 8 $B ; ⏲8h-13h). Cette boulangerie, flanquée d'une terrasse avec parasols dans la cour d'une belle maison chaulée, se spécialise dans les *salteñas* (chaussons à la viande et aux légumes) ; arrivez tôt, elles partent comme des petits pains.

Negro Café CAFÉ $
(Dalence 95 ; plats 5-15 $B ; ⏲15h-20h30 lun-ven ; 📶). La clientèle de ce café douillet, installé dans l'historique Casa Rodriguez, est souvent composée de vieilles dames venues bavarder avec la propriétaire autour d'un café. Joignez-vous à elles pour savourer *empanadas,* sandwichs, paninis et gâteaux typiques de Chuquisaca. Installez-vous à

l'une des tables de la petite salle ou dans le vaste patio couvert.

El Paso de los Abuelos RESTAURATION RAPIDE **$**
(Bustillos 216 ; salteñas 8 $B ; ⏲7h30-13h). Arrivez tôt pour déguster les *salteñas* de cette *salteñería*, souvent dévalisée en moins de deux.

♥ **ON Gastro Bar** INTERNATIONAL **$$**
(angle Potosí et Grau ; plats 30-70 $B ; ⏲10h-22h lun-ven, 11h-tard sam, 11h-22h dim). Les tapas sont à la hauteur du charme sophistiqué de la cour intérieure, et ce n'est pas peu dire, car c'est l'un des endroits les plus agréables en ville pour se restaurer. Au menu : dattes fourrées au bleu et aux noix et entourées de bacon, crevettes cajuns ou encore de vrais plats comme la truite fumée au mesquite et sa mousse au romarin. La cour est chauffée lorsqu'il fait frais. Horaires susceptibles de varier.

♥ **Florín** INTERNATIONAL **$$**
(Bolívar 567 ; plats 35-45 $B ; ⏲11h30-tard lun-ven, 12h-tard sam-dim ; 📶). Au nombre des adresses en vogue de Sucre, ce bar-restaurant sert des plats boliviens typiques et des plats internationaux (poulet tandoori, *pad thaï*, moussaka...). Le soir, habitants et gringos viennent siroter des bières, au coude à coude le long de son immense bar (13 m de long).

La carte des boissons comprend des bières à la belge brassées par le patron, des spécialités boliviennes comme le *chufflay* et l'*aguardiente de coca*, et de l'absinthe.

Imaynalla Restaurant BOLIVIEN **$$**
(Ortiz 46 ; plats 20-80 $B ; ⏲7h-minuit lun-sam ; 📶). Dans la cour intérieure de l'auberge de jeunesse éponyme, voici un très bel endroit pour prendre un verre ou un repas. La musique et les bougies ajoutent au charme des lieux. Passez sur les burgers et les pizzas pour essayer un plat traditionnel, comme le gargantuesque *pique a lo macho* (bœuf, oignons, pommes de terre, poivrons et œufs durs), assez copieux pour trois.

La Posada INTERNATIONAL **$$**
(www.hotellaposada.com.bo ; Audiencia 92 ; plats 30-60 $B ; ⏲12h-20h lun-sam, 12h-15h dim ; 📶). Ce confortable hôtel est aussi l'un des endroits les plus séduisants de Sucre pour prendre un repas ou un verre. Dans la salle élégante ou la cour dallée, vous choisirez parmi les délicieux plats de viande ou de poisson, les pâtes, les salades, les menus et les *almuerzos* (formule déjeuner) à prix très raisonnable. Service plaisant.

Papavero ITALIEN **$$**
(☎204-6380 ; Ayacucho 214 ; plats 28-55 $B ; ⏲12h30-15h et 19h-22h30 lun-sam). L'élégante salle baignée de lumière, à l'étage d'un superbe édifice colonial donnant sur la place centrale de Sucre, vaut à elle seule le détour, mais l'*almuerzo* (28 $B) est aussi une affaire et les pizzas sont excellentes.

Café Metro INTERNATIONAL **$$**
(angle Calvo et España ; plats 25-60 $B ; ⏲8h-23h ; ❄📶). Le Metro est à juste titre apprécié par les gringos, tant pour son emplacement de choix, à l'angle est de la Plaza 25 de Mayo, que pour son excellent Wi-Fi ! Installez-vous près des grandes fenêtres donnant sur la rue, commandez un *frapuccino* et un gâteau, et vous risquez fort de ne plus avoir envie de repartir ! Les salades, soupes, pâtes, sandwichs et sushis (4/8 pièces 22/45 $B) font aussi l'affaire.

Pizzeria Napolitana Restaurante PIZZERIA **$$**
(España 30 ; plats 35-55 $B ; ⏲8h30-23h lun-sam, 12h-23h dim). Cette pizzeria sympathique, ouverte de longue date sur la Plaza 25 de Mayo, est fréquentée par des familles les soirs de week-end. Elle sert des pizzas très honorables, ainsi que des pâtes et des burgers.

Joy Ride Café INTERNATIONAL **$$**
(www.joyridebol.com ; Ortiz 14 ; plats 35-85 $B ; ⏲7h30-2h lun-ven, 7h30-3h sam-dim ; 📶). Le Joy Ride fait à la fois café, restaurant et bar, et propose à peu près tout, des films, quotidiens en soirée, aux danses endiablées sur les tables le week-end. Spacieux, accueillant et bien tenu, il offre une carte qui n'en finit pas. Le soir, le service peut être lent en cas d'affluence.

♥ **El Huerto** INTERNATIONAL **$$$**
(☎7612-3300, 645-3587 ; www.elhuertorestaurante.net ; Av. Cabrera 86 ; plats 67-95 $B ; ⏲12h-15h30 mar-dim). Dans un charmant jardin clos, El Huerto accueille une clientèle d'initiés. Les parasols et la pelouse évoquent une élégante garden-party et les serveurs attentionnés apportent des plats traditionnels joliment présentés (surtout le chorizo). Vous ne trouverez pas mieux dans tout le pays. On peut déguster des crevettes, des poissons pêchés en Bolivie et

au Pérou ou du tournedos, et la carte des vins est excellente.

La Taverne FRANÇAIS $$$

(☎7193-1640 ; Arce 35 ; plats 68-108 $B ; 11h30-22h30 lun-sam, 11h-22h dim). Le restaurant de l'**Alliance française** (☎643-5240 ; Arce 35 ; 8h30-17h lun-ven) propose un menu restreint comportant des touches hexagonales. L'ambiance est douillette et les plats du jour excellents, notamment les steaks à l'argentine et le filet mignon. Bonne carte des vins.

Faire ses courses

Supermercado SAS SUPERMARCHÉ $

(Pérez 331 ; 8h-22h). Cette grande enseigne installée dans un mini-centre commercial (où se trouve aussi le cinéma, voir ci-contre) vend des marques boliviennes et étrangères.

Où prendre un verre et faire la fête

Nombre des restaurants, comme le Joy Ride Café, le Florín (p. 215), l'Imaynalla et le Kulturcafé Berlin (ci-dessous) sont aussi très fréquentés pour prendre un verre, en particulier durant leurs *happy hours*. L'ON Gastro Bar (p. 215) est de loin le plus élégant. La brasserie locale Sureña produits cinq bières, dont la plus sombre est la Chanchito. Les *discotecas* (ouvertes seulement le week-end) sont regroupées au nord du centre (prenez un taxi).

La Quimba BAR

(Grau 238 ; 19h-tard mar-sam). Dans ce bar grand comme un mouchoir de poche, on fait de la place aux musiciens presque tous les vendredis soir. Bien sûr, on peut aussi y prendre un verre, dans une ambiance bohème. Carte de plats végétariens (burgers de lentilles et de quinoa à 20 $B).

Goblin Brew Pub BAR

(Grau 246 ; 20h-tard jeu-sam). Géré en famille, cet établissement haut de plafond aux airs de taverne espagnole propose une belle sélection de ses propres bières artisanales.

Kulturcafé Berlin BAR

(www.kulturberlin.com ; Avaroa 326 ; 8h-0h30 ; wifi). La plupart des baroudeurs occidentaux se retrouvent dans ce grand bar animé avec terrasse dans la cour, sport sur les écrans, soirées jeux et même danses traditionnelles et concerts. On peut aussi manger les spécialités boliviennes habituelles ainsi que des plats mexicains et allemands, et de bons desserts.

Salfari PUB

(Bustillos 237 ; 20h-tard mer-sam). Ce petit pub douillet possède une clientèle d'habitués souvent occupés par des parties animées de poker ou de *cacho* (jeu de dés). Goûtez les liqueurs de fruits maison, fortes et savoureuses.

Mitos DISCOTHÈQUE

(Cerro 60 ; entrée libre ; 23h-tard jeu-sam). Vaste discothèque en sous-sol à 15 minutes de marche au nord du centre, qui ne s'anime vraiment qu'après minuit et joue des tubes latinos et internationaux.

Où sortir

Orígenes Bolivianos SPECTACLES VIVANTS

(☎7031-0583 ; www.origenes.com.bo ; Azurduy 473 ; dîner et spectacle 170 $B, spectacle seulement 120 $B ; 20h-22h30 jeu-sam). Un spectacle de folklore bolivien alliant danse, musique et costumes de toute la Bolivie. Les artistes se donnent à fond, mais la salle est vieillotte (la vidéo projetée pendant le spectacle sort tout droit des années 1970), la nourriture médiocre et le service à la limite de la maniaquerie (mieux vaut manger ailleurs avant et se contenter d'un verre).

Cine SAS CINÉMA

(www.facebook.com/cinesassucre ; Pérez 331 ; billets 25-35 $B). Dans le petit centre commercial du Supermercado (ci-contre), Cine Sas se dote de trois salles où passent les derniers films hollywoodiens.

Teatro Gran Mariscal de Ayacucho THÉÂTRE

(Plaza Libertad). Ce somptueux Opéra accueille toutes sortes de spectacles. L'office du tourisme (page ci-contre) et la **Casa de la Cultura** (☎643-5240 ; sucrecultural@hotmail.com ; Argentina 65) vous fourniront le programme mensuel des manifestations.

Teatro al Aire Libre Mauro Nuñez MUSIQUE LIVE

(La Paz). Au sud-est du centre, ce merveilleux théâtre en plein air accueille concerts et autres spectacles.

Centres culturels

Une brochure mensuelle, disponible dans les offices du tourisme, les bars et les restaurants, répertorie les événements culturels. Les centres artistiques **La Guarida Espacio Cultural** (☎7756-7432 ; www.facebook.com/laguaridaespaciocultural ; Azurduy 118), malheureusement fermé au moment de nos recherchs, et **El Mercado** (☎644-3154 ; Olañeta 277 ; ⏲horaires variables jeu-sam) attirent une foule locale et bohème. D'autres lieux proposent des cours de langues et des événements culturels.

Alliance française CENTRE CULTUREL
(☎643-5240 ; Arce 35 ; ⏲8h30-17h lun-ven). Bibliothèque d'ouvrages en français, films étrangers et restaurant La Taverne sur place. Des projections de films ont lieu tous les mercredis à 19h et certains vendredis à 17h.

Achats

Pour découvrir les tissages traditionnels locaux, vous pouvez visiter le Museo de Arte Indígena (p. 206), mais mieux vaut les acheter directement dans les villages. La qualité des articles justifie les prix, élevés pour le pays. Autour de la place centrale, plusieurs boutiques vendent des vêtements fabriqués dans la région, des pulls en alpaga de haute qualité à des ponchos bon marché.

Inca Pallay Shop TEXTILES
(☎646-1936 ; www.facebook.com/Incapallayshop ; Audiencia 97 ; ⏲8h30-12h45 et 14h-19h lun-sam). Cette coopérative de tisserands et d'artisans offre un choix impressionnant d'artisanat de qualité supérieure, provenant de Sucre et d'autres régions. Les prix sont élevés, mais cette boutique verse un fort pourcentage aux tisserands. Des tisserands sont parfois à l'œuvre dans la cour.

Arte y Cultura Sucre ART
(www.arteculturasucre.com ; Audiencia 89 ; ⏲9h-19h30 lun-sam, 14h-19h30 dim). Cette galerie vend des œuvres d'artistes locaux (peintures, céramiques, bijoux, etc.).

Awaj Warmi VÊTEMENTS
(☎645-1502 ; www.awajwarmi.com.bo ; Calvo 74 ; ⏲9h30-12h30 et 15h30-19h30 lun-ven, 9h30-12h30 sam). Des vêtements en alpaga de très grande qualité – tarifs en conséquence.

Renseignements

ACCÈS INTERNET

La plupart des hébergements, ainsi que de nombreux restaurants et cafés, ont le Wi-Fi.

ARGENT

Cartes bancaires

Les cartes bancaires sont acceptées dans la plupart des hôtels et dans de nombreux restaurants.

DAB

De nombreux distributeurs sont installés dans le centre-ville, mais aucun à la gare routière.

Échange de devises

Beaucoup de boutiques affichent le panneau "*compro dólares*", mais ne changent que les espèces. Les changeurs de rue, qui opèrent près du marché dans l'Avenida Hernando Siles, se révèlent pratiques le week-end, quand les banques sont fermées, mais vérifiez les taux au préalable.

DÉSAGRÉMENTS ET DANGERS

Sucre a depuis longtemps la réputation d'être une des villes les plus sûres du pays, mais en cas de problème, adressez-vous à la police touristique (☎648-1164 ; Dalence 1, Plazuela Zudáñez).

LAVERIES

Il y a plusieurs *lavanderías* – notamment **Laverap** (La Paz 587 ; 9 $B/kilo ; ⏲8h-20h lun-sam, 8h-13h dim) et **Superlimp** (Estudiantes 26 ; 12 $B/kilo ; ⏲8h-12h30 et 15h-19h lun-ven, 8h-16h sam) – facturant au kilo en ville ; l'attente est d'une demi-journée ou plus. Quasiment toutes sont fermées le dimanche.

OFFICES DU TOURISME

Infotur (☎645-5983 ; San Alberto 413 ; ⏲8h30-12h30 et 15h-18h lun-ven) gère un office du tourisme à peu près correct en ville ainsi que des kiosques à l'aéroport, à la gare routière et sur la Plaza Libertad. L'**Oficina Universitaria de Turismo** (☎644-7644 ; Estudiantes 49 ; ⏲16h-19h lun-sam, 14h-19h dim) est tenu par des étudiants, dont certains peuvent proposer une visite guidée de la ville.

Le bureau de la **Migración** (☎645-3647 ; www.migracion.gob.bo ; Bolívar 609 ; ⏲8h30-12h30 et 14h30-18h30 lun-ven) proroge efficacement visas et titres de séjour.

Passez à l'**Instituto Geográfico Militar** (☎645-5514 ; Aniceto Arce 172 ; ⏲8h30-12h et 14h30-18h lun-ven) pour vous procurer des cartes topographiques du département de Chuquisaca.

POSTE

La **poste principale** (angle Estudiantes et Junín ; ⏲8h30-12h30 et 14h30-18h30 lun-ven, 9h-13h sam) abrite un bureau de l'*aduana* (douane) au sous-sol pour envoyer des *encomiendas* (colis).

SERVICES MÉDICAUX

En cas d'urgence médicale, essayez l'**Hospital Santa Bárbara** (☎643-5240 ; angle Ayacucho et René Moreno, Plazuela Libertad ; ⏲24h/24).

ℹ Depuis/vers Sucre

AVION

Des vols internationaux de **BoA** (☎691-2325 ; www.boa.bo ; Audiencia 21 ; ⏲8h30-12h30 et 14h30-18h30 lun-ven, 8h30-12h30 sam) partent de Sucre pour Buenos Aires, Madrid et São Paulo.

BoA, **Ecojet** (☎691-4711 ; www.ecojet.bo ; Dalence 138 ; ⏲8h30-12h30 et 14h30-18h30 lun-ven, 9h-12h sam) et **Amaszonas** (☎643-7000 ; www.amaszonas.com ; Calvo 90 ; ⏲8h30-16h30 lun-ven, 9h-12h30 sam) proposent plusieurs vols quotidiens pour Cochabamba, La Paz et Santa Cruz. BoA propose plusieurs vols directs par semaine pour Tarija. TAM dessert Sucre, La Paz et Santa Cruz ; les bureaux de la compagnie devaient déménager lors de notre dernière visite.

Le nouvel **aéroport international Alcantarí**, situé à Yamparáez, à 30 km au sud de Sucre, contient quelques boutiques et restaurants. Il y a un DAB, mais rien pour changer des devises. La taxe de départ est de 11 $B.

L'aéroport est à 40 minutes de la ville en taxi (50 $B) la nuit (le trajet est plus long en journée à cause de la circulation). Des taxis collectifs (60 $B, minimum 2 pers) partent de la **Plaza Tréveris**, et des *micros* démarrent lorsqu'ils sont pleins d'un **arrêt** près de la Plaza Camargo (13 $B).

BUS ET TAXIS COLLECTIFS

La **gare routière** (☎644-1292 ; Av. Ostria Gutiérrez) se trouve à 3 km du centre dans l'Avenida Gutierrez. Prenez un *micro* A ou 3 (1,50 $B) dans Ravelo ou, si vous avez des bagages, un taxi. Aux heures de pointe, vous y serez plus vite à pied. Sauf pour Potosí, mieux vaut réserver la veille pour les bus longue distance afin d'obtenir une place. La gare, qui abrite un bon kiosque d'information mais pas de DAB, prélève une taxe de 2,50 $B. Pour vous épargner le trajet jusqu'à la gare routière, de nombreuses agences de voyages situées dans le centre vendent aussi des billets pour certaines destinations, moyennant une petite commission.

La construction d'une nouvelle gare routière était en cours au moment de nos recherches.

Préférez les bus de début de soirée pour La Paz à ceux partant l'après-midi si vous ne voulez pas arriver au milieu de la nuit. Les bus d'El Mexicano (départ 18h), une nouvelle compagnie, sont les meilleurs pour rejoindre Santa Cruz, et vous vous croirez sur un vol en 1re classe dans ceux d'Andes Bus pour Oruro et Tarija.

Pour vous rendre à Tarija ou à Villazón, le plus sûr est de passer par Potosí. Pour rejoindre Potosí, le plus rapide et le plus confortable reste le taxi collectif (50 $B, 2 heures). La plupart des hôtels vous en trouveront un. Vous pouvez aussi appeler **Super Movil** (☎7889-9904).

Pour Uyuni, les meilleurs bus sont ceux de 6 de Octubre – choisissez entre *cama* (que l'on peut allonger) et *semi-cama* (incliné) – qui partent tous les jours à 21h.

DESTINATION	TARIF ($B)	DURÉE (HEURES)
Camiri	100	12
Cochabamba	60-120	8-81/2
La Paz	150	12
Oruro	50-70	8
Potosí	20	3
Santa Cruz	80-130	13
Uyuni	70	8

100% LOCAL

LES MARCHÉS DE SUCRE

Les amateurs de fripes passeront des heures au **Mercado Americano** (⏲8h-19h), à l'angle de Mujía et Reyes, tandis que dans l'immense **Mercado Campesino** (⏲6h-14h lun-ven, 6h-13h sam) vous attend un fascinant mélange de produits alimentaires traditionnels, d'articles pour la maison et de babioles. Depuis le centre, prenez le *micro* 7 ou G vers le nord.

ℹ Comment circuler

BUS ET MICRO

De nombreux bus et *micros* (1,50 $B) parcourent à faible allure les rues à sens unique. Tous semblent se rassembler aux environs du marché entre deux courses. Ils sont souvent bondés, mais les distances sont courtes.

Les lignes les plus utiles (7, C et G), ainsi que le *micro* A, qui dessert la gare routière, remontent l'Avenida Grau jusqu'à La Recoleta.

TAXI

Le centre-ville est suffisamment compact pour être exploré à pied, mais les taxis sont partout, notamment ceux de **Sur** (☎645-1351) et de **Chasqui** (☎645-3535), pour sortir du centre ou éviter les montées.

EXCURSIONS À TARABUCO

À Sucre, Condor Trekkers (p. 212) organise depuis des excursions sur deux jours à Tarabuco (300 $B/personne), comprenant une randonnée de 7 km dans les collines des alentours.

VOITURE ET MOTO

Si vous souhaitez vous aventurer sur les routes de la région, essayez **Biz Rent a Car** (☎6760-0018 ; www.biz.com.bo ; La Paz 703 ; 8h30-12h30 et 14h30-18h30 lun-ven, 9h-12h sam), qui loue de bons 4x4 à partir de 65 $US par jour.

ENVIRONS DE SUCRE

Tarabuco

☎4 / 19 500 HABITANTS / ALTITUDE 3 284 M

Une bonne route goudronnée mène à cette ville, à 65 km au sud-est de Sucre. Les textiles produits dans la région comptent parmi les plus renommés du pays. Toutefois, les voyageurs connaissent surtout Tarabuco pour ses célébrations de la fête du Pujllay (en mars) et pour son grand marché pittoresque du dimanche, qui est un but d'excursion populaire depuis Sucre.

À voir

Marché du dimanche MARCHÉ

(7h-16h). Malgré la présence des autres gringos munis de leur appareil photo, le marché du dimanche de Tarabuco mérite vraiment le détour. On y trouve des articles artisanaux (*artesanías*) de grande qualité – pulls, *charangos* (instruments traditionnels semblables à des ukulélés), sacs à coca, ponchos, tissages arborant des motifs géométriques ou zoomorphiques... Des produits destinés aux touristes (tarifs en conséquence) – et qui viennent pour certains de loin – sont vendus sur la place et à proximité. Plus vous vous enfoncerez dans le marché, moins vous risquerez d'en rencontrer.

Fêtes et festivals

Pujllay CULTURE

(mars). Le 12 mars 1816, Tarabuco fut le théâtre de la bataille de Jumbati, au cours de laquelle les habitants, menés par *doña* Juana Azurduy de Padilla, libérèrent la ville après avoir pris en embuscade un bataillon de soldats espagnols. En souvenir de cet événement, Tarabuco célèbre Pujllay le 3e dimanche de mars. Pour l'occasion, les villageois de 60 localités environnantes revêtent leurs costumes traditionnels et convergent vers la ville.

Les festivités commencent par une messe en quechua, suivie d'une procession et du **Pukara**, une cérémonie d'action de grâce. Deux jours durant, danseurs et musiciens animent cette fête, l'une des plus importantes et des plus joyeuses du pays.

Où se loger et se restaurer

Pukari Wasi BOLIVIEN $

(Olañeta 31 ; plats 25 $B ; 9h-17h30 sam-dim). Un endroit délicieux, tenu par une famille, à un pâté de maisons de l'angle sud-est de la place, avec un patio central bordé par des plantes en pot et des arbres à fleurs. L'*almuerzo* (35 $B) comprend une *cazuela da maní* (soupe de cacahuètes avec oignons, pommes de terre et autres légumes), un plat de viande rouge ou de poulet et des fruits de saison.

Les tables sont souvent réservées par des groupes ; venez tôt pour déjeuner les jours de marché (p. 219).

Samay Wasi BOLIVIEN $$

(☎644-3425 ; tarabucosamaywasi@gmail.com ; Mendieta 147 ; menu fixe 40 $B ; 10h-14h30 dim). Le dimanche, lorsque les touristes se rendent en masse au marché (p. 219), Samay Wasi organise un spectacle de danse d'enfants et sert un menu déjeuner de plats traditionnels. Le restaurant entier est souvent réservé pour des groupes par des tour-opérateurs de Sucre, notamment à la saison haute.

Renseignements

Emportez tous les bolivianos dont vous aurez besoin : les textiles de qualité peuvent coûter cher, il n'y a aucun DAB et les paiements en carte ne sont pas acceptés.

Office du tourisme (angle Calle 1° de Mayo et Potosí).

Depuis/vers Tarabuco

On peut assez facilement venir à Tarabuco par les transports publics. À l'intersection de l'Avenida de las Américas et de Mendoza, à Sucre, des *micros* (10 $B, 1h30) et des *camiones* partent le dimanche quand ils sont pleins entre 6h30 et 9h30. En sens inverse, ils partent de la grand-place de Tarabuco entre 11h et 15h30.

De plus en plus de touristes arrivent de Sucre en minibus "affrétés" (aller-retour 40 $B, 2 heures/trajet). Les billets s'achètent à l'avance auprès des grands hôtels ou de n'importe quelle agence de voyages. Les minibus repartent pour Sucre entre 13h et 15h.

Cordillera de los Frailes

L'imposante chaîne dentelée qui se dresse derrière Sucre crée une barrière formidable entre les départements de Chuquisaca et de Potosí. En roulant vers le nord-ouest de Sucre, les routes deviennent rapidement difficiles, serpentant entre des montagnes boisées. Territoire du peuple jalq'a, cette région de formations rocheuses multicolores aux formes étranges et de hauts sommets reculés est un paradis pour la randonnée.

Activités

Randonnée

La marche constitue la meilleure façon d'explorer la région, même si l'altitude accroît beaucoup la difficulté.

Un circuit de 3-4 jours, incluant plusieurs merveilles de la Cordillera et les villages au cœur du projet touristique de la communauté jalq'a, part de Chataquila, sur la crête qui surplombe Punilla, à 35 km au nord-ouest de Sucre. De là (après un éventuel détour par les peintures rupestres d'Incamachay et de Pumamachay), on descend vers Chaunaca, puis on rejoint le cratère de Maragua, avant de rallier Potolo par une spectaculaire marche de 6-7 heures – qui passe par des *chullpas* (tours funéraires) et fait un crochet pour voir les empreintes de dinosaures à Niñu Mayu. Arrivé à Potolo, des transports quotidiens vous ramènent à Sucre.

Parmi les nombreux chemins de randonnée qui sillonnent la Cordillera de los Frailes, certains figurent sur les cartes topographiques au 1/50 000 *Sucre*, feuille 6536-IV, et *Estancia Chaunaca*, feuille 6537-III. Les cartes sont indispensables pour randonner en indépendant ; vous pourrez vous en procurer à l'Instituto Geográfico Militar (p. 218), à Sucre.

Randonnées guidées

Nous recommandons vivement de faire une randonnée guidée afin de profiter pleinement de la région et de pouvoir communiquer avec les *campesinos* (petits paysans) ne parlant que le quechua. Un guide compétent vous permettra d'éviter des réactions hostiles, de minimiser votre impact et de mieux comprendre la culture locale.

Presque toutes les agences de voyages proposent de courtes escapades dans la Cordillera – sorties d'une journée pour voir les peintures rupestres d'Incamachay et de Pumamachay, circuits de 2 jours au départ de Chataquila et à destination d'Incamachay et de Chaunaca... Choisissez un prestataire responsable qui apporte quelque chose à la région. En raison de la nature de nombreuses visites d'une journée, une certaine hostilité prévaut à l'égard des touristes dans certains villages ; assurez-vous que votre passage ne contribue pas à exacerber le problème.

Les tarifs varient en fonction de la taille du groupe et du transport, individuel ou non. Si vous optez pour les transports en commun, attendez-vous à des trajets en bus inconfortables, qui pourront gâcher votre plaisir, surtout à la fin d'une longue journée de randonnée. Les randonnées guidées coûtent autour de 650 $B par personne pour 3 jours, 800 $B pour 4 jours.

Condor Trekkers (p. 212), à Sucre, est une agence très réputée ; si vous manquez de temps, ses excursions de 2 jours et 1 nuit (550 $B, min 4 pers) sur l'Inca Trail entre Chataquila et Maragua (p. 224) sont mémorables. À l'instar d'autres agences, elle peut adapter les excursions en fonction de vos capacités physiques et du temps dont vous disposez.

De Chataquila à Chaunaca

À Chataquila (3 560 m) se dresse sur la crête rocheuse une jolie **chapelle** en pierre dédiée à la Virgen de Chataquila, un rocher évoquant la Vierge, habillé d'une robe et placé sur l'autel (dissimulé par un mur). La chapelle est construite en pierre locale, et, tout comme l'amphithéâtre voisin, se fond dans le paysage. C'est également ici que Tomás Katari (p. 225), meneur d'une révolte indigène contre les Espagnols, fut exécuté en 1781.

À Chataquila, repérez côté sud de la route une percée bien visible dans la roche menant à une belle route préhispanique qui descend sur 6 km (700 m de dénivelé), avec des passages abrupts, jusqu'au canyon du Río Ravelo et au village de Chaunaca, à 41 km de Sucre. Facile à suivre, elle conserve de nombreux tronçons pavés.

Chaunaca possède une école, une petite église et un centre d'information sur la région jalq'a. Ce dernier dispose de lits, mais vous devrez vous débrouiller pour vous nourrir. Le village compte également un terrain de camping et la *posada* **Samay Huasi** (p. 224), une hacienda coloniale rénovée qui loue des chambres confortables, avec belle salle de bain et eau chaude.

Des *camiones* (camions à plateau) partent de l'Avenida Juana Azurduy de Padilla, à Sucre, en direction de Chaunaca et de Chataquila. De Chaunaca, vous pouvez poursuivre vers l'ouest pendant 13 km jusqu'à Potolo, ou vous offrir un superbe détour vers le sud, via Maragua et Humaca. La marche dure alors un jour de plus et conduit à des sites d'un grand intérêt géologique et paléontologique.

Incamachay et Pumamachay

De Chataquila ou de Chaunaca, une excursion mène à deux sites de peintures rupestres probablement vieux d'au moins 2 000 ans, qui méritent le détour. Au premier grand virage sur la route à l'ouest de Chataquila, un sentier rocailleux part vers le nord le long de la crête. Flanqué de rochers escarpés presque tout du long, il est relativement facile jusqu'aux abords des peintures, où il faut alors faire un peu d'escalade. Le premier site, Pumamachay, se niche à l'intérieur d'une crevasse, entre deux blocs de roche. Des pictogrammes noirs représentent des silhouettes humaines et géométriques. Plus impressionnant, l'ensemble d'Incamachay, à un quart d'heure de là, sous un rocher en saillie, abrite des motifs anthropomorphiques,

LES COMMUNAUTÉS JALQ'A

La Cordillera de los Frailes est le berceau des Jalq'a, un peuple de langue quechua, dont 10 000 représentants vivent aux alentours de Potolo et de Maragua. Ils se consacrent traditionnellement à la culture des pommes de terre, du blé et de l'orge, ainsi qu'à l'élevage des moutons et des chèvres. Parmi leurs traditions importantes figure le tissage de motifs élaborés sur les *axsus* (jupes nouées par-dessus une autre jupe). Ces motifs rouge et noir, représentent des *khurus* – étranges personnages démoniaques –, une imagerie inspirée d'un enfer mythique appelé Ukhu Pacha. Ce n'est que dans les années 1990 que les *axsus* commencèrent à être produits et vendus, afin de préserver cette tradition du déclin et fournir des revenus aux femmes jalq'a.

Les Jalq'a ont décidé de se lancer dans le tourisme, mais de manière durable, afin que la communauté en tire profit sans mettre en danger ses traditions. Ils ont mis en place des hébergements, des centres culturels et des services de guides, auxquels participent la majorité des villageois. Les villages reçoivent la totalité des profits.

Actuellement, les villages de **Maragua** et de **Potolo** possèdent des hébergements et des restaurants adaptés. Plusieurs jolies *cabañas* en chaume ont été construites selon des méthodes et avec des matériaux traditionnels ; équipées de lits confortables, de beaux meubles en bois et dotées d'eau chaude, elles sont décorées avec des textiles locaux. La nuit revient à 60 $B par personne (100 $B en pension complète), spectacles culturels inclus. Ces villages offrent aussi de bons terrains de camping. **Chaunaca** dispose aussi d'un camping et de quelques lits dans son centre d'information, mais ne compte aucun restaurant. Le village constitue un bon point de départ pour randonner.

En chemin, vous goûterez des plats *campesinos* (paysans) traditionnels, comme la *kala purkha*, une soupe de maïs que l'on fait cuire en y plongeant des pierres brûlantes. Des activités culturelles peuvent être organisées, comme des démonstrations de danse *pujllay* et de musique traditionnelle, ou encore une séance chez une *curandera* (guérisseuse). Des ateliers de tissage peuvent se visiter dans les villages mentionnés et dans d'autres localités. Chaunaca abrite un centre d'information et Potolo possède un musée de médecine traditionnelle. Sachez que les Jalq'a n'apprécient guère d'être photographiés.

Pour réserver une *cabaña* à Maragua ou à Potolo, adressez-vous au Museo de Arte Indígena (p. 206) de Sucre.

Cordillera de los Frailes

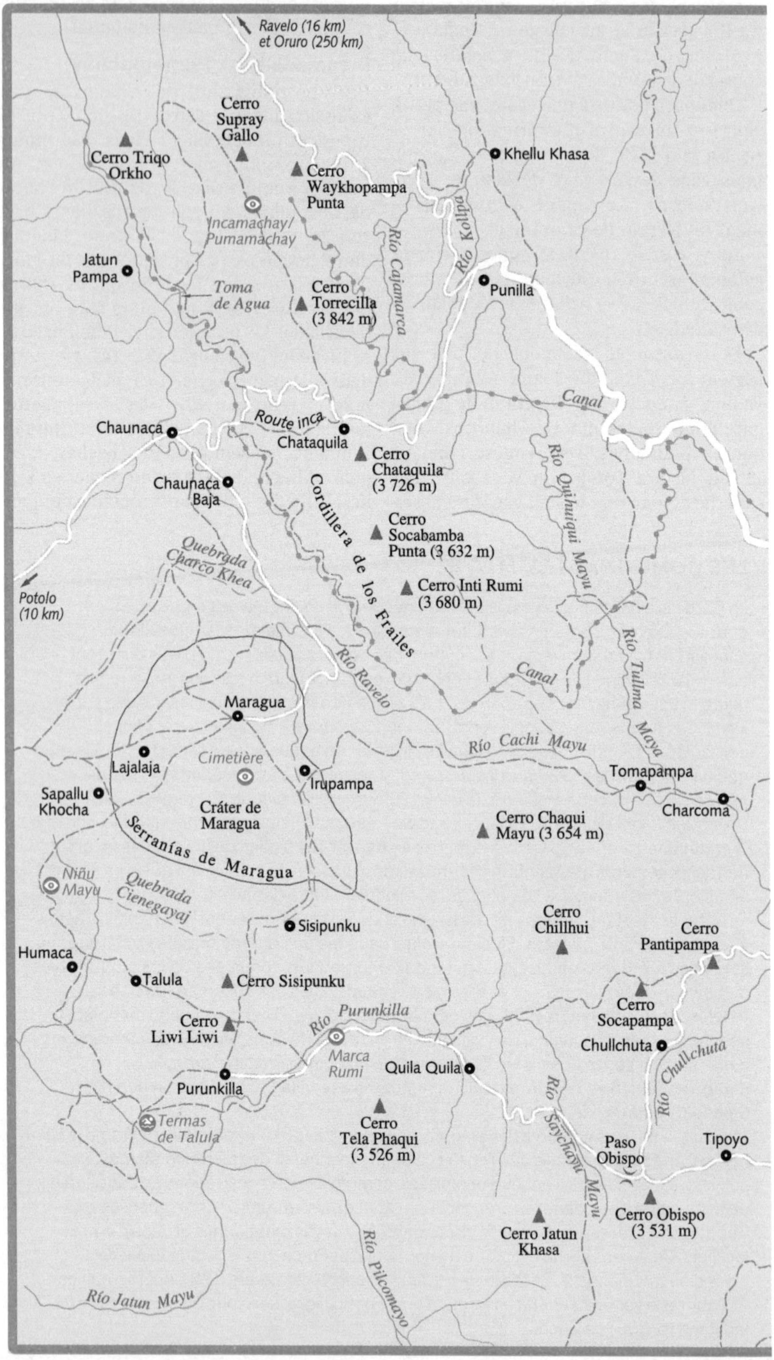

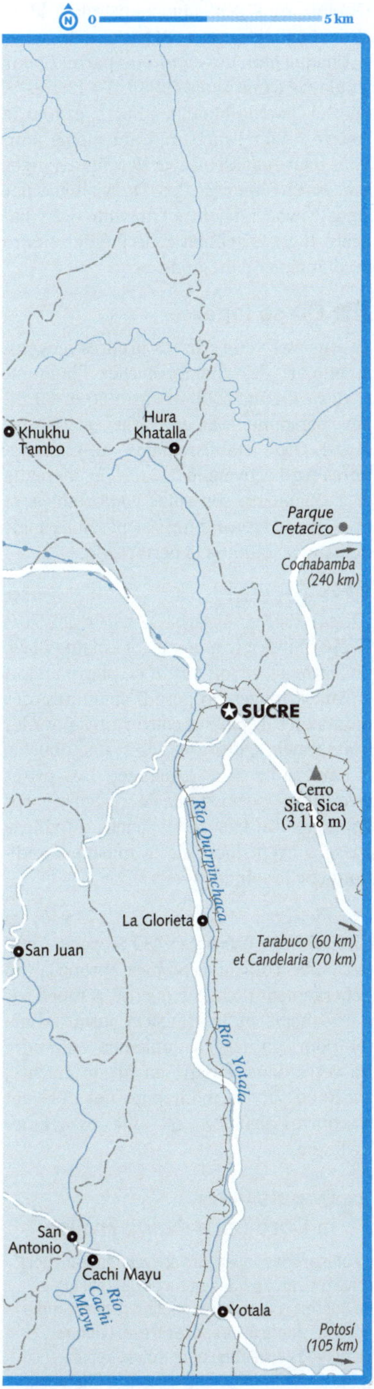

zoomorphiques et géométriques peints en rouge et blanc. À l'entrée, des guides, indispensables pour trouver les peintures, vous les montreront moyennant 10 $B.

D'Incamachay, vous pouvez continuer à descendre pendant près de 2 heures et rejoindre la route au niveau de l'aqueduc de **Toma de Agua**, où vous trouverez un bon camping et de l'eau potable. De là, parcourez 6 km jusqu'à la route Chataquila-Chaunaca, où vous pourrez monter vers Chataquila ou descendre vers Chaunaca – où vous trouverez un transport pour revenir à Sucre.

Cratère de Maragua

Cette formation naturelle étonnante, parfois appelée **Ombligo de Chuquisaca** (nombril de Chuquisaca), abrite des hameaux disséminés au fond d'un cratère rouge violacé de quelque 8 km de diamètre, dont les versants se fondent avec les hauteurs symétriques vert pâle des Serranías de Maragua. Ces falaises façonnées comme des coquillages en font l'un des paysages les plus stupéfiants de Bolivie. Dans cet endroit, vous découvrirez des cascades, des grottes et un joli **cimetière**, au milieu du cratère, remontant tous à l'ère précolombienne.

Le village de **Maragua** (3 100 m) est un centre de tissage actif. Les tisserands ont installé une boutique et emmènent les visiteurs dans leur atelier pour montrer leurs créations. On y trouve trois *cabañas* et un camping. À Irupampa, à 1 km du village, se trouve la jolie maison de pierre à toit en tuiles rouges de Samary Wasi (p. 224), où les lits sont confortables et où débarque souvent après le dîner un trio de musiciens du village. Il est également possible d'y camper.

Rejoindre Maragua à pied prend au moins 3 heures, avec des passages abrupts. Sinon, vous pouvez y aller en taxi, en 4x4 collectif (renseignez-vous auprès d'une des agences de Sucre).

De Maragua à Potolo

De Maragua, une randonnée superbe mène à Potolo. Elle peut s'effectuer en 5 heures, mais il y a beaucoup à voir en chemin. Dans les environs de **Humaca**, vous croiserez des *chullpas* (tours funéraires) et des roches sédimentaires où des fossiles apparaissent clairement. Des empreintes de dinosaures (une centaine) sont visibles à **Niñu Mayu** (un détour de 1 heure). Ces curiosités sont plus facilement accessibles en présence d'un guide local. Renseignez-vous dans les villages et fixez un prix équitable pour la communauté.

Au départ de Humaca, une autre excursion de 5 km conduit aux **Termas de Talula**. Vous devrez franchir le Río Pilcomayo deux fois pour rejoindre ces sources thermales qui s'écoulent dans trois bassins et atteignent une température de 46°C. On peut camper n'importe où aux alentours.

À 500 m de Talula, le Río Pilcomayo coule dans la **gorge de Punkurani**, étroite et encaissée. Lorsque le niveau de l'eau est suffisamment bas, on peut le traverser et admirer de nombreuses peintures rupestres sur la rive opposée.

Potolo

Dans le village de Potolo, l'une des localités les plus importantes de la région, des ateliers produisent de superbes tissages. Un petit musée de médecine traditionnelle est consacré aux pratiques de soins locales et à d'autres aspects de la culture. La localité compte trois *cabañas*, une épicerie et un camping.

Des *camiones* partent à intervalles irréguliers de Sucre depuis l'Avenida Juana Azurduy de Padilla en direction de Potolo via Chaunaca et Chataquila. Ils repartent de Potolo pour Sucre quand ils sont pleins.

Quila Quila

Le beau village de Quila Quila, à 3 heures de marche au sud-est de Maragua, mérite également le détour. Autrefois abandonné, il se repeuple lentement. La tour de l'église coloniale domine l'horizon. Elle jouxte le lieu où sont inhumés les **restes de Tomás Katari**, dirigeant vénéré du XVIIIe siècle, assassiné dans la chapelle de Chataquila en 1781. En 1777, Katari marcha sur Buenos Aires pour interpeller les autorités coloniales et revendiquer les droits des Aymaras. Muni d'un document signé par le vice-roi accédant à ses demandes et l'élevant au rang de cacique, il rentra triomphalement en Bolivie où il fut jeté en prison. Le soulèvement qui s'ensuivit signa son arrêt de mort. Quelques kilomètres plus loin, le **Marca Runi** se compose de monolithes couverts de pétroglyphes. Les alentours recèlent de nombreux objets précolombiens.

De là, une randonnée difficile mais faisable rejoint le sommet du **Cerro Obispo**, l'un des plus hauts pics de la région, culminant à 3 531 m.

Chaque jour, des *camiones* partent pour Talula via Quila Quila (12 $B, 3-4 heures) à 6h30 d'Osvaldo Molina, à Sucre, et font le voyage retour l'après-midi du même jour. Vous pouvez aussi essayer de vous arranger avec un chauffeur de taxi. Des visiteurs ont signalé avoir rencontré l'hostilité des villageois. Il est fortement conseillé de se faire accompagner d'un guide.

Où se loger

Si vous êtes venu par vos propres moyens, la plupart des chambres chez l'habitant et des *cabañas* coûtent entre 30 et 60 $B par personne. Samary Wasi et Samay Huasi, des établissements communautaires respectivement situés à Maragua et à Chaunaca, sont plus confortables, et plus chers. Le camping est possible, mais demandez toujours la permission.

Samary Wasi — HÔTEL $$

(7443-5843 ; Maragua ; s/d/tr 152/207/276 $B). Situé à Irupampa, à 1 km du village de Maragua, ce joli *hostal* de pierre au toit en tuiles rouges propose 3 chambres, des montagnes d'épaisses couvertures pour les nuits fraîches, des toilettes et une douche, et une petite salle à manger. Des prises électriques permettent de recharger vos appareils. Un trio de musiciens du village passe souvent jouer de la musique traditionnelle le soir.

Samay Huasi — HÔTEL $$$

(6525-7417 ; Chaunaca ; 480 $B/pers). Cette hacienda coloniale rénovée propose un hébergement de haute qualité, 3 repas par jours inclus et le transfert jusqu'à l'hôtel pour un léger supplément. Prendre un verre dans le patio en fin de journée, avec vue sur les montagnes qui s'élèvent à courte distance, est une expérience idyllique...

Depuis/vers la Cordillera de los Frailes

La plupart des voyageurs arrivent en transport privé organisé par les agences de trekking de Sucre. En transports publics, le plus simple est sans doute de prendre un *trufi* (voiture ou minibus collectifs) pour Potolo depuis la Parada a Ravelo, à Sucre, jusqu'à Chataquila.

POTOSÍ

☎ 2 / 190 000 HABITANTS / ALTITUDE 4 070 M

Les conquistadors n'ont jamais trouvé l'Eldorado, mais ils se sont emparés de Potosí et de son Cerro Rico, un "mont riche" rempli d'argent. La ville fut fondée en 1545 dès la découverte du précieux minerai et, bientôt, l'argent extrait finança l'Empire espagnol. Aujourd'hui encore, l'expression "*vale un Potosí*" (ça vaut un Potosí) s'applique à des transactions très lucratives.

Pendant les années d'opulence, alors que l'argent semblait inépuisable, Potosí devint la cité la plus grande et la plus riche des Amériques. Mais, lorsque le filon s'épuisa, la ville sombra dans le déclin et sa population dans la misère. Le minerai de fer, l'étain, le plomb, ainsi que d'autres minéraux étaient extraits dans des conditions abominables ; aujourd'hui encore, le travail des mineurs est terrible.

En dehors de ses mines, dont l'exploration s'adresse à des voyageurs avertis, Potosí mérite largement d'être visitée pour son architecture coloniale et ses églises somptueuses, qui témoignent de son âge d'or.

Histoire

On ignore la quantité d'argent qui fut extraite du Cerro Rico, mais une croyance populaire affirme qu'elle aurait permis aux Espagnols de construire un pont d'argent jusqu'à la mère patrie tout en leur en laissant des quantités suffisantes à transporter par cette voie. Lourdement endettée auprès de banquiers étrangers, la monarchie espagnole dépendait entièrement des bateaux qui, tous les ans, apportaient l'argent de Potosí. Qu'une tempête ou des pirates empêchent l'arrivée des navires et c'était le désastre dans le royaume.

En dépit des libertés que la ville prend sans doute avec les faits, l'origine de Potosí reste une belle histoire. Tout commença en 1544 quand un Inca, Diego Huallpa, parti à la recherche d'un lama égaré, s'arrêta pour faire un feu au pied de la montagne appelée "Potojsi" en quechua (ce qui signifie "tonnerre" ou "explosion", mais le nom pourrait venir de *potoj*, "sources"). Sous l'effet de la chaleur, le sol se mit à fondre et un liquide brillant en émergea.

Diego comprit immédiatement qu'il avait découvert une matière première convoitée par les conquérants espagnols. Peut-être se souvint-il également de la légende inca selon laquelle l'empereur Huayna Capac aurait entendu une voix lui interdisant de creuser la montagne et de toucher au métal, destiné à d'autres.

Quoi qu'il en soit, les Espagnols apprirent l'existence de l'immense richesse cachée dans la montagne de Potojsi et ne tardèrent pas à se l'approprier. Le 1er avril 1545, la Villa Imperial de Carlos V était fondée au pied du Cerro Rico, des milliers d'esclaves indigènes furent amenés pour creuser, et l'excavation à grande échelle commença.

Ce travail dangereux provoquait tant de morts, par accident ou à la suite de la silicose, que les Espagnols firent venir des milliers d'esclaves africains pour pallier la pénurie de main-d'œuvre. Aujourd'hui, les descendants des Africains qui survécurent vivent principalement dans les Yungas.

Afin d'augmenter la productivité, le vice-roi Francisco de Toledo institua la Ley de la Mita en 1572, qui obligeait tous les esclaves indigènes et africains de plus de 18 ans à travailler par roulement de 12 heures. Ils demeuraient sous terre, sans voir la lumière du jour, durant 4 mois, mangeant, dormant et travaillant dans les mines. Lorsqu'ils sortaient, on devait leur couvrir les yeux pour que le soleil ne les aveugle pas.

Appelés *mitayos*, ces mineurs ne vivaient pas longtemps. Ceux qui travaillaient dans les *ingenios* (fonderies), empoisonnés par le mercure, mouraient également prématurément. Durant les trois siècles que dura la période coloniale, de 1545 à 1825, on estime que 8 millions d'indigènes et d'Africains périrent dans des conditions atroces.

En 1572, un hôtel de la Monnaie fut créé pour frapper l'argent, des réservoirs furent construits pour fournir de l'eau à la population et des caravanes de lamas transportaient des marchandises européennes depuis Arica et Callao. Dans la frénésie ambiante, on édifia plus de 80 églises et la population atteignit près de 200 000 habitants, faisant alors de Potosí l'une des plus grandes villes de la planète.

Comme la plupart des villes à la prospérité fulgurante, Potosí connut une gloire de courte durée. Les mines commencèrent à s'épuiser au début du XIXe siècle et la ville fut pillée lors des luttes pour l'indépendance dans l'Alto Perú. La population

Potosí

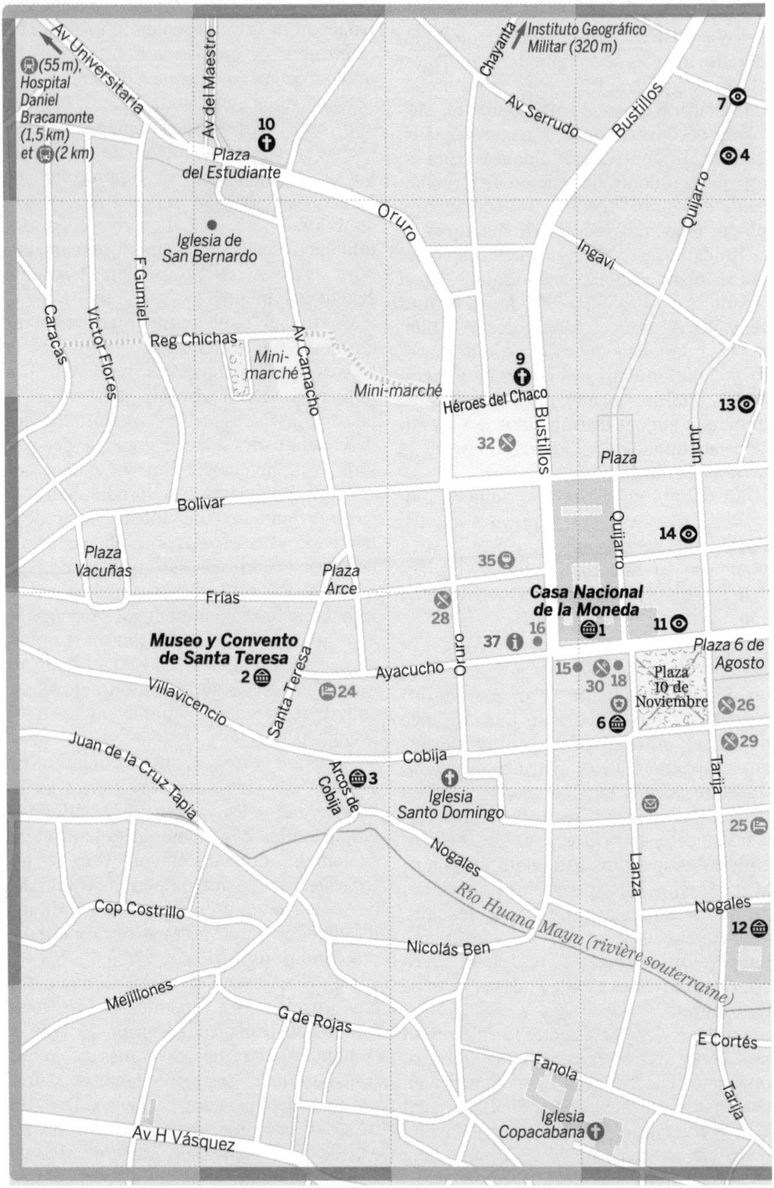

tomba à moins de 10 000 habitants et, au milieu du XIXe siècle, la baisse brutale du cours de l'argent porta un coup fatal dont Potosí ne se remit jamais complètement.

Au cours du XXIe siècle, seule la demande d'étain sauva la ville de l'oubli et lui procura un rétablissement lent mais régulier. Le zinc et le plomb ont aujourd'hui supplanté l'étain et sont au premier rang des exportations nationales de métaux, et l'extraction d'argent se poursuit à petite échelle.

La plupart des exploitations du Cerro Rico appartiennent aujourd'hui à des coopératives de mineurs. L'espoir de tomber sur un bon filon (il en reste quelques-uns) les incite à continuer de creuser, même si le nombre de mineurs diminue régulièrement tous les ans.

À voir

En 1987, l'Unesco a inscrit Potosí sur la Liste du patrimoine mondial en raison de son rôle historique et de sa somptueuse architecture coloniale.

Pour découvrir la splendide architecture coloniale de Potosí, flânez dans ses rues étroites et remarquez les portes et les façades ouvragées, ainsi que les balcons en bois qui surplombent la chaussée. Parmi les demeures et les monuments les plus représentatifs, citons l'**El Cabildo** (hôtel de ville ; Plaza 10 de Noviembre) jaune moutarde, la jolie **Casa de las Tres Portadas** (p. 229) et les **Arcos de Cobija** (arches de Cobija) dans la rue du même nom.

Dans la Calle Junín, entre Matos et Bolívar, vous verrez un beau **portón mestizo** très travaillé et flanqué de colonnes torsadées. Cette porte, qui ornait autrefois la demeure du Marqués de Otavi, accueille aujourd'hui les clients du Banco Nacional.

Casa Nacional de Moneda MUSÉE

(☎622-2777 ; hôtel de la Monnaie ; www.casanacionaldemoneda.bo ; angle Ayacucho et Bustillos ; 40 $B, supp appareil photo 20 $B ; visites 9h, 10h30, 14h30 et 16h30 mar-sam, 9h et 10h30 dim). Le monument phare de la ville est aussi l'un des plus beaux musées d'Amérique du Sud. Le premier hôtel de la Monnaie fut construit en 1572 sur le site de l'actuelle Casa de Justicia, sur l'ordre du vice-roi Francisco de Toledo. Son remplaçant, vaste et d'une beauté exceptionnelle, occupe un pâté de maisons et fut édifié entre 1753 et 1773 afin de contrôler la frappe des pièces coloniales. Inutile d'être numismate pour s'intéresser à ce qui fut la première devise mondiale ! Selon la légende, au vu du coût des travaux, le roi d'Espagne se serait exclamé : "Ce bâtiment doit être construit en argent !" Les pièces, estampillées d'un "P", étaient appelées *potosís*.

Les murs de l'édifice font plus d'un mètre d'épaisseur et celui-ci servit également de prison, de forteresse et, durant la guerre du Chaco, de quartier général pour l'armée bolivienne. À l'entrée, on pénètre dans une cour ornée d'une fontaine en pierre et d'un insolite **masque de Bacchus**, accroché ici en 1865 par le Français Eugène Martin Moulon, chargé de faire les matrices des pièces de monnaie, pour des raisons connues de lui seul ! Cette bizarrerie, appelée le *mascarón*, est devenue l'un des emblèmes de la ville.

Potosí

Les incontournables
1 Casa Nacional de la Moneda............. D4
2 Museo y Convento de Santa Teresa.............................. B4

À voir
3 Arcos de Cobija.................................. B4
Clocher.. (voir 11)
4 Calle Quijarro D1
5 Casa de las Tres Portadas E3
6 El Cabildo.. D4
7 Esquina de las Cuatro Portadas.........D1
8 Iglesia de la Merced........................... E4
9 Iglesia y Museo de San Lorenzo de Carangas C2
10 Capilla de Nuestra Señora de Jerusalén.................................B1
11 Catedral D4
12 Museo y Convento de San Francisco D5
13 Pasaje de Siete Vueltas D3
14 Portón Mestizo D3
Torre de la Compañía de Jesús.................................(voir 40)

Activités
15 Altiplano Tours C4
16 Big Deal Tours.................................... C4
17 Hidalgo Tours......................................F3
18 Koala Tours D4

Où se loger
19 Hostal Carlos V Imperial........................ E4
20 Hostal Colonial.. E4
21 Hostal Patrimonio E3
22 Hostal Tukos la Casa Real..................... F4
23 Hotel Coloso Potosí................................ E3
24 Hotel Santa Teresa B4
25 La Casona Hostal D5

Où se restaurer
26 Café la Plata D4
27 Cheery's... E4
28 El Fogón C4
29 El Tenedor de Plata D4
30 Koala Café D4
31 La Salteña.. E4
32 Mercado Central......................................C3
33 Phishqa Warmis....................................... E2
34 Pizzeria Lobo's Cafe-Pub E4

Où prendre un verre et faire la fête
35 La Casona 1775.......................................C3

Où sortir
36 Multicine Universal................................. E5

Renseignements
37 InfoTur de Potosí....................................C4

Ce splendide bâtiment renferme des trésors historiques. Parmi la belle collection de peintures religieuses de l'école de Potosí (celles de Melchor Pérez de Holguín sont particulièrement remarquables), figure *La Virgen del Cerro*, célèbre œuvre anonyme du XVIIIe siècle. Les immenses engrenages en bois, mus par des mules, qui servaient à façonner les pièces, constituent sans doute le point fort de la visite. Ils furent remplacés par des machines à vapeur au XIXe siècle. Les dernières pièces furent frappées ici en 1953 ; les pièces boliviennes sont aujourd'hui frappées au Canada et au Chili, dans des matériaux moins nobles, comme le zinc et le cuivre.

La visite guidée est longue (2 heures) et il fait frais à l'intérieur ; prévoyez de quoi vous couvrir. Des circuits en français sont disponibles sur demande. Toutefois, notez que ceux en espagnol sont supérieurs et plus complets. Lors de nos recherches, cette visite ne s'effectuait qu'en ligne.

Museo y Convento de Santa Teresa — MUSÉE

(www.museosantateresa.blogspot.com ; angle Santa Teresa et Ayacucho ; visite guidée 21 $B, supp appareil photo 10 $B ; 9h-12h30 et 14h-18h). Le splendide couvent de Sainte-Thérèse, fondé en 1685, accueille toujours une petite communauté de carmélites. L'une d'elles, architecte, a dirigé un superbe projet de restauration qui a transformé une partie de ce vaste bâtiment en musée.

L'excellente visite guidée (1 heure 45, en espagnol et en anglais) explique comment des jeunes filles de 15 ans, issues de familles aisées, jetaient un dernier regard à leurs parents et amis avant que la porte ne se referme. Entrer au couvent était alors un privilège, pour lequel il fallait verser une dot substantielle. Une bonne partie de ces dons a financé les nombreuses œuvres d'art sacré exposées ici.

Parmi les belles pièces figurent une superbe *Madone* du sculpteur castillan Alonso Cano et plusieurs tableaux de Melchor Pérez de Holguín, le peintre bolivien le plus célèbre. Une salle contient de beaux christs en bois peint. Certaines œuvres frôlent le morbide, comme le crâne qui trône dans un bol plein de poussière au milieu de la salle à manger ou la collection de fouets que certaines religieuses utilisaient pour se flageller.

Le bâtiment, aussi intéressant que les œuvres d'art, comprend deux jolis cloîtres plantés de cactus et d'un vénérable pommier. Il donne un aperçu de la vie des religieuses cloîtrées, qui n'a changé que dans les années 1960 avec les réformes du 2e concile œcuménique du Vatican ou Concile Vatican II.

La visite guidée dure presque 2 heures et certaines des salles sont particulièrement froides.

Museo y Convento de San Francisco — MUSÉE

(☎622-2539 ; angle Tarija et Nogales ; visite guidée 15 $B ; ⏲visites 8h30 et 14h30 lun-ven, 9h30 et 10h30 sam, mirador 11h30 et 17h30 lun-ven, 11h30 sam). Le couvent de Saint-François, le plus ancien du pays, fut fondé en 1547 par le frère Gaspar de Valverde. Devenu trop petit, il fut démoli en 1707 et reconstruit au cours des 19 années suivantes. Le musée contient des objets d'art sacré, dont diverses peintures de l'école de Potosí, telle l'*Érection de la Croix* de Melchor Pérez de Holguín, des travaux de Juan de la Cruz Tapia du milieu du XIXe siècle et 25 scènes de la vie de saint François d'Assise.

La visite guidée obligatoire (1 heure 30 ; les guides parlent rarement une autre langue que l'espagnol) se termine par une vue superbe de Potosí du haut de la tour. Vous pouvez également descendre dans les catacombes, où vous verrez des ossements humains et une rivière souterraine.

Un autel recouvert d'or a été déplacé du couvent à la Casa Nacional de la Moneda (p. 228). La statue du Christ ornant l'autel est couronnée de cheveux censés pousser miraculeusement.

Catedral — ARCHITECTURE

(Plaza 10 de Noviembre ; ⏲15h-18h30 lun-ven, horaires susceptibles de varier). La construction de la cathédrale de Potosí commença en 1564 et fut achevée vers 1600. L'édifice d'origine s'effondra en grande partie au début du XIXe siècle et celui que l'on découvre aujourd'hui est essentiellement une construction de style néoclassique. Ses lignes élégantes en font l'un des plus beaux exemples de ce style en Bolivie. L'intérieur compte parmi les plus beaux de Potosí. Vous pouvez visiter le **clocher** (Junín ; 15 $B ; ⏲9h-12h et 14h30-18h lun-sam), qui offre une jolie vue de la ville.

Iglesia y Museo de San Lorenzo de Carangas — ÉGLISE

(angle Héroes del Chaco et Bustillos ; musée 15 $B ; ⏲9h-12h30 et 14h30-18h30 lun-sam). Le portail baroque de cette église, sans doute le plus photographié de Bolivie, est une illustration parfaite de la *mezcla* (mélange) entre les croyances catholiques et aymaras. Notez les bas-reliefs représentant une sirène indigène jouant de la guitare et saint Michel l'archange brandissant une épée. Il fut sculpté dans la pierre par des maîtres indigènes au XVIe siècle, mais l'église ne fut achevée qu'en 1744 avec l'ajout des clochers.

Capilla de Nuestra Señora de Jerusalén — ÉGLISE

(Plaza del Estudiante ; ⏲9h-19h dim). Joyau peu connu, la Capilla de Nuestra Señora de Jerusalén fut d'abord une humble chapelle dédiée à la Virgen de Candelaria, avant d'être somptueusement reconstruite au XVIIIe siècle. Elle contient un beau retable baroque doré (boîte transportable ornée de scènes religieuses et historiques), où la Vierge a la place d'honneur, et de splendides peintures de scènes bibliques dues à des artistes anonymes de l'école de Potosí. Des petits tableaux de Melchor Pérez de Holguín ornent l'imposante chaire.

Torre de la Compañía de Jesús — ÉGLISE

(Ayacucho, près de Bustillos ; mirador 10 $B ; ⏲8h-20h lun-sam, 9h-17h dim). Ce superbe clocher ouvragé, vestige de l'ancienne église jésuite, fut achevé en 1707 après l'effondrement de l'église originelle. Des éléments de style *mestizo* baroque ornent le clocher et la porte. L'office du tourisme (p. 236) est installé dans la tour.

Casa de las Tres Portadas — ÉDIFICE HISTORIQUE

(Bolívar 1052). Cette maison à l'architecture remarquable était jadis la résidence de sœurs converses de l'ordre franciscain. Elle compte trois portes d'entrée très espacées, aux briques finement ornées de motifs en filigrane, et ses murs ont été recouverts de chaux.

Iglesia de la Merced ÉGLISE
(angle Hoyos et Millares ; 9h-19h dim). Édifiée entre 1555 et 1687 et restaurée, l'Iglesia de la Merced possède une chaire sculptée, un magnifique plafond en bois et une superbe arche en argent du XVIIIe siècle au-dessus du retable.

Calle Quijarro ARCHITECTURE
Au nord de l'Iglesia de San Agustín, la Calle Quijarro se rétrécit alors qu'elle serpente entre des bâtiments coloniaux, dont beaucoup sont dotés de portes ornées de blasons. On pense que la conception sinueuse de la rue visait à couper les vents froids qui s'y engouffraient.

Habitée par des potiers à l'époque coloniale, la Calle Quijarro est aujourd'hui la rue des chapeliers. Quatre belles portes coloniales ont valu le surnom d'**Esquina** (coin) **de las Cuatro Portadas** au croisement des Calles Quijarro et Modesto Omiste, plus au nord.

Los Ingenios ÉDIFICE HISTORIQUE
Sur les rives du Río Huana Mayu, à Cantumarca et à San Antonio, dans les hauteurs de Potosí, on peut voir quelques beaux **ingenios** (fonderies) en ruine. Ils servaient autrefois à extraire l'argent du minerai apporté du Cerro Rico. À l'origine, 82 *ingenios* se concentraient sur 15 km le long du cours d'eau. Certains de ceux qui subsistent datent des années 1570 et ont fonctionné jusqu'au milieu du XIXe siècle. La plupart des circuits dans les mines du Cerro Rico incluent une halte dans un *ingenio* en activité.

Pasaje de Siete Vueltas ARCHITECTURE
(passage des Sept Virages). Ce passage, qui prolonge la Calle Ingavi, à l'est de Junín, est ponctué de virages abrupts ; vous remarquerez d'intéressants éléments architecturaux en chemin.

Circuits organisés

Hormis les visites des mines, une bonne vingtaine d'agences de voyages locales proposent des circuits variés, notamment une découverte de 3 heures des musées et monuments de la ville (70-100 $B ; entrées aux sites non incluses). Vous pourrez aussi visiter les sources chaudes de Tarapaya (p. 233 ; 50 à 100 $B) ; faire une randonnée guidée autour des Lagunas de Kari Kari (p. 233 ; 160 à 280 $B) ou découvrir les haciendas coloniales des environs de Potosí (150 $B). De nombreuses agences offrent aussi des circuits au Salar d'Uyuni. Vous pourrez généralement organiser votre périple par l'intermédiaire de votre hôtel – beaucoup possèdent leur propre agence ou travaillent en partenariat avec des prestataires.

Koala Tours CIRCUITS
(7240-1884 ; www.koalabolivia.com.bo ; Ayacucho 5). Installée au rez-de-chaussée du **café** (Ayacucho 5 ; plats 15-45 $B ; 7h-22h) du même nom, cette agence est appréciée des routards, en partie parce qu'elle gère deux auberges de jeunesse de Potosí. Elle propose des visites de mines deux fois par jour du lundi au vendredi (130 $B ; 8h45 et 13h30) ; une fraction des profits est reversée aux familles de mineurs. Il y a aussi des excursions vers le Salar d'Uyuni sur un ou plusieurs jours (p. 233). L'agence peut aussi réserver des billets de bus. Les plus téméraires opteront pour les excursions *tinku* (p. 237 ; 2 jours, 150 $B).

Big Deal Tours CIRCUITS
(623-0478 ; www.bigdealtours.blogspot.com ; Bustillos 1092 ; visites de mines 150 $B ; 8h30 et 13h30). Cette agence spécialisée dans la visite des mines est tenue par des mineurs et d'anciens mineurs. Les guides, bien renseignés et passionnants, ont de l'humour ; ils entretiennent aussi de bonnes relations avec les mineurs.

Altiplano Tours CIRCUITS
(622-5353 ; Ayacucho 19 ; visites de mines 140 $B). À la fin des circuits proposés par Altiplano, vous pourrez vous essayer au travail d'extraction ! Propose également d'assister à un *tinku* (combat rituel).

Hidalgo Tours CIRCUITS
(622-5186 ; hidalgotours.com ; angle La Paz et Matos ; 9h30-12h30 et 14h30-19h30 lun-ven, 9h30-12h30 sam). Une agence haut de gamme proposant des excursions en 4x4 à Uyuni et des voyages sur mesure dans l'Altiplano aux alentours de Potosí.

Fêtes et festivals

Fiesta del Espíritu FÊTE SPIRITUELLE
(juin et août). Dédiée à la Pachamama (la Terre-Mère), que les mineurs considèrent comme la mère de tous les Boliviens, la fête la plus étonnante de Potosí a lieu les trois derniers samedis de juin et le premier samedi d'août.

UN LABEUR INFERNAL

Dans les mines coopératives du Cerro Rico, le travail est effectué à l'aide d'outils archaïques à des températures variant de valeurs négatives (l'altitude dépasse 4 200 m) à 46°C aux quatrième et cinquième niveaux. Exposés à toutes sortes de produits chimiques et de gaz nocifs, les mineurs meurent habituellement de silicose (maladie des poumons causée par l'inhalation de fines poussières de silice) après 10 à 15 ans passés dans la mine.

Les femmes sont admises dans de nombreuses mines coopératives, mais pas plus de cinq en même temps. Quelques mineurs continuent de croire qu'elles portent malheur. Ce tabou s'applique souvent aux épouses de mineurs, dont la présence risquerait d'attiser la jalousie de la Pachamama (la Terre-Mère). Nombre de femmes quechuas sont assignées à glaner à l'extérieur les petites quantités de minerai oubliées.

Les mines coopératives leur appartenant, les mineurs doivent produire suffisamment pour gagner leur vie. Ils se servent d'explosifs et d'outils qu'ils achètent eux-mêmes, y compris les lampes à acétylène qui permettent de déceler les poches mortelles de monoxyde de carbone.

Les mineurs se préparent pour leur journée de travail en discutant et en mâchant de la coca pendant plusieurs heures. Ils travaillent ensuite de 10h à 14h, puis déjeunent, se reposent et mâchent à nouveau de la coca. Ceux qui ne passent pas la nuit à travailler s'arrêtent en général vers 19h. Le week-end, chaque mineur (ou un groupe de mineurs) vend sa production de la semaine en essayant de négocier le meilleur prix.

À leur arrivée à la mine, les mineurs font une offrande au dieu Tata Kaj'chu pour obtenir sa protection sous terre. Dans les profondeurs, les visiteurs verront immanquablement une sorte de petit diablotin placé dans une niche le long des galeries : puisqu'ils croient à Dieu et au Ciel, les mineurs croient aussi à la présence du diable sous terre, là où règne une telle chaleur. Leur environnement de travail ressemblant si fort à l'Enfer, le minerai qu'ils obtiennent en dynamitant et en creusant la terre doit, selon eux, appartenir au diable. Afin d'apaiser celui qu'ils nomment El Tío (l'Oncle) ou El Supay – jamais Diablo –, ils installent son effigie en céramique dans une place de choix.

Le vendredi soir, une *cha'lla* (offrande) vise à obtenir sa bienveillance et sa protection : on verse un peu d'alcool sur le sol devant la statue, on place des cigarettes allumées dans sa bouche et on dispose des feuilles de coca à sa portée. Une fois ces formalités accomplies, les mineurs fument, mâchent de la coca et s'enivrent. Ce rituel, pris très au sérieux, leur permet d'oublier quelques instants leur existence difficile. Les offrandes au Christ sont faites uniquement à l'endroit où les mineurs peuvent apercevoir les premières lueurs du jour.

La plupart des coopératives offrent une assurance médicale minimale en cas d'accident ou de silicose et une pension d'invalidité d'environ 15 $US par mois. Quand un mineur atteint de silicose a perdu 50% de sa capacité pulmonaire, il peut prendre sa retraite. S'il décède, sa pension est versée à sa veuve et à ses enfants.

Les *campesinos* amènent leurs plus beaux lamas au pied du Cerro Rico, pour les vendre aux mineurs qui les sacrifient. Le rituel respecte un horaire rigoureux : à 10h, un mineur de chaque puits achète un lama et les familles se rassemblent pour la cérémonie ; à 11h, tout le monde se dirige vers l'entrée des mines respectives. Les mineurs mâchent de la coca et boivent de l'alcool de 11h à 11h45. À 11h45 précises, ils préparent le lama destiné à Pachamama en lui liant les pattes et lui offrent coca et alcool. À 12h tapantes, le lama rend l'âme. Tandis qu'on lui coupe la gorge, les mineurs invoquent la Pachamama pour lui demander chance, protection et abondance de minerai. Le sang du lama est récupéré dans des verres et aspergé autour de l'entrée de la mine pour attirer l'attention, l'aide et la bénédiction de la Terre-Mère.

Pendant les trois heures qui suivent, les hommes mâchent de la coca et boivent, tandis que les femmes font griller de la viande de lama. Celle-ci est traditionnellement servie avec des pommes de terre cuites avec des *habas* (fèves) dans un petit four de pisé : quand le four atteint la bonne température, on le brise sur la nourriture qui cuit alors sous ses éclats brûlants. L'estomac, les pattes et la tête du lama sont enterrés dans un trou d'une profondeur de 3 m, en offrande à la Pachamama. La musique et la danse commencent alors. Le soir, le mineur qui a eu l'honneur d'acheter le lama fournit les camions qui ramènent chez eux les participants éméchés.

Fiesta de San Bartolomé (Chu'tillos) FÊTE TRADITIONNELLE
(août ou sept). Cette fête exubérante, qui se tient le dernier week-end d'août ou le premier week-end de septembre, s'accompagne de processions, d'expositions estudiantines et de danses folkloriques de tout le continent, au cours desquelles les participants portent leur costume traditionnel. Les répétitions qui animent la ville la semaine précédente donnent l'impression que la fête a déjà commencé ! Réserver un hébergement est indispensable.

Exaltación de la Santa Vera Cruz FÊTE RELIGIEUSE
(sept). Le 14 septembre, cette fête rend hommage au Santo Cristo de la Vera Cruz. Les célébrations se tiennent autour de l'église de San Lorenzo et de la gare ferroviaire. On voit circuler de nombreux couteaux en argent et on assiste à des défilés, à des concours de fanfares et à des danses ; les enfants se déguisent et, naturellement, l'alcool coule à flots.

Où se loger

Les hébergements de Potosí n'invitent pas vraiment à s'attarder. Hacienda Cayara mise à part, seules les adresses du centre sont correctes. Les hôtels de catégories moyenne à supérieure seulement sont susceptibles d'être chauffés et il vous faudra parfois insister pour qu'ils le soient. Les moins chers manquent parfois de couvertures, mieux vaut alors avoir un sac de couchage.

La Casona Hostal AUBERGE DE JEUNESSE $
(623-0523 ; www.hotelpotosi.com ; Chuquisaca 460 ; dort 40 $B ; s/d/tr/qua 100/140/200/240 $B, sans sdb 70/90/135/180 $B ; @). Dans le centre-ville, dans une maison coloniale du XVIIIe siècle, cette auberge de jeunesse propose des chambres ouvertes sur un petit atrium jaune. Les chambres privées ont un beau parquet, d'épaisses couvertures et des douches propres avec eau chaude. Très fréquentée par les routards, l'auberge reçoit des commentaires mitigés, notamment concernant l'état des sdb communes.

Hostal Colonial HÔTEL $$
(622-4265 ; www.hostalcolonialpotosi.com.bo ; Hoyos 8 ; s/d/tr 320/420/505 $B ; @). Hôtel de catégorie moyenne prisé de longue date, très bien situé, et dont le personnel, très serviable, parle anglais. Proche de la place principale, cet établissement chaleureux occupe un bâtiment colonial bien tenu, blanchi à la chaux, avec un patio central sur lequel donnent les fenêtres des petites chambres, toutes avec minibar et TV câblée, et certaines avec baignoire.

Hostal Carlos V Imperial HÔTEL $$
(623-1010 ; frontdesk@hostalcarlosv.com ; Linares 42 ; s/d 180/240 $B, sans sdb 80/160 $B, ste 300 $B ;). Un bon rapport qualité/prix, notamment pour la vue depuis le toit-terrasse, mais les chambres avec salle de bains commune sont exiguës et sombres ; dépensez quelques bolivianos supplémentaires pour une chambre avec salle de bains, ou essayez d'obtenir la lumineuse suite – une véritable affaire.

Hostal Patrimonio HÔTEL $$
(622-2659 ; Matos 62 ; s/d 275/440 $B ;). Ces chambres confortables mais basiques donnent sur un bel atrium central baigné de lumière. Le personnel amical et serviable et l'eau chaude dans les douches compensent le manque de charme des lieux ; l'établissement est l'un des meilleurs de Potosí dans cette catégorie de prix. La salle à manger du petit-déjeuner, sans fenêtres, est un peu lugubre.

Hostal Tukos La Casa Real HÔTEL $$
(623-0689 ; Hoyos 29 ; s/d/tr 175/262/303 $B ;). La belle cour intérieure couverte et le toit-terrasse avec vue sur la ville justifient à eux seuls un séjour ici ! Les chambres n'ont presque pas de meubles et varient en termes de luminosité et de qualité des salles de bains. Demandez à en voir quelques-unes avant de vous décider.

Hotel Santa Teresa HÔTEL $$
(622-5270 ; www.hotelsantateresa.com.bo ; Ayacucho 43 ; s/d 280/440 $B ; @). Cet hôtel qui jouxte le couvent du même nom, dans un secteur paisible du centre de Potosí, a connu des jours meilleurs. Mais vu la concurrence, ses petites chambres toutes vertes ne sont pas un mauvais choix ; celles

VAUT LE DÉTOUR

EXCURSIONS À LA JOURNÉE DEPUIS POTOSÍ

Lagunas de Kari Kari

Les **Lagunas de Kari Kari** (situées entre 4 500 et 5 025 m d'altitude), furent construites à la fin du XVIe et au début du XVIIe siècle par 20 000 esclaves indigènes afin d'alimenter Potosí en eau et de fournir en énergie hydraulique les 82 *ingenios* (fonderies). Des 32 lacs d'origine, il n'en reste que 25, tous abandonnés – sauf par le gibier d'eau qui apprécie ces étendues d'eau dans une région aride.

Pour visiter les Lagunas de Kari Kari, le plus simple est de passer par un tour-opérateur de Potosí qui demande environ 180 $B par personne pour l'excursion, sur la base de 3 personnes. Si vous préférez partir en indépendant, emportez des provisions, de l'eau et des vêtements chauds. En une longue journée, vous aurez un bon aperçu des lacs et des contreforts de la Cordillera de Kari Kari, mais il est plus intéressant de camper au moins une nuit dans les montagnes (à condition d'être bien équipé contre le froid).

L'accès est relativement aisé en transport public depuis Potosí. Sinon, négociez une course à la journée avec un chauffeur de taxi ; demandez à suivre la route jusqu'à Tupiza, avant de bifurquer sur une piste de terre sur la gauche, qui grimpe jusqu'à la rive de la Laguna San Sebastián. Renseignez-vous auprès de l'une des agences de la ville, et ne partez pas sans une bonne carte des environs. La Cordillera de Kari Kari figure sur la carte topographique de l'IGM *Potosí (Est)*, feuille 6435 ; à proximité, le Cerro Kari Kari Central culmine à 5 010 m.

Tarapaya

La foi dans les vertus curatives des **sources thermales de Tarapaya** (3 600 m), l es plus visitées des environs de Potosí (à 21 km au nord-ouest de la ville), est ancienne : elle remonte à l'époque inca. Huayna Capac venait même s'y reposer et s'y baigner depuis la lointaine Cuzco (aujourd'hui au Pérou). Le site le plus intéressant, l'**Ojo del Inca**, est un lac de cratère parfaitement rond de 100 m de diamètre, aux eaux vertes à 30°C.

Le long de la rivière en contrebas du cratère se trouvent quelques immenses *balnearios* (complexes hôteliers) dotés de piscines thermales médicinales (10 $B) utilisant l'eau du lac ; mieux vaut rester près du bord, car les *remolinos* (tourbillons) rendent la baignade dangereuse.

Environ toutes les demi-heures entre 6h et 19h, des *camiones* partent pour Tarapaya (4 $B, 30 min) du Mercado Chuquimia, près de l'**ancienne gare routière** à Potosí, sur l'Avenida Antofagasta. En taxi, comptez 70 $B l'aller. Le dernier *micro* pour Potosí quitte Tarapaya entre 17h et 18h.

situées à l'étage ont davantage de lumière. Le restaurant dans la cour, guindé, pratique des tarifs un peu excessifs.

Hotel Coloso Potosí HÔTEL $$$
(☎622-2627 ; www.potosihotel.com ; Bolívar 965 ; s/d/tr 530/670/920 $B, ste 707-884 $B ; @ 🛜 ♒). La seule adresse 5 étoiles de Potosí, luxueuse pour la ville, ne surpasserait guère ailleurs un établissement de chaîne de catégorie moyenne, en tout cas en ce qui concerne les chambres. Car il y a tout de même une piscine, un restaurant, un sauna et un *room service* (un peu guindé). Belle vue sur la ville depuis certaines chambres.

Où se restaurer

Côté gastronomie, il y a aussi peu de choix que d'oxygène dans l'air (et encore moins le dimanche), mais quelques restaurants permettent de réchauffer les soirées avec de copieux repas. La ville est réputée pour la qualité de ses *salteñas* (chaussons à la viande et aux légumes), ses pâtisseries fourrées aux noix et aux fruits secs et ses *quesitos de leche* (pâtisseries au fromage).

♥**Café la Plata** CAFÉ $
(Plaza 10 de Noviembre ; plats 14-45 $B ; ⏲11h-21h30 lun-sam). Ce beau café, confortable et chic, donne envie de s'attarder devant un expresso ou un verre de vin en feuilletant l'un des magazines à disposition.

On peut aussi commander des pâtes, une salade, un sandwich ou un gâteau, tous très savoureux.

La Salteña AMÉRIQUE LATINE $

(Padilla 6 ; salteña 3,50 $B ; 9h30-13h). La plupart des Boliviens l'admettent : les *salteñas* de Potosí, juteuses et épicées, sont les meilleures du pays. Savourez-les à La Salteña, qui les vend à 3,50 $B pièce.

Mercado Central MARCHÉ $

(Oruro ; en-cas 6 $B ; 7h30-21h lun-ven et dim, 7h30-22h sam). Dans le *comedor* (cantine) du marché, des échoppes proposent des petits-déjeuners pas chers avec du pain, des pâtisseries et du café. D'autres, situées au rez-de-chaussée, préparent d'excellents jus de fruits. Autour du marché, des stands vendent des *empanadas* à la viande ou au fromage jusqu'en début d'après-midi. En soirée, des vendeurs de rue proposent des *humitas* (pâte de maïs farcie au fromage, aux oignons, à l'œuf et aux épices, pochée ou cuite au four).

Phishqa Warmis INTERNATIONAL $

(Sucre 55 ; repas 20-40 $B, almuerzo 25 $B ; 8h-minuit lun-sam, 8h-16h dim). Agréable et douillet, un petit restaurant lounge au plafond voûté et aux murs colorés. Sa carte de type pub ne fait pas l'unanimité, mais son *almuerzo* (formule déjeuner) sous forme de buffet est meilleur. L'ambiance raffinée et chaleureuse ainsi que le service attentif méritent d'y faire un détour.

Cheery's INTERNATIONAL $

(Padilla 8-10 ; plats 12-35 $B ; 8h-22h ;). Un lieu tout simple où le café est mauvais, mais qui a le mérite d'être ouvert le dimanche. Le long menu comprend des sandwichs et des plats boliviens.

El Fogón INTERNATIONAL $$

(angle Oruro et Frías ; almuerzo 30 $B, plats 30-75 $B ; 12h-23h lun-sam, 12h-22h dim). Central, vaste, coloré et très éclairé, ce restaurant fréquenté est apprécié pour son choix de plats boliviens et internationaux, dont des steaks de lama. En vérité les portions sont un peu chiches et le service laisse à désirer.

Pizzeria Lobo's Cafe-Pub INTERNATIONAL $$

(Padilla ; plats 35-70 $B ; 10h-23h). Sur la longue carte de ce café-pub sombre et frais, dominant une étroite rue pavée, les habituels plats de poulet et de bœuf, des burgers et des sandwichs, ainsi qu'une bonne vingtaine de pizzas (la spécialité du lieu). Côté décor : un mélange de posters de foot et d'instruments de musique, ainsi qu'un billard.

El Tenedor de Plata GASTRONOMIQUE $$$

(angle Tarija et Linares ; plats 30-100 $B ; 11h45-15h et 18h-23h lun-sam, 11h45-15h dim). Ce restaurant gastronomique affiche des prétentions haut de gamme (avec nappes blanches sur les tables). C'est un lieu séduisant et chaleureux, avec des murs en brique apparente, où les plats de côtelettes et de steaks sont nettement supérieurs à ce qui se fait ailleurs. Au dessert, goûtez les *tawas-tawas* (beignets saupoudrés de sucre). Une adresse appréciée par les hommes d'affaires et les officiels.

Où prendre un verre et faire la fête

La Casona 1775 PUB

(Frías 41 ; 19h-minuit lun-sam). Ce lieu pittoresque occupe la demeure historique (1775) de l'émissaire royal en charge de la

VISITE DANS LES MINES : AVERTISSEMENT

Les coopératives ne sont pas des musées mais des mines en activité à l'atmosphère parfois cauchemardesque. Avant d'envisager une excursion, soyez conscient des risques que vous encourez. Les personnes souffrant de problèmes médicaux, en particulier de claustrophobie, d'asthme ou d'autres maladies respiratoires, s'abstiendront. Même si les spécialistes affirment qu'une courte exposition durant une visite de quelques heures présente peu de risques de dommages à long terme, mieux vaut éviter d'entrer dans les mines si vous craignez de respirer de l'amiante ou de la poudre de silice. Des accidents se produisent parfois : explosions, chute de pierres, chariots fous, etc. Pour toutes ces raisons, tous les tour-opérateurs font signer à leurs clients une décharge de responsabilité en cas de blessure, de maladie ou de décès. Si ce n'est pas le cas de votre tour-opérateur, choisissez-en un autre. La visite de la mine est une décision qui ne se prend pas à la légère. Si ces mises en garde ne vous découragent pas, c'est une expérience inoubliable qui vous attend.

VISITE DES MINES COOPÉRATIVES

La visite des mines coopératives constitue l'une des expériences les plus marquantes d'un voyage en Bolivie : elle permet de découvrir des conditions de travail sidérantes, qui vous choqueront, voire vous bouleverseront. La descente dans les mines est dangereuse et n'est pas exempte d'un certain voyeurisme – songez-y...

Des dizaines de tour-opérateurs de Potosí proposent des circuits guidés dans les mines. Les meilleurs guides sont généralement d'anciens mineurs, qui connaissent les conditions de travail et respectent leurs anciens collègues. Les règles de sécurité sont plus ou moins observées, et vous descendez à vos risques et périls.

La visite n'est pas facile et mieux vaut porter des vêtements appropriés pour se faufiler dans les galeries boueuses, escarpées et basses de plafond, où il fait tour à tour chaud et froid. Vous devrez sans doute ramper par endroits dans des puits étroits et l'altitude rend tout effort pénible – certaines personnes ont souffert du mal des montagnes à la suite de la visite. Certains circuits se terminent par une marche de 3 ou 4 km à l'intérieur de la montagne. Vous serez exposé à des produits chimiques et à des gaz nocifs : poussières de silice (cause de silicose), gaz arsénique, vapeurs d'acétylène et dépôts d'amiante. En cas de doute ou de problèmes médicaux, ne vous lancez pas dans cette aventure. L'intérêt de la visite réside dans la rencontre avec les mineurs ; ils font part de leur expérience et de leurs opinions sur leur vie difficile. Ils sont toutefois fiers de leur travail dans de telles conditions et ils sont habituellement heureux que les visiteurs les observent pendant leur dur labeur.

La visite commence par le marché de la Plaza El Calvario, où les mineurs achètent de l'acétylène, de la dynamite, des cigarettes et autres produits de première nécessité. Les mineurs s'attendent à de petits cadeaux tels qu'une poignée de feuilles de coca et quelques cigarettes, des jus de fruits, des sodas, ou des stylos et cahiers (pour leurs enfants) – autant de "luxe" qu'ils peuvent rarement s'offrir. Les photos sont autorisées. Évitez d'emporter des sacs en plastique dans la mine ; l'accumulation de détritus devient un problème croissant.

Les circuits passent généralement ensuite par un *ingenio* (fonderie), avant de rejoindre le Cerro Rico proprement dit (les secteurs les plus fréquemment visités sont ceux de Candelaria, Santa Rita, Rosario et Santa Rosita). Notez qu'il est interdit aux tour-opérateurs de programmer des démonstrations d'explosion de dynamite, potentiellement dangereuses pour les humains et néfastes pour l'environnement. Demandez au vendeur de l'agence si une explosion de dynamite est prévue. Si oui, choisissez une autre agence plus responsable.

Les visites ont lieu le matin ou l'après-midi et durent de 4 à 5 heures. Le prix standard s'élève à 100-150 $B par personne et baisse parfois hors saison. Il comprend les services d'un guide, le transport et l'équipement (pantalon, veste, casque, bottes et lampe). L'argument de vente stipulant que "15% des profits reviennent aux mineurs" relève de l'escroquerie. Toutes les agences paient le même droit d'entrée dans les mines, un droit bien inférieur à 15%. Si vous voulez aider les mineurs, choisissez une agence tenue par des mineurs. Mettez des vêtements résistants, emportez de l'eau et un foulard pour filtrer en partie les substances nocives. L'activité des mines ralentit le dimanche.

monnaie. C'est un lieu sympathique pour prendre un verre et manger une cuisine de pub. Concerts le vendredi.

☆ Où sortir

Pour écouter des concerts, renseignez-vous dans les bars, cafés et restaurants ; plusieurs d'entre eux organisent parfois des *peñas* (fêtes avec musique traditionnelle) acoustiques. Il y a deux cinémas en ville, dont le **Multicine Universal** (☎622-6133 ; Padilla 31 ; billet 40 $B) qui projette des films assez récents. Real Potosí, l'équipe de foot locale, est l'une des meilleures de Bolivie. Elle joue au stade de la ville, dans l'Avenida Highland Players.

Achats

Parmi les souvenirs les plus appréciés à Potosí figurent des articles en argent et en étain (boucles d'oreilles, cuillères, assiettes) vendus sur des stands proches de l'entrée du marché, dans la Calle Oruro. Beaucoup proviennent du village de **Caiza**, à 80 km au sud de Potosí, lequel possède un magasin coopératif qui propose des lainages teints avec des produits naturels. On trouve plusieurs boutiques de souvenirs et d'artisanat dans la Calle Sucre, au nord de Bolívar.

ℹ Renseignements

ACCÈS INTERNET

Il y a de nombreux cybercafés (3 à 4 $B l'heure). La plupart des hébergements, ainsi que certains cafés et restaurants, ont le Wi-Fi.

ARGENT

De nombreux DAB sont installés dans le centre-ville. La plupart des commerces dans Bolívar, Sucre et au marché changent les dollars US à des taux raisonnables. Les stands qui bordent Héroes del Chaco changent aussi les euros, ainsi que les pesos chiliens et argentins. De nombreux hôtels acceptent désormais les cartes bancaires (Visa et Mastercard surtout).

CARTES

L'Instituto Geográfico Militar (1 de Abril 28028 ; 🕗 8h-12h et 14h-18h lun-ven). Vend les feuilles topographiques de toutes les régions du département de Potosí.

LAVERIE

La plupart des hôtels proposent des services de blanchisserie. Les laveries des auberges de jeunesse, qui facturent au kilo, sont moins chères. Ces services sont généralement accessibles aux non-résidents.

> VAUT LE DÉTOUR
>
> **HACIENDA CAYARA**
>
> À 25 km au nord-ouest de Potosí, à 3 550 m d'altitude, cet **hôtel** (☎ 740-9024 ; www.hotelmuseocayara.com/en ; ch 180 $B/pers) constitue une retraite charmante, idéale pour s'adonner à des balades faciles dans les collines. Datant de l'époque coloniale, l'hacienda appartient aujourd'hui à une famille anglaise qui l'a transformée en lieu d'hébergement en 1992. Moitié hôtel, moitié musée, cette opulente demeure est dotée d'un mobilier d'époque. Les hôtes peuvent profiter de la cheminée et de l'importante bibliothèque qui comporte des ouvrages datant du XVIIe siècle. Le déjeuner et le dîner sont préparés sur demande (50 $B). L'hacienda produit des légumes et du lait qui sont vendus en ville.

OFFICES DU TOURISME

InfoTur de Potosí (☎ 623-1021 ; infoturpotosi.blogspot.com ; Ayacucho ; 🕗 8h-12h et 14h30-18h30 lun-sam) a des employés serviables, de bonnes cartes de la ville et d'innombrables brochures sur les sites d'intérêt ; vous le trouverez à l'entrée de la Torre de la Compañía de Jesús (p. 229). Le site Web www.brujulaturistica.com/potosi est également bien fait.

Le bureau de la **Migración** (☎ 622-2745 ; Linares 136 ; 🕗 8h30-12h30 et 14h30-18h30 lun-ven) proroge les visas.

POLICE

La **police touristique** (Plaza 10 de Noviembre ; 🕗 8h-12h et 14h-18h), installée au rez-de-chaussée de la Gobernación, peut s'avérer utile ; elle a également un bureau dans la nouvelle gare routière.

POSTE

Poste principale (angle Lanza et Chuquisaca ; 🕗 8h30-18h30 lun-sam, 8h30-13h dim)

SERVICES MÉDICAUX

En cas de symptômes sévères du mal des montagnes, le mieux est de descendre aussi vite que possible à une altitude plus basse.

L'**Hospital Daniel Bracamonte** (☎ 624-4960 ; Italia s/n ; 🕗 24h/24) compte quelques médecins anglophones.

ℹ Depuis/vers Potosí

AVION

Potosí possède l'un des aéroports les plus élevés au monde, l'Aeropuerto Capitán Nicolás Rojas. Mais à moins d'être le président, ce n'est pas là que vous atterrirez : aucune compagnie commerciale ne le dessert. L'aéroport international de Sucre-Alcantarí (p. 218) est à 121 km.

BUS ET TAXIS COLLECTIFS

Toutes les routes qui mènent à Potosí sont spectaculaires et voyager de jour constitue une superbe introduction à la ville. La nouvelle gare routière se situe à 2 km au nord du centre, Avenida Las Banderas. Presque toutes les *flotas* (bus longue distance) partent de cette gare (sauf ceux pour Uyuni). Les *micros* I et A relient la gare routière à la cathédrale.

Des *flotas* directes rallient La Paz, mais il est souvent plus rapide de changer à Oruro. Les taxis collectifs pour Sucre (50 $B, 2 heures 15) reviennent plus cher que les *flotas*, mais sont plus rapides et plus confortables et peuvent

LE TINKU OU L'ART DU COMBAT RITUEL

Originaire du nord du département de Potosí, le *tinku*, célébré le 3 mai, laisse souvent les étrangers médusés par sa violence.

La meilleure interprétation qu'on puisse donner de cette pratique est qu'elle permet d'évacuer les tensions entre les différentes communautés indigènes. Les festivités commencent par des chants et des danses, mais la célébration tourne rapidement au chaos et à la violence à mesure que des querelles non réglées éclatent au grand jour au hasard des rencontres.

Un *tinku* dure habituellement 2 ou 3 jours et rassemble les habitants de localités voisines, qui viennent à pied revêtus de superbes costumes traditionnels. Les chapeaux des hommes ressemblent fortement à ceux des conquistadors et sont agrémentés d'une longue plume irisée.

Le premier soir, les différents villageois défilent à travers la ville au son des *charangos* (sortes de ukulélés) et des *zampoñas* (flûtes de Pan). Régulièrement, les participants s'arrêtent et forment deux cercles concentriques, les femmes se tenant à l'intérieur et les hommes à l'extérieur. Les femmes entament un chant lancinant et cacophonique, tandis que les hommes courent en cercle autour d'elles. Brusquement, tout le monde s'immobilise et se lance dans un piétinement frénétique. Chaque groupe est dirigé par au moins une personne – souvent un homme – qui utilise un fouet pour stimuler ceux qui ne suivent pas le rythme.

Cette mise en route peut sembler innocente, mais l'alcool y joue un rôle important. La plupart des villageois trimballent des bouteilles remplies de *puro* (alcool à brûler) ; la nuit venue, chaque communauté se retire dans une maison réservée pour boire de la *chicha*.

Ces excès entraînent inévitablement le désordre. En déambulant dans les rues, les participants rencontrent tôt ou tard des membres d'un village voisin avec lesquels ils entretiennent une querelle, réelle ou imaginaire, et peuvent les provoquer en duel.

On passe rapidement des cris et des injures à la bousculade et au vrai combat, qui semble suivre une mystérieuse chorégraphie. Les hommes, apparemment en rythme, se frappent la tête et le torse, les bras tendus (ces gestes ont été immortalisés dans la danse *tinku*, souvent exécutée lors de carnaval, notamment à Oruro). Les adversaires peuvent aussi se jeter des pierres, ce qui engendre parfois des blessures graves, voire mortelles. La mort, acceptée avec résignation, est considérée comme une offrande à la Pachamama et remplace le sacrifice du lama.

Le *tinku* le plus connu a lieu à Macha durant la première quinzaine de mai. D'autres villages, comme Ocurí et Toracarí, en organisent également.

Ces combats ne sont en aucun cas des attractions touristiques. Ceux qui y ont assisté ne cherchent pas à renouveler l'expérience. À Potosí, Atiplanol Tours (p. 232) organise cependant des circuits, assez inconfortables, lors d'importants *tinku*, auxquelles vous participerez à vos risques et périls. Tenez-vous à distance des participants et restez toujours sur le côté de la rue pour ne pas être happé par la foule. En vous promenant dans le village, ne vous faites pas remarquer, parlez doucement et ignorez les interpellations. Sachez aussi que les habitants ne souhaitent pas voir débarquer des hordes de touristes qui les prennent en photo. Évitez de photographier une personne sans son autorisation, ne dansez pas et ne défilez pas avec des groupes.

venir vous prendre à votre hôtel. Essayez **Cielito Express** (☎624-6040), ou **Correcaminos** (☎624-3383). Si vous êtes seul, rendez-vous directement à leurs bureaux, situés derrière l'ancienne gare routière (p. 233) ; notez que les véhicules ne partent que lorsqu'ils sont pleins.

Les bus pour Uyuni (60 $B, 4 heures) partent de l'ancienne gare routière, située à 15 minutes à pied en contrebas du centre, dans l'Avenida Universitaria (toutes les 30 min environ, 7h-12h ; quelques départs en début de soirée). La route (210 km), au relief accidenté, est époustouflante. C'est également de là que partent les micros pour Tarija.

Trois compagnies, dont Autobuses Quirquincho (www.plataforma10.com.ar/pasajes/autobuses-quirquincho), desservent Buenos Aires, en Argentine.

DESTINATION	TARIF ($B)	DURÉE (HEURES)
Cochabamba	130	10
La Paz	100-120	9
Oruro	35	61/2
Sucre	20	3
Tarija	90-100	8
Tupiza	90-100	8
Villazón	30-40	7

Comment circuler

Des *micros* et des minibus (1,50 $B) relient le centre-ville aux mines du Cerro Rico et aux ancienne (p. 233) et nouvelle gares routières. En taxi, comptez 4 $B par personne pour une course dans le centre (un peu plus la nuit) et environ 10 $B pour rejoindre la nouvelle gare routière.

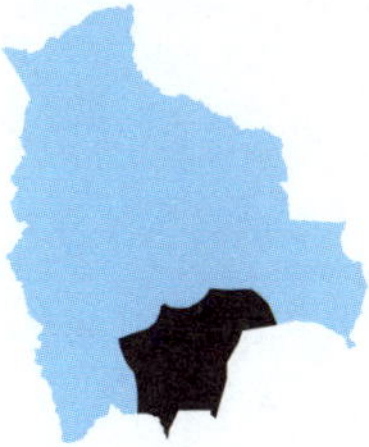

Centre-Sud et Chaco

Dans ce chapitre ➜

Le top des restaurants

- El Fogón del Gringo (p. 251)
- Bodega Casa Vieja (p. 255)
- Macondo de Pizza Pazza (p. 252)

Le top des hébergements

- Casona Señorial Gloria (p. 248)
- Valle de los Condores Farmhouse (p. 258)
- Resort Hotel Los Parrales (p. 249)
- Hotel El Rancho Olivo (p. 260)

Pourquoi y aller

Bien souvent considérée comme une simple étape sur la route des pays frontaliers, cette région du sud de la Bolivie reçoit assez peu de touristes. La culture locale regarde ici du côté de l'Argentine voisine, mais aussi de la lointaine Andalousie. Réputée pour ses danses, ses vins et son caractère presque méditerranéen, Tarija mérite particulièrement la visite. À courte distance de son joli petit centre colonial, les hautes terres sont ponctuées de vignes et de cascades, et sillonnées de sentiers de randonnée.

Plus à l'est, dans la région isolée du Gran Chaco, la verdure cède la place à des étendues de terre rouge, plates et broussailleuses, avec en arrière-plan des hauts plateaux austères. C'est là que se trouvent la ville la plus chaude de Bolivie, Villamontes, et une série de réserves reculées et impénétrables où les animaux abondent et où peu de gens osent s'aventurer. À condition d'être bien équipé ou de le planifier avec une agence de voyages, un périple dans la région pourrait bien compter parmi les moments forts de votre voyage en Bolivie.

Quand partir

Tarija

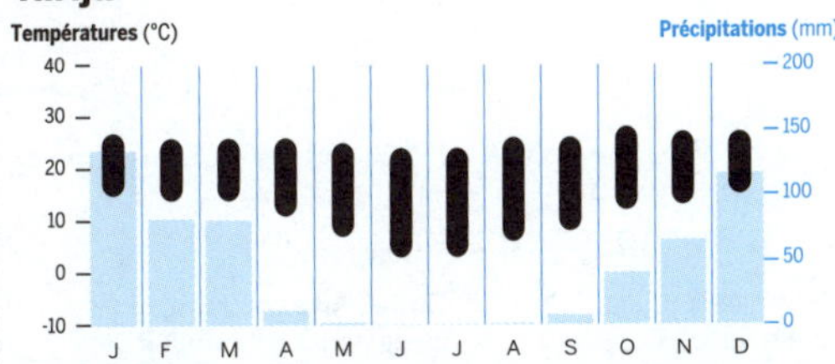

Fin mars Les vaches sont à l'honneur lors de la Feria de la Leche y Queso à Rosillas.

Août La fête de la pêche est la meilleure période pour se rendre dans la torride Villamontes.

Sept À Tarija, la Fiesta de San Roque, haute en couleur, commence le premier dimanche de septembre.

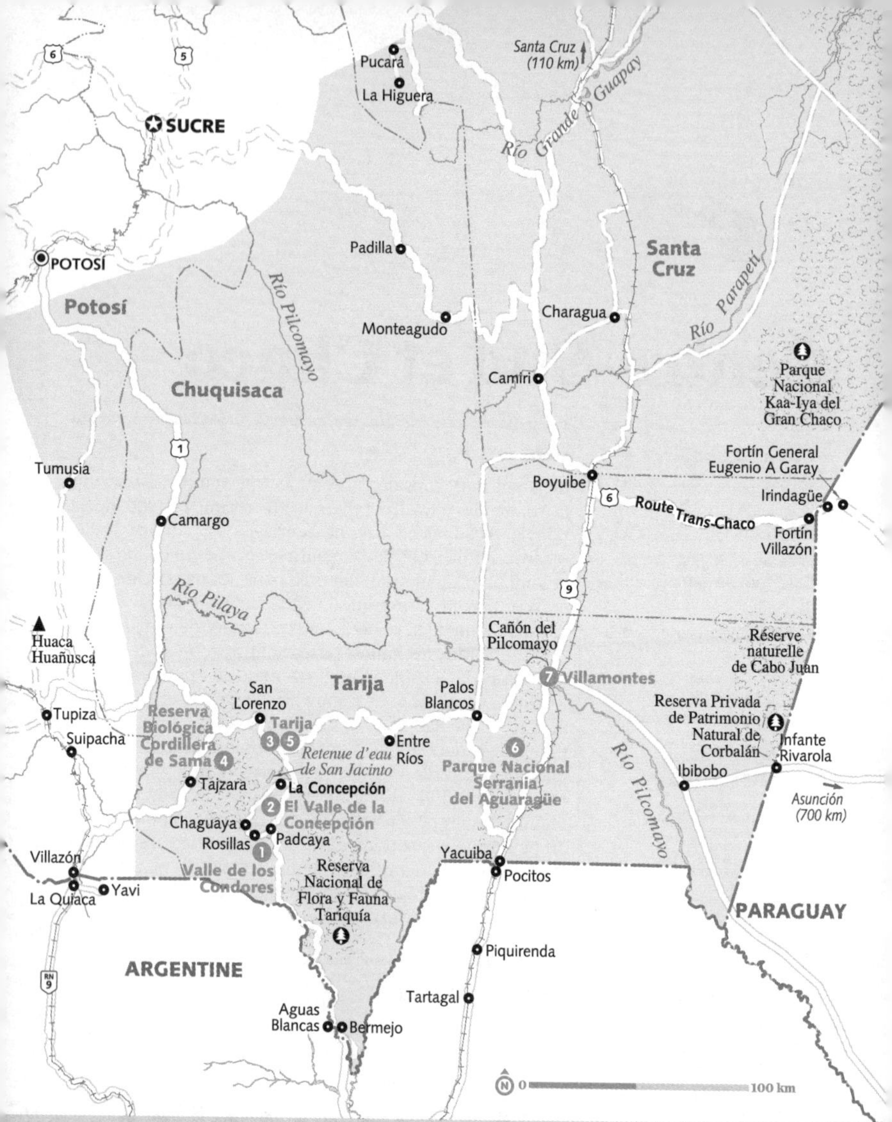

À ne pas manquer

1 Une nuit sous les étoiles à **El Valle de los Condores** (p. 258) et le vol des condors au réveil.

2 Une dégustation des crus des vignobles les plus élevés du monde à **El Valle de la Concepción** (p. 254).

3 Une promenade dans les paisibles rues coloniales de **Tarija** (page ci-contre), suivie d'une pause contemplative dans un café de la plaza.

4 La richesse ornithologique et les paysages de lagunes et de dunes de la **Reserva Biológica Cordillera de Sama** (p. 255).

5 Le **carnaval chapaco** (p. 251) de Tarija, l'une des fêtes les plus débridées de Bolivie.

6 La découverte des animaux du Chaco dans des parcs et réserves reculés, tel le **Parque Nacional Serranía del Aguaragüe** (p. 260).

7 Un savoureux plat de poisson frais dans la torride **Villamontes** (p. 259).

Histoire

Avant la guerre du Chaco (1932-1935), la Bolivie avait eu de longue date des vues sur cette région, un territoire inhospitalier dont on supposait que les sous-sols étaient riches en pétrole. Cette pomme de discorde de 240 680 km² (la superficie du Royaume-Uni) s'étendait au nord-est des fleuves Paraguay et Pilcomayo au Paraguay, et englobait les 168 765 km² de territoire argentin au nord du Río Bermejo. Les troubles politiques au Paraguay, conjugués aux difficultés économiques de la Bolivie, créèrent les conditions propices à la lente avancée des Boliviens en territoire paraguayen.

Après sa défaite dans la guerre du Pacifique en 1884, le pays avait plus que jamais besoin du Chaco, ouverture directe sur l'Atlantique via le Río Paraguay. Espérant qu'une occupation du territoire conduirait à la reconnaissance de sa souveraineté, l'armée bolivienne établit un fort à Piquirenda, sur le Pilcomayo. La Bolivie refusait d'abandonner ses prérogatives sur Fuerte Vanguardia, son seul port, sur le fleuve Paraguay (mais non sur le territoire bolivien). Le Paraguay n'étant pas disposé à céder, ses militaires s'emparèrent du fort en 1928. Malgré une situation explosive, les deux camps s'en tinrent à une attitude conciliante, dans l'espoir d'éviter le recours à la force.

La situation ne s'en envenima pas moins. Tandis que des négociations se poursuivaient à Washington, l'armée bolivienne, sur l'ordre du président Daniel Salamanca, se lança dans des manœuvres non autorisées, lesquelles entraînèrent un conflit ouvert. La Bolivie, largement considérée comme l'agresseur dans les cercles diplomatiques, reçut fort peu de soutien.

Au fur et à mesure du conflit, les Boliviens furent repoussés au-delà de leurs frontières actuelles, sans pour autant cesser le combat. Ils remportèrent leur victoire la plus éclatante dans la localité de Villamontes en 1934. Le besoin en eau, dû au climat chaud et aride, se révéla un facteur décisif, et la stratégie bolivienne consista pour bonne part à s'emparer de puits et à les conserver. Or, tant du fait de conditions déplorables que du manque d'équipement des soldats et des épidémies, les pertes furent lourdes dans les deux camps.

Incapables, l'une comme l'autre, de s'assurer une victoire décisive, les deux nations s'essoufflèrent ; les négociations de paix menées quatre ans plus tard accordèrent le plus clair du territoire litigieux au Paraguay.

À ce jour, on n'a encore jamais trouvé de pétrole dans le Chaco, ce qui n'empêche pas les prospecteurs de poursuivre leurs recherches. La petite partie du Chaco accordée aux Boliviens recèle en revanche d'immenses réserves de gaz, propres autant à stimuler l'économie bolivienne qu'à susciter l'envie des Paraguayens.

Parcs nationaux et réserves

Particulièrement isolés, encore sauvages, et bien loin des sentiers battus, les parcs et réserves du Centre-Sud séduiront les plus téméraires. De loin les plus accessibles : la Reserva Biológica Cordillera de Sama (p. 255) près de Tarija, la Reserva Nacional de Flora y Fauna Tariquía (p. 258), au sud-est de Padcaya et le Parque Nacional Serranía del Aguaragüe (p. 260), qui s'étend de Villamontes, au sud, jusqu'à Yacuiba. La Reserva Privada de Patrimonio Natural de Corbalán (p. 259) est la moins visitée mais celle qui demande le plus de préparation. La recherche de gaz naturel, controversée mais promue par les politiciens locaux et régionaux, met en danger une partie de ces territoires protégés.

ℹ Comment s'y rendre et circuler

Les touristes profitent généralement d'un voyage vers une autre destination pour visiter l'extrême Sud de la Bolivie. De longs trajets en bus vous permettront de rallier l'Argentine ou le Paraguay, ainsi que d'autres régions du pays par voie terrestre. Tarija possède le plus grand aéroport de la région, et plusieurs vols quotidiens relient Cochabamba, La Paz, Sucre et d'autres villes importantes du pays.

CENTRE-SUD DE LA BOLIVIE

Tarija

☎4 / 205 300 HABITANTS / ALTITUDE 1 905 M

La douceur de son climat et son centre colonial facile à explorer à pied pourraient vous retenir à Tarija, sur la route de l'Argentine ou du Paraguay. Bien que de

VAUT LE DÉTOUR

EL PICACHO

L'**hacienda** en bord de rivière **(près de Lajas Merced)** de l'ancien président bolivien Jaime Paz Zamora a été conçue par lui-même comme sa version personnelle du *Macondo* cher à Gabriel García Márquez. Il est possible que le propriétaire, féru autant d'art que de nature, soit dans les parages et enclin à vous montrer certains détails. Contactez Macondo, du Pizza Pazza Hotel (p. 248) de Tarija pour des renseignements sur les visites.

Ayant d'abord appartenu à "Moto" Méndez dans les années 1800, l'hacienda devint le refuge d'artistes ayant fui les régimes dictatoriaux des pays voisins, comme l'Argentine des années 1970. Le nom de ce domaine, que Zamora a acheté à un ami à la fin des années 1980, vient de la grande formation rocheuse unique, située juste en face, sur le Río Guadalquivir. Les autres éléments dignes d'intérêt sont les portraits de Zamora peints par l'artiste équatorien Oswaldo Guayasamín ; un morceau de l'aile d'avion du crash duquel, en 1980, le politicien fut le seul des huit passagers à sortir vivant – une bombe avait été placée à son bord dans l'intention de le tuer (le 2 juin, jour de la tragédie, il célèbre chaque année son "second anniversaire") ; et un tableau de Gastón Ugalde, peint uniquement au moyen de feuilles de coca.

Les visiteurs peuvent se promener sur un chemin naturel bordé d'arbres variés, sélectionnés et plantés par Zamora, horticulteur amateur. (Ironie du sort, l'une des routes les plus encombrées de circulation porte son nom). Jetez également un œil au toborochi, l'arbre au tronc rebondi du domaine.

La visite de 2 heures se termine par une dégustation de fromages, jambon et *singani* locaux, servis à l'extérieur, sur une immense table en pierre construite avec des dalles incrustées de fossiles, trouvées dans la nature par le propriétaire.

nombreux citadins boliviens tiennent le centre-sud du pays pour une enclave peu civilisée, les places, bordées de palmiers, de Tarija, ses rues étroites, son atmosphère détendue et ses restaurants animés ont juste ce qu'il faut de diversité et de sophistication.

Tarija constitue aussi une bonne base pour des excursions, notamment dans les vignobles d'El Valle de la Concepción, ainsi que dans les villages et les réserves naturelles de la région.

Les *Chapacos* (autre nom des *Tarijeños*, habitants de Tarija) se démarquent culturellement du reste du pays.

Histoire

Sur l'ordre du vice-roi Don Francisco de Toledo, la ville de Tarija fut fondée par Don Luis de Fuentes y Vargas le 4 juillet 1574, sous le nom de la Villa de San Bernardo de Tarixa. Le fleuve qui la borde fut baptisé Guadalquivir (en référence au plus grand fleuve d'Andalousie), et les *Chapacos* héritèrent des accents mélodieux de l'espagnol de la péninsule Ibérique. En 1810, la région proclama son indépendance. Les Espagnols ne prirent guère les séparatistes au sérieux, mais la situation dégénéra en conflit armé le 15 avril 1817. Lors de la Batalla de la Tablada, les *Chapacos* remportèrent une victoire décisive sur les forces espagnoles.

Au début du XIXe siècle, Tarija soutint activement la lutte pour l'indépendance de la Bolivie. Malgré les tentatives de l'Argentine pour annexer cette région agricole, la cité choisit, en 1825, de rejoindre la nouvelle république de Bolivie.

À voir

Un après-midi suffit pour visiter le centre de Tarija. Cependant, ses rues étroites, ses édifices coloniaux et son atmosphère rendent la promenade très agréable. La ville fait aussi un bon camp de base pour visiter les localités, la réserve naturelle, les treks en montagne et la région viticole dans les environs.

Basílica de San Francisco ÉGLISE
(angle Campos et La Madrid ; musée 8h-18h lun-ven). GRATUIT Cette basilique, fondée en 1606 pour servir de "camp de base" jésuite en Bolivie, a désormais rang de monument national. La bibliothèque conventuelle et les archives du XVIe siècle, qui peuvent rappeler *Le Nom de la rose*, ne sont accessibles qu'aux chercheurs qui bénéficient de l'autorisation des franciscains ; elles renferment une importante

collection de compositions de musique baroque. À l'intérieur de la basilique, le **Museo Franciscano Fray Francisco Miguel Mari**, gratuit, présente peintures, sculptures et objets religieux.

Observatoire astronomique de Santa Ana — OBSERVATOIRE

(☎7186-2301 ; 15 $B ; ⏲19h-22h lun-mar et jeu-ven). Le premier observatoire du pays, construit en collaboration avec l'URSS, est à quelques 14 km au sud-est de Tarija. Mieux vaut appeler à l'avance.

El Mercado de los Campesinos — MARCHÉ

Ce labyrinthe d'étals où il se vend de tout, des citrons à l'électronique, s'étend sur plusieurs pâtés de maisons. La partie fruits et légumes tient d'un véritable kaléidoscope. Faites attention à votre tête : les toiles qui protègent les étals sont tendues assez bas.

Mirador Loma de San Juan — POINT DE VUE

Très apprécié des étudiants et des amoureux, ce parc en surplomb des pentes arborées de la Loma de San Juan offre une vue spectaculaire sur Tarija. Grimpez jusqu'au bout de la Calle Bolívar, puis tournez à droite derrière la colline et suivez le sentier en tournant le dos à la ville.

Retenue d'eau de San Jacinto — LAC

Ce lac de retenue de 17 km², à 7 km au sud-ouest de la ville, se prête à passer une après-midi agréable, surtout quand il fait chaud. L'affluence y est forte le week-end, quand les familles et les étudiants viennent se régaler de crabes et de *dorado* (un délicieux poisson local), dans les quelques petites *cabañas* (⏲10h-17h) perchées au bord de l'eau, juste après le barrage (un escalier presque vertical mène au pied de ce dernier).

On peut louer des canoës sur place – ou des jet-skis pour les amateurs de vitesse – et faire de belles balades sur la berge et les crêtes environnantes. Les *trufis* vers San Jacinto (p. 254 ; 3 $B, 10 min) partent toutes les 20 minutes de l'angle d'Ingavi et de Campos (devant le palais de justice) à Tarija ; en taxi, comptez 15-20 $B l'aller. Les agences de voyages de Tarija incluent souvent le lac dans leurs circuits.

Museo de Arqueología y Paleontología — MUSÉE

(☎663-6680 ; www.facebook.com/museo.tarija ; angle Lema et Trigo ; ⏲8h-12h et 15h-18h lun-ven, 9h-12h et 15h-18h sam). GRATUIT Géré par l'université, le musée d'archéologie et de paléontologie donne à ses visiteurs un aperçu de la préhistoire et des premiers habitats humains de la région. Des restes d'animaux bien conservés sont présentés au rez-de-chaussée, tandis que l'étage est consacré à l'histoire, à la géologie et à l'anthropologie, avec d'anciens ustensiles domestiques, des armes, des céramiques et divers outils de chasse préhistoriques, notamment un extraordinaire gourdin ou *rompecabezas* ("casse-tête").

Casa Dorada — MUSÉE

(Ingavi O-370 ; visite guidée 5 $B ; ⏲visite guidée ttes les heures 9h-11h et 15h-17h lun-ven, 9h-11h sam). Avec ses épaisses couches de peinture or et argent, la bien nommée "maison dorée" dont le toit est jalonné tout du long de victoires, bras tendu vers les cieux, se révèle très impressionnante vue de loin, mais l'est moins à mesure que l'on s'en approche. Visite guidée uniquement ; départ à l'heure pleine.

Cathédrale — ÉGLISE

(angle Campero et La Madrid). La cathédrale renferme les dépouilles de *Chapacos* célèbres, notamment celle du fondateur de Tarija, Don Luis de Fuentes y Vargas. Construite en 1611, elle recèle quelques jolis vitraux figurant des scènes de moisson.

Iglesia de San Roque — ÉGLISE

(Trigo). Le joyau architectural de Tarija est cette église de 1887, d'un blanc éblouissant. Dédiée au saint patron de la ville, elle trône au sommet d'une colline, à l'extrémité de General Bernardo Trigo. Visible depuis toute la ville, elle possède un balcon qui servait autrefois de poste de guet.

Iglesia de San Juan — ÉGLISE

(Bolívar). Cette église fut construite en 1632. C'est là que les Espagnols signèrent leur reddition à l'armée de libération après la Batalla de la Tablada. Depuis les jardins on a une vue plongeante sur Tarija et les montagnes brunâtres au loin.

Castillo de Moisés Navajas — ÉDIFICE NOTABLE

(Castillo Azul ; Bolívar E-644 ; ⏲9-11h30 lun-sam). Cette grande demeure privée délabrée

Tarija

mérite le coup d'œil pour ses extravagantes rayures bleues et blanches. Actuellement occupée, elle ouvre parfois pour des visites informelles. Renseignez-vous auprès d'Infotur (p. 252).

Activités

Valle de los Condores OBSERVATION DE LA FAUNE (☎6797-4802 ; www.facebook.com/ValleDeLosCondoresTarijaBolivia ; Virginio Lema 284 ; ⏲sur réservation). Des treks de 2 à 4 jours

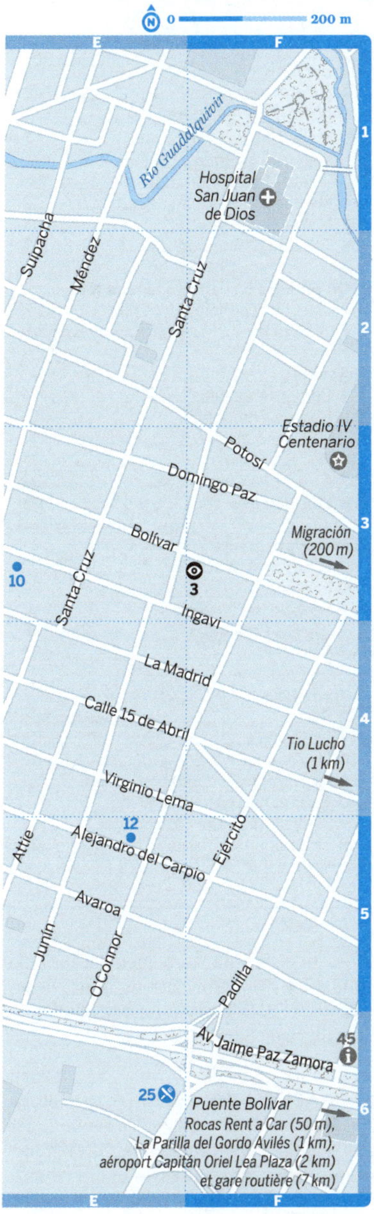

(p. 258) dans les “yungas de Tarija”, où de majestueux condors planent au-dessus des falaises à haute altitude. La plupart des randonnées se font entre 2 000 et 3 000 m d'altitude ; nuits dans des maisons en adobe traditionnelles.

Sur Bike CYCLES

(☎761-9420 ; angles Ingavi et Ballivián ; ⌚9h-12h30 et 15h-18h30 lun-ven). Ernesto, propriétaire aussi sympathique qu'avisé, loue des vélos à l'heure et à la journée, ainsi que des pick-up pour environ 70 $US/jour.

Nivel Fitness Club GYM

(La Madrid 1030 ; ⌚6h-22h lun-ven, 8h-21h sam, 8h-20h dim). De loin la meilleure de la ville, cette salle de sport, qui propose des cours de spinning et de yoga, et dispose d'une piscine intérieure, d'un hammam et d'un sauna. Elle jouxte l'Hotel Los Ceibos (p. 249), dont les clients profitent d'un accès gratuit à toutes les installations.

Circuits organisés

Plusieurs agences de voyages proposent des formules pour découvrir la région, et notamment les vignobles (p. 254), à partir de 130 $B la demi-journée (4 heures). La plupart des circuits à la journée (comptez 230 $B) comprennent en outre une visite de la ville ou (mieux encore) de sites comme San Lorenzo (p. 249), Coimata (p. 247) et Tomatitas (p. 247), situés un peu plus au nord. Il s'agit d'agréables excursions en minibus, en compagnie de guides généralement bien informés (certains parlent anglais), qui peuvent souvent être organisées à la dernière minute, avec départ de l'hôtel. Il y a généralement des départs le matin (8h30 ou 9h30) et l'après-midi (14h30).

Explora Tarija CIRCUITS

(☎7618-7774 ; 15 de Abril 357). Cette agence semble proposer les habituels circuits Ruta del Vino et Campiña Chapaca, plus fréquemment que les autres. Souvent, il est possible de se présenter directement au point de rendez-vous (à l'angle sud-est de la place principale), quelques minutes seulement avant le départ (8h30 ou 9h30 et 14h30).

VTB Tours CIRCUITS

(☎7021-1231 ; www.vtbtourtarija.com ; Ingavi O-784). Installée dans l'Hostal Carmen (p. 249 ; demandez Javier), cette agence réputée est l'une des plus anciennes de la ville. Elle emploie des guides anglophones et offre des formules intéressantes pour le chemin de l'Inca ou la Cuenca de Tajzara dans la Reserva Biológica Cordillera de Sama (1 600 $B/pers pour 2 jours) ; vous

Tarija

À voir
1 Basílica de San Francisco D3
2 Casa Dorada C3
3 Castillo de Moisés Navajas F3
4 Cathédrale B3
5 Iglesia de San Juan B2
6 Iglesia de San Roque C1
7 Mirador Loma de San Juan B1
8 Museo de Arqueología y Paleontología C3

Activités
9 Bolivian Wine Tours D5
10 Explora Tarija E3
11 Nivel Fitness Club A2
12 Prometa E5
13 Sur Bike B2
14 Valle de los Condores D4
15 Viva Tours D3
VTB Tours .... (voir 18)

Où se loger
16 Casa Blanca B2
17 Casona Señorial Gloria C3
18 Hostal Carmen B2
19 Hostal del Sol C3
20 Hotel Los Ceibos A2
21 Hotel Mitru D5
22 Hotel Terravina E3
23 Macondo de Pizza Pazza Hotel C3

Où se restaurer
24 Belén D3
25 Cabaña de Don Pedro E6
26 Chocolate Cafe C3
27 Don Vico C3
28 El Fogón de Gringo A2
29 El Puente Night Market A3
30 El Quincho de Quiliu A2
Macondo de Pizza Pazza Restaurant .... (voir 24)
31 Mercado Central C2
32 Mokka Cafe D3
33 Taberna Gattopardo C3

Où prendre un verre et faire la fête
Macondo de Pizza Pazza Bar .... (voir 24)

Achats
34 Bodega Aranjuez D4
35 Bodega Campos de Solana/Casa Real D4
36 Bodega Kohlberg D4
37 Bodega La Concepción D3
38 La Vinoteca C3

Renseignements
39 Casas de Cambio D2
40 Infotur C3
41 Servicio Nacional de Áreas Protegidas F6
42 Telo Lavo B3

Transports
43 BOA C4
44 Ecojet D3
45 Micros pour San Lorenzo B2
46 Micros pour Tomatitas C2
47 Taxis et micros pour El Valle de la Concepción C2
48 Trufis pour San Jacinto D3

devrez vous organiser à l'avance et réunir un minimum de 3 personnes.

Bolivian Wine Tours CIRCUITS
(☎4663-2975 ; viviugarte@gmail.com ; Méndez 175, entre Avaroa et La Américas). Organise des circuits autour du vin ainsi qu'à la Reserva Biológica Cordillera de Sama (sur deux jours ; 390 $B/pers). Sont aussi proposés des circuits à la journée (295 $B/pers), mais le trajet est long et vous raterez la possibilité d'y dormir et de contempler les étoiles. Le tarif par personne augmente si le groupe compte moins de cinq participants.

Prometa CIRCUITS
(☎663-3873 ; www.prometa.org.bo ; Alejandro del Carpio E-659 ; albergue ch 100-150 $B/pers). Prometa gère sept campements à Tariquía et fournit des informations pour visiter Tajzara (p. 256) dans la Reserva Biológica Cordillera de Sama.

Viva Tours CIRCUITS
(☎6582-6498 ; vivatoursbolivia.com ; Bolívar 251, 2e ét. ; ⏲8h-13h et 15h-19h lun-ven, 8h-13h sam, 8h-10h dim). Imbattable, Viva Tours propose des visites de caves et des circuits d'aventure écologiques dans l'arrière-pays de Tarija – notamment dans des réserves nationales des environs.

Fêtes et festivals

Tarija est l'une des villes les plus festives de Bolivie, en particulier au temps du **carnaval** (p. 251). Renseignez-vous sur la

VAUT LE DÉTOUR

DÉCOUVERTE DES VALLÉES INTERANDINES

L'été, vous pourrez nager en divers endroits de la vallée, notamment à Tomatitas, à Coimata et à Chorros de Jurina. Les agences de Tarija incluent généralement Coimata et parfois Tomatitas dans leurs circuits d'une demi-journée intitulés "Campiña Chapaca".

Tomatitas, avec ses bassins naturels, ses trois rivières (la Sella, le Guadalquivir et l'Erquis) et ses échoppes animées qui servent des *cangrejitos* (crabes d'eau douce à carapace molle), est une destination appréciée des promeneurs en excursion pour la journée depuis Tarija, à 5 km de là. Le meilleur endroit pour la baignade se situe immédiatement sous la passerelle, où est aménagé un camping avec barbecues.

De là, vous pourrez marcher pour couvrir les 9 km vous séparant de **Coimata**. Depuis Tarija, quittez la route principale de San Lorenzo (des *micros* en direction de Coimata quittent la Calle Comercio au Mercado de los Campesinos ; p. 243). À moins de 1 km, vous dépasserez sur votre gauche un **cimetière** rempli de fleurs et de croix colorées. Juste après, prenez à droite jusqu'à Coimata, puis tournez à gauche à hauteur du terrain de football et continuez jusqu'au bout. Vous découvrirez une cascade et un **bassin** qui valent largement le détour, comme le prouve la présence des nombreuses familles venues de Tarija. Toute une gamme de petits restaurants proposent des *misquinchitos* et des *doraditos* (poissons locaux, frits et servis avec du maïs blanc), ainsi que des *cangrejitos*. De là, suivez le sentier remontant le ruisseau pendant 40 minutes, jusqu'aux **chutes de Coimata**, d'une hauteur de 60 m sur deux niveaux.

Vous trouverez un autre bassin avec cascade au **Rincón de la Victoria**, à 6 km au sud-ouest de Tomatitas, dans un cadre verdoyant. Après le cimetière, prenez la route sur la gauche. Depuis la fourche, il ne vous reste plus que 5 km jusqu'au Rincón de la Victoria.

Les chutes "jumelles" de **Chorros de Jurina**, hautes de 40 m, à 26 km au nord-ouest de Tarija, constituent un but de promenade agréable pour la journée. Au cœur d'un superbe paysage plutôt insolite, l'une des cascades se jette sur une falaise blanche, tandis que l'autre court le long d'une roche noire. À la fin de l'hiver, elles se réduisent parfois à un simple filet ou se retrouvent à sec.

La route reliant Tarija à Jurina traverse un impressionnant paysage de campagne. En partant des abords de la place fleurie de **San Lorenzo** (voir l'encadré p. 249), suivez la route de Jurina, qui bifurque après le Museo Moto Méndez. Au bout de 6 km, vous dépasserez une école sur la gauche ; 200 m après, tournez à gauche et poursuivez la route jusqu'au bout, sur 2,5 km. Il reste alors 5 minutes de marche jusqu'au pied de chaque cascade. Vous accéderez à celle de gauche en remontant la rivière, et à l'autre par le sentier partant derrière une petite maison.

Les *micros* A et B pour Tomatitas partent toutes les 20 minutes de l'angle de l'Av. Domingo Paz et de Saracho à Tarija (2 $B) ; certains poursuivent jusqu'à Jurina (7 $B) via San Lorenzo. Descendez près de l'école, puis terminez à pied. Pour Coimata, les liaisons (fréquence similaire) partent de l'angle de Campesino et de Comercio (3 $B), à Tarija.

foire artisanale, qui se tient en octobre, et sur la **fête du vin serrano et du jambon**, à l'Hotel los Parrales (p. 249) en novembre.

Tous les ans à la mi-avril, un **festival de musique baroque** est organisé dans la Basílica de San Francisco (p. 242 ; dans le cadre d'un événement plus important de Santa Cruz). La *Sinfonía 16*, du compositeur péruvien Pedro Ximénez Abril y Tirado, a ainsi été jouée pour la première fois depuis 200 ans lors de l'édition 2018.

Si vous êtes dans la région à l'occasion d'une *fiesta*, vous aurez la chance de découvrir des musiques et danses singulières. La musique traditionnelle de Tarija se joue sur des instruments en bois propres à la région, tels que l'*erque* et la *quenilla*, la *caña* et la *camacheña*. Le chant qui l'accompagne s'appelle la *copla*, un héritage direct de l'Espagne, avec des paroles amusantes entonnées en duo. La danse, quant à elle, est le traditionnel *chuncho*. Les danseurs portent des costumes colorés, des chapeaux à plumes et des masques, symbolisant les Chiriguanos et leur farouche résistance aux conquérants.

Rodeo Chapaco RODÉO

(Parque Héroes de la Tablada ; ⌚fin avr). En accord avec sa tradition gaucho, Tarija organise un rodéo annuel, au début des vacances du département. Le Rodeo Chapaco comprend tous les classiques du genre "cow-boy". Pour vous y rendre, prenez le *micro* C dans le centre-ville.

Fiesta de San Roque RELIGION

(⌚sept). Cette fête bien connue, qui commence officiellement à la mi-août, rend grâces à saint Roch, dont l'apparition aurait marqué la fin de la peste et de la lèpre dans la région. Les festivités débutent le premier dimanche de septembre, et s'étendent sur 8 jours. Outre les concerts de musique traditionnelle, on assiste à une procession de *chunchos* (une tribu indienne) : les participants endossent les habits couvrant le corps dont se revêtaient traditionnellement les lépreux.

Fiesta de las Flores RELIGION

(⌚2e dim oct). Cette fête annuelle, dédiée à la Vierge du Rosario, débute par une procession au départ de l'Iglesia de San Juan (p. 243). En chemin, des spectateurs jettent des pétales de fleurs. L'apothéose de cette journée est une vente de charité haute en couleur, au cours de laquelle les fidèles dépensent sans compter au profit de l'Église.

Où se loger

Les hébergements bon marché sont principalement regroupés au nord de la rue Bolívar. La plupart ne sont pas chauffés, ce qui se ressent l'hiver venu. Maints établissements de catégorie moyenne sont à quelques pâtés de maisons de la place centrale ; le seul hôtel de catégorie supérieure est à quelques kilomètres au nord du centre.

Casa Blanca AUBERGE DE JEUNESSE $

(☎664-2909 ; Ingavi 645 ; dort 60 $B ; @📶). Avec sa façade coloniale blanchie à la chaux et sa cour arborée, cette auberge de jeunesse est de loin le plus bel hébergement de la ville pour les budgets serrés. Chacun des 3 dortoirs renferme 2 lits superposés, et l'on peut compter sur l'eau chaude dans les salles de bains, bien entretenues. Dans un coin paisible à courte distance de la place principale – la qualité de votre sommeil dépendra surtout des autres résidents.

CHAPACOS

Les *Chapacos* (habitants de Tarija), ont des liens culturels forts avec l'Argentine. Rien de très surprenant, si l'on considère que la région en fit partie jusqu'en 1825.

- La plupart sont supporters des clubs de football argentins River Plate et Boca Juniors.
- Beaucoup ont de la famille à Salta où ailleurs dans le nord du pays, ou à Buenos Aires.
- On y boit le *mate*.
- On entend souvent "che", une interjection très utilisée en Argentine et dont le sens est très large (quelque chose entre "hé !" et "mon pote").
- Les horaires de la sieste sont scrupuleusement respectés.
- La musique est la danse traditionnelles sont semblables à celles d'Argentine.
- Le vin y est une boisson très populaire.

♥**Casona Señorial Gloria** BOUTIQUE-HÔTEL $$

(☎7186-0048 ; www.sites.google.com/view/casonagloria ; Trigo 0680 ; 280-385 $B ; ❄📶). Tout droit sorti d'un magazine de design chic, le Casona Gloria, établissement familial de cinq chambres, tient d'un mélange d'architecture historique de l'époque coloniale et contemporaine. Il donne de surcroît au-dessus et à l'arrière de la boutique de glaces du propriétaire. Les chambres ont des hauts plafonds, des murs en brique, des peintures d'artistes boliviens et une literie luxueuse, sans parler des salles de bains, dignes d'une station thermale.

Macondo de Pizza Pazza Hotel HÔTEL $$

(☎666-3566 ; angle Sucre et Calle 15 de Abril ; s/d 245/290 $B ; ❄📶). Idéalement situées au dernier étage du Club Social Tarija, à l'angle de la place principale, voici 8 chambres parquetées au mobilier modeste. L'établissement est associé au restaurant (p. 252) du même nom, que nous recommandons vivement.

Hostal del Sol HÔTEL $$

(☎666-5259 ; Sucre N-782 ; s/d avec petit-déj 230/350 $B ; ❄@). À deux pâtés de maisons

VAUT LE DÉTOUR

SAN LORENZO

San Lorenzo (21 400 habitants), à 14 km au nord de Tarija sur la route de Tupiza, est une ville au charme désuet, aux façades en adobe blanchies à la chaux, aux rues pavées et aux balcons sculptés. Elle possède une église (construite en 1709) et une charmante *plaza* fleurie ombragée par de hauts palmiers. Près de la place, sur un marché miniature, des vendeurs proposent diverses pâtisseries locales, comme les *rosquetes*, des biscuits en couronne, secs et croquants, nappés d'un glaçage.

La ville est surtout connue pour être le berceau de José Eustaquio "Moto" Méndez, héros de la Batalla de la Tablada (p. 241). Sa maison abrite aujourd'hui le **Museo Moto Méndez** (8h-19h lun-dim) GRATUIT, ou "Casa de los Libertadores de America", où sont exposés essentiellement ses effets personnels. La populaire **Fiesta de San Lorenzo**, le 10 août, offre l'occasion de voir des danses et d'entendre des instruments *chapacos*. À Pâques, des fleurs jaunes sont accrochées dans les rues et sur les bâtiments, conférant ainsi à cette ville aux tons majoritairement blancs une touche de couleur. Après cette visite, dirigez-vous vers le nord jusqu'à la **Capilla de Lajas**, à 2 km de là. Cette adorable chapelle aux proportions exquises, autrefois propriété de la famille Méndez, présente une architecture coloniale d'une grande finesse.

Au nord se dresse l'ancienne demeure de l'ex-président Jaime Paz Zamora, à qui un panneau rend hommage. À quelques kilomètres de là, toujours au nord, vous pourrez réserver une visite guidée d'El Picacho (p. 242), le magnifique domaine de l'ancien homme d'État, qui sera sans doute sur place et se plaira à distraire les visiteurs de ses anecdotes.

Dans la journée, des *micros* et des *trufis* (3 $B, 30 min) pour San Lorenzo partent de l'angle de l'Avenida Domingo Paz et de Calle Rojas à Tarija toutes les 20 minutes environ. Toutes les agences de voyages de Tarija incluent un arrêt à San Lorenzo dans au moins un de leurs itinéraires.

de la place principale, cet établissement bien situé et d'un bon rapport qualité/prix est apprécié pour ses chambres ensoleillées côté rue (petits balcons) – celles qui donnent de l'autre côté sont plus sombres – et son petit-déjeuner servi dans une salle lumineuse à l'étage. TV à écran plat et sol en marbre étincelant dans toutes les chambres.

Hotel Mitru HÔTEL **$$**
(☎664-3930 ; www.hotelmitrutarija.com ; Avaroa 450 ; s/d/tr 270/380/460 $B ; ❄@📶). Ici, pas de fioritures, mais des chambres propres et modernes au design efficace, distribuées dans un bâtiment bas orange, à quelques minutes à pied de la place centrale. On trouve, dans un petit jardin dans une cour intérieure, des bancs et autres espaces pour s'asseoir.

Hostal Carmen HÔTEL **$$**
(☎664-3372 ; hotelcarmentarija.com ; Ingavi 0-0784 ; s/d à partir de 180/295 $B ; @📶). Cet hôtel très professionnel, sis dans un secteur paisible, loue des chambres standards dans un grand bâtiment à 3 niveaux. L'établissement peut toutefois sembler sombre et désert à qui y vient seul. Les chambres du dernier étage, moins chères, sont plus rudimentaires – elles donnent en revanche un accès aisé au toit, d'où l'on a vue sur la ville. Sur place, l'agence de voyages VTB (p. 245) est recommandée. Ses employés ont l'habitude d'accueillir des touristes étrangers.

♥ **Hotel Los Ceibos** HÔTEL **$$$**
(☎7513-3800 ; www.hotellosceibos.com/newsite ; Av. Panamericana 612 ; ch 550 $B ; ❄@📶🏊). Vous en aurez pour votre argent au Los Ceibos, le plus grand hôtel du centre-ville, situé à quelques pâtés de maisons de la place centrale. La présence de hauts palmiers donne au coin piscine de faux airs de *resort* tropical. Les clients accèdent gratuitement au Nivel Fitness Club (p. 245), la formidable salle de sport de l'établissement.

♥ **Resort Hotel Los Parrales** HÔTEL DE LUXE **$$$**
(☎664-8444 ; www.losparraleshotel.com ; Urbanización Carmén de Aranjuez ; s/d à partir de 575/830 $B ; ❄@🏊). À ses clients, reçus dans un cadre paisible, à 3,5 km du centre, l'unique cinq-étoiles de Tarija offre un

cocktail de bienvenue. Il est fort d'un spa, d'un immense Jacuzzi et d'une ravissante terrasse donnant sur la campagne. Les lits des luxueuses chambres, de style colonial, sont confortables. Rabais appréciables (jusqu'à 45%) sur les séjours de plus d'une nuitée en basse saison.

Hotel Terravina BOUTIQUE-HÔTEL **$$$**
(666-8673 ; www.terravinahoteldelvino.net ; Bolívar E52 ; s/d/tr 475/630/770 $B ;). S'autoproclamer “hotel del vino” relève en soi d'une stratégie marketing, mais des dégustations de vin y sont effectivement proposées et la plupart des chambres arborent un papier peint composé d'agrandissements sur ce thème. Le mobilier est, par ailleurs, plutôt sobre.

Où se restaurer

La cuisine *chapaca* est unique, et les restaurants de Tarija lui rendent un digne hommage. Procurez-vous la *Guía Gastronómica* à l'office du tourisme (p. 253) pour des idées alléchantes. Notez que la majorité des restaurants et cafés, sauf ceux autour de la place centrale, ferment à l'heure de la sieste (entre 12h30 et 14h30 ou 15h) et le dimanche.

Mercado Central BOLIVIEN **$**
(angle Sucre et Bolívar ; plats 7-15 $B ; 6h-22h lun-sam). Malgré son intérieur d'aspect stérile, semblable à celui d'un centre commercial, ce marché central, de construction récente, est l'endroit parfait pour goûter les spécialités locales. Le rez-de-chaussée est divisé en différents secteurs, pour le pain, la viande, le fromage, les légumes etc., tandis que les étals du 2e niveau servent des plats comme le *piqué macho* (bœuf, pommes de terre, oignons et poivrons), le *saice* (cubes de viande de bœuf et légumes) et la *sopa de maní* (soupe de cacahuètes).

El Puente Night Market BOLIVIEN **$**
(Av. Estenssoro ; plats 5-12 $B ; 16h-23h). Plus d'une dizaine de stands, tenus par des femmes vêtues de tabliers servant des spécialités locales comme le *falso conejo* (viande hachée aux légumes, oignons et riz), le *saice* (cubes de bœuf épicés et légumes), le *sonso* (manioc grillé et écrasé avec du fromage) et d'autres plats simples à base de viande et de riz. Des petites tables et des chaises en plastique bordent la rue.

100% LOCAL

SPÉCIALITÉS DE TARIJA

Il faut du courage pour goûter à la *sopa la poderosa* (soupe aux légumes, riz et pénis de taureau), au *ranga ranga* (tripes avec oignon, tomates et piments) et au *chan faina* (intestins d'agneau aux légumes), mais même les estomacs les plus délicats apprécieront le *guiso de karas* (ragoût de couenne de porc, pommes de terre et *mote*, une céréale semblable au maïs), le *chancao de pollo* (poulet épicé), la *sopa de maní* (soupe de cacahuètes) ou le *saice* (cubes de viande de bœuf et légumes accompagnés de riz ou de nouilles), communément consommé autant au petit-déjeuner qu'au dîner. N'oubliez pas les desserts : *dulce de lacayote* (compote de courge caramélisée), *pepitas de leche* (fudge à la cannelle) et *tojori* (pancakes aux clous de girofle et à l'anis) sont tous savoureux.

Les meilleurs établissements, pour goûter tous ces mets, sont le Mercado Central (p. 250), le Mercado de los Campesinos (p. 243) et le Puente Night Market (p. 250).

Belén BOLIVIEN **$**
(Colón ; plats 23-45 $B ; 8h-23h ;). Le propriétaire et chef formé aux États-Unis et en Australie a créé ce restaurant douillet à la décoration éclectique qui sert, au déjeuner, des sandwichs artisanaux, d'excellents burgers et un plat de truite assaisonnée légèrement. Le petit-déjeuner est tout aussi appréciable : œufs pochés et bol de yaourt et muesli.

Don Vico CEVICHE **$**
(ceviche 25 $B ; 8h-13h30 lun-sam). Un changement de rythme par rapport à un *almuerzo* standard, le Don Vico, rudimentaire, a quelques tables en plastique et propose un savoureux ceviche à la brésilienne et des soupes aux fruits de mer.

Chocolate Cafe CAFÉ **$**
(Sucre, entre Madrid et Ingavi ; 8h30-12h30 et 15h-20h lun-ven, 9h-12h30 et 16h-20h sam). On trouve ici des expressos à l'italienne, des chocolats gourmets de fabrication locale, ainsi que des gâteaux. La vitrine donne sur une rue animée du centre-ville.

Tío Lucho FRUITS DE MER **$$**
(☎6870-5026 ; Av. Echazú 2171 ; plats 35-80 $B ; ⏲16h-23h lun-mer, 11h-23h jeu-sam). Tenu par un Argentin, ce restaurant traditionnel au mobilier rudimentaire sert d'excellents plats de calamar, de crevettes et de truite.

Cabaña de Don Pedro BOLIVIEN **$$**
(☎664-2681 ; Av. Padilla ; plats 40 $B, buffet adulte/enfant 75/35 $B ; ⏲12h-15h dim). Depuis 1974, cette institution de Tarija (qui occupait à l'origine une autre adresse) attire les familles, qui se retrouvent dans sa grande salle lumineuse pour savourer des spécialités locales, régionales et nationales. Les enfants des fondateurs perpétuent la tradition ; leur buffet du dimanche, qui a toujours beaucoup de succès, comprend leur propre recette de *sopa de maní* (soupe de quinoa et de cacahuètes). L'établissement était temporairement fermé lors de nos recherches.

Mokka Cafe INTERNATIONAL **$$**
(Calle 15 de Abril ; plats 40 $B ; ⏲7h-minuit lun-mar et sam, 7h-22h mer-ven, 9h-21h dim). En face de Plaza Sucre, ce long local étroit au service attentif convient parfaitement pour se régaler de plats simples comme les lasagnes et les *enchiladas*, de grands frappés et de gâteaux, ainsi que d'expressos serrés. Les *almuerzos* (déjeuner au menu fixe ; 49-59 $B), avec soupe, plat, boisson et dessert, sont d'un bon rapport qualité/prix.

Taberna Gattopardo INTERNATIONAL **$$**
(angle La Madrid et Sucre, Plaza Principal ; plats 38-80 $B ; ⏲9h-22h ; 📶). Cette taverne doublée d'un café occupe un emplacement de choix sur la place centrale. Elle mérite bien plusieurs visites, ne serait-ce que pour siroter un expresso en observant l'animation. La carte est longue et éclectique – salades, burgers, pizzas, spécialités boliviennes, fondue bourguignonne... –, mais la cuisine est médiocre. À l'intérieur, on s'installe dans une vaste salle haute de plafond.

♥ **El Fogón de Gringo** STEAKS **$$$**
(La Madrid 1051 ; plats 70-100 $B ; ⏲12h-15h et 18h30-23h lun-sam, 12h-15h dim ; 📶). Ici, la qualité de la viande est à la hauteur de l'ambiance chaleureuse, qui évoque le

LE CARNAVAL CHAPACO

Tarija est la région par excellence de la musique et de la danse en Bolivie. Elle est célèbre pour ses traditions uniques et ses fêtes bruyantes, colorées, surtout pendant le Carnaval, quand tous les *Chapacos* (habitants de Tarija) sortent pour danser, chanter et faire la fête des jours durant. Si vous vous trouvez dans la région à ce moment-là, voici ce à quoi vous pouvez vous attendre.

La musique traditionnelle de Tarija se joue au moyen d'instruments en bois propres à la région, comme l'*erque* et la *quenilla*, la *caña* et la *camacheña*. Le chant qui accompagne la musique s'appelle la *copla*, un héritage d'Espagne, avec des paroles comiques que l'on chante en duo. La danse, quant à elle, est le *Chuncho* ; les danseurs portent des costumes colorés, des chapeaux à plumes et des masques, symbolisant les tribus Chiriguano et leur résistance aux conquérants.

Le carnaval de Tarija est l'un des plus animés de Bolivie. Pour lancer les festivités, deux jeudis avant le carnaval, Tarija célèbre la **Fiesta de Compadres** (⏲3e semaine de février), une fête d'origine espagnole, qui donne lieu à de la musique, des danses et des décorations spéciales faites avec des pains baptisés *bollus preñaus*. Les femmes offrent à leurs amies et aux femmes de leur famille des cadeaux, comme des fleurs (dont des tubercules), des fruits et des petits gâteaux.

Tout au long de la saison du carnaval, les rues s'emplissent de danses, de musique traditionnelle *chapaco* et de paysans aux costumes colorés, venus pour l'occasion. Un grand bal est donné sur la place principale après la célébration, et toute la ville vient pour la danse et les performances des groupes et orchestres traditionnels. Prenez garde, de nombreuses bombes à eau font leur apparition pendant les festivités.

Le dimanche qui suit le carnaval, le quartier du cimetière joue des "funérailles" à la faveur desquelles le diable est brûlé et enterré en préparation du carême. De faux parents et amis (des acteurs faisant mine de pleurer la mort du démon) confèrent à la cérémonie une touche morose, comme en manière de rappel des quarante jours de jeûne à venir.

mélange de sophistication et de décontraction des bodegas du sud de l'Espagne. Tous les plats donnent droit à un savoureux buffet d'accompagnements (salades, riz, pommes de terre, pâtes). Excellente carte des vins.

Macondo de Pizza Pazza Restaurant PIZZA $$$
(☎665-4020 ; macondopizzapazza@gmail.com ; Ingavi 715 ; plats 55-110 $B, pizzas 65-80 $B ; ⏰11h-14h et 18h-22h30 mar-ven ; 📶). Les hôtes exubérants, Edith Paz Zamora et son fils Hector, ont mis au point un unique mélange d'art et (sans surprise) de pizza, au rez-de-chaussée du Club Social Tarija. Mais les pâtes maison sont tout aussi délicieuses (excellent buffet à volonté le dimanche pour 70 $B) et la carte comprend également steaks et plats de poisson.

La Parilla del Gordo Aviles STEAK $$$
(☎7299-8765 ; Calle 6 de Junio, Juan 23 ; plats 60-100 $B ; ⏰11h-14h et 18h-22h mer et ven-sam, 11h-14h et 18h-23h jeu, 11h-14h et 18h-15h dim). Le propriétaire de La Parilla a pris le risque de passer des *asados* en famille à l'ouverture et la gestion de l'un des meilleurs grills de la ville. La clientèle locale a suivi et vient en nombre.

El Quincho de Quiliu STEAK $$$
(☎7021-1133 ; La Madrid 1022 ; plats 70 $B ; ⏰19h-23h mar-sam, 12h-15h dim). Si le décor est plus sobre et plus décontracté, à El Quincho, la qualité de la viande est tout aussi élevée. Situé juste en face du célèbre grill El Fogón de Gringo (p. 251).

Où prendre un verre et faire la fête

Macondo de Pizza Pazza Bar BAR
(☎665-4020 ; macondopizzapazza.negocio.site ; Ingavi 715 ; ⏰18h30-minuit, 18h30-3h ven ; 📶). Pour participer à un temps fort bolivien, venez ici pour les "nuits de bohème" du vendredi (40 $B ; gratuit pour les clients de l'hôtel), un événement grisant, avec concerts folkloriques, danse, bouteilles de vins du cru et *singani*. L'animation commence à 22h (appelez pour réserver ou vous devrez attendre en regardant de loin).

Achats

Les boutiques **Aranjuez** (☎664-5651 ; www.vinosaranjuez.com ; Calle 15 de Abril 254 ; ⏰8h-12h et 14h30-18h30 lun-ven, 8h-12h30 sam), **Kohlberg** (☎663-6366 ; www.kohlberg.com.bo ; 15 de Abril E-275 ; ⏰8h-12h et 14h30-18h30 lun-ven, 8h-12h30 sam), **La Concepción** (☎663-2250 ; www.bodegaslaconcepcion.com ; Colón 585 ; ⏰8h-12h et 14h30-18h30 lun-ven, 8h-12h30 sam) et **Campos de Solana** (☎664-5498 ; www.camposdesolana.com ; Calle 15 de Abril E-259 ; ⏰9h-12h et 14h-19h lun-ven, 9h-12h sam) ont toutes des magasins les uns près des autres autour de Plaza Sucre. Pour des vins artisanaux incroyablement doux, gagnez l'un des magasins qui bordent Calle Sucre entre Domingo Paz et Cochabamba.

La Vinoteca VIN
(☎666-1863 ; lavinoteca@hotmail.es ; Ingavi 371 ; ⏰9h-12h et 15h-19h lun-ven, 9h-13h sam). Une bonne adresse pour acheter une bouteille de vin local, de *singani* ou d'autres spécialités culinaires. Carlos, le propriétaire, se fera un plaisir d'ouvrir des bouteilles pour une dégustation au verre.

Renseignements

ARGENT

On trouve des DAB autour de la place principale et à l'aéroport. Les **casas de cambio** (Bolívar ; ⏰8h-13h et 15h-20h lun-ven, 8h-13h sam) changent dollars américains, euros et pesos argentins ; vous les trouverez dans la rue Bolívar, entre les rues Sucre et Daniel Campos. La plupart sont ouvertes de 8h à 15h ou de 9h à 16h du lundi au vendredi et en matinée le samedi.

DÉSAGRÉMENTS ET DANGERS

Police (☎664-2222 ; angle Campero et 15 de Abril)

LAVERIE

Telo Lavo (angle Calle 15 de Abril et Ballivían ; ⏰8h30-12h30 et 14h30-19h lun-ven, 8h30-13h sam) est pratique pour laver et sécher son linge. Vous pourrez également demander à votre hôtel (2-3 $B par article).

OFFICES DU TOURISME

Infotur (☎666-7701 ; www.tarijaturismo.com ; angle Calle 15 de Abril et Calle Sucre ; ⏰8h-12h et 14h30-18h30 lun-ven, 9h-12h et 16h-19h sam et dim) distribue des plans sommaires de la ville et renseigne sur les sites de Tarija et de ses environs. Les employés ne parlent que l'espagnol. Consultez également l'excellent site www.brujulaturistica.com/tarija pour des renseignements sur les transports, la nourriture, et autres informations utiles.

Rendez-vous dans le **bureau de l'immigration** (☎664-3594 ; La Madrid 610 ; ⏰8h30-12h30 et 14h30-18h30 lun-ven) pour obtenir une prolongation de séjour ou un cachet d'entrée/de sortie.

Faites toutes vos démarches le matin ou vous devrez patienter jusqu'à la fin de la sieste : Tarija est une ville fantôme entre 13h et 16h.

Protección del Medioambiente del Tarija (Prometa ; www.prometa.org.bo ; Tarija) travaille dans la région du Gran Chaco sur une série d'initiatives sociales et environnementales.

POSTE

Poste (angle Sucre et Virginio Lema)

URGENCES

Hospital San Juan de Dios (☎ 664-5555 ; Santa Cruz s/n). Pour les urgences médicales.

ℹ Depuis/vers Tarija

AVION

L'**aéroport Capitán Oriel Lea Plaza** (☎663-4554 ; Av. Victor Paz Estenssoro) est à 3 km à l'est de la ville, en retrait de l'Avenida Jaime Paz Zamora. **BoA** (☎611-4222 ; www.boa.bo ; Trigo, entre Alejandro del Carpio et Lema ; ⌚8h30-19h lun-ven, 9h-13h sam) et **Amaszonas** (www.amaszonas.com) desservent La Paz, Santa Cruz, Sucre et Cochabamba (comptez 220-450 $B ; les vols pour La Paz et Sucre font parfois escale à Cochabamba). Amaszonas fait aussi le saut de puce jusqu'à Yacuiba (300-500 $B) une à deux fois par semaine.

En taxi collectif, comptez de 20 à 25 $B de l'aéroport au centre ; si vous marchez 100 m après la porte de l'aéroport (visible de l'extérieur du terminal), vous ne paierez pas plus de 12 $B par personne en taxi indépendant. Une autre solution consiste à traverser la route principale et à prendre un *micro* A ou un *trufi* passant devant l'ancienne gare routière et le Mercado Central.

BUS

La nouvelle **gare routière**, vaste et moderne, est à 7 km au sud de la ville. On y trouve un caviste, de quoi charger ses appareils électroniques, une consigne, un bureau de change, des en-cas et des plats légers, ainsi qu'un bureau d'information avec, habituellement, au moins un employé parlant anglais.

Presque tous les bus longue distance partent l'après-midi entre 16h30 et 20h30. Les bus Lince et Platinum, qui partent tous les jours à 19h30 (220 $B), sont les plus confortables pour La Paz ; sièges qui s'inclinent à 180°, Wi-Fi, prises USB, écrans individuels et écouteurs, toilettes propres et distribution d'eau et d'en-cas.

Les bus pour Santa Cruz passent par Villamontes, d'où partent les correspondances pour Yacuiba, puis Asunción, au Paraguay. Malheureusement, cette dernière ne part que très tôt le matin, et il faut donc patienter longtemps pour poursuivre son trajet.

La compagnie Trans Tours Juarez C assure un aller direct le mardi, le jeudi et le dimanche à Salta en Argentine (320-400 $B, 10 heures, 19h) par Bermejo (p. 257). Nous les recommandons vivement : bus plutôt luxueux (chaque siège *cama* a son propre écran de TV) et formalités à la frontière vite expédiées.

Des *micros* pour les villes au nord comme Camargo et Potosí partent de **Parada del Norte**. En attendant que les minibus se remplissent, vous pourrez acheter un en-cas ou un café auprès d'une poignée de stands rudimentaires. Les *micros* pour **Padcaya** (Hwy 1, entre Av. Sossa et Moreno, Parada del Chaco) partent de la Parada del Chaco.

Les *trufis* pour **San Jacinto** (Ingavi, entre Campos et Colón ; 3 $B) (3 $B, 10 min) quittent toutes les 20 minutes l'angle d'Ingavi et Campos (devant le Palacio de la Justicia) à Tarija.

De nombreuses routes de la région, plus particulièrement celles de Potosí, Tupiza et Villamontes (des travaux restent à faire sur un tronçon étroit et effrayant à hauteur de Villamontes), ont été rénovées. Elles sont donc plus sûres, et les trajets, plus courts.

DESTINATION	TARIF ($B)	DURÉE (HEURES)
Bermejo	28	3
Camiri	89	10
Cochabamba	220	17
La Paz	220	16
Oruro	60-105	12
Potosí	90-100	8
Sucre	80-90	10
Santa Cruz	90-255	18
Tupiza	35-70	5
Villamontes	45	4
Villazon	40	6
Yacuiba	35-50	6

TAXI

Des *colectivos* de tout type et toute taille (avec une majorité de breaks Subaru et de minibus) desservent toutes les destinations régionales (comptez 100 $B et 6 heures pour Villamontes ou Yacuiba) et d'autres plus éloignées. Ces *colectivos* sont généralement un peu plus onéreux et peut-être plus confortables que les bus (selon le siège). Néanmoins, ils partent une fois qu'ils sont pleins. Le temps d'attente peut donc varier. Il y en a fréquemment pour Bermejo (45 $B, 3 heures), à la frontière argentine.

Comment circuler

BUS

Le trajet dans un *micro* ou un *trufi* municipal revient à 2,50 $B ; les itinéraires sont clairement indiqués sur le pare-brise.

Pour rejoindre El Valle de la Concepción, prenez les **minibus** (Corrado) marqués d'un "V".

TAXI

À Tarija, tout est, pour ainsi dire, accessible à pied. Une course en taxi de jour/nuit revient à 4/8 $B par personne dans le centre. Une course vers, ou en direction, de la gare routière coûte 12 $B par personne, et 20 $B pour 2 personnes ou plus. Une course de nuit, quelle que soit la destination, coûte légèrement plus cher. **Movil Andaluz** (☎ 666-3010) est l'une des nombreuses compagnies de radio-taxis de la ville.

VOITURE ET MOTO

Si vous souhaitez quitter la ville comme à votre guise, faites appel à **Rocas Rent a Car** (☎ 666-8640 ; Av. Zamora, entre Ruiz et España ; 8h-12h et 13h-18h lun-ven, 8h-12h sam), qui propose des 4x4 Toyota et Nissan en location (90-120 $US/jour).

El Valle de la Concepción

☎ 4 / ALTITUDE 1 900-2 100 M

Surnommée "El Valle", la région au sud de Tarija forme le cœur de la production viticole bolivienne. Ses vignes comptent parmi les plus hautes du monde, et ses vins sont parmi les plus doux. Ces crus d'altitude ont gagné en maturité, et plusieurs grands domaines produisent désormais des vins sophistiqués et nuancés qui n'ont rien à envier à ceux de leurs voisins sud-américains.

La plupart des visiteurs passent rapidement dans le cadre d'un circuit d'une journée au départ de Tarija (où il y a partout des publicités pour la "Ruta del Vino") ; pourtant, le village de **La Concepción**, avec son architecture coloniale, sa place plantée de beaux arbres (*ceibos*) et une atmosphère de prospérité assoupie, mérite que l'on s'y attarde.

Activités

Les visites des caves impliquent d'usage un tour rapide des installations de production, lesquelles peuvent aller du sous-sol d'un pavillon de banlieue à des structures de taille industrielle. Les principaux domaines sont **Campos de Solana** (☎ 664-5498 ; www.camposdesolana.com ; 9h-11h et 13h-16h lun-ven, 9h-11h sam), **Bodega Kuhlmann** (☎ 6930-2263 ; kuhlmann.com.bo), **Kohlberg** (☎ 663-6366 ; www.kohlberg.com.bo ; Av Jorge Paz ; 8h-12h et 14h30-18h30 lun-ven), Casa Real (une distillerie), **Bodega La Concepción** (☎ 664-2552 ; www.bodegaslaconcepcion.com ; 8h-17h lun-ven, 8h-12h sam) et **Aranjuez** (☎ 663-2250 ; www.bodegaslaconcepcion.com ; 8h-12h et 14h30-18h30 lun-ven, 8h-12h sam). Dans la plupart des circuits sont compris la visite de deux d'entre elles et d'une cave artisanale plus modeste.

Seul, il vous en coûtera autour de 5 $B, somme à laquelle s'ajoute le prix de la bouteille que vous choisissez de "déguster". La plupart des établissements ouvrent leurs portes du lundi au vendredi de 9h à 18h, et le samedi, uniquement le matin.

Pour les groupes, dans les caves artisanales, la méthode de dégustation traditionnelle consiste à aligner devant soi des verres remplis de différents crus ou à se placer en cercle pour se passer les verres – dans tous les cas, tout le monde boit dans les mêmes verres. Du fromage, du jambon et des olives sont généralement servis pour accompagner les nectars.

Fêtes et festivals

Fiesta de la Uva CULTURE

(Vendimia Chapaca ; mars). La **Fiesta de la Uva** (fête du Raisin) se déroule à La Concepción sur 3 jours en mars, pendant les vendanges.

Où se loger et se restaurer

Hostería Valle D'Vino HÔTEL $

(☎ 737-0658 ; valledivinotarija.com ; 6 de Julio, Uriondo ; camping 25 $B, dort 50 $B, s/d/tr/qua 100/140/210/280 $B ;). Tout aussi excentrique que son propriétaire, cette cave un peu décrépite est l'une des rares à proposer un hébergement : à savoir un camping sur une pelouse vaguement en friche, ou de grands dortoirs et quelques chambres privées, avec plusieurs types de couchage. Profitez-en pour jeter un œil à son "musée", unique en son genre, où l'on

Région viticole de Tarija

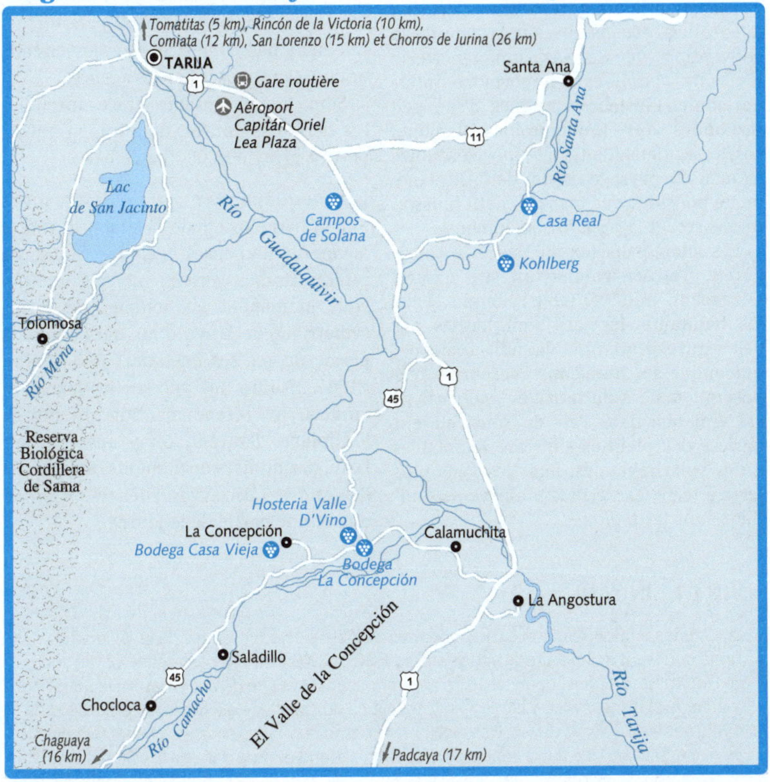

trouve pêle-mêle des peaux de bêtes, des fossiles, des ruches, des sacs, etc.

Bodega Casa Vieja BOLIVIEN $

(☎666-2605 ; www.lacasavieja.info ; plats 20-60 $B ; 10h-18h lun-ven). Berceau du meilleur *patero* (vin de raisin foulé aux pieds), cette cave pittoresque comporte un ravissant **restaurant** doté d'une cour protégée par une treille et d'un patio extérieur couvert avec une belle vue sur la montagne. Sert de grands classiques de la cuisine chaco comme le *saice* (bœuf haché épicé servi sur des pommes de terre et du riz) et le *chancho de la cruz* (porc entier). Dans le village de La Concepción, à environ 30 km de Tarija.

Depuis/vers El Valle de la Concepción

Pour une visite guidée d'une demi-journée ou d'une journée des caves de la vallée, choisissez parmi les agences recommandées à Tarija (p. 245). Si vous préférez y aller seul, El Valle se trouve près de la route pour Bermejo ; prenez la bifurcation à droite de la *tranca* (poste de police), située à l'est de Tarija. Si vous souhaitez visiter plus d'une propriété, il n'est guère envisageable de venir par les transports publics. Des taxis (environ 35 $B la course) et le *micro* V partent quand ils sont pleins (6 $B, 30 min) de l'angle de Corrado et Trigo.

Reserva Biológica Cordillera de Sama

La réserve biologique de Sama abrite des dunes de sable semblables à celles du Sahara et des nuées de flamants roses, le tout sous des cieux nocturnes d'une extraordinaire clarté, à quelques heures de Tarija. Dans les herbages froids et venteux de la puna, à 3 400 m d'altitude (presque aussi haut que La Paz), la

Cuenca de Tajzara, qui sert de refuge à de nombreuses espèces d'oiseaux aquatiques, est inscrite sur la liste de la convention de Ramsar, qui répertorie les zones humides d'importance internationale. Plusieurs étendues d'eau peu profondes aux innombrables flamants roses se détachent, tels de véritables joyaux, du paysage désolé de l'Altiplano, où ne poussent que la *thola* (petit buisson du désert) et la *paja brava* épineuse.

Les adeptes locaux du New Age considèrent **Tajzara** comme un site naturel dégageant une véritable énergie. Pour les habitants, les lacs sont hantés par des esprits hurlant à la nuit tombée ; quiconque sortirait dans l'obscurité s'exposerait donc à de terribles malheurs. Il est vrai que dans l'air du soir s'élèvent parfois des plaintes sinistres semblables à des voix humaines, mais les gens plus terre à terre les attribuent aux vents soufflant dans les *tholas*.

À voir

L'entrée de la réserve (70 $B) n'est généralement pas comprise dans les circuits organisés proposés par les agences.

Sama a subi plusieurs graves incendies ces dernières années, dont un, en 2017, a détruit près de 15 000 ha de bois.

Lagunes de Tajzara — SITE NATUREL

Sur la berge orientale des lacs, le vent a façonné d'immenses **arenales** (dunes de sable). Une ascension intéressante qui vous emmènera au sommet de forme symétrique de **Muyuloma**, qui domine la plaine depuis ses quelque 1 000 m d'altitude. Il offre une vue sur les lagons et au-delà, sur l'étendue infinie du sud de l'Altiplano. Souvent, on y aperçoit, sur l'eau, des milliers de flamants de James et des Andes. L'ascension aller-retour prend une bonne partie de la journée.

VIN ET SINGANI

Introduites en Bolivie par des missionnaires au XVIIe siècle, les vignes de la région de Tarija poussent à une altitude située entre 1 600 et 2 400 m, et à seulement 22° au sud de l'équateur. En conséquence, les raisins mûrissent plus vite qu'au niveau de la mer (parce que l'atmosphère y filtre moins les rayons du soleil), ce qui facilite le processus de maturation et la garde du vin. Des dizaines de petits domaines artisanaux sont installés au sud d'El Valle. Une autre zone de production s'étend dans la Valle de los Cintis, autour de Camargo, à environ 160 km au nord de Tarija sur la route de Potosí. Des vignobles s'y épanouissent jusqu'à près de 2 400 m d'altitude. Les cépages cultivés ici, tous récoltés à la main, sont principalement du muscat d'Alexandrie, le cabernet sauvignon et le sauvignon blanc. La ville de Santa Cruz est la plus grande consommatrice de vin bolivien. Quelques exploitations exportent désormais aux États-Unis, au Japon, et en Europe.

Parmi les bouteilles à dénicher : Esther Ortiz 2015 et Unico de Campos de Solana (p. 252), Tannat Origen d'Aranjuez, et Kohlberg 200 de Kohlberg (p. 254). Elles coûtent entre 85 et 320 $B la bouteille dans un restaurant (le vin argentin commence généralement autour de 320 $B la bouteille).

La plupart des caves produisent aussi du *singani*, une eau-de-vie de raisin muscat distillé (40% d'alcool) considérée comme la boisson nationale de Bolivie, aux côtés de la *chicha* (liqueur de maïs fermenté). Il s'agit d'une industrie en plein essor, avec sa propre appellation d'origine contrôlée. Les produits les moins chers sont âpres, les plus chers tendent à être plus doux (contrairement à d'autres liqueurs, l'âge ne rentre pas en ligne de compte). Le Don Lucho Oro de Casa Real, distillé quatre fois, compte parmi les meilleurs et coûte 295 $B. Les caves et les bureaux de Tarija vendent les bouteilles à prix d'usine (15-300 $B).

Le Chuflay (deux doigts de *singani* avec de la ginger ale et du citron ou du citron vert) est le cocktail le plus courant pour découvrir cette eau-de-vie. Parmi les autres cocktails à base de *singani* figurent le *leche de tigre* (*singani*, lait chaud et cannelle) ; le *mokachinchi* (*singani*, pèches séchées, ginger ale, citron vert et un bâton de cannelle) et le *mojito chapaco* (*singani*, citron, eau gazeuse, bitter et menthe). On peut, bien sûr, le déguster simplement "on the rocks" (pour nectar haut de gamme seulement). Tous coûtent environ 25 $B dans un restaurant.

LA FRONTIÈRE ARGENTINE

Actuellement, c'est à Bermejo/Aguas Blancas qu'il est le plus simple, pour les voyageurs venant directement de Tarija ou de Salta en Argentine, de traverser la frontière (ouverte de 8h à 18h). Les bus de la compagnie Trans Tours Juarez C (www.facebook.com/juarezcinfo), que nous recommandons vivement, y passent le mardi, le jeudi et le samedi (320-400 $B, 10 heures, 19h) ; les formalités sont plus rapidement expédiées et vous n'aurez pas à changer de bus.

Sinon, l'histoire se complique. La gare routière de Bermejo est à 8 pâtés de maisons au sud-est de la place principale. Des bus relient Tarija à Bermejo (30 $B, 3 heures) toutes les 2 heures entre 7h30 et 21h, mais vous devrez partir le matin (au plus tard à 10h30) si vous voulez passer la frontière le même jour ; les *colectivos* (45 $B), plus fréquents, partent quand ils sont pleins. Une courte traversée en *chalana* (ferry ; 3 $B) conduit à Aguas Blancas, en Argentine (veillez à obtenir un tampon de sortie avant de monter à bord). Depuis Aguas Blancas, les bus argentins pour Orán (2 $US, 1 heure) partent toutes les heures du terminal situé en face du bureau de l'immigration. D'Orán, vous pourrez rejoindre Salta, Jujuy et Tucumán, en Argentine.

Observatorio de Aves OBSERVATION

Apprécié par les passionnés d'ornithologie, qui viennent admirer 3 des 6 espèces de flamants roses existant dans le monde, ainsi que les rares foulques géantes et foulques cornues.

Activités

Les randonneurs peuvent se lancer dans une agréable marche de 6 à 8 heures sur le magnifique **chemin de l'Inca**, qui descend depuis le point de départ d'Abra Calderilla sur un dénivelé de 2 000 m jusqu'à la vallée en contrebas. Des VTTistes en empruntent des tronçons. Avec un peu de chance, on peut voir des vigognes, des condors, ou encore de mystérieux pétroglyphes.

Où se loger

Albergue de Pujzara HOSTAL $

(50 $B/pers). Ce grand bâtiment en pierre et en adobe, installé sur une pente rocailleuse et géré par la communauté locale, est le seul hébergement de Sama. Des repas simples et basiques y sont proposés et l'endroit se prête à merveille à la contemplation des étoiles. La plupart des clients y viennent dans le cadre d'un circuit organisé ; pour y séjourner de façon indépendante, contactez le **Servicio Nacional de Áreas Protegidas** (Sernap ; ☎663-3873 ; www.sernap.gob.bo ; Av. Paz Estenssoro, Tarija) de Tarija.

Renseignements

Dans les hautes terres, les températures sont assez fraîches toute l'année ; le temps est un peu plus agréable pendant la période sèche de l'hiver (mai-août). L'été est le meilleur moment pour visiter les régions moins élevées, où il fait alors assez chaud pour se baigner.

Depuis/vers la Reserva Biológica Cordillera de Sama

Le plus simple, pour visiter Sama, revient à le faire dans le cadre d'un circuit organisé par un tour-opérateur (p. 245) de Tarija. Les excursions de 2 jours dans les zones les plus accessibles de la réserve doivent être organisées à l'avance, pour un minimum de 3 personnes. Les plus débrouillards pourront prendre un bus qui part de Tupiza ou Villazón ou un *micro* de Tarija à Iscayachi (40 $B), puis un taxi jusqu'aux dunes (environ 3 heures de trajet). Une course en taxi privatif depuis Tarija jusqu'à Tajzara coûte 500 $B. Appelez Omar Jurado (☎7511-8145).

Padcaya et Chaguaya

La visite de Padcaya, au sud de Tarija, donne tout son sens au précepte selon lequel le voyage est plus important que la destination, car la route qui y conduit serpente sur 45 km d'un superbe paysage désertique de montagnes entrecoupées de vallées verdoyantes. La ville, qui compte quelques édifices coloniaux, est nichée au cœur d'une région riche en fossiles, de sorte que vous y croiserez probablement davantage de paléontologues que de touristes.

C'est à Chaguaya, à 68 km au sud de Tarija, que se trouve le **Santuario de la Virgen de Chaguaya**, haut lieu de pèlerinage. La **Fiesta de la Virgen de Chaguaya** débute le 15 août et dure jusqu'au dimanche suivant. L'alcool est alors interdit. Les pèlerins affluent de toute la Bolivie le mois suivant, parfois à pied, à la faveur d'une longue procession d'environ 10 heures depuis Tarija.

À voir

À quelques kilomètres au nord de Chaguaya, à Juntas del Rosario, se trouve l'église de San Vicente, vieille de 500 ans, l'une des plus anciennes églises toujours en activité du pays.

Reserva Nacional de Flora y Fauna Tariquía RÉSERVE NATURELLE

Créée en 1989, la belle réserve de Tariquía, encore peu connue, s'étend sur 247 000 ha. Elle protège une petite zone de bois de *polylepis* et une bonne partie de l'écosystème de la forêt de nuages, extrêmement dense, qui dévale les pentes est des montagnes de Tarija. Située entre 400 et 1 500 m, la réserve héberge des espèces rares, comme l'ours à lunettes, le jaguar, le tapir, le pécari à collier et le renard des Andes, ainsi que des centaines d'oiseaux, dont le cincle à gorge rousse, menacé, et l'extraordinaire ara militaire.

Le futur de la réserve majoritairement sauvage a été menacé pendant plusieurs années par la découverte en son sein de larges poches de gaz naturel. Il est extrêmement compliqué d'y accéder, et il n'existe aucune visite formelle. La randonnée, possible mais ardue en ce lieu reculé, ne doit pas être effectuée sans guide. Contactez le bureau de Prometa (p. 246) à Tarija pour des informations sur la visite. Il gère quelques campements à Tariquía, dont une *albergue* avec camping et cuisine au cœur de la réserve, à 2 jours de marche de la route. La meilleure période pour visiter se situe durant les mois d'hiver secs (de mai à

VAUT LE DÉTOUR

CIRCUIT DE LA VALLE DE LOS CONDORES

Basée à Tarija, l'agence Valle de los Condores (p. 244) propose de remarquables circuits d'observation des condors des Andes. Ces majestueux volatiles, dont l'envergure dépasse parfois les 3 m, peuvent être admirés sur des plateaux volcaniques à environ 11 km au sud de Padcaya. Leur population est estimée à 200 couples. Pour leurs premiers vols, les jeunes condors, âgés de six à sept mois, se jettent de parois hautes d'au moins 400 m. Pour distinguer le mâle de la femelle, le plumage du premier forme une sorte de barbe.

Dans le cadre d'une formule classique (3 jours et 2 nuits), les clients de l'agence sont récupérés à Tarija et emmenés dans une **ferme** (www.valledeloscondores.com ; Cruce de Rocillas ; ch 103-173 $B) idyllique, localisée au sud du village de Cruce de Rocillas. Là, les voyageurs peuvent se promener autour de la propriété et s'essayer à la traite des vaches. Le dîner avec les hôtes, Julia et Vincent, est un festin, à base de viandes différentes (dont du lama) et de fromages cuits sur un appareil à raclette. Six chambres confortables sont réparties dans la propriété. Le départ pour la randonnée se fait aux aurores le matin suivant.

L'ascension est raide depuis la route de la vallée jusqu'à un plateau, où l'on peut camper et commencer à voir les oiseaux s'élever grâce aux courants chauds. La plupart des randonneurs choisissent de monter plus haut sur un affleurement rocheux, avec à la clef une vue panoramique mémorable. Sans doute apercevrez-vous également des vautours, des urubus et des aigles. Le dîner, accompagné de vin, est préparé sur un feu de camp.

La marche pour rejoindre la route se fait sur un autre sentier pentu, avec quelques lacets difficiles et glissants sur un tronçon aux allures de jungle (nous y avons vu une mygale !), qui débouche sur une cascade. Si l'eau glacée ne vous rebute pas, vous pourrez vous y baigner. Au retour de la montagne en début d'après-midi, un *asado* tout aussi fantastique vous attendra dans le jardin fleuri.

HORS DES SENTIERS BATTUS

RESERVA PRIVADA DE PATRIMONIO NATURAL DE CORBALÁN

Cette réserve privée de 1 800 ha, à la frontière paraguayenne, fut créée en 1996 pour préserver une zone privilégiée du Gran Chaco – la zone nord jouxte la Reserva Privada Cañada del Carmen, au Paraguay, et les deux réserves font l'objet d'un programme de conservation transnational. Bien qu'elle abrite jaguars, pumas, tapirs, fourmiliers géants et tatous géants, vous croiserez plus probablement des renards d'Azara, des tatous à trois bandes, et des oiseaux comme l'amazone à front bleu (une espèce de perroquet) et l'ortalide du Chaco.

La seule voie d'accès, une route médiocre partant de Villamontes, nécessite 4 heures de trajet avec un bon véhicule. Les hébergements se limitent à un simple campement de rangers dans le parc, et les visiteurs doivent apporter nourriture, eau et tout le matériel nécessaire. Contactez Prometa (p. 246), à Tarija, pour plus d'informations.

septembre) : le climat est alors doux et l'on peut franchir les rivières.

Une longue piste cahoteuse (environ 3 heures) relie Padcaya à la Pampa Grande-Motovi, le point d'accès à Tariquía. Les taxis partagés (70 $B) depuis Padcaya partent avec 6 personnes à leur bord – si vous n'êtes pas en groupe, préparez-vous à une longue attente.

Depuis/vers Padcaya et Chaguaya

Des transports moins fréquents partent pour Chaguaya de l'arrêt Parada del Chaco sur la Plaza Sucre, en milieu d'après-midi. Depuis Padcaya, un taxi ne met que 2 heures jusqu'à la ville de Bermejo, située à la frontière argentine (p. 245).

Les véhicules confortables du **Sindicato de Taxis 8 de Noviembre Padcaya** (☎ 654-5025) desservent Tarija, Padcaya, Chaguaya et Bermejo.

CHACO

Région plate et peu peuplée, le Chaco est une immense étendue de buissons épineux qui couvre la majeure partie du sud-est de la Bolivie et l'ouest du Paraguay, et déborde sur l'Argentine voisine. Sa population se compose de fermiers installés dans des ranchs dispersés, de communautés indigènes isolées et de quelques colonies mennonites qui vivent de la culture de leurs terres, ainsi que de policiers et de militaires en faction. La faune abonde dans les secteurs protégés et préservés du Chaco. L'homme étant ici une espèce rare, les animaux sont plus hardis, et donc plus aisément visibles, qu'en Amazonie.

C'est l'une des régions les plus propices d'Amérique du Sud (malgré les difficultés logistiques) pour rencontrer de grands mammifères comme le tapir, le jaguar et le puma. La flore, elle, compte son lot de plantes insolites (et, pour beaucoup, épineuses) adaptées à l'environnement aride. En plus des différentes variétés de cactées, le Chaco est égayé d'arbres et de buissons aux fleurs magnifiques, comme le buisson jaune *carnaval* ; le *huevo* (œuf) jaune et blanc ; le *toborochi* ou *palo borracho* ("bâton ivre") rose et blanc au tronc épineux évoquant une bouteille, associé à de nombreuses légendes ; et le *quebracho* (brise-hache) rouge, dont le bois, trop lourd pour flotter, compte parmi les principaux produits d'exportation du Chaco.

Villamontes

☎ 4 / 39 800 HABITANTS / ALTITUDE 383 M

Dans la ville la plus chaude du pays, le mercure dépasse souvent les 40°C lorsqu'un vent sec et étouffant vient recouvrir le paysage d'une épaisse couche de poussière rouge. Malgré la chaleur, Villamontes est une ville accueillante. La majorité des habitants sont des Guaraní, et l'on trouve sur le marché de jolis paniers tressés et du mobilier en matériaux naturels de la région. Le plus gros employeur de Villamontes est l'usine à gaz locale, à l'origine d'un afflux de travailleurs migrants venus du Paraguay. À 18h, le coup de sifflet qui retentit dans la ville indique la fin des heures de travail.

À voir

Parque Nacional Serranía del Aguaragüe PARC NATIONAL

Le parc national d'Aguaragüe, tout en longueur, s'étend sur 108 000 ha. Il couvre la majeure partie de la **Serranía del Aguaragüe**, qui sépare le vaste Gran Chaco et les hauts plateaux du département de Tarija. Aguaragüe signifie "repaire du jaguar" en guaraní, car le parc est un refuge pour ce félin assez rare. Il abrite aussi des renards, des tapirs, des fourmiliers, plusieurs variétés de perroquets et diverses espèces florales. Par ailleurs, il renferme 70% des ressources en eau potable de la région. Cette contrée étant la plus chaude de Bolivie, mieux vaut la visiter aux mois d'hiver (mai à octobre).

Dans le magnifique **Cañón del Pilcomayo**, la cascade d'**El Chorro Grande** empêche les poissons de remonter le courant, ce qui permet de pêcher *surubí* (des silures), *sábalo* et *dorado* en abondance. L'endroit est apprécié des pêcheurs du monde entier. Le *dorado*, poisson carnivore, est particulièrement prisé par les pêcheurs sportifs, car il ne se laisse pas attraper facilement ; l'étonnante articulation située sur le devant de sa mâchoire lui permet d'ouvrir la gueule horizontalement.

Les **restaurants**, distants de Villamontes de 7 à 10 km, offrent une vue magnifique et vous permettront de goûter aux spécialités de poisson locales.

Si les infrastructures touristiques sont encore assez rares, le canyon est facilement accessible depuis Villamontes. Prenez n'importe quel transport pour Tarija, ou un taxi jusqu'à la *tranca* (poste de police), puis poursuivez à pied. À la bifurcation, prenez à droite et poursuivez sur 2 km jusqu'à l'entrée du canyon. Autre solution : négocier un périple avec un chauffeur de taxi depuis Villamontes (ce qui est plus pratique). Vous pourrez enfin contacter une agence de voyages de Tarija pour qu'elle vous organise un circuit, si vous la prévenez suffisamment tôt et réunissez un minimum de 3 personnes.

Où se loger

Hotel El Rancho Olivo HÔTEL $$$

(☎672-2059 ; www.elrancholivo.com ; Av. Méndez Arcos ; s/d/tr 420/520/570 $B ; ❄@🛜≋). Situé à quelques pâtés de maisons seulement de la gare routière, c'est un établissement de choix pour qui a les moyens de se l'offrir. Le mobilier en bois teint et les lampes d'ornement ajoutent une touche de luxe à ces chambres au sol carrelé. À côté se trouve un agréable mais coûteux restaurant ; un espace événementiel prisé.

Depuis/vers Villamontes

Des bus, *micros* et *trufis* pour Tarija (100-160 $B, 18 heures) et Santa Cruz (100 $B, 8-12 heures) partent à 18h de la gare routière

LA FRONTIÈRE PARAGUAYENNE

Franchir la frontière du Paraguay est relativement facile. La célèbre route Trans-Chaco est entièrement goudronnée côté paraguayen et marque un léger détour par rapport au tracé originel à La Patria, pour entrer en Bolivie au poste de contrôle militaire d'Infante Rivarola. Plusieurs bus effectuant le trajet Santa Cruz-Asunciõn via Villamontes empruntent désormais quotidiennement cet itinéraire.

Les formalités douanières boliviennes s'effectuent à Ibibobo. Il faudra d'abord présenter vos passeport et visa à un représentant des autorités militaires. En principe, les bus arrivent à cet endroit vers 4h ou 5h. Il ne faut donc pas compter sur une bonne nuit de sommeil. De là, il reste environ 1 heure de trajet jusqu'au poste-frontière paraguayen, Infante Rivarola. Toutefois, les formalités douanières paraguayennes s'effectuent bien au-delà, dans l'imposant bâtiment des *aduanas* à Mariscal Estigarribia. Les bus y arrivent généralement vers 7h ou 8h.

Cet itinéraire étant réputé pour les trafics de toutes sortes, attendez-vous à la fouille minutieuse de vos bagages par des douaniers accompagnés de chiens. Une fois que vous aurez reçu le feu vert des autorités, procurez-vous le tampon d'entrée sur le territoire dans le petit bureau d'immigration situé à l'extérieur du bâtiment principal. Une station-service vend des en-cas pour les petits creux. À condition de ne pas transporter de produits illégaux, l'entrée au Paraguay n'est pas plus compliquée que cela !

située deux rues à l'ouest de la statue d'El Pescadito. Quand ils sont pleins, des *trufis* pour Camiri (30 $B, 5 heures) partent de l'artère principale, un pâté de maisons au nord d'El Pescadito. Ceux pour Yacuiba (20 $B, 1 heure 30) sont trois rues au sud.

La principale raison de s'arrêter à Villamontes est la correspondance pour Asunción, au Paraguay (300 $B, 15 heures), qui passe la frontière (page ci-contre) à Infante Rivarola, avant de poursuivre sur la route Trans-Chaco. Toutes les compagnies ont leurs bureaux sur l'artère principale, près d'El Pescadito. Les bus passent par la ville tôt le matin. Mieux vaut acheter son ticket à l'avance, mais les voyageurs sont répartis dans les bus indépendamment de la compagnie qui leur a vendu le ticket. Malheureusement, la qualité du service varie considérablement suivant les compagnies, et l'on ne sait pas sur laquelle on va tomber.

Le train de la Ferroviaria Oriental (www.fo.com.bo) à destination de Yacuiba (11 $B, 2 heures 45) passe le vendredi matin à 5h ; dans le sens du retour à destination de Santa Cruz (38 $B, 14 heures), il s'arrête à Villamontes le vendredi soir à 19h45. Le trajet est très lent. La gare ferroviaire est située à deux pâtés de maisons au nord de la gare routière.

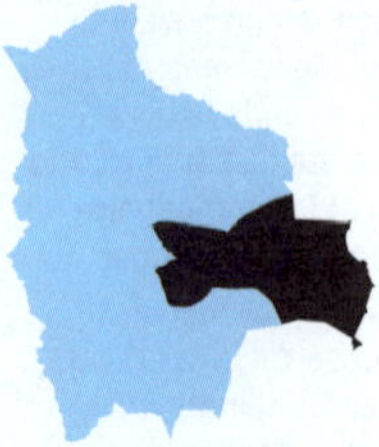

Santa Cruz et Gran Chiquitania

Dans ce chapitre ➜

Le top des restaurants

- ➜ Sach'a Rest (p. 270)
- ➜ Café Jardín (p. 282)
- ➜ Jardín de Asia (p. 270)
- ➜ El Arriero (p. 270)
- ➜ Latina Café (p. 282)

Le top des hébergements

- ➜ Refugio los Volcánes (p. 278)
- ➜ Cosmopolitano (p. 269)
- ➜ Nómada (p. 282)

Pourquoi y aller

Contrée tropicale, l'Oriente bolivien affiche une volonté de se différencier de l'image traditionnelle de ce pays de hauts plateaux. Avec l'essor agricole qu'a connu la région, les revenus ont augmenté et le niveau de vie y est plus élevé que dans toute autre province.

Ville la plus peuplée du pays, et forte d'une population cosmopolite, Santa Cruz a conservé une ambiance de village. De là, vous pourrez visiter des missions jésuites comptant les plus beaux exemples d'architecture jésuite du pays, découvrir des ruines pré-incas près du village de Samaipata ou vous lancer dans un pèlerinage autour de Vallegrande, où la vie de Che Guevara s'est achevée tragiquement. Vous êtes plutôt nature ? Des kilomètres de sentiers et une riche faune sauvage vous attendent dans le Parque Nacional y Área de Uso Múltiple Amboró, surnommé le "coude des Andes", où se rencontrent les écosystèmes du Chaco, du bassin amazonien et des Andes.

Quand partir

Santa Cruz

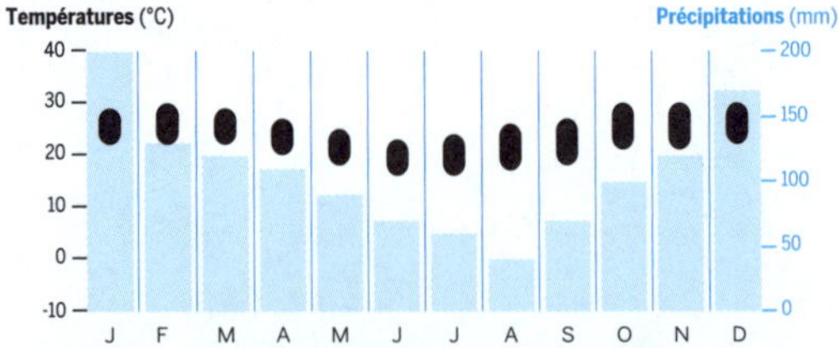

Avr Assistez au festival de théâtre ou au festival de musique baroque de Santa Cruz.

Mai-août Idéal pour visiter Chiquitania, dans les basses terres, évitant ainsi les grosses chaleurs.

Oct Fête de Che Guevara à Vallegrande, où se retrouvent des fidèles en sa mémoire.

À ne pas manquer

1 Les églises restaurées du **circuit des missions jésuites** (p. 288).

2 Un pèlerinage sur les traces du Che autour de **Vallegrande** (p. 283).

3 L'offre gastronomique de **Santa Cruz** (p. 264), ville moderne à l'atmosphère néanmoins provinciale.

4 Une randonnée parmi les fougères géantes et la faune sauvage du **Parque Nacional Amboró** (p. 276).

5 Les ruines pré-incas et le panorama à **El Fuerte** (p. 279).

6 Le superbe sanctuaire de **Chochís** et les œuvres de *street art* de la place principale (p. 294).

7 Un déjeuner végétarien à **Samaipata** (p. 279).

8 L'observation des oiseaux, dont un ara en danger d'extinction, au lodge communautaire **La Paraba Frente Roja Lodge** (p. 287).

Parcs nationaux

Le Parque Nacional Amboró est incontestablement le joyau de la région. Dans le Sud, le Parque Nacional Kaa Iya del Gran Chaco, le plus grand d'Amérique latine, reste d'un accès très difficile. Actuellement, le Parque Nacional Noel Kempff Mercado est pratiquement fermé aux touristes et la plupart des campements sont laissés à l'abandon. Certaines agences spécialisées de Santa Cruz organisent des expéditions dans ces parcs reculés. Elles sont onéreuses et n'offrent guère de confort... mais elles sont certainement passionnantes !

Depuis/vers Santa Cruz et la Gran Chiquitania

De nombreux vols directs pour Santa Cruz, depuis l'Europe et les pays voisins, vous éviteront d'atterrir à La Paz et de perdre plusieurs jours dans la capitale pour vous acclimater à l'altitude. Des vols internationaux quotidiens rallient Asunción, Buenos Aires, Miami, São Paulo et Rio de Janeiro, et il y a un vaste réseau de destinations intérieures ; certaines ne sont accessibles que via Cochabamba.

Des trains se dirigent poussivement vers l'Argentine au sud et vers le Pantanal brésilien à l'est ; des bus longue distance desservent les principales destinations à travers tout le pays.

SANTA CRUZ

3 / 1,4 MILLION D'HABITANTS / ALTITUDE 417 M

La plus grande ville de Bolivie a beau s'accrocher farouchement à la tradition, elle n'en est pas moins une métropole des plus modernes. Son centre prospère vibre d'une ambiance trépidante. Toutefois, Santa Cruz pourrait vous surprendre par ses bâtiments de style colonial et une atmosphère de bourgade tropicale décontractée. Des hommes d'affaires sur leur trente et un sirotent une *chicha* (alcool de maïs fermenté) aux étals. Les habitants se prélassent sur les bancs de la place principale en écoutant de la musique *camba* (des plaines de l'Est). Les restaurants ferment toujours à l'heure de la sieste et on trouve encore des produits locaux bon marché dans les échoppes alignées devant les maisons.

Loin d'une Bolivie de carte postale, Santa Cruz regroupe la population la plus diversifiée du pays : les mennonites en salopette côtoient une jeunesse gothique, des paysans venus de l'Altiplano, des médecins de Cuba, la communauté d'origine japonaise, des Brésiliens et des *Cruceños* (habitants de Santa Cruz) au volant de leur 4x4.

Santa Cruz mérite un séjour de quelques jours pour tester ses nombreux restaurants et découvrir sa vie nocturne.

À voir

Santa Cruz ne possède pas de sites exceptionnels, mais il y a largement de quoi voir et faire dans la région. Si la chaleur vous ôte toute énergie, vous pouvez toutefois vous contenter de flâner, d'aller prendre un jus de fruit dans l'un des nombreux cafés de la ville et de lézarder à l'ombre, au milieu de l'animation de la **Plaza 24 de Septiembre**.

Basílica Menor de San Lorenzo CATHÉDRALE
(Plaza 24 de Septiembre ; 15h-17h lun-jeu, 15h-20h ven-sam, 6h30-12h30 et 15h-22h dim). La cathédrale d'origine fut fondée en 1605 sur la Plaza 24 de Septiembre, mais la structure actuelle, datant de 1845, ne fut consacrée qu'en 1915. À l'intérieur, les boiseries au plafond et le placage en argent autour de l'autel méritent le coup d'œil. Le **clocher** (Plaza 24 de Septiembre ; 3 $B ; 8h-12h et 15h-18h mar, jeu, sam et dim). offre une belle vue sur la ville.

L'église abrite un petit **musée** (332-4683 ; 10 $B ; 9h-12h et 15h-18h lun-ven) avec une collection d'icônes, de médaillons et de vêtements sacerdotaux.

Casa Melchor Pinto CENTRE CULTUREL
(Sucre 50 ; 8h-20h). GRATUIT Ce centre culturel est aménagé dans la maison familiale impeccablement restaurée du docteur Melchor Pinto Parada, un notable *cruceño* décédé en 1982. Plusieurs galeries accueillent des expositions temporaires, des concerts, des événements et des activités telles que des cours de tango. Appelez pour connaître la programmation.

Museo de Arte Contemporáneo GALERIE
(MAC ; Sucre ; 8h-20h lun-ven, 15h-19h sam). GRATUIT Installé dans un bel édifice des années 1920 abritant une agréable cour intérieure, ce petit musée propose des expositions temporaires d'artistes contemporains boliviens.

Museo de Historia Regional MUSÉE
(336-5533 ; Junín 151 ; 8h-12h et 15h-18h lun-ven). GRATUIT Aménagé dans l'ancienne résidence de la famille Gutiérrez Jiménez, terminée en 1920, ce musée renferme 4 salles d'exposition dédiées à l'histoire de

la région. La première est consacrée à l'intellectuel *cruceño* Gabriel René Moreno (1836-1908), les autres à l'histoire précolombienne de Chiquitano, aux missions jésuites et aux masques portés lors des fêtes de la région. Explications en espagnol.

Parque El Arenal PARC
(Murillo ; 7h-21h). GRATUIT Les habitants viennent se détendre autour de la lagune du Parque El Arenal, mais mieux vaut ne pas traîner à la nuit tombée. Sur une île de la lagune, un bas-relief du célèbre artiste bolivien Lorgio Vaca dépeint des aspects historiques et contemporains de Santa Cruz.

Zoológico Municipal Fauna Sudamericana ZOO
(Radial 27 ; adulte/enfant 10/5 $B ; 9h-17h30 tlj sauf lun). Le zoo de Santa Cruz héberge des oiseaux, des mammifères et des reptiles d'Amérique du Sud dans de bonnes conditions, même si le climat est un peu chaud pour les lamas. Tâchez de repérer les paresseux et les singes écureuils qui s'ébattent dans les arbres. L'endroit est apprécié des familles locales et l'attente est parfois longue le week-end et les jours fériés.

Prenez le *micro* 55 de Vallegrande, le 76 de Santa Bárbara ou tout véhicule indiquant "Zoológico". La course en taxi depuis le centre-ville coûte environ 20 $B jusqu'à 4 personnes.

Museo Guaraní MUSÉE
(www.facebook.com/museoguarani ; Av. Marcelo Terceros Bánzer, 3e anillo ; 9h30-12h30 et 15h-18h30 lun-ven). GRATUIT Petit musée intéressant sur la culture guaraní, près du zoo. Le conservateur se fera une joie de vous expliquer le sens des objets exposés. Vous y verrez des masques d'animaux et des *tinajas* (grandes marmites d'argile) utilisées pour préparer la *chicha* (alcool de maïs fermenté).

Circuits organisés

Des agences touristiques organisent des excursions d'une journée à Lomas de Arena (p. 270) ainsi que des aventures plus longues dans le Parque Nacional Amboró, vers les missions jésuites et dans la zone de protection des jaguars de San Miguelito.

Nick's Adventures CIRCUITS ORGANISÉS
(334-1820 ; www.nicksadventuresbolivia.com ; Celia Salmón, Edificio Isuto, bureau 208). Une excellente agence de voyages, pour qui tourisme rime avec protection de l'environnement. Nous recommandons les excursions d'observation de la faune, notamment dans la réserve des jaguars de San Miguelito et dans le Pantanal.

Misional Tours CIRCUITS ORGANISÉS
(332-7709 ; www.misionaltours.com ; Av. Beni, 9e ét., Edificio Top Center, bureau 9-E ; 9h-12h30 et 14h30-19h lun-ven, 9h-13h sam). L'une des agences les mieux organisées et les plus fiables. Spécialisée dans le circuit des missions mais également intéressante pour d'autres périples en Bolivie.

Bird Bolivia OBSERVATION DES OISEAUX
(356-3636 ; www.birdbolivia.com). Circuits d'observation des oiseaux et de la vie sauvage conduits par des guides témoignant d'une grande expérience et de professionnalisme ; à conseiller à qui aime la nature. L'agence est basée à Santa Cruz mais ne possède pas de bureau ; réservations par téléphone ou e-mail.

Fêtes et festivals

Carnaval TRADITION
(fév ou mars). Si vous êtes à Santa Cruz durant le carnaval, ne manquez pas de vous joindre à la mêlée dans les rues et d'affronter les jets de peinture. Le carnaval a lieu chaque année en février ou en mars, une semaine avant le début du carême.

Festival Internacional de Teatro THÉÂTRE
(festivalesapac.com/teatro ; mi-avr). Les années impaires, des troupes de théâtre venues du monde entier jouent des pièces dans différentes salles de la ville. Un moment idéal pour visiter Santa Cruz.

Festival de Música Misiones de Chiquitos MUSIQUE
(festivalmisionesdechiquitos.com ; fin-avr à début mai). Ce festival de 10 jours, consacré à la musique baroque de la région, a lieu les années paires. Concerts donnés dans Santa Cruz et les villes des missions jésuites.

Où se loger

Les hébergements de Santa Cruz sont plus chers qu'ailleurs en Bolivie, les plus abordables étant souvent de piètre qualité. Il y a cependant quelques bonnes auberges de jeunesse et une offre croissante d'hôtels de catégorie moyenne, ainsi que quelques boutiques-hôtels haut de gamme. Les hôtels de luxe sont le plus souvent éloignés du centre et ressemblent plutôt à des complexes touristiques.

Santa Cruz

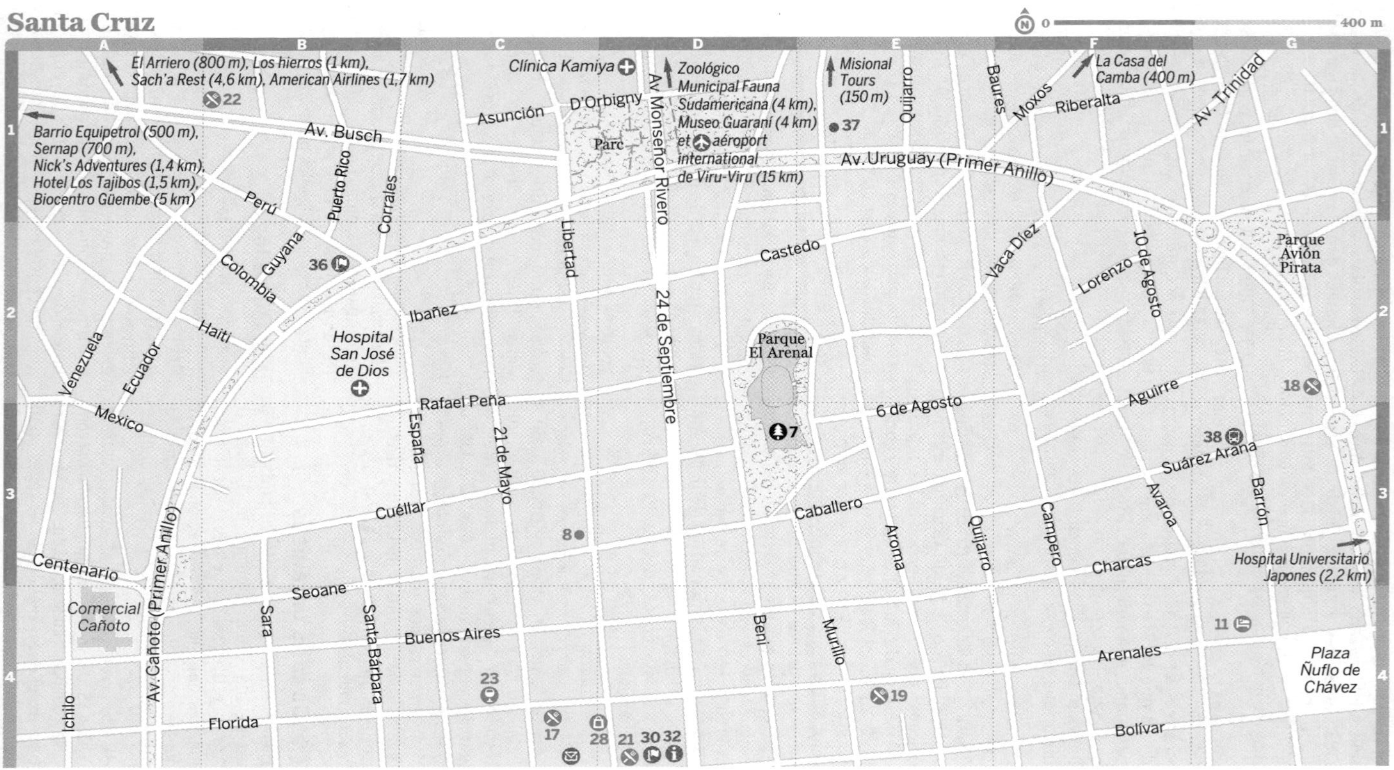

0 — 400 m
El Arriero (800 m), Los hierros (1 km), Sach'a Rest (4,6 km), American Airlines (1,7 km)
Barrio Equipetrol (500 m), Sernap (700 m), Nick's Adventures (1,4 km), Hotel Los Tajibos (1,5 km), Biocentro Güembe (5 km)
Clínica Kamiya
Zoológico Municipal Fauna Sudamericana (4 km), Museo Guaraní (4 km) et aéroport international de Viru-Viru (15 km)
Misional Tours (150 m)
La Casa del Camba (400 m)
Hospital Universitario Japones (2,2 km)
Parc
Parque Avión Pirata
Parque El Arenal
Hospital San José de Dios
Comercial Cañoto
Plaza Ñuflo de Chávez
Av. Busch
Av. Uruguay (Primer Anillo)
Av. Cañoto (Primer Anillo)
Av. Trinidad
Av Monseñor Rivero
24 de Septiembre
Asunción
D'Orbigny
Quijarro
Baures
Moxos
Riberalta
Perú
Puerto Rico
Corrales
Guyana
Colombia
Haiti
Venezuela
Ecuador
Mexico
Libertad
Castedo
Vaca Díez
Lorenzo
10 de Agosto
Ibañez
Rafael Peña
España
21 de Mayo
6 de Agosto
Aguirre
Suárez Arana
Barrón
Avaroa
Campero
Aroma
Caballero
Cuéllar
Centenario
Seoane
Sara
Santa Bárbara
Buenos Aires
Beni
Murillo
Charcas
Arenales
Ichilo
Florida
Bolívar

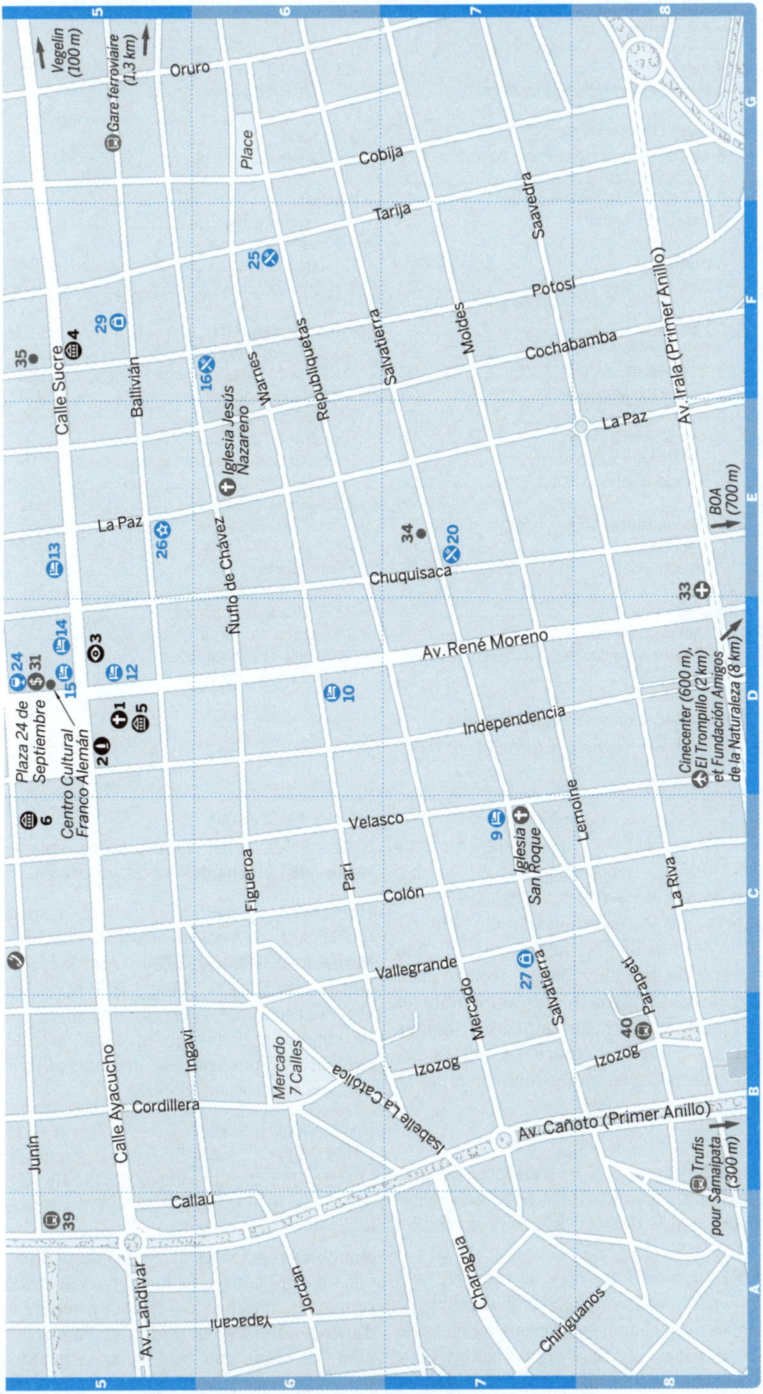
Vegelin (100 m)
Gare ferroviaire (1,3 km)
Oruro
Place
Cobija
Tarija
Saavedra
Potosí
Cochabamba
Calle Sucre
Ballivián
Warnes
Republiquetas
Salvatierra
Moldes
Av. Irala (Primer Anillo)
La Paz
Iglesia Jesús Nazareno
BOA (700 m)
Ñuflo de Chávez
Chuquisaca
Av. René Moreno
Plaza 24 de Septiembre
Centro Cultural Franco Alemán
Independencia
Cinecenter (600 m), El Trompillo (2 km) et Fundación Amigos de la Naturaleza (8 km)
Velasco
Iglesia San Roque
Lemoine
Figueroa
Pari
Colón
La Riva
Vallegrande
Mercado
Parapetí
Mercado 7 Calles
Ingavi
Calle Ayacucho
Izozog
Cordillera
Isabelle La Católica
Av. Cañoto (Primer Anillo)
Trufis pour Samaipata (300 m)
Junín
Callaú
Charagua
Jordan
Av. Landívar
Yapacaní
Chiriguanos

Santa Cruz

À voir

1 Basílica Menor de San Lorenzo D5
2 Clocher D5
3 Casa Melchor Pinto D5
4 Museo de Arte Contemporáneo F5
5 Museo de Arte Sagrado D5
6 Museo de Historia Regional C5
7 Parque El Arenal D3

Activités

8 Amboró Tours C3

Où se loger

9 Backpacker Bar & Suites C7
10 Cosmopolitano D6
11 Hostal Río Magdalena G4
12 Nomad Hostel D5
13 Residencial Bolívar E5
14 Residencial Ikandire D5
15 Senses Boutique Hotel Plaza D5

Où se restaurer

16 El Aljibe F6
17 Hipermaxi C4
18 Ken G2
19 La Casona E4
20 Michelangelo E7
21 Pizzería Marguerita D4
22 Yorimichi B1

Où prendre un verre et faire la fête

23 Duda Bar C4
24 Irish Pub D5
25 Cafe Patrimonio F6

Où sortir

26 Tapekuá E5

Achats

27 Artecampo C7
28 Paseo Artesanal La Recova D4
29 Rayuela F5

Renseignements

30 Consulat d'Argentine D4
31 Casa de Cambio Alemán D5
32 Casa de Gobierno D4
33 Clínica Foianini E8
Infotur .... (voir 4)
34 Lavandería Fichalav E7
35 Migración F5
36 Consulat d'Espagne B2
Police touristique .... (voir 33)

Transports

Aerolíneas Argentinas .... (voir 31)
37 Boliviano de Aviación E1
38 Bus pour le Jardín Botánico G3
39 Minibus pour l'aéroport A5
40 Trufis pour Buena Vista B8

Nomad Hostel AUBERGE DE JEUNESSE $

(☎7530-8001 ; nomad316hostel.wixsite.com ; René Moreno 44 ; dort/d 50/180 $B). Cette auberge de jeunesse ouverte en 2018 est l'un des meilleurs hébergements bon marché de la ville. Elle se trouve juste à côté de la Plaza 24 de Septiembre et on peut admirer la cathédrale depuis son toit-terrasse. L'édifice de 1895 a été soigneusement restauré. Ambiance douillette et matelas épais.

Backpacker Bar & Suites AUBERGE DE JEUNESSE $$

(☎339-8027 ; www.facebook.com/bedbarbackpackers ; angle Monseñor Salvatierra et Velasco ; dort 55-65 $B, ch 190-250 $B, ch sans sdb 150 $B ; ❄📶). Installée à un coin de rue tout près du centre, cette bonne auberge de jeunesse propose des chambres spacieuses dotées de TV par câble ; certaines ont un balcon. On y trouve une cuisine, un échange de livres, des casiers à clés, un bar et une terrasse avec vue sur le soleil couchant. Petit-déjeuner inclus.

Hostal Río Magdalena HÔTEL $$

(☎339-3011 ; www.facebook.com/Hostal-río-Magdalena-1538060872938774 ; Arenales 653 ; s/d/tr 140/200/270 $B ; ❄📶🏊). Un excellent hôtel de catégorie moyenne doté de chambres confortables, d'une piscine agréable et d'une terrasse sur le toit offrant une vue superbe sur la ville.

Residencial Ikandire HÔTEL $$

(☎7502-1952 ; Sucre 51 ; s/d à partir de 170/250 $B, sans sdb à partir de 110/190 $B ; ❄). Cette demeure coloniale du XVIIIe siècle a conservé certains éléments d'origine. Les chambres spacieuses et hautes de plafond ont un réfrigérateur et la TV par câble. Le rapport qualité/prix est correct comparé à d'autres adresses du centre, et l'hôtel est à moins d'une rue de la place centrale. Petit-déjeuner inclus.

Residencial Bolívar AUBERGE DE JEUNESSE **$$**
(☎334-2500 ; Sucre 131 ; dort 100 $B, ch avec sdb commune 220 $B, s/d avec sdb 220/270 $B ;). En activité depuis 1905, il s'agirait du plus vieil hôtel de la ville. Patios tropicaux luxuriants et chambres propres, quoiqu'un peu petites. On peut lézarder dans un hamac, lire dans le jardin, et utiliser la cuisine. Petit-déjeuner inclus.

♥ **Cosmopolitano** BOUTIQUE-HÔTEL **$$$**
(☎332-3118 ; www.cosmopolitano.com.bo ; Pari 70 ; ch avec petit-déj 450-600 $B ;). Véritable oasis de design contemporain au cœur du centre-ville, le Cosmopolitano abrite 8 chambres spacieuses réparties sur deux niveaux autour d'une cour centrale avec une petite piscine. Côté décor, c'est lignes épurées, bois et béton, avec quelques touches de couleur et un mobilier sélectionné avec goût mélangeant moderne et ancien. Personnel aux petits soins.

Hotel Los Tajibos HÔTEL **$$$**
(☎342-1000 ; www.lostajiboshotel.com ; Av. San Martín 455, Equipetrol ; d/ste avec petit-déj à partir de 1 400/2 400 $B ;). Avec son hall impressionnant orné d'immenses portes en bois gravé et d'un imposant lustre, sa gigantesque piscine et sa galerie d'art, Los Tajibos ne lésine pas sur le luxe. Les 208 chambres sont réparties dans un jardin tropical où se promènent des paons, et l'hôtel compte trois restaurants, dont l'excellent Jardín de Asia (p. 270). Idéal pour un séjour en famille.

Senses Boutique Hotel Plaza BOUTIQUE-HÔTEL **$$$**
(☎7166-6662 ; sensesboutiquehotelplaza.negocio.site ; angle Plaza 24 de Septiembre et Sucre ; ch avec petit-déj à partir de 550 $B ;). Cet hôtel moderne en met plein la vue dès la réception, avec ses chaises semi-sphériques et ses écrans plats, et jusque dans les luxueuses chambres avec lits immenses et dressing. Les propriétaires ont tout misé sur le design contemporain. Renseignez-vous au sujet des offres spéciales (fréquentes).

Où se restaurer

De nombreux expatriés se sont retroussé les manches pour ouvrir des restaurants gastronomiques, compensant ainsi le peu de sites touristiques de la ville par une belle offre culinaire. L'Avenida Monseñor Rivero compte une myriade de restaurants chics qui montent en gamme (de même que l'addition) à mesure que l'on s'éloigne du centre. En bas de l'échelle des prix, les fast-foods abondent dans Ayacucho.

Vegelin VÉGÉTALIEN **$**
(www.facebook.com/vegelinhouse ; Fray del Pilar 143 ; 65 $B/kilo ; ⌚11h-15h ven-dim). Faites déborder votre assiette avec ce buffet végétarien où l'on paye au kilo (comptez 20 à 35 $B par assiette). La cuisine est internationale : sushis végans, pâtes à l'italienne et légumes sautés à la chinoise, par exemple.

Hipermaxi SUPERMARCHÉ **$**
(Florída, près de 21 de Mayo ; ⌚7h-23h). Ce supermarché du centre, assez cher, propose un vaste choix d'ingrédients pour cuisiner.

El Aljibe BOLIVIEN **$$**
(Ñuflo de Chávez ; plats 35-65 $B ; ⌚11h-23h lun-sam, 11h-16h dim). Installé dans une belle maison coloniale ancienne, ce joli petit restaurant est spécialisé dans la *comida típica* (cuisine typique), de plus en plus rare dans cette ville cosmopolite.

Ken JAPONAIS **$$**
(☎333-3728 ; Uruguay 730 ; plats 35-72 $B ; ⌚11h30-15h et 18h-22h mar-ven, 11h30-16h et 18h-22h sam-dim). Ce restaurant japonais sans chichis prépare des nouilles et des sushis corrects. Le *yaki soba* (nouilles sautées), agrémenté de poulet et de noix de cajou, est gargantuesque. L'endroit est très fréquenté par la communauté japonaise – c'est toujours un bon signe.

La Casa del Camba BOLIVIEN **$$**
(www.casadelcamba.com ; Av. Cristóbal de Mendoza 539 ; plats 35-89 $B ; ⌚11h-22h). Si vous demandez à des amis boliviens où trouver le restaurant le plus typiquement *cruceño/camba* (de Santa Cruz/des plaines de l'Est), vous risquez d'atterrir dans cette vaste institution. Les grillades juteuses sortent du gril, des chanteurs entonnent des rengaines traditionnelles et le personnel, coiffé de chapeaux de paille, est aux petits soins.

Aviator Wings & Beer AMÉRICAIN **$$**
(3e anillo, Av. San Martín, Equipetrol ; plats 37-129 $B ; ⌚12h-minuit). Un petit restaurant douillet et animé. Bon choix de bières et de burgers ; délicieuses ailes (*wings*, en anglais) de poulet.

Pizzería Margueríta PIZZERIA $$

(☎337-0285 ; Libertad 116, Plaza 24 de Septiembre ; plats 32-95 $B ; ⊙9h-minuit lun-ven, 15h-minuit sam-dim). Réputé pour la qualité de ses pizzas, pâtes et salades, et apprécié des visiteurs pour son emplacement central, ce restaurant situé côté nord de la place est idéal pour un repas en toute décontraction.

♥ **Sach'a Rest** PÉRUVIEN $$$

(www.facebook.com/sacharest ; Puente Urubó 91, Urubó Open Mall ; plats 75-150 $B ; ⊙12h-16h et 18h-minuit lun-sam, 12h-16h dim ; 📶). Une cuisine péruvienne à se lécher les babines, située dans le centre commercial Urubó Open Mall. Les ceviches de paiche, un poisson d'eau douce de la région, sont accompagnés de plusieurs sauces, dont la succulente *leche de tigre* (marinade au citron). Le *Pisco sour* (cocktail) est encore meilleur qu'à Lima.

♥ **Jardín de Asia** FUSION $$$

(☎342-1000 ; Av. San Martín 455, Hotel Los Tajibos ; plats 110-179 $B ; ⊙19h-23h lun-sam ; 📶). Les chefs du Jardín de Asia mélangent produits boliviens et saveurs et techniques de cuisine d'Asie pour concocter des plats originaux servis dans un décor égayé de bougies. Ce restaurant chic et plein de charme est le plus prisé de la ville ; réservez. Excellents cocktails.

♥ **El Arriero** STEAKS $$$

(☎333-1694 ; www.facebook.com/elarrierobolivia ; angle Av. San Martín et 4 Este, Equipetrol ; plats 58-194 $B ; ⊙11h30-15h30 et 18h-22h lun-mer, 11h30-22h jeu-sam, 11h30-21h dim ; 📶). Selon les habitants, c'est ici que l'on mange les meilleurs steaks du pays. Un endroit plein de charme – statues de vaches multicolores, hauts plafonds et une jolie sculpture de lumière au centre. Les différentes pièces de bœuf sont importées d'Argentine et les portions sont énormes. Service impeccable.

EXCURSIONS À LA JOURNÉE DEPUIS SANTA CRUZ

Jardín Botánico (☎362-3101 ; Carretera a Cotoca km 8½ ; adulte/enfant 10/5 $B ; ⊙9h-17h). Le luxuriant jardin botanique de Santa Cruz, situé 12 km à l'est du centre, est l'occasion d'une paisible escapade hors de la ville. Étendu sur plus de 200 ha, le jardin compte des sentiers forestiers, un lac, un cactarium (jardin de cactus) et de nombreuses plantes exotiques. La plateforme d'observation en bois offre un panorama sur la canopée et la ville se découpant sur l'horizon. La faune ne manque pas non plus, notamment les tortues et les paresseux. Pour vous y rendre, prenez le minibus vert indiquant "Cotoca" à l'angle de Suárez Arana et Barrón, et demandez au chauffeur de vous déposer à l'entrée du Jardín Botánico (2,50 $B, 25 min).

Biocentro Güembé (☎370-0700 ; www.biocentroguembe.com ; Km 5, Camino Porongo, Zona Urubó ; adulte/enfant 150/50 $B ; ⊙10h30-18h30 mer-dim). Depuis Santa Cruz, allez passer une agréable journée au Biocentro Güembé (12 km à l'ouest du centre) pour découvrir un élevage de papillons, des expositions d'orchidées, 15 bassins naturels et profiter des installations sportives. Vous pourrez également pêcher ou faire des promenades en forêt. Le restaurant propose une cuisine internationale et il est possible de passer la nuit sous la tente ou dans un bungalow.

Le taxi est le meilleur moyen de s'y rendre depuis Santa Cruz. Par temps chaud, arrivez de bonne heure car il y a vite foule !

Lomas de Arena (☎7603-7748 ; 10 $B ; ⊙8h-16h) est une zone protégée à 12 km au sud de Santa Cruz. Un étrange désert de sable, incongru dans cette région humide. C'est un bon endroit pour l'observation des oiseaux, et vous apercevrez peut-être aussi des paresseux. Le meilleur moyen d'explorer ces dunes est de réserver une excursion d'une demi-journée auprès d'une agence de Santa Cruz comme Nick's Adventures (p. 265), qui propose également du surf des sables. Prévoyez crème solaire et eau.

Depuis le centre de Santa Cruz, le bus n°21 (2 $B, 45 min) peut vous déposer à l'entrée du parc, d'où il faudra marcher 7 km sous une chaleur torride pour atteindre les dunes. Vous pouvez aussi prendre un taxi (200 $B environ), mais à moins de prendre un 4x4, il faudra marcher 4 km pour rejoindre le sable.

La Casona INTERNATIONAL $$$

(☎7005-0050 ; www.facebook.com/BistroLaCasona ; Arenales 222 ; plats 52-140 $B ; ⏲11h30-23h jeu-mar). Tenu par des Allemands, ce bistrot offre le choix entre une terrasse ombragée et une salle ornée d'art indigène chamarré. La cuisine, diversifiée, comprend un choix de salades, des plats allemands ou des pâtes à l'*arrabiata* (sauce tomate relevée) qui chatouillent le palais. Bon choix de bières et autres boissons.

Chalet La Suisse SUISSE $$$

(☎343-6070 ; www.chaletlasuisse.com/santacruz ; Los Gomeros 98 ; plats 80-210 $B ; ⏲12h-14h30 et 18h30-minuit. Cette table suisse, alliant raffinement et ambiance détendue, compte parmi les meilleures de la ville. Réservez.

Yorimichi JAPONAIS $$$

(☎334-7717 ; www.facebook.com/restaurantyorimichisrl ; Av. Busch 548 ; plats 60-110 $B ; ⏲11h30-14h et 18h30-23h lun-sam, 11h30-14h30 dim). Restaurant japonais chic avec claustras en bambou séparant les espaces et musique d'ambiance traditionnelle. On y déguste des sushis, sashimis et tempura exquis, accompagnés de saké. Prisé des *Cruceños* (habitants de Santa Cruz) aisés.

Los Hierros ARGENTIN $$$

(☎337-1309 ; www.facebook.com/loshierrosbolivia ; angle Av. San Martín et Calle 9 ; plats 45-190 $B ; ⏲12h-15h et 19h-minuit). Cette *churrasquería* (restaurant de grillades) à l'argentine sert d'excellents steaks. Un fusil, censé avoir appartenu à Butch Cassidy, est accroché au mur.

Michelangelo ITALIEN $$$

(☎334-8403 ; Chuquisaca 502 ; plats 85-138 $B ; ⏲19h-23h30 lun, 12h-14h30 et 19h-23h30 mar-sam, 12h-14h30 dim). Occupant une élégante maison avec cheminées et sols en marbre, ce restaurant est idéal pour un dîner en amoureux. La cuisine italienne n'est pourtant pas toujours au niveau de l'élégance des lieux. Les pâtes sont tout de même faites maison, et il y a une bonne carte des vins.

Où prendre un verre et faire la fête

Les établissements nocturnes les plus branchés longent l'Avenida San Martín, entre les 2e et 3e *anillos* (anneaux) du **Barrio Equipetrol** (15-20 $B en taxi depuis le centre). Les lieux à la mode changent sans arrêt. Mettez-vous sur votre trente et un et arpentez les rues à la recherche de l'adresse qui vous plaira le plus. Les droits d'entrée se situent entre 20 et 70 $B. La plupart des lieux ne s'animent qu'après 23h.

♥ **Cafe Patrimonio** CAFÉ

(www.facebook.com/patrimoniobolivia ; Republiquetas 489 ; ⏲15h-21h mar-dim). Les meilleurs cafés *latte* de la ville sont servis dans cet établissement qui utilise des grains de café des Yungas et vend également sandwichs et gâteaux (27-32 $B). Il est situé dans le jardin botanique de l'Orquideario.

♥ **Duda Bar** BAR

(www.facebook.com/dudapub ; Florída 228, 1er ét. ; ⏲21h30-2h mar-jeu et sam, 21h30-3h ven). Bonne ambiance et décor coloré, au premier étage d'un élégant immeuble ancien du centre. Entre les piliers et les arches de plâtre sont posés des meubles vintage, des raquettes de badminton et même quelques nains de jardin. Au menu : bières et cocktails.

Irish Pub PUB

(Plaza 24 de Septiembre, Shopping Bolívar, 2e ét. ; ⏲11-1h lun-sam, à partir de 18h dim). Côté est de la place, ce pub attire de nombreux voyageurs, qui viennent boire des bières en observant les passants sur la place en contrebas. On peut aussi y manger un *Irish stew* ou un curry de poulet (plats 60-100 $B).

Où sortir

Tapekuá CONCERTS

(☎334-5905 ; angle La Paz et Ballivián ; ⏲19h-minuit mer, 19h30-2h jeu-ven, 19h-2h sam). Bar helvético-bolivien, décontracté mais haut de gamme, proposant une savoureuse cuisine (plats 69-85 $B) ; concerts presque chaque soir à partir de 22h30 (entrée 40 $B).

Cinecenter CINÉMA

(cinecenter.com.bo/theater/cine-center-santa-cruz ; Av. El Trompillo ; billets 38-53 $B). Multiplexe de 12 salles projetant les dernières productions hollywoodiennes ; dans un centre commercial moderne avec espace restauration.

Achats

L'Avenida René Moreno est un bon endroit pour acheter des souvenirs. Sculptures en bois tropicaux *morado* et *guayacán* (plus onéreux). Les sculptures en relief sur noix de *tari* constituent de jolis souvenirs peu encombrants. Des artisans locaux fabriquent de beaux sacs en macramé en fibres de racines (*llicas*).

Mieux vaut faire son shopping à La Paz pour les lainages en lama et en alpaga, qui sont plus chers ici.

Artecampo ARTISANAT
(Salvatierra 407 ; ⌚9h-12h30 et 15h30-19h lun-ven, 9h-12h30 sam). La meilleure boutique d'artisanat local. On y vend des articles originaux réalisés par un millier de paysannes cruceñas et leurs familles, tels que maroquinerie, hamacs, tissages, papier fait main, cartes de vœux et ravissants abat-jour en matériaux naturels.

Ventura Mall CENTRE COMMERCIAL
(☎343-2021 ; angle Av. San Martín et 4e anillo ; ⌚10h-22h lun-sam, 11h-22h dim). Centre commercial moderne au niveau du 4e *anillo*, avec une myriade de boutiques de marques internationales, de bars, de restaurants et de banques, plus un cinéma.

Paseo Artesanal La Recova ARTISANAT
(Libertad ; ⌚9h-19h30). Cette ruelle est remplie d'échoppes vendant des objets artisanaux à prix raisonnables.

ℹ Orientation

De forme ovale, Santa Cruz présente un tracé concentrique (en *anillos*, anneaux) autour du centre-ville, avec des *radiales*, comme les rayons d'une roue de bicyclette, qui relient les cercles du centre vers l'extérieur. La *radial* 1, qui conduit à l'aéroport Viru-Viru, s'oriente grosso modo dans un axe nord-sud ; les *radiales* se succèdent dans le sens des aiguilles d'une montre, jusqu'à la *radial* 27.

À l'intérieur du *primer anillo* (le premier cercle, au centre), Junín est la rue où sont concentrés la plupart des banques, des DAB et des cybercafés, tandis que les boutiques de souvenirs sont alignées dans l'Avenida René Moreno. Au nord-ouest du centre, l'Avenida San Martín, ou Barrio Equipetrol, est le quartier de la fête, des bars et des clubs.

ℹ Renseignements

ACCÈS INTERNET

On trouve de nombreux points d'accès à Internet dans Junín, et tous les *residenciales* (hébergements rudimentaires) sauf les moins chers sont équipés du Wi-Fi ; vous ne devriez donc pas avoir de mal à vous connecter.

ARGENT

Des DAB sont installés le long de Junín et aux principaux carrefours. Vous rencontrerez des agents de change sur la place principale (ils crient "*¡Dolares!*") ; toutefois, il convient de bien connaître la valeur de ce que vous souhaitez changer. Sinon, adressez-vous à un bureau officiel ; ils ne manquent pas dans le secteur.

Casa de Cambio Alemán (Plaza 24 de Septiembre ; ⌚8h-16h lun-ven, 9h-13h sam). L'adresse la plus pratique pour changer des espèces. Du côté est de la place.

DÉSAGRÉMENTS ET DANGERS

Méfiez-vous des prétendus officiers de l'immigration : vérifiez l'identité de quiconque souhaite voir votre passeport ou vos papiers. En réalité, aucun vrai représentant de la police ne vous demandera jamais vos papiers dans la rue. Méfiez-vous surtout des policiers " en civil", qui sont généralement des escrocs.

Police touristique (☎800-14-0099 ; Plaza 24 de Septiembre)

IMMIGRATION

Migración (☎351-9579 ; angle Sucre et Quijarro, Edificio Guapay ; ⌚8h-15h30 lun-ven). On y délivre des prorogations de visa.

LAVERIE

Lavandería Fichalav (Sucre 513 ; 17 $B/kilo ; ⌚8h-19h lun-ven, 9h-15h sam)

OFFICES DU TOURISME

Vous trouverez des renseignements sur la ville de Santa Cruz et les principaux sites de l'Oriente sur www.visitbolivia.org.

Bureau d'Armonía (☎356-8808 ; www.armoniabolivia.org ; Lomas de Arenas 400 ; ⌚8h30-12h30 et 14h30-18h lun-ven). Renseignements sur les initiatives de protection de la nature et sur les visites de lodges.

Casa de Gobierno (Plaza 24 de Septiembre, Palacio Prefectural ; ⌚9h-17h lun-ven). Petit kiosque d'information sur le côté nord de la place, utile pour se renseigner rapidement, mais pratiquement dépourvu de documentation imprimée.

Fundación Amigos de la Naturaleza (FAN ; ☎355-6800 ; www.fan-bo.org ; Carretera a Samaipata, km 7,5 ; ⌚9h-17h lun, 8h30-17h mar-jeu, 8h30-14h30 ven). Une bonne source d'information sur les parcs nationaux. À l'ouest de la ville, près de l'ancienne route de Cochabamba.

Infotur (☎336-9681 ; www.gmsantacruz.gob.bo ; Sucre ; ⌚9h-12h et 15h-19h). À l'intérieur du Museo de Arte Contemporáneo, ce bureau propose une documentation sur toute la région et le reste du pays.

Servicio Nacional de Áreas Protegidas (Sernap ; ☎343-6307 ; www.sernap.gob.bo ; Calle Efesios 4, près d'Av. Nueva Jerusalen ; ⌚8h-18h30 lun-ven). Délivre théoriquement des renseignements sur les parcs nationaux, notamment sur le Parque Nacional Amboró.

POSTE

Poste principale (Cobija 24 ; ⌚8h-18h lun-ven, 9h-13h sam)

SERVICES MÉDICAUX

Clínica Foianini (☎336-2211 ; www.clinicafoianini.com ; Av. Irala 468). Hôpital utilisé par les ambassades ; toutefois, sachez que certaines personnes de passage se sont plaintes d'examens superflus et d'hospitalisations inutilement longues, destinés à gonfler la facture.

Clínica Kamiya (☎336-3400 ; Av. Monseñor Rivero 265).

Hospital San José de Dios (☎335-2866 ; Cuellar).

Hospital Universitario Japonés (☎346-2031 ; 3e *anillo interno*, à l'est). Conseillé pour ses traitements médicaux sérieux et peu onéreux.

TÉLÉPHONE

Tonytel (Junín 322). Les tarifs des téléphones portables locaux sont bon marché. Vous pourrez acheter des cartes SIM avec du crédit.

ℹ Depuis/vers Santa Cruz

AVION

L'**aéroport international Viru-Viru** (p. 364), à 15 km au nord du centre, héberge quelques vols intérieurs et presque tous les vols internationaux. Il y a notamment des vols internationaux directs pour Asunción, Buenos Aires, Lima, Madrid, Miami, Panama City, São Paulo et Santiago du Chili.

Plus modeste, l'**Aeropuerto El Trompillo** (☎352-6600), au sud-est de la ville, accueille des vols intérieurs.

Les vols intérieurs sont fréquents et il est assez facile de trouver une place, quelle que soit la destination – ne serait-ce que via Cochabamba.

Aerolíneas Argentinas (☎333-9776 ; Junín 22 ; ⌚8h30-12h et 14h30-18h30 lun-ven)

Amaszonas (☎388-8878 ; Av. Las Ramblas, Edificio ALAS 2, 4e ét., entre Los Cedros et Av. San Martín ; ⌚8h30-17h lun-ven)

American Airlines (☎888-313-5920 ; Av. San Martín, Comercial Fidalga ; ⌚9h-18h lun-ven, 9h-13h sam)

Boliviano de Aviación (BOA ; ☎314-8300 ; www.boa.bo ; Aroma, Edificio Casanova, 1er ét., bureau 7 ; ⌚8h30-17h lun-ven)

TAM (☎353-2639 ; Aeropuerto el Trompillo ; ⌚8h30-18h30 lun-ven, 8h30-14h sam)

BUS, MICRO ET TAXI COLLECTIF

La **gare routière et ferroviaire** (☎7756-2335 ; taxe 3 $B), aussi appelée **bimodal**, qui accueille trains et bus longue distance, se situe à 1,5 km à l'est du centre-ville, peu avant le 3e *anillo* au bout de l'Avenida Brasil. Pour les lignes régionales, tournez à droite à l'entrée ; pour des liaisons nationales et internationales, prenez à gauche.

Son secteur principal est destiné aux *flotas* (bus longue distance) et aux trains ; de l'autre côté du tunnel se tient la gare des *micros* (minibus) assurant les liaisons régionales. La plupart des *flotas* partent le matin avant 10h et le soir après 18h. Prendre plusieurs correspondances de *micros* ou de taxis, quoique plus compliqué, peut se révéler plus rapide que d'attendre toute une journée la *flota* du soir.

Les *flotas* pour les missions jésuites et Chiquitania partent le matin et en début de soirée (après 20h). Les *micros* partent environ toutes les deux heures toute la journée, mais ne dépassent pas Concepción. Les bus pour San Rafael, San Miguel et San Ignacio (60-70 $B, 8 heures) passent par San José de Chiquitos ; ils partent entre 19h30 et 20h.

Des *micros* plus petits et des *trufis* (voiture ou minibus collectifs) desservant des destinations régionales dans le département de Santa Cruz partent régulièrement depuis l'extérieur de l'ancienne gare routière et plus sporadiquement des quais des *micros* de la gare ferroviaire et routière (*bimodal*). Les *trufis* pour **Buena Vista** (23 $B, 2 heures) attendent sur Izozog (Isoso), près de l'ancienne gare routière. Les *trufis* pour **Samaipata** (☎333-5067 ; 30 B$, 3 heures), partent de Calle Aruma, près de l'Avenida Grigota, une rue après le 2e *anillo*. Les *trufis* pour **Vallegrande** (60 $B, 5 heures) partent à l'arrière du centre commercial "Shopping del Automovil" au km 6 de Doble Vía La Guardia, après le 6e *anillo*. Les *flotas* pour Vallegrande (35 $B) partent du même endroit à 9h, 14h, 15h, 18h30 et 19h30.

DESTINATION	TARIF ($B)	DURÉE (HEURES)
Camiri	30-40	5
Cochabamba	115	10
Concepción	35	5
La Paz	200	17-18
Quijarro	90	91/2
San Xavier	35-75	4
San José de Chiquitos	50	31/2

San Matías	220	15
Sucre	80-130	13
Tarija	95-160	18
Trinidad	90-145	10-11
Yacuiba	80-115	9

TRAIN

Les trains (☎338-7000 ; www.fo.com.bo ; Av. Internacional, Terminal Bimodal ; ⏲billetterie 8h-12h30 et 14h30-18h lun-jeu, jusqu'à 16h ven, 8h-12h sam, 16h-18h dim) partent de la **gare ferroviaire et routière** (*bimodal*) à destination de Yacuiba (à la frontière avec l'Argentine) et de Quijarro (à la frontière brésilienne ; voir l'encadré p. 295). Pour accéder au quai, il faut acheter un ticket de quai et présenter son passeport au garde.

Le train pour Yacuiba est à 15h30 le jeudi (47 $B, 18 heures) ; dans le sens du retour, il repart le vendredi à 17h et arrive à Santa Cruz à 9h55 le lendemain matin. Il passe par Villamontes (38 $B, 14 heures), d'où partent des bus pour le Paraguay (voir l'encadré p. 260)– toutefois, il arrive à Villamontes à 5h13.

Depuis que la route Santa Cruz-Quijarro a été achevée, le train Trans-Chiquitano est nettement moins emprunté. Oublié le trajet éreintant qui lui valut autrefois le surnom de "train de la mort" ! Aujourd'hui, c'est un voyage lent et agréable, plus confortable que le bus – mais qui requiert du temps devant soi.

Deux types de trains circulent sur cette ligne via San José de Chiquitos et Roboré (pour Santiago de Chiquitos). Le plus lent et le moins cher est l'*Expreso Oriental*, qui quitte Santa Cruz à 13h20 les lundis, mercredis et vendredis et n'offre qu'une seule classe, la confortable "Super Pullman". Plus rapide, encore plus confortable et plus cher, le *Ferrobus* part de Santa Cruz à 18h les mardis, jeudis et dimanches. On n'a en principe aucun problème pour trouver une place à Santa Cruz ou à Quijarro, mais si l'on monte à bord à mi-chemin, mieux vaut acheter ses billets à l'avance – seul un nombre limité de sièges est attribué dans ces gares intermédiaires. Des plats chauds et froids, ainsi que des boissons, sont en vente en journée.

Expreso Oriental

ITINÉRAIRE	TARIF ($B)	ARRIVÉE
Santa Cruz-San José	45	19h30
Santa Cruz-Roboré	70	23h42
Santa Cruz-Quijarro	100	6h02

Ferrobus

ITINÉRAIRE	TARIF ($B)	ARRIVÉE
Santa Cruz-San José	120	23h08
Santa Cruz-Roboré	130	2h12
Santa Cruz-Quijarro	235	7h

ℹ Comment circuler

DEPUIS/VERS L'AÉROPORT

Des minibus (angle Junín et 1er anillo ; 6 $B ; ⏲ttes les 20 min 5h-22h, 30 min) relient l'aéroport de Viru-Viru au centre. La course en taxi (jusqu'à 4 personnes) coûte 70 $B depuis Viru-Viru et 30 $B depuis El Trompillo.

BUS

Santa Cruz est dotée d'un système de *micros* urbains reliant les gares et tous les *anillos* au centre. Les *micros* nos 17 et 18 circulent autour du 1er *anillo*. Pour gagner l'Avenida San Martín dans le Barrio Equipetrol, prenez le *micro* n°23 n'importe où sur Vallegrande. Les **bus pour le Jardín Botánico** partent de l'angle entre Suárez Arana et Barrón. Le *Guía de micros*, qui détaille tous les itinéraires en ville, est en vente dans les librairies et les kiosques (25-50 $B).

TAXI

Les taxis sont très bon marché, mais il n'existe pas de grille de tarifs commune. En principe, la course coûte plus cher si l'on est plusieurs à voyager, si l'on transporte beaucoup de bagages ou si l'on prend le taxi après 22h. Les chauffeurs annoncent le prix qui leur semble le plus juste pour le trajet en question. Si la somme vous paraît trop importante, tentez votre chance avec un autre taxi : vous n'aurez que l'embarras du choix. Généralement, la course pour une personne dans le 1er *anillo* en journée revient à 15 $B, et peut monter jusqu'à 20 $B si vous allez jusqu'au 2e *anillo*. Pour éviter tout conflit, accordez-vous sur le prix avant de monter dans le véhicule.

VOITURE

Il peut être éprouvant de conduire dans les rues étroites et à sens unique de Santa Cruz ; en revanche, depuis l'amélioration des routes de la région, il est envisageable de louer une voiture pour partir en exploration. La plupart des agences de location ont aussi un comptoir à l'aéroport.

ENVIRONS DE SANTA CRUZ

Buena Vista

3 / 14 400 HABITANTS

Buena Vista est une jolie petite localité, située à 2 heures (103 km) au nord-ouest de Santa Cruz. C'est un excellent point de départ pour des excursions dans les plaines boisées du Parque Nacional Amboró. La plupart des touristes lui préfèrent Samaipata pour explorer le parc, pourtant Buena Vista possède certains des meilleurs lieux pour observer les oiseaux et la nature, et découvrir les traditions locales. Cependant, le climat est plus humide et le choix restreint en termes d'hébergement et de restauration. La ville possède un site Web (www.buenavista.com.bo) très informatif.

À voir et à faire

Iglesia de los Santos Desposorios ÉGLISE

(Plaza Principal ; horaires variables). GRATUIT La mission jésuite de Buena Vista, la cinquième de la vice-royauté du Pérou, fut fondée en 1694, mais la structure actuelle date de 1767. Lorsque les Jésuites furent expulsés de Bolivie un peu plus tard la même année, l'administration de l'église passa sous le contrôle de l'évêque de Santa Cruz. L'église n'est ouverte que lorsque le prêtre est sur place ; il s'absente fréquemment du lundi au jeudi.

El Cairo BAIGNADE

Ce lieu de baignade charmant est à une heure de marche de la ville. Pour vous y rendre, descendez depuis la place, passez devant l'*alcaldía* (mairie) et suivez la route non goudronnée qui dessine un virage vers la droite. À environ 2 km de la ville, prenez la route non goudronnée partant de la fourche et traversez un pont. El Cairo est un peu plus bas sur la droite.

Río Surutú RIVIÈRE

Avec sa plage de sable agréable pour pique-niquer, nager et camper en saison sèche, le Río Surutú constitue une sortie prisée par la population locale. Depuis Buena Vista, 3 km de marche vous séparent du premier bras de la rivière. La berge opposée marque la limite du Parque Nacional Amboró.

Amboró Tours CIRCUITS ORGANISÉS

(portable 7261-2515 ; www.amborotours.com ; Celso Sandoval ; 8h-19h30). Propose des excursions au Parque Nacional Amboró et au Pantanal. Renseignez-vous sur les possibilités de circuits au Parque Nacional Kaa Iya del Gran Chaco et au Parque Nacional Noel Kempff Mercado.

Où se loger

La Casona PENSION $

(932-2083 ; Plaza Principal ; s/d 100/150 $B, sans sdb 50 $B/pers ;). Une pension haute en couleur à l'angle ouest de la place, dotée d'un joli patio avec des hamacs. Les chambres, sans prétention, possèdent de bons lits. Repas sur demande. Propriétaire sympathique.

Residencial Nadia PENSION $

(932-2049 ; Sevilla 186 ; s/d 100/150 $B, sans sdb 40/80 $B ;). À côté de l'angle nord-ouest de la place, une adresse pour petits budgets avec des chambres spacieuses dans la maison d'une famille accueillante, dotée d'un patio central.

Hacienda El Cafetal HÔTEL $$$

(935-2067, portable 7372-8911 ; d petit-déj compris 400 $B, cabañas 4 pers 500 $B ; P). Projet créé pour soutenir les cultivateurs de café boliviens et leurs familles, cette hacienda est située à 5 km au sud-ouest de Buena Vista. L'hébergement se compose d'élégantes *cabañas* tout équipées, et de suites bénéficiant toutes d'une jolie vue. Promenez-vous dans les plantations et découvrez les secrets de la production du café (visite guidée 35 $B), goûtez différents cafés et, une fois dopé à la caféine, partez observer les oiseaux.

Où se restaurer

Cafe Rogelia CAFÉ $

(Plaza Principal ; en-cas 8-15 $B ; 8h-18h). Ce snack-bar sans prétention du côté sud de la place offre une carte simple de jus, sandwichs, *empanadas* et autres en-cas bon marché.

La Cunumisita INTERNATIONAL $$

(RN 4 ; plats 30-110 $B ; 7h-22h30 dim-ven, 7h-23h30 sam). Une carte remarquablement variée et internationale, avec des plats chinois, italiens, péruviens, français... Tables en terrasse du côté ouest de la place (si vous supportez le bruit des motos dans la rue !). Petit-déjeuner jusqu'à la mi-journée (15-30 $B).

Renseignements

Banco Fassil (Plaza). Possède un DAB.

Office du tourisme (Plaza Principal ; 8h-12h lun-ven, 8h-18h dim). Situé dans la Casa Municipal de Turismo y Cultura, au coin sud-ouest de la place ; utile pour obtenir les noms et coordonnées de guides.

Servicio Nacional de Áreas Protegidas (Sernap ; 932-2055 ; www.sernap.gob.bo ; 9h-12h et 14h30-18h). Fournit des renseignements sur le Parque Nacional Amboró. Délivre des permis et renseigne notamment sur la réglementation et les hébergements. À un pâté de maisons au sud de la place.

Depuis/vers Buena Vista

Des *trufis* partent pour Yapacaní (23 $B ; 2 heures) depuis Izozog (Isoso). Précisez bien que vous souhaitez descendre à Buena Vista. Pour revenir à Santa Cruz, montez dans un des *trufis* qui tournent sur la place en klaxonnant à la recherche de passagers. La plupart ne vont pas au-delà de Montero (10 $B, 1 heure), où vous pourrez facilement prendre une correspondance pour Santa Cruz.

Les motos-taxis, qui rôdent à l'angle sud-ouest de la place, sont pratiques pour aller faire un tour à la campagne.

Parque Nacional y Área de Uso Múltiple Amboró

Ce parc de 430 000 ha occupe un emplacement exceptionnel, à la confluence de trois écosystèmes distincts : le bassin amazonien, le Chaco et les Andes.

Créé en 1973 sur un domaine de 180 000 ha, sous le nom de Reserva de Vida Silvestre Germán Busch, il obtint le statut de parc national en 1984, grâce aux efforts du zoologue britannique Robin Clarke et du biologiste bolivien Noel Kempff Mercado. En 1990, sa superficie fut étendue à 630 000 ha. Toutefois, fin 1995, après maintes controverses concernant l'implantation des *campesinos* (paysans) dans les limites du parc, cette superficie fut ramenée à ses dimensions actuelles.

La diversité des habitats explique la présence d'espèces des hauts plateaux aussi bien que des plaines. Parmi les mammifères, on trouve le timide ours à lunettes, le jaguar, le tapir, le pécari et divers singes. Plus de 800 espèces d'oiseaux ont été identifiées. Le parc est le bastion du hocco unicorne, une espèce d'oiseau menacée.

Section Buena Vista

Pour accéder à la partie orientale de la réserve, il est nécessaire de traverser le Río Surutú, avec un véhicule ou à pied. Selon les précipitations et le temps, vous aurez de l'eau aux genoux ou à la taille. Si vous n'avez pas une grande expérience de la randonnée, ne vous lancez pas dans l'un des treks du parc sans faire appel aux services d'un guide.

Notez qu'à l'heure de nos recherches, le Sernap avait mis en place un droit d'entrée de 100 $B pour accéder au parc. Tous les visiteurs sont censés passer par le bureau de Buena Vista (ci-contre) pour s'en acquitter. Cependant les communautés vivant dans le parc contestent cette pratique et continuent d'exiger des visiteurs leurs propres droits de visite. On ne sait pas si les droits d'entrée du Sernap seront maintenus, et si oui combien de temps. Au moment où nous imprimions ce guide, il était nécessaire de les payer pour accéder au parc par le sud.

Río Macuñucu

Le circuit du Río Macuñucu est le plus fréquenté de l'Área de Uso Múltiple Amboró. Il débute à **Las Cruces**, à 35 km au sud-est de Buena Vista. De là, il reste 7 km jusqu'au Río Surutú, qu'il faut franchir en voiture ou à gué ; à **Villa Amboró**, à proximité sur la rive opposée, vous trouverez un **camping** (Adrian Rodríguez 7368-6784, Hugo Rojas 7368-6784 ; empl 150 $B). Les villageois sont susceptibles de demander des droits d'entrée aux touristes traversant leur localité en direction de Macuñucu, qu'ils comptent y séjourner ou non – pour éviter tout désagrément, déliez les cordons de votre bourse.

De là, un trek très populaire conduit aux berges du **Río Macuñucu** et suit son cours à travers la forêt dense. Au bout de 4 heures environ, on traverse un étroit canyon, qui contraint à marcher dans l'eau, et un peu plus tard, on atteint un large surplomb rocheux qui peut accueillir une dizaine de campeurs. Au-delà, le trek devient de plus en plus ardu, de même que le terrain est de plus en plus accidenté au fur et à mesure que l'on approche de superbes cascades et d'un second lieu de campement. Si vous envisagez d'accomplir le trek dans son intégralité, engagez un guide.

Parque Nacional Amboró (Section Buena Vista)

Río Isama et Cerro Amboró

Le circuit du Río Isama part de l'embranchement du village d'**Espejitos**, à 28 km au sud-est de Buena Vista. Il permet d'accéder au pied du Cerro Amboró (1 300 m), une montagne en forme de bulbe qui a donné son nom au parc. Vous pourrez grimper au sommet, mais il s'agit d'une ascension délicate (guide indispensable).

Mataracú

Non loin de Yapacaní, sur la route principale pour Cochabamba, une piste pour 4x4 s'élance vers le sud, traversant le Río Yapacaní pour atteindre les limites septentrionales de l'Área de Uso Múltiple Amboró. Après 18 km de cahots, la route débouche sur le campement Mataracú de l'Amboró Eco-Resort (p. 279).

Secteur de Samaipata

Samaipata, situé au-delà de la limite méridionale de l'Área de Uso Múltiple Amboró, offre la meilleure porte d'accès à la partie andine du parc. Il n'existe pratiquement aucune infrastructure ni aucun équipement collectif dans ce secteur.

C'est à Samaipata que vous trouverez les meilleurs guides pour la région. Une randonnée appréciée permet d'explorer non loin une forêt de nuages connue pour ses fougères géantes.

Secteur de Mairana

Depuis Mairana, un sentier de 7 km (praticable à pied ou en taxi) remonte jusqu'à **La Yunga**. Cette zone particulièrement verdoyante de l'Área de Uso Múltiple Amboró compte des fougères arboricoles et d'autres espèces de la forêt de nuages. Depuis La Yunga, 16 km à travers la forêt vous séparent de la route principale, près de Samaipata.

Pour pénétrer dans le parc, adressez-vous au poste de garde à l'extrémité méridionale du terrain de football de La Yunga. L'accès à Mairana se fait par *micro* ou taxi depuis Samaipata. (7 $B/pers).

Los Volcánes

La magnifique région appelée **Los Volcanes** présente un paysage étonnant de collines tropicales en forme de pains de sucre, aux limites du parc. On y accède par le village de Bermejo, à 85 km au sud-ouest de Santa Cruz. Il est signalé par une énorme plaque de roche rouge appelée **El Portón del Diablo**, qui s'effrite en formant un début d'arches naturelles.

On trouve non loin d'excellents hébergements et de belles randonnées. L'étonnant lac de cratère appelé **Laguna Volcán** s'étend 6 km plus haut sur une colline au nord de Bermejo. Un **sentier** grimpe du lac jusqu'au bord du cratère ; il débute juste en face du bout de la route, de l'autre côté du lac.

Secteur de Comarapa

Il existe une entrée peu fréquentée menant à l'Área de Uso Múltiple Amboró, au nord-ouest de Comarapa à 4 km en direction de Cochabamba. La route franchit un col entre une montagne et une crête surmontée d'une tour de télécommunications. Guettez la route secondaire remontant vers le nord-est à partir du hameau de **Khara Huasi** ; elle débouche sur des étendues verdoyantes de forêt de nuages recouvrant les sommets. Le principal attrait du coin est la Laguna Verde, lac d'un vert saisissant bordé de sentiers de découverte.

Où se loger

Ginger's Paradise AGRITURISMO $$
(☎6777-4772, 7310-1864 ; www.gingersparadise.com ; Barmejo ; ch/empl tente 150/110 $B/pers avec repas, bénévole ch/empl tente 90/70 $B). Cette ferme écologique et agrotouristique, entourée de forêt vierge et tenue par une ancienne star du rock, offre un séjour agréable à Barmejo. Très prisé pour les oiseaux qu'on peut y observer, l'endroit est réputé pour sa cuisine bio (repas inclus), à base de produits de la ferme. Les bénévoles y ont droit à des réductions.

RANDONNÉES DANS LE PARQUE NACIONAL AMBORÓ

Bosque de Helechos Gigantes (forêt de fougères géantes ; sentier 15 $B). Ce sentier de 11 km, qui débute 17 km au nord Samaipata, juste après le village chorolque, traverse une ancienne forêt de nuages connue pour ses fougères géantes, dont certaines dépassent 4 m de hauteur. Il vous faudra un guide pour accéder au sentier, le mieux étant de réserver une excursion à Samaipata comprenant le transport (à partir de 200 $B/pers).

Codo de los Andes La sortie vers le village de Bella Vista, à 100 km de Santa Cruz sur la route de Samaipata, mène à un sentier connu sous le nom de Codo de los Andes (vérifiez si le sentier est praticable avant de partir). Il traverse de superbes paysages, où l'on aperçoit souvent des condors. Des agences de Samaipata et Santa Cruz peuvent vous fournir des guides.

Refugio los Volcánes LODGE $$$
(☎7316-6677 ; www.refugiolosvolcanes.com ; Bermejo ; s/d avec repas 700/1 200 $B ; P). On ne tarit pas d'éloges sur cet établissement au cœur de la région de Los Volcánes, accessible par une piste de terre de 5 km grimpant depuis la route Santa Cruz-Samaipata, à proximité de Bermejo. On y loge dans des *cabañas* (bungalows) à énergie solaire et douches chaudes. Le lodge propose des activités comme l'observation des oiseaux et des randonnées guidées dans des paysages merveilleusement sauvages, avec en chemin des bassins pour se baigner. L'endroit est très demandé – réservez.

Les repas, dont des pizzas cuites dans un four en terre cuite, sont inclus, et le café est à base de grains cultivés sur place. Il y a un **bureau de réservations** (Bolívar ; 8h30-12h et 14h30-19h) à Samaipata.

Mataracú Tent Camp CABAÑAS $$$
(☎336-3000, www.facebook.com/mataracu ; Mataracú ; 1 000-1 400/pers avec repas ;). Ce campement en forêt propose une gamme d'hébergements allant de simples tentes avec lits à de plus confortables bungalows. Un endroit entouré de forêts, avec en bonus un bassin naturel pour la baignade, des cascades et des sentiers de randonnée

tout proches. Les repas du restaurant sont compris. Accès en 4x4 uniquement ; transfert possible (100 $US/voiture) depuis l'**Amboró Eco-Resort** (☎932-2020 ; www.amboroecoresort.com ; Ruta Nacional 4 ; s/d/ste avec petit-déj 418/523/594 $B ; P❄📶🏊).

Depuis/vers le Parque Nacional y Área de Uso Múltiple Amboró

Le moyen le plus sûr et le plus facile de visiter le parc est sans conteste de participer à un circuit organisé par une agence recommandée de Santa Cruz ou Samaipata – les routes et chemins ne sont pas tous entretenus régulièrement ; un guide expérimenté saura où aller. Si vous souhaitez vous y rendre par vos propres moyens, un *micro* part de Buena Vista vers le sud, traversant Huaytú, San Rafael de Amboró, Espejitos, Santa Rosa de Amboró, Santa Fe et Las Cruces. Longeant les affluents du Río Surutú, plusieurs routes et pistes accidentées s'enfoncent dans le parc vers le sud-ouest. Pour véritablement vous enfoncer dans le parc, vous aurez besoin d'un 4x4 et de bénéficier d'une solide expérience des treks de jungle. Notez que tous les accès au parc le long de cet itinéraire supposent de traverser le Río Surutú.

Samaipata

☎3 / 4 400 HABITANTS / ALTITUDE 1 650 M

Bien que Samaipata soit désormais l'une des destinations préférées des randonneurs gringos dans la Bolivie orientale, ce paisible village des contreforts de la Cordillera Oriental a conservé son atmosphère décontractée. On s'y rend notamment pour voir le site pré-inca d'El Fuerte. Samaipata s'affirme en outre comme le principal point de départ pour des excursions dans le Parque Nacional Amboró. C'est également une destination prisée des habitants de Santa Cruz le week-end. Son nom, qui signifie "repos dans les hauts plateaux" en quechua, ne pourrait être plus approprié.

À voir

El Fuerte RUINES

(50 $B, ⌚8h30-16h30). Il émane une telle force d'attraction du site d'El Fuerte que des visiteurs du monde entier se rendent à Samaipata dans le seul but de gravir la colline et d'admirer ces vestiges pré-incas.

Inscrit au patrimoine mondial de l'Unesco en 1998, El Fuerte occupe le sommet d'une colline, à environ 10 km de Samaipata. Cet endroit offre une vue saisissante sur la vallée. Deux tours d'observation permettent aux visiteurs d'avoir une vue plongeante sur les ruines. Comptez au moins 2 heures pour une exploration complète (apporter chapeau et crème solaire).

Occupé par divers groupes ethniques dès 2000 av. J.-C, les Incas, ses plus célèbres "propriétaires", n'y arrivèrent qu'en 1470. Lorsque les Espagnols vinrent à leur tour et pillèrent le site dans les années 1600, il était déjà déserté. Plusieurs théories ont été avancées sur la fonction d'El Fuerte. Les conquistadors pensaient que le site avait servi de poste défensif et lui donnèrent le nom de "*fuerte*" ("fort" en espagnol). En 1832, le naturaliste français Alcide d'Orbigny émit l'hypothèse que les bassins et canaux parallèles creusés dans le roc avaient été utilisés pour le lavage de l'or. En 1936, l'anthropologue allemand Leo Pucher décrivit le site comme un ancien temple dédié au culte du serpent et du jaguar ; sa théorie est désormais la plus largement reconnue. Depuis peu, les lieux attirent les adeptes du New Age. Certains les tiennent pour un site d'atterrissage pour soucoupes volantes…

Il ne reste aucun édifice sur pied, mais les vestiges de quelque 500 habitations ont été découverts dans les environs immédiats, et les fouilles en cours apportent leur lot de nouveautés. Le site principal, qui revêt probablement une signification religieuse, consiste en une dalle de pierre longue de 100 m présentant diverses sculptures : sièges, tables, amphithéâtre, garde-manger, réservoirs, canalisations et *hornecinos* (niches), qui auraient abrité des idoles. Les sept marches conduisant au temple principal représentent les sept phases de la Lune. Parmi les motifs zoomorphiques de la dalle figurent des pumas et des jaguars en relief (symboles de puissance), et de nombreux serpents (symboles de fertilité). De la *chicha* (boisson de maïs fermenté) et du sang étaient déversés dans les motifs en forme de serpent en offrande à la Pachamama (la Terre-Mère). Malheureusement, ces sillons ne sont pas protégés des éléments, et leur érosion les rend chaque année plus difficiles à distinguer.

À quelque 300 m en descendant un sentier mal dégagé, derrière les ruines principales, vous découvrirez un trou dans le sol, **Chincana**, d'autant plus menaçant

Samaipata

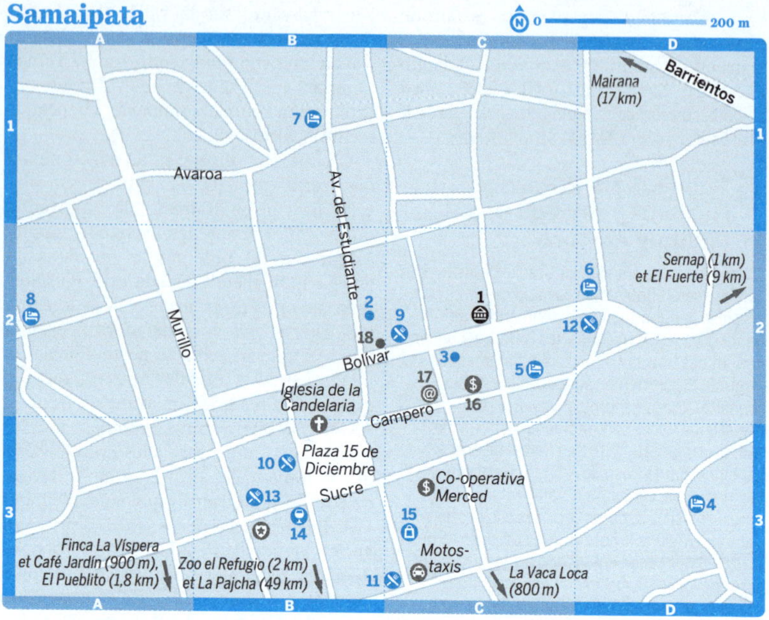

Samaipata

À voir

1 Museo Arqueológico ... C2

Activités

2 Jukumari Tours ... B2
3 Michael Blendinger Tours ... C2

Où se loger

4 El Jardín ... D3
5 Hostal Siles ... C2
6 Hotel Colibri ... D2
7 La Posada del Sol ... B1
8 Nómada ... A2

Où se restaurer

9 Caffé Art ... C2
10 La Chakana ... B3
11 La Pizzeria ... C3
12 Latina Café ... D2
Luna Verde ... (voir 8)
13 Tierra Libre ... B3

Où prendre un verre et faire la fête

14 La Boheme ... B3

Achats

15 Marché ... C3

Renseignements

16 Banco Union ... C2
17 Internet Sebastián ... C2
18 Refugio los Volcánes Office ... B2

qu'une partie se trouve dissimulée par la végétation. Selon les théories, cette cavité aurait servi de citerne ou de prison, à moins qu'elle n'ait fait partie d'un système de communication souterrain reliant la ruine principale aux environs.

À l'approche du site, repérez la **Cabeza del Inca**, une formation rocheuse présentant une ressemblance à ce point saisissante avec la tête d'un guerrier inca que, pour beaucoup, c'est l'œuvre de la main humaine – une œuvre abandonnée en cours d'élaboration. Pour ajouter à la magie du lieu, des condors planent haut au-dessus des lieux.

Deux **tours d'observation** permettent aux visiteurs de contempler les ruines vues du haut ; vous trouverez à manger et à boire près de la billetterie.

L'excursion aller-retour en taxi, avec 2 heures d'attente aux ruines, coûte 100 $B (jusqu'à 4 pers) au départ de Samaipata. Si l'ascension ne vous impressionne pas, vous pouvez aussi vous y rendre à pied. Suivez la grand-route vers Santa Cruz sur 3,5 km et tournez à droite à la pancarte indiquant la colline. Il vous reste 5 km à parcourir jusqu'au sommet.

Museo Arqueológico MUSÉE
(Bolívar ; 5 $B, musée et El Fuerte 50 $B ; ⏲8h-12h et 14h-18h lun-ven, 8h-16h sam-dim). Le petit musée d'archéologie de Samaipata expose des trouvailles mises au jour à El Fuerte, accompagnées d'explications sur le site. Il est intéressant d'y faire un tour avant de visiter les ruines. Le musée compte 5 salles où l'on découvre des objets provenant de différents peuples et périodes.

Zoo El Refugio ZOO
(☎7661-8454 ; adulte/enfant 20/10 $B ; ⏲8h-18h). Ce charmant petit zoo est un refuge pour animaux. Il accepte les bénévoles (1 mois minimum) qui peuvent, en échange de leur travail, loger gratuitement sur place. Si vous avez envie de passer une nuit au milieu des animaux, vous pourrez camper sur un joli petit site boisé. Possibilité de louer des chevaux moyennant 40 $B l'heure.

On y accède par une agréable marche de 3 km en direction du sud depuis Samaipata.

Circuits organisés

Plusieurs agences organisent des circuits sur les sites voisins, et presque tous les hôtels ont chacun leur circuit organisé. Les syndicats de taxis locaux assurent également le transport vers nombre de sites à des tarifs très raisonnables (et non négociables).

Jukumari Tours CIRCUITS ORGANISÉS
(☎7262-7202 ; www.facebook.com/jukumaritours ; Av. del Estudiante). Excellente agence locale avec, en plus des curiosités locales, la route du Che et le circuit des missions jésuites.

Michael Blendinger Tours CIRCUITS GUIDÉS
(☎944-6227 ; www.discoveringbolivia.com ; Bolívar ; ⏲9h-19h30 lun-sam, 10h-14h et 17h-20h dim). Excursions permettant la découverte de la nature et l'observation des oiseaux menées par des biologistes, en anglais et en allemand.

Où se loger

El Jardín AUBERGE DE JEUNESSE $
(☎7311-9461 ; www.eljardinsamaipata.blogspot.com ; Arenales ; empl tente 25 $B/pers, s/d 35/80 $B, ch *cupola* 130 $B). Ce refuge hippie se cache dans un jardin sauvage à l'angle sud-est de la ville. Musique planante, hébergement rudimentaire et ambiance détendue y comblent les amateurs de farniente. La clientèle dispose d'une cuisine et de deux chambres surmontées d'un dôme.

Hostal Siles PENSION $
(☎944-6408 ; Campero ; s/d 60/100 $B, sans sdb 40/80 $B ; 📶). Une petite pension propre et soignée. Les chambres sont simples mais bien tenues et il y a même une cuisine commune. Toit-terrasse avec vue sur les collines.

CASCADES AUTOUR DE SAMAIPATA

La Pajcha (10 $B). Trois magnifiques cascades issues d'une rivière de montagne tumultueuse tombent ici de 45 m dans un bassin tropical de rêve. L'endroit compte une plage de sable idéale pour un plongeon, ainsi que quelques jolis terrains de camping. Après 42 km de route au sud de Samaipata en direction de San Juan, une sortie conduit aux cascades, à 7 km de la route principale. Pour visiter ce site privé et vous baigner, vous devrez vous acquitter d'un droit d'entrée de 10 $B.

Le plus simple est de prendre un taxi depuis la place de Samaipata (250 $B, 1 heure) ou de participer à un circuit organisé.

Las Cuevas (15 $B ; ⏲8h30-18h). Ces trois jolies cascades se trouvent à 20 km à l'est de Samaipata, sur la route de Santa Cruz. En remontant le cours d'eau sur un sentier bien dégagé depuis la route, on atteint deux des cascades, qui se jettent dans des bassins bordés de plages de sable, propices à la baignade. Une centaine de mètres plus loin se trouve la troisième cascade (la plus importante des trois). Le site est très fréquenté le week-end. En taxi depuis Samaipata, avec deux heures d'attente sur place, comptez 100 $B. Sinon, prenez un bus ou un *trufi* (voiture ou minibus collectifs) à destination de Santa Cruz.

Hotel Colibri PENSION $

(☎6751-3219 ; hcolibrisamaipata@gmail.com ; Bolívar 20 ; s/d avec petit-déj 140/180 $B, ch sans sdb 120 $B ; 📶). Chambres chaulées et minimalistes, dont certaines avec sdb et TV câblée, disposées autour d'une cour ombragée, ornée de plantes suspendues.

♥ **Nómada** AUBERGE DE JEUNESSE $$

(☎6532-0044 ; www.facebook.com/nomadabolivia official ; Avaroa, Plaza del Estudiante ; avec petit-déj, camping 45 $B/pers, dort/s/d 77/195/305 $B, s/d sans sdb 130/191 $B ; ⏲café 8h-10h lun-jeu, 8h-20h ven-sam, 8h-midi dim). Une auberge de jeunesse accueillante, avec des chambres douillettes décorées de tissus de la région et d'œuvres d'art, et de superbes jardins parsemés d'arbres fruitiers. Le café sert un menu de spécialités locales et de pizzas (40-90 $B). Les jours fériés, les propriétaires argentins font un barbecue.

Finca La Víspera BUNGALOWS $$

(☎944-6362 ; www.lavispera.org ; empl tente 40 $B/pers, d 350 $B, bungalow 2/3/7 pers 480/520/1 100 $B). 🍃 Cette ferme bio se révèle un havre reposant en périphérie de Samaipata. Les chambres, attrayantes, bénéficient de cuisines communes et jouissent, comme les cinq maisons à louer (2 à 7 personnes), d'une vue imprenable sur la vallée. Le camping comprend des douches chaudes et des installations pour la cuisine. À 15 minutes de marche facile au sud-ouest de la place.

Les clients peuvent petit-déjeuner et déjeuner au Café Jardín (ci-contre) et se servir en légumes dans le jardin pour le dîner.

La Posada del Sol HÔTEL $$

(☎7211-0628 ; www.laposadadelsol.info ; Avarao ; s/d avec petit-déj 140/220 $B ; ❄📶). Bonne adresse de catégorie moyenne, avec des chambres spacieuses réparties autour d'un joli jardin offrant un panorama spectaculaire. À trois pâtés de maisons en montant au nord de la place.

♥ **El Pueblito** RESORT $$$

(☎7734-8040 ; www.elpueblitoresort.com ; Carr. Valle Abajo 1000 ; s/d avec petit-déj 400/550 $B, maison d/tr/qua 700/850/1 000 $B ; P📶🏊). Ce complexe hôtelier 4 étoiles, conçu comme un village, comprend même une église et une place. Chaque chambre incarne avec une créativité foisonnante un commerce d'une véritable localité. Il y a une piscine (40 $B pour les personnes extérieures), des boutiques d'artisanat, et un excellent restaurant-bar (El Pueblito ; plats 20-70 $B ; ⏲12h-14h30 et 18h30-20h30), El Cabildo. Le complexe hôtelier est perché à flanc de colline, avec une vue superbe sur Samaipata au creux de la vallée.

Où se restaurer

La Pizzeria PIZZA $

(Arenales ; petites pizzas 15-28 $B ; ⏲18h-22h). Les pizzas à pâte fine de ce restaurant cosy en face d'un marché sont d'un excellent rapport qualité/prix.

Caffé Art CAFÉ $

(www.facebook.com/arteliersandraserrate ; Bolívar 111 ; en-cas 7-35 $B ; ⏲14h30-19h30 mer-ven, 8h30-12h30 et 14h-19h30 sam-dim ; 📶). En plus de servir du café, des jus, des gâteaux et des en-cas, cet établissement fait également office de galerie pour l'artiste Sandra Serrate, dont l'atelier occupe une partie de l'espace et dont les motifs floraux recouvrent presque toutes les surfaces disponibles, des tables et chaises en bois aux abat-jour en passant par les porte-serviettes. Des œuvres sont également en vente.

♥ **Café Jardín** DIÉTÉTIQUE $$

(Finca La Víspera ; plats 40-60 $B ; ⏲8h-16h lun-jeu, 8h-18h ven-dim ; 🖉). 🍃 Contemplez, depuis le café en plein air, le jardin bio de Finca La Víspera (ci-contre) où le personnel vient cueillir des salades. Cet établissement végétarien, qui sert petits-déjeuners et déjeuners, s'adapte aux régimes spéciaux sur demande. Terminez par une infusion aux herbes cultivées sur place.

On y accède par une agréable marche de 20 minutes en allant vers le sud depuis Samaipata.

♥ **Latina Café** INTERNATIONAL $$

(☎944-6153 ; www.facebook.com/latinacafesamaipata ; Bolívar 3 ; plats 35-70 $B ; ⏲18h-22h lun-mar et ven, 12h-15h et 18h-22h sam-dim). Ce bar-restaurant sert l'une des meilleures cuisines de la ville : steak juteux, pâtes somptueuses, délices végétariens et brownies divins. Éclairage intime et couchers de soleil superbes. *Happy hour* de 18h à 19h.

Tierra Libre INTERNATIONAL $$

(Sucre 70 ; plats 30-65 $B, sandwichs 25-45 $B ; ⏲11h30-15h30 tlj et 18h30-22h ven-sam ; 📶). Adresse prisée des globe-trotters pour ses plats copieux et abordables, à déguster dans l'agréable jardin. Une cuisine internationale de qualité servie dans un cadre bohème. Au menu, plats végétariens, soupes revigorantes et viandes, dont un succulent *lomo* (steak).

Luna Verde INTERNATIONAL **$$**
(Posada del Sol ; plats 50-60 $B ; 📶). Cuisine tex mex savoureuse avec une grande variété de salades et d'accompagnements. Faites votre choix, prenez un cocktail rafraîchissant... et en route pour une bonne soirée ! Excellents petits-déjeuners également.

La Chakana INTERNATIONAL **$$**
(Rubén Terrazas, Plaza 15 de Diciembre ; plats 26-60 $B ; 🕗8h-23h ; 📶). Établi de longue date sur le côté ouest de la place, ce restaurant propose à prix raisonnables des petits-déjeuners, sandwichs, repas végétariens, pizzas, desserts maison, cocktails.

La Vaca Loca GLACIER **$$**
(www.facebook.com/restaurantelavacaloca ; Camino a San Juan ; plats 45-72 $B, piscines adulte/enfant 20/30 $B ; 🕗10h30-18h30). C'est ici que viennent les *Samaipatanos* lorsqu'une envie de glace les prend. L'endroit aux airs de chalet alpin est à 1 km au sud du village. Jardins avec aire de jeux pour enfants et trois bassins. Au menu : bœuf, *milanesas* (escalopes panées), pâtes et pizzas, ainsi que des pancakes et du café.

Où prendre un verre et faire la fête

Il suffit de se balader aux alentours de la place principale pour trouver bars et cafés.

♥ **La Bohème** BAR
(Plaza 15 de Diciembre, angle Sucre et Rubén Terrazas ; 🕗12h-minuit mer-jeu et dim, 12h-3h ven-sam ; 📶). Ce petit bar propose un vaste choix de cocktails et, pour les petites faims, burgers et autres sandwichs. Avec 15 bières différentes, à siroter sur le toit-terrasse à la lumière des étoiles, vous aurez de bonnes excuses pour revenir ! *Happy hour* de 17h à 19h.

Renseignements

ACCÈS INTERNET

Internet Sebastián (Campero ; 4 $B/h ; 🕗8h-21h)

ARGENT

Banco Union (Campero). Le seul DAB de Samaipata accepte les cartes Visa, mais pas toutes les cartes étrangères.

Co-operativa Merced (☎944-6171 ; Sucre ; 🕗8h-12h et 14h30-18h lun-ven, 8h30-12h30 sam). Si le DAB de Compero ne fonctionne pas, vous pourrez ici retirer du liquide avec une carte bancaire, sur présentation de votre passeport.

OFFICES DU TOURISME

Il n'y a aucun office du tourisme officiel, cependant, nombre de tour-opérateurs et d'hébergements modestes renseignent sur les sites des environs.

Consultez l'excellent site touristique spécialisé de Samaipata (www.samaipata.info).

Servicio Nacional de Áreas Protegidas
Le service des parcs dispose d'un bureau à 1 km de la ville sur la route de Santa Cruz.

Depuis/vers Samaipata

Des **trufis** (p. 274 ; voitures ou minibus collectifs) circulent toute la journée, dès qu'ils sont pleins, entre Santa Cruz et Samaipata (30 $B, 3 heures). Depuis Samaipata, ils partent de la place principale.

Le plus simple (et le plus rapide) pour gagner Vallegrande consiste à former un groupe pour prendre un *trufi* qui vous demandera environ 300 $B pour l'ensemble des passagers.

Des bus pour Cochabamba partent deux fois par jour (8 heures, 70 $B), en face de la station-service sur la route principale. Achetez vos billets à l'avance au café Nueva Turista (10 heures, 100 $B).

Comment circuler

Samaipata est par endroits vallonnée et traversée par des pistes de terre. Les motos-taxis (*arenales*) permettent de se déplacer facilement et rapidement. Vous en trouverez à proximité du marché ; comptez 4 $B environ le trajet.

Vallegrande

☎3 / 17 200 HABITANTS / ALTITUDE 2 100 M

Vallegrande est célèbre pour être la ville où le corps de Che Guevara fut exposé avant son inhumation. Elle est désormais la principale base de la **route du Che** ("El Camino del Che"), un projet de tourisme communautaire. Le sentier suit les derniers pas du Che à travers les collines jusqu'à La Higuera, l'école où il fut détenu et exécuté après sa capture, puis continue vers Vallegrande, où son corps fut transporté et enterré.

La plupart des touristes ne traversent Vallegrande qu'à l'occasion d'un pèlerinage sur les traces du Che. Pourtant, cette ville tranquille, installée sur les contreforts des Andes, bénéficie d'un agréable climat tempéré et constitue aussi un lieu de détente et de balades.

À voir

Museo del Che MUSÉE
(Av. Ernesto Che Guevara ; 15 $B ; 8h-18h lun-sam, 8h-12h dim, fermé lundi entre 12h-14h). Ce musée occupe l'impressionnant **Centro Cultural Ernesto Che Guevara**, achevé en 2016, à temps pour le 50e anniversaire de la mort du Che, l'année suivante. On y découvre un documentaire photo, des événements ayant mené à la capture du Che et des jours suivants, ainsi que des objets ayant appartenu au groupe de guérilleros. On peut aussi lire une copie du journal du Che détaillant son séjour en Bolivie.

El Mausoleo del Che MAUSOLÉE
(mausolée du Che ; Av. Ernesto Che Guevara). En 1995, 28 ans après la mort du Che, un soldat qui avait participé à son enterrement révéla que sa dépouille reposait sous l'aérodrome de Vallegrande. Son corps fut découvert en 1997, après deux années de recherches. L'emplacement est indiqué par un mausolée orné d'un portrait sur lequel il est représenté souriant.

Les gouvernements bolivien et cubain le firent exhumer, et de nouveau enterrer, cette fois-ci officiellement, à Santa Clara (Cuba) le 17 octobre 1997. On n'accède à l'intérieur qu'en participant à une visite guidée (p. 286).

Hospital Señor de Malta SITE HISTORIQUE
(Señor de Malta). Après l'exécution du Che à La Higuera, au sud de Vallegrande, son corps fut transporté à la buanderie de l'hôpital pour y être présenté à la presse internationale. L'hôpital est toujours en activité, mais la buanderie, à l'accès protégé par un cordon, est devenue un lieu de pèlerinage où des graffitis rendent hommage au révolutionnaire. On peut la voir dans le cadre d'une visite guidée (p. 286).

Fêtes et festivals

Che Guevara Festival FOLKLORE
(oct). Depuis l'exhumation des dépouilles du Che et de quelques-uns de ses camarades en 1997, Vallegrande célèbre le Che chaque année en octobre.

Où se loger

Hostal El Marques HÔTEL $
(942-2336 ; Pedro Montaño ; s/d avec petit-déj 120/170 $B). Niché une rue au sud du Mercado Campesino, ce bon hôtel propose de belles chambres dotées d'un joli mobilier en bois et de la TV par câble ; les meilleures ont un balcon donnant sur la vallée.

Hostal Juanita PENSION $
(942-2231 ; Manuel María Caballero 123 ; s/d 80/160 $B, avec sdb commune 60/120 $B). Pension tenue en famille, à deux pâtés de maisons au sud-ouest de la *plaza* ; rapport qualité/prix correct et jardin fleuri avec une fontaine. Apprécié de longue date des circuits organisés à bas prix.

Plaza Pueblo Hotel HÔTEL $$
(portable 7503-1880 ; Virrey Mendoza 132 ; s/d avec petit-déj 120/200 $B ; P). À deux pâtés de maisons et demi en remontant depuis le Mercado Campesino, un hôtel avec des chambres simples de style motel et un personnel agréable et serviable. Ce n'est pas le grand luxe, mais l'hôtel demeure l'un des meilleurs de Vallegrande, et propose un confort suffisant pour se délasser après une journée de marche sur la route du Che.

Où se restaurer et prendre un verre

Mercado Samuel Villazón MARCHÉ $
(Virrey Mendoza ; en-cas 1-10 $B ; 6h-16h). Ce marché, l'un des quatre que compte Vallegrande, est idéal pour petit-déjeuner d'un smoothie et d'excellents en-cas, comme le *pan de maíz con queso* (pain de maïs au fromage).

El Mirador BOLIVIEN $$
(7564-5280 ; El Pichacu ; plats 35-80 $B ; 10h-22h mar-dim ;). Tout au sommet du village, un restaurant avec une belle vue et des plats savoureux et copieux de viande et de poisson servis dans une salle agréable.

Los Paraus CAFÉ
(Escalante y Mendoza 103, angle Señor de Malta ; en-cas 8-35 $B ; 15h-23h lun-ven, 8h-23h sam-dim ;). Tenu par Leo, guide touristique, et son épouse Paola, ce café-pub cosy est à une rue au sud-est de la Plaza 26 de Enero. Sirotez un café, une bière ou un verre de vin en feuilletant les livres à disposition ou en jetant un œil aux objets liés au Che, puis régalez-vous de sandwichs, burgers, pizzas ou *chorizo chuquisaqueño*.

Leo est une mine d'infos sur la région, et son café est un bon endroit pour rencontrer d'autres voyageurs cherchant à partager le transport pour La Higuera.

Renseignements

Il y a plusieurs banques avec DAB en ville, dont **Banco Fassil** (Santa Cruz 108).

Office du tourisme (Bolívar, Plaza 2 de Enero ; 8h-18h lun-ven, 8h-12h30 sam)

Depuis/vers Vallegrande

À Santa Cruz, les *trufis* pour Vallegrande partent de derrière le centre commercial Shopping del Automóvil, situé au km 6 de Doble Vía La Guardia, au-delà du 6e *anillo* (62 $B, 5 heures). Ils partent quand ils sont pleins – ce qui peut prendre du temps. Les bus pour Vallegrande partent du même endroit à 9h, 15h et 18h30 (41-62 $B, 6 heures). Au départ de Samaipata, vous pourrez négocier un taxi collectif ; comptez 300 $B pour le véhicule entier.

La gare routière de Vallegrande est à 1 km au nord du centre-ville. Des *trufis* partent sur demande vers Santa Cruz (70 $B, 6 heures) via Samaipata. Il existe un bus pour Santa Cruz. Pour Sucre, prenez un bus à destination de Cochabamba ou Santa Cruz, ou un *trufi* jusqu'à Mataral, sur la route principale (10 $B, 1 heure), d'où des bus partent vers l'ouest (à partir de 19h) pour rejoindre Sucre.

La Higuera

3 / 120 HABITANTS

C'est dans le village isolé de La Higuera que fut emprisonné Che Guevara après avoir été capturé. Un immense buste du révolutionnaire domine la poussiéreuse **Plaza del Che**, et non loin se dresse une

HASTA SIEMPRE, COMANDANTE

En Bolivie, la figure du Che est partout révérée avec ferveur. C'est en effet dans ce pays que l'épopée révolutionnaire d'Ernesto Guevara a pris fin tragiquement en octobre 1967.

Tout juste après son succès révolutionnaire à Cuba (et son échec au Congo), Ernesto "Che" Guevara de la Serna cherchait une nouvelle cause à défendre lorsqu'il eut vent de l'oppression des forces laborieuses par le régime autoritaire de René Barrientos Ortuño, en Bolivie. Bénéficiant d'un emplacement stratégique au cœur de l'Amérique du Sud, la Bolivie semblait l'endroit idéal d'où lancer la révolution socialiste sur tout le continent.

Le camp de base bolivien de Guevara fut établi en 1966 à la ferme Ñancahuazú, à 250 km au sud-ouest de Santa Cruz. Au début, les autres membres du mouvement révolutionnaire ignoraient qui il était. Ils comprirent seulement lorsque sa célèbre barbe recommença à pousser (il l'avait rasée pour arriver incognito en Bolivie) qu'ils avaient pour compagnon une légende vivante. Espérant convaincre les *campesinos* (paysans) qu'ils étaient opprimés pour les pousser à la révolte, le Che ne rencontra que de la méfiance. En fait, en attribuant aux *campesinos* des droits sur leurs terres, Ortuño s'était acquis leur soutien, vouant ainsi la révolution à l'échec avant même qu'elle n'ait commencé.

Le *Journal de Bolivie* fut écrit par le Che au long des derniers mois de sa vie. Dans la dernière page qu'il rédigea à la date du 7 octobre 1967, 11 mois après son arrivée en Bolivie, il écrivit que son plan se déroulait "sans complications".

Le lendemain, il fut capturé près de La Higuera par les troupes boliviennes (entraînées par la CIA) du capitaine Gary Prado Salmón, et blessé par balles aux jambes, à la nuque et à l'épaule. Il fut transféré dans une salle de classe et exécuté le 9 octobre par le sergent Mario Terán.

La dépouille fut transportée par avion jusqu'à Vallegrande, où elle fut exposée dans la buanderie de l'hôpital pour prouver au monde entier que le Che était mort.

En octobre 2017, des milliers de personnes ont convergé à Vallegrande pour célébrer le 50e anniversaire de la mort du Che. Evo Morales et les quatre enfants du Che ont assisté aux célébrations, dont beaucoup ont eu lieu dans le Centro Cultural Ernesto Che Guevara de Vallegrande, achevé l'année précédente. Chaque année, de nouvelles fresques apparaissent sur les murs de la buanderie de l'hôpital où le corps du Che fut exposé, tandis que les voyageurs souhaitant rendre hommage à leur héros laissent drapeaux et lettres dans l'école de La Higuera. Leur message est résumé un peu partout sur les murs du musée : *Che vive !* ("Le Che est vivant !").

LA RUTA DEL CHE

L'office du tourisme situé côté est de la place gère le **Ruta del Che City Tour** (40 $B ; départs des visites 8h30, 11h30, 14h30 et 17h lun-sam, 8h30 et 11h30 dim), qui part à horaires fixes. Ces visites guidées de 2 heures permettent de découvrir les sites liés au Che à Vallegrande. Débutant à l'office du tourisme, elles passent ensuite par la buanderie de l'Hospital Señor de Malta (p. 284), La Fosa de los Guerrilleros, où reposent douze guérilleros, et le centre culturel Che Guevara, qui renferme le mausolée du Che (p. 284) et le Museo de Che (p. 284). Seul une des quatre guides parle anglais – demandez à ce qu'elle soit votre guide si vous ne parlez pas espagnol. Le prix des entrées est compris dans celui de l'excursion.

Des circuits plus longs, comprenant la visite de La Higuera et de sites en dehors de la ville, sont disponibles à partir de 250 $B par voiture. Il est envisageable de visiter La Higuera dans la matinée et de revenir à Vallegrande à temps pour la visite Ruta del Che l'après-midi, ce qui vous fera voir les sites dans l'ordre chronologique.

statue en pied en ciment qui fait deux fois la taille que faisait le Che. La salle de classe où le Che fut enfermé avant son exécution est proche de la place, précédée d'un monument orné d'une étoile. Elle est devenue un **musée**, mais le bâtiment a été transformé.

À voir

Quebrada del Churo SITE HISTORIQUE
(10 $B). Un sentier en pente raide descend à flanc de colline jusqu'à la clairière où le Che et 16 de ses compagnons d'armes échappèrent pendant 10 jours à leurs poursuivants. Mais le 8 octobre 1967, il se retrouvèrent encerclés par l'armée et une fusillade éclata. Gravement blessé, le Che se rendit et fut amené à La Higuera.

La Quebrada del Churo est à 5 km au nord de La Higuera, sur la route de Vallegrande ; le départ du sentier est indiqué par un panneau. La randonnée dure environ deux heures. Emportez de l'eau.

La clairière est indiquée par une étoile en cailloux et des bancs de béton. C'est l'endroit idéal pour écouter votre guide raconter les derniers jours du Che. Le sentier traverse des terrains privés et un droit d'entrée de 10 $B est prélevé ; glissant par temps de pluie.

Museo Comunal La Higuera MUSÉE
(10 $B ; 8h-12h et 14h-18h lun, 8h-18h mar-sam, 8h-12h dim). Ce musée est une reconstitution de la salle de classe où le Che fut détenu, puis exécuté le 9 octobre 1967. Les murs sont couverts de photographies, de lettres et de drapeaux laissés là en hommage au Che par des visiteurs du monde entier.

Si le musée est fermé, demandez dans le village la personne qui en détient les clés.

Où se loger et se restaurer

Casa del Telegrafista PENSION $$
(6880-3815 ; www.facebook.com/hotelposada-camping ; 100 $B/pers). Installée dans une maison historique, cette charmante pension possède une superbe cour pavée et des chambres rustiques mais joliment décorées. Des panneaux solaires fournissent l'électricité, et l'on peut aussi camper sur place. Repas disponibles (65 $B/personne), et un petit bar sur place. La salle à manger renferme une exposition de photographies du Che.

Depuis/vers La Higuera

Rejoindre La Higuera en indépendant n'est pas chose aisée. Sachez que le moins onéreux est de prendre part à un circuit organisé au départ de Vallegrande. L'office du tourisme (p. 285) vous aidera à trouver un taxi ou un guide.

Si vous venez de Vallegrande par vos propres moyens, un *expreso* (*trufi*) à destination de Pucará revient à environ 250 $B pour un maximum de 4 personnes ; de Pucará, on peut ensuite rejoindre La Higuera par une marche de 15 km dans les collines. Sinon, négociez une course avec un taxi. Les taxis pour La Higuera (448 $B minimum ; 2 heures) partent du marché, à deux pâtés de maisons à l'est de la place principale, sur Sucre.

GRAN CHIQUITANIA

La Gran Chiquitania est la zone à l'est de Santa Cruz où se rencontrent l'hostile paysage épineux du Chaco et les savanes tropicales du bassin amazonien. La région est bordée, à l'ouest, par les contreforts de la Cordillera Oriental, au nord, par les Llanos de Guarayos et, au sud et à l'est, par les frontières du Paraguay et du Brésil.

Ces deux paysages diamétralement opposés se côtoient sans jamais vraiment se rencontrer.

Le relief plutôt plat de la Chiquitania présente çà et là de longues crêtes basses et d'étranges montagnes monolithiques. La plupart des terres sont tapissées d'immenses marécages, qui font partie de la magnifique région du Pantanal. C'est aussi le berceau des missions jésuites - des localités chargées d'histoire et caractérisées par leurs églises aux toits imposants.

La région tient son nom des Indiens Chiquitanos. Le nom même Chiquitanos (qui signifie "petit peuple") fut inventé par les Espagnols, très surpris par les portes basses des habitations.

Histoire

En 1609, à une époque où l'est de la Bolivie était encore un territoire mal connu, les Jésuites fondèrent un État religieux autonome au Paraguay. De là, ils se déployèrent pour étendre leurs missions aux régions voisines de l'Argentine, du Brésil et de la Bolivie, s'aventurant dans des contrées non explorées par les autres Européens.

Soucieux de cohabiter avec les nombreux peuples indigènes, les Jésuites établirent ce qu'ils considéraient comme une hiérarchie idéale : deux ou trois d'entre eux dirigeaient une colonie, ou *reducción*, à laquelle était affectée une unité militaire autonome. Cette force militaire improvisée, véritable théocratie, fut un temps la plus forte et la mieux entraînée du continent, protégeant la région des Portugais installés au Brésil et des Espagnols à l'ouest.

Sur le plan politique, les *reducciones* boliviennes étaient placées sous le contrôle nominal de l'*audiencia* (district judiciaire) de Chacras et, sur le plan ecclésiastique, sous l'autorité de l'évêché de Santa Cruz. Toutefois, en raison de leur isolement, elles étaient en fait autonomes. Chaque communauté était administrée conjointement par quelques prêtres et un conseil de huit indigènes représentant des groupes différents, qui se réunissaient tous les jours pour surveiller l'évolution de la mission. Si les autochtones étaient prétendument libres de choisir ou non de vivre au sein d'une communauté jésuite, la réalité était bien plus sordide, car les personnes qui refusaient étaient contraintes de vivre selon le système de l'*encomienda* (système féodal espagnol) ou, pire, étaient réduites en esclavage.

Ces communautés atteignirent leur apogée sous la direction du père Martin Schmidt (1694-1772). Ce prêtre suisse construisit des missions à San Javier, à Concepción et à San Rafael de Velasco, conçut de nombreux autels, inventa des instruments de musique, devint le compositeur des *reducciones* et publia un dictionnaire espagnol-chiquitano. Expulsé de la région, il mourut en Europe.

Vers le milieu du XVIIIe siècle, les querelles politiques en Europe tournèrent en luttes de pouvoir opposant l'Église catholique et les monarchies française, espagnole et portugaise. Lorsque les Espagnols comprirent l'étendue de la richesse et de l'influence des Jésuites, ils se décidèrent à passer à l'action. En 1767, balayées par un tourbillon de désordres politiques et de dogmes religieux,

LA PARABA FRENTE ROJA

Espèce menacée, l'ara de Lafresnaye (*Ara rubrogenys*), ou ara à front rouge (*paraba frente roja*), affirme son statut bolivien par la particularité de son plumage, rouge, vert et jaune, aux couleurs du drapeau national. Présent uniquement dans les vallées intérieures andines sèches du secteur de Vallegrande, il n'en existe que 1 000 spécimens au monde. Grâce à une grande campagne de sensibilisation, l'ONG locale Armonía a pu récolter des fonds afin d'acheter, près de **Saipina**, une petite réserve pour sa protection.

Contactez le **bureau d'Armonía** (p. 273) à Santa Cruz pour plus de renseignements sur ses programmes de protection et savoir comment vous rendre à **La Paraba Frente Roja Lodge** (☎ à Santa Cruz 3-356-8808 ; www.armoniabolivia.org ; près de Peña Colorada Sur ; ch pension 1 000 $B ; P). L'ara n'est pas le seul oiseau menacé à avoir élu domicile au lodge, où vous verrez aussi dans les environs de bruyantes perruches des falaises et des quiscales de Bolivie, de couleur noire. Contactez Bird Bolivia (p. 368) pour des circuits d'observation des oiseaux avec guide.

les missions furent dissoutes, et le roi Charles III signa l'ordre d'expulsion entraînant le renvoi des Jésuites du continent. Après leur départ, les communautés furent laissées à l'abandon – seules leurs superbes églises restèrent pour témoigner de cet incroyable passé qui connut une fin brutale.

Circuit des missions jésuites

Cet ensemble de villes connues sous le nom de **Las Misiones jesuíticas** renferme quelques-uns des principaux sites culturels et historiques du pays. Restée dans l'ombre pendant plus de deux siècles, l'histoire de la région fut révélée au public du monde entier en 1986 grâce au film de Roland Joffé, *Mission* (avec Robert De Niro), Palme d'or au Festival de Cannes, qui narrait les derniers jours des prêtres jésuites de la région. L'intérêt croissant pour cette culture rassemblant Jésuites et Chiquitanos incita l'Unesco à inscrire ces missions au Patrimoine mondial, en 1991. Grâce au difficile travail de restauration mené pendant 25 ans par l'architecte suisse et jésuite Hans Roth (1934-1999), presque toutes ces églises ont retrouvé leur splendeur originelle.

Depuis/vers les missions jésuites

En transport en commun, les correspondances des bus qui desservent le circuit des missions jésuites sont mieux synchronisées dans le sens contraire des aiguilles d'une montre : cela revient à entamer le circuit par San José de Chiquitos. Vous gagnerez beaucoup de temps en participant à une visite guidée depuis Santa Cruz ; comptez environ 500 $US pour un circuit de 4 jours englobant les principales missions. Misional Tours (p. 265) est une agence recommandée.

San Xavier (San Javier)

☎3 / 15 400 HABITANTS

Première localité du circuit (ou dernière, en fonction du sens de votre voyage), San Xavier, fondée en 1691, est la plus ancienne mission de la région. Elle est devenue progressivement une destination de vacances privilégiée pour les familles de *Cruceños* aisées. Arrivé sur les lieux en 1730, Martin Schmidt y établit la première école de musique de la région, ainsi qu'un atelier fabriquant violons, harpes et clavecins. La localité se dresse sur une jolie crête boisée, forte d'une vue superbe sur les collines et la campagne avoisinantes.

À voir

Iglesia de San Xavier ÉGLISE
(Plaza Principal ; musée et église 20 $B ; 8h30-12h et 14h-18h). Le prêtre suisse Martin Schmidt dessina également l'église actuelle, construite entre 1749 et 1752. Des travaux de restauration, qui ont su préserver l'authenticité du bâtiment, ont été achevés en 1992. Le séduisant intérieur chaulé se distingue des autres missions du circuit. En dehors des messes, on accède à l'église par le Museo Misional adjacent.

Museo Misional MUSÉE
(Plaza Principal ; musée et église 20 $B ; 8h30-12h et 14h-18h). Cet intéressant petit musée jouxtant l'église retrace l'histoire du peuple des Chiquitos et des missions. La petite boutique vend sculptures en bois et souvenirs.

Museo Casa Natal German Busch MUSÉE
(Plaza Principal ; 8h-12h et 14h30-18h). GRATUIT Ce musée est aménagé dans la maison natale de German Busch (1903-1939), ancien président et héros de la guerre du Chaco, mort dans des circonstances mystérieuses à l'âge de 35 ans. On peut voir dans un joyeux fouillis quelques photographies anciennes et une petite exposition d'œuvres d'artistes locaux. L'office du tourisme (page ci-contre) est au coin nord-est de la place.

Où se loger

San Xavier compte quelques hôtels peu attrayants. Envisagez de pousser jusqu'à Concepción ou Santa Cruz (selon la direction de votre destination suivante) pour passer la nuit.

Residencial de Chiquitano PENSION $
(☎7739-2077, 963-5072 ; Av. Padre José de Arce ; s 70-150 $B, d 90-200 $B, tr 150-250 $B ; P). Cet *hostal* lumineux, réparti sur deux niveaux et orné de motifs de toucans et d'aras, se trouve sur la route principale, en face de l'entrée du bourg. La terrasse offre une vue superbe sur les collines alentour. Évitez les chambres sans ventilateur lorsqu'il fait chaud.

Gran Hotel Reposo del Guerrero HÔTEL $$
(☎963-5022 ; Nicolás Suárez 56 ; avec petit-déj 100 $B/pers ;). Bien qu'un peu défraîchi, cet établissement est ce qui se rapproche

le plus d'un bon hôtel dans le centre-ville. Au-delà du hall grandiose, les chambres sont un peu petites et nettement moins séduisantes que le jardin. À deux rues à l'est de la place.

Où se restaurer

On trouve surtout de la restauration rapide ici. Essayez le marché, à deux rues vers l'est de la place, si vous préférez les fruits et légumes.

Dolce Capricho DESSERTS $
(Av. Principal ; en-cas 4-10 $B ; ⌚15h30-23h mar-dim). Gâteaux et glaces maison, sur la route principale, une rue à l'ouest de l'entrée du bourg.

Pascana BOLIVIEN $
(Plaza Principal ; plats 20-25 $B ; ⌚8h-18h lun-ven). Cuisine maison d'un bon rapport qualité/prix dans une ambiance familiale. Le service, souriant, est un atout du lieu. Petit-déjeuner, déjeuner, café et, le soir, *empanadas* (chaussons fourrés salés).

Renseignements

Il y a plusieurs DAB sur la route principale.

Banco Union (Av. Principal)

Depuis/vers San Xavier

Tous les bus Santa Cruz-Concepción passent par San Xavier (30 $B, 6 heures) et s'arrêtent sur la grand-route, non loin de la place principale. Des correspondances pour Concepción passent toutes les demi-heures environ de 7h30 à 19h30. En chemin, au km 322, jetez un œil sur votre droite à la formation rocheuse des **Piedras de Paquio**. Des bus partent toutes les heures de 11h à 22h pour San Ignacio de Velasco (via Concepción).

Pour revenir à Santa Cruz, vous pouvez éviter les bus souvent bondés en prenant un *trufi* (35 $B, 4 heures) ; ils partent lorsqu'ils sont complets et signalent leur présence sur la grand-route par des coups de klaxon. Autrement, des bus pour Santa Cruz partent à 11h30, 14h30, 17h30, 18h30, 19h30, 21h et 23h.

Les horaires des départs sont disponibles à l'**office du tourisme** (Plaza Principal ; ⌚8h-12h et 14h30-18h).

Concepción

☎3 / 20 380 HABITANTS

"Conce" (son surnom) se situe à 182 km à l'ouest de San Ignacio de Velasco dans une région de culture et d'élevage. Tous les projets de restauration des missions sont concentrés dans ce village poussiéreux qui a pour atouts son atmosphère accueillante et sa tranquillité. C'est la mission la plus visitée, en partie du fait de son accessibilité, mais également parce que son église est l'une des plus ornées du circuit.

À voir

Catedral de Concepción ÉGLISE
(Plaza Centrál ; forfait musée 25 $B ; ⌚8h-12h et 14h-18h lun-sam, 10h-12h dim). Située à l'est de la place, la cathédrale, bâtie en 1709 et merveilleusement restaurée, possède un toit en surplomb porté par 121 énormes colonnes en bois et un clocher perché sur des piliers sculptés. Elle est décorée de motifs baroques dorés, représentant la Vierge, des anges et des fleurs. En dehors des messes, on accède à l'église par un petit musée où sont exposées d'intéressantes photos historiques montrant l'église avant et après sa restauration dans les années 1970.

Si le musée de l'église est fermé, adressez-vous au Museo Misional, géré par la même personne, de l'autre côté de la place.

Museo misional MUSÉE
(Plaza Centrál ; forfait musée 25 $B ; ⌚8h-12h et 14h-18h lun-sam, 10h-12h dim). Un travail de restauration délicat s'effectue sur le côté sud de la place, au Museo misional qui, en plus d'être le lieu de naissance de l'ancien président bolivien Hugo Banzer Suárez, expose des maquettes de toutes les églises du circuit des missions jésuites, ainsi que de belles sculptures jésuites.

Ateliers de restauration ATELIERS
(Baviera ; forfait musée 25 $B ; ⌚7h30-12h et 13h30-17h45 lun-ven). Si l'architecture vous passionne, visitez les ateliers de restauration derrière l'église, où des artisans fabriquent de jolies répliques et redonnent vie à maintes œuvres d'art.

Où se loger et se restaurer

Gran Hotel Concepción HÔTEL $$
(☎964-3031 ; Plaza Centrál ; s/d/tr avec petit-déj 250/450/650 $B ; P ❄ 📶 ≋). Ce charmant hôtel au style jésuitique sans complexe est doté d'une piscine, d'un patio tranquille, d'un jardin luxuriant et de colonnes délicatement sculptées. Son service de blanchissage est le bienvenu après la poussière du circuit des missions. Sur le côté ouest de la place.

VAUT LE DÉTOUR

SANTIAGO DE CHIQUITOS

Perchée sur les collines, la mission jésuite de Chiquitos, 20 km à l'est de Roboré, est une oasis de fraîcheur par rapport à la chaleur tropicale qui règne sur les basses terres. Son église vaut le coup d'œil et de belles randonnées partent du village, dont une mène à **El Mirador**, sommet rocheux offrant un panorama vertigineux sur la vallée de Tucavaca. Depuis le village, la randonnée aller-retour dure 3 heures, et est particulièrement agréable l'après-midi, lorsque les rayons du soleil caressent les rochers. On peut également se rafraîchir à **La Colina**, une belle cascade à 3 km du village, ou dans les bassins naturels de **Las Pozas**, à 3,5 km du village. Une autre randonnée mène à **Las Cuevas de Miserendino** (grottes de Miserendino) qui abritent des peintures rupestres ; mieux vaut les explorer avec un guide (180-200 $B) – renseignez-vous à l'hôtel **Churapa** (☎7262-2193 ; Jorge Tomas Haight, Santiago de Chiquitos ; s/d avec petit-déj 150/200 $B, plats 30-70 $B ; ⏲restaurant 18h-20h). Outre Churapa, quelques hébergements vous attendent une rue à l'est de la place. Churapa abrite également un bon restaurant. Un taxi de Santiago à Roboré coûte 70 $B ; il n'y a aucun transport public.

La Casona HÔTEL **$$**
(☎964-3064 ; Av. Killian ; s/d avec ventil 100/180 $B, avec clim 140/220 $B ; ❄). Rien d'extraordinaire en termes de décor et de cadre (cour, fresques murales...), mais les chambres sont d'un bon rapport qualité/prix. Il y des hamacs et une ambiance décontractée, et l'endroit est propre et bien tenu. Petit-déjeuner compris.

Hotel Oasis Chiquitano HÔTEL **$$**
(☎7602-5442 ; German Busch ; ch avec/sans clim 150/100 $B ; ❄📶🏊). Cet hôtel bien tenu et doté de chambres simples et d'un jardin d'orchidées se trouve à un pâté de maisons au nord de la place. Les hôtes ont accès à l'espace aquatique de l'Oasis Chiquitano (15 $B pour les personnes extérieures) juste à côté. Petit-déjeuner inclus.

El Buen Gusto BOLIVIEN **$$**
(Plaza Centrál ; menu déj 30 $B, plats 45-65 $B ; ⏲11h30-22h). Portions copieuses et bar à salades... voilà qui change des plats remplis de graisse qui sont trop souvent la seule option sur le circuit des missions. Installez-vous dans la verdoyante cour arrière. Les habitants affirment qu'il s'agit de la meilleure table de Concepción. Sur le côté nord de la place.

ℹ Renseignements

Banco Union (Plaza Centrál). À l'angle sud-ouest de la place ; DAB.

Bureau d'Infotur (Padre Lucas Caballero ; ⏲8h-12h et 14h-18h lun-ven). À un demi-pâté de maisons de la place, fournit des renseignements sur l'ensemble du circuit des missions jésuites.

ℹ Depuis/vers Concepción

Des bus (35 $B, 6 heures) circulent entre Santa Cruz et Concepción toutes les demi-heures de 7h30 à 19h30 via San Xavier (20 $B, 6 heures) et déposent les passagers sur la grand-route – à 15 minutes de marche de la place ou à 3 $B en moto-taxi – ou devant le bureau de leur compagnie. Près du marché, des *trufis* (50 $B, 5 heures) partent pour Santa Cruz dès qu'ils sont pleins.

Si vous souhaitez visiter Concepción et rejoindre San Ignacio de Velasco le même jour, quittez Santa Cruz de bonne heure. Les bus pour San Ignacio au départ de Santa Cruz (60 $B, 8 heures) s'arrêtent vers 17h à Concepción, sur la grand-route à 1 km de la place. Des *trufis* à destination de San Ignacio (3 heures, 50 $B) partent du marché lorsqu'ils sont pleins.

San Ignacio de Velasco

☎3 / 52 400 HABITANTS

Centre de commerce en plein essor, San Ignacio de Velasco est la plus grande ville du circuit des missions. Un lieu très animé qui vaut le coup d'y faire une halte pour la nuit.

De grandes croix en bois (emblèmes des villes et villages des missions jésuites) se dressent aux croisements proches de la place.

À voir

Iglesia de San Ignacio ÉGLISE
(Plaza 31 de Julio ; ⏲8h-12h et 14h-20h30). GRATUIT La première église missionnaire de San Ignacio de Velasco fut fondée en

1748. La structure d'origine a malheureusement été démolie dans les années 1950 pour être remplacée par un affreux bâtiment moderne. Réalisant leur erreur, les architectes l'ont rasé pour y ériger une reproduction conforme à l'église d'origine. La nouvelle construction, donnant sur une grande place soignée, renferme l'autel et quelques colonnes en bois provenant de l'édifice d'origine.

Museo Misional de Ignacio de Velasco MUSÉE
(angle Comercio et La Paz, Plaza 31 de Julio ; 8h-12h et 14h30-18h30 lun-ven). GRATUIT La Casa de Cultura abrite un petit musée avec des photographies de toutes les églises du circuit et des explications historiques sur les missions. Héberge aussi l'office du tourisme.

Fêtes et festivals

San Ignacio célèbre son saint patron le 31 juillet. Les festivités débutent le 30 au soir avec de la musique sur la place principale, et se poursuivent le 31 au matin avec un défilé et des spectacles de danse.

Où se loger

Hotel Palace HÔTEL $
(962-2063 ; Comercio, Plaza 31 de Julio ; s/d avec petit-déj 100/160 $B). Le terme "Palace" est exagéré, mais cet hôtel bon marché est particulièrement bien placé, dans l'ombre de l'église sur le côté ouest de la place. Les chambres ont des ventilateurs mais ne sont pas climatisées ; celle à l'avant ont des balcons donnant sur la place.

Hotel La Misión HÔTEL $$
(962-2333 ; www.hotel-lamision.com ; Libertad, Plaza 31 de Julio ; s 400-550 $B, d 470-610 $B, ste 710 $B ;). Un peu de luxe colonial sur le côté est de la place. Chambres chics, petite piscine et suites somptueuses. Petit-déjeuner inclus.

Hotel San Ignacio HÔTEL $$
(962-2283 ; hotelsanignacio@hotmail.com ; Libertad, Plaza 31 de Julio ; s/d avec petit-déj 200/300 $B ;). Les chambres avec hauts plafonds et mobilier en bois et la jolie cour centrale font du San Ignacio une adresse attrayante, côté est de la place.

Où se restaurer

Pizzeria Napolitano PIZZA $$
(7538-0724 ; angle Calle 24 de Septiembre et Av. Santa Cruz ; plats 35-60 $B ; 18h-minuit mar-dim). Le week-end, on dirait que toute la ville vient manger en famille dans cette pizzeria. Outre les pizzas à l'américaine, il y a des pâtes, des viandes et d'excellentes salades. Le restaurant se trouve une rue au nord de l'église San Ignacio.

Club Social INTERNATIONAL $$
(Plaza 31 de Julio ; almuerzo 25 $B ; 11h30-14h30 lun et mer-sam, 11h-15h dim). Des *almuerzos* (menu déjeuner) bon marché avec soupe et plat principal. Le menu change quotidiennement mais comprend fréquemment du *majadito de charque*, plat typique de la région composé de riz et viande séchée. Côté ouest de la place.

Renseignements

Banco Union (Plaza 31 de Julio)
Office du tourisme (962-2211 ; angle Comercio et La Paz, Plaza 31 de Julio ; 8h-12h et 14h30-18h30 lun-sam). La Casa de la Cultura, à l'angle sud-ouest de la place, abrite un petit office du tourisme.

Depuis/vers San Ignacio de Velasco

La gare routière est à 2,5 km au sud de la place principale ; comptez 3 $B à moto-taxi.

Les *trufis* (voiture ou minibus collectifs) pour San Rafael (via Santa Ana) partent à 10h30 et 15h30 (2 heures 30, 20 $B). Ceux pour San Miguel partent lorsqu'ils sont pleins (1 heure 30, 15 $B). Les *trufis* rejoignant Santa Cruz (7 heures, 70 $B) via Concepción (3 heures, 50 $B) partent à 8h30, 10h30, 13h et 15h30 ; celui de 18h30 s'arrête à Concepción.

San Miguel de Velasco

3 / 11 400 HABITANTS

Perdu dans un paysage de broussailles à 38 km au sud de San Ignacio, San Miguel semble en état de sieste permanente. Selon l'architecte suisse et prêtre jésuite Hans Roth (1934-1999), son église fondée en 1721 serait l'édifice le plus fidèlement restauré de toutes les missions jésuites boliviennes.

À voir

Église jésuite ÉGLISE
(Plaza Principal ; 8h-12h et 12h30-18h). GRATUIT Les colonnes en spirale de l'église de San Miguel, son autel en bois sculpté doté

d'une statue de San Miguel volant, son extravagante chaire dorée, ses œuvres d'art religieuses, son adorable clocher et sa façade aux fresques recherchées sont de purs chefs-d'œuvre.

Bien qu'elle n'ait pas été conçue par le père Martin Schmidt, l'église – souvent considérée comme la plus belle des missions de Bolivie – trahit l'influence du maître.

Renseignements

Banco Fassil (Plaza Principal). Côté sud de la place principale.

Office du tourisme (962-4222 ; Calle 29 de Septiembre ; 8h-12h et 14h-18h lun-ven, 8h-12h sam)

Depuis/vers San Miguel de Velasco

Des *trufis* partent pour San Ignacio (1 heure 30, 12 $B), au nord, vers 14h et 18h30, mais les horaires peuvent changer – renseignez-vous sur place. La route n'est pas goudronnée, et la pluie peut occasionner un retard, un détour ou une annulation. Les *trufis* pour San Rafael n'ont pas d'horaires précis, mais partent généralement en fin de matinée et au milieu de l'après-midi (1 heure, 12 $B). Ils partent près du DAB de la place principale.

Santa Ana de Velasco

3 / 680 HABITANTS

De tous les villages du circuit des missions, Santa Ana de Velasco est le plus paisible et sans doute le plus charmant. Accessible depuis San Ignacio par une route de terre cahoteuse, l'endroit semble déconnecté du monde moderne. La tranquillité de la vaste place en gazon n'est perturbée que par quelques poulets en liberté.

À voir

Iglesia de Santa Ana ÉGLISE

(Plaza Principal ; 7h-18h). GRATUIT L'église de Santa Ana, avec son autel en bois et son toit en tuiles rouges, est l'une des plus rustiques du circuit et évoque les premières églises érigées par les Jésuites à leur arrivée. L'intérieur comporte de ravissantes sculptures et peintures religieuses. Admirez l'orgue datant de 1754, dont les tuyaux ont été remplacés mais dont la structure en bois est d'origine.

Où se loger et se restaurer

Si vous êtes bloqué à Santa Ana pour la nuit, contactez Tito Irving Rocha, qui loue des chambres dans sa **pensión** (7467-5400 ; Nanauma ; 50 $B/pers) officieuse.

Restaurante El Tacu BOLIVIEN $

(6781-4229 ; Plaza Principal ; petit-déj 10 $B, repas 2 plats 40 $B ; horaires variables, appelez). Niché derrière la place principale, à l'est de l'église, ce charmant restaurant sert une cuisine maison copieuse sur des tables en terrasse à l'ombre d'arbres fruitiers. Emma Silva, la propriétaire, en récolte les pamplemousses et les citrons pour faire des jus de fruits. Appelez avant d'y aller.

Depuis/vers Santa Ana de Velasco

Un *trufi* part pour San Rafael vers 11h30 et 16h30 (1 heure, 12 $B). Ceux à destination de San Ignacio, dans la direction opposée, partent vers 11h et 17h (45 min, 10 $B). La route reliant Santa Ana à San Ignacio, non goudronnée et cahoteuse, peut devenir impraticable par fortes pluies.

San Rafael de Velasco

3 / 7 500 HABITANTS

San Rafael de Velasco est un petit village poussiéreux fondé en 1696, à 132 km au nord de San José de Chiquitos. Son église fut érigée entre 1743 et 1747. Dans les années 1970 et 1980, l'édifice fut rénové par les architectes suisses chargés de la restauration des églises de Concepción et de San José de Chiquitos. Il n'y a pas grand-chose d'autre à voir que la splendide mission dans cette petite localité.

À voir

Église jésuite ÉGLISE

(Plaza Principal ; horaires variables). GRATUIT L'intérieur restauré de cette mission de 1747, de toute beauté, a conservé intactes les peintures et sculptures d'origine. La chaire est recouverte d'une couche de mica brillant, le plafond est en roseaux, et les colonnes en spirale sont sculptées dans des rondins de *cuchi* (bois de fer). Si l'église est fermée, téléphonez au numéro indiqué sur la porte principale.

Où se loger et se restaurer

Pascana Rafaeleña PENSION $

(962-4018, 7639-2747 ; Chiquitos, Plaza Principal ; s/d avec petit-déj 70/120 $B ;). Sur la place à quelques mètres de l'église, cette pension avec hauts plafonds et joli sol carrelé propose des chambres climatisées

VAUT LE DÉTOUR

LA RUTA DEL JAGUAR

Jadis florissante, la population de jaguars en Bolivie est de plus en plus menacée. Leur habitat forestier se réduit à mesure que les terres sont utilisées pour la culture du soja et l'élevage, et la demande croissante pour leurs dents et leurs crânes, pour l'essentiel exportés illégalement vers la Chine, favorise le braconnage.

Le **San Miguelito Jaguar Conservation Ranch** (www.wildlifeconservationtour.com), près de la ville de mission jésuite de San Antonio de Lomerío, espère inverser la tendance grâce au tourisme. L'essentiel de la forêt qui entoure le ranch a été défrichée par les fermiers locaux, ne laissant qu'une petite zone humide protégée densément peuplée de jaguars, où il est souvent possible d'en apercevoir. Des pièges photographiques installés dans le cadre d'une étude de la World Conservation Society ont montré que la réserve est peuplée de six espèces distinctes de félins : le jaguar, le puma, l'ocelot, le margay, le chat de Geoffrey et le jaguarondi. **La Ruta del Jaguar** est un projet d'écotourisme mené en collaboration avec la communauté locale (qui voit dans les félins une menace pour son bétail) pour essayer de l'inciter à protéger le jaguar.

Le ranch est à 190 km à l'est de Santa Cruz. Les circuits organisés à San Miguelito (minimum 2 nuits) comprennent l'hébergement en lodge. Les agences touristiques proposent également des randonnées incluant la consultation des pièges photographiques, du canoë sur le Río San Julian, des balades à cheval et l'observation des oiseaux. Contactez Nick's Adventures (p. 265) à Santa Cruz.

avec TV, réparties autour d'un long patio et ornées de peintures des églises du circuit.

Las Palmeras BOLIVIEN $
(Plaza Principal, angle Av. Velasco et Barba ; plats 15 $B ; ⌚7h30-21h). Un restaurant local servant soupes et plats tels que des *milanesas* (escalopes panées). L'établissement était temporairement fermé lors de nos recherches.

Depuis/vers San Rafael de Velasco

Les *trufis* pour San José de Chiquitos, au sud, partent tous les jours à 14h (4 heures, 50 $B). Dans l'autre sens, ils partent de San José à 9h.

Les *trufis* pour le nord et San Ignacio (2 heures 30, 20 $B) via San Miguel (1 heure, 12 $B) partent à 13h et 17h. Ceux pour Santa Ana partent à 10h, 13h et 16h (45 min, 10 $B).

San José de Chiquitos

☎3 / 16 600 HABITANTS

Avec ses allures de décor de western – rues poussiéreuses et avant-toits –, San José de Chiquitos ne manque pas de caractère. La ville frontière est bordée au sud par un escarpement de faible altitude et au nord par une forêt humide. Avec son immense et jolie place flanquée de *toboroches* (arbres bouteilles), la plus accessible des missions jésuites est sans doute aussi la plus attirante. L'endroit redouble de beauté lorsque le soleil couchant colore les pierres en rose.

À voir

Église de la mission jésuite ÉGLISE
(Plaza Principal ; musée et église 20 $B ; ⌚9h-12h et 15h-18h mar-dim). L'église de San José, entièrement construite en pierre, est unique en son genre. Si vous ne devez en visiter qu'une, c'est celle-ci. L'autel principal se rapproche de celui des missions voisines, et de vagues ressemblances avec des églises belges et polonaises ont été notées, mais l'origine de son aspect extérieur, insolite, reste un mystère.

Musée HISTOIRE LOCALE
(Plaza Principal ; musée et église 20 $B ; ⌚9h-12h et 15h-18h mar-dim). À côté de l'église, un petit musée consacré aux 10 missions jésuites de la région. Le billet d'entrée donne accès à l'église.

Parque Histórico Santa Cruz la Vieja RUINES
(Av. El Sutó ; 10 $B ; ⌚8h-16h lun-ven). À 2,5 km au sud de la place principale, sur le site originel de Santa Cruz de la Sierra, où vous ne verrez guère qu'un poste de garde déserté.

Juste après, une statue de Ñuflo de Chavez, fondateur de la ville, se dresse à côté d'une reconstitution de *choza* – habitation chiquitana typique dont la porte basse servait à la défendre d'éventuelles attaques.

Un peu plus haut, un sentier de randonnée mène aux **Cataratas del Suton**, une chute d'eau offrant un superbe point de vue panoramique. Il est facile de se perdre, aussi, mieux vaut partir avec un guide. Renseignez-vous à l'office du tourisme.

Où se loger

Hotel Turubó HÔTEL $

(portable 7264-5153 ; Bolívar, Plaza Principal ; s 100-120 $B, d 140-160 $B ; P). Une adresse bon marché avec un personnel sympathique et serviable et des chambres propres dotées de TV et de salles de bains. Sur le côté ouest de la place.

La Villa Chiquitana BOUTIQUE-HÔTEL $$

(7315-5803 ; www.villachiquitana.com ; 9 de Abril ; avec petit-déj s 295-395 $B, d 380-495 $B ; restaurant 12h-14h et 19h-21h30 ; P). Chambres spacieuses, chacune décorée selon un thème différent, et équipées de grandes salles de bains modernes. Le jardin avec piscine, planté de palmiers et peuplé d'oiseaux tropicaux, forme une oasis paisible, bien loin des rues poussiéreuses du centre. Excellent restaurant-bar sur place.

Hotel Misiones de Chiquitos BOUTIQUE-HÔTEL $$

(7800-8062 ; www.misioneshotels.com ; Mons Carlos Gericke, Plaza Principal ; ch avec petit-déj 350 $B ;). Quelle surprise de tomber sur cet hôtel élégant et moderne sur le circuit des missions ! Les chambres ont des sols carrelés d'un blanc éclatant, des TV à écran plat et de luxueuses salles de bains, et sont réparties autour d'une piscine. Il y a aussi un bar avec terrasse et même une salle de sport.

Où se restaurer

Pour une cuisine locale typique et bon marché, cap sur la place. Pour des plats plus raffinés, essayez le restaurant de l'Hotel Misiones de Chiquitos.

Sabor Chiquitano BOLIVIEN $

(Santa Cruz, Plaza Principal ; plats 18-25 $B ; 9h-22h). Jus de fruits délicieux et un bon choix de plats et d'en-cas (dont de savoureuses *empanadas*). Personnel aimable et terrasse sur la place. Une bonne adresse.

Churrasquería El Rafa BARBECUE $$

(angle Bolívar et Santa Cruz ; plats 25-50 $B ; 18h-minuit). Les gens du coin apprécient ce restaurant situé à l'angle sud-ouest de la place – cela ne sera peut-être pas le cas de vos artères... Le buffet du déjeuner offre un meilleur choix de salades et de pâtes.

Renseignements

Infotur (972-2084 ; angle Bolívar et Mon Carlos Gericke ; 7h30-12h et 14h30-18h30 lun-sam). Cet office du tourisme situé dans l'*alcaldía* (mairie), à deux pas de l'angle nord-ouest de la place, vous fournira des renseignements sur les missions.

Il y a plusieurs DAB en ville.

VAUT LE DÉTOUR

CHOCHÍS

Le minuscule village de Chochís, 360 km à l'est de Santa Cruz, est posé au pied de l'imposant bloc de roche rouge appelé la Torre (la tour). Le **Santuario Mariano de la Torre** (9h-18h) GRATUIT, sanctuaire religieux et mémorial érigé en souvenir des victimes d'une inondation, est la principale raison de la visiter. Bien que ce sanctuaire soit relativement moderne (le désastre remonte à 1979), les sculptures sur bois qui l'ornent n'ont rien à envier à celles des missions jésuites. La profonde tristesse qui émane du site donne à partager la douleur de la population.

La campagne environnante se prête aux balades et les guides locaux peuvent vous conduire à des cascades, à des points de vue et à des bassins naturels. En 2018, douze artistes du monde entier se sont retrouvés à Chochís pour une session *street art* d'une semaine, et leurs œuvres ornent toujours les édifices de la place principale.

Les *trufis* (voiture ou minibus collectifs) pour Chochís partent lorsqu'ils sont pleins de la place principale de Roboré (30 $B, 45 min). De San José, les *trufis* pour Roboré peuvent vous déposer à Chochís (40 $B, 1 heure 30).

Depuis Chochís, un *trufi* part pour Roboré vers 12h et un autre pour San José vers 20h. Il y a des bus pour San José à 14h30, 15h30 et 22h (30 $B, 1 heure 30), et pour Roboré à 5h, 17h et 22h (20 $B, 1 heure).

LA FRONTIÈRE BRÉSILIENNE

Le principal poste-frontière pour entrer au Brésil se trouve au bout de la ligne ferroviaire du Trans-Chiquitano, à Quijarro. Un second poste, plus petit, est situé à San Matías, point d'accès à la région septentrionale du Pantanal brésilien. La route passant par San Matías est une aventure en soi – elle n'est toujours pas goudronnée à l'est de San Ignacio. Des bus relient San Matías à Santa Cruz (la route est parfois impraticable par fortes pluies). Si vous traversez la frontière avec votre propre véhicule, les tampons d'entrée et de sortie pour le Brésil s'obtiennent au bureau de la Polícia Federal, au n°160 de Rua Antônio João à Cáceres ; pour les tampons d'entrée et de sortie pour la Bolivie, voyez à Santa Cruz.

Vous arriverez très probablement en train ou en bus entre 6h et 7h à **Puerto Quijarro**, où une cohorte de taxis vous accueilleront, qui proposeront de vous conduire 3 km plus loin, à la frontière (20 $B). Il y a des **bureaux de l'immigration** (Ruta Nacional 4 ; 8h-18h) des deux côtés du pont. Certains officiels boliviens réclament parfois un pot-de-vin pour le visa d'entrée sur le territoire (généralement aux alentours de 18 $B). Les voyageurs qui franchissent cette frontière doivent présenter un certificat de vaccination contre la fièvre jaune. Côté brésilien, des bus ou des taxis vous conduiront à Corumbá. Les visas d'entrée sur le territoire brésilien sont donnés à la frontière.

Banco Prodem (angle Av. Gallardo et 9 de Abril)
Banco Union (angle Av. Gallardo et 9 de Abril)

Depuis/vers San José de Chiquitos

Les bus et les *trufis* partent de la gare routière située 1,5 km au nord du centre-ville ; comptez 3 $B à moto-taxi.

La route reliant San Rafael et San José n'est pas goudronnée et peu fréquentée par les transports publics. Un *trufi* part tous les jours pour San Rafael à 9h (4 heures, 50 $B) et repart pour San José à 14h.

Les bus en provenance de Santa Cruz partent tous les jours de la gare routière et ferroviaire entre 16h et 18h (50 $B, 4 heures). Dans le sens du retour, 5 bus relient San José à Santa Cruz ; ils partent tous entre 15h et 23h30. Des bus pour Quijarro, à la frontière brésilienne, quittent San José de Chiquitos à minuit (50-80 $B, 6 heures 30).

Pour voyager entre San José et Santa Cruz ou Quijarro, il est aussi possible d'opter pour le train *Ferrobus* ou pour le train *Expreso Oriental*, plus lent. Il faudra présenter votre passeport lors de l'achat du billet et au moment d'accéder au quai.

Bassin amazonien

Dans ce chapitre ➡

Le top des restaurants

- Churrasquería La Estancia (p. 322)
- El Secreto de Mama (p. 328)
- Juliano's (p. 309)

Le top des hébergements

- Sadiri (p. 312)
- Chalalán Ecolodge (p. 311)
- Hostal El Lobo (p. 307)
- Serere Ecolodge (p. 311)
- Hostal Mirador (p. 302)

Pourquoi y aller

Le bassin amazonien est l'une des régions les plus vastes et les plus fascinantes de Bolivie. Parcourir la jungle dans la chaleur humide relève ainsi d'une expérience inoubliable. Or cette contrée n'a pas la luxuriance pour seul attrait, car sa richesse tient également à ses cultures, ses traditions et ses langues vernaculaires.

Dans un écrin de collines verdoyantes, la ville de Rurrenabaque, point d'arrivée de la plupart des visiteurs, a rang de base principale pour qui souhaite explorer le splendide Parque Nacional Madidi, dont les communautés profitent de l'essor d'un tourisme écologique et culturel. Le village de San Ignacio de Moxos est célèbre pour la fête qui s'y tient en juillet, tandis que Trinidad, centre dynamique et cosmopolite de la région, s'inscrit dans une zone humide et constitue une étape sur la route de Santa Cruz. Au nord, les villes frontalières de Riberalta et de Guayaramerín se trouvent dans des secteurs isolés où les voyageurs s'aventurent rarement.

Quand partir

Rurrenabaque

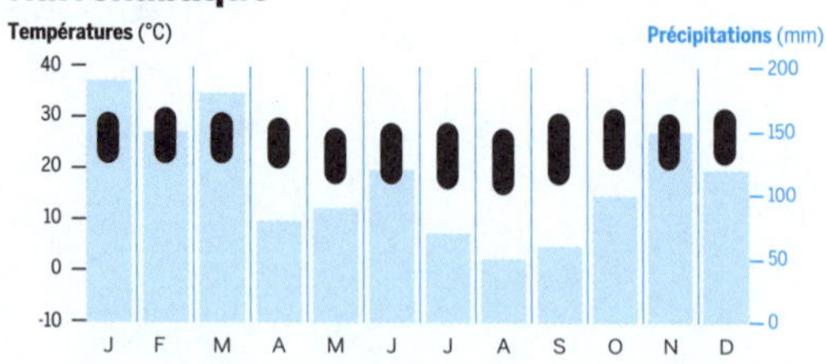

Mai-oct En dehors de la saison des pluies, les déplacements se font nettement plus faciles.

Mi-juin Fiesta de la Santísima Trinidad : course de taureaux et ambiance survoltée.

Juil Fête traditionnelle dans le village de San Ignacio de Moxos.

Histoire

Le bassin amazonien a toujours été nimbé de mystère. Persuadés qu'une civilisation florissante vivait au cœur de la forêt tropicale, les Incas tentèrent de conquérir la région au XVe siècle. Confrontés à la résistance des habitants des contrées occidentales de l'Amazonie bolivienne, essentiellement les Moxos, ils auraient alors conclu une alliance pour s'installer dans la région.

Un siècle plus tard, la légende excita l'imagination des conquistadors, eux aussi à la recherche de ce royaume mythique, nommé l'Eldorado, qui, à les en croire, se serait trouvé à l'est de la cordillère des Andes, près des sources du Río Paraguay.

Tout au long du XVIe siècle, les Espagnols battirent la région, mais, étrangers à l'environnement de la jungle, ils ne trouvèrent que la maladie et la mort. Découragés, ils décidèrent au XVIIe siècle de poursuivre leur quête ailleurs.

Dénuée d'intérêt aux yeux des conquérants, la région des Moxos séduisit les Jésuites, qui y virent une terre de conversion. Ils furent les premiers Européens à s'y installer quand ils fondèrent la mission de Loreto en 1675. S'ils imposèrent le christianisme et les us et coutumes du Vieux Continent, ils surent également reconnaître la culture et les talents des peuples indigènes, à qui l'on doit les superbes ornements sculptés dans le bois caractéristiques de ces missions. L'élevage reste aujourd'hui la principale source de revenus de la région et ne cesse de s'étendre à mesure que de vastes étendues de forêt cèdent la place à des ranchs.

Après l'expulsion des Jésuites en 1767, les missionnaires franciscains et dominicains, ainsi que les colons qui leur emboîtèrent le pas, amenèrent avec eux l'esclavage et les maladies. À cette exception près, les immensités du nord de la Bolivie sommeillèrent pendant des décennies dans un climat étouffant.

Récemment, les plans visant à l'exploitation durable des ressources naturelles de la région sont devenus un sujet brûlant. Le projet de construction d'une route de 300 km entre Villa Tunari et San Ignacio de Moxos, laquelle aurait traversé la réserve du Tipnis (Territorio Indígena y Parque Nacional Isiboro Sécure), a été abandonné à la suite des protestations des communautés indigènes et des écologistes.

En 2011, les représentants des quelque 50 communautés indigènes marchèrent sur La Paz, en signe de protestation. On leur opposa une violence qui causa la mort de 4 personnes. D'autres groupes de Moxos et de Tunari manifestèrent à leur tour en 2012 pour le maintien du projet, considéré comme crucial pour le développement économique de leurs terres ancestrales isolées.

En 2014, le projet fut suspendu et les autorités promirent de s'attaquer à la question de la pauvreté ; mais, en mai 2015, après la promulgation d'un décret autorisant les activités de prospection de gaz et de pétrole dans la région, la construction de la route fut de nouveau inscrite à l'ordre du jour. Si le chantier se poursuivait en 2022, il n'était pas encore achevé. L'évolution de la situation demeure incertaine.

Parcs nationaux et réserves

Gratifiée d'habitats d'une faune sauvage à la diversité exceptionnelle, l'Amazonie bolivienne renferme quelques-uns des parcs nationaux et des réserves les plus réputés du pays. On peut y observer oiseaux, singes et jaguars. Vous aurez le choix entre les jungles et les rivières sauvages du luxuriant Parque Nacional Madidi (p. 311), le *cerrado* (savane) moins fréquenté de la Reserva Biosférica del Beni (p. 314), la Reserva de Barba Azul (p. 324), avec ses perroquets particulièrement rares, et le "monde perdu" du Parque Nacional Noel Kempff Mercado, quasi inexploré (p. 303). À proximité des principaux centres habités de la région, plusieurs réserves municipales de taille plus modeste contribuent à sensibiliser les Boliviens aux trésors naturels du pays et à rendre ces derniers aisément accessibles.

ℹ Depuis/vers le bassin amazonien

Rurrenabaque, à l'ouest, et Trinidad, à l'est, sont les principaux points d'accès à la région. Si rejoindre Trinidad à partir de Santa Cruz est relativement facile, rallier des sites plus isolés nécessite de prendre l'avion (l'option la plus simple mais aussi la plus chère) ou de faire de longs trajets en bus (préparez-vous, en cas de pluie, à descendre pour pousser !).

De nombreuses routes, dont celle qui relie Rurrenabaque à Trinidad, sont en cours d'asphaltage : à la moindre averse, attendez-vous à mettre le double du temps de trajet annoncé. L'axe entre La Paz et Rurrenabaque est particulièrement monotone. Beaucoup de voyageurs ayant fait l'expérience du bus à l'aller décident de prendre l'avion ou un 4x4 au retour.

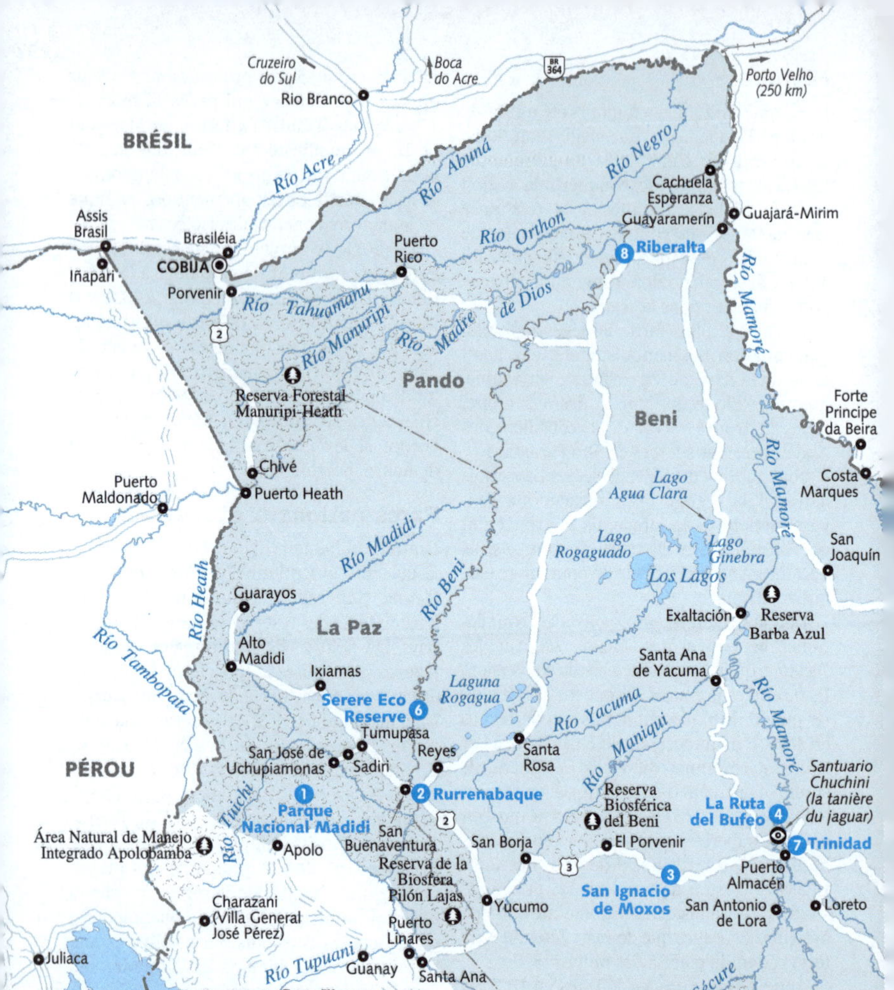

À ne pas manquer

1 Un circuit en bateau dans le **Parque Nacional Madidi** (p. 311), l'un des parcs les plus riches en biodiversité de la planète.

2 La découverte, au départ de **Rurrenabaque** (p. 304), d'une pampa hantée de caïmans, de capybaras et d'énormes anacondas.

3 La **Fiesta de Moxos** (p. 316), la plus belle fête du bassin amazonien.

4 La descente du paisible Río Ibare, sur **La Ruta del**

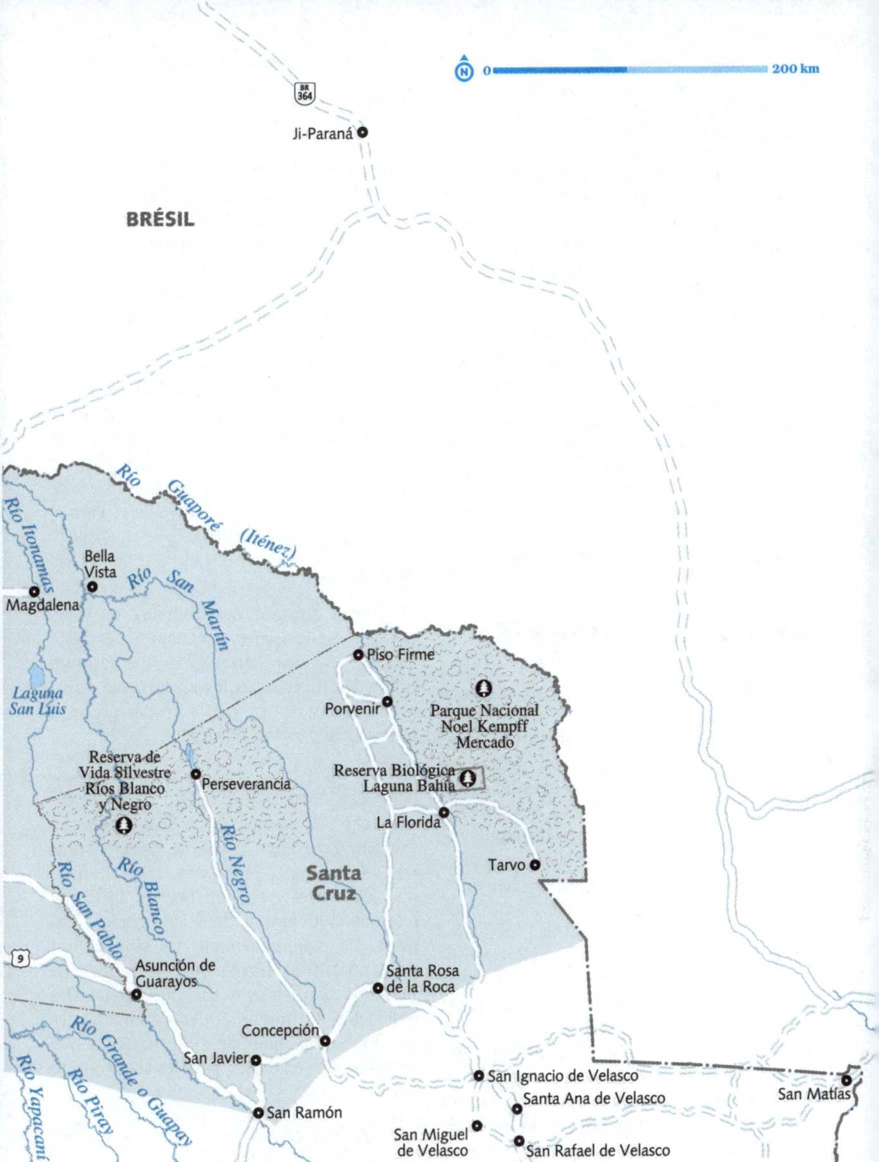

Bufeo (p. 319), pour tenter d'y surprendre des dauphins roses.

5 Rafting, canyoning et trekking dans la forêt humide depuis **Villa Tunari** (p. 300), haut lieu du tourisme d'aventure.

6 La **Serere Eco Reserve** (p. 311), réserve privée de la grande défenseuse de la nature en Bolivie.

7 La vie nocturne de **Trinidad** (p. 317), ville la plus cosmopolite de l'Amazonie bolivienne.

8 L'exploration, à portée de **Riberalta** (p. 327), de réserves naturelles peu visitées et de villages isolés où l'on cultive l'açai.

Les principaux transporteurs desservent tous la région, **BoA** (Boliviana de Aviación ; ☎901-105-010 ; www.boa.bo ; angle Sucre et Cipriano Barace ; ⏲8h-16h lun-ven, 8h-12h30 sam) et **Ecojet** (☎463-1488 ; www.ecojet.com.bo ; angle Av. 6 de Agosto et Av. Santa Cruz ; ⏲8h30-18h lun-sam) se spécialisant dans les destinations reculées. Ce mode de transport est pratique, mais les vols sont souvent annulés par mauvais temps ou pour des "opérations de maintenance".

Le transport fluvial marche fort, surtout à la saison des pluies quand il s'agit parfois de la seule option possible. La tranquillité ambiante se paie par une lenteur désespérante et une absence d'horaires précis. De même, la beauté parfois envoûtante du paysage ne peut faire oublier sa monotonie, et il est bon de prévoir de la lecture. Si le confort des passagers n'est pas le souci premier des constructeurs de bateaux, le standing des embarcations boliviennes est néanmoins supérieur à celui des "bétaillères" brésiliennes qui sillonnent le fleuve Amazone.

RÉGION DU CHAPARE

Le Chapare s'étend au-delà des derniers sommets de la cordillère des Andes et englobe la partie supérieure du bassin amazonien : la sécheresse et l'aridité des montagnes font place à la luxuriance et à l'humidité de la forêt tropicale. Le contraste est saisissant sur la route Cochabamba-Villa Tunari, qui serpente entre sommets élevés et lacs de montagne avant de plonger dans des vallées escarpées, profondes et noyées de brume de chaleur.

Le Chapare est peuplé en majorité de paysans venus des hauts plateaux dans les années 1970 et qui ont fait de la région le principal fournisseur des fabricants de cocaïne (contrairement aux Yungas, où l'on cultive la majeure partie de la coca que la population consomme elle-même sous forme de feuilles à chiquer, à infuser, etc.). Les tentatives de la DEA (Drug Enforcement Administration) d'éradiquer des plantations ont provoqué de violents affrontements entre les *cocaleros* (cultivateurs de coca), l'agence américaine et le gouvernement bolivien, rendant la région peu sûre ; le gouvernement de Morales a finalement renvoyé la DEA en 2008.

Depuis/vers le Chapare

Donnant sur la principale route entre Cochabamba et Santa Cruz, le Chapare est relativement aisé d'accès. Des bus réguliers partent des deux villes, mais les vans et les taxis collectifs constituent souvent les moyens de transport les plus rapides.

Villa Tunari

☎4 / 77 380 HABITANTS / ALTITUDE 300 M

S'échelonnant le long de la route Cochabamba–Santa Cruz, ce curieux hybride de relais routier et de destination touristique permet de se familiariser en douceur avec l'Amazonie. Il fait bon y randonner, se prélasser dans un hamac ou piquer une tête dans *Las Pozas*, un ensemble de bassins naturels où échapper à la touffeur de la jungle.

Devant le nombre croissant de visiteurs – qui viennent essentiellement le week-end depuis Cochabamba –, Villa Tunari tend à se transformer en attrape-touristes, de sorte que vos bolivianos s'y évaporeront plus vite que dans les villes amazoniennes plus au nord. Elle n'en constitue pas moins une base idéale pour explorer le merveilleux Parque Nacional Carrasco (p. 302).

À voir

Les parcs abritant des animaux en cage, des passerelles dans la canopée, des tyroliennes et des attractions thématiques (dont des dinosaures façon *Jurassic Park*) prédominent. La plupart sont des pièges à touristes dépourvus d'intérêt.

Parque Machía REFUGE

(Inti Wara Yassi ; ☎413-6572 ; www.intiwarayassi.org ; Av. Integración ; 6 $B ; ⏲9h30-16h mar-dim). Ce refuge de 37 ha héberge plus de 200 animaux rescapés du braconnage ou blessés qui vivent en liberté, ainsi que quelque 300 autres dans des enclos. Les premiers, essentiellement des singes, font des apparitions furtives sur le sentier de 1 km qui monte jusqu'à un point de vue. Des bénévoles du monde entier s'occupent des pensionnaires, mais signalons toutefois que rien n'est mis en œuvre pour les réintroduire dans la nature.

Activités

Se baigner dans les bassins naturels (*pozas*) est la principale distraction à Villa Tunari. Outre ceux de l'Hotel de Selva El Puente (p. 302), il en existe plusieurs d'accès gratuit (ou très bon marché) près de la ville, le long du Río San Mateo et du Río Espíritu Santo. **Padresama** et **Tres Arroyos** figurent parmi les plus populaires. Sur les rivières des alentours, les possibilités de **pêche** et de **rafting** sont inépuisables, mais demandez sur place quels sont les coins les plus sûrs avant de vous diriger sans guide dans la forêt.

Circuits organisés

Villa Tunari est une destination privilégiée de l'agence Fremen Tours (p. 368), basée à La Paz, qui propose des circuits tout compris, des formules d'hébergement, des excursions en bateau et des activités hors des sentiers battus.

Autrement, il existe des spécialistes locaux du rafting, du canyoning et des treks dans la jungle.

Ranabol ACTIVITÉS DE PLEIN AIR
(portable 7171-7097 ; www.facebook.com/ranabolrafting ; angle Av. Integración et Pando ; 7h-19h). Le tour-opérateur le mieux établi de Villa Tunari organise des sorties de rafting (10-19 km) et des expéditions de Cochabamba à Coroico combinant rafting et trek (7 à 10 jours). Citons également des formules de trekking de plusieurs jours dans les communautés indiennes du **Territorio Indígena y Parque Nacional Isiboro Sécure**, ainsi qu'un circuit d'une journée recommandé alliant randonnée, descente en rappel et canyoning (facile). Les patrons parlent un anglais basique.

Bolivia Rafting RAFTING
(portable 7642-2990 ; bolivia.rafting@gmail.com ; Av. Integración et La Paz ; 8h30-18h30 mer-dim). Descentes en rafting sur le Río Espíritu avec options randonnée, rappel et tyrolienne.

Fêtes et festivals

Fête de Saint Antoine FÊTE RELIGIEUSE
(juin). La fête du saint patron de la ville, **San Antonio (Saint Antoine)**, occupe toute la première semaine de juin.

Feria Regional del Pescado FOIRE
(août). Durant la première semaine d'août, la **Feria Regional del Pescado** se prête à déguster d'excellents poissons amazoniens.

Où se loger

Villa Tunari possède pléthore d'hôtels, la plupart chers pour la Bolivie et d'un médiocre rapport qualité/prix.

LA COCA : UNE PLANTE SACRÉE

Erythroxylum coca est le nom scientifique de la coca, une plante originaire du nord-ouest de l'Amérique du Sud. Cet arbuste pouvant atteindre 2 à 3 m de hauteur se distingue par ses longues feuilles vertes et ses petites grappes de fleurs d'un blanc jaune qui, une fois à maturité, donnent des baies rouges. En Bolivie, la coca pousse principalement dans les Yungas, au nord de La Paz, et dans la région amazonienne du Chapare.

Aux yeux de la plupart des Boliviens, la drogue qu'en tirent les trafiquants n'a rien à voir avec leur plante sacrée. Ils prennent donc très mal le fait d'être tenus pour responsables du mauvais usage que d'autres en font. Le président Evo Morales, ancien *cocalero* (cultivateur de coca), s'est engagé à poursuivre le combat contre le narcotrafic mais pas aux dépens de l'industrie de la coca.

Les détracteurs de cette politique soutiennent qu'elle a favorisé le développement d'un immense marché noir pour la production illégale de cocaïne en Bolivie. Les visiteurs remarqueront sans nul doute que l'argent de la drogue coule à flots dans le Chapare, où vécut Morales. L'inauguration, en 2015, d'un aéroport international possédant la plus longue piste d'atterrissage du pays sur le site d'une ancienne base de l'US Drug Enforcement Agency à Chimoré a suscité de nouvelles critiques à l'encontre de la Bolivie, accusée d'être un narco-État.

La coca fait partie des rituels religieux des habitants de l'Altiplano depuis la période pré-incaïque, où elle servait d'offrande aux apus (esprits de la montagne), à Inti (dieu du Soleil) et à la Pachamama (Terre-Mère). Elle est consommée sous forme de tisane (*mate de coca*) ou mastiquée pour contrer les effets de l'altitude, de la fatigue et de la faim. *Picchar* (mot dérivé de l'aymara signifiant "mâcher de la coca") s'apparente à chiquer du tabac. La petite boule de feuilles de coca est calée à l'intérieur de la joue et mastiquée en continu. C'est à la fois un stimulant et un anesthésiant. C'est aussi un puissant symbole d'identité culturelle.

Quel que soit son statut en Bolivie, la coca est illégale dans le reste du monde. La plupart des pays ne font aucune différence entre les feuilles de coca et la drogue qui en est dérivée : un simple pétiole dans votre poche, et vous risquez d'être accusé de posséder de la cocaïne.

Hostal Mirador HOSTAL $
(portable 7547-5435 ; www.facebook.com/hostalmirador.villatunari ; Calle Tarija ; dort avec/sans petit-déj 62/47 $B, s/d/tr/qua avec petit-déj 160/190/285/380 $B, camping 35 $B/pers ;). L'adresse la plus animée de la ville (et la seule où rencontrer d'autres étrangers) affiche une ample vue sur la rivière et des peintures murales colorées. Elle dispose en outre d'un certain nombre d'équipements : Wi-Fi rapide, petite piscine, salle de sport en plein air, cuisine commune, tables de billard et de ping-pong et hamacs engageants. Les dortoirs se révèlent plus avantageux que les chambres, dont certaines n'ont pas de meubles, hormis un lit.

Hotel Los Cocos HÔTEL $
(portable 7177-1796 ; angle Benigno Paz et Santa Cruz ; s/d 100/180 $B, sans sdb 70/140 $B ;). L'une des meilleures adresses pour les voyageurs à petit budget : chambres soignées, salles de bains modernes et belle piscine. Le propriétaire, Ray Charles Paz, se montre sympathique et serviable.

Hotel de Selva El Puente RESORT $$
(portable 7174-2596 ; s/d/tr 270/365/460 $B ;). Ce bel établissement est niché dans un coin de forêt tropicale de 22 ha, à 4 km de Villa Tunari. Il comporte de jolis bungalows en pierre autour d'une cour centrale et un salon tendu de hamac au-dessus de la réception. Son principal atout : 14 bassins naturels en pleine jungle (15 $B pour les non-résidents). L'hôtel, situé près du confluent des Ríos San Mateo et Espíritu Santo, est géré par l'agence Fremen Tours (p. 368). Le trajet en moto-taxi/taxi depuis le centre-ville coûte 10/20 $B.

Hotel Las Palmas HÔTEL $$
(portable 7570-6100 ; Av. Integración ; s/d/tr 260/400/480 $B, bungalows 600 $B ;). Au milieu des palmiers auxquels il doit son nom, Las Palmas possède une piscine et d'immenses chambres carrelées. Du côté sud de la route principale, avec vue superbe sur le fleuve et les collines environnantes.

Los Tucanes BUNGALOWS $$
(6274-9010 ; www.lostucaneshotel.com ; bungalows 4 pers 840 $B, s/d 285/478 $B ;). Ces bungalows confortables, dont six avec vue sur la rivière, présentent un décor accueillant et une bonne literie. Chaque chambre a son propre décor, rehaussé de touches artistiques, et la piscine ajoute à l'atmosphère de vacances. À l'entrée de la ville lorsqu'on arrive de Santa Cruz, en face de l'embranchement conduisant à l'Hotel El Puente (3 $B en moto-taxi).

Où se restaurer

Restaurant San Silvestre INTERNATIONAL $$
(www.facebook.com/ressansilvestre ; Av. Integración ; plats 25-70 $B ; 9h30-22h lun, 10h-22h mar-sam, 9h30-21h dim ;). Le San Silvestre a beau être un brin onéreux et en faire un peu trop, il n'en reste pas moins la meilleure table de la ville. Le *surubí al coco* (sorte de poisson-chat local au lait de coco) sort du lot, mais les appétits féroces commanderont plutôt le gargantuesque *pique macho* (bœuf, saucisse et frites). Sur la route principale à côté de Las Palmas.

Renseignements

Vous trouverez un DAB à la Banco Unión, dans l'Avenida Integración en face du Restaurant San Silvestre.

Depuis/vers Villa Tunari

Les bus qui empruntent la nouvelle route entre Cochabamba et Santa Cruz traversent Villa Tunari. Les bus (20 $B, 4 heures) et les *micros* (30 $B, 3 heures) en provenance de Cochabamba partent toute la journée de l'angle de l'Avenida Oquendo et de l'Avenida 9 de Abril.

Venir en taxi collectif de Santa Cruz est beaucoup plus rapide qu'en bus, mais nécessite plusieurs changements – c'est-à-dire, au sens propre, passer d'un taxi à un autre plusieurs fois de suite. À l'ancienne gare routière, prenez un taxi pour Yapacani (25 $B, 2 heures), d'où il faut ensuite rallier Bulo-Bulo (15 $B, 1 heure), puis Ivirgazama (15 $B, 1 heure), prendre encore un autre taxi pour Shinahota (12 $B, 54 min) et enfin un dernier pour Villa Tunari (6 $B, 55 min). L'entreprise n'est pas aussi compliquée qu'il y paraît et vous évitera l'attente. En revanche, sachez que vous voyagerez sans doute dans des taxis archibondés.

Parque Nacional Carrasco

Créé en 1988, ce **parc** (100 $B ; guides de Kawsay Wasi 8h-15h) de 622 600 ha abrite l'une des forêts de nuages (forêts tropicales d'altitude, baignant dans une brume quasi constante) les plus accessibles de Bolivie. Longeant une grande partie de la route entre Cochabamba et Villa Tunari, il englobe également un vaste secteur de basses terres du Chapare. La plupart des mammifères présents dans les forêts tropicales humides

HORS DES SENTIERS BATTUS

PARQUE NACIONAL NOEL KEMPFF MERCADO

Le merveilleux **parc national Noel Kempff Mercado** est l'un des sites les plus remarquables d'Amazonie et l'un des parcs les plus spectaculaires d'Amérique du Sud. Il abrite une flore et une faune amazoniennes exceptionnelles, ainsi qu'une vaste palette d'habitats menacés, du *cerrado* (savane) à la forêt tropicale dense, ce qui lui confère une importance écologique de premier plan. Il s'étend à la limite septentrionale du département de Santa Cruz, entre les rives des Ríos Verde, Guaporé (Río Iténez sur les cartes boliviennes) et Paraguay.

Couvrant plus de 1,5 million d'hectares, il offre des paysages magnifiques de forêt tropicale humide, de rivières et de chutes d'eau, de plateaux et d'escarpements rocheux hauts de 500 m. La tentative d'en faire une destination touristique a apparemment échoué, et les camps de Flor de Oro et Los Fierros n'ont pas été maintenus. Des exploitants forestiers, des fermiers et des compagnies d'énergie s'intéressent depuis peu à la région, mais le parc demeure une fascinante destination hors des sentiers battus pour les voyageurs aventureux. En raison du manque d'infrastructures, mieux vaut toutefois effectuer un circuit organisé par un tour-opérateur basé à Santa Cruz, comme Nick's Adventures (p. 368) ou Amboró Tours (p. 265).

Le site est géré par le Sernap, et les futurs visiteurs doivent d'abord passer à l'un des bureaux d'information du parc à La Paz (p. 78) ou à Santa Cruz (p. 273) pour se faire enregistrer.

y résident, de même que toutes sortes d'oiseaux, de reptiles, d'amphibiens, de poissons et d'insectes.

La plupart des visiteurs effectuent la randonnée aux **Cavernas del Repechón** (grotte des Oiseaux de nuit), où l'on peut observer le curieux *guácharo* (guacharo des cavernes), un oiseau nocturne, et six espèces de chauves-souris. On s'y rend depuis le village de Paractito, 8 km à l'ouest de Villa Tunari. Cette balade d'une demi-journée comporte une petite marche dans la forêt humide et une glissade le long d'un câble suspendu au-dessus du **Río San Mateo**.

Pour de plus amples détails, contactez **Kawsay Wasi** (www.facebook.com/EcoturismoKawsayWasi), une association de guides travaillant dans le parc. Ces derniers attendent à l'entrée, mais l'on peut aussi réserver des circuits de plusieurs jours en leur compagnie auprès de Tusoco Travel (p. 368), une organisation basée à La Paz qui aide des Indiens de tout le pays à développer le tourisme responsable dans leur région.

Il est beaucoup plus difficile et potentiellement dangereux de se rendre dans le reste du parc, devenu un véritable havre pour les plantations de coca clandestines. Le **Camino en las Nubes** ("chemin dans les nuages"), un itinéraire de trekking, qui descend de 4 000 à 300 m le long de l'ancienne route Cochabamba–Chapare, est de nos jours largement emprunté par les trafiquants de drogue et déconseillé aux touristes.

Puerto Villarroel

☎4 / 2 500 HABITANTS / ALTITUDE 167 M

Installé au bord du Río Ichilo, ce petit port boueux est émaillé de maisons au toit de tôle, surélevées en manière de protection contre la vase et les crues de la saison des pluies. La population se compose pour l'essentiel de Yukis et de Yuracarés autochtones, ainsi que de groupes quechuas. La bourgade a œuvré, ces dernières années, à promouvoir le tourisme, car, de fait, il n'y a pas grand-chose à y voir – à moins que la perspective d'admirer une installation militaire, une raffinerie de pétrole et une zone portuaire vous séduise. Toutefois, si vous souhaitez descendre la rivière pour voir des dauphins roses, observer la faune aviaire ou pêcher le *surubí* (espèce de silure), c'est le meilleur point de chute dans le Chapare.

Activités

Renseignez-vous au port ou au restaurant El Cliper auprès des propriétaires de *lanchas* (petits bateaux). Moyennant un tarif à négocier, on vous emmènera pêcher à la journée, faire des excursions avec camping sur les plages voisines ou encore rendre visite aux villages des peuples originaires. Pour rester dans un esprit de tourisme responsable, proposez le prix qui vous semble le plus juste ; un petit cadeau sous forme de carburant est toujours le bienvenu. Une brève excursion de 1 heure ne coûte que 10 $B par personne (minimum 6 participants).

Où se restaurer

El Cliper POISSON $

(portable 7175-7891 ; Av. Beni ; plats 20 $B ; 10h-18h mar-dim). Près du port, ce bâtiment semi-ouvert de trois étages fait à la fois tour d'observation, restaurant, boutique d'artisanat local et centre d'information touristique. Régalez-vous de *surubí* et autres poissons en attendant d'organiser une excursion en bateau sur le Río Ichilo. Le restaurant était temporairement fermé lors de nos recherches.

Depuis/vers Puerto Villarroel

À Cochabamba, des *micros* pour Puerto Villarroel, souvent marqués "Chimore" (25 $B, 5-7 heures), partent du croisement de l'Avenida 9 de Abril et de l'Avenida Oquendo, près de la Laguna Alalay. Le premier prend la route vers 6h, les suivants environ toutes les deux heures.

Sinon, depuis l'ancienne gare routière de Santa Cruz, prenez un taxi collectif pour Yapacani (25 $B, 2 heures), un deuxième pour Bulo-Bulo (15 $B, 1 heure), puis un troisième pour Puerto Villaroel (10 $B, 1 heure).

Notez que les moyens de transport entre Cochabamba et Santa Cruz ne s'arrêtent pas à Puerto Villarroel. On peut toutefois descendre à Ivirgarzama et poursuivre en taxi (30 min, 6 $B).

AMAZONIE BOLIVIENNE OCCIDENTALE

Voici l'Amazonie telle qu'on l'imagine. Celle qui ensorcelle les voyageurs, avec sa faune et sa flore d'une richesse inouïe, ainsi que les fascinantes cultures de ses peuples premiers. Au cœur de ce paradis se trouve la jolie ville de Rurrenabaque, lieu de prédilection des visiteurs. Dans la pampa comme dans la jungle, les établissements écotouristiques sont innombrables, mais varient, tant au niveau de la qualité que des prix. C'est aux portes de Rurrenabaque que se situe l'un des plus beaux joyaux naturels de toute l'Amérique du Sud, voire du monde : le Parque Nacional Madidi.

Rurrenabaque

3 / 10 000 HABITANTS / ALTITUDE 229 M

Localité aux allures d'avant-poste, "Rurre" (prononcer "rurré"), comme on l'appelle affectueusement, tire avantage d'un cadre somptueux, traversé par le profond Río Beni. Entourée de collines verdoyantes, la ville devient superbe au coucher du soleil, quand le ciel prend des teintes orangées et qu'un brouillard épais monte de la rivière pour gagner la jungle. Une fois la nuit tombée, la forêt tropicale prend vie et toutes sortes de bruits s'en élèvent : coassements, glapissements et rugissements lointains.

Rurre est une escale touristique importante. Les voyageurs envahissent les rues, et les restaurants, cafés et hôtels s'adressent principalement aux goûts occidentaux. Si certains touristes passent leurs journées dans l'un des nombreux hamacs de la ville, la plupart s'aventurent sur les rivières qui sillonnent la jungle et la pampa.

Les Tacana furent l'un des rares peuples des basses terres à résister à la christianisation. On leur doit le nom de Beni, qui signifie "vent". Le curieux nom de "Rurrenabaque" dérive de "Arroyo Inambaque", version hispanisée de l'appellation tacana "Suse-Inambaque" (le ravin des canards).

À voir

Il n'y a pas grand-chose à faire à Rurrenabaque, dont le charme tient surtout à la beauté de son cadre naturel. On peut y passer quelques jours agréables en attendant le départ d'un voyage organisé. Gravissez les 295 marches de l'escalier situé à deux pâtés de maisons de la place et poursuivez sur le chemin de terre et de pierre pour rejoindre le *mirador*, puis la grande croix (La Cruz) surplombant la ville et le Beni. Prenez des chaussures de marche !

San Buenaventura VILLAGE

La bourgade assoupie de San Buenaventura s'étend sur la rive opposée du Río Beni par rapport à Rurrenabaque ; en comparaison de l'agitation de Rurre, sa tranquillité est appréciable. Le **Centro Cultural Tacana** (p. 309) célèbre la vision cosmique des Tacana et abrite une boutique d'artisanat du côté sud-ouest de la place. Le **bureau officiel du Sernap** (892-2540, portable 6822-6337 ; Libertad, San Buenaventura ; 7h-15h) pour le Parque Nacional Madidi se tient près du marché.

CHOISIR UN CIRCUIT DANS LA JUNGLE OU DANS LA PAMPA

Les circuits dans la jungle et dans la pampa sont la grande spécialité de Rurrenabaque, mais les tour-opérateurs de la ville proposent des services de qualité très variable, pour ne pas dire parfois peu recommandables. Certains voyageurs cherchent à obtenir des tarifs les plus bas possibles au détriment de leur sécurité et de la qualité des prestations offertes. Dans une démarche de tourisme responsable, suivez les conseils ci-après :

- Les autorités locales ont fixé un tarif minimum de 1 200 $B pour une excursion de 3 jours et 2 nuits. Méfiez-vous des sociétés qui cassent les prix et ne tentez pas de négocier pour payer moins.
- Les tour-opérateurs surfent sur la vague verte en se prétendant respectueux de l'environnement. Demandez au personnel de vous expliquer en quoi leur société l'est réellement.
- Une agence qui vous promet que vous apercevrez des espèces sauvages a de fortes chances d'opérer dans l'illégalité. Il est en effet interdit aux guides de nourrir, de toucher ou de déranger les animaux. Si le vôtre propose d'attraper des anacondas, des caïmans ou d'autres animaux, demandez-lui de s'abstenir.
- Seuls les prestataires accrédités par le Sernap (p. 314) ont le droit d'entrer dans le Parque Nacional Madidi (p. 311).
- Renseignez-vous auprès d'autres voyageurs et boycottez les agences qui enfreignent les règles.
- Le mieux est d'opter pour une agence éco-touristique communautaire, certes plus onéreuse, mais qui cherche à soutenir les communautés et à préserver la richesse de la forêt tropicale pour les générations à venir.

Circuits dans la jungle

La forêt tropicale bolivienne recèle des curiosités insoupçonnées. Les guides en connaissent bien la faune, la flore et les coutumes. Ils vous éclaireront sur les mœurs et les habitats des animaux et vous montreront des plantes servant de remèdes naturels contre rhume, fièvre, plaies, piqûres d'insectes (très utile !) et autres affections. Sachez toutefois que vous verrez beaucoup plus de plantes que d'animaux.

La plupart des itinéraires commencent par une remontée en canoë du Río Beni qui serpente entre de hautes collines. Puis on s'engage sur le Río Tuichi. Des haltes sont prévues pour se promener sur la rive et dans la forêt, se baigner et faire la sieste dans un hamac. On dort généralement dans des campements appartenant aux agences.

La saison humide, surtout de janvier à mars, est à éviter à cause de la pluie, de la boue et des *mariguí* (phlébotomes). Certaines agences proposent néanmoins des campements offrant des possibilités de voir la faune à cette période de l'année.

Circuits dans la pampa

Il est plus facile de voir des animaux dans les savanes marécageuses du nord-est de Rurrenabaque. Cependant, la morsure du soleil y est plus intense, de même que celle des insectes, surtout pendant la saison des pluies. Emportez des jumelles, une bonne lampe torche, des piles de rechange et de grandes quantités de répulsif. Parmi les temps forts, attendez-vous à jouer avec les dauphins roses d'Amazonie, à randonner à cheval et à partir de nuit à bord d'un canoë à la rencontre de caïmans.

Activités

Canopy Zip Line Villa Alcira AVENTURE
(☎6804-2735 ; ziplinevillalcira.com ; Comercio, près de Santa Cruz ; excursion 350 $B). Une série de projets touristiques communautaires bien tranquilles ont été mis en place dans le Parque Nacional Madidi – si vous aspirez à davantage d'adrénaline, essayez ce parcours en tyrolienne ébouriffant dans la forêt (ex-Biggest Canopy in Bolivia). Réservez à l'agence de Rurrenabaque.

Rurrenabaque

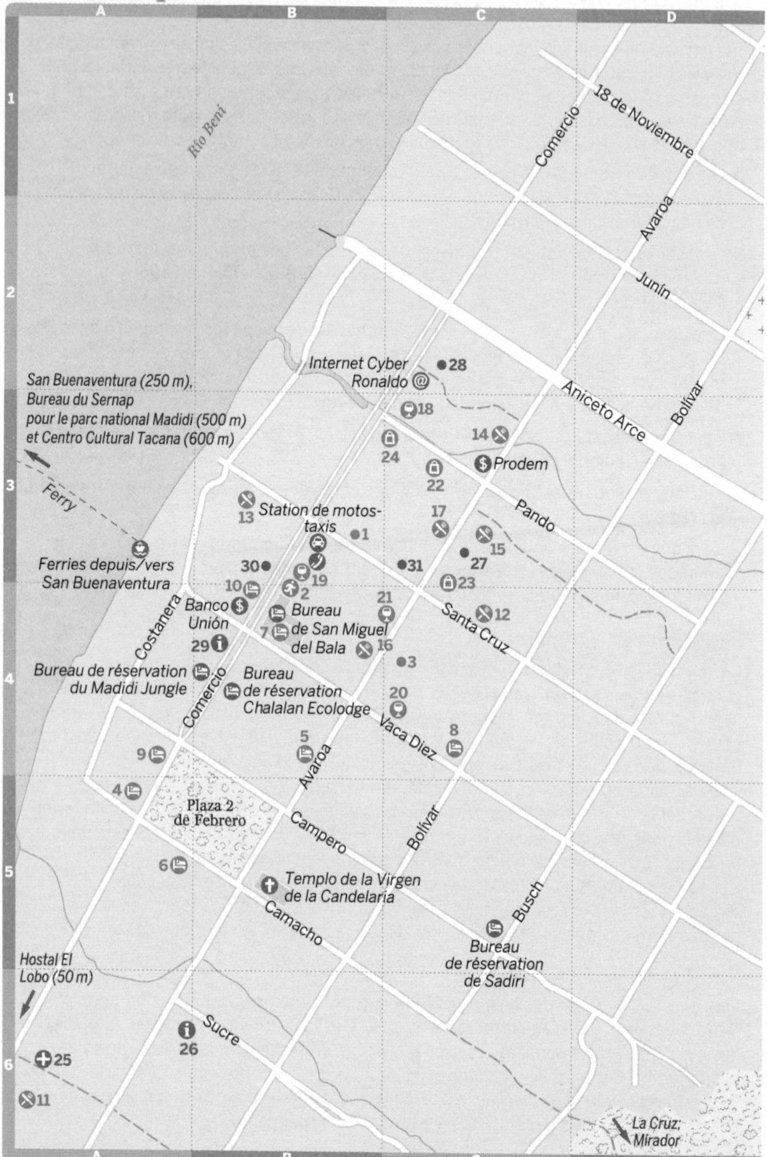

El Chorro BAIGNADE

Au bout de la Calle Santa Cruz, un sentier bien tracé de 500 m conduit à travers la jungle jusqu'à cette cascade idyllique coulant dans une série de bassins propices à la baignade. L'endroit a la faveur des familles locales, mais surveillez quand même vos affaires.

Piscina El Mirador BAIGNADE

(Barrio El Camuy ; 30 $B ; ⏲9h-18h). Sur le belvédère (*mirador*) qui domine la ville, vous pourrez faire trempette en contemplant

la vue sur les plaines du Beni. Un bar sert de la nourriture et des cocktails. Allez-y en moto-taxi (10 $B) depuis le centre-ville ou parcourez les 3 km à pied (montez à hauteur de la station-service sur la route de la gare routière). Apportez votre serviette.

Circuits organisés

La plupart des agences ont des bureaux dans Avaroa. Il est généralement possible de payer les circuits avec une carte bancaire.

Bala Tours EXCURSIONS
(892-2527 ; angle Santa Cruz et Comercio ; 7h30-19h lun-sam, 7h30-12h et 16h-18h dim). Possède son propre campement dans la jungle, Caracoles, un lodge confortable dans la pampa sur le Río Yacumo et un lodge en forêt, Tacuaral.

Fluvial Tours CIRCUITS
(portable 7126-9357 ; Avaroa, près de Santa Cruz ; 10h-18h). La plus vieille agence de Rurrenabaque propose des circuits de trois jours dans la pampa et la jungle. Des lecteurs se sont plaints de la piètre qualité des prestations.

Où se loger

Hostal El Lobo HÔTEL $
(6939-9423 ; hostellobo@gmail.com ; Comercio ; dort 60 $B/pers, ch 140 $B ;). À 200 m de la place principale, cette adresse entièrement rénovée est devenue un point de chute prisé des voyageurs sac au dos. Elle comporte désormais des portes artisanales en *tacuara* (bambou), une piscine haricot donnant sur le Beni et une charmante terrasse avec hamacs, bar et tables de billard. Les dortoirs bien aérés ont des moustiquaires aux fenêtres, tandis que les chambres individuelles sont dotées de balcons en front de rivière.

Hotel Oriental HÔTEL $
(892-2401 ; www.facebook.com/hotelorientalrurre ; Plaza 2 de Febrero ; s/d/tr 100/150/210 $B ;). Une très bonne adresse sur la place principale qui fait, à juste titre, l'unanimité chez la clientèle. Chambres douillettes, douches excellentes, hamacs dans le jardin et copieux petit-déjeuner compris.

Hostal Turístico Santa Ana HÔTEL $
(portable 7128-2751 ; Avaroa, près de Campero ; s/d 120/130 $B, sans sdb 50/100 $B ;). Cette valeur sûre s'inscrit dans un jardin luxuriant aux allées joliment dallées. Elle dispose d'un coin hamacs et d'une cuisine commune.

Hostel Pahuichi HÔTEL $
(7205-1560 ; angle Comercio et Vaca Diez ; d/tr avec petit-déj 130/170 $B, avec clim 200-250 $B ;). Cet hôtel vieillissant a bénéficié d'une rénovation bienvenue, et ses chambres, désormais joliment décorées, frisent

Rurrenabaque

Activités
- 1 Bala Tours B3
- 2 Canopy Zip Line Villa Alcira B4
- 3 Fluvial Tours C4

Où se loger
- 4 Centro de Recreación del Ejército A5
- 5 Hostal Turístico Santa Ana B4
- 6 Hotel Oriental A5
- 7 Hotel Pahuichi B4
- 8 Hotel Rurrenabaque C4
- 9 Hotel Takana A4
- 10 Bureau de réservation du parc Madidi B4

Où se loger
- 11 Casa de Campo A6
- 12 Juliano's C4
- 13 La Cabaña B3
- 14 Luz de Mar C3
- 15 Marché C3
- 16 Panadería París B4
- 17 Pizza al Paso C3

Où prendre un verre et faire la fête
- 18 Bananas Pub Disco C3
- 19 Funky Monkey Bar and Restaurant B3
- 20 Jungle Bar Moskkito C4
- 21 Luna Lounge C4

Achats
- 22 Stands de vêtements C3
- 23 La Cambita C3
- 24 Pampas Supermercado C3

Renseignements
- 25 Clínica El Puerto A6
- 26 Immigration A6
- 27 Laundry Number One C3
- 28 Laundry Service Garfield C2
- 29 Office du tourisme B4

Transports
- 30 Amaszonas B3
- 31 TAM C3

l'élégance, avec leurs meubles en bois massif et leurs salles de bains carrelées étincelantes.

Hotel Takana HÔTEL $$
(☎892-2118, portable 72051565 ; Plaza 2 de Febrero ; s/d avec clim 230/250 $B, s avec ventil 180 $B ; P❄📶🏊). Fort d'un robuste mobilier et de Jacuzzi dans certaines chambres, cet établissement plus récent, situé sur la place principale, se classe un cran au-dessus de la concurrence. N'hésitez pas à payer un peu plus pour la climatisation – même si vous pourrez vous contenter des ventilateurs aux plafonds. Jolie vue sur le Río Beni depuis la piscine à l'arrière.

La Isla de los Tucanes BUNGALOWS $$
(☎892-2127 ; www.islatucanes.com ; Bolívar ; s/d 280/380 $B ; ❄📶🏊). Établissement écologique à un kilomètre au nord de la ville, composé de bungalows amazoniens à toit de chaume faits pour se sentir loin de tout. Les billards, le restaurant et les deux piscines (propres) ne donnent aucune envie de quitter les lieux, sinon pour partir en expédition dans la jungle.

Centro de Recreación del Ejército PENSION $$
(☎892-2377 ; Plaza 2 de Febrero ; ch 100 $B/pers, sans sdb 80 $B). Ce "centre de loisirs" militaire est avant tout un hôtel moderne et économique avec une terrasse au-dessus de la rivière. Personnel discipliné à la réception, comme il se doit.

Hotel Rurrenabaque HÔTEL $
(☎portable 7771-9363 ; Vaca Diez, près de Bolívar ; s/d 150/210 $B, s sans sdb 100/170 $B ; P📶). Bâtiment couleur moutarde doté d'un portique et de chambres sans chichis avec parquet. Le confort est sommaire, mais l'établissement marque un bon point avec ses lits. Les prix comprennent un bon buffet au petit-déjeuner.

Où se restaurer

Outre la spécialité du Beni, le *masaco* (purée de manioc ou de plantain servie avec de la viande séchée, du riz, des nouilles, du bouillon et des bananes), nous conseillons le *pescado en dunu-cuabi* (poisson enveloppé dans une feuille tropicale et cuit au feu de bois).

Le dimanche, les paysans des environs viennent vendre leurs produits à la **feria** qui se tient sur la berge.

Pizza al Paso PIZZA $
(La Bella Italia ; ☎portable 6728-5349 ; Avaroa, près de Pando ; pizzas 25-80 $B ; ⏰17h30-22h ; 📶). Une adresse fort sympathique, qui décline quatre tailles de pizzas à pâte fine et une formule à prix fixe permettant de composer soi-même sa garniture. Des jus de

fruits et des bières bon marché la rendent encore plus avantageuse pour les groupes.

Luz de Mar PÂTISSERIE $
(Avaroa, près de Pando ; plats 12-45 $B ; 7h30-22h30 mar-dim ;). Cette petite pâtisserie affiche le plus grand choix de douceurs en ville – cake à la banane, brownies, tartes aux pommes ou à la mangue... – ainsi qu'une carte de plats de résistance incluant des options végétariennes et véganes.

Panadería París BOULANGERIE $
(Avaroa, près de Vaca Diez ; 5-15 $B ; 6h30-12h30 et 15h30-18h30 lun-sam). Vous n'aurez peut-être pas d'autre choix pour petit-déjeuner avant de partir pour un circuit. Le pain et les pâtisseries sont tout à fait honorables. En face de Fluvial Tours (p. 307, repérez la mini-tour Eiffel).

Marché MARCHÉ $
(angle Avaroa et Pando ; en-cas 5-10 $B ; 6h-18h). Le marché de Rurrenabaque se prête à faire provision de fruits à coque, chocolat et autres petites choses à grignoter lors des circuits dans la forêt. On y vend aussi, à prix doux, des jus de fruits, des *empanadas* et des pâtisseries.

Juliano's FUSION ET FRUITS DE MER $$
(Santa Cruz, entre Avaroa et Bolívar ; plats 45-90 $B ; 17h-22h ;). La cuisine fusion a gagné la jungle ! Juliano, un Tunisien arrivé en Bolivie via Paris, concocte de formidables plats de poisson (le *pescado* Juliano est savoureux) ; il est de surcroît le seul en ville à servir des fruits de mer péruviens ! Gardez de la place pour la crème brûlée. La lumière rouge ajoute une note chic.

Casa de Campo DIÉTÉTIQUE $$
(portable 7199-3336 ; Comercio ; plats 25-75 $B ; 7h30-14h et 17h-22h ;). Spécialisé dans la cuisine saine et équilibrée, avec petit-déjeuner servi toute la journée, pâtisseries maison, plats végétariens, soupes et salades, sur une terrasse caressée par la brise en face de l'Hostal El Lobo. La sympathique Adela fait de son mieux pour satisfaire ses hôtes (elle vous conseillera des randonnées dans la région). Son "petit-déjeuner tropical" – café fraîchement moulu et croissant croustillant – est divin.

Deux **chambres** (avec petit-déj 60-65 $US) confortables avec clim et kitchenette, dissimulées derrière des bougainvilliers, se tiennent en dessous du restaurant.

La Cabaña POISSON $$
(Costanera ; plats 40 $B ; 8h-22h lun-sam, 7h-16h dim). Le lieu où déguster la pêche du jour, grillée ou frite.

Où prendre un verre et faire la fête

Luna Lounge BAR
(Avaroa, près de Santa Cruz ; 11h-2h). Un vétéran de Rurre qui sert des pizzas et cocktails dans une ambiance animée. Table de billard, baby-foot et concerts à l'occasion.

Funky Monkey Bar and Restaurant BAR
(Comercio, près de Santa Cruz ; 12h-tard). Rien de mieux que ce bar en bambou et sa piscine hors sol pour lézarder l'après-midi en sirotant un verre.

Jungle Bar Moskkito BAR
(Vaca Diez, près d'Avaroa ; 11h30-22h). Bonne ambiance et service enjoué dans ce bar tenu par une équipe péruvienne parlant anglais. Le feuillage qui pend du toit donne l'impression d'être dans la jungle. On peut jouer aux fléchettes ou au billard et choisir sa musique.

Bananas Pub Disco DISCOTHÈQUE
(angle Comercio et Pando ; avec 1 boisson 25 $B ; 21h30-3h jeu-ven, 21h30-4h sam, 21h30-2h dim). Si vous aimez la salsa et le groove bolivien, allez faire un tour dans cette boîte un brin interlope qui ouvre jusque tard dans la nuit, où des Boliviens se trémoussent aux côtés d'étrangers éméchés en goguette.

Achats

La Cambita ARTISANAT
(cambita.web.fc2.com ; angle Avaroa et Santa Cruz ; 8h30-20h lun-sam). D'intéressants objets et produits d'Amazonie tels qu'assiettes en bois de *chonta*, paniers en *jipijapa* et café bio de Pilón Lajas.

Centro Cultural Tacana ARTISANAT
(892-2394 ; San Buenaventura ; 8h-12h et 14h30-18h lun-ven). Du côté sud-ouest de la place principale de San Buenaventura, ce centre culturel possède une boutique d'artisanat qui met à l'honneur la culture des Tacana.

Étals de vêtements VÊTEMENTS
(Pando, entre Comercio et Avaroa ; 7h-21h). Les petits étals de vêtements le long de la rue Pando sont tout indiqués pour acheter un hamac (*hamaca* ; s/d 120/250 $B) et une

jolie moustiquaire (*mosquitero* ; à partir de 70 $B) en coton ou en synthétique.

Pampas Supermercado SUPERMARCHÉ
(angle Pando et Comercio ; ⌚7h30-22h30). Pratique pour faire provision de crème solaire, de produit antimoustiques et d'autres articles essentiels dans la jungle.

Renseignements

ACCÈS INTERNET

Vu le prix élevé (6 $B/heure) et la lenteur d'Internet, peut-être souhaiterez-vous acheter ou recharger une carte SIM chez **Entel** (angle Comercio et Santa Cruz ; ⌚8h30-12h et 14h30-18h lun-ven, 8h-13h sam). Si vous avez besoin d'un ordinateur, direction l'**Internet Cyber Ronaldo** (Comercio, près d'Aniceto Arce 6 $B/heure ; ⌚17h-minuit mar-ven, 17h-2h sam-dim).

ARGENT

Le DAB de la **Banco Unión** (angle Comercio et Vaca Diez ; ⌚24h/24), une rue au nord de la place, est le plus pratique des deux que compte la ville. Vous pouvez retirer des espèces chez **Prodem** (angle Avaroa et Pando ; ⌚8h-16h lun-ven, 8h-12h sam), mais uniquement avec une carte Visa ou MasterCard. Il effectue aussi des transferts Western Union et des opérations de change.

BLANCHISSERIE

Plusieurs blanchisserie facturant au kilo, dont **Laundry Number One** (Avaroa, Edificio Candelaria ; ⌚8h-12h et 14h-20h lun-sam, 11h-12h et 16h-19h dim) et **Laundry Service Garfield** (Comercio, près d'Aniceto Arce ; ⌚6h-22h), lavent le linge pour le lendemain (8 $B/kg 8), le jour même (10 $B/kg) ou dans un délai de 4 heures (15 $B/kg).

IMMIGRATION

Le bureau de l'**Immigration** (☎3852-3044 ; angle Sucre et Avaroa ; ⌚8h30-12h30 et 14h30-18h30 lun-ven) s'occupe des prorogations de visa.

OFFICE DU TOURISME

Le personnel de l'**office du tourisme** (☎portable 7951-6315 ; angle Vaca Diez et Comercio ; ⌚8h-16h lun-ven) répond aux questions et renseigne volontiers sur le tourisme responsable mais manque de matériel. Pour des infos concernant le Parque Nacional Madidi, adressez-vous au bureau du Sernap (p. 304), à San Buenaventura.

SERVICES MÉDICAUX

La **Clínica El Puerto** (Comercio ; ⌚24h/24) a l'habitude de traiter les problèmes digestifs des touristes. Pour les pathologies plus graves, mieux vaut retourner à La Paz.

Depuis/vers Rurrenabaque

BATEAU

La descente en bateau du Río Kaka et du Río Beni de Guanay à Rurre (p. 133) est – du moins pour les amoureux de la lenteur – la façon la plus pittoresque de gagner la ville depuis La Paz. Grâce à la route de Guayaramerín, le transport fluvial de marchandises entre Rurre et Riberalta a désormais beaucoup diminué. Vous devrez alors compter sur votre bonne étoile pour trouver un bateau et négocier âprement le prix de cette traversée (environ 4 000 $B), qui peut prendre jusqu'à 3 jours.

BUS

La gare routière principale est située en face de l'aéroport ; comptez 5 $B pour venir en moto-taxi depuis le centre-ville. Tous les bus partent de là, mais des taxis collectifs pour San Borja et Caranavi démarrent aussi, une fois pleins, de l'**ancienne gare routière**, à côté du cimetière. Toutes les compagnies alignent leurs tarifs.

Deux bus couvrent chaque jour le pénible trajet de Rurrenabaque à La Paz (70 $B, 10 heures). Si vous n'aspirez guère à parcourir en bus les routes andines étroites, tortueuses et flanquées de précipices vertigineux, vous pourrez aller en bus jusqu'à Caranavi (80 $B, 7 heures), puis prendre un taxi collectif (le reste du trajet est le plus effrayant, ou le plus pittoresque, c'est selon).

La route de Trinidad (130 $B, 10-13 heures) via San Borja (taxi/bus 80/83 $B, 3 heures 30), auparavant la pire du pays, a été asphaltée tout du long. Des bus l'empruntent toute l'année, de même que celle qui va à Riberalta (124 $B, 11 heures) et Guayaramerín (124 $B, 13 heures). Il vous faudra toutefois une bonne dose d'endurance, un répulsif contre les insectes et des provisions si vous tentez d'effectuer ces trajets à la saison humide. Les départs sont irréguliers et les horaires changent d'un jour sur l'autre, d'où l'importance de bien se renseigner à la gare au préalable.

Comment circuler

Une course en ville en moto-taxi revient à 3 $B ; vous trouverez une *parada* (station) pratique à l'angle de Comercio et de Santa Cruz. Le ferry (1,50 $B ; ⌚6h-23h) pour San Buenaventura part du port toutes les 15 minutes, mais les liaisons sont moins fréquentes après 18h.

LA SERERE ECO-RESERVE

Rosa María Ruiz est une grande figure de la protection de l'environnement en Bolivie et l'une des personnes clés à l'origine de l'actuel parc national Madidi (p. 311). Elle a vécu ses jeunes années en ermite sur ce territoire, mais sa critique véhémente du Sernap, selon elle incapable de contrôler l'exploitation forestière et la chasse illégales, lui a valu des menaces de mort, l'interdiction d'accès au parc et l'incendie criminel de son lodge dans la jungle. Toujours déterminée, elle s'est installée à trois heures en amont de Rurrenabaque, où elle a créé la réserve privée **Serere**.

Baptisé du nom local du hoazin huppé, un oiseau à face bleue et crête de Mohican, ce sanctuaire naturel de 4 000 ha renferme quatre lacs, un vaste réseau de sentiers justifiant une semaine de randonnée et assez de singes, volatiles et reptiles pour satisfaire les observateurs de la faune les plus exigeants. Des guides affirment que l'on a plus de chances de voir ici les animaux qui font la réputation de Madidi que le long du Rio Tuichi, de plus en plus envahi, où presque tous les tour-opérateurs de Rurrenabaque ont un campement.

Les visiteurs de Serere composent eux-mêmes l'itinéraire avec l'aide de guides. L'écolodge sert des repas bio (la plupart des produits viennent du potager sur place) et héberge ses hôtes dans de spacieux bungalows au toit de chaume, dont les murs en moustiquaires permettent de ne rien perdre du spectacle de la nature. Les recettes sont réinvesties dans la conservation de l'écosystème local.

L'article de couverture de *National Geographic* (mars 2000) qui a fait connaître Madidi vous en apprendra davantage sur Rosa María Ruiz et son travail remarquable. On peut en trouver un exemplaire et réserver un circuit au bureau de **Madidi Travel** (☎ 892-2153 ; www.madidi-travel.com ; Comercio, près de Vaca Diez ; formule tout compris 3 jours/2-nuits 1 899 $B ; ⏲ 8h-20h), à Rurrenabaque.

Parque Nacional Madidi

Le Parque Nacional Madidi, sur une superficie de 1,8 million d'hectares, est l'un des écosystèmes les mieux préservés d'Amérique du Sud, englobant divers habitats s'étageant de la forêt tropicale humide à des sommets de 6 000 m. Ce paradis abrite une incroyable variété d'espèces : 44% de tous les mammifères d'Amérique du Nord et du Sud, 38% des espèces d'amphibiens tropicaux, et plus de 1 000 espèces d'oiseaux. Certains scientifiques le considèrent même comme le champion mondial de la biodiversité.

Les zones habitées le long du Río Tuichi bénéficient d'une qualification spéciale de l'Unesco autorisant les peuples originaires à exploiter les ressources traditionnelles de la forêt, mais l'on parle d'un projet hydroélectrique, et des abattages illicites ont porté préjudice à plusieurs zones périphériques. Le débat sur la poursuite de la construction de la route et l'exploitation du pétrole est en suspens. Avec l'autorisation par le président Morales de la prospection de gaz et de pétrole dans tous les parcs de Bolivie, les écologistes retiennent aujourd'hui leur souffle.

Où se loger

Mettant en avant le respect de la culture et de l'environnement, les programmes communautaires de Madidi sont un modèle d'écotourisme responsable en Bolivie, dont les bénéfices sont versés aux communautés locales. Vous aurez le choix entre des circuits d'une journée et des séjours plus longs, avec marches dans la forêt tropicale et rencontres avec les populations locales pour découvrir leur mode de vie et leurs traditions.

Les bureaux de réservation de la plupart de ces lodges communautaires se trouvent à Rurrenabaque.

♥ **Chalalán Ecolodge** ÉCOTOURISME **$$$**
(☎ 7950-1972 ; www.chalalan.com ; formule tout compris 4 jours et 3 nuits 500-699 $US/pers, 145 $US/jour). Voici le projet écotouristique communautaire le plus ancien et le plus important de Bolivie. Un séjour ici vous donnera l'occasion d'explorer une jungle presque intacte. Le lodge, pourvu de bungalows simples et élégants, est situé dans un cadre idyllique au bord de la Laguna Chalalán. Des bureaux de réservation se trouvent à **Rurrenabaque** (Comercio, près de Campero) et **La Paz** (Galería Doryan, 2e ét., bureau 23).

MADIDI, CHAMPION DE LA BIODIVERSITÉ

En juin 2015, une équipe de scientifiques (essentiellement boliviens) soutenue par la Wildlife Conservation Society (WCS) est partie pour l'expédition Identidad Madidi de près de trois ans destinée à identifier le plus d'espèces possible dans le parc national Madidi. Pour cela, ils ont examiné 15 sites répartis à travers la puna montagneuse, la forêt de nuages intermédiaire et la jungle dense des basses terres.

Au terme de l'étude en mai 2018, 1 382 nouvelles plantes et animaux ont été ajoutés au catalogue de Madidi, dont 100 mammifères, 41 oiseaux, 27 reptiles, 25 amphibiens, 138 poissons, 440 plantes et 611 papillons (recenser l'ensemble des insectes a été jugé trop difficile). Plus de 120 d'entre eux étaient jusqu'alors inconnus de la science, parmi lesquels un lézard à queue en fouet et un "rat épineux".

Au total, le nombre d'espèces recensées à l'intérieur du parc s'élève maintenant à 8 524 : 265 mammifères, 1 028 oiseaux, 105 reptiles, 109 amphibiens, 314 poissons, 5 515 plantes et 1 544 papillons. D'après la WCS, cela fait de Madidi la zone protégée la plus riche en biodiversité du globe. Les chercheurs espèrent qu'Identidad Madidi aidera les Boliviens à mieux apprécier leur patrimoine naturel et à devenir les gardiens de ces écosystèmes d'une importance vitale pour la planète.

Créé au début des années 1990 par les habitants de **San José de Uchupiamonas**, ce gîte, devenu une planche de salut pour ces villageois isolés, a déjà permis de financer une école et un dispensaire. Construit par les jeunes du village avec des matériaux tirés de la forêt, le lodge est au cœur d'un merveilleux environnement naturel. Les sons font la magie du lieu, qu'il s'agisse du chant des oiseaux à l'aube, de la symphonie des grenouilles le soir, du crissement de milliards d'insectes, du grondement des trombes d'eau qui s'abattent lors des orages tropicaux ou, tôt le matin, du chœur tonitruant des singes hurleurs, audibles à 100 km à la ronde.

Le trajet, depuis Rurrenabaque, débute par 6 heures de bateau sur le Río Beni noyé dans la brume, avant de bifurquer dans son affluent, le Río Tuichi. À Chalalán, vous pourrez effectuer des randonnées de jour ou des marches de nuit (sur 30 km de sentiers). Les sorties en bateau sur le lac, très agréables, permettent d'observer différentes espèces de singes qui viennent se nourrir. Le meilleur moment est la baignade, surtout au crépuscule, quand la lumière pare l'atmosphère de teintes fantastiques.

Le village de San José est à 3 heures supplémentaires de navigation en amont ; si vous souhaitez le visiter en partant de Chalalán, vous devrez organiser cette excursion à l'avance, par l'intermédiaire du lodge. L'expérience est mémorable pendant la fête d'une semaine célébrant le saint patron local aux alentours du 1er mai.

Les tarifs comprennent les transferts depuis l'aéroport (pour qui arrive de La Paz), 3 bons repas par jour, un guide local compétent et parlant anglais, les excursions, les promenades en canoë sur le lac et les taxes locale et communautaire.

♥ Sadiri ÉCOTOURISME **$$$**

(portable 7162-2567 ; sadirilodge.com, réservation sadirilodge@gmail.com ; formule tout compris 135 $US/pers/jour). L'un des plus récents programmes communautaires comprend 6 bungalows de luxe situés sur les contreforts touffus de la Serranía Sadiri. Le lodge emploie des habitants et ses guides sont les mieux formés du secteur de Rurrenabaque. Mieux vaut réserver en ligne.

Le village de San José de Uchupiamonas a rejeté les avances des compagnies forestières au profit d'un projet de tourisme responsable mis sur pied avec l'aide d'écologistes locaux et visant à apporter à la région des revenus pérennes. Le lieu plaira, qu'on se passionne pour l'ornithologie, qu'on apprécie l'écotourisme ou qu'on aime simplement la beauté des milieux naturels.

Le tarif comprend la pension complète et le transfert depuis/vers Rurrenabaque.

Sadiri se distingue des autres lodges de Madidi par sa situation d'altitude (entre 500 et 950 m), laquelle lui vaut une fraîcheur agréable en regard de la moiteur des plaines, ainsi que la présence d'autres espèces d'animaux et d'oiseaux, notamment des dizaines d'espèces de tangaras aux couleurs vives. Bird Bolivia (p. 265) organise des circuits de bonne réputation.

Des repas maison traditionnels sont servis sur une terrasse flanquée de mangeoires à colibris, d'où la vue sur le parc national de Madidi est magnifique. Le **bureau de Rurrenabaque** (angle Busch et Campero) est parfois ouvert.

Madidi Jungle LODGE $$$
(☎portable 7128-2697 ; www.madidijungle.com ; formule tout compris 3 jours/2 nuits 270 $B/pers). Voici le projet le plus récent de Madidi et le seul entièrement créé et géré par les populations indigènes du parc. Les séjours incluent observation des oiseaux, randonnées nocturnes, excursions en bateau, pêche aux piranhas, ateliers d'artisanat, tubing sur la rivière et autres activités à l'intérieur d'un territoire de 210 000 ha appartenant à la commune de San José de Uchupiamonas.

Les hôtes logent dans de confortables bungalows coiffés de chaume au bord du Río Tuichi et mangent des repas à base de produits de la forêt. Le trajet de 3 heures de Rurrenabaque jusqu'au lodge et les guides bilingues sont inclus dans le prix.

Bureau de réservation à Rurrenabaque (Comercio, près de Vaca Diez).

San Miguel del Bala LODGE $$$
(☎892-2394 ; sanmigueldelbala.com ; formule tout compris 520 $B/pers/jour). Un splendide écolodge communautaire dans un petit coin de paradis tout près de Madidi, à 40 minutes en bateau en amont de Rurrenabaque. Cette communauté tacana se fera une joie de vous montrer ses techniques d'agriculture, de tissage et de sculpture sur bois traditionnelles. Le **bureau de réservation** se trouve à Rurrenabaque.

L'hébergement se fait dans des bungalows avec plancher en acajou, salles de bains séparées et lits équipés de moustiquaires.

ℹ Depuis/vers le Parque nacional Madidi

La présence de bonnes infrastructures touristiques et de plusieurs tour-opérateurs fait de Rurrenabaque la meilleure base pour accéder au parc. On peut aussi visiter celui-ci depuis Apolo ou Pelechuco, mais l'entreprise se révèle plus compliquée ; mieux vaut consulter d'abord les agences de La Paz.

San Borja

☎3 / 40 864 HABITANTS / ALTITUDE 170 M

Guère plus qu'une étape sur la route des bus et des camions, San Borja n'est pas moins une ville plaisante, riche aussi bien d'une place tropicale que de nombreux hôtels et restaurants. Peut-être n'aurez-vous d'autre choix que d'y attendre un transport pour Trinidad ou Rurrenabaque pendant la saison des pluies. Les personnes qui souhaitent randonner dans la Reserva de la Biosfera y Estación Biológica del Beni (p. 314) doivent obligatoirement s'arrêter au bureau du Sernap (p. 314) pour planifier leur voyage.

Où se loger et se restaurer

Hotel Jatata HÔTEL $
(☎895-3212 ; Oruro 249 ; s/d 100/150 $B, avec clim 150/200 $B ;). À deux rues de la place principale, le meilleur hébergement de San Borja réserve un accueil chaleureux. Chambres douillettes, petit-déjeuner savoureux, joli patio pourvu de hamacs et Wi-Fi rapide.

Big Burger BURGERS $
(angle Oruro et Trinidad; burgers 15 $B ; 18h-23h mar-dim). Une gargote en bord de rue qui propose cinq sortes de hamburgers ainsi que des jus de fruits frais bon marché.

ℹ Depuis/vers San Borja

La route entre San Borja et Trinidad était l'une des plus mauvaises du pays, mais des travaux d'asphaltage sont en cours au moment de nos recherches. Si les nids-de-poule n'en disparaîtront pas pour autant, le trajet à la saison des pluies s'en retrouvera moins pénible. En théorie, il y a plus de départs pour Trinidad depuis San Borja que depuis Rurre, de sorte que l'on peut se retrouver, bon gré mal gré, à devoir attendre ici.

Plusieurs bus quotidiens quittent la gare routière située à 2 km au sud-ouest de la place (4 $B en moto-taxi) pour se rendre à la Reserva de la Biosfera y Estación Biológica del Beni (20 $B, 1 heure), à San Ignacio de Moxos (70 $B, 3-4 heures en taxi collectif ou en minibus). Des *micros* fréquents pour Rurrenabaque (80 $B, 3 heures) empruntant une route presque entièrement asphaltée démarrent dès qu'ils ont fait le plein de passagers. Des taxis partent (quand ils sont pleins) pour Yucumo (30 $B, 40 min), où vous devrez peut-être changer pour un autre moyen de transport.

Si vous allez à Trinidad, vous traverserez le Río Mamoré à bord d'un *balsa* (radeau) ; ouvrez l'œil pour apercevoir des dauphins roses.

Reserva de la Biosfera y Estación Biológica del Beni

Créé par Conservación Internacional en 1982 pour protéger la région, ce **parc naturel** (☎895-3898) GRATUIT, de 334 200 ha, fut déclaré réserve de biosphère par l'Unesco en 1986. L'année suivante, elle reçut son appellation officielle par le gouvernement bolivien en échange d'un allégement de la dette extérieure du pays. La réserve abrite au moins 500 espèces d'oiseaux, plus de 100 espèces de mammifères et des myriades de reptiles, d'amphibiens et d'insectes.

La station de gardes forestiers d'El Porvenir (ci-contre) constitue le principal point d'entrée. Elle se situe dans le *cerrado* (savane), assez loin de la forêt tropicale humide.

Si l'Estación Biológica del Beni offrait jadis des installations touristiques correctes, elle convient aujourd'hui davantage aux voyageurs intrépides maîtrisant suffisamment l'espagnol. Avant de rejoindre El Porvenir, notez que vous devrez impérativement passer par le bureau du Sernap (ci-desous) à San Borja pour être enregistré et planifier votre périple.

À voir

Laguna Normandia LAC

Ce "lac de savane" à 2 km de marche d'El Porvenir est la destination la plus prisée de la réserve. Il abrite l'une des plus importantes populations des rares (et très impressionnants) caïmans noirs – on en compte ici plus de 400. Heureusement, ces sauriens ne tiennent guère les humains pour des proies et l'on peut généralement les observer sans risque (en revanche, gare aux serpents !).

Totaizal VILLAGE

Tout près de la route, à 40 minutes à pied d'El Porvenir, le village accueillant et bien organisé de Totaizal (300 habitant) est le plus proche de la réserve. Le **Sernap** (☎895-3898 ; angle Cuarta Sur et Trinidad ; ⏲8h-12h et 14h-18h30) propose ici des guides et des chevaux. Les habitants du hameau de **Cero Ocho**, à 4 heures de marche (15 km), viennent à Totaizal vendre leurs produits, notamment des bananes. On peut visiter le village directement, mais mieux vaut s'assurer au préalable les services d'un guide par l'intermédiaire du Sernap, à San Borja.

TCO TSIMANÉ

Jouxtant la Reserva de la Biosfera y Estación Biológica del Beni, la **TCO Tsimané** est une zone tampon et réserve indigène de 1,15 million d'hectares établie pour assurer la subsistance des 1 200 Tsimanés vivant sur le territoire.

En 1990, la réserve fut menacée par un projet gouvernemental d'exploitation forestière. En réaction, 700 Tsimanés et représentants d'autres peuples organisèrent une marche de Trinidad à La Paz afin de protester. Le découpage des concessions forestières a été révisé, mais non annulé, et la menace de la colonisation continue de s'accroître.

Pour en apprendre davantage sur les communautés tsimané, effectuez un circuit le long du Río Maniqui.

Activités

Le centre administratif de la réserve à San Borja se charge de tout dans la réserve : guides, hébergement, nourriture et sorties équestres. Le meilleur moyen d'observer la nature est de louer les services d'un guide, lequel vous emmènera faire une marche en forêt. La chaleur est plus supportable pour qui se déplace à dos de cheval.

Pour les personnes qui souhaitent passer au moins une semaine sur place, il existe des possibilités de bénévolat pendant la période de nidification des tortues arrau (de mi-août à mi-septembre).

Circuits organisés

Comptez environ 140 $B par jour pour un guide local hispanophone. Dans les zones plus reculées du parc, comme le Río Maniqui, les gardes forestiers guident gratuitement les visiteurs, mais ces derniers doivent d'abord organiser le transport et le ravitaillement auprès du bureau du Sernap à San Borja.

Autrement, Bolivia Millenaria (p. 368), à La Paz, propose des circuits plus haut de gamme avec des guides anglophones.

El Porvenir CIRCUIT À PIED, ÉQUITATION

(à 200 m de la Carretera F3). La station d'El Porvenir peut théoriquement servir de base pour des circuits, à condition de prévenir suffisamment à l'avance. Dans les faits, ceux-ci sont plus compliqués à mettre en place durant la saison humide. Parmi les plus populaires, citons une marche de 2 km pour voir les caïmans noirs dans la Laguna Normandia (p. 314) et une randonnée de 8 heures (20 km) aller-retour jusqu'à la forêt riche en singes près de la **station de Marimono**.

Le **circuit Loro** vous fait découvrir, à pied ou à cheval, le spectacle bigarré des aras et des perroquets qui viennent nidifier. Certains font également halte dans les palmiers d'El Porvenir, où leurs cris rauques vous réveilleront dès 6h du matin.

La sortie la plus intéressante, mais également la plus physique, est sans doute le **Tur Monitoreo** (sans/avec repas 800/1 080 $B/pers) de 4 jours qui vous permet d'accompagner les gardes dans leurs tournées jusqu'aux confins de la réserve, pour aller voir les singes, les aras et les dauphins roses d'Amazonie. Vous devez disposer de votre propre matériel de camping et, bien sûr, d'une énorme provision d'antimoustiques pour éloigner les insectes.

Il est aussi possible de louer des chevaux, à partir de 100 $B pour une journée de 8 heures.

Río Maniqui RANDONNÉE

(circuits 540 $B/pers). La visite des lointaines communautés Tsimanés au bord du Río Maniqui constitue une alternative intéressante à l'option El Porvenir. Des circuits de deux jours et une nuit sont assurés par des gardes forestiers depuis le **Campamento Los Petos**, une station d'où l'on peut aussi randonner dans les forêts riveraines ou le long du cours d'eau pour voir des dauphins et des tortues arrau.

Où se loger et se restaurer

Il n'y a ni hôtel ni commerce alimentaire dans le parc. El Porvenir abrite en revanche un **albergue** (carolavaca@hotmail.com ; à 200 m de la Carretera F3) GRATUIT basique. Réservez par e-mail pour loger ici ou dans l'un des hébergements des gardes forestiers.

Pensez à donner un pourboire aux gardes ou aux autres personnes qui vous aideront à trouver un hébergement.

Renseignements

Les meilleurs mois sont juin et juillet. Il pleut alors moins souvent, et le ciel est dégagé ; emportez des vêtements chauds pour vous protéger de l'occasionnel *surazo* (fort vent du sud). Durant la saison des pluies, il fait chaud, lourd et humide, il pleut, et les moustiques pullulent – emportez impérativement une réserve suffisante de répulsif.

Depuis/vers la Reserva de la Biosfera y Estación Biológica del Beni

El Porvenir se trouve à 200 m de la route nationale, à 1 heure à l'est de San Borja, et est accessible par n'importe quel *movilidad* (tout ce qui roule) circulant entre Trinidad et San Borja ou Rurrenabaque – demandez au chauffeur de vous déposer à l'entrée. Les bus pour Trinidad passent principalement le matin entre 9h et 11h ; ceux pour San Borja passent en principe l'après-midi entre 16h et 19h. Sinon, il y a étonnamment peu de circulation.

San Ignacio de Moxos

3 / 10 050 HABITANTS / ALTITUDE 145 M

Situé à 92 km à l'ouest de Trinidad, San Ignacio de Moxos est un village moxo à l'atmosphère bien différente de celle des autres localités boliviennes. On y parle un dialecte appelé l'ignaciano, et le mode de vie, les traditions et la cuisine y sont tout à fait particuliers. La meilleure période pour y venir est pendant la fête du village, qui atteint son paroxysme autour des 30 et 31 juillet, quand tous les villageois défilent, boivent, dansent et lancent des feux d'artifice trois jours durant.

Le nom d'origine de ce village fondé par les Jésuites en 1689 est San Ignacio de Loyola. En 1749, une épidémie contraignit le village à s'installer à son emplacement actuel, sur des terres épargnées.

À voir

Iglesia Parroquial de S.I. ÉGLISE

(Iglesia Parroquial de San Ignacio ; place principale ; sur demande pour les groupes). L'église de la place, restaurée et reconstruite entre 1995 et 2003, arbore le style typique des églises jésuites (toit large soutenu par des colonnes en bois, ici remarquablement lisses et dépourvues de décorations). Une peinture murale bigarrée orne la façade. Si vous parvenez à réunir un groupe, l'un des employés vous fera visiter l'intérieur moyennant un petit droit d'entrée.

Museo de Mojos MUSÉE

(place principale ; 9h-12h et 15h-18h lun-sam, 9h-12h dim). Observez des productions des cultures ignaciana et moxo, notamment des *bajones*, des immenses flûtes importées par les Jésuites. L'**Archivo Musical** vous apprendra davantage sur l'héritage de la musique baroque.

Place principale PLACE

Sur la place principale, un monument rend hommage à Chirípieru, El Machetero Ignaciano, coiffé d'une couronne de plumes et armé d'une machette impressionnante, très imité pendant la fête du village. De nombreux bancs jaunes invitent à faire une pause.

Laguna Isirere LAC

La grande Laguna Isirere, au nord du village, accessible à pied en une demi-heure (2 km) ou en moto-taxi (5 $B), est un endroit agréable où l'on peut pêcher, se baigner, observer une multitude d'oiseaux ou admirer un beau coucher de soleil.

La **statue** qui se dresse sur la berge conte la légende de la formation du lac. Un jeune garçon du nom d'Isidoro barbotait dans un petit bassin lorsqu'il fut englouti par les eaux. C'était l'œuvre du malin Jichi, esprit des eaux, qui avait besoin de sacrifier un humain pour pouvoir transformer le bassin en lac.

Fêtes et festivals

En avril ou mai, les années impaires, un **festival de musique baroque** (en espagnol) est organisé dans 20 anciennes missions, y compris à San Ignacio.

Fiesta de Moxos RELIGION

(Fiesta del Santo Patrono de Moxos ; ⊙30-31 juil). Tous les ans, à San Ignacio de Moxos, le 30 juillet à 14h, débute la grande Fiesta del Santo Patrono de Moxos, qui célèbre le saint protecteur des Moxos. Si l'on est en Bolivie à cette époque, il est fortement recommandé d'assister à cette fête, l'une des plus intéressantes du bassin amazonien.

En réalité, la fête débute le 22 juillet selon un rituel bien particulier. La petite statue de Santiago est sortie de l'église et transportée dans les rues. On lui rend hommage chaque soir jusqu'au 25 juillet (Día de la Fiesta de Santiago), après quoi cette même statue est honorée comme étant l'icône de San Ignacio pendant le reste de la *fiesta* ! Durant tout ce temps, chaque famille du village apporte une image de San Ignacio à l'église et l'y dépose en son honneur. Ces processions solennelles continuent encore quatre jours avant que les réjouissances ne commencent pour de bon.

L'ELDORADO AMAZONIEN

Dans les Llanos de Moxos, entre San Ignacio de Moxos et Loreto, la forêt est parcourue par plus de 100 km de canaux et de chaussées, et parsemée de centaines de *lomas* (buttes artificielles créées par l'homme, censées former des sortes d'îlots en période d'inondation), de talus et d'autres terrassements préhistoriques représentant des êtres humains et des animaux. L'une des figures anthropomorphes mesure plus de 2 km de la tête aux pieds. Ces ouvrages, qui rappellent les célèbres lignes péruviennes de Nazca, avaient probablement pour fonction originelle de favoriser les cultures dans une région régulièrement inondée. À l'intérieur des buttes, on enterrait des statuettes, des poteries, des sceaux en céramique, des ossements humains ou des outils en pierre.

La découverte des *lomas* a poussé les scientifiques à regarder le Beni d'un œil neuf : alors qu'ils le considéraient jadis comme une jungle jamais explorée par l'être humain, si ce n'est par quelques communautés éparses, ils pensent désormais qu'il aurait été le berceau d'une grande civilisation, dotée d'un système social très élaboré.

Les *lomas* témoigneraient du grand nombre de personnes qui vivaient sur place, mangeant et buvant dans des récipients de terre cuite qui étaient ensuite cassés et enterrés pour accroître la stabilité du sol. D'après les archéologues, le grand nombre de ces récipients retrouvés indique le degré de complexité de cette société perdue.

Certains pensent que les structures préhistoriques sont l'œuvre des Paititi et que cette ancienne civilisation se trouverait à l'origine de la légende espagnole de l'Eldorado, connu sous le nom de Gran Paititi. On raconte que les Paititi était un peuple inca associé au héros mythique Inkarri qui, après avoir fondé Cuzco, se retira en Amazonie pour créer une autre grande civilisation en un lieu inconnu. Bien qu'on ait mis au jour quelques vestiges incas dans le nord de la Bolivie en 2003, l'origine inca des sites moxos reste douteuse. D'après la théorie la plus communément admise, les Paititi, à supposer qu'ils aient réellement existé, vivaient probablement au Pérou.

Les archéologues poursuivent leurs recherches, mais en attendant d'en savoir plus, une chose est certaine : il est difficile de ne pas regarder les forêts du Beni avec fascination lorsque l'on sait quel incroyable mystère de l'histoire elles cachent.

Le 30 juillet, une procession part de l'église. Elle est formée de *macheteros* (jeunes gens vêtus de blanc et portant de remarquables coiffes traditionnellement confectionnées avec des plumes d'ara), d'*achus* (les anciens du village portant des masques en bois et des couvre-chefs garnis de plumes et de feux de Bengale) et de musiciens jouant la musique traditionnelle des Moxos (avec des tambours, d'énormes flûtes de Pan en bambou et des flûtes à bec). La procession se rend dans chaque maison du village, l'une après l'autre, pour rendre les icônes de San Ignacio que les familles avaient déposées à l'église. En échange, ces dernières donnent boissons et victuailles. L'itinéraire s'achève à l'église où tout le monde assiste à la messe, après quoi les festivités s'ouvrent pour de bon.

La première soirée de la *fiesta* débute par d'énormes feux d'artifice, tirés devant l'église par deux familles fortunées. Ensuite, c'est le tour des *achus*, des hommes et des femmes portant d'immenses coiffes en plumes surmontées de sortes de feux de Bengale, qui courent au milieu de la foule, qui s'éparpillent en criant et en riant ; les enfants adorent ! Les villageois mangent du poisson frais, s'adonnent à moult libations et exposent des objets artisanaux.

Le matin du deuxième jour, une nouvelle messe est célébrée. La petite statue de San Ignacio est rapportée à l'église, et l'on sort pour la première fois une statue plus imposante du même saint afin de conduire une deuxième procession, accompagnée cette fois par les personnalités politiques locales, les représentants des autorités religieuses et autres dignitaires invités pour l'occasion. Une fois ce rituel accompli, la fête peut recommencer. Les deuxième et troisième jours sont consacrés aux courses de taureaux et à beaucoup de danses. Les habitants (souvent saouls) tentent d'attirer l'attention du taureau, ce qui n'a souvent pas grand effet. Quelques jours après, San Ignacio retrouve son calme, jusqu'à l'année suivante.

Où se loger et se restaurer

Hotel San Ignacio HÔTEL $
(482-2063 ; Main Plaza ; ch 80 $B ;). L'hébergement le plus plaisant en ville possède la clim et le Wi-Fi. Ses chambres spacieuses ont toutes une salle de bains, mais celles à l'étage sont mieux.

Residencial Don Joaquín HÔTEL $
(482-2055 ; Place principale ; s/d 80/120 $B, sans sdb 50 $B/pers). À l'angle de la place, près de l'église. Beau patio, chambres propres et sans prétention.

La Pascana del Gordo BOLIVIEN $
(Santiesteban, près de Sucre ; plats 20 $B ; 11h30-14h). Apprécié pour ses plats traditionnels moxos. Sachez qu'il apparaît aussi dans l'annuaire dans la rubrique "discothèque" !

Depuis/vers San Ignacio de Moxos

San Ignacio se tient pile à mi-parcours de la route Trinidad-San Borja, notoirement mauvaise (quoique de plus en plus asphaltée). Les bus pour San Borja (40 $B) passent par San Ignacio en début d'après-midi mais mettent bien plus longtemps. En période de fête et de pluies intenses, il y a parfois des vols pour Trinidad.

Le minuscule **aérodrome de Moxos** se trouve tout au bout de l'Avenida Aeropuerto. Renseignez-vous sur place pour plus de précisions.

Chaque jour, des *micros* pour San Ignacio (60 $B, 3-4 heures) quittent San Borja après avoir fait le plein de passagers. Il y a des départs sporadiques pour Rurrenabaque (80 $B, 7-8 heures), mais il est plus facile de rejoindre San Borja et, de là, prendre l'un des *micros* fréquents qui vont à Rurrenabaque.

AMAZONIE BOLIVIENNE ORIENTALE

Trinidad

3 / 122 000 HABITANTS / ALTITUDE 158 M

Trinidad est le point de départ pour une expédition sur le Río Mamoré. C'est aussi une étape entre Santa Cruz et Rurrenabaque. En dépit de son architecture coloniale et de ses rues à colonnades, il s'agit d'une ville moderne en expansion rapide. Pour autant, il est étonnamment facile de passer du vrombissement des motos à la bande-son naturelle des zones humides environnantes, peuplées d'aras à gorge bleue et de dauphins roses.

La ville de la Santísima Trinidad (la Très Sainte Trinité) fut fondée en 1686 par le Padre Cipriano Barace pour accueillir la deuxième mission jésuite des plaines du sud du Beni. Construite à l'origine sur les rives du Río Mamoré, à 14 km de son emplacement actuel, elle fut transférée en 1769 sur l'Arroyo de San Juan (qui, aujourd'hui, coupe la ville en deux) pour fuir les inondations et les maladies.

À voir

Santuario Chuchini — RÉSERVE NATURELLE

(portable 7284 2200 ; www.chuchini.org ; 20 $B, visite d'une demi-journée avec repas et excursion en bateau 100 $B, formule de 2 jours tout compris à partir de 1 300 $B ; 8h-18h tlj sauf mar). Occupant une *loma* (butte artificielle) de 8 ha à 14 km au nord de la ville, cette réserve naturelle fait partie des rares sites de Paitití aisément accessibles. Depuis le campement, de courtes incursions dans la forêt permettent d'atteindre des marigots peuplés d'oiseaux, de caïmans et autres animaux.

Inscrit dans un environnement arboré, riche en faune et en flore, le camp comporte des aires de pique-nique couvertes et ombragées ainsi que des balançoires pour les enfants. Un petit **musée archéologique** rassemble divers objets exhumés de la *loma*, notamment des statues de curieux personnages.

Vous pourrez vous porter volontaire dans le sanctuaire (pour une durée d'une semaine minimum) ; de plus, sachez que les circuits tout compris proposés par des agences de Trinidad reviennent un peu moins cher. On pourra se renseigner auprès de **Lorena** ou d'**Efrem Ibis**, ou des agences de voyages de Trinidad. Si vous n'optez pas pour une formule organisée, laquelle inclut le transport, vous devrez négocier le prix du trajet avec un conducteur de moto-taxi (autour de 20 $B), à moins que vous ayez loué une moto.

Museo Etnoarqueológico Kenneth Lee — MUSÉE

(Av. Ganadera ; 8h-12h et 14h30-18h lun-ven). GRATUIT Au nord du centre-ville, ce musée, qui doit son nom à l'archéologue américain, décédé à Trinidad, qui a consacré sa vie à cette région de Bolivie, passe pour la principale attraction culturelle de la ville. Il présente des objets de la région, notamment des instruments et des costumes traditionnels.

Parque Pantanal — PARC

(Av. José Chávez Suárez ; 8h-18h). GRATUIT Sur la route de l'aéroport, ce parc boisé ne sert plus de centre de réhabilitation pour les animaux – ses occupants sont devenus un peu fougueux. Il est néanmoins agréable de se promener sur les sentiers en observant les oiseaux, comme les jacanas aux ailes jaunes, qui bondissent sur les nénuphars. À l'extrémité du parc, un **centre d'interprétation** examine les écosystèmes du Pantanal bolivien.

Museo Ictícola — MUSÉE

(Universidad Autónoma del Beni ; 7h30-18h lun-ven, 7h30-12h sam) GRATUIT. Situé au sein de l'université, qui se trouve à 1,5 km au nord de la ville le long de Cipriano Barace, le Museo Ictícola est en fait un grand aquarium qui abrite quelque 500 espèces de poissons amazoniens ; certains sont conservés dans des bocaux ; d'autres nagent encore... Après avoir vu le squelette de l'anguille électrique, vous y réfléchirez à deux fois avant de plonger dans le Beni. Comptez 5 $B pour venir en moto-taxi.

Plazuela Natuch — PLACE

(Plazuela Estudiante ; angle Nicolás Suárez et Av. del Mar). Mérite une rapide visite pour ses fresques du Beni aux couleurs vives et ses statues d'espèces animales locales, notamment un jaguar couché et une famille de capybaras. Des couples adolescents se donnent rendez-vous sur cette place où se tiennent habituellement des stands vendant des objets d'artisanat.

Plaza Gral José Ballivián — PLACE

L'atout le plus charmant de Trinidad est la Plaza Gral José Ballivián, avec ses grands arbres tropicaux, ses jardins luxuriants et son atmosphère de quartier. On peut y passer une agréable soirée à manger des glaces en écoutant le bourdonnement des centaines de motos qui tournent autour de la place.

Cathédrale de Trinidad — ÉGLISE

(Plaza Gral José Ballivián) GRATUIT. Du côté sud de la Plaza Gral José Ballivián, la cathédrale jaune moutarde a été édifiée entre 1916 et 1931, à l'emplacement d'une église jésuite antérieure.

Circuits organisés

Plusieurs agences proposent des circuits dans l'arrière-pays pour explorer les quelque 20 000 *lomas* (buttes artificielles) précolombiennes, observer les aras de l'**Área Protegida Municipal Gran Mojos**, surprendre en bateau les dauphins roses de l'**Área Protegida Ibare Mamoré** ou monter à cheval et découvrir une journée de la vie d'un fermier bolivien.

La Ruta del Bufeo OBSERVATION DES DAUPHINS (ECOterra ; portable 7281-8317 ; www.facebook.com/Rutadelbufeo ; circuits journée/2 jours 449/940 $B/pers). Ce tour-opérateur est spécialisé dans *la ruta del bufeo*, un circuit fluvial d'un ou deux jours dans l'Área Protegida Municipal Ibare-Mamoré à la rencontre des botos, ou dauphins roses de l'Amazone. Le départ se fait habituellement de Puerto Ballivián, à 8 km de Trinidad. Les formules avec guide anglophone coûtent plus cher.

Consultez le site Internet en anglais, très utile pour planifier des excursions dans le Beni.

Rancho La Victoria OBSERVATION DE LA FAUNE (portable 7114-7183 ; facebook.com/RanchoLaVictoriaEstanciaGanaderaYTuristica ; circuit 3 jours tout compris à partir de 265 $US). Circuit de trois jours au Rancho La Victoria, 100 km au nord de Trinidad, via les missions jésuites de San Javier et San Pedro. La formule mêle découverte de la faune et activités dans un ranch touristique.

Conservación Loros Bolivia OBSERVATION DE LA FAUNE (CLB ; portable 6728-5111 ; fclbolivia.org ; 18 de Noviembre 278 ; 8h-12h et 14h-18h lun-ven,8h-12h sam). Cette fondation ne vend pas de circuits, mais son directeur passionné, José Antonio Díaz, peut vous mettre en contact avec des guides (l'argent que vous paierez servira à financer le travail de protection de l'environnement du CLB). Faites également un saut ici pour glaner des informations sur l'observation de la faune aviaire dans la Reserva Barba Azul (p. 324) ou l'Área Protegida Municipal Gran Mojos.

Flotel Reina de Enin BATEAU (portable 6840-2112 ; www.facebook.com/reinadeenin ; Mariscal Antonio José de Sucre 285 ; croisière 3/4 jours tout compris 536/587 $US ; 8h30-12h et 15h-18h30 lun-ven). Des croisières de plusieurs jours sur le cours sinueux du Río Ibare et celui plus impressionnant du Río Mamoré, ayant pour point de départ et d'arrivée Puerto Ballivián, à la périphérie de

CROISIÈRES FLUVIALES EN AMAZONIE BOLIVIENNE

Les excursions fluviales proposées à Trinidad, le long du Río Mamoré, vous conduiront au cœur de l'Amazonie bolivienne : vous y ferez l'expérience de la contemplation et de l'isolement. Pour en profiter dans les meilleures conditions, il est préférable de venir en saison sèche, soit, en gros, de mai-juin au courant du mois d'octobre.

Si le décor naturel le long des rivières du Nord varie peu, la diversité des espèces végétales et animales visibles depuis le bateau compensent largement le rythme alangui du voyage. Plus l'aventure sera longue, plus vous scruterez en profondeur l'obscurité de la forêt et guetterez les signes de mouvement sur les berges. Débarrassé des exigences du voyage actif, vous aurez le temps de décompresser et de savourer le paysage.

En général, la cuisine proposée est correcte, quoique monotone : *masaco* (purée de manioc ou de banane plantain), *charque* (viande séchée), riz, nouilles, bouillon clair et bananes. Pour varier l'ordinaire, pensez à prendre quelques compléments, mais surtout de l'eau ou des comprimés pour la purifier.

L'organisation d'un circuit demande patience et débrouillardise (il vous faudra sans doute attendre sur place quelques jours). Renseignez-vous à la **capitanía** de Puerto Almacén (moto-taxi 20 $B), à 8 km au sud-ouest de Trinidad, ou à Puerto Ballivián, à 8 km au nord-ouest, et faites-vous préciser les conditions de couchage avant le départ. Normalement, les passagers doivent se munir de leur propre hamac (en vente à Trinidad), mais on peut vous autoriser à dormir sur le pont. Emportez aussi un sac de couchage ou une couverture, surtout l'hiver – la fraîcheur des nuits amazoniennes est surprenante. Si vous avez la chance de vous trouver à bord d'un bateau qui voyage la nuit, vous n'aurez pas besoin de moustiquaire. En revanche, si le bateau accoste pour la nuit et que vous n'avez pas de moustiquaire, vous pourrez vivre un cauchemar.

Le trajet jusqu'à Guayaramerín prend environ cinq jours et coûte environ 300 $B repas compris. Il est devenu quasiment impossible de trouver des bateaux allant vers le sud jusqu'à Puerto Villarroel, mais, dans le cas contraire, sachez que la durée et le prix de la traversée sont à peu près les mêmes.

Pour une croisière plus chic, embarquez sur le beau bateau-hôtel *Flotel Reina de Enin* (p. 319).

Trinidad

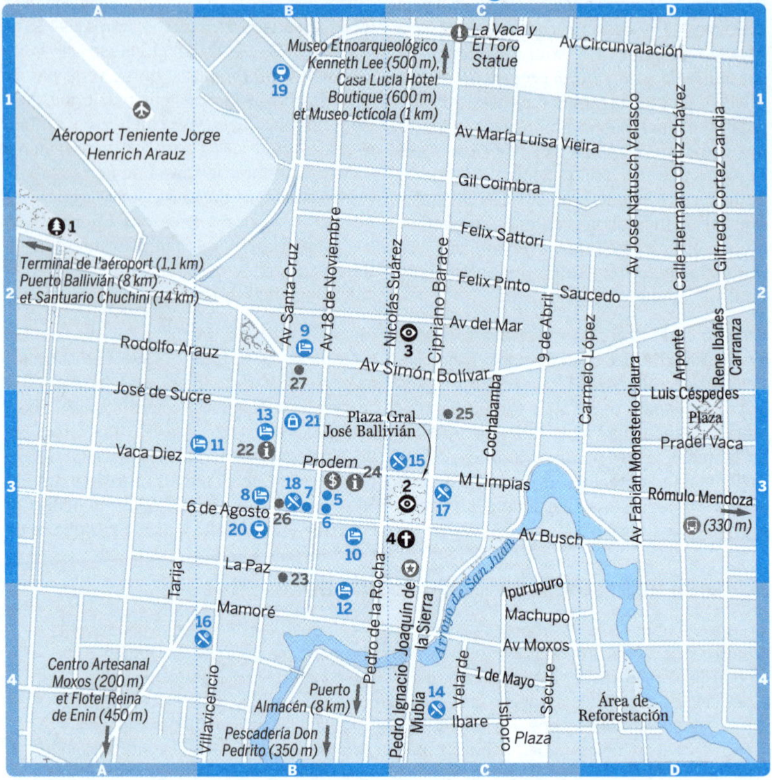

Trinidad. Parmi les activités figurent l'observation des dauphins roses ou des caïmans et des marches dans la jungle à destination de *lomas* préhistoriques. Le bateau dispose de couchettes confortables, d'un pont supérieur avec hamacs et d'une "piscine" alimentée par l'eau de la rivière.

Bici Tour VÉLO
(☎ portable 7114-7183 ; www.facebook.com/bicitourtrinidad ; Av. 18 de Noviembre 278 ; vélo 15/100 $B heure/jour). Location de vélos, visites guidées de la ville en anglais et excursions cyclo-touristiques axées sur la nature à la Laguna Suárez, la Laguna La Bomba et des sites plus éloignés.

Turismo Moxos CIRCUITS
(☎ portable 6735-9297 ; www.facebook.com/moxosviajes ; Av. 6 de Agosto 114 ; ⏲ 8h-12h30 et 14h30-18h30 lun-ven, 8h-12h30 sam). Croisières d'un à trois jours sur le Río Ibare pour voir les dauphins, stage de survie de trois jours, visites de villages sirionó, safaris en pirogue de quatre jours dans la jungle et excursions à cheval d'une journée dans des zones reculées. Guides anglophones moyennant supplément.

Fêtes et festivals

Fiesta de la Santísima Trinidad FÊTE
(⏲ mai ou juin). La fête de la ville est l'occasion d'une grande réjouissance, bruyante et arrosée, avec compétitions d'escalade de poteaux graissés et les *jocheos de toros* ("provocation des taureaux").

Où se loger

Hostal El Tajibo HÔTEL $
(☎ 462-2324 ; Av. Santa Cruz 423 ; s/d 120/160 $B, avec clim 200/260 $B ; ❄📶). L'un des meilleurs hôtels pour voyageurs à petit budget. Jolies chambres, presque élégantes même, aux lits confortables, certaines avec balcon donnant sur la rue. Celles qui sont

Trinidad

À voir
1 Parque Pantanal A2
2 Plaza Gral José Ballivián C3
3 Plazuela Natuch C2
4 Cathédrale C3

Activités
5 Bici Tour B3
6 Conservación Loros Bolivia B3
7 Turismo Moxos B3

Où se loger
8 Hostal El Tajibo B3
9 Hotel Aguahí B2
10 Hotel Campanario B3
11 Hotel Colonial B3
12 Hotel Jacaranda Suites B4
13 Residencial Santa Cruz B3

Où se restaurer
14 Churrasquería La Estancia C4
15 Club Social C3
16 El Tábano B4
17 La Casona C3
18 Sabor Brazil B3

Où prendre un verre et faire la fête
19 Goss B1
20 Palo Diablo B3

Achats
21 Chocolates Para Ti B3

Renseignements
22 Bureau de l'immigration B3
23 Lavandería Industrial Burbujas B3
24 Office du tourisme B3

Transports
25 BOA C3
26 EcoJet B3
27 TAM B2

climatisées incluent le petit-déjeuner. Les nouveaux matelas sont appréciables ; en revanche, un coup de peinture ne serait pas de trop !

L'**Hotel Colonial** (☎462-2864 ; www.facebook.com/hotelcolonialtrinidad ; Vaca Diez 306 ; s/d 200/250 $B, ste 250/350 $B ; ❄📶🏊), à proximité, a les mêmes propriétaires mais se classe un cran au-dessus.

Residencial Santa Cruz PENSION $
(☎462-0711 ; Av. Santa Cruz 537 ; s/d 80/150 $B, s/d sans sdb 70/130 $B ; 📶). L'adorable couple d'un certain âge qui gère cet *hostal* un peu défraîchi fait un véritable effort pour égayer ses chambres au moyen d'une décoration colorée, de tentures murales peintes à la main et de couvre-lits aux tons vifs. Celles du premier étage sont plus spacieuses. Toutes ont la TV câblée. Cuisine à disposition.

♥ **Casa Lucia Hotel Boutique** BOUTIQUE-HÔTEL $$
(☎portable 7828-8146 ; El Palmar 42 ; s/d/tr avec petit-déj 280/350/450 $B ; ❄📶🏊). Légèrement à l'écart de la ville, dans une rue résidentielle proche du musée Kenneth Lee (p. 318), cet hôtel de charme surpasse toute la concurrence avec ses sept chambres au mobilier ancien, son jardin luxuriant et sa piscine en forme de haricot.

Hotel Campanario HÔTEL $$
(☎462-4733 ; Av. 6 de Agosto 80 ; s/d 280/420 $B, ste 600/700 $B ; ❄🏊). L'Hotel Campanario cherche à profiter de la présence croissante de riches hommes d'affaires de Santa Cruz en proposant des chambres et des suites de haut standing. Celles-ci sont spacieuses et joliment décorées, avec des dessus-de-lit colorés. Piscine et climatisation très appréciables.

Hotel Jacaranda Suites HÔTEL $$
(☎462-2400 ; hoteljacarandasuites@hotmail.com ; La Paz 159 ; s/d 360/500 $B ; ❄@🏊). Sans conteste le meilleur hôtel de Trinidad, cet établissement moderne et élégant reçoit une clientèle huppée. Toutes les chambres sont de petites suites climatisées, certaines avec balcon donnant sur la cour verdoyante. Sirotez un cocktail au Tropical Bar ou faites trempette dans la piscine.

Hotel Aguahí HÔTEL $$
(☎6940-5553 ; aguahi_hotel@hotmail.com ; Bolívar, près de l'Av Santa Cruz ; s/d/tr 320/440/560 $B ; ❄📶🏊). Les prix sont un peu excessifs pour des chambres un brin datées, quoique grandes et à la literie confortable, mais l'hôtel possède une vaste piscine en huit et un jardin tropical étendu.

Où se restaurer

Sabor Brazil BRÉSILIEN $
(www.facebook.com/saborbrasilTdd ; Av. 6 de Agosto 164 ; plats 25-35 $B ; ⏰17h-23h mar-dim ; 📶). Les généreux bols d'*açaí*, les gros *calzone*, les desserts gourmands (le cheese-

cake aux fruits de la passion est un véritable délice exotique !) et les jus de fruits frais de ce petit café satisfont agréablement l'appétit. C'est aussi le seul endroit en ville où commander un véritable expresso. Dommage qu'il ne soit pas ouvert le matin.

Churrasquería La Estancia GRILLADES $$
(www.facebook.com/ChurrasqueriaLaEstancia ; Ibare, près de Velarde ; plats 45-75 $B ; 11h-23h mer-lun ;). Si vous avez des envies de viande rouge, tout le monde à Trinidad vous conseillera cette adresse aux airs de ranch, avec toit en feuilles de palmier et barbecue. La viande y est succulente, tendre et juteuse à souhait.

El Tábano POISSON $$
(Villavicencio, près de Néstor Suárez ; plats 40-70 $B ; 11h-14h30 et 18h-minuit lun-sam, 11h-16h dim). Ce pub-restaurant doublé d'une cour plaît à la jeunesse de Trinidad pour son ambiance animée par des groupes de musiciens, ses bières et cocktails et ses recettes inventives de poisson et de caïman.

Pescadería Don Pedrito FISH AND CHIPS $$
(462-2545 ; Manuel Maraza, Zona Germán Busch ; plats 60 $B ; 11h-23h). Il y a 8 plats de poisson à la carte, tous au même prix, qu'ils soient grillés, frits ou préparés en ceviche. Les chauffeurs de motos-taxis vous recommanderont cette adresse, où l'on peut prendre une bière et regarder un match de foot à la TV. Installés sous les manguiers, les sympathiques chats de la maison guettent les restes.

La Casona INTERNATIONAL $$
(Gral José Ballivián ; menu déj 17 $B, plats 25-100 $B ; 9h-23h ;). La table la plus populaire de Trinidad, du côté est de la place, n'est pas vraiment à la hauteur de sa réputation. Préférez les *almuerzos* (menus déjeuner), habituellement bons, et les pizzas correctes aux autres plats à la carte, gras et trop chers.

Club Social BOLIVIEN $$
(Gral José Ballivián ; menu déj 15 $B, plats 25-50 $B ; 7h30-22h30). En plein sur la place, dans une cour fraîche et ombragée, l'adresse a la faveur des familles du cru. Le copieux menu déjeuner, composé d'une soupe et d'un plat de viande, riz et légumes, se révèle plus avantageux que la carte du soir.

Où prendre un verre et faire la fête

Siete Toros BAR-CLUB
(www.facebook.com/7SIETETOROS ; angle Av. Armando Llanos et Av Comunidad Europea ; 11h30-22h). Un vaste complexe bar, club, karaoké et espace événementiel, dont la zone VIP dispose d'une piscine privative. Il y a aussi un restaurant de burgers et pizzas à l'américaine avec une étonnante carte de gins et un énorme projecteur pour diffuser des rencontres sportives.

Palo Diablo BAR
(462-7254 ; Av. Santa Cruz 825 ; 18h-1h). Les réfractaires au karaoké se rabattront sur ce bar éclairé à la lumière noire, qui concocte le plus grand choix de cocktails en ville et passe des vidéos de rock sur un écran plat. Concerts les vendredis et samedis soir à partir de 22h.

Achats

Chocolates Para Ti ALIMENTATION
(angle Av. Santa Cruz et Sucre ; 9h-19h30 lun-sam). Désormais installée dans une boutique de jouets, l'enseigne locale du fameux chocolatier de Sucre vend un choix des meilleurs produits de la marque, joliment emballés. Dépêchez-vous de ramener vos achats à votre hôtel avant qu'ils fondent !

Centro Artesanal Moxos ARTISANAT
(angle Bopi et Santos Noco ; 8h-12h et 14h-19h lun-sam). L'artisanat du Beni (tissage, bois et masques) est en vente au Centro Artesanal Moxos, à 300 m au sud-ouest de la ville, près du cimetière. Vous pourrez vous y offrir un *pifano*, flûte fabriquée avec l'os de l'aile du jabiru selon une technique millénaire, et instrument clé de la musique des Moxos.

Renseignements

ACCÈS INTERNET

Les cybercafés, surtout concentrés le long de l'Avenida 6 de Agosto, près de la place, facture généralement 3 $B l'heure.

ARGENT

Plusieurs DAB près de la place principale acceptent les cartes bancaires internationales – profitez-en pour faire provision d'argent liquide avant de pénétrer dans la jungle.

Prodem (Vaca Diez s/n ; 8h-15h lun-ven, 9h-12h sam). Juste à côté de la place. Avances en liquide sur cartes bancaires.

BLANCHISSERIE

Il n'existe qu'une poignée de blanchisseries, la plupart à la périphérie de la ville. La plus centrale, la **Lavandería Industrial Burbujas** (☎ portable 6938-0072 ; La Paz 259 ; ⌚ 8h-19h lun-ven, 8h-18h sam), demande 22 $B pour une douzaine d'articles.

DÉSAGRÉMENTS ET DANGERS

Poste de police (Joaquín de la Sierra 70 ; ⌚ 24h/24)

IMMIGRATION

Le **bureau de l'Immigration** (angle Vaca Diez et Av Santa Cruz ; ⌚ 7h30-15h30 lun-ven) s'occupe des prorogations de visa.

OFFICE DU TOURISME

L'**office du tourisme municipal** (☎ 462-9693 ; Vaca Diez, près de 18 de Noviembre ; ⌚ 8h-12h et 14h30-18h30 lun-ven) fournit quelques prospectus et des informations limitées. Si vous projetez une excursion dans la campagne, mieux vaut vous adresser à José Antonio Díaz, le directeur de Conservación Loros Bolivia (p. 319), qui parle de surcroît anglais.

ℹ Depuis/vers Trinidad

AVION

Les voyageurs quittant la ville doivent acquitter une taxe de 11 $B à l'**aéroport Teniente Jorge Henrich Arauz** (Av. José Chávez Suárez), situé à la périphérie nord-ouest de la ville (taxi/moto-taxi 20/10 $B).

BoA (p. 364) assure 2 vols le vendredi et le dimanche vers La Paz et des vols quotidiens vers Cochabamba. **EcoJet** (p. 300) offre des vols quotidiens pour Santa Cruz, Cochabamba, Guayaremerin et Riberalta, ainsi que des services réguliers à destination de La Paz (3/sem). La compagnie effectue également des liaisons avec Sucre via Santa Cruz (3/sem) et Tarija via Cochabamba (2/sem). **Amaszonas** (☎ 462-7575 ; www.amaszonas.com ; Teniente Jorge Henrich Arauz Airport, Av. José Chávez Suárez ; ⌚ 7h30-16h30 lun-ven) relie chaque jour Trinidad à Riberalta et Santa Cruz. **TAM** (☎ 462-2363 ; angle Av. Bolívar et Av. Santa Cruz ; ⌚ 8h-12h et 14h-18h lun-ven) dessert Santa Cruz, Guayaremerín et Riberalta de façon irrégulière.

BUS ET MINIBUS

La **gare routière** (Beni, entre Martiniano Fuentes et Rómulo Mendoza) chaotique se tient à 1 km à pied du centre, en direction de l'est ; le trajet en taxi vous coûtera 20 $B. Plusieurs *flotas* (bus longue distance) partent chaque soir entre 20h et 22h à destination de Santa Cruz (90 $B, 10-12 heures) ; en bus *cama* (à couchettes), comptez 140 $B.

Des bus quotidiens se rendent aussi à et Guayaramerín (200 $B) en 12 ou 24 heures selon qu'ils passent par Puerto Siles (quand le temps est sec) ou Rurrenabaque (quand il pleut).

En face de la gare routière, quelques minibus et taxis collectifs pour les villes voisines prennent la route après avoir fait le plein de passagers. Des minibus couvrent San Borja (100 $B, 6-7 heures), Rurrenabaque (180 $B, 9-11 heures) et Santa Rosa (230 $B, 13-15 heures). Des vans à destination de San Ignacio de Moxos (60 $B, 3-4 heures) démarrent une fois pleins d'une **parada** (arrêt) au croisement de l'Avenida Pedro Ignacio Muiba et de la Calle Jarajorechi.

ℹ Comment circuler

DEPUIS/VERS L'AÉROPORT

Un taxi entre la ville et l'aéroport coûte environ 20 $B. Si vous voyagez léger, une moto-taxi vous reviendra seulement à 10 $B ; la quantité de bagages qu'on réussit à transporter avec un peu d'imagination est surprenante.

MOTO

Rouler à moto est un moyen amusant de passer la journée : moyennant 15 $B l'heure ou 80 $B la journée, vous pourrez en louer une et vous joindre à la cohorte des gens qui circulent aux abords de la place. Il vous faudra un permis de conduire de votre pays d'origine.

TAXI

Une course en moto-taxi en ville coûte 3 $B (un peu plus de nuit). Les taxis classiques, de plus en plus rares, facturent quant à eux 10 $B. Pour vous rendre sur des sites éloignés, cherchez un taxi sur la place. Tablez sur environ 50 $B l'heure (jusqu'à 4 personnes), temps d'attente compris.

NORD DE L'AMAZONIE BOLIVIENNE

Santa Ana de Yacuma

☎ 3 / 18 500 HABITANTS / ALTITUDE 145 M

Authentique et très agréable ville de cow-boys, peuplée d'éleveurs, d'ouvriers agricoles et, naturellement, de vaches, Santa Ana est la principale localité de cette partie du Beni. Elle se targue d'être la capitale bolivienne du bétail, un titre qui lui vaut du reste d'afficher l'un des niveaux de vie les plus élevés de l'Amazonie bolivienne.

À moins de venir au moment de la **fête de la ville** (24 juillet), dont les festivités tournent autour de l'élevage du bétail, il n'y a pas grand-chose à faire ici. Pour les visiteurs, la ville n'est qu'une étape sur la route de la Reserva Barba Azul (ci-dessous).

Où se loger

Hotel Mamoré HÔTEL $$
(☎337-8294 ; Roca Suárez ; s/d 250/350 $B ; ❄🛜). Près de l'aérodrome, cet établissement 4 étoiles est de loin le meilleur de la ville... et les éleveurs le savent : si vous voulez une chambre, mieux vaut réserver bien à l'avance.

Depuis/vers Santa Ana de Yacuma

Du fait de l'industrie locale florissante, les transports routiers depuis/vers Santa Ana de Yacuma fonctionnent théoriquement toute l'année. Entreprendre le trajet à la saison humide (ou simplement après des pluies) est toutefois déconseillé aux petites natures, car on peut rester bloqué à mi-chemin et être obligé de dormir dans le véhicule. Des *trufis* (taxis collectifs ou minibus) partent fréquemment de la statue La Vaca y El Toro (carte p. 320, C1), à Trinidad (150 $B, 4-6 heures).

Une fois à Santa Ana, le trajet vers la Reserva Barba Azul doit être négocié sur place ou organisé à l'avance.

Reserva Barba Azul

Grâce au travail d'Armonía (p. 273), une ONG de protection de la nature, l'ara à gorge bleue ou *barba azul*, une espèce menacée, est devenu une célébrité locale. D'une superficie de 11 000 ha, la réserve privée de Barba Azul abrite un quart de la population mondiale de ce rare et spectaculaire oiseau endémique de la pampa du Beni, un habitat en voie de disparition rapide qui n'existe nulle part ailleurs dans le monde.

Contrairement à une grande partie des environs, aucun ruminant ne vient brouter dans les prairies ouvertes de la réserve, où l'on peut donc observer, outre les aras à gorge bleue, toutes sortes d'espèces d'oiseaux et de mammifères menacées, comme les loups à crinière, les fourmiliers géants et les cerfs des marais. Un nouveau lieu de restauration et l'amélioration des quatre bungalows existants devraient être achevés au moment de votre venue. Pour des raisons logistiques, vous devrez rester un minimum de trois nuits ; le prix de cette expérience mémorable s'élève à 150 $US par personne et par nuit, nourriture, excursions en bateau à moteur et balades à cheval comprises.

Pendant la majeure partie de l'année, le moyen le plus rapide et le plus facile de rejoindre la réserve consiste à affréter un avion au départ de Trinidad ou de Santa Cruz. Armonía est en contact avec des pilotes locaux depuis plusieurs années ; mieux vaut donc laisser cette ONG se charger de l'organisation. Depuis Trinidad, comptez 580 $B environ, pour 3 à 5 passagers. Durant la saison sèche (juillet à octobre), un transport par voiture peut être organisé à Santa Ana de Yacuma, mais, bien que le trajet ne soit que de 80 km, il prend au moins 3 heures étant donné l'état des routes.

Organisez votre visite à l'avance auprès du **bureau d'Armonía** à Santa Cruz (voir l'encadré page ci-contre), qui pourra peut-être vous aider à trouver un moyen de transport. Sinon contactez Bird Bolivia (p. 368) ou Nick's Adventures (p. 368) pour effectuer une excursion guidée.

Guayaramerín

☎3 / 55 000 HABITANTS / ALTITUDE 130 M

Résolument tournée vers le Brésil, Guayaramerín est jumelée avec la ville brésilienne de Guajará-Mirim, située de l'autre côté du Río Mamoré. C'est un centre urbain animé, dont l'économie repose sur les trafics de toutes sortes (licites ou pas) avec le pays voisin, ce qui explique le ballet incessant des motos et les étals des marchés débordant de vêtements synthétiques. C'est désormais le terminus nord des bateaux circulant sur le Mamoré.

Il n'y a pas grand-chose à faire ici, hormis descendre la rivière. Au nord, vous pourrez suivre la *ruta de la goma* ("route du caoutchouc) jusqu'à **Cachuela Esperanza**, fondée lors de la fièvre du caoutchouc, qui jadis fut la ville la plus moderne et opulente de l'Amazonie bolivienne. S'il ne reste presque rien de sa splendeur passée, elle s'inscrit dans un beau paysage, près des rapides du Beni.

Circuits organisés

Mary's Tours EXCURSIONS
(☎855-3882, portable 7114-2508 ; marytourss@gmail.com ; 25 de Mayo 529 ; ⌚8h30-12h et

L'ARA À GORGE BLEUE, UN TRÉSOR NATIONAL

Avec plus de 1 435 espèces d'oiseaux, la Bolivie est le paradis de l'ornithologie. Mais, outre leur quantité, on a surtout l'occasion de voir des espèces endémiques rares.

Le nombre d'aras à gorge bleue (*Ara glaucogularis*), espèce endémique des savanes du Beni, se monte, selon les estimations les plus optimistes, à seulement 250 individus. Surnommé *barba azul* ("barbe bleue") par les Boliviens, ce volatile est au centre de l'attention de plusieurs groupes de protection de l'environnement, qui s'emploient à le sauver de l'extinction.

Des organisations comme Armonía, le Bolivian Birdlife International Partner et Conservación Loros Bolivia, une fondation qui s'occupe des perroquets, ont mis en place des programmes communautaires en faveur des oiseaux les plus menacés du pays, principalement en cherchant à susciter un sentiment de fierté au sein de la population locale. Mais l'action la plus importante reste sans doute l'achat de la petite **Reserva Barba Azul** (page ci-contre), consacrée à la protection de l'ara à gorge bleue.

Douze des 19 espèces d'aras répertoriées dans le monde sont présentes en Bolivie. Le *barba azul* n'existe que dans une petite zone du Beni. La protection des "îles" boisées est essentielle pour sa survie ; c'est là que se trouve sa nourriture de prédilection, les noix du palmier *motacú* (il picore aussi le palmier royal et mange des noix de *totaí*). Les plumes de la queue de cet ara étaient traditionnellement employées à des fins cérémonielles ; elles sont désormais remplacées par des plumes artificielles fabriquées à partir des feuilles de palmier – ce qui a permis d'écarter la menace supplémentaire qui pesait sur cet animal.

Le premier recensement scientifique a été entrepris en septembre 2015 et il reste beaucoup à apprendre sur l'ara à gorge bleue. Il est difficile à identifier, car il se déplace en groupe avec des aras bleus, dont il se distingue uniquement par sa manière de voler, des marques sur la tête et le cou, et son cri.

De nombreuses initiatives ont aussi été développées avec des aides étrangères. Le **Parque Loro** de Tenerife a lancé un programme de nichoirs, que les *barbas azules* commencent à utiliser à Loreto, 1 heure au sud de Trinidad, où le gouvernement a inauguré en 2017 l'Area Protegida Gran Mojos (580 000 ha). Un tracteur, acquis grâce à une ONG canadienne, a permis de créer des coupe-feu nécessaires dans la **Reserva Barba Azul**.

Le bureau d'Armonía à Santa Cruz (p. 273) et celui de Conservación Loros Bolivia à Trinidad (p. 319) renseignent sur les endroits où voir des aras à gorge bleue à l'état sauvage et sur les façons de contribuer à leur protection.

14h-18h30). Mary's Tours propose des tours de ville de 5 heures à Guayaramerín et à Guajará-Mirim, ainsi qu'une *ruta de la goma* (route du caoutchouc) à destination de Cachuela Esperanza. Citons aussi des croisières de un à quatre jours au fil du Mamoré à bord d'un bateau sur trois niveaux et des excursions de pêche à Rosario del Yata. Enfin, vous pourrez vous adresser à l'agence pour les vols.

Où se loger

Hotel Itauba Eco Resort RESORT $

(☎ portable 7113-0583 ; itaubaecoresort@bol.com.br ; Av. Las Arenas 1350 ; bungalows s/d/tr/qua 120/180/290/350 $B ; ❄). Au bord d'un lac privé à 200 m de la gare routière, ce petit *resort* comprend un joli restaurant au toit de chaume perché au-dessus de l'eau et des bungalows modernes sur deux niveaux à l'écart parmi les arbres. Il propose à ses hôtes différentes activités et abrite une ménagerie d'aras rescapés.

Hotel Santa Ana HÔTEL $

(☎855-3900 ; 25 de Mayo 611 ; s/d avec ventil 70/130 $B). Le meilleur des hôtels regroupés dans cette zone. Chambres spacieuses, toutes équipées de ventilateurs, ainsi que quelques suites. Rapport qualité/prix raisonnable, à condition d'éviter les chambres sans fenêtre.

Où se restaurer

Asai L&L AMAZONIEN $

(angle Vaca Diez et Av. Federico Román ; en-cas 6-15 $B ; ⏰7h-18h). Venez vous rafraîchir dans ce café coloré, spécialiste des milk-shakes à l'*açaí*, la super baie amazonienne. De nombreux jus de fruits et en-cas (hamburgers, hot dogs, jambon-fromage...) complètent l'offre.

Lina's Pizza PIZZA $

(☎ portable 7395-2015 ; angle Nicolas Suárez et Reyes ; part de pizza 10 $B, pizza 40-80 $B ; ⊙ 17h-22h30 mar-dim). Un mouchoir de poche sur une place tranquille. On y prépare des pizzas dans les règles avec des garnitures typiquement locales telles que *palmitos* (cœurs de palmier) et *gusanitos* (petits vers).

Restaurant El Sujal BARBECUE $$

(Av. Federico Román s/n ; plats 50-100 $B ; ⊙ 11h30-15h et 19h-22h mar-dim). Sur l'artère principale, cet imposant restaurant coiffé de chaume accommode bœuf, poulet et *surubí* (espèce de silure) de onze manières différentes. Ses pâtes végétariennes, plutôt insipides, nous ont moins convaincus.

Renseignements

ACCÈS INTERNET

Tigo Internet (Av. Alto de la Alianza s/n ;Internet 4 $B/heure ; ⊙8h30-12h30 et 14h30-19h lun-ven, 9h-13h sam), juste en retrait de la Plaza Germán Bush près du marché, assure une connexion Internet correcte.

AMBASSADES ET CONSULATS

Le **consulat du Brésil** (☎855-3766 ; cons.guayaramerin@itamaraty.gov.br ; angle Av. Beni et Av. 24 de Septiembre ; ⊙8h-14h lun-ven), une rue à l'est de la Plaza Hernán Roca Cazanova, délivre des visas dans un délai de deux semaines. Vous avez tout intérêt à faire votre demande en ligne ou à La Paz.

ARGENT

Les changeurs de rue sur le port travaillent en dollars américains, en reais brésiliens et en bolivianos. Plusieurs DAB fonctionnent sur la Plaza Hernán Roca Cazanova.

Depuis/vers Guayaramerín

AVION

Assez récent mais déjà délabré, l'aéroport se situe à 9 km du centre. Le terminal étant fermé jusqu'à nouvel ordre en raison de défauts structurels, les check-in s'effectuent aux agences des compagnies aériennes, sur les deux places principales de la ville, au moins 2 heures avant le départ.

La **TAM** (☎855-3429 ; www.tamep.bo ; Plaza Germán Bush ; ⊙variables), exploitée par l'armée bolivienne, pratique généralement des tarifs plus bas. Par contre, elle n'est apparemment pas tenue de respecter des normes de sécurité aussi strictes que celles imposées aux transporteurs commerciaux. Les appareils, essentiellement des avions-cargos militaires reconvertis, ont tendance à pécher côté confort. Les liaisons avec Trinidad sont sporadiques (habituellement deux par semaine) et les horaires de bureau variables. Préférez EcoJet (p. 300), qui effectue des vols réguliers à destination de Trinidad avec correspondance pour Cochabamba, La Paz, Santa Cruz, Sucre et Tarija.

Le trajet de 15 minutes en taxi-collectif e ntre l'aéroport et le centre de Guayaramerín coûte 20 $B.

BATEAU

Les bateaux de marchandises qui remontent le Río Mamoré jusqu'à Trinidad (environ 300 $B avec les repas) partent de façon irrégulière et mettent environ 6 jours à effectuer le trajet. Renseignez-vous à la capitainerie (☎855-4413, après l'heure de fermeture 7637-4544 ; angle Av. Costanera et Av. Federico Román ; ⊙8h-12h et 14h-19h).

BUS ET TAXI

La gare routière est située à la sortie sud de la ville, bien au-delà du marché. Des taxis collectifs partent vers Riberalta (35 $B/pers, 1 heure 30) dès qu'ils ont réuni 4 personnes.

Un bus se met en route tous les jours à 8h pour Rurrenabaque (140 $B, 12 heures) et La Paz (130 $B, 26 heures), en passant par Santa Rosa et Reyes. N'entamez aucun de ces trajets si la pluie menace, même faiblement, ou préparez-vous à devoir pousser le bus enlisé dans la boue à intervalles réguliers. Des bus pour Cobija (140 $B, 12-20 heures) circulent les mardis, jeudis, samedis et dimanches. Les bus quotidiens pour Trinidad (180 $B) couvrent la distance en 12 ou 24 heures, selon qu'ils passent par Puerto Siles (quand le temps est sec) ou Rurrenabaque (quand il pleut).

En rejoignant la plupart de ces destinations en avion, vous ne regretterez pas la dépense supplémentaire.

Comment circuler

Guayaramerín est suffisamment petite pour s'y déplacer à pied. La course en moto-taxi ou triporteur coûte 5 $B en ville. Pour explorer les environs, vous pouvez louer une moto sur les deux places principales (15 $B/heure) ou négocier un tarif à la journée (comptez 100 $B pour 24 heures).

LA FRONTIÈRE BRÉSILIENNE

Se rendre au Brésil depuis les villes de Cobija et de Guayaramerín, dans le nord de la Bolivie, nécessite de franchir respectivement les Ríos Acre et Mamoré.

De Guayaramerín à Guajará-Mirim

Passer dans la ville brésilienne de Guajará-Mirim en venant de Guayaramerín (Bolivie) est un jeu d'enfant. Les *lanchas* (petits bateaux à moteur) qui traversent le fleuve partent du port lorsqu'ils sont pleins (10 $B). Les bureaux de l'immigration de **Guajará-Mirim** (Av. Pres Dutra, Guajará-Mirim, Brésil ; 8h-12h et 14h-18h lun-ven, jusqu'à 12h sam) et de Guayaramerín (p. 324) se situent dans les zones portuaires des deux villes, à trois rues de la rivière pour le premier. Vous devrez montrer votre carnet de vaccination contre la fièvre jaune de part et d'autre de la frontière. Les ressortissants de nombreuses nationalités auront de surcroît besoin d'un visa obtenu à l'avance.

De Cobija à Brasiléia

Un long pont écrasé de chaleur relie Cobija à Brasiléia. Les tampons d'entrée/sortie sont délivrés par le bureau de l'immigration à Cobija (546-5760 ; Plaza General Germán Busch, Cobija ; 9h-12h et 14h-17h lun-ven), à l'extrémité bolivienne du pont (dans le bâtiment de la préfecture sur la place principale), et par la **Polícia Federal de Brasiléia** (Av. Santos Dumont, Brasiléia, Brazil ; 8h-12h et 14h-17h). En négociant un peu, un taxi vous conduira à la Polícia Federal de Brasiléia, vous attendra pendant les formalités à l'immigration, et vous emmènera ensuite à la gare routière. Si vous avez besoin d'un visa, vous pouvez tenter votre chance au **consulat du Brésil à Cobija** (842-2110 ; Av. Chelio Luna Pizarro, Cobija ; 8h-14h lun-ven), mais mieux vaut faire la demande à La Paz.

Même si les agents ne s'en assurent pas toujours, sachez que la vaccination contre la fièvre jaune est obligatoire pour entrer au Brésil. Au cas où, vous pourrez vous adresser à la clinique du port à Brasiléia, pratique et relativement propre. Pour plus d'informations, consultez le guide Lonely Planet *Brésil*.

Riberalta

3 / 99 070 HABITANTS / ALTITUDE 115 M

Bien que principale ville de la région frontalière du Nord, Riberalta reçoit très peu de touristes étrangers. Si elle n'a rien de déplaisant malgré son aspect décrépit, les activités possibles se résument à regarder le coucher de soleil orange et les motos qui tournent en rond en sirotant un milk-shake à l'*açaí* sur la place. À en croire les habitants des deux sexes, les *Riberalteñas* (habitantes de Riberalta) seraient les plus belles femmes de Bolivie.

Riberalta a pour seul titre de gloire d'être l'un des grands lieux de production de noix du Brésil, dont l'économie locale dépend entièrement. La culture de l'*açaí* s'y développe aussi. Les voyageurs intéressés par l'agrotourisme peuvent organiser des circuits pour en apprendre davantage sur l'un ou l'autre. Enfin, plusieurs réserves, en périphérie de l'agglomération, permettent de voir des animaux.

À voir

Area Protegida Municipal Aquicuana RÉSERVE NATURELLE

(10 $B). À 22 km au nord de Riberalta (30 $B en moto-taxi), cette réserve au milieu d'une jungle luxuriante se prête merveilleusement à l'observation de la faune, en particulier des oiseaux, caïmans et anacondas, ainsi qu'à la pêche au *paiche*, l'un des plus gros poissons d'eau douce du monde. Les communautés de San José et de Warnes gèrent le parc, et leurs habitants peuvent être embauchés comme guides (ils ne parlent toutefois que l'espagnol). Signalons également la présence d'un écolodge haut de gamme consacré aux soins de bien-être traditionnels à base de plantes.

Tumichucuá VILLAGE

Le petit village de Tumichucuá se tient à environ 25 km au sud de la ville (30 $B en moto-taxi) en direction d'"El Triángulo" (le carrefour qui mène à Cobija). On peut se baigner dans un lac, se promener sur les sentiers forestiers d'une île boisée et passer la nuit dans des bungalows. Nul ne sait au juste à quelle distance Tumichucuá se trouve de Riberalta, car, selon la légende, le lac se déplace la nuit, tantôt pour se rapprocher de la ville, tantôt pour s'en éloigner.

Paseo Turístico La Costanera PARC
(Costanera). Cette promenade pédestre bien entretenue surplombant un large méandre du Río Beni dévoile une perspective typiquement amazonienne, où l'élément aquatique rencontre la forêt tropicale. Venez à l'heure du déjeuner pour manger des fruits de mer dans les stands au bord de l'eau.

Un petit **kiosque d'information touristique** est parfois ouvert en semaine.

Cathédrale ÉGLISE
(Plaza de Armas) Sur la place principale se dresse la vaste et belle cathédrale, une magnifique construction (qui a coûté plus d'un demi-million de dollars US) en brique rouge et cèdre, bâtie dans le style classique des missions sur le site d'une église.

Activités

Club Náutico BAIGNADE
(Costanera ; 15 $B ; 8h-18h). Quand la chaleur atteint son comble, toute activité physique est suspendue, et l'on ne pense plus qu'à s'allonger dans un hamac. C'est le moment d'aller se rafraîchir dans la piscine scintillante du club nautique au bord de la rivière, à deux rues au nord de la place principale.

Circuits organisés

Riberalta Tours OBSERVATION DE LA FAUNE
(portable 7126-2998 ; www.riberaltatours.com ; Av. Beni Mamoré 850 ; 8h-18h30 lun-ven, 8h30-18h30 sam). L'agence la mieux établie de Ribaltera organise des circuits de 4 à 5 jours comprenant visite de Tumichucuá, excursion en bateau, observation de la faune, sortie de pêche et découverte de Cachuela Esperanza, la ville de la fièvre du caoutchouc. L'itinéraire peut aussi inclure des usines de transformation de noix du Brésil et des communautés productrices d'*açaí*, mais il faut pour cela s'y prendre au moins deux semaines à l'avance. Guide anglophone moyennant un supplément.

Où se loger

Tumichucuá Cabins CABAÑAS $
(852-3432 ; bungalows 50 $B). À Tumichucuá, 25 km au sud de Riberalta, ces bungalows en brique rouge coiffés de chaume, près d'un lac paisible, s'inscrivent dans un cadre idéal pour la baignade, la randonnée et l'observation des animaux. Comme ils font partie d'un projet de tourisme communautaire soutenu par l'Église catholique, la réservation se fait auprès du Vicariato Apostólico de Pando, trois rues à l'est de la place de Riberalta.

Chaque unité dispose de cinq lits simples et d'une jolie terrasse. Il est conseillé d'apporter ses provisions.

Hotel Colonial HOTEL HISTORIQUE $$
(852-3018 ; Plácido Méndez 745 ; s/d 180/200 $B, ste 270-340 $B ;). L'hôtel le plus cher de Riberalta occupe une demeure coloniale rénovée, pourvue de meubles anciens et d'un délicieux jardin où se prélasser, au frais, dans un hamac. Les chambres sont élégantes et spacieuses, tandis que les suites renferment des hamacs pour la sieste.

Hotel Jomali HÔTEL $$
(www.hoteljomali.com ; Av. Nicolás Suárez ; s/d avec petit-déj 160/210 $B, avec clim 220/260 $B ;). Prisé des voyageurs d'affaires boliviens, cet hôtel soigné loue de grandes chambres au sol carrelé, distribuées autour d'un agréable patio rehaussé de plantes.

Où se restaurer

El Secreto de Mama BOULANGERIE-PÂTISSERIE $
(www.facebook.com/elsecretodemama.bo ; Av. Gutiérrez 634 ; en-cas 3-5 $B ; 15h30-20h lun-ven). Cette ravissante boutique rose vend des délices du cru tels que *empanadas*, *cuñapes* (petits pains à base de farine de manioc et de fromage), *bombitas* (pâtisseries fourrées de crème) et *sonso de yuca* (mélange de purée de manioc et de fromage grillé sur une brochette de bambou). À l'heure du goûter, arrosez le tout d'un chocolat chaud préparé avec du cacao produit dans le Beni.

De la place, marchez trois pâtés de maisons vers l'est, puis suivez l'Avenida Gutierrez en direction du sud.

Acai Life AMAZONIEN $
(angle Av. Natush et Av. Martínez ; en-cas 10-20 $B ; 7h30-12h et 16h30-22h). L'endroit parfait pour un petit-déjeuner énergisant et riche en antioxydants : bols d'*açaí*, jus de fruits frais de la jungle, *empanadas*, et même de vraies gaufres comme en Belgique. En partant, votre langue sera aussi violette que les murs !

El Tropical INTERNATIONAL $$$
(☎portable 7704-0017 ; Oruro s/n ; plats 90-150 $B ; ⏲19h-23h lun-sam). Le restaurant le plus chic de Riberalta, situé près de l'aéroport, est surnommé par les habitants le *tropicarísimo* (jeu de mots signifiant qu'il est "très cher"). Les portions gargantuesques de viande, de poulet et de poisson accompagnées de salade, de riz et de manioc frit peuvent rassasier 3 convives. Les peaux d'animaux ont heureusement disparu du décor, remplacées par des paniers, sculptures en bois et chapeaux de paille accrochés un peu partout.

Renseignements

ACCÈS INTERNET

Le croisement de Nicolás Suárez et Gabriel René Moreno abrite une concentration de boutiques Internet (5 $B/heure), surtout fréquentées par des gamins jouant à des jeux vidéo.

ARGENT

Plusieurs banques avec DAB bordent la place. Pour obtenir des avances en espèces, changer des dollars US ou utiliser les services de Western Union, direction **Prodem** (☎857-2212 ; angle Tarija et Julio Vieira ; ⏲8h-15h lun-ven, 9h-12h sam), à une rue au sud.

OFFICE DU TOURISME

Un petit kiosque d'information sur le Paseo Turístico La Costanera (page ci-contre) ouvre parfois en semaine.

Depuis/vers Riberalta

AVION

L'aéroport de Riberalta se trouve à un quart d'heure à pied de la place principale. Les vols sont soumis au départ à une taxe d'aéroport de 11 $B. Les vols pour Cobija s'effectuent à bord d'une *avioneta* (appareil léger), qui ne part qu'une fois au complet. Contactez **Avioneta Ariel** (☎852-3774, portable 7686-3880 ; Av. Sucre s/n) au moins un jour à l'avance, et comptez environ 600 $B par personne. Avioneta Ariel et **Servicios Aéreos Amazónicos** (☎7169-4797, portable 7260-5890 ; Av. Sucre s/n) opère un service de taxi aérien vers des coins reculés d'Amazonie ainsi que des survols touristiques à la demande. En 2015, des incidents et accidents ont mis en avant le mauvais état de l'aviation légère régionale ; choisissez avec prudence.

EcoJet (☎852-4837, 900-105-055 ; www.ecojet.com.bo ; angle Nicolás Suárez et Plácido Méndez ; ⏲8h-12h et 14h30-18h lun-ven, 8h-12h30 sam) et **Amaszonas** (☎852-3933 ; www.amaszonas.com ; angle Chuquisaca et Sucre ; ⏲8h-12h et 15h-18h30 lun-ven, jusqu'à 13h sam) proposent un vol direct quotidien (sauf le samedi) à destination de Trinidad avec correspondance pour Santa Cruz, La Paz et Cochabamba. EcoJet assure aussi des liaisons de Trinidad à Sucre (4/semaine) et Tarija (2/semaine). **TAM** (www.tamep.bo ; Chuquisaca 1146 ; ⏲8h-18h30 lun-sam) dessert Trinidad quotidiennement, avec correspondance pour Santa Cruz. Elle pratique des tarifs souvent plus bas que les autres compagnies, mais ses connexions sont beaucoup plus irrégulières.

BATEAU

C'est sur le Río Beni, qui serpente à n'en plus finir dans la forêt tropicale, que vous pourrez faire le plus long voyage sur un fleuve en Bolivie. Malheureusement, les bateaux qui remontent jusqu'à Rurrenabaque sont désormais très rares et, normalement, ne circulent que durant la saison des pluies (de novembre à mi-avril). Pour connaître les départs, renseignez-vous auprès de la *capitanía del puerto* à l'extrémité nord de la ville, près de Puerto Pila la Calle. Comptez de 300 à 350 $B (repas et espace hamac compris) pour le voyage de 5 à 8 jours. Avec un peu de chance, si vous voyagez à destination du Pérou, vous trouverez un cargo pour la frontière à Puerto Heath, où vous pourrez prendre d'autres bateaux pour Puerto Maldonado.

BUS ET TAXI

La gare routière se trouve à 2 km à l'est du centre, sur la route de Guayaramerín. La route entre Riberalta et Guayaramerín est une piste gravillonnée du type voie rapide. Les taxis (35 $B, 1 heure 30) l'empruntent (départ de la gare routière une fois au complet). Les bus (20 $B, 2 heures), moins chers mais plus lents, partent matin et après-midi.

Toutes les *flotas* (bus longue distance) qui empruntent la route entre Guayaramerín et Cobija (130 $B, 11-19 heures), ainsi que celle, horriblement inconfortable, passant par Rurrenabaque (120 $B, 9-11 heures) pour rejoindre La Paz (180 $B, 28-38 heures), s'arrêtent à Riberalta. Plusieurs *flotas* vont aussi quotidiennement à Trinidad (180 $B, 12-24 heures).

Comment circuler

Les motos-taxis (4 $B) vous conduiront n'importe où en ville. Avec un permis de conduire de votre pays d'origine, vous pourrez louer une moto (heure/journée 15/100 $B) à un *taxista*, à l'angle des Calles Nicolás Suárez et Gabriel René Moreno.

De Riberalta à Cobija

La route Riberalta-Cobija, qui s'est beaucoup améliorée, a permis de désenclaver le département du Pando. Une meilleure accessibilité est synonyme d'abattage des forêts, et la région est aujourd'hui la proie d'une exploitation systématique de ses ressources naturelles, dont témoignent les vastes étendues de forêt tropicale déboisées à un rythme effrayant.

Le trajet requiert deux importantes traversées en *balsa* (radeau servant de bac). La première à Peña Amarilla, à 2 heures de Riberalta, permet de traverser le **Río Beni**. Sur la rive ouest, vous trouverez des *empanadas* et autres en-cas.

La traversée la plus intéressante (30 min) est toutefois celle du **Río Madre de Dios**. En quittant le port, le bateau remonte sur 500 m un bras mort avant de s'engager sur la rivière. En chemin, on peut entendre monter le chœur intrigant de la jungle, particulier à cette région.

La traversée du Río Orthon se fait par un pont, à Puerto Rico. Ensuite, et jusqu'à Cobija, le paysage, qui témoigne d'un développement effréné, n'est qu'un alignement de géants calcinés, une forêt de moignons et de broussailles fumantes. Bien souvent, le soleil apparaît tel un jaune d'œuf à travers un écran de fumée.

Cobija

Capitale du département reculé de Pando, et ville la plus arrosée de Bolivie (précipitations : 1 770 mm/an), Cobija a été construite sur un méandre étroit du Río Acre. Son nom signifie "recouvrir", et il faut reconnaître que l'on a parfois ici l'impression qu'une couverture détrempée nous enveloppe.

Fondée en 1906 sous le nom de "Bahía", Cobija connut une période faste dans les années 1940 grâce au caoutchouc. L'effondrement de cette industrie entraîna le déclin de la ville, et la réduisit au rang de simple bourgade oubliée, quoique dotée d'un hôpital bâti grâce à des fonds japonais et d'une usine ultramoderne de conditionnement des noix du Brésil.

La ville s'étend sur une série de collines, ce qui lui confère un certain charme. Si vous passez une journée sur place, allez voir les **bâtiments en bois tropical** qui subsistent dans le centre et les jolies avenues bordées par des palmiers royaux autour de la place.

Comprendre la Bolivie

La Bolivie aujourd'hui

Les manifestations, la pauvreté et les inégalités sont de longue date le lot des Boliviens. L'arrivée d'Evo Morales en 2006, et sa longue présidence (jusqu'en 2019), a cependant eu un impact majeur sur le pays, avec un changement de Constitution radical accompagné de réformes économiques et sociales. Le pays garde des séquelles de la crise politique de 2019 et de la pandémie mais espère renouer avec le "miracle économique" de l'ère Morales.

Littérature

Atlas de l'Amérique latine (Olivier Dabène et Frédéric Louault ; Autrement, 2019). Une vision d'ensemble du "continent de toutes les révolutions".
Norte (Edmundo Paz Soldán ; Gallimard, 2014). Le renouveau de la littérature bolivienne.
L'Épidémie de roses (Marcos Malavia ; Éd. de l'Amandier, 2011). Nouvelles d'un écrivain bolivien contemporain.

Cinéma

The Devil's Miner (La Mine du diable ; Kief Davidson, Richard Ladkani ; 2005). Documentaire fascinant, sur un jeune garçon travaillant dans une mine d'argent de Potosí.
Cocalero (Alejandro Landes ; 2007). Documentaire sur la course à la présidence de Morales.
Amargo Mar (Mer amère ; Antonio Eguino ; 1987). Film sur la perte de la côte bolivienne, annexée par le Chili.
Utama : La Terre oubliée (Alejandro Loayza Grisi ; 2022). Chronique familiale avec exode rural et changement climatique en toile de fond.

Musique

Luzmila Carpio La grande voix quechua du pays.
Tiempo al Tiempo (Los Kjarkas ; 1985). Chanson populaire d'un des plus grands groupes folkloriques du pays, avec intruments traditionnels.
El Llanto de mi Madre (Los Jairas ; 1966). Chanson mélancolique qui a lancé ce groupe folklorique, en espagnol et en quechua.

Économie

La nationalisation des ressources énergétiques et minières voulue par Morales à son arrivée au pouvoir, en 2006, a été applaudie par les Boliviens les plus pauvres, mais a envenimé les relations avec les investisseurs étrangers et certains gouvernements. Tandis qu'elle se rapprochait du Brésil, de la Russie, de l'Inde et de la Chine (groupe des BRIC), la Bolivie a pris ses distances avec les États-Unis. Approuvée par certaines franges de la société, cette décision a également suscité des réactions négatives, notamment dans la province conservatrice de Santa Cruz, foyer de l'opposition à Morales et désormais au président Arce, issu du même parti de gauche, le MAS.

De tous les BRIC, c'est la Chine qui est la plus présente dans l'économie bolivienne. Elle a prêté des milliards de dollars au pays pour financer les transformations menées par l'État dans les secteurs de l'énergie et des transports. L'empire du Milieu s'est également affirmé comme un partenaire privilégié de la Bolivie en apportant son aide dans la construction de nouvelles routes. Cette relation ne va pas sans son lot de frictions, notamment autour de problèmes tels que la pollution des sources d'eau par les entreprises minières chinoises.

Durant la décennie qui a précédé la démission et l'exil de Morales, accusé de fraudes électorales en 2019, l'économie bolivienne a connu une croissance régulière (+4,6% en moyenne). Cet essor économique a connu un coup d'arrêt avec la crise politique puis la pandémie mondiale de 2020 (qui a toutefois eu un impact limité). Quelques signes laissent à penser que le pays est en voie de récupération : en 2021, la Bolivie a enregistré son premier excédent commercial depuis 2014, grâce notamment à la hausse des prix des matières premières. Le gouvernement de Luis Arce, comme auparavant celui de Morales (dont Arce était le ministre de l'Économie) peut en effet compter sur ses réserves de lithium (les plus importantes au monde), de minéraux et surtout de gaz naturel pour développer l'économie du pays.

Société

La croissance économique amorcée sous Morales a permis le développement de projets sociaux, contribuant à la réduction de la pauvreté, même si le pays reste l'un des plus pauvres d'Amérique du Sud. Le taux d'extrême pauvreté a radicalement chuté, de 38% en 2005 à 17% en 2017. Le taux de pauvreté a lui aussi baissé mais il reste encore élevé, passant de 43% en 2016 à 37,2% en 2019, avant d'accuser une légère hausse (probablement due à la pandémie) en 2020, à 39%.

Avec la restructuration de la société consécutive à ces mesures, un sentiment d'espoir a gagné la majorité indigène du pays. Cette dernière, et en particulier les groupes des hauts plateaux, joue aujourd'hui un rôle significatif en politique et dans les processus de décision. Le rôle des femmes évolue aussi lentement, à mesure qu'elles sortent de leur rôle traditionnel de mère, épouse et maîtresse de maison pour accéder à des postes de cadres au sein de la collectivité et du monde des affaires. La Bolivie reste cependant l'un des pays d'Amérique latine dans lesquels les chiffres concernant les violences faites aux femmes (notamment les féminicides) sont les pires.

Conflits

Les conflits sociaux tiennent une place importante en Bolivie. La population proteste notamment contre les mauvaises conditions de travail, les exploitations minières qui polluent les rivières et les routes qui entraînent le déplacement des communautés et perturbent les écosystèmes. Des soulèvements sociaux bloquent par ailleurs régulièrement les routes, avec des effets en retour sur l'économie.

La politique de redistribution des terres a rencontré une forte opposition dans l'est du pays, riche en ressources naturelles, dans les départements de la "demi-lune", et notamment celui de Santa Cruz ; des mouvements sécessionnistes y trouvent occasionnellement un écho.

Malgré le mécontentement face à ce que certains perçoivent comme la faiblesse de l'État de droit et à la corruption généralisée, nombre de Boliviens continuent d'espérer que les programmes sociaux mis en place et financés par les exportations de matières premières permettront la poursuite de la révolution entamée par Morales.

POPULATION :
12,03 MILLIONS D'HABITANTS

PIB : **36 570 000 $US**

TAUX D'INFLATION : **0,7 %**

TAUX DE CHÔMAGE : **8,5 %**

Sur 100 personnes en Bolivie

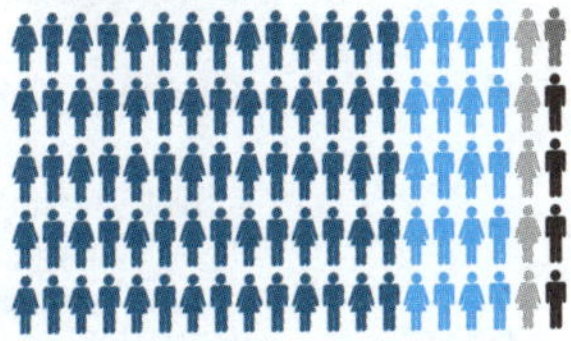

70 sont *mestizos/as*
20 sont indigènes
5 sont d'origine européenne
1 est afro-bolivien(ne)
4 ont d'autres origines

Langues parlées

(% de la population)

Population au km²

Histoire

Des ruines préhispaniques aux églises de l'époque coloniale, en passant par les musées ou les marchés exubérants, l'histoire de la Bolivie est lisible à tous les coins de rue. Langues, vêtements, coutumes et traditions populaires y reflètent l'empreinte d'une culture dont certains pans remontent à plus de 6 000 ans, fièrement revendiquée par les peuples indigènes qui ont vu leur sentiment identitaire renforcé sous la longue présidence d'Evo Morales (près de 14 ans), le "premier président indigène".

Préhistoire

L'Altiplano (haut plateau), la plus vaste étendue de terre arable des Andes, s'étend de l'actuelle Bolivie jusque dans le sud du Pérou, le nord-ouest de l'Argentine et le nord du Chili.

Les échanges culturels entre les premiers peuples andins se développèrent surtout grâce au commerce, généralement entre nomades des basses terres, paysans des Yungas, sociétés organisées, comme les Tiwanaku et les Incas des hauts plateaux, et commerçants du littoral des actuels Pérou et Chili. Ces échanges et les atouts géographiques de la région permirent la production d'excédents agricoles et firent des Andes le berceau culturel de l'Amérique du Sud.

Vous souhaitez en savoir plus sur l'histoire bolivienne ? Procurez-vous *La Bolivie, histoire chaotique d'un pays en quête de son histoire* (Éd. du Temps, 2001) d'Erich Fisbach.

Les premières civilisations avancées se développèrent au début de notre ère le long du littoral péruvien et dans les vallées. Les civilisations des hautes terres suivirent un peu après. Certains archéologues divisent la préhistoire des Andes centrales en "horizons" - ancien, moyen et récent -, chacun caractérisé par des tendances architecturales et artistiques distinctes.

Les horizons ancien et moyen

L'horizon ancien (1400-400 av. J.-C.) se caractérise par une architecture innovante, comme en témoignent les ruines de Chavín de Huantar, sur le versant oriental des Andes péruviennes. La civilisation de Chavín eut un large rayonnement, qui perdura bien après son déclin, jusqu'au début de l'horizon moyen (400 av. J.-C.-500 apr. J.-C.).

CHRONOLOGIE

4000 av. J.-C.

Arrivée des premiers habitants, qui commencent à pratiquer l'agriculture et l'élevage, en s'adaptant aux hautes altitudes de l'Altiplano.

3200-800 av. J.-C.

Des tessons de poteries, retrouvés dans l'Altiplano, témoignent du développement de sociétés structurées. Émergence de la culture de Chavín sur le littoral péruvien.

500-900 apr. J.-C.

L'agriculture produit plus qu'il ne faut pour nourrir la population. Le centre cérémoniel de Tiwanaku, au bord du lac Titicaca, devient la capitale religieuse et politique de l'Altiplano.

Au VIIIe siècle, Tiwanaku était une métropole florissante. Très avancée pour les Andes, elle possédait un vaste réseau de routes, de canaux d'irrigation et de cultures en terrasses, lesquelles permettaient de faire vivre les milliers d'habitants des 83 km² de la vallée de Tiwanaku.

L'horizon moyen (500-900) vit l'expansion des cultures impériales de Tiwanaku et de Huari (dans la vallée d'Ayacucho, dans l'actuel Pérou). Tiwanaku possédait une maîtrise technique avancée, que l'on remarque dans la cité elle-même : impressionnantes céramiques et ornementations dorées, piliers gravés, stèles ornées de signes calendaires et dessins représentant Viracocha, son dirigeant déifié, barbu et blanc.

Si Tiwanaku fut habitée de 1 500 av. J.-C. jusqu'à 1 200, son hégémonie – fondée davantage sur des facteurs religieux qu'économiques – atteignit son apogée entre 600 et 900, avant de connaître un mystérieux déclin jusqu'au XIIIe siècle. Selon une hypothèse, la cité aurait été ruinée par une baisse du niveau du lac Titicaca, qui l'aurait laissée loin de la rive. Une autre théorie envisage le massacre de la population par les Kolla (ou Colla ; également appelés Aymaras), un peuple guerrier venu de l'Ouest. À leur arrivée, les Espagnols entendirent une légende inca décrivant une bataille sur une île du lac Titicaca entre les Kolla et "des hommes blancs barbus". Il s'agissait sans doute des habitants de Tiwanaku, dont seuls quelques-uns parvinrent à s'échapper. Certains chercheurs pensent que les survivants migrèrent vers le sud et donnèrent naissance au peuple Chipaya, installé dans l'ouest du département d'Oruro.

L'horizon récent : les Incas

La période allant de 900 à 1475 est appelée l'horizon intermédiaire récent. Après la chute de Tiwanaku, des cités-États régionales accédèrent au pouvoir, tels Chanchán au Pérou et les royaumes aymaras le long des rives méridionales du lac Titicaca. Cependant, la période préhispanique se caractérise avant tout par l'essor de l'Empire inca, puis par sa chute.

Les Incas habitaient la région de Cuzco (Pérou) depuis le XIIe siècle. Renommés pour leurs superbes cités de pierre et leur talent dans le travail de l'or et de l'argent, ils instaurèrent un système fondé sur la collectivisation des biens, taxèrent jusqu'aux deux tiers la production et mirent en place une protection sociale. Grâce au système de la *mita* (service obligatoire durant un temps limité pour des travaux d'intérêt public), ils purent construire un réseau routier et un système de communications d'une complexité affranchie des aléas géographiques de leur vaste empire.

Au cours de la première moitié du XVe siècle, les Incas commencèrent à agrandir leur sphère politique. Le huitième Inca, Viracocha (à ne pas confondre avec le souverain et dieu de Tiwanaku), pensait que le mandat

Les Incas parlaient le *runasimi* (appelé ensuite quechua par les conquistadors). Ils ne connaissaient pas l'écriture, mais possédaient un système mathématique très avancé. Ils conservaient les traces des comptes, ou autres, à l'aide de *quipus*, des ensembles de cordelettes comportant une succession de nœuds.

1000-1200
Déclin de la civilisation de Tiwanaku, dispersion de la population et abandon du site cérémoniel. Les raisons restent mystérieuses (changements climatiques, séisme ou invasion étrangère).

Années 1440
Les Incas, établis à Cuzco, au Pérou, étendent leur empire vers l'est dans le Kollasuyo (l'actuelle Bolivie) et assimilent les groupes locaux en imposant des taxes, une religion et la langue quechua.

Années 1520
Des rivalités internes sonnent le glas de l'Empire inca, dont la puissance politique dura moins d'un siècle. Lors d'une brève guerre civile, Atahualpa vainc son demi-frère, Huáscar, et s'empare du trône.

1531
Les Espagnols, sous la houlette du conquistador Francisco Pizarro, arrivent en Équateur. À la suite de combats brefs et acharnés, ils prennent possession de l'Alto Perú, qui deviendra plus tard la Bolivie.

LES CONQUISTADORS, EXPLORATEURS OU ARRIVISTES ?

La plupart des conquistadors ne faisaient pas partie de l'élite espagnole et n'avaient aucune perspective d'ascension sociale en Europe, mais ils disposaient de ressources suffisantes pour entreprendre la traversée vers le Nouveau Monde. En somme, ils n'avaient rien à perdre et tout à gagner. Ironie du sort, les richesses qu'ils découvrirent en Amérique ne permirent jamais aux conquistadors de se faire une place dans la société européenne. Ce scénario sans retour conduisit à la formation de structures de classes et de pouvoirs locaux, au métissage des langues et des cultures, et finalement aux mouvements indépendantistes.

reçu du dieu Soleil ne se limitait pas à conquérir, à piller et à réduire en esclavage, mais consistait aussi à organiser les communautés vaincues et à les intégrer dans son royaume.

Entre 1476 et 1532, la civilisation inca étendit son influence sur les royaumes aymaras du lac Titicaca. Depuis Cuzco, le siège du pouvoir, les Incas repoussèrent les limites de leur Empire vers l'est jusque dans l'actuelle Bolivie, vers le sud jusqu'aux frontières septentrionales du Chili et de l'Argentine actuels, et vers le nord à travers l'Équateur et le sud de la Colombie actuels.

La variole et autres maladies venues d'Europe décimèrent quelque 90% de la population indigène dans certaines régions. Ces épidémies se poursuivirent selon des cycles de 20 ans jusqu'en plein XVIIe siècle.

La population des royaumes aymaras fut autorisée à conserver sa langue et ses traditions sociales, mais n'accepta jamais vraiment la domination inca. On retrouve aujourd'hui ces fractures linguistiques et culturelles entre les Quechuas, les Aymaras et nombre d'autres groupes indigènes de Bolivie.

Vers la fin des années 1520, des rivalités internes commencèrent à miner l'Empire quand les fils de l'Inca Huayna Cápac – Atahualpa et Huáscar – s'affrontèrent dans une sanglante guerre civile. Atahualpa (qui contrôlait le nord de l'Empire) remporta la victoire. Alors qu'il se rendait à Cuzco, vers le sud, pour revendiquer son trône, il fut capturé et détenu par le conquistador Francisco Pizarro, puis rançonné et finalement exécuté par strangulation. La vacance du trône facilita la conquête des terres et des populations de l'Empire inca par les Espagnols.

La conquête espagnole

La conquête de l'Amérique du Sud par les Espagnols fut remarquable de rapidité. Ils bénéficièrent du chaos engendré par la guerre civile inca, ainsi que des épidémies venues d'Europe. La maîtrise de la métallurgie qu'avaient les Européens pour la fabrication des armes de guerre (alors que les Incas l'utilisaient pour la décoration), de même que leur emploi

1544
Un Quechua, Diego Huallpa, découvre de l'argent sur le Cerro Rico ("mont Riche"), à Potosí, qui devient la mine d'argent la plus prolifique au monde.

1780
Partie du Pérou, la révolte de Túpac Amaru gagne la Bolivie. La répression s'accompagne du démantèlement des structures locales de gouvernement indigène avec à leur tête les *caciques*.

1809
En mai 1809, la Bolivie proclame son indépendance en établissant les premières *juntas* (gouvernements autonomes) : le premier à Chuquisaca (rebaptisée plus tard Sucre), puis à La Paz.

1822
Après plusieurs batailles, le général Simón Bolívar parvient à libérer le Venezuela, l'Équateur, la Colombie et le Panamá de la férule espagnole. Il devient le président de la Grande Colombie (1819-1831).

du cheval et la croyance inca en un homme blanc barbu envoyé par le grand Inca Viracocha participèrent également de leur triomphe.

Un an après leur débarquement en Équateur, en 1531, Francisco Pizarro, Diego de Almagro et leurs bandes de conquistadors avaient atteint Cuzco.

L'Alto Perú (la future Bolivie), du côté du vaincu dans la guerre civile inca, fut facilement conquis par Diego de Almagro, avant qu'il ne périsse assassiné en 1538. Trois ans plus tard, Pizarro connut le même sort lors d'une mutinerie. Les Espagnols n'en poursuivirent pas moins l'exploration et la conquête de ce nouveau territoire.

Ces premières phases de la conquête furent marquées par de fréquentes luttes entre factions espagnoles, et le sort de la Bolivie – sans intérêt politique jusqu'à la découverte des mines d'argent – resta contingenté aux intérêts de Cuzco et de Lima.

Entre 1780 et 1782, une révolte indigène partiedu Pérou et menée par Túpac Amaru gagna la Bolivie. C'est alors que la noblesse amérindienne perdit une grande partie de son pouvoir, ouvrant la porte à la domination complète des descendants d'Espagnols.

Le legs de Potosí

Lorsqu'en 1544 Diego Huallpa découvrit un filon d'argent sur le Cerro Rico, à Potosí, les conquérants espagnols avaient déjà largement imposé leurs coutumes dans ce qui restait de l'Empire inca. Ils avaient toutefois maintenu le rôle de *cacique* (chef) local et le système de la *mita* dans les communautés indigènes. Les conquistadors les plus puissants s'étaient vu accorder des *encomiendas*, de vastes étendues de terres avec les paysans pour la travailler.

Potosí fut officiellement fondée en 1545. En 1558, l'Alto Perú obtint son autonomie par rapport à Lima avec l'installation d'une Audiencia (Cour royale) à Sucre. Mais, malgré l'émergence d'autres villes, comme La Paz et Sucre, la Bolivie restait entièrement centrée autour de Potosí : centres de transports, communautés rurales et pôles d'activité fleurissaient pour soutenir son activité. La mine de Potosí était alors la plus productive au monde, et l'argent extrait confortait les ambitions internationales de l'Espagne, lui permettant de tenir rang de champion de la Contre-Réforme en Europe et de financer les extravagances de la Couronne. La richesse profita aussi en partie à la région. Ainsi d'innombrables cathédrales furent-elles bâties sur l'Altiplano, d'où la naissance d'une école d'art locale et la place prise, ultérieurement, par la Bolivie dans le domaine des arts, de la littérature et de la politique.

Les conflits croissants, à la fin du XVIIe siècle, entre les nouveaux arrivants espagnols et l'élite de Potosí déclenchèrent un important déclin économique au XVIIIe siècle. L'arrivée de missionnaires, aux XVIIIe-XIXe siècles, autour de Santa Cruz et de Tarija modifia le paysage culturel de la région.

Au fil des ans, quelque 8 millions de personnes ont trouvé la mort dans la mine de Potosí, et ce chiffre augmente un peu plus chaque année. Les lieux se visitent aujourd'hui (à vos risques et périls !), et il existe aussi des circuits intéressants dans les mines proches d'Oruro.

1825

Après que le maréchal Sucre a poussé l'Alto Perú à déclarer son indépendance, la nouvelle république de Bolivie voit le jour, avec des pouvoirs législatif, exécutif et judiciaire.

1879-1884

Lors de la guerre du Pacifique, la Bolivie perd sa façade maritime au profit du Chili. La perte de ce point de transit stratégique handicape l'économie bolivienne encore aujourd'hui.

1903

Pendant le boom du caoutchouc, le Brésil annexe la région isolée d'Acre, qui s'étendait de la frontière bolivienne actuelle en Amazonie jusqu'à la moitié de la distance la séparant de la frontière orientale du Pérou.

1932-1938

La Bolivie lance la guerre du Chaco contre le Paraguay. Un cessez-le-feu est négocié en 1935. Il est ratifié par un traité de paix en 1938, qui accorde au Paraguay les trois quarts du Chaco.

En 1870, le général Mariano Melgarejo, sans doute sous l'effet de l'alcool, ordonna l'envoi de troupes terrestres boliviennes pour soutenir la France dans la guerre contre la Prusse. Une averse soudaine le fit rapidement dessoûler.

L'indépendance

Le début du XIXe siècle fut marqué par la révolution et l'indépendance de la Bolivie. Entre 1803 et 1805, de mauvaises récoltes et des épidémies affectèrent gravement l'économie, créant un terreau propice à la révolution. En outre, la Révolution française, les guerres menées par Napoléon en Europe et le soutien des Britanniques aux mouvements indépendantistes latino-américains firent prendre conscience aux Hispano-Américains de ce que pouvait être un monde sans royauté.

Le premier mouvement d'indépendance qui secoua, dès mai 1809, l'Amérique hispanique se développa à Chuquisaca (par la suite rebaptisée Sucre) et entraîna bientôt d'autres villes dans son sillage. Cette première amorce de révolution fut rapidement réprimée. Alors que les premiers mouvements révolutionnaires étaient partis de Bolivie, elle fut le dernier pays d'Amérique latine à obtenir son indépendance.

Ainsi, au début des années 1820, le général Simón Bolívar parvint à libérer le Venezuela et la Colombie de la domination espagnole. En 1822, Bolívar envoya le *mariscal* (maréchal) Antonio José de Sucre en Équateur, qui vainquit les royalistes lors de la bataille de Pichincha. Après des années de guérilla, les victoires de Bolívar et de Sucre lors des batailles de Junín et d'Ayacucho (le 6 août et le 9 décembre 1824) libérèrent définitivement le Pérou. Dans le même temps, un autre leader indépendantiste, José de San Martín, était venu du Río de la Plata pour livrer bataille dans l'est de la Bolivie et libérer une grande partie du sud du continent.

L'Argentine et le Pérou lorgnant tous deux sur les mines de Potosí, Sucre poussa l'Alto Perú à déclarer son indépendance et, en 1825, la nouvelle république de Bolivie vit le jour. Bolívar (d'où le pays tire son nom) et Sucre furent les premiers présidents de Bolivie, puis après la tentative avortée d'Andrés Santa Cruz, le troisième président, de former une confédération avec le Pérou, la situation commença à se dégrader. L'opposition chilienne finit par faire craquer cette alliance potentiellement puissante, et la Bolivie fut reléguée à un rôle secondaire dans les affaires de la région. Après avoir connu le règne des *caudillos* dans les années 1880, la Bolivie fut dirigée par une oligarchie civile, divisée entre groupes libéraux et conservateurs, jusque dans les années 1930. Puis, avec l'effondrement du système politique traditionnel, des juntes militaires s'emparèrent successivement du pouvoir jusqu'à la révolution de 1952.

Conflits politiques et économiques

Au début du XXe siècle, les riches barons des mines et les propriétaires terriens contrôlaient les ressources agricoles et minières du pays, les paysans étant réduits au système féodal du *pongueaje* (servage).

1942
Des centaines d'ouvriers syndiqués en grève sont tués par l'armée gouvernementale dans une mine d'étain à Catavi. Le combat en faveur des droits du travail a démarré.

1952
Un coup d'État militaire déclenche la révolution d'Avril, une insurrection armée des mineurs. Après des combats acharnés, l'armée est défaite, et Víctor Paz Estenssoro prend le pouvoir.

1964
Après avoir tenté en vain d'augmenter le niveau de vie et la production alimentaire, la popularité du MNR s'érode. Le gouvernement de Víctor Paz Estenssoro est renversé par une junte militaire.

1967
Le leader révolutionnaire Ernesto "Che" Guevara est abattu le 8 octobre par des militaires à La Higuera.

UN TERRITOIRE AMPUTÉ

Lors de son indépendance, la Bolivie possédait un territoire de plus de 2 millions de km², mais les pays voisins s'employèrent bientôt à le rogner, privant la république de son accès à la mer et s'emparant de la plupart de ses hévéas amazoniens.

La Bolivie perdit sa façade maritime durant la guerre du Pacifique, qui l'opposa au Chili entre 1879 et 1884. Les Boliviens estiment que le Chili leur a volé le désert d'Atacama, riche en cuivre et en nitrates, et 850 km de côte au Pérou et à la Bolivie. Le Chili a tenté de compenser cette perte en construisant une voie ferrée entre La Paz et le littoral et en offrant l'usage gratuit du port d'Antofagasta à la Bolivie, mais les Boliviens continuent de déplorer ce catastrophique *enclaustramiento* (enclavement).

L'autre amputation majeure eut lieu en 1903 durant le boom du caoutchouc. Le Brésil et la Bolivie exploitaient les forêts du lointain territoire d'Acre, qui s'étendait des lisières actuelles de l'Amazonie bolivienne à la moitié de la frontière orientale du Pérou. La région possédait une telle quantité d'hévéas que le Brésil manigança un litige sur sa souveraineté et envoya son armée ; il persuada l'Acre de faire sécession et s'empressa de l'annexer.

Quant à l'Argentine, elle s'empara de deux territoires distincts. Elle commença par annexer une grande partie du Chaco en 1862. Puis, en 1883, le territoire de Puna de Atacama lui revint. Il avait été proposé à la fois au Chili et à l'Argentine, en échange de la restitution du littoral pour le premier et contre la reconnaissance de la propriété de Tarija pour la seconde.

Après avoir perdu la guerre du Pacifique, la Bolivie porta ses vues sur le Chaco, une région inhospitalière dont les sous-sols étaient censés cacher de riches gisements pétroliers, pour avoir un accès à l'Atlantique par le Río Paraguay. Entre 1932 et 1935, une guerre particulièrement sanglante fit rage entre la Bolivie et le Paraguay qui se disputaient le territoire (plus de 80 000 personnes y laissèrent la vie).

Bien qu'aucune victoire décisive ne fût remportée, les deux pays lancèrent des négociations de paix en 1938, qui accordèrent la majeure partie du Chaco au Paraguay.

Dans l'agitation sociale qui couvait, l'événement le plus important fut l'émergence du Movimiento Nacionalista Revolucionario (MNR), un parti réformiste qui rallia les masses. Le MNR déclencha des conflits entre mineurs et propriétaires des mines. Sous la direction de Víctor Paz Estenssoro (communément appelé Víctor Paz), le MNR remporta les élections de 1951, mais un coup d'État militaire l'empêcha d'accéder au pouvoir. S'ensuivit une période d'intenses combats, qui s'acheva par la défaite de l'armée et l'entrée en fonction de Paz Estenssoro, à la faveur de ce que l'on appelle la révolution d'Avril 1952. Il nationalisa d'emblée les mines, évinça les barons miniers, mit fin au *pongueaje* et fonda la Comibol (Corporación Minera de Bolivia), un organisme gouvernemental

1975
Lancement de l'opération Condor, campagne clandestine contre les révolutionnaires socialistes qui aurait fait quelque 60 000 morts.

1978
Après une décennie de cas rapportés de violation des droits de l'homme, Hugo Banzer Suárez organise des élections, qu'il perd. Il en ignore les résultats, mais finit renversé par un coup d'État.

1985
La politique d'austérité de Víctor Paz Estenssoro se traduit par des coupes dans les dépenses et des privatisations qui entraînent des grèves et des protestations de la part des syndicats de mineurs.

1987
Les États-Unis envoient des agents de la Drug Enforcement Administration dans les régions du Beni et du Chapare, où la coca fournit de substantiels revenus aux producteurs et aux trafiquants.

Pour favoriser la colonisation de l'Amazonie, Víctor Paz Estenssoro (1907-2001) soutint la construction de routes (avec l'aide japonaise) dans la jungle et livra de vastes territoires indigènes et de larges pans de forêt vierge à des exploitants forestiers.

chargé des intérêts miniers. Si le MNR se maintint douze ans au pouvoir, il ne parvint cependant pas, malgré le soutien des États-Unis, à augmenter de façon notable le niveau de vie et la production alimentaire.

Durant les années 1960-1970, d'incessants coups d'État virent se succéder au pouvoir dictateurs et juntes militaires, avec leur lot de vagues de tortures, d'arrestations et de disparitions, ainsi qu'une forte augmentation de la production et du trafic de cocaïne.

En 1982, le Congrès élut Hernán Siles Zuazo, chef de file civil du Movimiento de la Izquierda Revolucionaria (MIR), soutenu par les communistes, ouvrant l'une des plus longues périodes démocratiques de l'histoire de la Bolivie. Son mandat fut marqué par des conflits sociaux, des dépenses excessives et une dévaluation abyssale de la monnaie (jusqu'à 35 000 % annuels).

Lorsque Siles Zuazo jeta l'éponge trois ans plus tard et organisa des élections, Víctor Paz Estenssoro, revenu à la politique, devint président pour la quatrième fois. Il imposa aussitôt des mesures drastiques pour redresser l'économie : il évinça notamment les syndicats, gela les salaires, supprima les prix subventionnés et déploya l'armée pour assurer le maintien de l'ordre. Si l'inflation fut jugulée en quelques semaines, l'augmentation du chômage menaça la stabilité gouvernementale.

Des réformes économiques passées inaperçues

Le début des années 1990 fut marqué par une apathie politique, des menées partisanes et l'opposition entre *capitalización* (l'ouverture des compagnies nationales aux investissements étrangers) et modèles populistes. Les partisans de la libéralisation l'emportèrent avec l'élection de Gonzalo "Goni" Sánchez de Lozada, le leader MNR qui avait joué un rôle clef dans la maîtrise de l'inflation grâce à sa thérapie de choc sous le gouvernement Estenssoro.

Des réformes ouvrirent les compagnies nationales et minières aux investissements étrangers, espérant que la privatisation stabiliserait les entreprises et doperait leur compétitivité. Il fut ainsi promis aux investisseurs 49% des parts, le contrôle total des décisions, l'autorisation d'exercer en Bolivie et jusqu'à 49% des bénéfices. Les 51% restants devaient être distribués aux Boliviens sous forme de pensions et à travers la Participación Popular, un projet qui devait financer la construction d'écoles, de dispensaires et d'autres infrastructures en milieu rural.

À la fin de 1995, les projets de réforme furent occultés par les troubles que provoqua l'éradication de la coca dans le Chapare, conduite par les États-Unis. À la fin des années 1990, le gouvernement dut faire

Le top des sites historiques

- *Tiwanaku*
- *Iskanwaya*
- *Isla del Sol*
- *Chullpa (tours funéraires)*
- *El Fuerte*
- *Potosí*
- *Sucre*
- *Route du Che*
- *Trek du Choro*
- *Circuit des missions jésuites*

1993

Gonzalo Sánchez est élu président pour son programme centre gauche de libéralisation du marché. Des réformes sociales, économiques et constitutionnelles historiques sont introduites.

1995

La contestation ouvrière en réponse à la nouvelle politique de privatisation est marquée par l'arrestation de 374 responsables syndicaux. L'état de siège est proclamé pour 90 jours.

2000

Le gouvernement vend la compagnie de gestion de l'eau de Cochabamba à l'entreprise américaine Bechtel. La population manifeste contre la hausse du tarif de l'eau et contraint Bechtel à se retirer.

2002-2003

Gonzalo Sánchez est réélu à la présidence avec seulement 22,5% des voix. Face aux manifestations massives provoquées par sa politique économique, il démissionne en octobre 2003.

face à un mécontentement croissant, engendré par l'augmentation des prix des carburants, la pénurie d'eau et le déclin économique du département de Cochabamba.

Aiguillé dans sa campagne par des conseillers en communication politique américains, dont une bonne partie de l'équipe de Clinton, Goni Sánchez de Lozada fut réélu président en août 2002. L'année suivante, sa politique économique déclencha des manifestations de grande ampleur au cours desquelles la police fit 67 victimes dans la capitale. Face aux vagues de protestation, Goni démissionna en octobre 2003 et se réfugia aux États-Unis. Aujourd'hui mis en accusation, aux États-Unis comme en Bolivie, pour les morts causées durant ces manifestations, il fait l'objet depuis 2008 d'une procédure d'extradition.

En 2005, le successeur de Goni, Carlos Mesa, fut lui aussi contraint à démissionner en raison de l'agitation permanente et des manifestations liées à la hausse des prix de l'essence.

L'ère Morales

En décembre 2005, les Boliviens élurent leur premier président de souche indigène. Ancien *cocalero* (planteur de coca), représentant de Cochabamba, Evo Morales Ayma, du Movimiento al Socialismo (MAS), remporta près de 54% des voix après avoir promis de modifier le système de classe politique traditionnel et de donner le pouvoir à la majorité pauvre (essentiellement indigène). Après son élection, Morales arbora rapidement ses idées de gauche, en voyageant à travers le monde et en rencontrant Hugo Chávez au Venezuela, Fidel Castro à Cuba, Luis Inácio Lula da Silva au Brésil et les membres du Congrès national africain d'Afrique du Sud. Action symbolique, il nationalisa, le 1er mai 2006, les réserves de gaz naturel du pays et augmenta les taxes sur les investisseurs du secteur énergétique afin d'accroître la part des ressources boliviennes restant entre les mains boliviennes. Conséquence des nationalisations, les recettes tirées de la production de gaz naturel avaient été multipliées par huit en 2013.

En janvier 2009, la nouvelle Constitution, plus sociale, fut approuvée par 67% des électeurs lors d'un référendum national. Première Constitution bolivienne à être sanctionnée par un vote populaire, elle donne un plus grand pouvoir à la population indigène du pays, majoritaire, officialise la place des langues et des religions indigènes dans le cadre du nouvel État "plurinational" et permet à Evo Morales de se présenter pour un deuxième quinquennat, remporté la même année.

Jouissant d'un large soutien dans la population indigène, Morales a toutefois rencontré une certaine résistance pour imposer ses réformes sociales, et notamment dans la partie est du pays, dans les quatre

La consommation mensuelle en Bolivie de quelque 1,2 million de kilos de feuilles de coca a conduit le président Morales à déclarer dans la nouvelle Constitution que la coca faisait partie intégrante du patrimoine bolivien. Des millions ont été investis pour proposer de nouvelles utilisations de la coca.

La Bolivie renferme la plus importante réserve de lithium au monde, qui pourrait faire fonctionner l'économie pendant les 100 prochaines années – si ce n'est plus. Les multinationales se ruent pour obtenir une part du gâteau, mais le gouvernement d'Evo Morales tient à ce que l'investissement demeure public. L'exploitation progresse à un rythme très lent.

2005
La Bolivie élit son premier chef d'État indigène, Evo Morales, qui remporte l'élection avec près de 54% des voix. Il est le 80e président de la tumultueuse histoire de la Bolivie.

2006
L'assemblée nationale constituante créée par Morales siège pour la première fois. Son objectif est de permettre aux communautés marginalisées du pays de décider d'une nouvelle Constitution.

2008
Les manifestations des factions de droite opposées à la renationalisation des hydrocarbures se terminent en un véritable combat de rue à Santa Cruz, qui fait 11 morts et plus de 50 blessés.

2009
La nouvelle Constitution est approuvée par plus de 60% des votants. Elle accorde plus de droits à la majorité indigène et permet à Morales de se présenter pour un deuxième mandat, qu'il remporte.

Dans un passionnant documentaire, *Un président sous influence* (2005), Rachel Boynton montre comment une équipe de consultants américains a orchestré la campagne de Gonzalo Sánchez de Lozada pour l'élection de 2002.

départements regroupés sous l'appellation de Media Luna ("demi-lune", pour leur forme géographique), où se trouve une grande partie des ressources naturelles. Une forte opposition de droite s'est dressée contre lui, l'accusant d'être un despote ethnocentrique.

En 2014, Morales a été réélu à la tête de l'État. En 2016, à la surprise générale, les Boliviens ont répondu par la négative au référendum proposant de modifier la Constitution pour lui permettre de se représenter pour un quatrième mandat consécutif. Déterminé à rester président, Morales s'est tourné vers les tribunaux, qui ont alors supprimé de la Constitution la limitation des mandats. Il a donc pu se présenter à l'élection présidentielle en octobre 2019 et a été donné vainqueur au premier tour. Cependant, les résultats, entachés de soupçons de fraude, ont été contestés. Les manifestations se sont multipliées dans le pays, et de violents affrontements ont opposé adversaires et partisans de Morales, faisant plusieurs morts. Ayant perdu le soutien de l'armée et de la police, Morales fut contraint de démissionner. Dénonçant un coup d'État, il quitta le pays en novembre pour se réfugier au Mexique, puis en Argentine.

Evo. Portrait au quotidien du premier président indigène de la Bolivie (L'Esprit frappeur, 2010), de Martín Sivak, dresse le portrait d'un président réélu triomphalement en 2009.

L'après Morales

À la suite de la démission de Morales, et de celles des titulaires des plus hautes fonctions de l'État, Jeanine Áñez, seconde vice-présidente du Sénat et opposante à Morales, s'attribua les fonctions de présidente par intérim le 12 novembre 2019, et forma un gouvernement de transition, tout en promettant de nouvelles élections une fois la stabilité retrouvée. En octobre 2020, Luis Arce, candidat du MAS, ex-ministre de l'Économie de Morales, fut élu président au premier tour.

Depuis sa prise de fonction, les tensions ne se sont pas apaisées dans le pays, où grèves et manifestations se succèdent. La crise de 2019 cristallise toujours les rancœurs, opposant ceux qui évoquent des fraudes à l'élection et ceux qui dénoncent un putsch, auquel aurait participé l'ex-présidente. L'apaisement n'est pas en vue, d'autant que Jeanine Áñez a été arrêtée et incarcérée en mars 2021 ; elle était poursuivie lors de la rédaction de ce guide pour divers chefs d'accusation, dont "sédition", "conspiration" et "terrorisme". Parmi les opposants au pouvoir en place comme à l'international, de nombreuses voix se sont élevées pour dénoncer une manipulation du système judiciaire par le pouvoir politique.

Evo Morales est revenu en Bolivie suite à l'élection de son ancien dauphin, Luis Arce, et a repris la présidence de son parti. Certains lui prêtent l'intention de se représenter à la prochaine élection présidentielle, en 2025, ce qui pourrait expliquer les dissensions apparues entre lui et le président Arce. Si celui-ci décide d'être candidat à sa propre succession, les deux hommes devront se disputer l'investiture du MAS. À moins que le parti ne voie émerger d'ici là de nouvelles étoiles.

2014-2015

Morales est réélu à la présidence pour un troisième mandat avec 60% des suffrages. En visite en Bolivie, le pape François demande pardon pour les graves péchés commis contre les peuples indigènes d'Amérique.

2016-2017

Les Boliviens votent "non" au référendum visant à modifier la Constitution pour permettre à Morales de se représenter. En 2017, la plus haute cour de Bolivie abroge la limitation des mandats présidentiels.

2019

Evo Morales est réélu mais des soupçons de fraude viennent entacher les résultats. Après avoir proposé de nouvelles élections, Morales démissionne. Disant craindre pour sa vie, il quitte le pays et se réfugie au Mexique.

2020

Suite à un nouveau scrutin, Luis Arce accède à la présidence de la Bolivie. L'ex-ministre de l'Économie de Morales succède à Jeanine Áñez, autoproclamée présidente par intérim après la démission de Morales.

La société bolivienne

La société bolivienne est particulièrement cloisonnée. Si les hiérarchies d'antan s'effritent peu à peu sous l'effet de la *revolución indígena* (révolution indigène) initiée par Morales, la place et les opportunités de chacun dans la société sont encore largement définies par la couleur de peau, la langue, la mise et le compte en banque.

Les Boliviens

En Bolivie, le comportement est souvent associé au climat et à l'altitude. Les *cambas* (habitants des plaines) et les *kollas* (habitants des hauts plateaux) se feront ainsi une joie de vous expliquer ce qui les rend différents (comprenez "meilleurs"). Les habitants des plaines passent pour plus chaleureux et plus généreux envers les étrangers. Les montagnards sont réputés plus travailleurs mais moins ouverts. Si l'on en plaisante tantôt sur un mode bon enfant, les disparités économiques entre les deux régions demeurent très présentes à l'esprit des Boliviens, et les tensions peuvent vite monter d'un cran. Opposé aux menées du gouvernement, le département de Santa Cruz brandit ainsi la menace d'une sécession.

Le drapeau wiphala (un carré composé de 49 petits carrés aux couleurs de l'arc-en-ciel) a été adopté en tant que symbole des peuples indigènes de la Bolivie.

Ces dernières années, l'identité et les mentalités boliviennes sont en plein bouleversement. Beaucoup "se cherchent", allant jusqu'à remettre en question l'essence de la "bolivianité" à cause, en partie, des réformes de l'ex-président Evo Morales. Dès son premier mandat, le précédent chef de l'État s'était obstiné en effet à lier l'identité bolivienne à l'origine ethnique de chacun. Morales n'avait d'ailleurs pas tardé à embrasser la cause de certains groupes indigènes. Mais ses opposants l'ont accusé de jouer de manœuvres politiciennes et de semer la discorde dans le pays sur des motifs ethniques, sociaux et économiques. On lui a reproché aussi de favoriser certains groupes ethniques aux dépens d'autres. D'autres considèrent qu'ils n'a fait que rééquilibrer les choses, après des siècles d'oppression et de mise à l'écart des populations des hauts plateaux. Il reste que si le pouvoir politique passe peu à peu aux mains de la majorité indigène, l'argent est toujours détenu par les élites traditionnelles.

Les fœtus de lamas (utilisés pour des offrandes sacrificielles) présents sur les marchés ne viennent pas de femelles tuées exprès. Quelque 3 000 lamas sont tués chaque jour sur l'Altiplano pour leur laine et leur viande ; les fœtus proviennent de femelles dont on découvre la gestation après coup.

Dans ce pays marqué par des siècles de corruption et de mauvaise gestion, les habitants, fatalistes, ne sont guère portés à accorder leur confiance aux responsables politiques et aux gouvernants, surtout après la crise politique de 2019 et les soupçons de fraude électorale ayant entraîné la démission de Morales. Alors que ses politiques économiques avaient porté leurs fruits, le pays fait face aujourd'hui aux conséquences de la pandémie, avec une légère hausse du taux de pauvreté. Reste à savoir si le nouveau président, Luis Arce, saura retrouver le niveau de croissance du pays.

Mode de vie

Le quotidien des Boliviens dépend essentiellement du lieu où ils habitent. Beaucoup de *campesinos*, y compris au nord de Potosí, n'ont pas encore l'eau courante, le chauffage ou l'électricité et, pour certains, l'habillement n'a pas changé depuis l'arrivée des Espagnols. À contrario, dans les grandes villes, surtout à Santa Cruz (la ville la plus riche du pays),

CONTESTATION POPULAIRE

Les manifestations font partie du quotidien des Boliviens, qui descendent dans la rue pour exprimer leur mécontentement à propos d'un peu tout : décisions politiques, droit du travail, revendications économiques ou encore rivalités régionales. La contestation peut prendre la forme de manifestations, de défilés dans la rue ou de *bloqueos* (blocages routiers) visant à bloquer les accès aux grandes villes. Les manifestations sont souvent très organisées, avec tambours, drapeaux et banderoles, et peuvent durer des semaines.

à La Paz, à Cochabamba et à Sucre, des milliers de Boliviens connaissent le confort moderne et ont un mode de vie très contemporain.

Dans cette société portée à l'autosuffisance, la vie commence avec la famille. De quelque ethnie et classe sociale qu'il soit issu, on peut être certain qu'un Bolivien sera très lié à sa famille. Sur les hauts plateaux, le concept d'*ayllu* (système traditionnel où la propriété des terres, leur gestion et la prise de décision sont collectives), datant des Incas, joue encore un rôle important.

Pour beaucoup de Boliviens des classes les moins aisées, le quotidien consiste surtout à gagner sa provende, à aller à l'église, à accomplir des corvées, à faire étudier ses enfants, et enfin à rire et à oublier un peu ses soucis (bien souvent à coups d'alcool fort). Les plus fortunés ont les moyens de s'offrir des distractions comme le théâtre, les sorties gastronomiques et de faire partie de clubs sportifs ou de loisirs. Dans ces cercles privilégiés, le nom de famille est déterminant pour l'avenir. Les jeunes transgressent de plus en plus ces règles, mais les mariages entre individus issus de groupes ethniques ou de classes sociales différents restent rares.

Religion

Près de 77% de Boliviens se disent catholiques mais pratiquent à des degrés divers. Les 23% qui restent sont protestants, agnostiques ou d'autres confessions. Les mouvements évangéliques attirent un nombre croissant d'adeptes. Malgré le poids des religions occidentales, la plupart des pratiques et des rites chrétiens sont mâtinés de croyances incas et aymaras. Rituels et superstitions sont très répandus, et la vie de certains *campesinos* est encore rythmée par le calendrier lunaire traditionnel.

En octobre 2014, Evo Morales a disputé un match de football contre une équipe de "légendes" du Real Madrid, lors d'un événement destiné à promouvoir l'opération *Un gol para el desarrollo* ("Un but pour le développement"), qui vise à développer l'éducation par le sport

Sports et activités

Comme dans le reste de l'Amérique latine, le sport national en Bolivie est le *fútbol*. Les clubs Bolívar et The Strongest, de La Paz, participent régulièrement à la Copa Libertadores, où s'affrontent les meilleurs clubs du continent. Des matchs de football ont lieu tous les week-ends dans les grandes villes, et l'on joue en permanence dans les rues.

La Bolivie ne s'est jamais illustrée dans les grandes compétitions sportives internationales – à l'exception de celles qu'elle accueille ou qui se déroulent à une altitude qui avantage ses sportifs ! Le gouvernement a donc lancé un ambitieux programme de développement des sports afin de forger la prochaine génération de champions du pays. On voit désormais dans chaque village une *cancha* (terrain de sport) bien entretenue. Si, dans des bourgades traditionnelles, le terrain reste réservé aux hommes, de nombreuses équipes féminines ont fait leur apparition sur l'Altiplano.

Dans les villages, le volley-ball se pratique à la tombée du jour. Le racquetball, le billard, les échecs et le *cacho* (les dés) comptent beaucoup d'adeptes. Néanmoins, il semble bien que le vrai sport national soit de faire la fête ; dans ce domaine, la compétition entre buveurs et danseurs ne connaît pas de limites.

La culture indigène

La Bolivie forme une société multiethnique aux langues, aux cultures et aux traditions très variées. Le pays compte la plus grande population indigène d'Amérique du Sud et, selon la plupart des sociologues et anthropologues, plus de 60% de la population bolivienne serait d'origine indigène. Chacune de ces communautés conserve un fort sentiment d'identité culturelle, qui s'exprime par le biais des vêtements et textiles traditionnels, de la cuisine, des célébrations, des croyances spirituelles, de la musique et de la danse.

Population

La Bolivie comprend 36 groupes indigènes reconnus. La grande majorité des Boliviens se revendiquant indigènes sont des Aymaras (environ 25%) et des Quechuas (environ 30%), qui vivent pour la plupart sur les hauts plateaux ; les autres groupes (Guaraní et Chiquitanos, notamment) vivent principalement dans les plaines.

Les *mestizos* (individus d'ascendance indigène et espagnole) représentent la majorité de la population.

Les Guaraní parlent une langue riche en onomatopées et très expressive, ce qui explique que de nombreux noms d'animaux de la région lui sont empruntés. Le jaguar, par exemple, vient du guaraní *yagua* (qui désigne un chien, ou plus exactement un "prédateur"). Les Guaraní parlent de *yaguareté* ("le vrai prédateur") pour désigner le jaguar.

Changement politique et social

Appartenant en majorité aux classes les plus défavorisées de la société bolivienne, les groupes indigènes ont longtemps été privés de tout rôle politique. Cela a changé avec l'élection d'Evo Morales en 2005 et le vote d'une nouvelle Constitution rétablissant les droits aux groupes indigènes et définissant la Bolivie comme un État plurinational et laïque. Pour la première fois, nombre de ministres et de technocrates indigènes ont été nommés, dont certains d'origine modeste. Cette visibilité crée un sentiment grandissant de fierté au sein des communautés indigènes.

Des siècles durant, les femmes d'origine indigène vivant dans les villes ont été appelées *cholas*. Aujourd'hui, beaucoup jugent ce terme péjoratif, et certains lui préfèrent celui de *mestiza*, plus politiquement correct. L'inconvénient, c'est que *mestizo/a* désigne aussi les individus d'ascendance mixte espagnole et indigène. *Indígenas*, beaucoup plus neutre, est un terme communément accepté pour désigner les indigènes.

Si vous visitez des communautés indigènes, surtout sur l'Altiplano, où l'on se méfie des étrangers, vous risquez d'être déconcerté par la réserve des habitants. La société bolivienne a longtemps été soumise à un cadre très structuré et hiérarchisé depuis l'essor de Tiwanaku, et un visiteur les distrait de leurs corvées quotidiennes, qui sont nécessaires à leur survie. Néanmoins, beaucoup de communautés acceptent peu à peu le tourisme, et un séjour dans un village comme Curahuara de Carangas peut vous permettre d'avoir un vrai aperçu de leur vie quotidienne.

Religion

Les croyances et les pratiques religieuses des groupes indigènes de Bolivie sont aussi riches et variées que les cultures qu'elles représentent. Durant votre voyage, néanmoins, vous serez probablement surtout amené à découvrir les cultes des Aymaras et des Quechuas, d'une grande vitalité.

En hommage à la *revolución indígena* (révolution indigène) – et au président lui-même – un gigantesque musée a été construit dans la ville natale d'Evo Morales, Orinoca, au sud Oruro.

Fondées sur l'animisme, les religions indigènes des Andes boliviennes vénèrent des dieux et des esprits de la nature qui remontent à l'époque inca et même au-delà. Pachamama, la Terre-Mère, est celle qui reçoit le plus d'offrandes sacrificielles, car elle est intimement liée à la vie des hommes, faisant pousser les récoltes et accordant ses richesses à ses protégés. Elle a un gros appétit pour la coca, l'alcool et le sang des animaux, particulièrement des lamas blancs. Peut-être vous êtes-vous demandé ce que deviennent les fœtus de lamas vendus sur les marchés ? Une fois emballés, ils sont enterrés dans les fondations des nouvelles maisons, comme offrande à Pachamama.

Chez les Aymaras et les Quechuas, les dieux de la montagne, *apus* et *achachilas*, sont l'objet d'une grande vénération. Les *apus*, esprits de la montagne qui protègent les voyageurs, sont souvent associés à un *nevado* (pic enneigé) particulier. L'Illimani, par exemple, est un *apu* qui assure la protection des habitants de La Paz. Les *achachilas* sont des esprits des hautes montagnes, considérés comme les ancêtres du peuple. Ils veillent sur leur *ayllu* (communauté) et maintiennent la fécondité de la terre.

Les cosmologies aymara et quechua distinguent trois niveaux : l'Alajpacha (monde supérieur ou ciel éternel, qui représente la lumière et la vie, au centre du monde terrestre), l'Akapacha (situé entre le ciel et l'enfer, et entre la vie et la mort) et le Mankapacha (monde inférieur, symbole de la mort et des ténèbres).

Ekeko, qui signifie "nain" en aymara, est un joyeux petit dieu du foyer qui apporte l'abondance. Comme son rôle est de favoriser les rencontres amoureuses, de dénicher un toit aux sans-abri et de faire prospérer les affaires, il est très courtisé, surtout pendant la fête d'Alasitas (voir l'encadré p. 66) à La Paz.

Parmi les rites aymaras les plus étranges et fascinants figure la Fiesta de las Ñatitas (fête des Crânes), qui a lieu une semaine après le jour des Morts. Des *ñatitas* sont présentées à la chapelle du cimetière de La Paz pour recevoir la bénédiction d'un prêtre catholique. Si les curés refusent d'associer ce rituel à la messe, ils le reconnaissent de facto – et à contrecœur. Les crânes sont décorés de fleurs, de bougies et de feuilles de coca données en offrande – sans parler, dans certains cas, des lunettes de soleil et de la cigarette allumée coincée entre les dents. Bien que certains conservent les crânes de leurs êtres chers (qui sont censés veiller sur les vivants), beaucoup de ces *ñatitas* seraient achetées à la morgue ou à des facultés de médecine. Après la bénédiction, chacun rapporte chez lui sa tête de mort en habit de gala, censée lui porter bonheur et le protéger. Ce rituel aymara, très ancien et jadis clandestin, se développe de plus en plus.

Les chamans supervisent les fêtes religieuses, prédisent l'avenir et procurent des remèdes traditionnels dans tout le pays. Vous les rencontrerez près de Copacabana pendant les fêtes religieuses ou dans des régions éloignées de la jungle amazonienne, où des guérisseurs exercent pour les touristes leur art de l'*ayahuasca* – avant de vous laisser tenter, sachez que cette préparation hallucinogène très puissante a déjà provoqué la mort de plusieurs touristes.

Traditionnellement associés aux soins, les Kallawaya pratiquent la médecine depuis la nuit des temps. Ils traitaient le paludisme avec de la quinine et procédaient à des opérations du cerveau dès 700 apr. J.-C., bien avant que des médecins occidentaux n'osent s'y risquer !

Les talismans de pierre sont utilisés au quotidien pour favoriser la prospérité ou protéger une personne du mal. Une tortue est censée apporter la santé, une grenouille ou un crapaud portent chance, une chouette est symbole de sagesse et de réussite scolaire, un condor garantit un bon voyage. On peut en acheter au Mercado de las Brujas (marché des Sorcières ; p. 63) de La Paz et dans tout le pays.

Tissage

Les tissus boliviens témoignent d'une expérience plurimillénaire, fruit d'une grande habileté technique. La pièce la plus courante est la *manta* ou *aguayo*, un châle carré fait de deux bandes tissées et cousues bord à bord. D'autres productions parmi les plus courantes sont la *chuspa* (sac à coca), le *chullo* (bonnet), la *falda* (jupe), ornée de motifs tissés sur un bord, les ceintures tissées et les articles pour touristes tels que les sacs à appareil photo faits avec des chutes de tissu.

ROBE MESTIZA

De nombreuses indigènes de Bolivie portent un costume qui leur fut imposé au XVIIIe siècle par le roi d'Espagne, tandis que la coiffure avec la traditionnelle raie au milieu découle d'un décret du vice-roi de Toledo.

Ce costume caractéristique, à la fois pittoresque et fonctionnel, est devenu l'emblème du pays. L'élément le plus frappant du costume folklorique aymara est le chapeau melon vert foncé, noir ou brun. Aucune épingle ne maintient ce couvre-chef, posé en équilibre sur la tête.

Les femmes se font généralement deux longues tresses, jointes par un pompon de laine noire appelé *pocacha*. La *pollera*, la jupe, se compose de plusieurs bandes de tissu horizontales, portées par-dessus de multiples jupons. Traditionnellement, la jupe plissée était réservée aux femmes mariées. Aujourd'hui, la plupart des tissus synthétiques de ces *polleras* aux couleurs vives sont importés de Corée du Sud.

Le haut comporte une blouse, une *chompa* en laine (pull), une veste courte et un tablier en coton – voire un mélange de tout cela à la fois. Souvent, les femmes ajoutent un châle en laine appelé *manta*. Mais la mode a aussi son mot à dire, notamment sur la longueur de la jupe et des pompons du châle.

Porté sur le dos et noué autour du cou, l'*aguayo* (ou *ahuayo*) est un rectangle de tissu, souvent tissé à la main, orné de rayures horizontales de couleur. Il sert de sac fourre-tout dans lequel on transporte de la coca, des aliments ou un bébé.

Les Quechuas des hautes vallées portent des vêtements moins connus, mais tout aussi colorés. Leur chapeau, appelé *montera*, est en paille ou en laine blanche finement tissée, souvent plus haut et plus large que les melons des Aymaras. On remarque en particulier la *montera* en feutre de Tarabuco, façonnée sur le modèle des morions, les casques des conquistadors espagnols. Ici, les femmes portent des jupes plus courtes et le plus souvent en velours.

Dessins, styles et usages traduisent les différences régionales. Les motifs zoomorphes complexes sont typiques de Tarabuco, tandis que les dessins rouge et noir bien particuliers signalent les productions de Potolo, au nord-ouest de Sucre. Les motifs zoomorphes sont aussi très prisés dans la région de Charazani, au nord du lac Titicaca, et dans plusieurs régions de l'Altiplano autour de La Paz, comme Lique et Calamarka.

Certains tissus de superbe facture proviennent de Sica Sica, village poussiéreux situé entre La Paz et Oruro, mais c'est à Calcha, au sud-est de Potosí, que sont fabriquées les plus belles pièces, grâce à un filage virtuose et à un tissage extrêmement serré comptant plus de 150 fils au centimètre.

La laine de vigogne, la plus fine et la plus chère au monde, est produite dans l'Apolobamba et dans le Parque Nacional Sajama.

Musique et danse

Toutes les traditions musicales andines traduisent un syncrétisme d'influences pré-inca, inca, espagnole, amazonienne et même africaine, mais chaque région a développé ses propres traditions tant sur le plan de la musique que sur ceux de la danse et des instruments.

Instrument emblématique du pays et fierté des Boliviens, le *charango* est considéré comme le roi des instruments à cordes. Conçu sur le modèle de la *vihuela* espagnole et de la mandoline, il a tout d'abord gagné en popularité à Potosí durant l'âge d'or de cette ville minière. Instrument très répandu sur les marchés pour touristes, la *quena* est une petite flûte en roseau, en os ou en céramique. Cet instrument existait plusieurs siècles avant l'arrivée des Européens. Les plus anciens, en pierre, ont été trouvés près de Potosí. Provenant de la région amazonienne, un instrument curieux imite le cri du jaguar. Fabriqué avec une calebasse évidée, et doté d'un trou dans lequel le joueur insère sa main, il semble attirer le félidé.

Pour aller plus loin

La Misk'isimi ("Lèvres douces" en quechua). Histoire d'Adolfo Costa du Rels

Roberto Mamani Mamani Artiste contemporain aymará

Sayariy (1995). Film de Mela Márquez avec une distribution entièrement indigène.

Dieux et vampires : retour à Chipaya (Seuil, 1992). L'anthropologue Nathan Wachtel narre ses retrouvailles avec un village chipaya, vingt ans après son premier séjour.

LES GROUPES INDIGÈNES DE BOLIVIE

Les nombreux groupes indigènes de Bolivie possèdent de remarquables traditions linguistiques, artistiques et spirituelles.

Hauts plateaux

Aymara La culture aymara est apparue sur la rive sud du lac Titicaca après le déclin de Tiwanaku. Installés dans des cités-États, les Aymaras établirent leur domination dans les régions entourant le lac avant la conquête espagnole. Ils se répartissent aujourd'hui autour du lac Titicaca, dans les Yungas et dans la banlieue d'El Alto, à La Paz, qui est devenue la capitale de leur culture.

Quechua Quelque 9 à 14 millions de personnes descendant des Incas et parlant le quechua vivent aujourd'hui en Bolivie, au Pérou, en Équateur, au Chili, en Colombie et en Argentine, autrement dit sur l'ancien territoire de l'Empire inca. Avec le déclin de l'exploitation minière dans les années 1980, beaucoup de Quechuas se sont installés dans la province de Chapare pour récolter la coca.

Chipaya Ils seraient peut-être les descendants directs des Tiwanaku. Les Chipaya pratiquaient un culte très singulier marqué par des sacrifices rituels et une cérémonie annuelle d'exhumation des défunts, destinée à maintenir le lien entre les morts et les vivants. L'évangélisation a pratiquement mis un terme à ces croyances.

Kallawaya Groupe isolé des montagnes du nord de La Paz, les Kallawaya sont connus comme des guérisseurs renommés, s'appuyant sur une connaissance approfondie des vertus curatives des plantes régionales. Parcourant les sentiers des Andes en collectant des herbes médicinales, ils s'arrêtent dans les villages où les habitants viennent leur exposer leurs maux. Leur langue, d'origine pré-inca, se meurt aujourd'hui.

Plaines

Chiquitanos Ils vivent principalement dans la savane de Chiquitania, près de Santa Cruz, mais aussi dans le département du Beni et au Brésil. Quelque 180 000 Chiquitanos vivent en Bolivie, dont un quart environ parle chiquitano. Répartis en de nombreux groupes avant l'arrivée des Jésuites, ils ont ensuite dû rejoindre de petits villages, où ils ont adopté une langue et un habillement communs.

Guaraní Ce groupe de chasseurs-cueilleurs appartient au même groupe linguistique que les Tupi du Brésil et les Guaraní du Paraguay, d'Argentine et d'Uruguay. Vous pouvez découvrir leur passionnante culture au Museo Guaraní (p. 265) de Santa Cruz.

Mojeño Ce groupe du département du Beni comptait plus de 350 000 individus avant le XVIIe siècle. Beaucoup ont succombé aux maladies venues d'Europe, mais leur langue et leur culture ont survécu. Nombre d'explorateurs croyaient trouver l'Eldorado en territoire mojeño.

Les danses préhispaniques de l'Altiplano célébraient à la fois la guerre, la fertilité, les prouesses des chasseurs, les mariages et le travail. Avec l'arrivée des Espagnols, des styles de danses européennes et africaines ont également fait leur apparition et ont fini par donner naissance à ces danses hybrides qui caractérisent les fêtes boliviennes d'aujourd'hui.

Lors du carnaval d'Oruro, des foules affluent de tout le pays et même de l'étranger, Potosí est réputée pour ses spectacles traditionnels de *tinku* (combats rituels), et La Paz doit quant à elle sa renommée à la *morenada*, qui fait revivre la danse des esclaves africains devant la cour du roi Philippe III.

La musique

En Bolivie, la musique est depuis longtemps une forme d'expression identitaire importante pour les peuples qui composent le pays. De la musique folklorique des Andes aux artistes émergents soucieux d'évoquer les problématiques sociales du pays, la Bolivie s'exprime par la musique. La cumbia et ses mélodrames du quotidien est toujours omniprésente (à la radio notamment).

Musique traditionnelle

La musique traditionnelle bolivienne est très variée, et souvent indissociable des danses, des célébrations et des croyances.

La saya

La *saya* tient ses origines des populations africano-boliviennes des Yungas. Les esclaves africains arrachés à leur continent ont importé leurs percussions, parfois accompagnées de flûte andine. Le chant prend la forme d'un va-et-vient entre des solistes et un chœur de musiciens, le tout accompagné de danses. Traditionnellement, les paroles ont pour fonction la transmission orale de l'histoire de ces peuples, qui voient en la *saya* une expression importante de leur patrimoine culturel.

Les *tarqueadas* sont des mélodies jouées sur une *tarka*, épaisse flûte en bois. Les danses qui les accompagnent sont l'un des temps forts du carnaval d'Oruro.

Tinkus et jula julas

Les *tinkus* (combats rituels servant à apaiser les tensions entre groupes rivaux), tradition aymara du nord de Potosí, sont précédés de musique guerrière jouée avec des *charangos* (instrument à cordes traditionnel fabriqué avec une carapace de tatou) et accompagnée de chants de femmes. Également liées aux *tinkus*, les *jula julas*, des mélodies jouées en duo sur des flûtes en bambou à trois et quatre tuyaux, comptent parmi les sons les plus reconnaissables des Andes boliviennes. Les *tinkus* ont lieu le 3 mai.

La cumbia

En Bolivie, il suffit de passer un peu de temps sur la route, en bus ou en taxi, pour entendre de la *cumbia*, une forme de musique folklorique venue de Colombie. Le genre a des influences africaines (les percussions), indigènes (la flûte *caña de millo* et les sifflets) et espagnoles (les couplets). À partir des années 1960, la *cumbia* est devenue populaire à travers toute l'Amérique latine, particulièrement en Bolivie, en Argentine, en Équateur et au Pérou, et dans chaque pays musiciens et compositeurs ont créé leurs propres styles régionaux de *cumbia*.

Fêtes et festivals

Carnaval d'Oruro

Fiesta de Moxos

Fiesta de la Cruz

Fiesta de la Virgen de Urkupiña

Feria del Charango

La cumbia boliviana

En Bolivie, la *cumbia* est influencée par la *cumbia chicha* du Pérou. Les chansons parlent habituellement d'amour, mais abordent parfois des sujets plus étonnants, comme par exemple une ode à la bière. En Bolivie, les années 1980 ont été marquées par l'émergence d'une nouvelle variété de *cumbia* : la techno *cumbia*. Parmi ses interprètes les plus connus, citons Wally Zeballos, Miguel Orías, Jorge Eduardo y los 4:40, David Castro, Los Brothers, Los Ronisch et FM y Silvina.

LA MUSIQUE BAROQUE BOLIVIENNE

Les prêtres jésuites qui débarquèrent au XVIIe siècle dans les forêts de la région de Chiquitania ont laissé un héritage important dans les missions qu'ils y établirent : la musique baroque. Les jésuites considéraient la musique comme un outil d'évangélisation, et ils apprirent aux habitants à jouer, à fabriquer leurs propres instruments et à composer des morceaux. La musique baroque continue d'être jouée par des orchestres et des chœurs à travers le pays, et est enseignée dans les écoles de musique des basses terres boliviennes. La région de Chiquitanía accueille tous les deux ans un festival international qui rassemble plus de 50 ensembles baroques.

La techno *cumbia* est toujours populaire aujourd'hui, mais d'autres formes contemporaines émergent, mélangeant *cumbia* et d'autres genres musicaux. Andrek Ortiz, musicien de La Paz, est à l'origine de Villa Victoria Sound System, un projet qui mêle *cumbia* et electronica. Né à Cochabamba, le producteur Pablo Pachacutik mélange musique folklorique andine, *cumbia* et reggae. DJ Jallallalacumbia, Bolivien basé en Suède, fusionne dans ses mix *cumbia* et hip-hop, tandis que Las Florecitas de Mizque, groupe composé de trois chanteuses, propose un son plus proche de l'authentique *cumbia* andine.

Le plus connu des titres du groupe folklorique bolivien Los Kjarkas, "Llorando se fue", est sorti en 1981. Si la mélodie vous paraît familière, c'est qu'elle ressemble au méga-tube de l'été 1989 "La Lambada", du groupe franco-brésilien Kaoma. En 1990, Los Kjarkas ont gagné leur procès pour plagiat contre Kaoma.

Musique folklorique

Le groupe le plus connu de Bolivie est sans doute Los Kjarkas, un ensemble folklorique andin qui a fait des tournées internationales. Le groupe a été formé en 1965 par le guitariste et compositeur Gonzalo Hermosa González et ses deux frères, et n'a pas cessé de sortir des albums depuis, accompagnés de différents musiciens.

Formé à La Paz en 1984, K'ala Marka est l'un des groupes folkloriques les plus importants de Bolivie, et leur musique fait appel à un large éventail de styles traditionnels boliviens.

Wara est un groupe mêlant rock et musique folklorique dont le premier album, *El Inca,* est sorti en 1973. Le groupe utilise un mélange d'instruments traditionnels, comme le *charango* et la *zapoña* (flûte de Pan), et de guitares, basse, batterie et synthétiseurs.

Rock et metal

Le groupe de rock Lou Kass était populaire dans les années 1990 ; ses membres fondateurs, Llegas et Krauss, font maintenant carrière en solo. Atajo, groupe de rock de La Paz, a sorti des tubes évoquant le quotidien difficile des habitants de la capitale. Également de La Paz, le groupe de metal Alcoholika, dont les morceaux faisaient un tabac dans les années 1990, a fortement influencé certains jeunes musiciens émergents.

La musique bolivienne aujourd'hui

De nombreux jeunes artistes commencent à se faire un nom dans différents genres musicaux. Imilla MC, l'une des rares artistes hip-hop féminines d'Amérique du Sud, accompagne ses mélodies de messages forts sur l'émancipation de la femme et le changement social en Bolivie ; écoutez notamment le morceau "Criaturas". Octavia est un groupe pop-rock de La Paz, dont le tube "La ciudad que habita en mi" ("La ville qui vit en moi"), risque de vous rester en tête longtemps. Querembas ("guerriers" en guaraní) est un groupe de metal de Santa Cruz, dont le son combine metal industriel, metal symphonique et nu metal. Le reggae de Matamba porte un message social puissant ; son titre "Alerta roja" donne une idée de son travail. Citons également Avionica, groupe de Cochabamba avec à sa tête le rockeur José Mrochek.

Environnement

Lorsqu'on évoque le cadre naturel de la Bolivie, trois mots viennent souvent à l'esprit : altitude (La Paz), aridité (l'Altiplano) ou salinité (désert de sel d'Uyuni). Pourtant, même si cela correspond à de vastes régions du pays, les paysages de Bolivie ont bien plus à offrir. Les importantes dénivellations (de 130 m dans la jungle du bassin amazonien à 6 542 m dans les Andes) se traduisent par une immense diversité écologique, géologique, animale et végétale.

Patrimoine naturel

En matière d'environnement, la Bolivie est l'un des pays qui présente la plus grande diversité du continent américain, et même du monde en matière de biodiversité, avec 1 415 espèces d'oiseaux et 5 000 espèces de plantes recensées. Elle fait aussi partie des pays néotropicaux qui abritent le plus grand nombre d'espèces endémiques : 21 espèces d'oiseaux, 28 espèces de reptiles, 72 espèces d'amphibiens et 25 espèces de mammifères ne se rencontrent qu'en Bolivie.

S'il paraît évident que les richesses naturelles sont l'un des plus grands atouts de la Bolivie, tout le monde ne mesure pas leur importance en l'absence de contrepartie financière immédiate. Des luxuriantes forêts tropicales du parc national Amboró jusqu'aux zones humides du Pantanal, en passant par les broussailles cachant les gisements de gaz du Chaco ou les forêts de *Polylepis* des Andes, l'environnement bolivien est constamment menacé de destruction pour des raisons économiques.

Avec l'essor de l'économie et les attentes croissantes d'une population qui sort de la marginalisation, le pays doit veiller à l'équilibre entre l'incessante demande de progrès et la nécessité de mettre en œuvre une exploitation durable et responsable de ses ressources naturelles. Ajoutons à cela les conséquences méconnues du changement climatique et l'on comprendra que la Bolivie soit confrontée aux plus grands défis écologiques qu'elle n'ait jamais eu à résoudre, et que la survie de la population dépend (bien malgré elle) d'une sortie par le haut.

En décembre 2015, le lac Poopó, situé à 3 700 m d'altitude, et deuxième plus grand lac du pays après le lac Titicaca, a disparu. Complètement à sec, il a laissé place à une vaste surface désertifiée d'environ 4 000 km^2. Des milliers de poissons agonisèrent sur le sol craquelé. Une véritable crise écologique.

Géographie

L'ouest du pays est encadré par deux chaînes de montagnes dont les sommets dépassent souvent les 6 000 m. La Cordillera Occidental sépare la Bolivie de la côte pacifique. La Cordillera Real, à l'est de la précédente, traverse le centre du pays vers le sud-est avant de s'infléchir vers le sud, où elle rejoint la cordillère occidentale pour former la Cordillera Central.

Entre ces deux grandes cordillères, les paysages superbes de l'Altiplano s'étagent entre 3 500 et 4 000 m. Il s'agit d'un immense plateau presque totalement dépourvu d'arbres et ponctué de montagnes et de pics volcaniques solitaires. À son extrémité nord, et à cheval sur le Pérou, le lac Titicaca est l'un des plus hauts lacs navigables du monde. L'angle sud-ouest du pays est plus sec et moins peuplé. On y trouve les vestiges de deux anciens et très grands lacs, le Salar d'Uyuni et le Salar de Coipasa.

À l'est de la Cordillera Central s'étendent les hauts plateaux du Centre, région de collines broussailleuses entrecoupées de vallées et de bassins

Avec une superficie de 1 083 300 km^2 (1 fois et demie celle de la France), la Bolivie, pays enclavé, se place au 5e rang des pays d'Amérique du Sud par la taille.

fertiles au climat quasi méditerranéen. Au nord de la Cordillera Real, les pluvieuses Yungas forment une zone de transition entre les hauts plateaux arides et les plaines humides.

Plus de la moitié du pays se trouve dans le bassin amazonien avec, à l'ouest, des forêts tropicales humides et, à l'est, les *cerrados* (savanes) et la prolongation des marais du Pantanal. À l'extrême sud s'étendent les broussailles quasi impénétrables du Gran Chaco, une zone aride couverte de buissons épineux où les températures boliviennes atteignent leur plus haut niveau.

Faune

La Bolivie est un endroit de choix pour découvrir la vie animale. Même les plus connaisseurs seront impressionnés par sa diversité.

La distribution de la faune, régie par la géographie, varie beaucoup d'une région à l'autre. L'Altiplano abrite des vigognes, des flamants et des condors. Jaguars, pumas et pécaris se cachent dans le Chaco. Le Pantanal est le refuge de loutres géantes, de cerfs des marais et d'oiseaux aquatiques. Aucune autre région du globe n'offre une densité d'espèces comparable à celle du bassin amazonien qui fourmille de reptiles, de perroquets, de colibris, de singes, de papillons, de poissons et d'insectes (par milliards !).

Plus de 40% du territoire la Bolivie est touché par la désertification. En cause : les évolutions climatiques, l'accroissement de la population et l'abattage systématique des arbres.

La vedette revient bien sûr aux plus grands animaux du pays : le majestueux jaguar, premier prédateur du continent, le tapir (*anta*) et le fourmilier géant. Sorte d'autruche, le nandou (*ñandú* en guaraní), ou *piyo*, le plus gros oiseau du continent, est très répandu dans certaines régions. En montagne, vous aurez peut-être la chance de voir s'élever dans les courants thermiques l'impressionnant condor, vénéré des Incas.

Au fil des rivières, il est très probable de croiser des capybaras (gros rongeurs amphibiens), des caïmans et des dauphins roses. On aperçoit parfois des anacondas dans les cours d'eau du département de Beni (dont une espèce endémique, l'*Eunectes beniensis* ou anaconda bolivien), et la pêche aux piranhas est une activité incontournable lors d'un séjour en Amazonie.

Sur terre, on rencontre fréquemment tatous, renards, *jochis* (agoutis) ainsi que les camélidés domestiqués de l'Altiplano : le lama au sale caractère et l'alpaga au doux pelage. Autres camélidés, plus fins de proportions, les *vicuñas* (vigognes), autrefois chassées sans merci pour leur laine, voient leur population remonter.

Grâce aux efforts massifs réalisés par les pouvoirs publics pour l'amélioration du réseau routier, on circule de plus en plus aisément dans le pays et l'on peut désormais se rendre dans des lieux d'observation des oiseaux autrefois inaccessibles. La Bolivie, qui compte plusieurs espèces endémiques, comme l'ara à gorge bleue et l'ara à front rouge, devient peu à peu une destination prisée des ornithologues amateurs.

PROBLÈMES ÉCOLOGIQUES

Les problèmes environnementaux sont de plus en plus pressants en Bolivie. ONG et écologistes s'inquiètent que, face à l'accélération de la croissance économique, les mesures nécessaires ne soient pas prises pour préserver l'équilibre écologique.

Au problème du défrichage intensif des terres au profit des monocultures (en particulier du soja), de l'élevage et de la prospection d'hydrocarbures s'ajoute celui de la pénurie d'eau douce à la suite de la fonte des glaciers et de la pollution accrue des rivières, en particulier dans les zones où l'extraction minière occupe la première place des activités industrielles.

De nombreuses organisations à but non lucratif œuvrent pour la protection de l'environnement de la Bolivie.

Espèces rares et menacées

En Bolivie, de nombreuses espèces sont actuellement menacées de disparition, comme le pécari du Chaco (petit pachyderme aux allures de sanglier, dont on ne connaissait l'existence que par des fossiles jusqu'en 1976), le discret ours à lunettes ou le singe titi (*Callicebus aureipalatii*).

Dans les hautes terres, les espèces en danger comptent le huemul ou cerf nord-andin, le tatou velu des Andes et le chinchilla à queue courte, espèce endémique très recherchée pour sa fourrure. Les lacs balayés par le vent du sud de l'Altiplano sont l'unique habitat des rares flamants de James, tandis que le chipiu de Cochabamba n'a pour espace de vie que 3 500 km² situés près des faubourgs de Cochabamba.

Le bassin amazonien est bien connu pour ses dauphins roses de l'Amazone, moins pour ses aras à gorge bleue (*barba azul*), gravement menacés (il en resterait moins de 300). Le mythique oiseau-licorne des Yungas, officiellement appelé hocco unicorne, en danger critique d'extinction, n'existe qu'en Bolivie. On trouve aussi ici l'éclatant *palkachupa cotinga* ou cotinga à queue fourchue (*Phibalura boliviana*), au plumage scintillant entre noir et or.

Le condor des Andes, le plus lourd des oiseaux volants, a une envergure de 3 m et peut soulever sans effort une carcasse pesant jusqu'à 20 kg.

Dans la région du Pantanal, une espèce de chauve-souris du genre *Phyllostomus* ne vit plus que dans de rares grottes, tandis que l'ara hyacinthe est recherché comme animal de compagnie. Avec moins de 4 000 spécimens recensés, l'ara à front rouge (plumage vert, rouge et jaune) des vallées sèches des Andes autour de Vallegrande est lui aussi menacé.

Parmi les espèces en danger les plus remarquables, citons les étranges grenouilles *marsupiata* du genre *Gastrotheca*, dont les cinq espèces boliviennes sont toutes menacées d'extinction, ainsi que la grenouille géante du lac Titicaca, qui n'existe nulle part ailleurs. Cette dernière, qui peut atteindre 400 g, est particulièrement en danger du fait de la croyance locale qui prête des vertus aphrodisiaques à une boisson préparée à partir de cet amphibien. Pour en savoir plus, consultez le site (en anglais) www.sustainablebolivia.org/partner-organizations/bolivian-amphibian-initiative/.

Flore

Du fait de l'ampleur des dénivelés, la Bolivie possède une flore d'une richesse remarquable. Le pays compte pas moins de 895 plantes endémiques, dont 16 espèces de fruits de la passion et au moins 3 genres d'orchidées.

Sur les hauts plateaux victimes de surpâturage ne subsistent que les essences végétales susceptibles de résister au bétail ou qui ne peuvent servir de bois de chauffe. La plupart des végétaux qui résistent poussent lentement et sont menacés, en particulier les arbres et arbrisseaux du genre *Polylepis*, dont on trouve les forêts denses et basses jusqu'à 5 300 m d'altitude. Ce sont les plantes arborescentes vivant à la plus haute altitude qui soit.

À une altitude inférieure, les collines et les vallées tempérées abritent une végétation semblable à celle de l'Espagne ou de la Californie. La région de Samaipata est particulièrement riche en plantes endémiques, dont le *Samaipaticereus*, un cactus, et le *Tillandsia samaipatensis*, une broméliacée. Dans les hautes vallées des Andes, le *Parajubaea torallyi*, gigantesque cocotier bolivien, est l'un des palmiers qui pousse à la plus haute altitude.

La *kantuta*, superbe arbuste aux fleurs rouge et or, symbole de la Bolivie, a donné ses couleurs au drapeau national.

Sur les hauteurs des pentes humides des Yungas s'épanouit une forêt naine. Plus bas s'étend la forêt humide, les arbres se font plus gros et la végétation plus épaisse. Le nord des basses terres de Bolivie est constitué d'îles couvertes de forêts tropicales, ponctuées de vastes zones humides

EL CHAQUEO : LA GRANDE FUMÉE

Durant la saison sèche, de juillet à septembre, le ciel de Bolivie se couvre d'un épais manteau de fumée. L'atmosphère s'assombrit (entraînant l'annulation de vols), les allergies s'aggravent et les problèmes respiratoires se multiplient. Ce phénomène résulte du *chaqueo* : l'abattage et la mise à feu de la forêt tropicale pour la convertir en terre de labour et de pâturage, une pratique vieille de plusieurs siècles. Il existe en Bolivie la croyance que la fumée qui s'élève forme des nuages et assure des pluies abondantes pour la saison d'après. En réalité, le cycle hydrologique, qui dépend de la transpiration de la canopée, est interrompu par la déforestation, entraînant une diminution des précipitations.

Les fermiers du département du Beni sont habitués depuis longtemps à brûler la savane pour stimuler la repousse de l'herbe. À présent, c'est le long des routes de la province septentrionale que la déforestation progresse de la manière la plus dramatique. Dans les années 1980, c'était encore une zone vierge accessible uniquement par les voies fluviale et aérienne. Les routes qui la relient désormais à La Paz ont déclenché une ruée générale. La forêt est incendiée pour étendre les ranchs, ne laissant que des troncs d'arbres noircis. Certes, au début, la matière végétale calcinée fournit en abondance des éléments nutritifs aux cultures, mais ces éléments ne se renouvellent pas. Au bout de deux ou trois ans, la terre est épuisée et il faut quinze ans pour qu'elle redevienne productive. Les fermiers ne pouvant attendre, la plupart plient bagage et se mettent en quête de forêts primaires à brûler.

Les effets du *chaqueo* s'aggravent à mesure de la croissance de la population rurale. Les lois forestières du pays, qui interdisent cette pratique, sont impossibles à faire respecter sur un territoire aussi vaste que les basses terres boliviennes. Si les conséquences à long terme ne sont pas encore connues, les pressions internationales pour réduire les effets néfastes de ces feux ont incité le gouvernement bolivien à mettre en œuvre un programme encourageant les fermiers des basses terres à limiter la pratique du *chaqueo* au profit de solutions alternatives qui n'épuisent pas les sols.

et de *cerrado* (savane d'Amérique du Sud) menacé de disparition. Le bassin amazonien contient quant à lui la plus grande diversité de plantes de la planète.

Parcs nationaux et réserves

En classant 22 zones protégées nationales et diverses réserves régionales dans le Sistema Nacional de Áreas Protegidas (SNAP), la Bolivie a sauvegardé 18% de son territoire. C'est l'un des plus vastes systèmes de protection du continent. Mais, s'il couvre une grande partie des plus remarquables paysages de Bolivie, la protection reste purement théorique dans la plupart des réserves. L'ouverture au développement de zones reculées du pays fait peser une contrainte croissante sur les zones protégées, et le système ancien de protection, qui reposait sur la non-accessibilité, se révèle de moins en moins efficace.

En 2017, Evo Morales a signé une loi abrogeant le statut "intangible" du TIPNIS afin de permettre la construction d'une route très controversée à travers le parc.

Le Servicio Nacional de Áreas Protegidas (p. 78) est l'organisme administratif qui gère ces zones protégées. Pour tenter d'apporter des solutions aux problèmes chroniques d'effectifs et de financement du Sernap, des ONG locales et internationales ont coopéré avec lui pour développer des initiatives nouvelles afin de protéger tel ou tel habitat, initiatives qui ont rencontré des succès variables.

Certains projets tentent en particulier de favoriser la participation et la cogestion à l'échelon local des zones protégées, afin de développer l'écotourisme chez l'habitant, mais aussi de proposer des produits naturels rentables, en particulier des brevets de produits médicinaux.

Bolivie pratique

Carnet pratique

Achats

Chaque ville ou région possède une tradition artisanale distincte. À La Paz, à Copacabana et à Santa Cruz, on trouve des articles provenant de tout le pays à prix raisonnables, mais on les paie souvent moins cher dans leur région d'origine.

Ambassades et consulats

Ambassades et consulats de Bolivie à l'étranger

France Ambassade (☎01 42 24 93 44 ; embolivia.paris@wanadoo.fr ; 12 av. du Président-Kennedy, 75016 Paris)

Belgique Ambassade (☎2-627 00 10 ; www.embajadadebolivia.eu ; 176 Av. Louise Michel, boîte 6, 1050 Bruxelles)

Canada Ambassade (☎613-236-5730 ; www.emboliviacanada.com ; 130 Albert St, Suite 416, Ottawa, Ontario K1P 5G4)

Suisse Consulat (☎022-731 71 89 ; conboliviasuiza@gmail.com ; rue de Lausanne 72, 1202 Genève)

Ambassades et consulats étrangers en Bolivie

France Ambassade (☎214-9900 ; bo.ambafrance.org ; Calle 8 5390, Obrajes ; ⊙8h30-12h30 lun-ven)

Belgique Ambassade (☎2-279-2877 ; peru.diplomatie.belgium.be/fr/ambassade-et-consulats/consulats-honoraires/la-paz, LaPaz@diplobel.org ; Calle 15, Calacoto, La Paz)

Canada Ambassade (carte p. 54 ; ☎241-5141 ; www.international.gc.ca ; Victor Sanjinés 2678, 2e ét., Sopocachi ; ⊙8h30-13h30 lun-ven)

Suisse Ambassade (☎2-275-1225 ; www.eda.admin.ch/lapaz ; 455 Calle 13, angle 14 de Septiembre, Obrajes, La Paz)

Argentine Ambassade (carte p. 54 ; ☎241-7737 ; www.ebolv.cancilleria.gov.ar ; Aspiazu 475, Sopocachi ; ⊙8h30-13h30 lun-ven)

Argentine Consulat (carte p. 266 ; ☎03-332-4153 ; www.cscrs.cancilleria.gov.ar ; Junín 22, 3e ét., Santa Cruz ; ⊙8h30-17h lun-ven)

Brésil Ambassade (carte p. 54 ; ☎244-1273 ; lapaz.itamaraty.gov.br/pt-br ; Av. Arce s/n, Edificio Multicentro, Sopocachi ; ⊙9h-13h et 14h-17h lun-ven)

Brésil Consulat (☎03-344-7575 ; santacruz.itamaraty.gov.br ; Av. Banzer 334 ; ⊙8h-14h lun-ven)

Équateur Ambassade (carte p. 61 ; ☎211-5869 ; bolivia.embajada.gob.ec ; 8136 Calle 14, Calacoto ; ⊙9h-17h lun-ven)

Paraguay Ambassade (carte p. 54 ; ☎243-2201 ; Pedro Salazar 351, Edificio Illimani II, Sopocachi ; ⊙9h-16h lun-ven)

Pérou Ambassade (carte p. 54 ; ☎244-1250 ; www.embaperubolivia.com ; Fernando Guachalla 300,

---

CONSEILS AUX VOYAGEURS

La plupart des gouvernements possèdent des sites Internet qui recensent les dangers possibles et les régions à éviter. Consultez notamment les sites suivants :

- **Ministère des Affaires étrangères français** (www.diplomatie.gouv.fr)
- **Ministère des Affaires étrangères de Belgique** (diplomatie.belgium.be)
- **Ministère des Affaires étrangères du Canada** (www.voyage.gc.ca)
- **Département fédéral des Affaires étrangères suisse** (www.eda.admin.ch/eda/fr)

Sopocachi ; ⏲9h30-13h30 et 15h30-18h30 lun-ven)

Argent

➡ La monnaie bolivienne est le boliviano ($B). Un boliviano ($B) représente 100 centavos. Les coupures existent en 10, 20, 50, 100 et 200 bolivianos. Les pièces en 1, 2 et 5 bolivianos, ainsi qu'en 10, 20 et 50 centavos.

➡ Souvent appelés pesos (le boliviano a remplacé le peso en 1987), les bolivianos s'échangent très difficilement hors du pays. Changez-les avant de partir !

➡ La plupart des prix sont indexés sur le dollar. Si vous voulez payer en dollars, seuls les billets neufs sont acceptés (le dollar est la monnaie privilégiée pour l'épargne).

Cartes bancaires

➡ Les principales cartes, telles Visa, MasterCard et American Express, sont acceptées dans les bonnes adresses (hôtels, restaurants et agences de voyages) des grandes villes.

Changer des espèces

➡ Mieux vaut se munir de dollars US (des voyageurs ont signalé qu'il est difficile de changer des euros).

➡ Faites attention aux billets déchirés et recollés ; vérifiez que les deux morceaux portent le même numéro de série.

➡ Vous pouvez changer des espèces dans les *casas de cambio* (bureaux de change), dans certaines banques des grandes villes, parfois dans les agences de voyages, les hôtels et parfois dans les boutiques touristiques.

➡ Les *cambistas* (changeurs de rue), présents dans la plupart des villes, n'acceptent que les dollars et offrent un taux quasi identique à celui des *casas de cambio*. Prenez garde aux escroqueries et aux faux billets.

➡ Le taux ne varie guère d'un endroit à l'autre, y compris au marché noir.

➡ Les devises des pays voisins peuvent se changer dans les zones frontalières et les *casas de cambio* de La Paz.

Distributeurs automatiques de billets (DAB)

➡ La plupart des villes possèdent des *cajeros automáticos* (DAB), habituellement des Banco Nacional de Bolivia, Banco Fassil, Banco Mercantil Santa Cruz et Banco Unión. Ils délivrent des bolivianos en coupures de 50 et de 100 (et parfois des dollars US) et acceptent les cartes Visa, MasterCard, Plus et Cirrus.

➡ Dans les petites localités, la banque Prodem délivre des avances sur les cartes Visa et MasterCard (de 3% à 6% de commission) ; mais le service ne fonctionne pas toujours.

➡ Ne comptez jamais sur un DAB : prévoyez toujours des espèces, surtout dans les zones rurales.

Faux billets

➡ Bien que moins courants qu'autrefois, des faux bolivianos et des faux dollars circulent encore : méfiez-vous.

➡ Si un billet vous semble exagérément usé, ne le prenez pas, car personne d'autre ne l'acceptera.

Transferts internationaux

Pour transférer de l'argent depuis l'étranger, faites appel aux sociétés suivantes :

Western Union (www.westernunion.com)

MoneyGram (www.moneygram.com)

Votre banque peut également virer de l'argent dans une banque bolivienne partenaire en quelques jours.

PayPal (www.paypal.com). De plus en plus utilisé pour régler les hôtels.

Assurances

Avant de partir, il est conseillé de souscrire une police d'assurance qui vous couvrira en cas de vol, de perte de vos affaires ou de problèmes médicaux. Certaines assurances ne couvrent pas les "activités dangereuses", qui peuvent comprendre le ski, la moto, le VTT et même le trekking. Assurez-vous que la vôtre couvre la prise en charge en ambulance et les évacuations d'urgence par voie aérienne. Reportez-vous p. 373 pour plus de détails.

Bénévolat

➡ Il existe des centaines d'associations de bénévoles et d'ONG en Bolivie. Beaucoup des missions de bénévolat sont payantes et coûtent entre 200 et 1 000 $US par mois, gîte et couvert compris. Certaines organisations à but lucratif proposent des "stages" ou du "volontariat" alors qu'il s'agit de travail non rémunéré en échange de circuits ou d'activités gratuits.Les opportunités de véritable bénévolat sont rares. Renseignez-vous bien.

Les organismes subventionnés par les gouvernements ou les ONG proposent des missions longues, pour lesquelles vous recevez une indemnité, une formation avant le départ et un appui logistique.

Les organisations religieuses ou rattachées à une église proposent des missions à court terme, souvent en groupe.

Les plus petites associations offrent aux voyageurs indépendants la possibilité de travailler sur des projets locaux, au moins deux à quatre semaines, en payant ; le prix inclut un cours de langue en immersion, le séjour chez l'habitant et les coûts administratifs.

Associations en Bolivie

Animales S.O.S. (☎230-8080 ; www.animalessos.org ; Av. Chacaltaya 1810-1842, Achachicala). Refuge d'animaux maltraités ou abandonnés.

Sustainable Bolivia (☎276-0074 ; www.sustainablebolivia.org). Cette organisation à but non lucratif basée à Cochabamba propose de nombreux programmes bénévoles, de courte ou de longue durée, par le biais de 22 organismes locaux. Des cours d'espagnol sont également disponibles.

Volunteer Bolivia (carte p. 188 ; ☎7171-2491 ; www.volunteerbolivia.org ; 342 Calle Ecuador). Missions de bénévolat à court et à long terme, cours d'espagnol à Cochabamba et séjours chez l'habitant dans tout le pays.

Fundación Pueblo (☎2-212-4413 ; www.fundacionpueblo.org ; Casilla 9564, La Paz). Organisme implanté depuis 20 ans ; projets tournés vers l'action sociale.

La Senda Verde Refugio Natural (☎7472-2825 ; sendaverde.org ; Yolosa). Refuge animalier de 12 ha, près de Coroico, accueillant des animaux sauvés des mains des trafiquants. Missions volontaires de 2 semaines minimum.

WWOOF Latin America (www.wwooflatinamerica.com) et **WWOOF Independants** (www.wwoofindependents.org) Possibilités de bénévolat dans des fermes biologiques.

Associations en France

En France, quelques organismes offrent des opportunités de bénévolat sur des projets tournés vers le développement ou l'environnement. Certaines associations s'adressent plus spécifiquement aux jeunes. Les chantiers proposés sont variés. Voici quelques organismes à connaître :

- **Comité de coordination pour le service volontaire international** (CCVIS ; ☎01 45 68 49 36 ; ccivs@unesco.org, whc.unesco.org/fr/CCIVS ; maison de l'Unesco, 1 rue Miollis, 75015 Paris)
- **Jeunesse et reconstruction** (☎01 47 70 15 88 ; www.volontariat.org ; 8-10 rue de Trévise, 75009 Paris)
- **Délégation catholique pour la coopération** (DCC ; ☎01 45 65 96 65 ; www.ladcc.org ; 106 rue du Bac, 75007 Paris)
- **Concordia** (☎01 45 23 00 23 ; www.concordia.fr ; 64 rue Pouchet, 75017 Paris)

Cartes

On trouve des cartes chez Los Amigos del Libro à **La Paz** (carte p. 50 ; Ballivián 1273 ; ⏲10h-13h et 15h-20h lun-sam), Cochabamba et **Santa Cruz** (☎336-0709 ; Barachavi 101 ; ⏲8h30-19h lun-ven, 8h30-14h sam) et dans certaines librairies. L'Instituto Geográfico Militar (IGM ; carte p. 50 ; Av. Diagonal Juan XXIII No 100, Edificio Murillo, San Pedro ; ⏲8h30-12h30 lun-ven) vend des cartes topographiques au 1/50 000 dans la plupart des grandes villes.

Cours de langue

On peut suivre des cours de langue à Cochabamba (p. 191), La Paz (p. 58), Oruro (p. 152) et Sucre (p. 211).

Loger chez l'habitant permet de s'immerger dans la culture locale et de faire des progrès rapides.

Désagréments et dangers

- La criminalité à l'encontre des touristes est en augmentation en Bolivie, surtout à La Paz et, dans une moindre mesure, à Cochabamba, à Copacabana et à Oruro.
- La Bolivie est régulièrement le théâtre d'importantes manifestations. Généralement pacifiques, elles peuvent toutefois s'accompagner de jets de pierres et la police recourt parfois à la force et au gaz lacrymogène pour disperser la foule.
- N'oubliez pas que les visites des mines de Potosí, les excursions à vélo vers La Paz et les excursions en 4x4 dans la zone du Salar d'Uyuni peuvent être dangereuses. Choisissez votre agence avec le plus grand soin, car nombre d'entre elles ne s'embarrassent pas avec les questions de sécurité.

Arnaques

Les escroqueries sont courantes. De plus en plus de faux policiers et de faux habitants "dévoués" sévissent dans les rues des grandes villes. Faites également attention aux faux billets.

Corruption

Les pots-de-vin sont courants bien qu'illégaux. Attention aux faux policiers – les vrais ont toujours un uniforme et ne vous forceront jamais à leur montrer votre passeport, à monter dans un taxi avec eux ou à vous laisser fouiller en public.

Manifestations

Les *bloqueos* (barrages routiers) et grèves des employés des transports provoquent souvent la fermeture de routes et d'importants retards. Lorsqu'un conflit dure, les services de bus entre certaines villes sont parfois interrompus pour une durée indéterminée. Tenez-vous informé sur les endroits concernés par les blocages. Utiliser un taxi pendant une grève des transports vous expose à recevoir des pierres de manifestants mécontents.

Inondations

La saison des pluies s'accompagne d'inondations, de glissements de terrain et de routes impraticables, ce qui complique les déplacements. On peut ainsi rester coincé une nuit à cause d'un glissement de terrain ; prévoyez nourriture, boissons et vêtements chauds pour parer aux bivouacs improvisés.

Électricité

Type A
230 V/50 Hz

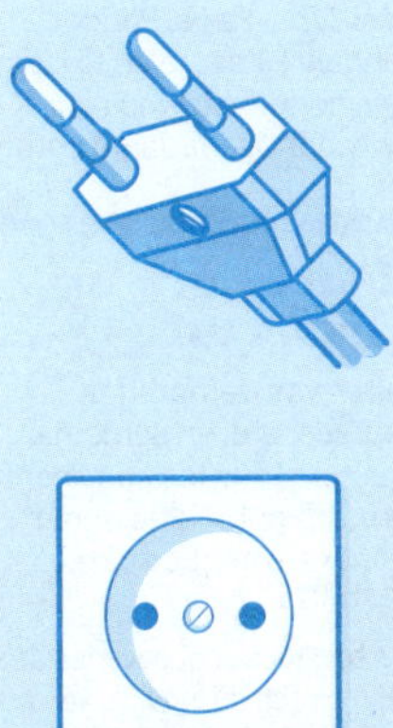

Type C
230 V/50 Hz

Formalités et visas

Les ressortissants français, belges et suisses n'ont pas besoin de visa pour un séjour touristique n'excédant pas 90 jours. Les ressortissants canadiens n'ont pas besoin de visa pour un séjour touristique n'excédant pas 30 jours.

Conditions nécessaires à l'entrée

Le passeport doit être valable six mois après la date d'entrée en Bolivie.

- L'entrée dans le pays et la sortie sont censées être gratuites, mais, dans les zones frontières isolées, on vous demandera souvent entre 15 et 30 $B pour le tampon de sortie. Le plus simple est de payer et d'entrer.
- À votre arrivée sur le territoire bolivien, un cachet d'entrée correspondant à une autorisation de séjour de 30 jours est apposé sur votre passeport. Si vous souhaitez rester plus longtemps, vous pouvez obtenir un prolongement de 30 jours auprès des services de l'immigration dans toute ville importante. La durée de séjour maximum autorisée est de 90 jours par an.
- En cas de dépassement de séjour, vous serez passible d'une amen de de 20 $B par jour (ou plus selon votre nationalité) au bureau de l'immigration ou à l'aéroport et accomplir beaucoup de formalités en quittant le pays.
- Gardez toujours sur vous votre passeport et votre visa (ou leurs photocopies), en particulier dans les plaines. Il est plus sûr d'avoir des photocopies sur soi plutôt que l'original, mais si vous vous rendez près d'une frontière (même si vous ne la traversez pas), vous devez avoir votre passeport avec vous.
- Nous vous conseillons de photocopier ou de scanner tous vos documents importants (pages d'introduction de votre passeport, cartes de crédit, police d'assurance, billets de train/avion/bus, permis de conduire, etc.). Emportez un jeu de ces copies, que vous conserverez à part des originaux. Vous remplacerez ainsi plus aisément ces documents en cas de perte ou de vol.

Handicapés

Les infrastructures boliviennes ne conviennent pas aux voyageurs handicapés. Vous verrez toutefois des invalides surmonter quantité d'obstacles et de défis au quotidien et les habitants n'hésiteront pas à vous aider si vous êtes en difficulté.

L'**APF** (Association des paralysés de France ; ☎01 40 78 69 00 ; www.apf.asso.fr ; 17 bd Auguste-Blanqui, 75013 Paris) peut vous fournir des informations utiles sur les voyages accessibles. **Yanous** (www.yanous.com) et **handicap.fr** (www.handicap.fr) constituent aussi une bonne source d'information.

Hébergement

Les hébergements boliviens comptent parmi les moins chers d'Amérique du Sud.

- *alojamientos* (hébergements sommaires). Les moins chers sont généralement regroupés autour des gares routières ou ferroviaires.
- *residenciales* (hôtels modestes)
- *casas de huéspedes* (pensions gérées par une famille)
- *posadas* (auberges). Les *posadas* sont assez souvent de nos jours de petits hôtels haut de gamme.
- *hostales* (petits hôtels ou auberges de jeunesse). Les *hostales* sont, selon,

des hôtels haut de gamme ou des auberges de jeunesse.

➡ *hoteles* (hôtels)

Réservations

Trouver une chambre peut être difficile durant certains week-ends (par exemple à Coroico) et en période festive (notamment à Oruro lors du carnaval et à Copacabana), où les prix doublent.

Posadas, Alojamientos, residenciales et casas de huéspedes

Dans cette catégorie, mieux vaut éviter les établissements les moins chers, qui sont parfois franchement médiocres – voire, dans certains cas, sales, équipés d'installations électriques dangereuses ou encore mal fréquentés.

Bien souvent, les termes *residenciales*, *alojamientos*, *posadas* etc. sont utilisés indifféremment. Un rapide coup d'œil vous renseignera sur le genre de l'établissement.

Les salles de bains communes, le plus souvent sans chauffage ni eau chaude, sont la règle. Vérifiez l'état de propreté !

Lorqu'il y a de l'eau chaude, c'est généralement sous forme de douche électrique. Pour éviter l'électrocution, ne touchez pas la douche quand l'eau coule et portez des sandales en caoutchouc.

Certaines *casas de huéspedes* se rapprochent d'une offre de catégorie moyenne de type B&B.

➡ Demandez à voir plusieurs chambres avant de faire votre choix, placez vos objets de valeur dans le coffre si l'établissement en possède un et vérifiez s'il y a des punaises de lit.

PRIX MOYEN DE L'HÉBERGEMENT

Les prix ci-dessous correspondent à une chambre double avec sdb.

$	moins de 180 $B
$$	180-500 $B
$$$	plus de 500 $B

ATTENTION : CHAUFFAGE AU PROPANE

Des lecteurs nous ont signalé que des chauffages au propane étaient utilisés de manière inappropriée en Bolivie. Ces appareils, qui équipent parfois les hébergements bon marché, ne sont pas destinés aux lieux clos : ne les utilisez pas.

Hôtels et hostales

Les grandes villes et les lieux de villégiature fréquentés offrent d'agréables hôtels de catégorie moyenne et de luxueux complexes hôteliers cinq étoiles (*resorts*).

Les prestations standards incluent petit-déjeuner, salles de bains privée avec eau chaude 24h/24, téléphone, Wi-Fi et TV. Pour faire des économies, faites vos réservations en ligne.

➡ Un bon petit-déjeuner est presque toujours inclus.

Auberges de jeunesse

Hostelling International (HI ; www.hostellingbolivia.org) est affilié à un réseau d'hébergements dans différentes régions du pays.

La plupart des auberges de jeunesse disposent d'espaces communs, de dortoirs avec lits superposés, de salles de bains partagées avec ou sans eau chaude, d'un service d'échange de livres et du Wi-Fi. Certaines possédent même un bar et un Jacuzzi.

Les adresses très bon marché permettent de se loger moins cher, mais l'atmosphère n'y est pas aussi conviviale.

Camping

Le pays se prête idéalement au camping, en particulier le long des itinéraires de trekking et dans les régions montagneuses isolées. N'oubliez pas que les nuits sont souvent glaciales dans les hauts plateaux.

S'il existe peu de campings organisés, on peut planter sa tente pratiquement n'importe où en dehors des localités – sans oublier toutefois de demander la permission dans la mesure du possible.

Vous pourrez facilement louer du matériel (de qualité variable) à La Paz et dans les camps de base de trekking comme Sorata.

Des vols et des agressions ont eu lieu dans certaines régions ; sur place, renseignez-vous sur les conditions de sécurité avant d'installer votre bivouac.

Heure locale

La Bolivie retarde de 4 heures par rapport à l'heure de Greenwich (GMT). Lorsqu'il est 12h à La Paz, il est 17h à Paris. Pour connaître l'heure en temps réel, connectez-vous sur www.horlogeparlante.com.

Heures d'ouverture

Faites vos démarches, courses, etc. en semaine. Presque tous les commerces ferment pour le déjeuner (généralement de 12h à 14h30).

Les banques sont ouvertes de 9h à 16h ou 18h du lundi au vendredi et de 10h à 12h ou 17h le samedi.

Les commerces sont ouverts de 10h à 19h (parfois fermeture pour le déjeuner de 12h à 14h) du lundi au vendredi et de 10h à 12h ou 17h le samedi.

Les restaurants pratiquent des horaires variables mais accueillent généralement les clients pour le petit-déjeuner (8h-10h), le déjeuner (12h-15h) et le dîner (18h-22h ou 23h) tous les jours.

Homosexualité

➡ La Constitution bolivienne de 2009 est l'une des premières au monde à interdire expressément la discrimination sur la base de l'orientation sexuelle ou de l'identité de genre.

➡ Dans la pratique, cependant, l'homosexualité n'est dans l'ensemble toujours pas bien acceptée par la population, et le mariage gay ou les unions entre personnes de même sexe sont illégaux.

➡ Les bars et lieux de rencontre LGBT+ restent confinés aux grandes villes, en particulier Santa Cruz et La Paz (jetez un œil à l'**Open Mind Club** (carte p. 50 ; www.facebook.com/omc.openmindclub ; Cochabamba 100, Rosario ; ⏲21h-3h ven et sam)), et demeurent plus ou moins clandestins. Partager une chambre ne pose aucun problème à condition de rester discret.

➡ Les groupes défendant les droits des LGBT+ sont actifs à La Paz, à Cochabamba et plus encore à Santa Cruz, ville particulièrement progressiste, où s'est tenue la première Gay Pride du pays en 2001.

➡ À La Paz, La Familia Galán est un groupe de travestis qui s'efforce de sensibiliser les Boliviens aux problèmes de sexualité et d'identité par des spectacles de théâtre.

➡ **Mujeres Creando** (www.mujerescreando.org), mouvement féministe basé à La Paz, défend les droits des groupes opprimés.

Internet (accès)

➡ On trouve des cybercafés pratiquement à chaque coin de rue, et la plupart des hôtels de catégories moyenne et supérieure (ainsi que de nombreux cafés) offrent le Wi-Fi. Comptez de 4 à 6 $B l'heure.

➡ Dans les régions reculées, l'accès internet n'est parfois possible que par le réseau cellulaire. Envisagez l'achat d'une carte SIM locale avec données.

Jours fériés

Ils varient d'une province à l'autre. Ci-dessous, voici les jours fériés nationaux.

Nationaux

Año Nuevo (Nouvel An) 1er janvier

Día del Estado Plurinacional (célèbre la nouvelle Constitution) 22 janvier

Carnaval février/mars

Semana Santa (Semaine sainte) mars/avril

Día del Trabajo (fête du Travail) 1er mai

Corpus Christi (Fête-Dieu) mai/juin

Año Nuevo Andino Amazónico y del Chaco (Nouvel An andin) 21 juin

Día de la Independencia (fête de l'Indépendance) 6 août

Día de los Muertos (jour des Morts) 2 novembre

Navidad (Noël) 25 décembre

Provinciaux

Chaque département a institué son propre jour férié.

Oruro 10 février

Tarija 15 avril

Chuquisaca 25 mai

La Paz 16 juillet

Cochabamba 14 septembre

Santa Cruz 24 septembre

Pando 11 octobre

Potosí 10 novembre

Beni 18 novembre

Offices du tourisme

➡ Bien que le tourisme bolivien ait véritablement décollé ces dernières années, les infrastructures sont encore peu développées.

➡ On trouve des bureaux **InfoTur** flambant neufs dans la plupart des grandes destinations touristiques. Le matériel disponible et la disponibilité des employés peuvent varier d'un endroit à l'autre – et aussi d'un moment à l'autre (n'espérez pas par exemple une longue conversation si vous vous présentez à l'approche de l'heure du déjeuner). Les horaires d'ouverture affichés ne sont pas toujours respectés.

➡ Le **Ministerio de Culturas y Turismo** (carte p. 50 ; ☎2-220-0910 ; www.minculturas.gob.bo ; Palacio Chico, angle Ayacucho et Potosí, La Paz ; ⏲8h30-18h30 lun-ven) fournit un registre des prestataires officiels du secteur touristique.

➡ Dans les destinations les plus touristiques, la concurrence incite les prestataires à enrichir leur site Web. Ces derniers peuvent se révéler de précieux outils d'information, à condition de garder à l'esprit le contexte dans lequel celle-ci est fournie !

Photo

➡ Certains Boliviens acceptent volontiers de se laisser photographier, d'autres se montrent méfiants face à un appareil ou vis-à-vis de vos motivations. Si vous ne pouvez prendre un cliché sans personne, demandez la permission ; si on ne vous la donne pas, n'insistez pas.

Respectez les souhaits des habitants.

De nombreux enfants vous demanderont de l'argent une fois la photo prise. Quelques bolivianos feront l'affaire.

Ne prenez pas de photos de rassemblements politiques, d'installations militaires ou de policiers.

La Paz est le meilleur endroit pour s'équiper et réparer son matériel.

Poste

En 2018, le service postal bolivien Ecobol (Empresa Correos de Bolivia) a fermé et le gouvernement a créé l'Agencia Nacional de Correos (www.oopp.gob.bo/agbc). Le service à partir des grandes villes est plus fiable que dans les petites localités – mais le délai d'acheminement est long néanmoins !

- Pour expédier un colis à l'international, ne le fermez pas avant d'aller à la poste car il doit être inspecté. Apportez de quoi le fermer sur place.
- Vous devrez peut-être compléter un formulaire précisant le contenu du paquet. Ne rentrez pas dans les détails et évitez de mentionner des articles qui pourraient être susceptibles d'attirer la convoitise de voleurs potentiels.
- Les frais d'envoi sont fonction du poids. Si l'on vous propose un "recommandé" à un petit prix, prenez cette option. Elle ne vous garantit pas grand-chose, mais au moins disposerez-vous d'une base de contestation si le colis n'arrive pas à bon port.
- N'expédiez rien de valeur par courrier normal. Un transporteur international, tel DHL (www.dhl.com), vous coûtera plus cher, mais au moins aurez-vous l'assurance que votre colis parviendra à destination.

PRATIQUE

- **Adresses** Dans les adresses, "*s/n*" signifie *sin número* (pas de numéro). Dans les petites villes, ce sont les principaux bâtiments et non les noms des rues qui servent de points de repère.
- **Électricité** Le courant électrique est habituellement en 220 V (50 Hz). La plupart des prises sont à deux broches rondes, mais on trouve parfois des prises américaines à deux broches plates.
- **Journaux** *La Razón* (www.la-razon.com) est le premier quotidien national. À Sucre, vous pourrez lire *El Correo del Sur* (www.correodelsur.com) et à Santa Cruz, *El Deber* (www.eldeber.com.bo). Dans les grandes villes, des magazines internationaux sont vendus.
- **Poids et mesures** Le système métrique est en vigueur.
- **Radio** Essayez Bolivia Web Radio (www.boliviaweb.com/radio) pour une diffusion 24h/24 et 7j/7 d'artistes andins, ou Radio Panamericana (www.panamericana.bo).
- **Télévision** Les voyageurs comprenant un peu l'espagnol pourront regarder les chaînes locales. La plupart des hôtels haut de gamme reçoivent les chaînes internationales, via le câble.
- **Fumer** Interdit dans certains espaces publics, notamment dans les transports, les locaux médicaux et les bâtiments administratifs, mais aucune loi n'interdit de fumer dans les restaurants, les cafés, les bars ou les bureaux. De nombreux hôtels interdisent de fumer dans les chambres.

Problèmes juridiques

- Les problèmes juridiques les plus courants affectant les voyageurs comprennent le trafic et la possession de cocaïne et d'autres stupéfiants, les infractions au code de la route et les délits sexuels.
- Si vous êtes arrêté en possession de drogue, quelle qu'elle soit, contactez immédiatement votre ambassade, mais sachez qu'elle n'a pas le pouvoir de juger de la légalité (ou de l'illégalité) de la situation.
- Ne tentez en aucun cas de rapporter des feuilles de coca ou des produits contenant cette substance. Leur importation en France et dans les pays de l'UE est formellement interdite.
- Notez par ailleurs que les incidents avec de faux policiers tendent à se multiplier.

Téléphone

Les cartes SIM boliviennes fonctionnent en principe dans les téléphones portables débloqués. Assurez-vous que votre portable est bien tribande. Les frais d'itinérance peuvent être élevés. Les kiosques sont souvent équipés de téléphones qui facturent 1 $B pour un bref appel local.

Numéros Les numéros des *líneas fijas* (lignes fixes) sont à sept chiffres et ceux des téléphones portables à huit chiffres.

Indicatifs régionaux Chaque département (région) possède un indicatif à un chiffre, à composer quand on appelle d'une autre région ou vers une autre ville du même département. Ces indicatifs sont les suivants :

La Paz, Oruro, Potosí	☎2
Santa Cruz, Beni, Pando	☎3
Cochabamba, Chuquisaca, Tarija	☎4

Téléphones publics Il est facile d'appeler des numéros fixes depuis un téléphone public (on en trouve souvent dans les petites supérettes, les kiosques, ou les centres d'appels locaux appelés *puntos*) ; demandez de l'aide au caissier.

Cabines et bornes téléphoniques Pour communiquer avec une autre ligne fixe dans la même ville, composez simplement le numéro à sept chiffres. Si vous appelez une autre région, composez le ☎0, l'indicatif départemental à un chiffre, puis le numéro à sept chiffres (par exemple : ☎02-123-4567). Si vous appelez un téléphone portable, demandez les instructions au caissier. La plupart des *puntos* disposent de téléphones différents pour appeler les portables ou les lignes fixes et vous devrez sans doute changer de cabine si vous appelez les deux.

Appels internationaux Pour appeler l'étranger depuis la Bolivie, composez le ☎00 suivi de l'indicatif du pays (33 pour la France, 32 pour la Belgique, 41 pour la Suisse et 1 pour le Canada). Pour appeler la Bolivie depuis un autre pays, composez le code d'accès international ☎00, suivi de l'indicatif de la Bolivie ☎591.

Appels par Internet

La plupart des établissements proposant Internet disposent de Skype, que vous pouvez utiliser sans supplément, au prix du temps de connexion. Whatsapp est un moyen pratique (et gratuit) de communiquer, voire de faire des réservations pour des circuits et des hôtels.

Téléphones portables

- Les cartes SIM (avec un crédit inclus) sont bon marché et vendues dans les agences des opérateurs et les petites enseignes de téléphonie.
- Assurez-vous que votre portable est bien tribande.

Toilettes

N'espérez pas trouver de toilettes dans les bus (sauf dans certains véhicules luxueux). L'utilisation d'un des nombreux *baños públicos* (toilettes publiques), malodorants et négligés, coûte environ 1 $B dans les régions habitées et 5 $B dans les coins sauvages comme autour du Salar d'Uyuni. Ayez toujours avec vous du papier hygiénique et ne le jetez pas dans les toilettes, mais dans les corbeilles prévues à cet effet.

- Le papier toilette est rare dans certains hôtels. Mieux vaut toujours prévoir le sien.

Travailler en Bolivie

- Les enseignants peuvent tenter leur chance dans les écoles privées – maths, sciences et sciences sociales sont les disciplines les plus demandées. Les enseignants débutants ou sans qualification doivent renoncer à deux mois de salaire en échange d'une formation.
- Pour un travail rémunéré, les professeurs d'anglais qualifiés peuvent tenter leur chance au **Centro Boliviano-Americano** (www.cba.edu.bo), qui possède aussi des établissements dans d'autres villes. Les professeurs qualifiés peuvent s'attendre à un salaire mensuel de 500 $US pour un temps plein.
- Sinon, les voyageurs sont susceptibles de décrocher un job dans les bars, les auberges de jeunesse et les tours-opérateurs.

Voyager en solo

Le fait d'être seul ouvre bien souvent la porte à des rencontres avec la population locale et les autres voyageurs. Sur les itinéraires les plus touristiques, vous n'aurez aucune difficulté à lier connaissance avec d'autres gringos. Dans certains hôtels et auberges de jeunesse, des panneaux d'affichage comportent des annonces de visiteurs souhaitant former un groupe pour diverses activités. À Uyuni et dans d'autres villes similaires, vous trouverez sans peine d'autres voyageurs pour constituer un groupe.

Voyager seul implique toutefois des mesures de précaution. Quelques principes à retenir :

- On est plus en sécurité en groupe. En solo, restez sur vos gardes, en particulier la nuit.
- Il est déconseillé de randonner seul, en toutes circonstances. En cas de problème, quelqu'un doit pouvoir donner l'alerte.
- Les tarifs des auberges de jeunesse sont souvent établis par personne et les hôtels plus haut de gamme les fixent par chambre. Une double revient habituellement moins cher qu'une simple.

Transports

DEPUIS/VERS LA BOLIVIE

Enclavée au milieu des terres, la Bolivie possède de nombreux points d'entrée et de sortie, et peut se rejoindre en bateau, en bus, en train, en avion, à vélo et à pied.

Entrer en Bolivie

Si vos papiers sont en règle et que vous répondez de bonne grâce à quelques questions sur les motifs de votre visite, l'entrée en Bolivie se passera sans difficultés. Aux petits postes-frontières, on vous demandera peut-être de payer un "droit de sortie", ce qui n'est généralement pas prévu par la loi. Mais le plus simple est de payer.

Les horaires des postes-frontières boliviens sont pour le moins fantaisistes ; renseignez-vous toujours au service de Migración de la grande ville la plus proche. Si vous avez l'intention de passer en dehors des horaires indiqués ou par des endroits dépourvus de poste-frontière, vous pourrez habituellement obtenir un tampon d'entrée/sortie au service de Migración le plus proche.

Voir p. 359 pour plus de détails sur les formalités.

Voie aérienne

La plupart des grandes villes d'Amérique du Sud, elles, sont desservies par des vols directs – les vols depuis/vers le Chili et le Pérou étant les moins chers.

L'aéroport international de Santa Cruz est de plus en plus utilisé pour les liaisons avec l'Europe. Le surcoût dû à l'altitude rend les vols pour La Paz plus onéreux.

La haute saison tarifaire court généralement de début juin à fin août et de mi-décembre à mi-février.

Pour payer moins cher, consultez les comparateurs de vols ou prenez un billet pour Lima, Cuzco, Santiago ou Buenos Aires, puis rejoignez la Bolivie par la route (voir p. 366).

Aéroports et compagnies aériennes

Les principaux aéroports internationaux de Bolivie sont l'**aéroport international El Alto** (LPB ; Héroes km 7 ; p. 79) à La Paz, l'**aéroport international Viru-Viru** (☎338-5000 ; p. 273) de Santa Cruz, et l'**aéroport international Jorge Wilstermann** (☎412-0400 ; Av. Killman s/n) de Cochabamba.

Boliviana de Aviación (BOA ; ☎901-105-010 ; www.boa.bo), la compagnie nationale, dont l'État est propriétaire, propose

> **VOYAGES ET CHANGEMENTS CLIMATIQUES**
>
> Tous les moyens de transport fonctionnant à l'énergie fossile génèrent du CO_2 – la principale cause du changement climatique induit par l'homme. L'industrie du voyage est aujourd'hui dépendante des avions. Si ceux-ci ne consomment pas nécessairement plus de carburant par kilomètre et par personne que la plupart des voitures, ils parcourent en revanche des distances bien plus grandes et relâchent quantité de particules et de gaz à effet de serre dans les couches supérieures de l'atmosphère. De nombreux sites Internet utilisent des "compteurs de carbone" permettant aux voyageurs de compenser le niveau des gaz à effet de serre dont ils sont responsables par une contribution financière à des projets respectueux de l'environnement. Lonely Planet "compense" les émissions de tout son personnel et de ses auteurs.

des vols internationaux pour Madrid, Barcelone et Miami.

Aerolíneas Argentinas (☎800-100-242 ; www.aerolineas.com.ar). Vols quotidiens de Santa Cruz à Buenos Aires.

Amaszonas (☎901-105-500 ; www.amaszonas.com). Dessert Asunción, Buenos Aires, Cuzco, Iquique et Montevideo.

American Airlines (☎800-100-541 ; www.aa.com). Vols quotidiens de Santa Cruz à Miami.

Avianca (☎1-866-998-3357 ; www.avianca.com). Vols de La Paz à Bogota et Lima.

Copa (☎800-102-672 ; www.copaair.com). Vols de Santa Cruz à Panama, d'où il est possible de prendre des correspondances.

Gol (☎800-122-201 ; www.voegol.com.br). Liaisons depuis Santa Cruz, pour Rio de Janeiro notamment.

Depuis l'Europe

Outre les voyagistes et les adresses mentionnés dans ce guide, consultez les sites Web des compagnies aériennes pour connaître les offres promotionnelles.

FRANCE

Aucune compagnie n'a de liaison directe avec la Bolivie depuis la France. Le trajet comporte systématiquement une escale, souvent deux, et dure entre 20h et 29h.

Air France (☎36 54, 0,34 €/min ; www.airfrance.fr) assure un vol à destination de Santa Cruz, avec une escale au Brésil ou au Chili. Le prix du billet A-R débute aux alentours de 2 300 €. **American Airlines** (☎0 821 980 999, 0,15 €/min ; www.americanairlines.fr) effectue des vols A-R Paris-La Paz via Miami à partir de 1 600 € (voir l'encadré ci-contre à propos de l'ESTA).

Voici quelques adresses d'agences et de transporteurs :

- **LATAM** (☎0 821 231 554, 0,12 €/min ; www.latam.com). Vols au départ de Paris-CDG ou Orly via Santiago du Chili, Lima, São Paulo ou Madrid (deux escales) à partir de 900 €.
- **Iberia** (☎0 825 800 965, 0,15 €/min ; www.iberia.com). Vol Paris-Lima via Madrid (à partir de 960 € environ), à compléter d'un vol Lima-La Paz avec les compagnies locales LATAM (www.latam.com) ou Taca (www.taca.com).
- **Les Connaisseurs du Voyage** (☎Paris 01 53 95 27 00, Marseille 04 91 92 08 91 ; www.connaisseursvoyage.fr ; 95 av. Mozart, 75016 Paris, 71 rue de Lodi, 13006 Marseille)
- **Nouvelles Frontières** (☎0 825 000 747, 0,15 €/min ; www.nouvelles-frontieres.fr). Nombreuses agences en France.
- **Voyageurs du Monde** (☎01 42 86 16 00 ; www.voyageursdumonde.fr ; 55 rue Sainte-Anne, 75002 Paris). D'autres agences en province.

BELGIQUE

De même que pour la France, il n'y a pas de vol direct pour la Bolivie depuis Bruxelles. **American Airlines** (☎070-300-300 ; www.americanairlines.be) et **Iberia** (www.iberia.com/be) proposent des vols A-R avec escales à partir de 1 400 € environ.

Voici quelques agences recommandées :

- **Connections** (☎070-23 33 13 ; www.connections.be)
- **Gigatour Voyages Éole** (☎02-672 35 03 ; www.gigatour.be)

SUISSE

American Airlines (☎0848-289-289 ; www.americanairlines.ch) assure des vols vers La Paz comprenant deux escales. Les tarifs A-R débutent aux environs de 1 470 CHF. La compagnie nationale, **Swiss International Airlines** (☎0 848 700 700 ;

TAXE D'AÉROPORT

La taxe de départ est comprise dans le prix du billet pour les vols à l'étranger et dans le pays, au départ des aéroports de La Paz El Alto, Santa Cruz et Cochabamba. Les autres facturent un petit supplément dont la valeur varie.

TRANSIT PAR LES ÉTATS-UNIS

Si vous êtes amené à transiter par New York (aéroport JFK) ou Miami, sachez que vous devrez passer les contrôles de l'immigration même si vous ne séjournez pas dans le pays. Vous devrez donc être muni d'un visa d'entrée ou bien être éligible au programme américain de dispense de visa.

La plupart des ressortissants européens sont exemptés de visa dans le cadre du Visa Waiver Program (VWP), pour une durée inférieure à 90 jours, à condition que leur passeport soit électronique et biométrique (avec photo numérisée). Avant de partir, ils doivent demander une **autorisation électronique de voyage** ou **ESTA** (Electronic System for Travel Authorization) sur le site de l'**US Department of Homeland Security** (Département de la sécurité intérieure ; esta.cbp.dhs.gov) et s'acquitter des 21 $US de frais. Renseignez-vous si vous devez transiter par les États-Unis.

www.swiss.com) opère des vols pour La Paz, via Miami (environ 22h de trajet), au départ de Zurich, mais il vous faudra débourser environ 2 500 CHF.

Depuis le Canada

Les vols à destination de la Bolivie font généralement une escale aux États-Unis, le plus souvent à Miami ou à Los Angeles (voir l'encadré p. 365 à propos de l'ESTA). **Air Canada** (☎1-888 247 2262 ; www.aircanada.ca) assure des vols via Toronto et Bogota (deux escales) à partir d'environ 1 400 $CA.

Voici quelques adresses utiles :

- **eXito** (☎970-482-3019 ; www.exitotravel.com). Spécialiste de l'Amérique du Sud.
- **Travel Cuts** (☎1-866 246 9762 ; www.travelcuts.com). L'agence de voyages nationale des étudiants canadiens.
- **Orbitz** (www.orbitz.com)
- **Travelocity** (www.travelocity.com)

Depuis l'Amérique du Sud

BoA relie La Paz à São Paulo et à Buenos Aires plusieurs fois par semaine via Santa Cruz. Aerolíneas Argentinas offre un service quotidien entre Santa Cruz et Buenos Aires, et Gol propose des vols entre Santa Cruz et Rio de Janeiro (entre autres destinations). Amaszonas a une liaison quotidienne entre Cuzco et La Paz.

LATAM relie La Paz à Santiago tous les jours, ainsi qu'Iquique (Chili) avec une correspondance à Santiago. Elle relie également quotidiennement La Paz à Rio de Janeiro (ainsi que depuis Santa Cruz), avec une ou deux correspondances, ainsi que La Paz et Cuzco, avec une correspondance (généralement via Lima).

Voie terrestre et fluviale

Passage des frontières

ARGENTINE

Il y a trois postes-frontières entre l'Argentine et la Bolivie.

Villazón/La Quiaca (p. 183), avec des correspondances en bus et en train vers le nord (Tupiza et Uyuni en Bolivie) et au sud (Salta en Argentine).

Yacuiba/Pocitos, dans le Chaco (p. 260). De là, des bus partent toutes les 2 heures vers d'autres destinations en Argentine.

Bermejo/Aguas Blancas (p. 257), au sud de Tarija, se situe sur un pont international, prolongé en Argentine par une route nationale. C'est ici que passent les bus qui assurent la liaison entre Tarija et Salta (Argentine).

BRÉSIL

Notez qu'un certificat de vaccination est généralement exigé pour entrer au Brésil. Le vaccin peut être fait à la frontière, dans des conditions d'hygiène relativement bonnes.

Quijarro/Corumbá (p. 295). Le principal poste-frontière pour le Brésil, à la fin de la ligne de train de Santa Cruz.

San Matías/Cáceres (p. 295). Un poste plus petit et plus incertain, relié par une piste pour San Ignacio, sur le circuit des missions jésuites.

CHILI

Sachez qu'il est interdit d'introduire de la viande, des fruits ou tout autre produit alimentaire (feuilles de coca comprises) de Bolivie au Chili. Ces denrées sont systématiquement confisquées à la frontière.

Tambo Quemado/Chungará (p. 162). Le moyen le plus usité pour passer d'un pays à l'autre est le bus qui relie La Paz et Arica via le poste-frontière de **Tambo Quemado**.

Hito Cajón/San Pedro (p. 173) Une alternative pratique pour ceux qui font le circuit du Sud-Ouest en 4x4 consiste à se faire déposer le dernier jour à **Hito Cajón** (8h-23h, mais mieux vaut y être avant 18h) pour continuer vers San Pedro, au Chili (de nombreux tour-opérateurs proposent le transport), où l'on peut prendre des bus. Sachant qu'il y a 1 heure de trajet entre la frontière bolivienne et San Pedro, mieux vaut avoir prévu le transport à l'avance, au cas où il n'y aurait pas de taxis.

Ollagüe/Avaroa (p. 173) Il est également possible de passer la frontière à **Ollagüe** (8h-20h) en prenant la route d'Uyuni à Calama.

PARAGUAY

Trans-Chaco Des bus effectuent des liaisons quotidiennes entre Santa Cruz (Bolivie) et Asunción (Paraguay). Cet itinéraire étant réputé pour les trafics de toutes sortes, attendez-vous à devoir vous mettre en rang pendant que les douaniers, accompagnés de chiens, vérifient vos bagages.

PÉROU

Kasani-Yunguyo (p. 100). Du Pérou, la voie terrestre classique vers la Bolivie passe par le lac Titicaca et le passage de la frontière à **Kasani/Yunguyo**.

Desaguadero (p. 100). Une route plus rapide mais moins attrayante passe par Desaguadero dans la partie sud du lac.

La Paz-Puno Une alternative efficace : prendre un bus touristique de La Paz à Puno via Copacabana (à partir de 60 $B) ou inversement ; certains trajets vous permettent de rester deux jours à Copacabana.

Bus

Selon le pays d'où vous venez, certains bus internationaux, affrétés par des agences, effectuent le trajet entier ; d'autres impliquent de changer à la frontière pour emprunter un bus d'une compagnie associée. Si vous prenez des bus locaux, vous devrez habituellement en changer après avoir effectué les formalités frontalières.

Voiture et moto

Vous pouvez entrer en Bolivie par la route depuis tous les pays limitrophes. La route Trans-Chaco (voir l'encadré p. 260), qui vient du Paraguay, est dans un état calamiteux, en particulier après la ville de Mariscal Estigarribia. Elle ne doit être envisagée que si vous disposez d'un 4x4. En revanche, vous ne rencontrerez aucun problème notable depuis l'Argentine, le Chili et le Pérou.

Les étrangers arrivant en Bolivie par la route doivent se procurer une *hoja de ruta* (carte de circulation, www.dgsc.gob.bo/hoja-ruta.php), délivrée par le Servicio Nacional de Tránsito/Aduana, à la frontière. Ce document doit être présenté et tamponné à tous les postes de police, appelés *trancas*, *tránsitos* ou *controles*, situés le long des nationales et à la sortie des grandes villes. Des *peajes* (péages) sont souvent exigés à ces postes de contrôle, qui fouillent parfois les véhicules.

VOYAGES ORGANISÉS

Depuis la France

Vous trouverez ici une liste de voyagistes aux prestations intéressantes pour des circuits en Bolivie. N'hésitez pas à comparer les prix avant de faire votre choix. Examinez également les offres des tour-opérateurs mentionnés dans la rubrique *Voie aérienne*.

La Bolivie est le paradis des randonneurs. De nombreuses agences proposent de superbes circuits à pied. Il n'est toutefois pas difficile de trouver des parcours plus classiques très intéressants.

➡ **Atalante** Paris (☎01 55 42 81 00 ; www.atalante.fr ; 18 rue Séguier, 75006 Paris) ; Lyon (☎04 72 53 24 80 ; 36 quai Arloing, 69009 Lyon) ; Bruxelles (☎02 318 42 69 ; rue César-Franck 44A, 1050 Bruxelles). Diverses formules de treks, plus ou moins difficiles, pour découvrir toutes les facettes du pays.

➡ **Huwans Club Aventure** (☎01 44 32 09 30 ; www.huwans-clubaventure.fr ; 18 rue Séguier, 75006 Paris). Voyages découverte, randonnées et treks avec ascension, dans l'Altiplano, les Yungas et les salars.

➡ **Explorator** (☎01 53 45 85 85 ; www.explo.com ; 23 rue Danielle-Casanova, 75010 Paris). Circuit de 20 jours des déserts de sel à la forêt tropicale ainsi que des combinés Chili, Argentine et Pérou.

➡ **Marco Vasco** (☎01 70 82 20 69 ; www.marcovasco.fr ; 101, rue de l'Abbé Groult, 75015 Paris). Spécialiste des voyages sur mesure, cette agence propose plusieurs itinéraires dans le pays ainsi que des séjours combinés Bolivie et Pérou.

➡ **Nomade Aventure** (☎01 46 33 71 71 ; www.nomade-aventure.com ; 40 rue de la Montagne-Sainte-Geneviève, 75005 Paris). Autres agences à Lyon, Toulouse et Marseille. Plusieurs formules, en circuit ou en voyage individuel, ainsi que des randonnées, certaines couplant la découverte de la Bolivie avec celle du Chili ou du Pérou.

➡ **Tamera** (☎04 78 37 88 88 ; www.tamera.fr ; 26 rue du Bœuf, 69005 Lyon). Plusieurs formules découverte du pays avec logement chez l'habitant et correspondance avec les fêtes boliviennes.

➡ **Terres d'Aventure** (www.terdav.com) France (☎01 70 82 90 00 ; 30 rue Saint-Augustin 75002 Paris) ; Belgique (☎02 543 95 60) ; Suisse (☎022 518 05 13). Autres agences en France. Plusieurs randonnées et treks de niveau différent, à la découverte de l'Altiplano ou des cordillères. Ascension du volcan Sajama et circuits alliant Bolivie et Chili ou Pérou.

➡ **Voyageurs du Monde** (www.voyageursdumonde.fr) France (☎01 42 86 16 00 ; 55 rue Sainte-Anne, 75002 Paris) ; Belgique (☎02 543 95 50 ; Chaussée de Charleroi 23, 1060 Bruxelle) ; Suisse (☎022 518 04 94 ; 19 rue de la Rôtisserie, 1204 Genève). Nombreuses agences en France. Voyages itinérants de Lima à Uyuni et dans les Andes.

En Bolivie

De nombreux circuits organisés partent de La Paz ou de la ville la plus proche du lieu que vous souhaitez visiter. Ils sont pratiques pour ceux qui manquent de temps, qui n'ont pas envie d'emprunter les transports publics ou pour explorer des régions reculées. Les prix, souvent avantageux, varient en fonction de l'importance du groupe et du mode de déplacement.

Il y a des quantités de tour-opérateurs qui proposent des forfaits de trekking, d'alpinisme ou d'aventure dans la jungle. Pour les ascensions dans les Cordilleras, ils organisent des expéditions à la carte ; ils peuvent se contenter de fournir guide et moyen de transport ou prendre tout en charge, de l'équipement aux porteurs et au cuisinier. Certains louent également des équipements de trekking.

Avant de prendre contact avec une agence, consultez son site Web.

America Tours (carte p. 54 ; ☎237-4204 ; www.america-ecotours.com ; Av. 16 de Julio 1490 Oficina n° 9, Prado ; ⊙9h-17h lun-ven tte l'année, plus 10h-13h sam mars-nov). Cette agence chaudement recommandée propose un large éventail de projets et d'excursions écotouristiques et sur mesure associant la population locale, près de La Paz et dans toute la Bolivie. On parle anglais.

Andean Expeditions Dirninger (carte p. 50 ; ☎290-0739, portable 7755-0226 ; www.andean-expeditions.com ; Sagárnaga 189, Galería Doryan, 3e ét., Oficina 32, Rosario ; ⏲9h-19h lun-ven). Une agence fondée par des Autrichiens proposant des treks en montagne, en Bolivie et dans les pays voisins, et qui emploie des guides certifiés par l'UIAGM (Union internationale des associations de guides de montagne). Installée depuis plus de 10 ans en Bolivie, elle ne propose pourtant pas les mêmes vieux circuits qu'ailleurs.

Bird Bolivia (☎356-3636 ; www.birdbolivia.com). Pour les vrais amateurs, des sorties d'observation des oiseaux et de la nature menées par des guides professionnels spécialisés. Basée à Santa Cruz mais n'a pas de bureau ; réservez votre visite par e-mail ou téléphone.

Bolivia Millenaria (carte p. 54 ; ☎241-4753 ; boliviamilenaria.com ; Av. Sánchez Lima 2193, Sopocachi ; ⏲9h-17h lun-ven). Cette agence offre des visites sur mesure dans tout le pays, en mettant l'accent sur les parcs isolés et la culture.

Bolivian Journeys (carte p. 50 ; www.bolivianjourneys.org ; Sagárnaga 363, Rosario ; ⏲9h-19h lun-ven, 9h-12h sam). Cette société spécialiste de l'alpinisme et du trekking, organise des ascensions guidées du Huayna Potosí. Location de matériel et vente de cartes et recharges pour réchaud à gaz.

Bolivia Specialist (carte p. 208 ; ☎643-7389 ; www.boliviaspecialist.com ; Audiencia 80 ; ⏲8h30-12h et 14h30-19h lun-ven, 8h30-12h sam). Une agence de voyages multi-usages qui peut réserver des vols, des trajets en bus et des circuits organisés dans toute la Bolivie et dans la région autour de Sucre, notamment des randonnées dans la Cordillera de los Frailes.

Fremen Tours (carte p. 54 ; ☎242-1258 ; www.andes-amazonia.com ; Av. 20 de Octubre 2396, Sopocachi ; ⏲9h-12h et 14h30-18h lun-ven). Agence haut de gamme spécialisée dans les circuits d'aventure faciles en Amazonie et dans le Chapare.

Inca Land Tours (carte p. 50 ; ☎231-6760 ; www.incalandtours.com ; Sagárnaga 233, Oficina n°3, Rosario ; ⏲8h-20h lun-ven, 8h-19h ven, 8h-17h sam). Agence péruvienne bien établie et bon marché organisant des circuits à partir de Rurrenabaque et de Coroico.

Madidi Travel (carte p. 50 ; ☎231-8313 ; www.madidi-travel.com ; Linares 947, Rosario ; ⏲9h-19h lun-ven, 9h-17h sam-dim). Spécialisé dans les excursions à Madidi, ce tour-opérateur possède une réserve privée de 4 000 ha à l'est du parc (Serere Eco Reserve).

Magri Turismo (carte p. 54 ; ☎244-2727 ; www.magriturismo.com ; Capitán Ravelo 2101, Sopocachi ; ⏲9h-17h lun-ven, 9h-12h sam). Une grande agence bien établie avec toute une gamme de visites organisées dans le pays.

Misional Tours (☎332-7709 ; www.misionaltours.com ; Av. Beni, 9e ét., Edificio Top Center, bureau 9-E ; ⏲9h-12h30 et 14h-19h lun-ven, 9h-13h sam). L'un des tour-opérateurs les plus fiables et les mieux organisés de Santa Cruz. Spécialisé dans le circuit des missions, mais propose de très bons circuits aussi dans tout le pays.

Nick's Adventures (☎334-1820 ; www.nicksadventuresbolivia.com ; Celia Salmón, Edificio Isuto, bureau 208). Une excellente agence dotée d'un réel sens éthique. Particulièrement efficace pour les circuits en milieu sauvage, comme la visite de la San Miguelito Jaguar Reserve et du Pantanal.

Terra Andina (carte p. 54 ; ☎241-9932 ; www.bolivia-travels.com ; Av. Ecuador 2682, Sopocachi ; ⏲9h-18h30 lun-ven). Des treks, de l'escalade et des excursions en 4x4 sur mesure dans toute la Bolivie, en anglais, en français et en allemand.

Turisbus (carte p. 50 ; ☎279-8786 ; Hotel Rosario, Illampu 704, Rosario). Vaste choix d'excursions d'une ou plusieurs journées pour groupes et voyageurs individuels.

Tusoco Travel (carte p. 50 ; ☎214-0653 ; www.tusoco.com ; Sagárnaga 227, Rosario ; ⏲9h30-13h30 et 15h30-19h30 lun-ven, 10h-14h dim). Soutient 22 communautés indigènes dans toute la Bolivie en proposant des visites qui génèrent des revenus durables tout en garantissant aux voyageurs des visites culturelles riches.

COMMENT CIRCULER

Avion

Peu coûteux, l'avion demeure le mode de déplacement le plus rapide et le plus fiable pour rejoindre des destinations excentrées, notamment pendant la saison des pluies. Si les liaisons peuvent être perturbées en raison du mauvais temps, les avions parviennent à desservir le nord du pays pendant les inondations estivales. Les horaires changent fréquemment et les annulations ne sont pas rares. Soyez prévoyant.

Compagnies aériennes

Amaszonas (☎901-105-500 ; www.amaszonas.com). Vols intérieurs pour La Paz, Santa Cruz, Uyuni, Sucre, Cochabamba, Rurrenabaque, Trinidad et Riberalta.

Boliviana de Aviacón (BOA ; ☎901-105-010 ; www.boa.bo). Vols pour La Paz, Santa Cruz,

PETIT GUIDE DES MOYENS DE TRANSPORT

Au cours des dernières années, la réfection des axes principaux financée par le gouvernement a grandement amélioré l'état des routes boliviennes. Néanmoins, les fermetures de routes causées par des travaux, des manifestations, des éboulements et des inondations sont fréquentes. La baisse du niveau des rivières les rend parfois infranchissables en bateau. Les trajets en avion deviennent plus faciles et s'avèrent plus économiques.

Avion

- **Gain de temps** L'avion permet de gagner plusieurs jours mais alourdit la facture. En Amazonie, ce mode de transport a supplanté le bateau ou le transport terrestre.
- **Annulations courantes** Appelez à l'avance pour confirmer votre vol. Vous devrez parfois attendre le lendemain pour partir. Sinon, vous devriez pouvoir vous faire rembourser 70% du prix du billet.
- **Objets lourds** Le poids maximal pour les bagages en soute est souvent de 15 kg.
- **Économies** Réservez sur Internet ou directement auprès du transporteur.

Bus

- **Trajets directs** Les services directs en classe *cama* (couchette), *semicama* (siège partiellement inclinable) et dans les bus touristiques coûtent plus cher mais peuvent faire gagner plusieurs heures.
- **Objets de valeur** Gardez-les sur vous (et non dans les casiers en hauteur). Pensez aussi à fermer votre valise à clé.
- **Options de confort** Dans l'Altiplano, emportez des vêtements chauds, voire un sac de couchage.
- **À emporter** Des marchands vendent des en-cas au bord de la route, mais pensez à en emporter, ainsi que de l'eau, au cas où.
- **Patience** Les horaires ne sont pas toujours respectés. Les trajets peuvent prendre jusqu'à 3 heures de plus que prévu. Il n'est pas rare de passer une nuit au point de correspondance.
- **Sécurité** Les accidents de bus dus à l'alcool sont courants. Le plus sûr est de circuler pendant la journée. Si le chauffeur est ivre, ne montez pas

Bateau

- **Attention** Les liaisons en bateau sont moins fréquentes qu'autrefois. Elles ne reviennent pas forcément bon marché mais procurent une expérience unique.
- **Objets de valeur** Gardez-les sous clé.
- **Options de confort** Emportez un hamac, un livre et un produit contre les moustiques.

Voiture et moto

- **Parler espagnol** N'optez pour ces moyens de transport que si vous parlez relativement bien espagnol.
- **Temps de trajet** Prévoyez large : il peut y avoir des nids-de-poule et des tronçons de route barrés.
- **À emporter** Un GPS, une bonne carte, des provisions, de l'eau, un sac de couchage, des vêtements.
- **Ne pas conduire la nuit** Déplacez-vous de jour.

Train

- **Retards fréquents** Les horaires donnés sont plutôt des indications approximatives.
- **Options de confort** Emportez des en-cas et un sac de couchage.
- **Vigilance** Pickpockets et voleurs à la tire sévissent aux arrêts.

Tarija, Rurrenebaque, Riberalta, Sucre, Cochabamba et Cobija.

LATAM (☎2-268-1111 ; www.latamairlines.com). Vols pour La Paz, Santa Cruz, Tarija, Rurrenebaque, Riberalta, Sucre, Cochabamba et Cobija.

Bateau

Bateau fluvial

Dans le bassin amazonien, il n'y pas de service de passagers, mais on peut s'adresser aux cargos. L'itinéraire le plus emprunté est celui qui va de Guanay à Rurrenabaque. Peu de cargos continuent au nord sur le Río Beni jusqu'à Riberalta en raison de la route terrestre de Guayaramerín.

Ferry

Le seul service régulier de ferry relie San Pedro et San Pablo par l'Estrecho de Tiquina (détroit de Tiquina), sur le lac Titicaca. Des vedettes et des canots permettent d'explorer les îles boliviennes du lac Titicaca. Les îles de Winaymarka (p. 108), au sud du lac, sont desservies par des bateaux et des circuits organisés au départ de Huatajata.

Bus

Relativement sûrs et bon marché, les bus sont le moyen de transport les plus répandu.

Types On trouve des bus longue distance appelés *flotas*, des grands bus ou *buses*, des bus plus petits (généralement plus vieux) nommés *micros* et des minibus.

Gares routières Si vous recherchez la gare routière, demandez le *terminal terrestre* ou le *terminal de buses*. Chaque terminal facture une taxe modique de quelques bolivianos, que l'on paie à un employé au moment de monter à bord ou lors de l'achat du billet au guichet.

Vols Des bagages déposés dans les casiers en hauteur à l'intérieur des bus disparaissent régulièrement. Placez vos objets de valeur dans un bagage à main et conservez celui-ci avec vous. Gardez un œil sur vos sacs lorsqu'ils sont chargés en soute – il est arrivé que certains bagages "se perdent" ou "disparaissent". Au départ, on vous donne une étiquette à montrer pour les récupérer. Mettez aussi un cadenas, si possible – des cas de vols d'objets dans les bagages placés en soute ont été signalés !

Départs À l'exception des liaisons les plus empruntées, les bus d'une même destination partent presque tous à la même heure, quelle que soit la compagnie. Entre deux villes, on trouve habituellement au moins un bus par jour. Sur les itinéraires les plus fréquentés, vous aurez le choix entre des dizaines de départs quotidiens.

Sécurité Il vaut toujours mieux vérifier l'état des bus de plusieurs compagnies avant d'acheter son billet – certains véhicules sont de véritables tacots aux vitres brisées, aux pare-brise fissurés et aux pneus très usés ; par prudence, évitez-les au profit de bus en meilleur état, quand bien même il faudrait payer un peu plus cher. Ne cherchez pas à faire des économies s'il en va de votre sécurité.

Classes et tarifs

Sur les principaux itinéraires longue distance, les meilleures compagnies proposent le choix entre la classe *coche* (ou *bus*), *semicama* (siège inclinable pourvu d'un repose-pieds) et *cama* (couchette). Une couchette peut coûter le double du prix normal, mais cela en vaut la peine. Les bus touristiques ralliant des grandes villes comme Copacabana et Uyuni valent deux fois plus cher que les bus ordinaires mais sont plus sûrs et plus confortables.

Le lecteur DVD des bus les plus récents est souvent en meilleur état que les sièges inclinables et, avec un peu de chance, le chauffage peut fonctionner, des en-cas peuvent être servis et les toilettes sont parfois utilisables. Vous voilà prévenu !

Les prix varient selon le standing des bus – du plus luxueux *bus cama* à l'ancien bus Bluebird – et la longueur du trajet (qu'il soit de nuit ou de jour).

Réservations

Par sécurité, réservez votre billet au moins plusieurs heures à l'avance. De nombreux bus partent l'après-midi ou le soir et arrivent à destination au petit matin. Des bus circulent de jour sur la plupart des itinéraires principaux.

Train

Les tarifs ferroviaires s'échelonnent de 11 à 240 $B, en fonction de la classe et de la distance, ce qui est assez raisonnable, et comparable aux tarifs des bus. Le train est aussi plus confortable, mais souvent un peu plus lent.

Empresa Ferroviaria Andina (ferroviaria-andina.com.bo). Réseau occidental, entre Oruro et Villazón (à la frontière argentine). Notez qu'au moment des recherches, les trains ne circulaient pas au sud d'Uyuni, car les voies étaient endommagées.

Ferroviaria Oriental (www.fo.com.bo). Est de la Bolivie. Relie Santa Cruz et Quijarro (à la frontière brésilienne), d'où vous pourrez rejoindre le Pantanal. Un service peu fréquenté part vers le sud, de Santa Cruz à Yacuiba, à la frontière argentine.

Tren Turistico Guaraní (www.ferroviaria-andina.com.bo/tren_turistico_fca). Ligne touristique reliant tous les deuxièmes dimanches du mois El Alto et Tiwanaku.

Réservations

Par sécurité, vous pouvez acheter votre billet un peu à l'avance à la gare. Dans certaines petites gares, les billets ne sont vendus qu'à l'arrivée du train. Sur les grandes lignes, les gares intermédiaires ne disposent que d'un quota restreint de places : prévoyez en temps utile afin d'éviter tout contretemps.

Lors de l'achat des billets, vous devrez présenter les passeports de tous les voyageurs qui vous accompagnent.

Transports locaux

Camion

Avant l'expansion du réseau de bus, les *camiones* (camions à plateau) étaient souvent pour les voyageurs le seul moyen de s'aventurer hors des sentiers battus. Aujourd'hui, dans les régions les plus peuplées, un trajet en *camión* sera plus une expérience qu'une nécessité. Si les *camiones* coûtent habituellement deux fois moins cher que les bus, le trajet est d'une lenteur éprouvante et l'inconfort absolu. En contrepartie, on découvre la vie de la campagne et ses paysages.

Pour tout trajet en *camión*, en particulier en altitude, de jour comme de nuit, emportez suffisamment de vêtements chauds, car la température peut chuter au-dessous de 0°C dès que le soleil disparaît.

Pour monter dans un *camión*, postez-vous au bord de la route et faites signe au chauffeur.

Micro, minibus et trufi

Les *micros*, petits bus circulant dans les grandes villes, constituent le moyen de transport public le plus économique. Ils suivent des itinéraires fixes ; le numéro ou la lettre de la ligne figure généralement sur un panneau placé derrière le pare-brise. Il est souvent complété d'une description de l'itinéraire, avec le nom des rues empruntées jusqu'au terminus. On peut les héler à n'importe quel endroit de la ligne, bien que des arrêts de bus commencent à apparaître dans certaines grandes villes. Pour descendre, allez vers l'avant du bus et indiquez au chauffeur ou à son assistant l'endroit où vous souhaitez vous arrêter.

Très répandus dans les localités importantes, les minibus et les *trufis* (voitures, vans ou minibus), ou *rapiditos*, suivent eux aussi des itinéraires fixes, indiqués par un numéro de ligne et décrits sur des panneaux. Moins chers que les taxis et presque aussi pratiques une fois que l'on a compris comment ils fonctionnaient. On peut monter et descendre à volonté, comme dans les *micros*.

Taxi

Relativement bon marché, les taxis sont rarement équipés d'un compteur ; dans la plupart des villes, il existe des tarifs standards (par personne) pour de courtes distances. Dans certaines localités, ils sont collectifs et fonctionnent comme des *trufis* en appliquant un tarif fixe par personne. Si vous êtes à trois ou quatre pour la même destination, vous pouvez tenter de négocier une réduction de groupe.

Vélo

Les cyclistes capables d'affronter les vents glaciaux, les routes en mauvais état, l'altitude et les fortes dénivellations adoreront la Bolivie. Les VTT sont courants sur les nombreuses pistes en terre du pays. Si la circulation ne constitue pas un problème majeur (attention toutefois aux routes escarpées), les bus et les *camiones* (semi-remorques à plateau) laissent derrière eux des nuages de poussière ou des mares de boue. Se ravitailler peut être difficile et il faut prévoir suffisamment d'eau et de nourriture avant de partir dans des régions éloignées. Compte tenu de ces aléas, beaucoup préfèrent passer par un tour-opérateur.

Si vous envisagez de faire du vélo en Bolivie, veillez à ce que cette activité soit couverte par votre police d'assurance.

On trouve des bicyclettes bon marché dans le pays, généralement importées de Chine et de qualité médiocre. Les vélos neufs de qualité sont plus rares. Mieux vaut acheter un vélo robuste d'occasion dans une agence spécialisée de La Paz. **Gravity Assisted Mountain Biking** (carte p. 50 ; ☎2-231-0218, portable 7721-9634 ; www.gravitybolivia.com ; Linares 940, Rosario ; ⏲10h30-16h lun-ven, 10h-15h sam, 14h-18h dim) vend des pièces détachées et effectue des réparations. Apporter sa propre bicyclette dans le pays ne pose généralement pas de problème.

Voiture et moto

En disposant de votre propre moyen de locomotion, vous gagnerez en flexibilité et pourrez accéder à des zones reculées. En règle générale, les axes principaux sont goudronnés mais l'état de certaines routes est fortement dégradé, notamment dans le bassin amazonien.

Préparation Préparez minutieusement votre expédition et sachez que vous aurez du mal à trouver des pièces détachées en dehors des grandes villes. Un 4x4 avec une bonne garde au sol est indispensable pour rouler en dehors des routes. Emportez une trousse à outils, des pneus de rechange, un kit pour réparer les crevaisons, des réserves d'essence, d'huile et le plus de pièces de rechange possible. Prévoyez également du matériel de camping et des provisions pour parer à toute éventualité. Vous devrez aussi avoir souscrit une bonne assurance voyage dans votre pays d'origine (vérifiez si votre carte bancaire couvre l'assurance location en Bolivie).

Types de carburants On trouve de l'essence (*nafta*) à indice d'octane 85 et du diesel (*gasoil*) dans toutes les villes, aux *surtidores* (pompes à essence). Attention, dans certaines zones reculées, les pompes ne sont pas toujours approvisionnées. Avant d'entreprendre un long trajet, regardez où vous pouvez faire le plein et emportez, le cas échéant, un bidon. Le litre d'essence coûte environ 8,68 $B pour les étrangers (les Boliviens bénéficient d'un tarif subventionné et paient le carburant moitié moins cher), davantage dans les zones reculées.

Motos Dans les plaines, où la température est élevée et les routes rares, les motos sont pratiques pour circuler dans les villes ou visiter les endroits non desservis par les transports publics. On peut les louer à partir de 100 $B les 24 heures aux arrêts des motos-taxis. Sachez que la plupart des assurances de voyage ne couvrent pas les accidents de moto.

Code de la route

Le code de la route diffère peu de celui en vigueur en Europe ou au Canada. Les limitations de vitesse ne sont pas toujours signalées, mais, la plupart du temps, l'état des routes ne permet pas les excès. Si on vous arrête, montrez votre permis de conduire plutôt que votre passeport. Si le policier veut voir votre passeport, présentez-lui une photocopie.

Les pots-de-vin sont courants en Bolivie.

La circulation se fait à droite. À l'approche d'un carrefour non régulé par des feux ou un policier, le chauffeur qui klaxonne (ou arrive le premier) a la priorité s'il continue tout droit, mais la loi du plus fort ou du plus imprudent tend à prévaloir ! À La Paz, les véhicules qui montent ont la priorité aux croisements. Lorsque deux véhicules se croisent sur une étroite route de montagne, celui qui descend doit reculer jusqu'à ce que celui qui monte puisse passer.

Location

Peu de voyageurs louent des voitures sans chauffeur – il est vrai que le comportement des autres conducteurs, le franchissement de cols en très haute altitude et les routes constellées de nid-de-poule font de la conduite en Bolivie une véritable aventure. Seules les agences très réputées disposent de véhicules en bon état. Les assurances proposées par les agences ne couvrent en principe que les accidents, les pannes étant à la charge du client. Vérifiez que votre carte bancaire couvre les frais annexes.

Pour louer un véhicule, il faut avoir plus de 25 ans, présenter son permis de conduire national, posséder une carte bancaire ou déposer une caution en espèces (généralement 1 000 $B).

Au prix de la journée de location s'ajoute un tarif par kilomètre (certaines agences proposent un forfait de kilomètres gratuits). Vous devrez également laisser une copie de votre passeport.

Vous ferez des économies en réservant en ligne ou par le biais d'un comparateur de prix et en louant à la semaine. Comptez environ 50 $US par jour pour une voiture ordinaire et jusqu'à 100 $US pour un 4x4.

Permis de conduire

La plupart des agences de location de voitures accepteront votre permis de conduire national. Toutefois, si vous comptez conduire souvent, mieux vaut vous procurer un permis de conduire international.

À l'inverse des pays limitrophes, la Bolivie n'exige pas de permis moto. Pour louer un vélomoteur ou une moto, il suffit de présenter son passeport.

Voiture avec chauffeur

Louer une voiture avec chauffeur vous évitera les longs trajets en bus bondé sur de mauvaises routes. Vous pouvez aussi choisir cette solution pour vous faire déposer au départ d'un chemin de randonnée ou à un camp de base, plutôt que d'opter pour un circuit organisé.

Un 4x4 avec chauffeur revient à environ 250-300 $B l'heure pour 4 à 6 passagers. Un taxi et/ou une voiture privée coûtent de 80 à 150 $B l'heure.

Vous pouvez trouver un chauffeur par l'intermédiaire d'une agence de location de voitures ou d'un tour-opérateur. Il est aussi possible de louer les services d'un chauffeur de taxi privé.

Auto-stop

Vu la facilité d'accès aux *camiones* et la profusion de bus, le stop se pratique rarement. Néanmoins, les chauffeurs de *movilidades* – *coches* (voitures), *camionetas* (pick-up), véhicules des ONG ou camions-citernes – prennent volontiers des passagers s'ils ont de la place. Demandez toujours le prix avant de monter et sachez qu'il ne devrait pas dépasser la moitié d'un billet de bus pour un trajet équivalent.

Quel que soit le pays, le stop présente toujours un risque et nous ne le conseillons pas. Voyagez à deux et informez une tierce personne de votre itinéraire.

Santé

AVANT LE DÉPART

Assurez-vous que vous êtes en bonne santé avant de partir.

Si vous suivez un traitement de façon régulière, n'oubliez pas votre ordonnance (avec le nom du principe actif plutôt que la marque du médicament, afin de pouvoir trouver un équivalent local, le cas échéant) et gardez les médicaments dans leurs contenants d'origine, clairement étiquetés. En outre, l'ordonnance vous permettra de prouver que vos médicaments vous sont légalement prescrits, des médicaments en vente libre dans certains pays ne l'étant pas dans d'autres.

AVERTISSEMENT

La santé en voyage dépend du soin avec lequel on prépare le départ et, sur place, de l'observance d'un minimum de règles quotidiennes. Les risques sanitaires sont généralement faibles si une prévention minimale et les précautions élémentaires d'usage ont été envisagées avant le départ.

Assurances

Il est conseillé de souscrire une police d'assurance qui vous couvrira en cas d'annulation de votre voyage, de vol, de perte de vos affaires, de maladie ou encore d'accident. Lisez avec la plus grande attention les clauses en petits caractères : c'est là que se cachent les restrictions.

Vérifiez notamment que les "sports à risques", comme la plongée, la moto ou même la randonnée, ne sont pas exclus de votre contrat, ou encore que le rapatriement médical d'urgence, en ambulance ou en avion, est couvert. De même, le fait d'acquérir un véhicule dans un autre pays ne signifie pas nécessairement que votre propre assurance vous protégera.

Vous pouvez contracter une assurance qui réglera directement les hôpitaux et les médecins, vous évitant ainsi d'avancer des sommes qui ne vous seront remboursées qu'à votre retour. Dans ce cas, conservez avec vous tous les documents nécessaires, et sachez qu'en Bolivie, les consultations médicales se règlent généralement en espèces (demandez un reçu pour le remboursement).

Attention ! Avant de souscrire une police d'assurance, vérifiez bien que vous ne bénéficiez pas déjà d'une assistance liée à votre carte bancaire, à votre mutuelle ou à votre assurance automobile. C'est bien souvent le cas.

N'oubliez pas de prendre avec vous les documents relatifs à l'assurance, ainsi que les numéros à appeler en cas d'urgence.

Vaccins

La vaccination contre la fièvre jaune est fortement recommandée pour les personnes se rendant dans les régions suivantes, à moins de 2 300 m d'altitude : Beni, Pando et Santa Cruz, et certaines zones des départements de Chuquisaca, Cochabamba, La Paz et Tarija.

Si vous effectuez un tour de l'Amérique latine ou séjournez au préalable dans cette région, sachez que les autorités boliviennes exigent des voyageurs en provenance de l'Argentine, la Guyane française, du Brésil, de la Colombie, de l'Équateur, du Pérou, du Venezuela, du Panama et du Paraguay d'être en possession d'un **certificat de vaccination contre la fièvre jaune** (l'original est nécessaire). De même pour les voyageurs étant restés plus de 12 heures en transit dans l'aéroport d'un pays où il y a un risque de transmission de la fièvre jaune.

Les vaccins recommandés habituellement sont ceux contre l'hépatite A et le tétanos. D'autres sont à envisager en fonction de vos conditions de voyage : diphtérie, hépatite B, rage et typhoïde. Plus vous vous éloignez des circuits classiques, plus il faut prendre vos précautions. Demandez conseil à votre médecin ou à un centre de vaccinations internationales.

Faites inscrire vos vaccinations dans un carnet international de vaccination (livret jaune) que vous pourrez vous procurer auprès de votre médecin ou d'un centre.

Planifiez vos vaccinations à l'avance (au moins six semaines avant le départ), car certaines demandent des rappels ou sont incompatibles entre elles. Les vaccins ont des durées d'efficacité très variables ; certains sont contre-indiqués pour les femmes enceintes.

Voici les coordonnées de quelques centres :

Centre de vaccination Air France (☎01 43 17 22 00 ; www.vaccinations-airfrance.fr ; 38 quai de Jemmapes, 75010 ; ⏲lun-sam avec et sans rdv)

Institut Pasteur (☎01 45 68 80 88 ; www.pasteur.fr ; 209-211 rue de Vaugirard, 75015 Paris ; ⏲lun-sam sans rdv)

Groupe Hospitalier Pitié-Salpêtrière – Pavillon Laveran (☎01 42 16 01 03 ; pitiesalpetriere.aphp.fr ; 47-83 bd de l'Hôpital, 75013 Paris ; ⏲mer-jeu sur rdv)

Hôpital Saint-Louis (☎01 42 49 46 83 ; www.vaccin-voyage-ghparis10.aphp.fr ; 1 av. Claude-Vellefaux, 75010 Paris ; ⏲lun, jeu et sam sur rdv)

Hôpital Bichat – Claude Bernard – Service des maladies infectieuses et tropicales (☎01 40 25 88 92 ; hupnvs.aphp.fr ; 46 rue Henri-Huchard, 75018 Paris ; ⏲jeu-ven sur rdv)

Centre de vaccinations ISBA (☎04 72 76 88 68 ; www.isbasante.com ; 7 rue Jean-Marie-Chavant, 69007 Lyon ; ⏲lun-ven sur rdv). Autres centres en France. Coordonnées sur le site Web.

SOS Vaccinations (SCMGU SOS Médecins ; ☎01 47 07 10 00 ; 91 bd Port-Royal, 75013 Paris ; ⏲sur rdv)

Vous pouvez obtenir la liste complète des centres habilités à vacciner contre la fièvre jaune sur le site www.sante.gouv.fr.

Santé sur Internet

Il existe de très bons sites Internet consacrés à la santé en voyage. Avant de partir, vous pouvez consulter les conseils en ligne du **ministère des Affaires étrangères** (www.diplomatie.gouv.fr), de l'**Organisation mondiale de la santé** (OMS ; www.who.int/fr) ou le site très complet du **ministère de la Santé** (www.sante.gouv.fr).

EN BOLIVIE

Santé

Des soins de bonne qualité sont assurés dans les grandes villes mais pas dans les campagnes.

En général, les médecins et les hôpitaux s'attendent à être payés en espèces quelles que soient les assurances santé auxquelles vous avez souscrit. Notez qu'un taxi vous conduira peut-être plus rapidement aux urgences qu'une ambulance.

Les pharmacies boliviennes proposent la plupart des médicaments disponibles dans d'autres pays. Il est préférable d'acheter les produits pharmaceutiques issus de fabricants internationaux plutôt que locaux.

Maladies infectieuses et parasitaires

Dengue

➡ Il n'existe pas de traitement prophylactique contre cette maladie propagée par les moustiques, présente en Amérique du Sud. Poussée de fièvre, maux de tête, douleurs articulaires et musculaires précèdent une éruption cutanée sur le tronc qui s'étend ensuite aux membres puis au visage. Au bout de quelques jours, la fièvre régresse, et la convalescence commence. Les complications graves sont rares. Les cas sévères se produisent généralement chez les enfants de moins de 15 ans, qui ont déjà été touchés.

➡ Les épidémies de dengue en Bolivie surviennent généralement pendant la saison des pluies, dans les régions situées au-dessous de 2 800 m d'altitude.

➡ L'usage de répulsifs anti-moustiques (voir l'encadré page ci-contre) reste cependant indispensable pour les personnes souhaitant se rendre dans les provinces amazoniennes.

Fièvre jaune

La fièvre jaune est une maladie infectieuse grave transmise par des moustiques vivant dans des régions boisées. Les mesures de protection contre les piqûres de moustiques jouent un rôle essentiel dans la prévention de la fièvre jaune (voir l'encadré page ci-contre).

Les premiers symptômes ressemblent à ceux de la grippe, tels que fièvre, frissons, maux de tête, douleurs musculaires, douleurs dorsales, perte d'appétit, nausées ou vomissements.

Généralement, ces symptômes régressent au bout de quelques jours. Cependant, environ une personne sur six entre dans une deuxième phase, caractérisée par une fièvre récurrente, des vomissements, de l'apathie, une jaunisse, une défaillance rénale et des hémorragies pouvant entraîner la mort dans la moitié des cas. Il n'existe aucun traitement, sinon symptomatique.

➡ Le vaccin contre la fièvre jaune est fortement conseillé à tous les visiteurs des zones touchées (voir p. 373). Un certificat de vaccination est exigé de tous les voyageurs en provenance d'un pays d'Afrique ou d'Amérique à haut risque de fièvre jaune. Reportez-vous page ci-contre pour les centres spécialisés autorisés à délivrer le certificat de vaccination international (livret jaune).

➡ La vaccination doit être pratiquée au moins dix jours avant toute exposition potentielle au virus de la fièvre jaune. Elle assure une protection durant une dizaine d'années. Les réactions provoquées par le vaccin restent généralement légères : maux de tête, douleurs musculaires, petite fièvre ou gêne à l'endroit de l'injection.

Paludisme

Le paludisme, ou malaria, est présent dans presque tous les pays d'Amérique du Sud. Il est transmis par un moustique, l'anophèle, dont la femelle pique surtout la nuit.

En Bolivie, le paludisme est présent dans les zones rurales en dessous de 2 500 m et dans le nord du pays (bassin amazonien, en particulier les départements du Beni et du Pando).

Le paludisme survient généralement dans le mois suivant le retour de la zone d'endémie. Symptômes : maux de tête, fièvre et troubles digestifs. Non traité, il peut avoir des suites graves, parfois mortelles. Il existe différentes espèces de paludisme et le traitement devient de plus en plus difficile à mesure que la résistance du parasite aux médicaments gagne en intensité.

Les médicaments antipaludéens n'empêchent

SE PROTÉGER DES MOUSTIQUES

Hormis les traitements préventifs, la protection contre les piqûres de moustiques est le premier moyen d'éviter d'être contaminé par le paludisme.

➡ En dehors du port de vêtements longs, l'utilisation d'insecticides ou de répulsifs à base de DEET (de type Cinq sur Cinq) sur les parties découvertes du corps est à recommander (sauf pour les enfants de moins de 2 ans). La durée d'action de ces répulsifs est généralement de 3 à 6 heures.

➡ Les répulsifs à insectes contenant des composants botaniques tels que l'huile essentielle d'eucalyptus sont efficaces mais seulement pendant une heure et demie ou deux. Mieux vaut opter pour un répulsif à base de DEET pour les zones où le risque de paludisme ou de fièvre jaune est élevé. Les produits à base de citronnelle et les bracelets imprégnés de répulsif sont inefficaces.

➡ L'application de perméthrine sur les vêtements, chaussures, tentes et moustiquaires peut renforcer la protection. Les traitements à la perméthrine sont sans danger et restent efficaces pendant deux semaines au moins, même en cas de lavage des pièces traitées. Il ne faut pas appliquer la perméthrine directement sur la peau.

➡ En vente en pharmacie, les moustiquaires sont en outre une protection efficace, à condition qu'elles soient imprégnées d'insecticide. L'Organisation mondiale de la santé (OMS) préconise fortement ce mode de prévention. De plus, ces moustiquaires sont radicales contre les insectes à sang froid (puces, punaises, etc.) et permettent d'éloigner serpents et scorpions. Vérifiez bien que les moustiquaires dans les hôtels n'ont pas de trous.

➡ Évitez de sortir vers le lever et le coucher du soleil.

➡ Dès le coucher du soleil, couvrez vos bras et surtout vos chevilles, et mettez de la crème antimoustique.

➡ Ne dormez pas la fenêtre ouverte si celle-ci n'est pas équipée d'une moustiquaire.

➡ Les moustiques sont parfois attirés par le parfum ou par l'après-rasage.

➡ D'une manière générale, le risque de contamination est plus élevé en zone rurale et pendant la saison des pluies.

pas la contamination mais ils suppriment les symptômes de la maladie. Si vous voyagez dans des régions où la maladie est endémique, il faut absolument suivre un traitement préventif (uniquement sur ordonnance), qu'il faut en général poursuivre après le retour. Renseignez-vous impérativement auprès d'un médecin spécialisé. Indispensable également : vous protéger des moustiques (voir l'encadré p. 375).

Tout voyageur atteint de fièvre ou montrant les symptômes de la grippe doit se faire examiner. Il suffit d'une analyse de sang pour établir le diagnostic. Contrairement à certaines croyances, une crise de paludisme ne signifie pas que l'on est touché à vie.

Chikungunya

Plusieurs cas de chikungunya autochtones ont été signalés dans le pays ces dernières années.

Le virus du chikungunya est transmis par un moustique tigré blanc et noir, l'*Aedes albopictus*. La maladie se traduit avant tout par des douleurs articulaires, souvent très pénibles, notamment chez les enfants et les personnes âgées. Protégez-vous contre les piqûres (voir l'encadré p. 375) et consultez rapidement un médecin en cas de symptômes.

Choléra

Les cas de choléra sont généralement signalés à grande échelle dans les médias, ce qui permet d'éviter les régions concernées. Des épidémies de choléra peuvent avoir lieu en Bolivie mais touchent rarement les voyageurs.

La protection conférée par le vaccin n'étant pas fiable, celui-ci n'est pas recommandé. Prenez donc toutes les précautions alimentaires nécessaires.

Symptômes : diarrhée soudaine, selles très liquides et claires, vomissements, crampes musculaires et extrême faiblesse. Il faut consulter un médecin ou aller à l'hôpital au plus vite, mais on peut commencer à lutter immédiatement contre la déshydratation qui peut être très forte. Une boisson à base de cola salée, dégazéifiée et diluée au 1/5 ou encore du bouillon bien salé seront utiles en cas d'urgence.

Hépatites

L'hépatite est un terme général qui désigne une inflammation du foie. Elle est le plus souvent due à un virus. Dans les formes les plus discrètes, la personne infectée ne présente aucun symptôme. Les formes les plus habituelles se manifestent par une fièvre, une fatigue qui peut être intense, des douleurs abdominales, des nausées, des vomissements, associés à la présence d'urines très foncées et de selles décolorées presque blanches. La peau et le blanc des yeux prennent une teinte jaune (ictère). L'hépatite peut parfois se résumer à un simple épisode de fatigue sur quelques jours ou semaines.

Hépatite A. C'est la plus répandue et la contamination est alimentaire. Il n'y a pas de traitement médical ; il faut simplement se reposer, boire beaucoup, manger légèrement en évitant les graisses et s'abstenir totalement de toute boisson alcoolisée pendant au moins six mois. L'hépatite A se transmet par l'eau, les coquillages et, d'une manière générale, tous les produits manipulés à mains nues. En faisant attention à la nourriture et à la boisson, vous préviendrez le virus. Malgré tout, s'il existe un fort risque d'exposition, il vaut mieux se faire vacciner.

Hépatite B. Elle est très répandue, puisqu'il existe environ 300 millions de porteurs chroniques dans le monde. Elle se transmet par voie sexuelle ou sanguine (piqûre, transfusion). Évitez de vous faire percer les oreilles, tatouer, raser ou de vous faire soigner par piqûres si vous avez des doutes quant à l'hygiène des lieux. Les symptômes de l'hépatite B sont les mêmes que ceux de l'hépatite A, mais, dans un faible pourcentage de cas, elle peut évoluer vers des formes chroniques dont, dans des cas extrêmes, le cancer du foie. La vaccination est très efficace.

Typhoïde

La fièvre typhoïde est une infection du tube digestif. Elle se transmet directement de personne à personne par les mains contaminées ou indirectement par de l'eau ou de la nourriture contaminées (bactérie *Salmonella typhi*).

Fièvre, maux de tête et de gorge parfois accompagnés de vomissements, de diarrhée ou de constipation, puis une éruption rose sur l'abdomen sont généralement les premiers symptômes, qui s'accompagnent parfois d'une septicémie. S'il n'y a pas d'autres complications, la fièvre et les autres symptômes disparaissent peu à peu la troisième semaine. Cependant, un suivi médical est indispensable, car les complications sont fréquentes. De plus, la typhoïde est très contagieuse.

La vaccination contre la typhoïde est recommandée en Bolivie.

Diarrhée du voyageur

Le changement de nourriture, d'eau ou de climat suffit à la provoquer ; si elle est causée par des aliments ou de l'eau contaminés, le problème est plus grave. En dépit de toutes vos précautions, vous aurez peut-être la turista, mais quelques visites aux toilettes sans aucun autre symptôme n'ont rien

EAU DU ROBINET

Règle d'or : ne buvez jamais l'eau du robinet, même sous forme de glaçons. Elle n'est pas potable en Bolivie. Préférez les eaux minérales et les boissons gazeuses, tout en vous assurant que les bouteilles sont décapsulées devant vous. Évitez les jus de fruits allongés d'eau. Faites attention au lait, rarement pasteurisé ; en revanche, le lait bouilli et les yaourts ne posent pas de problèmes. En principe, thé et café sont sûrs, puisque l'eau doit bouillir.

Si vous vous retrouvez dans une situation où vous avez désespérément soif et sans la moindre bouteille d'eau minérale à l'horizon, essayez les méthodes suivantes :

Ébullition C'est la meilleure méthode de stérilisation. Faites bouillir l'eau franchement pendant une minute (trois minutes au-dessus de 2 000 m d'altitude : à haute altitude elle bout à une température plus basse et les germes ont plus de chance de survivre si on n'augmente pas le temps d'ébullition).

Pastilles de purification Désinfectez l'eau avec ces pastilles, disponibles dans la plupart des pharmacies.

Filtres Sachez qu'un simple filtrage peut être très efficace mais n'éliminera pas tous les micro-organismes dangereux. Les filtres à pores de petite taille (filtres à osmose inverse) offrent la protection la plus large, mais sont assez encombrants et se bouchent facilement à cause des sédiments. Les filtres à pores de plus grande taille (filtres à microtamis) ne sont pas efficaces contre les virus – ils éliminent toutefois les autres organismes. Suivez rigoureusement le mode d'emploi fourni par le fabricant.

d'alarmant. Il est fortement recommandé d'emmener avec soi un antidiarrhéique et un antiseptique intestinal (de type Intetrix et Ercefuryl). Demandez conseil à votre pharmacien et à votre médecin.

La déshydratation est le danger principal lié à toute diarrhée, particulièrement chez les enfants. Ainsi le premier traitement consiste à boire beaucoup. Quand vous irez mieux, continuez à manger légèrement. Lorsque la diarrhée persiste au-delà de 48h ou s'il y a présence de sang dans les selles, il est préférable de consulter.

Pour les précautions liées à l'eau, voir ci-dessus.

Morsures

Rage

La rage sévit dans tous les pays sud-américains. Les morsures de chiens en sont la raison la plus commune (méfiez-vous des chiens errants), mais d'autres animaux peuvent aussi transmettre la rage (singe, chat ou chauve-souris).

Morsures, griffures ou même simples coups de langue d'un mammifère doivent être nettoyés immédiatement et à fond. Frottez avec du savon et de l'eau, puis nettoyez avec de l'alcool. S'il y a le moindre risque que l'animal soit contaminé, allez immédiatement voir un médecin. Toutes les morsures doivent être surveillées de près pour éviter les risques d'infection et de tétanos.

Un vaccin antirabique est désormais disponible. Cependant, la vaccination préventive ne dispense pas de la nécessité d'un traitement antirabique immédiatement après un contact avec un animal enragé ou dont le comportement peut paraître suspect. Demandez conseil à votre médecin ou à un centre de vaccinations internationales.

Serpents

En Bolivie, deux familles de serpents sont venimeuses : les serpents à sonnettes (dont les crotales) et les serpents-corail que l'on rencontre dans le bassin amazonien.

Il est extrêmement rare de se faire mordre par un serpent venimeux. En cas de morsure de serpent, il faut calmer la victime, lui interdire de bouger, bander étroitement le membre comme pour une foulure et l'immobiliser avec une attelle. Trouvez ensuite un médecin, et essayez de lui apporter le serpent mort. N'essayez en aucun cas d'attraper le serpent s'il y a le moindre risque qu'il morde à nouveau. On sait désormais qu'il ne faut absolument pas sucer le venin ou poser un garrot.

Dans les zones à risque, l'usage d'une moustiquaire est conseillé.

Affections moins fréquentes

Insectes et rongeurs peuvent transmettre certaines maladies infectieuses, rares mais sérieuses.

Leishmaniose

La leishmaniose cutanée et cutanéo-muqueuse sévit en Amérique du Sud,

TROUSSE MÉDICALE DE VOYAGE

Veillez à emporter avec vous une petite trousse à pharmacie contenant quelques produits indispensables. Certains ne sont délivrés que sur ordonnance médicale. Attention, les liquides et les objets contondants sont interdits en cabine.

- des antibiotiques, à utiliser uniquement aux doses et aux périodes prescrites. Il n'est pas absurde de demander à votre médecin traitant de vous en prescrire pour le voyage
- un antidiarrhéique, en cas de forte diarrhée, surtout si vous voyagez avec des enfants
- un antihistaminique en cas de rhumes, allergies, piqûres d'insectes, mal des transports
- un antiseptique ou un désinfectant pour les coupures, les égratignures superficielles et les brûlures, ainsi que des pansements gras pour les brûlures
- des pastilles d'iode (pour purifier l'eau)
- de l'aspirine ou du paracétamol (douleurs, fièvre)
- une bande Velpeau et des pansements pour les petites blessures
- une paire de lunettes de secours (si vous portez des lunettes ou des lentilles de contact) et la copie de votre ordonnance
- un produit contre les moustiques, de l'écran total
- une pommade pour soigner les piqûres et les coupures et des comprimés pour stériliser l'eau
- une paire de ciseaux à bouts ronds, une pince à épiler et un thermomètre à alcool
- une petite trousse de matériel stérile comprenant une seringue, des aiguilles, du fil à suture, une lame de scalpel et des compresses
- des préservatifs (norme CE)

et en Bolivie dans les zones tropicales humides (Beni, Alto Beni, Yungas, Pando et Chapare). Elle est transmise par une sorte de petit moustique (le phlébotome). La meilleure précaution consiste à éviter de se faire piquer en se couvrant et en appliquant une lotion anti-moustiques. Ces insectes sont surtout actifs à l'aube et au crépuscule. Les piqûres ne sont généralement pas douloureuses, mais provoquent des démangeaisons. Si vous pensez souffrir de la leishmaniose, consultez un médecin.

Maladie de Chagas

La maladie de Chagas est une affection parasitaire qui se rencontre dans les zones rurales pauvres de basse et moyenne altitude. En Bolivie, les départements les plus touchés sont ceux de Cochabamba, Chuquisaca, Tarija et Santa Cruz. Elle est transmise par une punaise qui se cache dans les fissures, les feuilles de palmier et les toits de chaume. Un œdème dur et violet apparaît à l'endroit de la piqûre, au bout d'une semaine environ. En général, le corps surmonte la maladie sans aide extérieure mais elle peut persister.

Dormir sous une moustiquaire imprégnée et utiliser des insecticides et des crèmes répulsives est conseillé. Consultez un médecin en cas de fièvre.

Affections liées à l'environnement

Coups de soleil et coup de chaleur

De longues périodes d'exposition à des températures élevées peuvent vous rendre vulnérable au coup de chaleur. Cet état grave survient quand le mécanisme de régulation thermique du corps ne fonctionne plus : la température s'élève alors de façon dangereuse.

En prévention des coups de soleil et du coup de chaleur : évitez l'alcool et les activités fatigantes, buvez beaucoup, portez des lunettes de soleil et un chapeau, et appliquez de la crème solaire indice 30 au minimum, avec une protection contre les UVA et les UVB.

La crème solaire doit être appliquée généreusement sur toutes les parties exposées du corps environ 30 minutes avant l'exposition au soleil et doit être appliquée de nouveau après une baignade ou une activité intense.

Les symptômes du coup de chaleur : malaise

général, transpiration faible ou inexistante et forte fièvre (39 à 41°C), céphalée lancinante, difficultés à coordonner ses mouvements, signes de confusion mentale ou d'agressivité. Il faut absolument hospitaliser la personne malade. En attendant les secours, installez-la à l'ombre, ôtez-lui ses vêtements, couvrez-la d'un drap ou d'une serviette mouillés et éventez-la continuellement.

Eau

Dans de nombreuses régions de l'Altiplano, les nappes phréatiques sont polluées par l'activité minière. La toxicité de l'eau dans certaines villes, par exemple Trinidad, est bien connue – et vous fera regretter à coup sûr la petite gorgée avalée directement au robinet dans la chaleur torride d'une nuit amazonienne.

Voir aussi l'encadré p. 377.

Froid

L'excès de froid est aussi dangereux que l'excès de chaleur, surtout lorsqu'il provoque une hypothermie. Le mieux est de s'habiller par couches : soie, laine et certaines fibres synthétiques nouvelles sont tous de bons isolants. N'oubliez pas de prendre un chapeau, car on perd beaucoup de chaleur par la tête. La couche supérieure de vêtements doit être solide et imperméable, car il est vital de rester au sec. Emportez du ravitaillement de base comprenant des sucres rapides et des boissons en abondance.

Mal des montagnes

Le mal des montagnes a lieu à haute altitude et peut s'avérer mortel. Il survient à des altitudes variables, parfois à 3 000 m, mais en général il frappe plutôt à partir de 3 500 à 4 500 m. Attention, La Paz est à 4 000 m ! Il est recommandé de dormir à une altitude inférieure à l'altitude maximale atteinte dans la journée. Le manque d'oxygène affecte la plupart des individus de façon plus ou moins forte.

Symptômes : manque de souffle, toux sèche irritante (qui peut aller jusqu'à produire une écume teintée de sang), fort mal de tête, perte d'appétit, nausée et parfois vomissements.

Les symptômes disparaissent généralement au bout d'un jour ou deux, mais s'ils persistent ou empirent, le seul traitement consiste à redescendre, ne serait-ce que de 500 m. Une fatigue grandissante, un comportement incohérent, des troubles de la coordination et de l'équilibre indiquent un réel danger. Chacun de ces symptômes pris séparément est un signal à ne pas négliger.

Vous pouvez prendre certaines mesures à titre préventif : ne faites pas trop d'efforts au début, reposez-vous souvent. À chaque palier de 1 000 m, arrêtez-vous pendant au moins un jour ou deux afin de vous acclimater. Buvez plus que d'habitude, mangez légèrement, évitez l'alcool– pour ne pas risquer la déshydratation – et tout sédatif. Même si vous prenez le temps de vous habituer progressivement à l'altitude, vous aurez probablement de petits problèmes passagers.

N'entreprenez jamais un trek directement après votre arrivée. Prenez le temps de vous acclimater à l'altitude avant de vous lancer à l'assaut des pics.

La Paz possède un centre médical spécialisé (p. 78).

Santé au féminin

Grossesse

En raison d'une épidémie de Zika, il est recommandé aux femmes enceintes de reporter tout voyage en Bolivie (voir l'encadré p. 375).

La plupart des fausses couches ont lieu pendant les trois premiers mois de la grossesse. C'est donc la période la plus risquée pour voyager. Pendant les trois derniers mois, il vaut mieux rester à distance raisonnable des infrastructures médicales en cas de problèmes. Les femmes enceintes doivent éviter de prendre inutilement des médicaments. Certains vaccins et traitements préventifs contre le paludisme restent toutefois nécessaires. Mieux vaut consulter un médecin avant de prendre quoi que ce soit.

Problèmes gynécologiques

Une nourriture pauvre, une résistance amoindrie par l'utilisation d'antibiotiques contre des problèmes intestinaux peuvent favoriser les infections vaginales lorsqu'on voyage dans des pays à climat chaud. Respectez une hygiène intime scrupuleuse, portez des jupes ou des pantalons amples et des sous-vêtements en coton.

Les champignons, caractérisés par une éruption cutanée, des démangeaisons et des pertes, peuvent se soigner facilement. En revanche, les trichomonas sont plus graves ; pertes blanches et sensation de brûlure lors de la miction en sont les symptômes. La ou le partenaire doit également être soigné.

Il n'est pas rare que le cycle menstruel soit perturbé lors d'un voyage.

Langue

La langue officielle de la Bolivie est l'espagnol, mais seuls 60 à 70% de la population le parlent, et souvent en seconde langue. Les autres habitants parlent quechua (la langue des conquérants incas) ou aymara (la langue pré-inca de l'Altiplano). En outre, de nombreuses langues indigènes mineures sont parlées dans des zones restreintes. Ni le français ni l'anglais ne vous seront d'un grand secours. En revanche, vous pouvez acquérir aisément des rudiments d'espagnol qui faciliteront votre voyage et vous permettront de communiquer avec les Boliviens. L'écriture espagnole est quasi phonétique, c'est-à-dire que l'orthographe transcrit fidèlement la prononciation. Une fois connues les règles de base, cette dernière ne présente pas de difficultés.

PRONONCIATION

Voyelles

e comme "é" français.
u comme "ou" dans "loupe".
y est traité comme une voyelle lorsqu'il est seul ou quand il se trouve à la fin d'un mot, et se prononce comme un "i". En revanche, lorsqu'il est placé à côté d'une voyelle, il devient semi-consonne et se prononce comme "payer" ou "paille".

GUIDE DE CONVERSATION LONELY PLANET

Indispensable pour mieux communiquer sur place : les guides de conversation *français/espagnol latino-américain* et *anglais/quechua* (pour ceux qui parlent anglais) de Lonely Planet. Pour réserver une chambre, lire un menu ou simplement faire connaissance, ces manuels permettent d'acquérir des rudiments de langue. Inclus : des mini-dictionnaires bilingues.

Consonnes

Certaines consonnes demanderont plus de pratique (comme la jota, le"j" guttural précédent les voyelles – transcrit par "Kh"). Le "ch" et le "ñ" constituent des lettres à part entière.

b ressemble à son équivalent français. Attention : l'espagnol ne distingue pas le "b" du "v". Si l'on veut être précis, on parle de "b larga" (long) pour le premier, et de "b corta" (court) pour le second. Les deux se prononcent "b" comme dans "baie".
c comme le "s" de "serpent" devant un "e" et un "i" ; devant les autres voyelles, il se prononce "c" dur comme dans "cou".
ch se prononce "tch" comme dans "Tchad".
g se prononce comme la jota ("j") lorsqu'il est placé devant un "e" ou un "i" ; devant les autres voyelles, il se prononce comme le "g" de "gare". À noter, lorsque g est suivi de "ue" ou "ui", le "u" reste muet, sauf s'il porte un tréma comme dans "antigüedad", dans ce cas les deux voyelles se prononcent ("oué").
h toujours silencieux.
j (la jota) proche du "h" anglais aspiré, mais plus guttural.
ll le "l mouillé", équivalent phonétique de la semi-consonne "y", comme dans "caille".
ñ se rapproche du "gn" comme dans "magnifique".
r est doux, légèrement roulé, sauf en début de mot, après "l", "n" et "s", où il est fortement roulé.
rr fortement roulé.
v voir "b".
x sonne comme le "x" de "taxi", sauf dans quelques mots où il se prononce comme la jota.
z "s" dur comme dans "soleil".

Accent tonique

En général, les mots qui se terminent par une voyelle ou par les lettres "n" ou "s" (marque du pluriel des verbes pour le "n", et des noms, adjectifs, articles pour le "s") sont prononcés avec un accent tonique sur l'avant-dernière syllabe, et les mots terminés par une consonne, sur la dernière. Ainsi *vaca* (vache), *caballos* (chevaux) et *descansan* (ils se reposent) sont tous deux accentués sur l'avant-dernière syllabe, tandis que *ciudad* (ville) et *infeliz* (malheureux) portent l'accent sur la dernière syllabe.

Les accents écrits servent à signaler les exceptions à cette règle, comme *sótano* (sous-sol), *América* et *porción* (portion). Les diphtongues (combinaisons de voyelles, comme le "ue" de *puede*) comptent pour une syllabe.

GENRE ET PLURIEL

Les noms féminins se terminent en général, mais pas toujours, par -a ou par -ción, -sión ou -dad. Les autres terminaisons indiquent un nom masculin. Les adjectifs s'accordent en genre et en nombre, le plus souvent avec des terminaisons en -o/-a pour le masculin/féminin.

Si un nom ou un adjectif se termine par une voyelle, le pluriel se forme en ajoutant s à la fin. S'il se termine par une consonne, le pluriel se forme en ajoutant es à la fin.

MOTS ESSENTIELS

Salut	*Hola*	o·la
Bonjour (le matin)	*Buenos días*	*bwé*·noss *di*·as
Bonjour (l'après-midi)	*Buenas tardes*	*bwé*·nass *tar*·déss
Bonsoir/ bonne nuit	*Buenas noches*	*bwé*·nass *no*·tchéss
Au revoir	*Adiós*	a·*dyos*
À tout à l'heure	*Hasta luego*	*as*·ta *lwé*·go
Oui	*Sí*	si
Non	*No*	no
S'il vous plaît	*Por favor*	por fa·*bor*
Merci	*Gracias*	*gra*·syass
Merci beaucoup	*Muchas gracias*	*mou*·tchas *gra*·syass
De rien	*De nada*	dé *na*·da
Pardon	*Perdón*	pér·*donn*
Comment allez-vous ?	*¿Qué tal?*	ke tal

Bien, merci.
Bien, gracias. byen *gra*·syas

Je suis désolé(e). *Lo siento.* lo *syen*·to

Je vous en prie. *De nada.* de *na*·da

Parlez-vous/parles-tu (anglais/français) ?
¿Habla/Hablas(inglés/francés)?
a·bla/*a*·blass (in·*gléss*/frann·*céss*)

ÉLÉMENTS DE BASE

Voici quelques éléments de base à combiner avec les mots de votre choix :

Quand part (le prochain vol) ?
¿Cuándo sale (el próximo vuelo)? — *kwan*·do *sa*·lé (el *prok*·ssi·mo *vwé*·lo)

Où se trouve (la gare) ?
¿Dónde está (la estación)? — *don*·dé éss·*ta* (la éss·ta·*ssyonn*)

Où puis-je (acheter un billet) ?
¿Dónde puedo (comprar un billete)? — *don*·dé *pwé*·do (kom·*prar* oun bi·*yé*·té)

Avez-vous (un plan) ?
¿Tiene (un mapa)? — *tye*·ne (oun *ma*·pa)

Y a-t-il (des toilettes) ?
¿Hay (servicios)? — aïe (ser·*vi*·ssyos)

Je voudrais (un café).
Quisiera (un café). — ki·*ssye*·ra (oun ka·*fé*)

Je voudrais (louer une voiture).
Quisiera (alquilar un coche). — ki·*ssye*·ra (al·ki·*lar* oun *ko*·ché)

Puis-je (entrer) ?
¿Se puede (entrar)? — se *poué*·dé (enn·*trar*)

Pourriez-vous (m'aider) ?
¿Puede (ayudarme), por favor? — *poué*·dé (a·you·*dar*·mé) por fa·*vor*

Je (ne) comprends (pas)
Yo (no) entiendo — yo (no) énn·*tyénn*·do

Comment dit-on...?
¿Cómo se dice...? — *ko*·mo sé *di*·sé...

Que signifie... ?
¿Qué quiere decir...? — ké *kyé*·ré dé·*sir*...

Pouvez-vous... s'il vous plaît ?
¿Puede... por favor? — *pwé*·dé... por *fa*·bor

répéter	*repetirlo*	ré·pé·*tir*·lo
parler plus lentement	*hablar más despacio*	a·*blar* mass déss·*pa*·syo
l'écrire	*escribirlo*	éss·kri·*bir*·lo

Excusez-moi (pour demander la permission)
Permiso — pér·*mi*·so

Veuillez m'excuser (pour demander pardon)
Disculpe — dis·*koul*·pé

Comment ça va ?
¿Qué tal? — *ké tal*

Comment vous appelez-vous/t'appelles-tu ?
¿Cómo se llama?/ ¿Cómo te llamas? — *ko*·mo sé *ya*·ma / *ko*·mo té *ya*·mass

Je m'appelle... *Me llamo...* mé *ya*·mo...

PRONOMS INTERROGATIFS

Comment ?	*¿Cómo?*	ko·mo
Quoi ?	*¿Qué ?*	ke
Quand ?	*¿Cuándo?*	kwan·do
Où ?	*¿Dónde?*	don·de
Qui ?	*¿Quién?*	kyen
Pourquoi ?	*¿Por qué?*	por ke

Enchanté
Mucho gusto. — mou·tcho gouss·to

D'où venez-vous/viens-tu ?
¿De dónde es/eres? — dé donn·dé és/é·réss

Je viens de... *Soy de...* — soy dé...

Où logez-vous/loges-tu ?
¿Dónde está alojado?/ — donn·dé és·ta a·lo·Rha·do
¿Dónde estás alojado? — donn·dé és·tass a·lo·Rha·do

Puis-je prendre une photo ?
¿Puedo sacar una foto? — pwé·do sa·kar ou·na fo·to

HÉBERGEMENT

Je cherche...	*Estoy buscando...*	é·stoy bous·kann·do
Où y a-t-il... ?	*¿Dónde hay...?*	donn·dé aï
un hôtel	*un hotel*	oun o·tél
une pension	*una pensión/*	ou·na pénn·syonn
	un hospedaje	oun os·pé·da·rhé
une auberge de jeunesse	*un albergue juvenil*	oun al·bér·gué Rhou·bé·nil

Je voudrais une...
Quisiera una... — ki·syé·ra ou·na...

chambre double	*habitación doble*	a·bi·ta·syonn do·blé
simple	*individual*	in·di·vi·dwal
à deux lits	*con dos camas*	konn dos ka·mass

Combien est-ce que ça coûte par...?
¿Cuánto cuesta por...? — kwann·to kwés·ta por...

nuit	*noche*	no·tché
personne	*persona*	pér·so·na
semaine	*semana*	sé·ma·na

pension complète
pensión completa — pénn·syonn komm·plé·ta

salle de bains individuelle/commune
baño privado/compartido — ba·nyo pri·va·do/komm·par·ti·do

trop cher
demasiado caro — dé·ma·sya·do ka·ro

moins cher
más económico — mass é·ko·no·mi·ko

Puis-je voir la chambre ?
¿Puedo ver la habitación? — pwé·do bér la a·bi·ta·syonn

Elle ne me plaît pas.
No me gusta. — no mé gous·ta

Très bien, je la prends.
OK. La alquilo. — o·key la al·ki·lo

Je pars maintenant.
Me voy ahora. — mé boy a·o·ra

Le petit-déjeuner est-il inclus ?
¿Incluye el desayuno? — in·klou·yé el dé·sa·you·no

terrain de camping	*terreno de cámping*	te·re·no de kam·ping
climatisation	*aire acondicionado*	ai·re a·kon·di·syo·na·do
lit	*cama*	ka·ma
fenêtre	*ventana*	ven·ta·na

COMMENT CIRCULER

Comment puis-je aller à... ?
¿Cómo puedo llegar a...? — ko·mo pwé·do lyé·gar a

Est-ce loin ?
¿Está lejos? — és·ta lé·rhos

Allez tout droit
Siga/Vaya derecho — si·ga/ba·ya dé·ré·tcho

Tournez à gauche
Voltée a la izquierda — bol·té·é a la is·kyér·da

Tournez à droite
Voltée a la derecha — bol·té·é a la dé·ré·tcha

FAIRE UNE RÉSERVATION

Je voudrais réserver...
Quisiera reservar...

au nom de...	*en nombre de...*
pour les nuits de...	*para las noches del...*
Carte de crédit...	*tarjeta de crédito...*
date d'expiration	*fecha de vencimiento*

Pouvez-vous confirmer...
Puede confirmar...

la disponibilité	*la disponibilidad*
le prix	*el precio*

Je suis perdu/e
Estoy perdido/a — és·toy pér·di·do/a (m/f)

Pouvez-vous me montrer (sur la carte) ?
¿Me lo podría indicar (en el mapa)?
mé lo po·dri·a in·di·kar (énn el ma·pa)

nord	*norte*	nor·té
sud	*sur*	sour
est	*este /oriente*	és·té/ o·ryénn·té
ouest	*oeste/ occidente*	o·és·té/ ok·si·dénn·té
ici	*aquí*	a·ki
là	*allí*	a·yi
pâté de maisons	*cuadra*	kwa·dra
rue	*calle/paseo*	ka·lyé/pa·sé·o
montagne	*montaña/ cerro/ nevado*	monn·ta·nya/ sé·ro/ né·va·do
col	paso/ pasaje abra/ portachuel	pa·so/ pa·sa·rhé a·bra/ por·ta·tchwél

DIRECTIONS

Où est ...? *¿Dónde está ...?* don·de es·ta ...

Quelle est l'adresse ?
¿Cuál es la dirección? — kwal es la di·rek·syon

Pouvez-vous l'écrire, s'il vous plaît ?
¿Puede escribirlo, por favor? — pwe·de es·kri·bir·lo por fa·vor

à l'angle	*en la esquina*	en la es·ki·na
au feu rouge	*en el semáforo*	en el se·ma·fo·ro
derrière ...	*detrás de ...*	de·tras de ...
devant ...	*enfrente de ...*	en·fren·te de ...
gauche	*izquierda*	is·kyer·da
à côté de ...	al lado de ...	al la·do de ...
en face de ...	frente a ...	fren·te a ...
à droite	derecha	de·re·cha
devant	todo recto	to·do rek·to

AU RESTAURANT

Puis-je voir la carte s'il vous plaît ?
¿Puedo ver el menú, por favor? — pwe·do ver el me·nou por fa·vor

Que me recommandez-vous ?
¿Qué recomienda? — ke re·ko·myen·da

Proposez-vous des plats végétariens ?
¿Tienen comida vegetariana? — tye·nen ko·mi·da ve·Khe·ta·rya·na

Je ne mange pas (de viande rouge).
No como (carne roja). — no ko·mo (kar·ne ro·Kha)

C'était délicieux !
¡Estaba buenísimo! — es·ta·ba bwe·ni·si·mo

Santé !
¡Salud! — sa·lou

L'addition, s'il vous plaît.
La cuenta, por favor. — la kwen·ta por fa·vor

Je voudrais une table pour...
Quisiera una mesa para ... — ki·sye·ra ou·na me·sa pa·ra ...

(huit) heure	*las (ocho)*	las (o·cho)
(deux) personnes	*(dos) personas*	(dos) per·so·nas

Mots usuels

Voir aussi le glossaire alimentaire, p. 390.

assiette	*plato*	pla·to
bouteille	*botella*	bo·te·ya
couteau	*cuchillo*	kou·chi·yo
cuillère	*cuchara*	kou·cha·ra
fourchette	*tenedor*	te·ne·dor
verre	*vaso*	va·so
petit-déjeuner	*desayuno*	de·sa·you·no
déjeuner	*comida*	ko·mi·da
dîner	*cena*	se·na
restaurant	*restaurante*	res·to·ran·te
menu enfant	*menú infantil*	me·nou in·fan·til
plat principal	*segundo plato*	se·goun·do pla·to
nourriture	*comida*	ko·mi·da
chaud	*caliente*	kal·yen·te
(très) froid	*(muy) frío*	(moui) fri·o

SANTÉ

Je suis malade
Estoy enfermo/a — és·toy énn·fér·mo/a (m/f)

J'ai besoin d'un médecin
Necesito un médico — né·sé·si·to oun mé·di·ko

Où est l'hôpital ?
¿Dónde está el hospital? — donn·dé és·ta él os·pi·tal

Je suis enceinte
Estoy embarazada — és·toy émm·ba·ra·sa·da

Je suis vacciné/e
Estoy vacunado/a — és·toy ba·kou·na·do/a (m/f)

URGENCES

Au secours !	*¡Socorro!*	
Au feu !	*¡Incendio!*	
J'ai été victime d'un vol	*Me robaron*	
Allez-vous en !	*¡Déjeme! ¡Váyase!*	
Go away!	*¡Vete!*	ve·te
Appelez... !	*¡Llame a...!*	
la police	*la policía*	
un médecin	*un médico*	
une ambulance	*una ambulancia*	
C'est une urgence	*Es una emergencia*	
Pouvez-vous m'aider, s'il vous plaît ?	*¿Me puede ayudar por favor?*	
Où sont les toilettes ?	*¿Dónde están los baños?*	

Je suis allergique à (aux)...
Soy alérgico/a a...
soy a·*lér*·Rhi·ko/a (m/f) a...

antibiotiques	*los anti bióticos*	los an·ti·*byo*·ti·kos
cacahuètes	*los manies*	los ma·*ni*·éss

Je suis...	*Soy...*	soy... (m/f)
asthmatique	*asmático/a*	as·*ma*·ti·ko/a
diabétique	*diabético/a*	dya·*bé*·ti·ko/a
épileptique	*epiléptico/a*	é·pi·*lép*·ti·ko/a

J'ai...	*Tengo...*	*ténn*·go...
le mal des montagnes	*soroche*	so·ro·tché
la diarrhée	*diarrea*	dya·*ré*·a
la nausée	*náusea*	*naou*·sé·a
mal à la tête	*un dolor de cabeza*	oun do·*lor* dé ka·*bé*·sa
de la toux	*tos*	tos

ACHATS ET SERVICES

Je voudrais acheter...
Quisiera comprar... — ki·*syé*·ra kom·*prar*...

Je ne fais que regarder
Sólo estoy mirando — so·lo és·*toy* mi·*ran*·do

Puis-je le/la voir (m/f) ?
¿Puedo mirar(lo/la)? — *pwé*·do mi·*rar*·(lo/la)

Combien cela coûte-t-il ?
¿Cuánto cuesta? — *kwann*·to *kwés*·ta

C'est trop cher pour moi
Es demasiado caro para mí — és dé·ma·*sya*·do *ka*·ro *pa*·ra mi

Pourriez-vous baisser un peu le prix ?
¿Podría bajar un poco el precio? — po·*dri*·a ba·*rhar* oun *po*·ko él *pré*·syo

Je le prends
Lo llevo — lo *yé*·bo

Il y a une erreur sur la note.
Hay un error en la cuenta. — ai oon e·*ror* en la *kwen*·ta

Acceptez-vous... ?
¿Aceptan...? — a·sép·*tan*...

les dollars américains	*dólares americanos*	*do*·la·rès a·mé·ri·*ka*·nos
les cartes de crédit	*tarjetas de crédito*	tar·*rhé*·tas dé *kré*·di·to

moins	*menos*	*mé*·nos
plus	*más*	mas
grand/e	*grande*	*gran*·dé
petit/e	*pequeño/a*	pé·*ké*·nyo/a

Je cherche...
Estoy buscando... — és·*toy* bous·*kan*·do

le distributeur automatique	*el cajero automático*	él ka·*rhé*·ro aou·to·ma·*ti*·ko
la banque	*el banco*	él *ban*·ko
l'ambassade	*la embajada*	la em·ba·*rha*·da
le bureau de change	*la casa de cambio*	la *ka*·sa dé *kam*·byo
l'épicerie	*la tienda*	la *tyén*·da
la laverie	*la lavandería*	la la·van·dé·*ri*·a
le marché	*el mercado*	èl mér·*ka*·do
la pharmacie	*la farmacia/ la botica*	la far·*ma*·sya/ la bo·*ti*·ka
la poste	*el correo*	él ko·*ré*·o
le supermarché	*el supermercado*	él sou·pér·mér·*ka*·do
l'office du tourisme	*la oficina de turismo*	la o·fi·*si*·na dé tou·*ris*·mo

carte de crédit	*tarjeta de crédito*	tar·*khe*·ta de *kre*·di·to

À quelle heure ouvre-t-il/ferme-t-il ?
¿A qué hora abre/cierra? — a ké o·ra a·bré/*syé*·ra

Je veux changer de l'argent
Quiero cambiar dinero — *kyé*·ro kamm·*byar* di·*né*·ro

Quel est le taux de change ?
¿Cuál es el tipo de cambio? — kwal éss el *ti*·po dé *kamm*·byo

Je veux appeler...
Quiero llamar a... — *kyé*·ro lya·*mar* a...

déclaration de douane	*declaración de aduana*	dé·kla·ra·*syon* dé a·*dwa*·na
timbres	*estampillas*	éss·tamm·*pi*·yas

HEURES ET DATES

Quelle heure est-il ?	*¿Qué hora es?*	ké *o*·ra éss
Il est une heure	*Es la una*	éss la *ou*·na
Il est sept heures	*Son las siete*	sonn lass *syé*·té
minuit	*medianoche*	mé·dya·*no*·tché
midi	*mediodía*	mé·dyo·*di*·a
deux heures et demie	*dos y media*	dos i *mé*·dya
maintenant	*ahora*	a·*o*·ra
aujourd'hui	*hoy*	oy
ce soir	*esta noche*	és·ta *no*·tché
demain	*mañana*	ma·*nya*·na
hier	*ayer*	a·*yér*

matin	*mañana*	ma·*nya*·na
après-midi	*tarde*	*tar*·de
soir	*noche*	*no*·che

lundi	*lunes*	*lou*·néss
mardi	*martes*	*mar*·téss
mercredi	*miércoles*	*myér*·ko·léss
jeudi	*jueves*	*Rhwé*·béss
vendredi	*viernes*	*byér*·néss
samedi	*sábado*	*sa*·ba·do
dimanche	*domingo*	do·*minn*·go

janvier	*enero*	é·*né*·ro
février	*febrero*	fé·*bré*·ro
mars	*marzo*	*mar*·so
avril	*abril*	a·*bril*
mai	*mayo*	*ma*·yo
juin	*junio*	*Rhou*·nyo
juillet	*julio*	*Rhou*·lyo
août	*agosto*	a·*gos*·to
septembre	*septiembre*	sép·*tyémm*·bré
octobre	*octubre*	ok·*tou*·bré
novembre	*noviembre*	no·*byémm*·bré
décembre	*diciembre*	di·*syémm*·bré

TRANSPORTS

Transports publics

À quelle heure part/arrive... ?	*¿A qué hora sale/llega...?*	a ké *o*·ra sa·*lé*/*yé*·ga...
le bus	*el autobus*	el aou·to·*bous*
l'avion	*el avión*	el a·*byonn*
le bateau	*el barco /buque*	el *bar*·ko/ *bou*·ké
le train	*el tren*	el trénn

l'aéroport	*el aeropuerto*	el a·é·ro·*pwér*·to
la gare ferroviaire	*la estación de ferrocarril*	la éss·ta·*syonn* dé fé·ro·ka·*ril*
la gare routière	*la estación de autobuses*	la és·ta·*syonn* dé aou·to·*bou*·séss
l'arrêt de bus	*la parada de autobuses*	la pa·*ra*·da dé aou·to·*bou*·séss
consigne	*guardería*	gwar·dé·*ri*·a
billetterie	*boletería*	bo·lé·té·*ri*·a

annulé	*cancelado*	kan·se·*la*·do
retardé	*retrasado*	re·tra·*sa*·do
quai	*plataforma*	pla·ta·*for*·ma
horaires	*horario*	o·*ra*·ryo
siège côté couloir	*asiento de pasillo*	a·*syen*·to de pa·*si*·yo
siège côté fenêtre	asiento junto a la ventana	a·*syen*·to *khoon*·to a la ven·*ta*·na

Je voudrais un billet pour...
Quiero un boleto a... kyé·ro oun bo·*lé*·to a...

Quel est le tarif jusqu'à... ?
¿Cuánto cuesta... hasta...? kwan·to *kwéss*·ta *a*·sta...

1re classe	*primera clase*	*pri*·mé·ra *kla*·sé
2e classe	*segunda clase*	sé·*goun*·da *kla*·sé
aller simple	*ida*	*i*·da
aller-retour	*ida y vuelta*	*i*·da i *bouél*·ta
taxi	*taxi*	*tak*·si

PANNEAUX INDICATEURS

Acceso	Entrée
Aparcamiento	Parking
Ceda el Paso	Cédez le passage
Despacio	Ralentir
Mantenga Su Derecha	Restez à droite
No Adelantar/ No Rebase	Interdit de doubler
Peaje	Péage
Peligro	Danger
Prohibido Aparcar/ No Estacionar	Interdit de stationner
Prohibido el Paso	Entrée interdite
Pare/Stop	Stop
Salida de Autopista	Sortie d'autoroute

NOMBRES

1	*uno*	ou·no
2	*dos*	doss
3	*tres*	tréss
4	*cuatro*	kwa·tro
5	*cinco*	sin·ko
6	*seis*	séïss
7	*siete*	syé·té
8	*ocho*	o·tcho
9	*nueve*	nwé·bé
10	*diez*	dyéss
11	*once*	onn·sé
12	*doce*	do·sé
13	*trece*	tré·sé
14	*catorce*	ka·tor·sé
15	*quince*	kin·sé
16	*dieciséis*	dyé·si·séïss
17	*diecisiete*	dyé·si·syé·té
18	*dieciocho*	dyé·si·o·tcho
19	*diecinueve*	dyé·si·nwé·bé
20	*veinte*	béïnn·té
30	*treinta*	tréïnn·ta
40	*cuarenta*	kwa·rénn·ta
50	*cincuenta*	sin·kwénn·ta
60	*sesenta*	sé·sénn·ta
70	*setenta*	sé·ténn·ta
80	*ochenta*	o·tchénn·ta
90	*noventa*	no·bénn·ta
100	*cien*	syénn
1 000	*mil*	mil
5 000	*cinco mil*	sin·ko mil
10 000	*diez mil*	dyéss mil
100 000	*cien mil*	syénn mil
1 000 000	*un millón*	oun mi·yonn

premier	*primero*	pri·me·ro
dernier	*último*	oul·ti·mo
suivant	*próximo*	prok·si·mo

Je voudrais aller à ...
Quisiera ir a ... ki·sye·ra ir a ...

Vous arrêtez-vous à ...?
¿Para en ...? pa·ra en ...

Quel est cet arrêt ?
¿Cuál es esta parada? kwal es es·ta pa·ra·da

À quelle heure arrive/part-t-il ?
¿A qué hora llega/sale? a ke o·ra ye·ga/sa·le

Pouvez-vous me dire quand on arrive à ...
¿Puede avisarme cuando lleguemos a ...? pwe·de a·vi·sar·me kwan·do ye·ge·mos a ...

Je veux descendre ici.
Quiero bajarme aquí. kye·ro ba·khar·me a·ki

Transports privés

J'aimerais louer...	*Quisiera alquilar...*	ki·syé·ra al·ki·lar...
un 4x4	*un todo terreno/*	oun to·do té·ré·no/
	un cuatro por cuatro	kwa·tro por kwa·tro
une voiture	*un auto*	oun aou·to
car	*un coche*	oon ko·che
une moto	*una moto*	ou·na mo·to
un vélo	*una bicicleta*	ou·na bi·si·klé·ta

camion	*camión*	ka·myonn
faire du stop	*hacer dedo*	a·sér dé·do

Est-ce la route pour... ?
¿Se va a (...) por esta carretera? sé ba a (...) por éss·ta ka·ré·té·ra

Où y a-t-il une station-service ?
¿Dónde hay una gasolinera/un grifo? donn·dé ay ou·na ga·so·li·né·ra/oun gri·fo

Le plein, s'il vous plaît
Lleno, por favor yé·no por fa·bor

Je voudrais (20) litres
Quiero (veinte) litros kyé·ro (véïnn·té) li·tros

diesel	*diesel*	dié·sel
essence	*gasolina*	ga·so·li·na

(Combien de temps) puis-je stationner ici ?
¿(Por cuánto tiempo) Puedo aparcar aquí? (por kwann·to tyém·po) pwé·do a·par·kar a·ki

Où faut-il payer ?
¿Dónde se paga? donn·dé sé pa·ga

J'ai besoin d'un mécanicien
Necesito un mecánico né·sé·si·to oun mé·ka·ni·ko

La voiture est tombée en panne à...
El carro se ha averiado (en...) el ka·ro sé a a·bé·rya·do (énn...)

La moto ne démarre pas
No arranca la moto no a·rann·ka la mo·to

J'ai un pneu crevé
Tengo un pinchazo ténn·go oun pinn·tcha·so

Je suis en panne sèche
Me quedé sin gasolina mé ké·dé sin ga·so·li·na

J'ai eu un accident
Tuve un accidente tou·bé oun ak·si·dénn·té

siège pour enfant	*asiento de seguridad para niños*	a·*syen*·to de se·goo·ri·*da* *pa*·ra *ni*·nyos
casque	*casco*	*kas*·ko
mécanicien	*mecánico*	me·*ka*·ni·ko
station-service	*gasolinera*	ga·so·li·*ne*·ra

AVEC DES ENFANTS

J'ai besoin de...	*Necesito...*	né·sé·*si*·to..
Avez-vous...?	*¿Tiene...?*	*tié*·né...
un siège pour enfant	*un asiento de seguridad para bebés*	oun a·*syénn*·to dé sé·gou·ri·*da* pa·ra bé·*béss*
des couches (jetables)	*pañales (de usar y tirar)*	pa·*nya*·léss dé ou·*sar* i ti·*rar*
du lait en poudre	*leche en polvo*	*lé*·tché énn *pol*·bo
une chaise	*una trona*	ou·na *tro*·na
un pot	*una pelela*	ou·na pé·*lé*·la
une poussette	*un cochecito*	oun ko·tché·*si*·to

Les enfants sont-ils acceptés ?
¿Se admiten niños? sé ad·*mi*·ténn *ni*·nyoss

AYMARA ET QUECHUA

Les quelques expressions en aymara et quechua indiquées ici seront utiles aux voyageurs qui s'aventurent dans les hauts plateaux boliviens. Ceux qui souhaitent en savoir plus trouveront des cours de langue à La Paz, à Cochabamba et à Sucre. Des dictionnaires et guides de conversations sont disponibles auprès de Los Amigos del Libro et de grandes librairies de La Paz, mais une bonne connaissance de l'espagnol est nécessaire pour pouvoir s'en servir.

Dans les indications ci-après, l'aymara apparaît en premier, suivi du quechua. La prononciation de ces deux langues est similaire à celle de l'espagnol. L'apostrophe (') représente un coup de glotte (occlusive glottale sourde).

Salut.	*Laphi.*	*Raphi.*
Bonjour.	*Kamisaraki.*	*Napaykullayki.*
S'il vous plaît.	*Mirá.*	*Allichu.*
Merci.	*Yuspagara.*	*Yusulipayki.*
Oui.	*Jisa.*	*Ari.*
Non.	*Janiwa.*	*Mana.*

Enchanté.
Take chuima'hampi. *Tucuy sokoywan.*

Comment dit-on... ?
Cun sañasauca'ha...? *Imainata nincha chaita ...?*

Ça s'appelle...
Ucan sutipa'h... *Chaipa'g sutin'ha ...*

Pouvez-vous répéter ?
Uastata sita? *Ua'manta niway?*

Où se trouve... ?
Kaukasa...? *Maypi ...?*

Combien ?
K'gauka? *Maik'ata'g?*

lointain	*haya*	*caru*
en bas	*aynacha*	*uray*
père	*auqui*	*tayta*
mère	*taica*	*mama*
nourriture	*manka*	*mikíuy*
hébergement	*korpa*	*pascana*
près	*maka*	*kailla*
rivière	*jawira*	*mayu*
sentier	*tapu*	*chakiñan*
tout proche	*hakítaqui*	*kaillitalla*
eau	*uma*	*yacu*

1	*maya*	*u'*
2	*paya*	*iskai*
3	*quimsa*	*quinsa*
4	*pusi*	*tahua*
5	*pesca*	*phiska*
6	*zo'hta*	*so'gta*
7	*pakalko*	*khanchis*
8	*quimsakalko*	*pusa'g*
9	*yatunca*	*iskon*
10	*tunca*	*chunca*
100	*pataca*	*pacha'g*
1 000	*waranka*	*huaranca*

GLOSSAIRE

achachilas – esprits des montagnes aymaras ; il s'agirait d'ancêtres qui veillent sur leurs *ayllu* et produisent les richesses de la terre

aguayo – châle coloré que les femmes utilisent pour transporter des affaires ; également appelé *manta*

Altiplano – haut plateau ; la plus grande étendue de terre plane des Andes ; il s'étend de la Bolivie au sud du Pérou, au nord-ouest de l'Argentine et au nord du Chili

Alto Perú – nom donné par les colons espagnols à l'actuelle Bolivie

anillos – "anneaux" ; nom donné aux boulevards périphériques de certaines villes

apacheta – monticule de pierres sur un pic ou un col. Les voyageurs emportent une pierre de la vallée qu'ils déposent au sommet de la pile en offrande aux *apu*. Localement, le terme peut désigner le col lui-même

api – boisson locale à base de maïs

apu – esprit de la montagne qui protège les voyageurs et dispense l'eau pour les cultures ; souvent associé à un *nevado* particulier

artesanía – artisanat local ou boutique d'artisanat

Aymaras – peuple originaire de Bolivie ; le terme "aymara" désigne également leur langue

azulejos – carreaux de faïence ornementaux, ainsi nommés car les premiers *azulejos* ibériques étaient bleu et blanc (*azul* signifie bleu)

bajones – immenses flûtes introduites par les Jésuites auprès des communautés indigènes des plaines, toujours utilisées lors des fêtes de San Ignacio de Moxos

balsa – radeau ; en Amazonie bolivienne, les *balsas* transportent les véhicules sur les rivières sans pont

barranquilleros – orpailleurs des Yungas et de l'Alto Beni

barrio – quartier ou faubourg

bloqueo – barrage routier

bodega – dans certains trains, wagon de marchandise dans lequel peuvent voyager les passagers de 2e classe ; désigne aussi une cave à vin

boliche – discothèque

Bolivianos – Boliviens ; désigne également l'unité monétaire bolivienne

bus cama – "bus couchette" ; désigne un bus équipé de sièges entièrement inclinables circulant sur certaines lignes internationales ou nationales longue distance, souvent beaucoup plus cher qu'un bus ordinaire

cabaña – bungalow

camarín – niche renfermant une statue religieuse

camba – Bolivien des plaines de l'Est ; des montagnards désignent ainsi les habitants des départements du Beni, du Pando et de Santa Cruz

cambista – changeur de rue

camino – route, chemin, voie

camión – camion à plateau ; mode de transport local très courant

camioneta – pick-up servant de moyen de transport dans le bassin amazonien

campesino – paysan

cancha – espace dégagé dans une ville, souvent réservé aux marchés ; terrain de football

cerrado – savane broussailleuse et clairsemée

cerro – colline, mais le terme est souvent utilisé pour désigner de hautes montagnes

cha'lla – offrande

chalanas – ferries

Chapacos – habitants de Tarija ; terme utilisé fièrement par les Tarijeños et avec un certain mépris par les autres Boliviens

charango – instrument de musique traditionnel semblable à une mandoline

chicha – maïs fermenté

chichería – débit de *chicha*

cholo/a – Quechua ou Aymara vivant en ville et portant le costume traditionnel

chompa – pull

chullo – bonnet de laine traditionnel, généralement avec des oreillettes

chullpa – tour funéraire, habituellement aymara

cocalero – producteur de coca

Cochabambinos – habitants de Cochabamba

colectivo – minibus ou taxi collectif

Colla – autre orthographe pour *Kolla*

comedor – cantine populaire

Comibol – Corporación Minera de Bolivia (Compagnie minière bolivienne)

cooperativos – petits groupes de mineurs qui achètent des droits temporaires d'exploitation

cordillera – chaîne de montagne

cruce – carrefour

Cruceños – habitants de Santa Cruz

Ekeko – dieu domestique de l'Abondance ; signifie "nain" en aymara

Entel – Empresa Nacional de Telecomunicaciones (Entreprise nationale des télécommunications)

entrada – procession d'ouverture

esquina – coin de rue, souvent abrégé en *esq*

estancia – vaste domaine rural, souvent d'élevage

ferrobus – bus sur rails

flota – compagnie de bus longue distance

guardaparque – garde forestier des parcs nationaux

hechicería – sorcellerie traditionnelle aymara

helados – glaces

hoja de ruta – carte de circulation

hornecinos – niches typiques des ruines andines où l'on plaçait vraisemblablement des idoles et/ou des offrandes

ingenio – moulin ; à Potosí, le terme fait référence aux fonderies d'argent installées le long de la Ribera, où l'on extrayait le métal d'un minerai de faible qualité en l'écrasant avec une roue de moulin dans une solution de sel et de mercure

jipijapa – feuilles du palmier nain de la famille des cyclanthacées (*Carludovica palmata*)

jochi – agouti ; agile rongeur à longues pattes du bassin amazonien, le seul animal de la région à pouvoir manger des noix du Brésil

Kallahuayas (ou Kallawayas) – guérisseurs et diseurs de bonne aventure itinérants de la lointaine Cordillera Apolobamba

koa – buisson au parfum sucré (*Senecio mathewsii*) qui pousse sur l'Isla del Sol et d'autres parties de l'Altiplano, utilisé comme encens dans les rituels aymaras

Kolla (ou Colla) – terme par lequel se désignent les Aymaras

Kollasuyo – nom incade la Bolivie signifiant "pays des Kolla" (le peuple aymara) ; les Espagnols l'appelaient l'Alto Perú (haut Pérou)

lancha – bateau à moteur

lavandería – laverie

licuados – jus de fruits mixés au lait ou à l'eau

llanos – plaines

loma – coteau, remblai artificiel

Manco Cápac – premier empereur inca

manta – châle, appelé aussi *aguayo*

mariguí – petite mouche des plaines amazoniennes à la piqûre très irritante qui provoque d'abord une petite boursouflure, puis des démangeaisons pendant deux semaines et laisse parfois des cicatrices

mestizo – métis hispano-indigène ; style architectural intégrant des motifs inspirés de la nature

micro – petit bus ou minibus

mirador – poste d'observation

moto-taxi – moyen de transport public utilisé dans les plaines de l'Est et le bassin amazonien

mudéjar – terme espagnol désignant un style d'architecture aux influences mauresques

Orureño/a – habitant/e d'Oruro

Paceño/a – habitant/e de La Paz

Pachamama – la déesse aymara et quechua, ou "Terre-Mère"

pahuichi – maison au toit de chaume et aux murs de roseau ; type d'habitation courant dans le Beni

paja brava – herbe acérée du haut Altiplano

parada – station

parrilla – barbecue

parrillada – assortiment de viandes grillées

peajes – taxes parfois exigées à une *tranca* (poste de police) ou un péage

peña – spectacle de musique folklorique

plata – argent (la matière, d'abord, mais également un mot d'argot pour "fric")

pollera – jupe traditionnelle *chola*

pongueaje – système féodal de servage imposé à la paysannerie bolivienne ; aboli après la révolution d'avril 1952

pullman – siège inclinable dans les bus ou la 1re classe des trains

puna – hautes prairies de l'Altiplano

punto – téléphone public

quebrada – ravin ou gorge, généralement asséché

quechua – langue indigène des hauts plateaux (Altiplano) de l'Équateur, du Pérou et de la Bolivie ; langue de l'ancien Empire inca

quena – flûte de roseau

queñua – arbre nain (*Polylepis tarapana*) qui pousse en buissons à très haute altitude, le seul à survivre à plus de 5 000 m

quirquincho – carapace de tatou utilisée pour la fabrication des *charangos* ; surnom des habitants d'Oruro

radiales – rues constituant les "rayons" d'une ville disposée en *anillos* (anneaux) ; Santa Cruz en est le meilleur exemple

salar – lac salé ou désert de sel

salteña – chausson de pâte feuilletée farci à la viande et aux légumes

saya – danse afro-bolivienne exécutée durant les fêtes

seringueros – collecteurs de caoutchouc dans la région amazonienne

SERNAP – Servicio Nacional de Áreas Protegidas, organisme gouvernemental de protection de l'environnement

singani – eau-de-vie à base de raisin (alcool local)

soroche – mal des montagnes qui affecte les voyageurs arrivant sur les hauts plateaux

surazo – vent froid balayant les plaines, provenant de Patagonie et de la pampa argentine

surtidores de gasolina – stations-service

tambo – auberge, marché et point de rencontre en bordure de la route ; l'équivalent sud-américain du caravansérail

Tarijeños – habitants de Tarija

taxista – chauffeur de taxi

termas – sources thermales

terminal terrestre – gare des bus longue distance

thola – petit buisson du désert

tienda – petite épicerie, souvent tenue par une famille

tinku – fête traditionnelle donnant lieu à des combats rituels, se déroulant essentiellement dans le nord du département de Potosí

totora – variété de jonc utilisée comme matériau de construction autour du lac Titicaca

tranca – poste de police sur une nationale, généralement à la sortie des villes

tranquilo – terme le plus souvent utilisé par les Boliviens pour désigner leur comportement paisible et doux ; c'est aussi une invitation à adopter le rythme de vie local

trufi – taxi collectif ou minibus suivant un itinéraire précis

vicuña – vigogne ; petit camélidé de la *puna* ou de l'Altiplano ; cousin sauvage du lama et de l'alpaga

yatiri – sorcier/chamane aymara

zampoña – flûte de Pan confectionnée avec des roseaux creux de diverses longueurs attachés côte à côte

GLOSSAIRE ALIMENTAIRE

aceite – huile
ají – condiment pimenté
albaricoque – abricot
anticuchos – brochettes de cœur de bœuf
api – version sirupeuse de la *chicha* à base de maïs doux, citron, cannelle et de sucre blanc
apio – céleri
arroz – riz
azúcar – sucre

brazuelo – épaule
buñuelo – beignet imbibé de sirop

cabrito – chèvre
calabaza – potiron
camote – patate douce
carne – viande
carne de chancho – viande de porc
carne de vaca – viande de bœuf
cereza –cerise
cerveza – bière
chairo – soupe de mouton ou de bœuf avec *chuños*, pommes de terre et *mote*
chajchu – bœuf avec *chuños*, œuf dur, fromage et sauce pimentée
chanko – poulet aux poivrons jaunes, avec sauce tomate aux oignons ; spécialité de Tarija
chaque – semblable au *chupe*, plus épais avec plus de céréales
charque – viande séchée (souvent du lama)
charquekan – viande séchée, servie avec *choclo*, pommes de terre et œuf dur
chicha – boisson populaire, souvent alcoolisée, à base de maïs fermenté
chicharrón de cerdo – porc frit
chirimoya – anone ; gros fruit vert squameux à la chair blanche et crémeuse
choclo – maïs des Andes à gros grains
chuños – pommes de terre déshydratées
chupe – soupe épaisse à base de viande, légumes et céréales, au bouillon parfumé d'ail, *ají*, tomate, cumin ou oignon
churrasco – steak
ciruela – prune
col – chou
cordero – agneau ou mouton
cuñape – chausson au manioc et au fromage

despepitado – (ou *mocachinchi*) pêche déshydratée dans un jus de canne à sucre parfumé à la cannelle

empanada – chausson à la viande ou au fromage
escabeche – légumes (essentiellement carottes, oignons et poivrons) marinés dans du vinaigre
espárragos – asperges
espinacas – épinards

fresa – fraise
fricasé – soupe de porc, une spécialité de La Paz
fritanga – porc pimenté servi avec de la menthe et de la semoule de maïs
fruta – fruit

guisantes – pois

haba – fève du *palqui*, une plante de l'Altiplano ; semblable aux fèves
huevo – œuf
huminta (ou humita) – comparable au *tamale*, mais fourrée au fromage uniquement et généralement sec

judías – haricots

jugo (de naranja) – jus (d'orange)

kala purkha – soupe de maïs, cuite dans un plat en céramique en y plongeant un morceau de pierre ponce brûlante ; spécialité de Potosí et de Sucre

lawa (ou lagua) – bouillon de viande épaissi avec de l'amidon de maïs ou de la farine de blé
lechuga – salade
lentejas – lentilles
licuado – jus de fruits mixé avec du lait ou de l'eau
llajhua – sauce tomate épicée
llaucha paceña – pain au fromage
limón – citron
locoto – cosses de petits piments forts
lomo – filet de viande

maíz – maïs
maní – cacahuètes
mantequilla – beurre
manzana – pomme
maracuyá – fruit de la passion, sucré et délicieux ; voir également *tumbo*
masaco – *charque* servi avec de la purée de plantain, du manioc et/ou du maïs, une spécialité amazonienne parfois accompagnée de fromage
mate – tisane de coca, de camomille ou autres
mermelada – confiture
milanesa – escalope panée de bœuf ou de poulet, assez grasse (voir *silpancho*)
mote – maïs déshydraté

nueces – noix

oca – tubercule semblable à la pomme de terre

papa – pomme de terre
papas rellenas – croquettes de pommes de terre frites aux légumes et à la viande ; délicieuses brûlantes avec une sauce épicée
parrillada – viande grillée ou au barbecue
pasta – pâtes
pastel – *empanada* frite, au poulet, au bœuf ou au fromage
pato – canard
pepino – concombre
pescado – poisson
pimienta – poivre
pimiento – poivron
piña – ananas
plátano – banane
pollo – poulet
pomelo – pamplemousse à peau épaisse
pucacapa – *empanada* ronde fourrée de fromage, olives, oignons et sauce au piment, cuite dans un four en terre

queso – fromage

quinoa – céréale nutritive semblable au sorgho

remolacha – betterave

saíce – ragoût épicé de viande et de riz

salteña – chausson fourré de viande, œuf, pommes de terre, olives, oignons, petits pois, raisins secs et épices, dégusté en milieu de matinée

sandía – pastèque

silpancho – escalope panée très fine, encore plus grasse que la *milanesa*

tallarines – nouilles longues et fines

tamale – chausson de farine de maïs farci de bœuf, légumes et pommes de terre épicés, enrobé d'une feuille de maïs et frit, grillé ou cuit au four

tarhui – légume de la région de Sucre

thimpu – ragoût relevé d'agneau et de légumes

tomatada de cordero – ragoût d'agneau en sauce tomate

tucumana – chausson originaire d'Argentine (Tucumán) semblable à l'*empanada*, fourré de viande, pommes de terre, œuf, raisin et autres ingrédients.

tumbo – une variété de fruit de la passion

tuna – figue de Barbarie

uvas – raisin

verdura – légumes

witu – ragoût de bœuf avec purée de tomates

yuca – manioc (tubercule)

zanahoria – carotte

En coulisses

VOS RÉACTIONS ?

Vos commentaires nous sont très précieux et nous permettent d'améliorer constamment nos guides. Notre équipe lit toutes vos lettres avec la plus grande attention. Nous ne pouvons pas répondre individuellement à tous ceux qui nous écrivent, mais vos commentaires sont transmis aux auteurs concernés. Tous les lecteurs qui prennent la peine de nous communiquer des informations sont remerciés dans l'édition suivante, et ceux qui nous fournissent les renseignements les plus utiles se voient offrir un guide.

Pour nous faire part de vos réactions, prendre connaissance de notre catalogue et vous abonner à notre newsletter, consultez notre site Internet : **www.lonelyplanet.fr**

Nous reprenons parfois des extraits de notre courrier pour les publier dans nos produits, guides ou sites web. Si vous ne souhaitez pas que vos commentaires soient repris ou que votre nom apparaisse, merci de nous le préciser. Notre politique en matière de confidentialité est disponible sur notre site Internet.

À NOS LECTEURS

Merci à tous les voyageurs qui ont utilisé la dernière édition de ce guide et qui nous ont écrit pour nous faire part de leurs conseils, de leurs suggestions et de leurs anecdotes :
Gaëlle Balland, Élodie Bellenger, Arthur Bourgogne, Nathalie Bouscal, Ludivine Delpeyrou, Baptiste Dequeker, Gaelle Guillet, Cédric Gouverneur, C. Maupouet, Marc Philippot, Lorraine Pobel, Claire Rénier, Erika Sochan, Adrien Tinas

UN MOT DES AUTEURS

Isabel Albiston

Un grand merci à toutes les personnes qui m'ont apporté leur aide sur la route, et tout particulièrement à Juan Carlos Vargas, Natasha Gamboa, Daniel Cahill, Paula Nina, Leo Lino, Gonzalo Sandoval, Goyo Surriable, Sandra Gilbert, Inez Daza, Javier Huarachi, Nick, et celles et ceux dont j'ai oublié le nom. *Gracias* également à Bailey Freeman, Michael Grosberg et Mark Johanson. C'était un très beau projet !

Michael Grosberg

Je suis très reconnaissant à toutes les personnes qui m'ont aidé en chemin, comme Hector, Jaime et Edith à Tarija ; Daniel, Zulma et Bismark de Condor Trekkers à Sucre ; Rene d'El Mundo Verde Travel à Cochabamba ; et Vincent et Julia de Valle de los Condores ; ainsi que les voyageurs rencontrés sur la route. Et, comme toujours, à Rosie, Carly et Boone pour leur soutien.

Mark Johanson

Muchas gracias à tous les Boliviens qui m'ont réchauffé le cœur et garni l'estomac. Merci à Felipe Bascuñán de m'avoir permis de quitter ma maison pendant de longues semaines et à Tomas Sivila, María Fernanda Alandia, Alex Villca Limaco, Raul Mendoza, Augusto Aruquipa Coromi, Rosa Maria Ruiz et Jose Antonio Diaz d'avoir été pour moi de véritables puits de science tout au long de mon périple.

REMERCIEMENTS

Données de la carte climatique adaptées de Peel MC, Finlayson BL & McMahon TA (2007) 'Updated World Map of the Köppen-Geiger Climate Classification', *Hydrology and Earth System Sciences*, 11, 1633-44

Photographie de couverture : Drapeau bolivien sur la Isla Incahuasi, sur le Salar d'Uyuni.

À PROPOS DE CET OUVRAGE

Cette 8e édition française du guide *Bolivie* est tirée de la 10e édition du guide *Bolivia* en anglais, rédigé par Isabel Albinston, Michael Grosberg et Mark Johanson. Michael Grosberg, Brian Kluepfel et Paul Smith ont rédigé l'édition précédente. Greg Benchwick, Paul Smith et le professeur Henry S. Klein ont participé à la rédaction de la 8e édition.

Traduction Frédérique Hélion-Guerini, Timothée Roblin, Antoine Thibault

Direction éditoriale Didier Férat

Responsable éditorial Dominique Bovet

Responsable prépresse Jean-Noël Doan

Adaptation française Hugo Gadroy

Maquette Valérie Police

Cartographie Cartes adaptées en français par Eduardo Yanes-Blanch

Couverture Adaptée en français par Laure Wilmot et Laurent Briard

Remerciements à Angélique Adagio, Dolorès Mora et Jean-Victor Rebuffet pour leur précieuse contribution au texte, ainsi qu'à Basile Mariton pour le travail de préparation et à Antoine Duval pour les renvois de pages. Un grand merci à Dominique Spaety.

Index

références des **cartes**
références des **photos**

D

E

F

G

H

I

N

O

P

Q

R

S

T

Légende des cartes

À voir
- Château
- Monument
- Musée/galerie/édifice historique
- Ruines
- Église
- Mosquée
- Synagogue
- Temple bouddhiste
- Temple confucéen
- Temple hindou
- Temple jaïn
- Temple shintoïste
- Temple sikh
- Temple taoïste
- Sentō (bain public)
- Cave/vignoble
- Plage
- Réserve ornithologique
- Zoo
- Autre site

Activités, cours et circuits organisés
- Bodysurfing
- Plongée/snorkeling
- Canoë/kayak
- Cours/circuits organisés
- Ski
- Snorkeling
- Surf
- Piscine/baignade
- Randonnée
- Planche à voile
- Autres activités

Où se loger
- Hébergement
- Camping

Où se restaurer
- Restauration

Où prendre un verre
- Bar
- Café

Où sortir
- Salle de spectacle

Achats
- Magasin

Renseignements
- Banque
- Ambassade/consulat
- Hôpital/centre médical
- Accès Internet
- Police
- Bureau de poste
- Centre téléphonique
- Toilettes
- Office du tourisme
- Autre adresse pratique

Géographie
- Plage
- Refuge/gîte
- Phare
- Point de vue
- Montagne/volcan
- Oasis
- Parc
- Col
- Aire de pique-nique
- Cascade

Agglomérations
- Capitale (pays)
- Capitale (région/État/province)
- Grande ville
- Petite ville/village

Transports
- Aéroport
- Poste frontière
- Bus
- Téléphérique/funiculaire
- Piste cyclable
- Ferry
- Métro
- Monorail
- Parking
- Station-service
- Station de métro
- Taxi
- Gare/chemin de fer
- Tramway
- U-Bahn
- Autre moyen de transport

Les symboles recensés ci-dessus ne sont pas tous utilisés dans ce guide

Routes
- Autoroute à péage
- Voie rapide
- Nationale
- Route secondaire
- Petite route
- Chemin
- Route non goudronnée
- Route en construction
- Place/rue piétonne
- Escalier
- Tunnel
- Passerelle
- Promenade à pied
- Promenade à pied (variante)
- Sentier

Limites et frontières
- Pays
- État/province
- Frontière contestée
- Région/banlieue
- Parc maritime
- Falaise
- Rempart

Hydrographie
- Fleuve/rivière
- Rivière intermittente
- Canal
- Étendue d'eau
- Lac asséché/salé/intermittent
- Récif

Topographie
- Aéroport/aérodrome
- Plage/désert
- Cimetière (chrétien)
- Cimetière (autre)
- Glacier
- Marais/mangrove
- Parc/forêt
- Site (édifice)
- Terrain de sport

N

O

P

Q

R

S

T